《说文月刊》巴蜀文化研究

杜芝明　袁佳红 ○整理

重庆出版集团
重庆出版社

图书在版编目(CIP)数据

《说文月刊》巴蜀文化研究 / 杜芝明, 袁佳红整理. —重庆: 重庆出版社, 2023.6
 ISBN 978-7-229-17420-0

Ⅰ.①说… Ⅱ.①杜… ②袁… Ⅲ.①巴蜀文化—研究 Ⅳ.①K871.3

中国版本图书馆CIP数据核字(2022)第251840号

《说文月刊》巴蜀文化研究
《SHUOWEN YUEKAN》BASHU WENHUA YANJIU
杜芝明　袁佳红　整理
白九江　学术审稿

责任编辑：徐　飞
责任校对：何建云
装帧设计：李南江

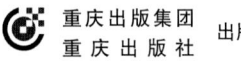 重庆出版集团
重庆出版社 出版

重庆市南岸区南滨路162号1幢　邮编：400061　http://www.cqph.com
重庆出版社艺术设计有限公司制版
重庆天旭印务有限责任公司印刷
重庆出版集团图书发行有限公司发行
E-MAIL:fxchu@cqph.com　邮购电话：023-61520646
全国新华书店经销

开本：787mm×1092mm　1/16　印张：41.5　字数：666千
2023年6月第1版　2023年6月第1次印刷
ISBN 978-7-229-17420-0
定价：166.00元

如有印装质量问题，请向本集团图书发行有限公司调换：023-61520678

版权所有　侵权必究

《巴渝文库》编纂委员会

(以姓氏笔画为序)

主　　　任	张　鸣
副　主　任	郑向东
成　　　员	任　竞　刘　旗　刘文海　米加德　李　鹏　吴玉荣 张发钧　陈兴芜　陈昌明　饶帮华　祝轻舟　龚建海 程武彦　詹成志　潘　勇

《巴渝文库》专家委员会

(以姓氏笔画为序)

学术牵头人	蓝锡麟　黎小龙
成　　　员	马　强　王志昆　王增恂　白九江　刘兴亮　刘明华 刘重来　李禹阶　李彭元　杨恩芳　杨清明　吴玉荣 何　兵　邹后曦　张　文　张　瑾　张凤琦　张守广 张荣祥　周　勇　周安平　周晓风　胡道修　段　渝 唐润明　曹文富　龚义龙　常云平　韩云波　程地宇 傅德岷　舒大刚　曾代伟　温相勇　蓝　勇　熊　笃 熊宪光　滕新才　潘　洵　薛新力

《巴渝文库》办公室

(以姓氏笔画为序)

王志昆　艾智科　刘向东　杜芝明　李远毅　别必亮　张　进
张　瑜　张永洋　张荣祥　陈晓阳　周安平　郎吉才　袁佳红
黄　璜　曹　璐　温相勇

总序

蓝锡麟

　　两百多万字的《巴渝文献总目》即将出版发行。它标志着经过六年多的精准设计、切实论证和辛勤推进，业已明确写入《重庆市国民经济和社会发展第十三个五年规划》的《巴渝文库》编纂出版工程，取得了第一个硕重的成果。它也预示着，依托这部前所未有的大书已摸清和呈现的巴渝文献的厚实家底，对于巴渝文化的挖掘、阐释、传承和弘扬，都有可能进入一个崭新的阶段。

　　《巴渝文库》是一套以发掘梳理、编纂出版巴渝文献为主轴，对巴渝历史、巴渝人文、巴渝风物等进行广泛汇通、深入探究和当代解读，以供今人和后人充分了解巴渝文化、准确认知巴渝文化，有利于存史、传箴、资治、扬德、励志、育才的大型丛书。整套丛书都将遵循整理、研究、求实、适用的编纂方针，运用系统、发展、开放、创新的文化理念，力求能如宋人张载所倡导的"为天地立心，为生民立命，为往圣继绝学，为万世开太平"那样，对厘清巴渝文化文脉，光大巴渝文化精华，作出当代文化视野所能达致的应有贡献。

　　这其间有三个关键词，亦即"巴渝""文化"和"巴渝文化"。

　　"巴渝"称谓由来甚早。西汉司马相如的《上林赋》中，即有"巴渝宋蔡，淮南于遮"的表述，桓宽的《盐铁论·刺权篇》也有"鸣鼓巴渝，交作于堂下"的说法。西晋郭璞曾为《上林赋》作注，指认"巴西阆中有渝水，僚人居其上，皆刚勇好舞，汉高祖募取以平三秦，后使乐府习之，因名巴渝舞也"。从前后《汉书》至新旧《唐书》，以及《三巴记》《华阳国志》等典籍中，都能见到"巴渝乐""巴渝舞"的记载。据之不难判定，"巴渝"是一个地域历史概念，它泛指的是先秦巴国、秦汉巴郡辖境所及，中有渝水贯注的广大区域。当今重庆市，即为其间一个至关重要的组成部分，并且堪称主体部分。

关于"文化"的界说，古今中外逾百种，我们只取在当今中国学界比较通用的一种。马克思在《1844年经济学哲学手稿》里指出："动物只生产自己本身，而人则再生产整个自然界。"因此，"自然的人化"，亦即人类超越本能的、有意识地作用于自然界和社会的一切创造性活动及其物质、精神产品，就是广义的文化。在广义涵蕴上，文化与文明大体上相当。广义文化的技术体系和价值体系建构两极，两极又经由语言和社会结构组成文化统一体。其中的价值体系，即与特定族群的生产方式和生活方式相适应，构成以语言为符号传播的价值观念和行为准则，通常被称为观念形态，就是狭义的文化。文字作为语言的主要记载符号，累代相积地记录、传播和保存人类文明的各种成果，则形成文献。文献直属于狭义文化，具有知识性特征，但同时又是广义文化的价值结晶。《巴渝文库》的"文"即专指文献，整部丛书都将遵循以上认知从文献伸及文化。

将"巴渝"和"文化"两个概念和合为一，标举出"巴渝文化"特指概念，乃是20世纪中后期发生的事。肇其端，《说文月刊》1941年10月在上海，1942年8月在重庆，先后发表了卫聚贤的《巴蜀文化》一文，并以"巴蜀文化专号"名义合计发表了25篇文章，破天荒地揭橥了巴蜀文化的基本内涵。从20世纪50年代到90年代，以成渝两地的学者群作为主体，也吸引了全国学界一些人的关注和参与，对巴蜀文化的创新探究逐步深化、丰富和拓展，并由"巴蜀文化"总体维度向"巴蜀文明""巴渝文化"两个向度切分、提升和演进。在此基础上，以1989年11月重庆博物馆编辑、重庆出版社出版第一辑《巴渝文化》首树旗帜，经1993年秋在渝召开"首届全国巴渝文化学术研讨会"激扬波澜，到1999年第四辑《巴渝文化》结集面世，确证了"巴渝文化"这一地域历史文化概念的提出和形成距今已达三十多年，并已获得全国学界的广泛认同。黎小龙所撰《"巴蜀文化""巴渝文化"概念及其基本内涵的形成与嬗变》一文，对其沿革、流变及因果考镜翔实，梳理通达，足可供而今而后一切关注巴渝文化的人溯源知流，辨伪识真。

　　从中不难看出，巴蜀文化与巴渝文化不是并列关系，而是种属关系，彼此间有同有异，可合可分。用系统论的观点考察种属，自古及今，巴蜀文化都是与荆楚文化、吴越文化同一层级的长江流域一大地域历史文化，巴渝文化则是巴蜀文化的一个重要分支。自先秦迄于两汉，巴渝文化几近巴文化的同义语，与蜀文化共融而成巴蜀文化。魏晋南北朝以降，跟巴渝相对应的行政区划迭有变更，仅言巴渝渐次不能遍及巴，但是，在巴渝文化的核心区、主体圈和辐射面以内，巴文化与蜀文化的兼容性和互补性，或者一言以蔽之曰同质性，仍然不可移易地存在，任何时势下都毋庸置疑。而与之同时，大自然的伟力所造就的巴渝山水地质地貌，又以不以任何人的个人意志为转移的超然势能，对于生息其间的历代住民的生产方式和生活方式施予重大影响，从而决定了巴人与蜀人的观念取向和行为取向不尽一致，各有特色。再加上巴渝地区周边四向，东之楚、南之黔、北之秦以及更广远的中原地区的文化都会与之相互交流、渗透和浸润，巴渝文化之于巴蜀文化具有某些异质性，更加不可避免。既有同质性，又有异质性，就构成了巴渝文化的特质性。以此为根基，在尊重巴蜀文化对巴渝文化的统摄地位的前提下，将巴渝文化切分出来重新观照，合情合理，势在必然。

　　周边四向其他文化与巴渝文化交相作用，影响之大首推蜀文化自不待言，但对楚文化也不容忽视。《华阳国志·巴志》有言："江州以东，滨江山险，其人半楚，姿态敦厚。垫江以西，土地平敞，精敏轻疾。上下殊俗，情性不同。"正是这种交互性的生动写照。就地缘结构和族群渊源而言，理当毫不含糊地说，巴渝文化地域恰是巴蜀文化圈与荆楚文化圈的边缘交叉地域。既边缘，又交叉，正负两端效应都有。正面的效应，主要体现在有利于生成巴渝文化的开放、包容、多元、多样上。而负面的效应，则集中反映在距离两大文化圈的核心地区比较远，无论在广义层面，还是在狭义层面，巴渝文化的演进发展都难免于相对滞后。负面效应贯穿先秦以至魏晋南北朝时期，直至唐宋才有根本的改观。

地域历史的客观进程即是巴渝文化的理论基石。当第四辑《巴渝文化》出版面世时，全国学界已对巴渝文化概念及其基本内涵取得不少积极的研究成果，认为巴渝文化是指以今重庆为中心，辐射川东、鄂西、湘西这一广大地区内，从夏商直至明清时期的物质文化和精神文化的总和，已然成为趋近共识的地域历史文化界说。《巴渝文库》自设计伊始，便认同这一界说，并将其贯彻编纂全过程。但在时空界线上略有调整，编纂出版的主要内容从有文物佐证和文字记载的上古时期开始，直至1949年9月30日为止，举凡曾对今重庆市以及周边相关的历代巴渝地区的历史进程产生过影响，具备文献价值，能够体现巴渝文化的基本内涵的各种信息记录，尤其是得到自古及今广泛认同的代表性著述，都在尽可能搜集、录入和整理、推介之列，当今学人对于巴渝历史、巴渝人文、巴渝风物等的研究性著述也将与之相辅相成。一定意义上，它也可以叫《重庆文库》，然而不忘文化初始，不忘文化由来，还是《巴渝文库》体现顺理成章。

须当明确指出，《巴渝文库》瞩目的历代文献，并非一概出自巴渝本籍人士的手笔。因为一切文化得以生成和发展，注定都是在其滋生的热土上曾经生息过的所有人，有所发现、有所创造的共生结果，决不应该分本籍或外籍。对巴渝文化而言，珍重和恪守这一理念尤关紧要。唐宋时期和民国年间，无疑是巴渝文化最辉煌的两大时段，非巴渝籍人士在这两大时段确曾有的发现和创造，明显超过了巴渝本籍人士，排斥他们便会自损巴渝文化。所以我们对于文献的收取原则，是不分彼此，一视同仁，尊重历史，敬畏前贤。只不过，有憖于诸多发掘限制，时下文本还做不到应收尽收，只能做到尽可能收。拾遗补阙之功，容当俟诸后昆。

还需要强调一点，那就是作为观念形态狭义的文化，在其生成和发展的过程中，必然会受到一定时空的自然条件和社会条件，尤其是后者中的经济、政治等广义文化要素的多层多样性的制约和支配。无论是共时态还是历时态，都因之而决定，不同的地域文化会存在不平衡性和可变动性。但文化并不是经济和政治的单相式仆从，它也有自身的构成品质和运行规律。一方面，文化的发展与经济、政治的发展并不一定同步，通常呈现出相对滞后性和相对稳定性，而在特定的社会异动中又有可能凸显超前。另一方面，不管处于哪种状态下，文化都对经济、政治等具有能动性的反作用，特别是反映优秀传统或先进理念的价值观念和行为准则，对整个社会多维度的、广场域的渗透影响十分巨大。除此而外，任何文化强势区域的产生和延续，都决然离不开文化贤良和学术精英的引领开拓。这一切，在巴渝文化的演进流程中都有长足的映现，而巴渝文献正是巴渝文化行进路线图的历史风貌长卷。

从这一长卷可以清晰地指认，巴渝文献为形，巴渝文化为神，从先秦迄于民国三千多年以来，历代先人所创造的巴渝地域历史文化，的确是源远流长，根深叶茂，绚丽多姿，历久弥新。尽管文献并不能够代替文物、风俗之类对于文化具有的载记功能和传扬作用，但它作为最重要的传承形态，如今荟萃于一体，分明已经展示出了巴渝文化的四个行进阶段。

第一个阶段，起自先秦，结于魏晋南北朝。这一阶段长达千余年，前大半段恰为上古巴国、两汉巴郡的存在时期，因而正是巴渝文化的初始时期；后小半段则为三国蜀汉以降，多族群的十几个纷争政权先后交替分治时期，因而从文化看只是初始时期的迟缓延伸。巴国虽曾强盛过，却如《华阳国志·巴志》所记，在鲁哀公十八年（前477年）以后，"楚主夏盟，秦擅西土，巴国分远，故于盟会希"，沦落为一个无足道的僻远弱国。政治上的边缘化，加之经济上的山林渔猎文明、山地农耕文明相交错，生产力低下，严重地桎梏了文化的根苗茁壮生长。其间最大的亮点，在于巴、楚共建而成的巫、神、辞、谣相融合的三峡文化，泽被后世，长久不衰。两汉四百年大致延其续，在史志、诗文等层面上时见踪影，但表现得相当零散，远不及以成都为中心的蜀文化在辞赋、史传等领域都蔚为大观。魏晋南北朝三百多年，社会大动荡，生产大倒退，文化生态极为恶劣，反倒陷入了裹足不前之状。较之西向蜀文化和东向楚文化，这一阶段的巴渝文化，明显地处于后发展态势。

第二个阶段，涵盖了隋唐、五代、两宋，近七百年。其中的前三百余年国家统一，带动了巴渝地区经济社会恢复良性发展，后三百多年虽然重现政治上的分合争斗，但文化驱动空前自觉，合起来给巴渝文化注入了生机。特别是科举、仕宦、贬谪、游历诸多因素，促成了包括李白、"三苏"在内，尤其是杜甫、白居易、刘禹锡、黄庭坚、陆游、范成大等文学巨擘寓迹巴渝，直接催生出两大辉煌。一是形成了以"夔州诗"为品牌的诗歌胜境，流誉峡江，彪炳汗青，进入了唐宋两代中华诗歌顶级殿堂。二是发掘出了巴渝本土始于齐梁的民歌"竹枝词"，创造性转化为文人"竹枝词"，由唐宋至于明清，不仅传播到全中国的众多民族，而且传播到全球五大洲。与之相仿佛，宋代理学大师周敦颐、程颐先后流寓巴渝，也将经学、理学以及兴学施教之风传播到巴渝，迄及明清仍见光扬。在这两大场域内，中华诗歌界和哲学界，渐次有了巴渝本土文人如李远、冯时行、度正、阳枋等的身影和行迹。尽管只是局部范围的异军突起，卓尔不群，但这种文化突破，却比1189年重庆升府得名，进而将原先只有行政、军事功能的本城建成一座兼具行政、军事、经济、文化、交通等多功能的城市要早得多。尽有理由说，这个阶段显示着巴渝文化振起突升。

第三个阶段，贯通元明清，六百多年。在这一时期，中华民族国家的族群结构和版图结构最终底定，四川省内成渝之间的统属格局趋于稳固，经济社会发展进入了新的里程，巴渝文化也因之而拓宽领域沉稳地成长。特别是明清两代大量移民进入巴渝地区，晚清重庆开埠，带来新技术和新思想，对促进经济和文化繁荣起了大作用。本地区文化名人前驱后继，文学如邹智、张佳胤、傅作楫、周煌、李惺、李士棻、钟云舫，史学如张森楷，经学如来知德，佛学如破山海明，书画如龚晴皋，成就和影响都超越了一时一地，邹容宣传民主主义革命思想更是领异于时代。外籍的文化名人，诸如杨慎、曹学佺、王士祯、王尔鉴、李调元、张问陶、赵熙等，亦有多向的不俗建树。尽管除邹容一响绝尘之外，缺少了足以与唐宋高标相比并的全国一流性高峰，但认定这一阶段巴渝文化构筑起了有如地理学上所谓中山水准的文化高地，还是并不过分的。

第四个阶段，从1912年民国成立开始，到1949年9月30日国共易帜为止，不足四十年。虽然极短暂，社会历史的风云激荡却是亘古无二，重庆在抗日战争时期成为全中国的战时首都更是空前绝后。由辛亥革命到五四运动，重庆的思想、政治精英已经站在全川前列，家国情怀、革命意识已经在巴渝地区强势愤张。至抗战首都期间，数不胜数的全国一流的文化贤良和学术精英会聚到了当时重庆和周边地区，势所必至地全方位、大纵深推动文化迅猛突进，从而将重庆打造成了那个时期全中国最大最高的文化高地，其间还耸出不少全国性的文化高峰。其先其中其后，巴渝本籍的文化先进也竞相奋起，各展风骚，如卢作孚、任鸿隽、刘雪庵就在他们所致力的文化领域高扬过旗帜，潘大逵、杨庶堪、吴芳吉、张锡畴、何其芳、李寿民等也声逾夔门，成就不凡。毫无疑问，这是巴渝文化凸显鼎盛、最为辉煌的一个阶段，前无古人，后世也难以企及。包括大量文献在内，它所留下的极其丰厚的思想、价值和精神遗产，永远都是巴渝文化最珍贵的富集宝藏。

由文献反观文化，概略勾勒出巴渝文化的四个生成、流变、发展阶段，指定会有助于今之巴渝住民和后之巴渝住民如实了解巴渝文化，切实增进对于本土文化的自知之明、自信之气和自强之力，从而做到不忘本来，吸收外来，面向未来，更加自觉地传承和弘扬巴渝文化，不懈地推动巴渝文化在新的语境中创造性转化，创新性发展。对于非巴渝籍人士，同样也有认识意义。《巴渝文献总目》没有按照这四个阶段划段分卷，而是依从学界通例分成"古代卷"和"民国卷"，与如此分段并不抵牾。四分着眼于细密，两分着眼于大观，各有所长，相得益彰。

《巴渝文献总目》作为《巴渝文库》起始发凡的第一部大书，基本的编纂目的在于摸清文献家底，这一目的已然达到。但它展现的主要是数量。反观文化，数量承载的多半还是文化总体的支撑基座的长度和宽度，而并不是足以代表那种文化的品格和力量的厚度和高度。文化的品格和力量蕴含在创造性发现、创新性发展，浸透着质量，亦即思想、价值和精神的精华当中，任何文化形态均无所例外。因此，几乎与编纂《巴渝文献总目》同时起步，我们业已着手披沙拣金，精心遴选优秀文献，分门别类，钩玄提要，以编撰出第二部大书，亦即《巴渝文献要目提要》。明年或后年，当《巴渝文献要目提要》也编成出版以后，两部大书合为双璧，就将对传承和弘扬巴渝文化，持续地生发出别的文化样式所不可替代的指南工具书作用。即便只编辑出版这样两部大书，《巴渝文库》工程便建立了历代前人未建之功，足可以便利当代，嘉惠后人，恒久存传。

《巴渝文库》的期成目标，远非仅编辑出版上述两部大书而已。按既定设计，今后十年内外，还将以"文献""新探"两大编的架构形式，分三步走，继续推进，争取总体量达到300种左右。"文献"编拟称《历代巴渝文献集成》，旨在对著作类和单篇类中优秀的，或者有某种代表性的文献进行抉取、整理、注疏、翻印、选编或辑存，使之更适合古为今用，预计180种左右。"新探"编拟称《历代巴渝文化研究》，旨在延请本土学人和外地学人，在文献基础上，对巴渝历史、巴渝人文、巴渝风物等作出创造性研究和创新性诠释，逐步地产生出著述成果120种左右。与其相对应，第一步为基础性工作，即在配套完成两部大书的同时，至迟于2017年四季度前，确定"文献"编的所有子项目和项目承担人。第二步再用三至五年时间，集中精力推进"文献"编的分项编辑出版，力争基本完成，并至迟于2020年四季度前，确定"新探"编的所有子项目和项目承担人。第三步另用五年或者略多一点时间，完成"新探"编，力争2027年前后能竟全功。全过程都要坚持责任至上、质量第一原则，确保慎始慎终，以达致善始善终。能否如愿以偿，有待多方协力。

总而言之，编辑出版《巴渝文库》是一项重大文化建设工程，需要所有参与者自始至终切实做到有抱负，有担当，攻坚克难，精益求精，前赴后继地为之不懈努力，不竟全功，决不止息。它也体现着党委意向和政府行为，对把重庆建设成为长江上游的文化高地具有不容低估的深远意义，因而也需要党委和政府高屋建瓴，贯穿全程地给予更多关切和支持。它还具备了公益指向，因而尽可能地争取社会各界关注和支持，同样不可或缺。事关立心铸魂，必须不辱使命，前无愧怍于先人，后无愧怍于来者。初心长在，同怀勉之！

2016年12月16日于淡水轩

凡例

《巴渝文库》是一套以发掘梳理、编纂出版巴渝文献为主轴,对巴渝历史、巴渝人文、巴渝风物等进行广泛汇通、深入探究和当代解读,以供今人和后人充分了解巴渝文化、准确认知巴渝文化,有利于存史、传箴、资治、扬德、励志、育才的大型丛书。整套丛书都将遵循整理、研究、求实、适用的编纂方针,运用系统、发展、开放、创新的文化理念,力求能如宋人张载所倡导的"为天地立心,为生民立命,为往圣继绝学,为万世开太平"那样,对厘清巴渝文化文脉,光大巴渝文化精华,作出当代文化视野所能达致的应有贡献。

一、收录原则

1. 内容范围

①凡是与巴渝历史文化直接相关的著作文献,无论时代、地域,原则上都全面收录;

②其他著作之中若有完整章(节)内容涉及巴渝的,原则上也收入本《文库》;全国性地理总志中的巴渝文献,收入本《文库》;

③巴渝籍人士(包括在巴渝出生的外籍人士)的著作,收入本《文库》;

④寓居巴渝的人士所撰写的其他代表性著作,按情况酌定收录,力求做到博观约取、去芜存菁。

2. 地域范围

古代，以秦汉时期的巴郡、晋《华阳国志》所载"三巴"为限；民国，原则上以重庆直辖（1997年）后的行政区划为基础，参酌民国时期的行政建制适当张弛。

3.时间范围

古代，原则上沿用中国传统断代，即上溯有文字记载、有文物佐证的先秦时期，下迄1911年12月31日；民国，收录范围为1912年1月1日至1949年9月30日。

4.代表性与重点性

《巴渝文库》以"代表性论著"为主，即能反映巴渝地区历史发展脉络、对巴渝地区历史进程产生过影响、能够体现地域文化基本内涵、得到古今广泛认同且具有文献价值的代表性论著。

《巴渝文库》突出了巴渝地区历史进程中的"重点"，即重大历史节点、重大历史阶段、重大历史事件、重要历史人物。就古代、民国两个阶段而言，结合巴渝地区历史进程和历史文献实际，突出了民国特别是抗战时期重庆的历史地位。

二、收录规模

为了全面、系统展示巴渝文化，《巴渝文库》初步收录了哲学宗教、政治法律、军事、经济、文化科学教育、语言文学艺术、历史与地理、地球科学、医药卫生、交通运输、市政与乡村建设、名人名家文集、方志碑刻报刊等方面论著约300余种。

其中，古代与民国的数量大致相同。根据重要性、内容丰富程度与相关性等，"一种"可能是单独一个项目，也可能是同"类"的几个或多个项目，尤以民国体现最为明显。

三、整理原则

《巴渝文库》体现"以人系文"、"以事系文"的整理原则，以整理、辑录、点校为主，原则上不影印出版，部分具有重要价值、十分珍贵、古今广泛认同、流传少的论著，酌情影印出版。

每一个项目有一个"前言"。"前言",包括文献著者生平事迹、文献主要内容与价值,陈述版本源流,说明底本、主校本、参校本的情况等。文献内容重行编次的,有说明编排原则及有关情况介绍。

前言

杜芝明

《说文月刊》于1939年1月创办于上海,是民国时期著名的学术性期刊,卫聚贤任发行人、主笔,孔令谷、陈志良、金祖同、蔡凤圻、蒋玄佁等任编辑等职。

卫聚贤,生于甘肃,"五岁时迁居山西",字怀彬,又号卫大法师、卫大发痴,又以模仿"粗中有细"的鲁智深自诩,而被《文汇报》评论"他的外貌很粗鲁,然而文章很精细"[①]。"文章精细"恰从一个侧面反映了卫聚贤的研究水平,卫聚贤在小学、考古学等学科领域,及吴越文化、巴蜀文化等研究领域成就突出,撰有《古史研究》(第1、2、3册)、《中国考古学史》、《中国考古小史》、《中国东南沿海发现史前文化遗址的探讨》、《巴蜀文化》等论著。

除了学术成就外,卫聚贤创办了在学界影响重大的《说文月刊》,"在抗战期间一切国学刊物停止了,惟有《说文月刊》在撑门面,对国家对文化,也算尽了些义务。纵使这不能按期出版,我想读者也会原谅的"[②]。"惟有"体现了《说文月刊》当时地位,有学人称其为"当时唯一的国学刊物"[③]。但《说文月刊》自创刊以来,经费问题始终困扰着持续出版,这在卫聚贤《疑难》一文[④]及多期"编后语"中有所反映,最终在出版第5卷第5、6期合刊(1947年1月)

[①] 卫大发痴:《鲁智深传》,《说文月刊》第1卷合订本,1940年,第819页。
[②] 卫聚贤:《编后语》,《说文月刊》第5卷第5、6期合订本,1947年。
[③] 李玉芳:《卫聚贤与〈说文月刊〉》,《社科纵横》,2015年第6期,第108页。
[④] 卫大法师:《疑难》,《说文月刊》第1卷合订本,1940年。按,原刊发于第1卷第7期。

后，《说文月刊》就停刊，"这并不是稿子不够，是因经济不足。这个纯粹国学刊物，定价连纸价也不够，而况又不容易销，是以不能按期出版"①。《说文月刊》从1939年1月创刊，在上海出到3卷6期，在重庆以3卷7期复刊，直到1947年1月停刊，共出版54期②。

一

对于《说文月刊》创办的背景，卫聚贤在《发刊词》中说：

自八一三以来，海上③关于研究学术的刊物都停办了，在这苦闷的空气中，各种学术研究，无处发展，以致没有讨论的机会。国学当然不能例外。

当此抗战建设时期，我因职务关系，不能到前线上去抗战，在公余做些学术的研究，也是建设之一。是以现在我用私人名义，出版一种刊物，拟月出一册，暂以十万字以内为一期。

近年出版的刊物，多用古书的名称，我这种杂志，内容为文字、训诂、语言、历史、考古、古钱、文艺等。其中以研究文字稿件较多，故取名《说文月刊》。④

《说文月刊》是在八一三事件以来，研究性学术刊物停办了，为了继续讨论中国学术、发扬中国传统文化、为抗战文化建设作出贡献的大背景下创办的。

---

① 卫聚贤：《编后语》，《说文月刊》第5卷第5、6期合订本，1947年。
② 按，《说文月刊》出到第5卷第6期，按一年1卷12期计，总共出54期，其中，第2卷第6、7期为合订本，第3卷第2、3期为合订本，第4卷为合订本，第5卷的第1、2期，第3、4期，第5、6期分别为合订本。明石馆影印版"出版说明"中提为"48期"（香港明石文化国际出版社有限公司，2004年），许多论述也提为48期；卫聚贤在第5卷第5、6期合订本《编后语》说"《说文月刊》是二十八年一月出版的，至今已经整整八年了，每月出一册，应共出九十六册，今全至五卷六期，已共出了六十六册，尚短了三十册"，实际要出到第6卷第6期才66册，其多算了一年期数即12册。
③ 上海。
④ 卫聚贤：《发刊词》，《说文月刊》第1卷合订本，1940年，第1页。

这一宗旨在多处有体现,"本刊为绝对公开研究中国学术的刊物……望有志发扬我国文化之学者,惠赐大作,本刊无不尽量刊载,即有所批评、指示,本刊亦竭诚接受"①,"仍本以往之精神,从事我国学术文化之研讨与发扬"②。在该指引下,《说文月刊》影响越来越大,已成为战争紧张空气下,国人重要的精神粮食,"不过在自太平洋战争爆发后,国人自信心日渐加强之际,需要这种国学刊物为精神食粮起见"③。

卫聚贤创办《说文月刊》的直接目的是宣传《字源》。"其书自印,没有这一笔印刷费,送到书局去,怕碰钉子回来。于是出了一种刊物,目的是在自我宣传,使《字源》得为一般大众所注意","我出这《说文月刊》,目的在宣传《字源》"。基于此,遵循当时出版刊物多用古书名字惯例,"不能免俗也就取名《说文》"④,因"月出一册"故名《说文月刊》。因此,《字源》才是《说文月刊》得名的"因",而《发刊词》所论("以研究文字稿件较多,故取名《说文月刊》")只是"果"。这也是"创刊号"文章构成情况反映,故"有人疑此刊物为专讲小学……不作文字学文章的人也就不愿投文章在这刊物上",卫聚贤想到了改名,但想不到好名字,"于是在封面上标出为经济、语文、历史、考古,专攻刊物"。⑤封面标出为"经济、语文、历史、考古,专攻刊物",并不是1940年7月卫聚贤"序"发表之后,而是从1940年4月15日出版的第2卷第1期开始的。在此之前,封面标出的是"文字语言历史考古专攻刊物",这与《发刊词》中"内容为文字、训诂、语言、历史、考古、古钱、文艺等"的表述是基本一致的。

---

① 《编后语》,《说文月刊》第1卷合订本,1940年,附《五霸考》文后。从内容看,应为第1卷第1期的《编后语》。
② 陈志良:《校后语》,《说文月刊》第2卷合订本,1941年。
③ 卫大法师:《编后语》,《说文月刊》第3卷第8期,1942年。
④ 卫聚贤:《序一》,《说文月刊》第1卷合订本,1940年,第1页。
⑤ 卫聚贤:《序一》,《说文月刊》第1卷合订本,1940年,第1页。

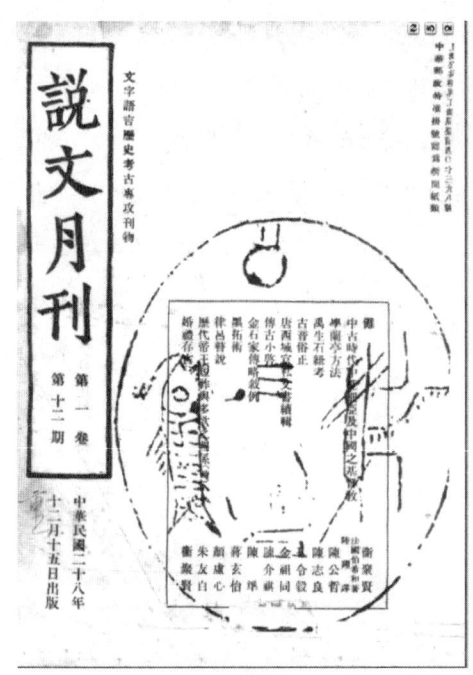
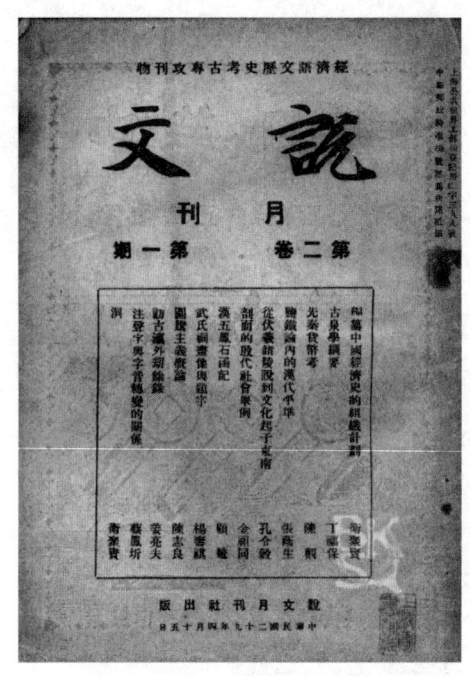

左图：标有"文字语言历史考古专攻刊物"的《说文月刊》第1卷第12期封面（来源：大成老旧刊全文数据库）

右图：标有"经济语文历史考古专攻刊物"的《说文月刊》第2卷第1期封面（来源：晚清民国期刊全文数据库）

从《发刊词》到第1卷合订本的《序》，从第2卷开始封面标注内容变化（从"文字语言"到"经济语文"），反映了《说文月刊》作为学术刊物定位的已有所变化，知名度扩大，"现在出了一年多了，《说文月刊》的名字及内容，人知道的多了，也就用不着去改它了"①，以文字类稿件为主的情况也应得到了改善。这种变化显示了《说文月刊》在"学术文化之研讨与发扬"的作用及影响力日益显著，所以不断地再版及推出合刊，"第一卷的第一期已再版三版，二期已再版过，其他各期也有再版之势，欲每期再版，不如整个的出一个合订本"②。第1卷合订本于1940年下半年在重庆再版了一千册，但"不久即告售

---

①卫聚贤：《序一》，《说文月刊》第1卷合订本，1940年，第1页。按，"改它"指《说文月刊》改名。

②卫聚贤：《序一》，《说文月刊》第1卷合订本，1940年，第2页。

馨"①。此外，第2卷于1941年以合订本形式再版；第3卷本来也要再版，但因"第三卷第一期至第六期在上海出版，但是在渝只收到三卷五期一册，其余均未寄到"②，故未能再版。

《说文月刊》获得了极大的认可，成为了"学术文化之研讨与发扬"的重要平台，这与其办刊理念有关。杨丽华在探讨《说文月刊》办刊特色（对地域文化关注）形成与持续原因时，指出：《说文月刊》有"前瞻性的办刊理念……表现为对新兴学科考古学的关注和对地域文化的重新界定""精准的刊物定位""兼容并包的办刊思想"。③《说文月刊》的办刊理念在第1卷合订本的《序》中有专门深入的论述，主要涉及治学方法、治学态度、治学方向三个方面。

（一）治学方法

孔令谷《序》开篇引用陈寅恪序《王静安先生遗书》中对王国维治学方法的概括（"取地下之实物与纸上之遗文互相释证""取异族之故书与吾国之旧籍互相补正""取外来之观念与固有之材料互相参证"），又引梁启超在《中国近三百年学术史》之语批评那些"徘徊于止水溪边""程度幼稚，不会涉猎于学术之圃"的人，进而阐明《说文月刊》的治学方法：

> 我们的治学方法，正像观堂先生所曾致力的，正像任公先生所曾预示的。我们对于古文史，不想囿于向来先儒们的藩篱内，我们要尊重外来的新发现新结论，以与我国古文相引证，而求其真正的可信的面貌。我们要用书籍外的土中遗物，社会遗俗，口中遗声，域外遗迹来解决我们所要讨论的问题，这些问题先儒们或者不曾解答了，或者解答了而中有讹误，或者似解答了而实未解答。④

《序》中提出了要运用考古学、历史学、社会学、民俗学等学科中的传世文

---

① 陈志良：《编后语》，《说文月刊》第2卷合订本，1941年。
② 卫大法师：《编后语》，《说文月刊》第3卷第12期，1944年。
③ 杨丽华：《论〈说文月刊〉与近代中国地域文化研究——兼论对当代学术期刊的启示》，《西华大学学报（哲学社会科学版）》2021年第3期，第6页。
④ 孔令谷：《序二》，《说文月刊》第1卷合订本，1940年，第2页。

献、出土文献、口述史料（"口中遗声"）、社会调查史料（"社会遗俗"）、国外史料等对问题进行综合研究的治学方法。这不仅仅是"取地下之实物与纸上之遗文互相释证"（二重证据法），还包括"取异族之故书与吾国之旧籍互相补正""取外来之观念与固有之材料互相参证"两种方法。有学者指出："陈寅恪解释王国维的二重证据法，认为是'取地下之实物与纸上之遗物互相释证''取异族之故书与吾国之旧籍互相补正'。加了后面一条。"①这就是说，第三种治学方法（"取外来之观念与固有之材料互相参证"）是陈寅恪的思想。从这个层面看，《说文月刊》的治学方法是对王国维、梁启超、陈寅恪等人治学方法的继承与发扬。因此，《说文月刊》所刊文章，有文字学、语言学等方面的考证文章，如《中国文字形体的演变》《老子韵考》；有考古学文章，如《吴越考古汇志》《香港舶辽洲史前遗物发现记》；有探讨出土器物的文章，如《巴蜀文化》；有民俗学与社会调查方面的文章，如《石纽探访记》《西南采风录》《红苗闻见录》；也有国外学者的成果，如高本汉、伯希和、吉田虎雄等。其中，很多文章都很好地将传世文献与出土文献结合起来探讨问题。

可以说，《说文月刊》继承和发扬了当时的治学方法，并通过其学术性、专业性、社会影响力，为自19世纪末20世纪初以来深刻变革的中国史学作出了应有的贡献。②

（二）治学态度

《说文月刊》所坚守的治学态度可以"言之成理、兼容并包"言之。

发刊词对收录文章的要求在一定程度上反映了《说文月刊》的治学态度，体现为两个方面："要言之成理，持之有故"，"以研究讨论的态度，不是谩骂开玩笑的"③。前者体现文章的学术性，后者体现讨论的原则性。关于"研究讨论

---

① 吴怀其：《王国维的二重证据法和古史新证论》，《河北学刊》1987年第5期，第74页。
② 19世纪末20世纪初，中国史学发生了深刻的变革，表征有三：一、中西史学的交融和沟通，打破了各自为政、各不相干的局面；二、传统旧史学的衰颓和现代新史学的崛起，中国史学在观念上得到实质性的革新；三、新史料的运用，"二重证据法"成为一种自觉的史学方法。（彭华：《王国维的治学特色与史学方法——以"二重证据法"为考察中心》，《西部史学》2019年第1期，第121页）
③ 卫聚贤：《发刊词》，《说文月刊》第1卷合订本，1940年。

的态度",卫聚贤等人从创刊之初就一再强调"自由讨论中国学术",卫聚贤在第1卷合订本《序》中有进一步阐述:

学术讨论,犹如议会的提案……但是往往提案人以为通过他的提案就是表示赞成他自己,以不通过他的提案就是表示反对他自己;而赞成及反对的亦多以人为对象不以事为对象。这是根本错误应知所避免的。

学术的讨论,何尝不然。学人提出的意见如果能成为讨论问题,讨论很久,结果这意见成立,则是解决了一个学术上的问题,不是解决了提出这问题的本人的一己问题……不能成立,是这学术上问题尚待解决,并不是推翻提出问题人本人的一己问题。我主张学术应自由讨论,不宜强人以从己,亦不宜抑己以附人。①

"研究讨论"的"自由"态度应遵循两个原则:一方面"不应固执己见""坚壁清野,闭目不视"②,也不能"强人以从己,亦不宜抑己以附人";一方面,学术讨论只能就事论事,不能就人论事,"谩骂开玩笑"。可看出,《说文月刊》强调学术上"言之成理"、讨论上"兼容并包"的治学态度。

这一治学态度在中华文化起源③、巴蜀文化等议题方面得以体现,如巴蜀文化中,关于成都白马寺出土铜器是否为巴蜀文化器物的讨论。卫聚贤两篇《巴蜀文化》从类别、器型、纹饰等对成都白马寺出土器物进行了探讨,确为巴蜀本土器物;商承祚作《成都白马寺出土铜器辩》一文④,从写作缘由、铜器出土地、兵器制度及年代、花纹文字、锈色定地域、铜质优劣等几方面对卫聚贤的主要观点进行了批驳。

---

① 卫聚贤:《序一》,《说文月刊》第1卷合订本,1940年,第2—3页。
② 孔令谷:《序二》,《说文月刊》第1卷合订本,1940年,第4页。
③ 卫聚贤、孔令谷提出了文化东南说,《说文月刊》也刊发吴越文化相关文章以证;陈志良发表了《禹生石纽考》(第1卷合订本),孔令谷说:"陈志良先生以禹生石纽为凭证以为我国文化有起于西南的可能,但本人则深信我国文化实起于东南。"(孔令谷:《序二》,《说文月刊》第1卷合订本,1940年,第6页)
④ 商承祚:《成都白马寺出土铜器辩》,《说文月刊》第3卷第7期,1942年8月。

除了学术观点争论外，也存在对刊物的非议、批评，甚至谩骂，就善意、合理的批评建议，主办者还是虚心接受并不断改进的，《图书季刊》关于《说文月刊》第1卷第2—9期"其中专门论著较多，虽不免瑕瑜互见，心得创作，往往而有"的评论[①]，孔令谷表态说："我们感谢季刊主者的公正的评判，我们于此希望渐渐把瑕减少，渐渐将瑜增加，以不负同情的读者们殷切的期望。"[②]

（三）治学方向

《说文月刊》治学方向包括议题、学术工作两个方面。

议题，犹如期刊栏目，也犹如课题申报指南，是期刊主办者根据学术需要所设置或提出，以期达到学术争鸣，解决学术问题的目的。《说文月刊》封面标注的"文字语言历史考古专攻刊物""经济语文历史考古专攻刊物"就是《说文月刊》的治学方向，以向学界表明征稿文章类别，属于宏观层面。而进一步从微观上提出《说文月刊》治学方向的则是卫聚贤、孔令谷二人在1940年出版的第1卷合订本《序》。卫聚贤提出"春秋战国时中国学术受有外来的影响""文化起于东南""中国汉高祖以前历史年代应拉长"三个具体议题[③]，同时还提出了甲骨文、图腾、移民美洲等所应关注的问题。前几期发表的文字学、吴越文化等领域文章就是对第二、三议题的探讨。孔令谷以"我们对于我国古史的态度"对治学方向（议题）有进一步论述，提出我国古代存在图腾制度、上古世界文化曾相互沟通、文化发生于东南、神话还原论等方向（议题）[④]。此外，还提出了文字学、经济学、中外交通等方向（议题）。这些议题是卫、孔二氏以他们主张的观点提出来以供学界关注、讨论，审阅《说文月刊》所发表文章目录，绝大部分都是围绕以上议题所展开的。

学术工作主要包括三类：翻译、整理、研究，又以研究为主，"古史文字想

---

①《期刊介绍》，《图书季刊》新2卷第1期，1940年。按，孔令谷《说文月刊》第1卷合订本《序二》所引为《北平图书馆季刊》，引语与原评论语有出入。
② 孔令谷：《序二》，《说文月刊》第1卷合订本，1940年，第14页。按，"主者"应为"主编者"。
③ 卫聚贤：《序一》，《说文月刊》第1卷合订本，1940年，第3页。
④ 孔令谷：《序二》，《说文月刊》第1卷合订本，1940年，第4—12页。

以第一种为启示①，致力于第三种工作②；对于经济想作第二种工作③，这是我们预定的方向"④。《说文月刊》刊发文章主要以第三类（研究）为主，也刊登翻译文章，古史文字方面如《释圭》⑤，国外译著如《龙门石窟考》⑥。关于史料的重要性，卫聚贤说："学术重在研究，史料居其次，但有些人将史料据为己有，其公布的方式，要自己对于这史料有了研究，将他自己的研究及史料同时公布，否则就不公布，这些史料就淹没了。"⑦因此，《说文月刊》刊发了大量整理的史料，尤其注重未公布史料，如《中国回教史料汇编》⑧《蜀地识小录》⑨，甚至有些期数以史料为主，如第3卷第1、11期。

二

《说文月刊》创刊以来深受读者欢迎，在人文社会科学研究领域地位重要、影响巨大。晚清民国期刊全文数据库在"期刊简介"中说道："以弘扬民族文化为目的，注重文史方面的研究，……而且注重研究国学的起源发展。……该期刊所刊登的经济类、语言文字类、历史考古类、文化类等文章，均代表了当时的学术水平和学术研究发展的脉络，是研究这些学科的重要资料。"香港明石馆影印《说文月刊》时有《跋》："《说文月刊》所收录诸多专家学者的文章，涉及中国社会经济、语言文字、历史、考古、文化等领域，代表了当时中国人文

---

①即翻译工作。
②即研究工作。
③即整理工作。
④孔令谷：《序二》，《说文月刊》第1卷合订本，1940年，第13页。
⑤鲍鼎：《释圭》，《说文月刊》第2卷第11期，1941年。
⑥[法]沙畹著，陆翔译：《龙门石窟考》，《说文月刊》第2卷第6、7期，1940年10月15日。原为"吴江陆翔著"。
⑦卫大法师：《编后语》，《说文月刊》第3卷第11期，1943年。
⑧金祖同：《中国回教史料汇编》（一），《说文月刊》第3卷第5期，1941年。按，《中国回教史料汇编》（二）刊发于第3卷第6期，该期战时已佚。
⑨十穗：《蜀地识小录》（一、二、三），《说文月刊》第3卷第4期，1941年，第3卷第5期，1941年。

社会科学的学术研究水平,展示了学术发展的脉络,对全面研究中国的历史、文化等方面有极为重要的参考价值。"[1]

(一)《说文月刊》是具有重要影响力的学术阵地

《说文月刊》汇集了一大批具有影响力的撰稿学者,如卫聚贤、孔令谷、马叙伦、郭沫若、吕思勉、胡朴安、胡理兹、郑德坤、金毓黻、常任侠、缪凤林、董作宾、傅斯年、徐中舒、罗香林、高本汉等,使《说文月刊》成为国学研究的重要阵地。此外,卫聚贤还以《说文月刊》为基础发起成立了学术社团——说文月刊社,发起人包括了郭沫若、傅斯年、李济、胡焕庸、林耀华、徐中舒等在内共计163人[2]。正因此,《说文月刊》上发表许多具有代表性的成果,如《巴蜀文化》[3]《华西的史前石器》[4]《夏民族发祥于岷江流域说》[5]《古蜀的洪水神话与中原的洪水神话》[6]等,从而"在文化界颇有影响力"[7]。

(二)《说文月刊》推动了区域文化的研究

《说文月刊》对区域文化研究的影响,杨丽华曾专门撰文进行探讨,"比较大比例刊发了与巴蜀文化、吴越文化和西北文化相关的研究成果,紧跟学术热点,推动了学界对地域文化研究的关注,奠定了中国地域文化研究的基础,并对中华人民共和国成立后的中国地域文化研究产生了持续影响"[8]。对巴蜀文化、西北文化,《说文月刊》皆以专号形式集中探讨,而吴越文化研究则刊发于第1卷各期,"先后刊发了有关吴越文化研究的论文19篇",使"吴越文化的

---

[1] 明石馆:《说文月刊·跋》,中国近现代珍稀文献影印丛刊(中文编)之五,香港:香港明石文化国际出版有限公司,2004年。

[2]《说文社发起人略历表》,《说文月刊》第3卷第11期,1944年,第104—118页。

[3] 卫聚贤:《巴蜀文化》,第3卷第4、7期,1941年、1942年。

[4] 郑德坤:《华西的史前石器》,《说文月刊》第3卷第7期,1942年。

[5] 罗香林:《夏民族发祥于岷江流域说》,《说文月刊》第3卷第9期,1943年。

[6] 程仰之:《古蜀的洪水神话与中原的洪水神话》,《说文月刊》第3卷第9期,1943年。

[7] 黄博:《谣言、风俗与学术:宋代巴蜀地区的政治文化考察》,成都:巴蜀书社,2018年,第329页。

[8] 杨丽华:《论〈说文月刊〉与近代中国地域文化研究——兼论对当代学术期刊的启示》,《西华大学学报(哲学社会科学版)》2021年第3期,第7页。

研究再次兴起"①。《说文月刊》对三个区域文化比较关注，应基于考古发掘、文化考察、治学方向等因素。卫聚贤曾参与吴越地区考古发掘，主持吴越史地研究会；抗战时期，卫聚贤到巴蜀后，发掘了重庆江北汉墓，在成都又搜集到许多器物；1941年9月，又往西北考察三个月。具有地域特色的器物出土与搜集、文化考察，使在治学方向中提出"我国文化发生于东南"的地域文化议题进一步发展为三个议题，虽然学术命题成立与否还存在争论，但吸引了众多学者的关注，推动了地域文化研究的深入及中华文化起源问题的进一步探讨。随着新材料发现、出土，巴蜀文化、吴越文化、西北文化研究进一步深入，进而丰富了中华文明是多民族、多地区共同创造的认识，而《说文月刊》的地域文化研究具有奠基之功。

（三）《说文月刊》倡导以文字学与考古学为基础，多种文献综合研究的治学方法，扩大了以"二重证据法"为主，社会学、民俗学结合的史学研究方法影响，不仅推动了以区域研究为重点的史学发展，也推动了区域考古学发展

作为"经济语文历史考古专攻刊物"，《说文月刊》关注考古成果，刊发了大量有影响的考古类文章，成为了当时考古成果介绍、研究的重要阵地，这些成果可分为三类："第一类是近似考古调查性质的文章"，"第二类是考古研究方面的文章"，"第三类是和金石学关系更密切的文章"。②《说文月刊》刊发的考古类成果往往与考古调查、考古发掘、器物搜集等活动联系在一起，如支撑"中国文化起于东南沿海"议题的江南考古活动及福州、杭县、福建、广东、香港等地遗址的发现、发掘成果在《说文月刊》创刊后得以刊发。1939年卫聚贤奉调来渝后，与同行在重庆相继开展系列考古发掘，"1921—1926年盐井沟化石发掘之后，重庆地区陆续启动了一些小型的、零散的考古工作"③，如果以盐

---

① 杨丽华：《论〈说文月刊〉与近代中国地域文化研究——兼论对当代学术期刊的启示》，《西华大学学报（哲学社会科学版）》2021年第3期，第4页。

② 刘斌、张婷：《卫聚贤与中国考古学》，《南方文物》2009年第1期，第102页。

③ 白九江：《重庆考古的起点与百年回首》，"重庆考古"公众号，2021年7月2日。

井沟作为重庆现代考古起点,卫聚贤等人考古发掘活动在重庆考古史上占有重要地位。"本刊主编卫聚贤先生去岁去渝,与郭沫若先生在北涪发现大批汉墓群。除明器外,有年号之墓砖甚多。为西南考古之发轫。"①"西南考古之发轫"有些言过其实,但其成果在《说文月刊》第3卷第4期上发表后引起了广泛关注,而且举行的小型展览更是引起了轰动,"毕工之次日,乃尽出所得,公开展览于墓傍(旁)之竹庐,观者两千余人"②。同时,卫聚贤在成都还搜集了一批出土器物,并以此为基础在《说文月刊》上提出了"巴蜀文化"的学术命题,不仅推动了"巴蜀文化"的研究,也为巴蜀考古指明了方向。

三

"巴蜀文化"学术命题是基于考古成果、田野调查、对四川文化及其与中原关系不断探讨的大背景下提出的。

四川广汉太平场燕氏宅发现石器、玉器的消息在1931年春被牧师董笃宜获悉后,引起戴谦和(地质家)、柯利尔(化学家)、黄思礼(美术家)、葛维汉、林名均等人关注。1934年7月9日,郭沫若在回复林名均、葛维汉的信中提出了"西蜀文化"的概念③,"这证明,西蜀文化很早就与华北中原有文化接触"。随后,葛维汉发表了《汉州(广汉)发掘简报》,基于出土器物与中原地区的区别、联系,提出了"广汉文化",认为"广汉文化与华北和中原地区已知的新、旧石器时代文化之间的联系与传播很清楚地看到了证据"④。"四川文化"

---

① 《编后语》,《说文月刊》第2卷第8期,1940年。按,"北涪"应为"江北"之误。
② 常任侠:《整理重庆江北汉墓遗物纪略》,《说文月刊》第3卷第4期,1941年,第42页。
③ 黄淳厚:《郭沫若书信集(上)》,北京:中国社会科学出版社,1992年,第398页。按,葛维汉《汉州(广汉)发掘简报》录有该信,李绍明、周蜀蓉选编版载为"西蜀(四川)文化"(《葛维汉民族学考古学论著》,成都:巴蜀书社,2004年,第197页)。林名均,《郭沫若书信集》为"林名钧",两种写法学界皆有用,搜索民国时期其署名文章皆为"林名均",故整理时统一为"林名均"。
④ 葛维汉著,沈允宁译,陈宗祥校:《汉州(广汉)发掘简报》,《葛维汉民族学考古学论著》,第196页。按:文后注"原载《华西边疆研究学会杂志》第6卷,1934年",有些论著标注为"1936年",查阅原版封面的标注为"Volume Ⅵ 1933—1934"。

"四川的文化"之称也常见之报刊，而"第一次从文化的视角对四川的古代作出了粗略的描述"[①]的是1940年3月徐中舒发表的《古代四川之文化》[②]，该文探讨了周秦两汉之巴蜀、传说中之蜀史、交通、物产等内容。在四川文化与中原文化关系探讨大背景下，1941年5月顾颉刚基于传世文献撰文对"巴蜀与中原的关系说"进行了批驳，并提出"古蜀国的文化究竟是独立发展的，它的融合中原文化是战国以来的事"观点[③]。同时，卫聚贤也发现了不同于中原文化的青铜兵器，1941年4月，卫聚贤在成都购得兵器上发现了"黄河流域出土的铜器上未看见过"的手与心的花纹，6月、8月见到或搜求更多铜器，写出"蜀国文化"一文，在得知万县出土錞于上有相同花纹后，又改为"巴蜀文化"[④]。该文发表于1941年10月出版的《说文月刊》第3卷第4期"巴蜀文化专号"上，从文章名、专号名上，卫聚贤等人正式提出了"巴蜀文化"学术命题。

"巴蜀文化"概念，第1期专号及文章中并没有直接解释，而开篇的《冠词》则体现了以卫聚贤为首的编辑团队对"巴蜀文化"的认识。《冠词》提到了"巴蜀文化""巴蜀古文化""巴蜀新文化"三个名词[⑤]，从文章内容看，"巴蜀文化"与"巴蜀古文化"意同，指从古史传说到明清时期的巴蜀地区文化，这也是专号探讨的内容；"巴蜀新文化"，指抗战军兴，国都西迁后，巴蜀地区形成的文化。这一定程度反映了卫聚贤的"巴蜀文化"概念并不局限于其《巴蜀文化》一文探讨的先秦巴蜀青铜文化（如专号还有卫聚贤《汉代的重庆》一文），只是搜集的青铜器异于"黄河流域出土的铜器"而强调巴蜀文化的独特性而已，这应源于其主持吴越考古并提出"文化起于东南"的敏锐性。1942年3月《沙磁文化月刊》刊发了卫聚贤在"沙磁学术讲座"上的《巴蜀文化》讲话稿，其谈到了将巴蜀文化研究重点放在青铜器上的考虑[⑥]，主要基于两个方面：一、传

[①] 袁庭栋：《巴蜀文化志》，《中国文化通志·地域文化典》，上海：上海人民出版社，1998年，第7页。
[②] 徐中舒：《古代四川之文化》，《史学季刊》第1卷第1期，1940年。
[③] 顾颉刚：《古代巴蜀与中原的关系说及批判》，《中国文化研究汇刊》第1卷，1941年9月，第230页。
[④] 卫聚贤：《巴蜀文化》，《说文月刊》第3卷第7期，1942年，第46页。
[⑤] 金祖同：《冠词》，《说文月刊》第3卷第4期，1941年，第1页。
[⑥] 卫聚贤：《巴蜀文化》，《沙磁文化月刊》第2卷第1—2期，1942年，第20页。

世文献记载少,所以"巴蜀古有文化,也可以说巴蜀古无文化",只能借助出土文献;二、目前,出土文献包括两部分,即汉墓出土器物、西川采集的石器,前者不是四川土人文化,而是汉代四川的汉人文化,后者虽为四川古文化,但为采集且与北方多相同。卫聚贤后又将该考虑总结为"巴蜀文化研究的困难",以子目形式放入第二篇《巴蜀文化》(1942年8月出版的第2期专号)中,概括为三个方面:传世文献,神话多,可靠的历史简略,遗俗调查不易;西川、广汉、珙县等采集、出土器物,大多平常,谈文化不易;出土铜器少且信息不明。①这一方面凸显了"黄河流域出土的铜器上未看见过"花纹的、数量可观的青铜器对研究"巴蜀文化"的重要性;另一方面反映了卫聚贤对"巴蜀文化"的认识,即巴蜀文化主要指四川土人文化,尤其是考古文化,包括了石器(陶器)文化、青铜文化,又以青铜文化为重。

除总结"巴蜀文化研究的困难",卫聚贤第二篇《巴蜀文化》还有新变化:一、在新收了十余器的背景下,在前文"用41幅图、17帧照片、48张拓片"基础上,后文"又刊出150张图,并作了补充"②,形成了《巴蜀文化附图说明》一文,排于《巴蜀文化》之前;二、器物研究的内容更充实、详细,内容涉及兵器类别、兵器的花纹、猎壶上的花纹、錞于上的花纹、金银错器、文字、兵器时代、兵器的真伪等内容;三、增加了"巴国的古史""蜀国的古史"两部分内容,这再次证明:卫聚贤的"巴蜀文化"不仅指考古文化。

除卫聚贤两文外,第2期专号的意义重大,主要体现于两个方面:

首先,内容更丰富,更能体现《冠词》对"巴蜀文化(巴蜀古代文化)"的界定。第1期专号是"巴蜀文化研究"的发轫之作,"本期是结集所有在发掘汉墓时的报告和经过,在巴蜀文化研究方才开始发轫的时候,我们是并不菲薄这些文字的,虽然是那末的简单"③,主要为青铜器与汉墓两大内容,而墓葬内容又占相当大篇幅,"附录"中也基本是汉墓相关信息(甚至还有大量"补

---

①卫聚贤:《巴蜀文化》,《说文月刊》第3卷第7期,1942年,第46页。
②林向:《"巴蜀文化"辨证》,《华中师范大学学报(人文社会科学版)》2006年第4期,第90页。
③《编后语》,《说文月刊》第3卷第4期,1941年。

白"），这应是"巴蜀文化"命题刚提出，相应文章比较少，不得不"与前年在重庆试掘的江北汉墓材料并在一起，名为'巴蜀文化专号'"[①]。第2期专号除出土文献外，还大量运用了传世文献进行论证；研究内容，除了青铜兵器外，还涉及史前石器、广汉出土器物（石器、玉器、陶器）、猎壶、錞于、金银错器、古迹、甲饰、水利、交通、织物、石经、雕版、陶器、造像等；时间从第1期专号的先秦秦汉延续至明清时期。

其次，直接围绕"巴蜀文化"展开讨论，并开始涉及"巴蜀文化"的地域范围、时间范围、创造者等概念性问题。缪凤林《漫谈巴蜀文化》是第二篇直接以"巴蜀文化"命名的文章，该文主要依靠汉代传世文献对"古代巴蜀文化"进行探讨，最大特点是提出了地域范围、时间范围、创造者等涉及"巴蜀文化"概念的问题。"讨论古代巴蜀文化，有三个问题得首先提出：第一是巴蜀的范围，第二是这种文化为何民族所遗留，第三是开始在什么时候。"[②]这里，"古代巴蜀文化"主要强调先秦时期，巴人与蜀人在巴蜀、间及汉代的西夷和南夷范围内创造的文化。巴蜀文化的上限，"巴蜀两国初建的时候，这种文化即已开始"；下限，从"汉前的巴蜀文化"表述看，应延及汉及后。缪氏在该文改定稿中，又提出了"原始的巴蜀文化"，即华西史前文化，其以葛维汉等人在长江流域、广汉等发现的石器、陶器为代表，而巴民族和蜀民族"创造或继承了这种文化"[③]。缪氏的"巴蜀文化"指从史前一直到秦汉及后的巴蜀地区文化，可分为三个阶段即原始的巴蜀文化（巴蜀建国前，可能为巴人、蜀人创造）、古代巴蜀文化（巴蜀建国前—秦汉，"巴蜀民族"创造）、汉以后的巴蜀文化。

综之，《说文月刊》的"巴蜀文化"概念存在广义、狭义之分。

广义上，就是《冠词》对"巴蜀文化专号"的定位，指巴蜀古代（先秦—明清）的历史文化，是一个综合性的文化概念，涉及了猎壶、錞于、金银错器、古迹、甲饰、史前石器、广汉出土器物、水利、交通、织物、石经、雕版、陶器、造像等内容。

[①] 卫聚贤：《巴蜀文化》，《说文月刊》第3卷第7期，1942年，第46页。
[②] 缪凤林：《漫谈巴蜀文化》，《说文月刊》第3卷第7期，1942年，第121页。
[③] 缪凤林：《古代巴蜀文化》，《国立中央大学文史哲季刊》，1943年第1卷第2期，第173—174页。

狭义上，指秦汉以前，巴蜀地区人们（四川土人）创造的文化，以考古文化为主，包括了石器、陶器、玉器、青铜器等，又侧重于青铜文化。缪凤林说："《说文月刊》迁川继续出版，第1期为'巴蜀文化专号'，专考秦汉以前的巴蜀文物。"①第2期专号也延续了这样的方向，在收录的14篇文章中②，探讨器物或基于器物的文章有6篇（《巴蜀文化》《甲饰》《成都白马寺出土铜器辩》《华西的史前石器》《广汉古代遗物之发现及其发掘》《殷代的羌与蜀》），且篇幅占到整个专号的三分之二。基于此，编者们没有将主要为四川神话内容的"水利专号"（第3卷第9期，渝版第3号）作为第三个"巴蜀文化专号"③。这与当时用神话史料以证史存在疑虑有关，卫聚贤明确说："巴蜀传说的古史，则多神话；巴蜀可靠的历史，亦甚简略。"④李学勤在"巴蜀文化访谈录"中也说道：对于巴蜀的起源，特别是古代蜀的起源，"很长时期以来，尤其是进入现代时期，很多人不相信这些说法，觉得这些说法都是神话，认为如果不把这些神话去掉，巴蜀的历史不能讲"⑤。

四

20世纪20年代以来基于出土器物、传世文献的巴蜀文化研究最终汇流于两期"巴蜀文化专号"，形成了第一次巴蜀文化研究的高潮，缪凤林在修订《漫谈巴蜀文化》（发表于第2期"巴蜀文化专号"）一文时说："近来研索秦汉以

---

① 缪凤林：《漫谈巴蜀文化》，《说文月刊》第3卷第7期，1942年，第121页。
② 除《复刊词》《编后语》，卫聚贤《巴蜀文化附图说明》《巴蜀文化》为1篇。
③ "本期（第三卷第九期）所论的水利不在别处，全部集中在四川，所以可看作'巴蜀文化'研究的一部分，是另一个专号。"（董大中：《卫聚贤传》，太原：三晋出版社，2017年，第253页）"第3卷先后三次推出有关'巴蜀文化'研究的专刊，发文48篇。"（杨丽华：《论〈说文月刊〉与近代中国地域文化研究——兼论对当代学术期刊的启示》，《西华大学学报（哲学社会科学版）》2021年第3期，第2页）
④ 卫聚贤：《巴蜀文化》，《说文月刊》第3卷第7期，1942年，第46页。
⑤ 李学勤：《李学勤先生巴蜀文化访谈录》，《巴蜀文献》第1辑，成都：四川大学出版社，2014年，第44页。

前的巴蜀文化，渐成一时风尚。"①但当时发现、发掘的器物还不足以支撑起"巴蜀文化"这一学术命题。为此，卫聚贤在第一篇《巴蜀文化》"结论"中提出收集器物、寻找文献、考古发掘的设想：

此又发表系借知巴蜀古有文化，并希望引起：

甲、雾期少空袭，各收藏家将白马寺兵器取出，集而为一，以便在《说文月刊》上出《巴蜀文化再论》。

乙、在书本上找材料，民俗中搜遗风，以便在《说文月刊》上出《巴蜀文化别论》。

丙、成都各文化机构组织白马寺发掘团，从事发掘，以便有专刊出版，成为《蜀国文化专论》。

丁、依照上列出土地，除成都白马寺外，如广汉太平场等广事发掘，以便出《巴蜀文化论》，在古史上添一笔材料。②

该计划并没有实质性推动，因此在第二篇《巴蜀文化》中，卫聚贤再次提道："总之，白马寺不发掘，这些问题是很难解决。"③即使实现，这也只是进一步丰富了蜀地器物，而并不能使本就寥寥无几的巴地器物多起来，也无法改变巴地文化只是探讨古蜀文化连带述及对象（"巴国事少，也就连带述及"④）的事实，从而无法从巴文化角度支撑起"巴蜀文化"的学术命题。"这些问题"的解决是随着巴县冬笋坝、昭化宝轮院、涪陵小田溪、广汉三星堆、三峡地区等考古发掘工作的展开而最终实现的。

---

① 缪凤林：《古代巴蜀文化》，《国立中央大学文史哲季刊》，1943年第1卷第2期，第173页。
② 卫聚贤：《巴蜀文化》，《说文月刊》第3卷第4期，1941年，第29页。
③ 卫聚贤：《巴蜀文化》，《说文月刊》第3卷第7期，1942年，第70页。
④ 顾颉刚：《古代巴蜀与中原的关系说及批判》，《中国文化研究汇刊》第1卷，1941年，第174页。

编辑说明

《说文月刊》是一份有影响力的学术性期刊，两期"巴蜀文化专号"影响深远，具有开创性。目前，对《说文月刊·巴蜀文化专号》整理主要表现在两个方面：一是对《说文月刊》进行影印，除全国图书馆文献缩微复制中心胶卷外，香港明石文化国际出版有限公司于2004年根据国内馆藏的原刊影印为16开10册；二是单篇文献整理，除少部分内容有修订外，主要是以原文重新排版收入学者文集、专题性文集，对错、漏、异体字、引文等都没有进行修正、核对。

这次整理，除《说文月刊》两期"巴蜀文化专号"外，我们还选了《说文月刊》其他的巴蜀文化代表性文章，因此，整理内容包括三个部分：上编为第3卷第4期"巴蜀文化专号"，中编为第3卷第7期"巴蜀文化专号（渝版第一号）"，下编为《说文月刊》其他的巴蜀文化代表性文章。杜芝明负责上编、中编，并负责全书统稿；袁佳红负责下编。

一、底本

以重庆图书馆藏《说文月刊》为底本，参校香港明石馆中国近现代珍稀文献影印丛刊（中文编）之《说文月刊》、晚清民国期刊全文数据库收录《说文月刊》、大成老旧刊全文数据库收录《说文月刊》，及有关出版物收录的文章。

底本与文章修订版存在差异，则正文保持原貌，以脚注形式标注，如郭沫若《钓鱼台访古》，后修订为《钓鱼城访古》。

二、内容

除正文外，两期"巴蜀文化专号"还包括附录、补白、编后语等内容。"补白"类文章穿插于正文中，则按照原有顺序进行整理，并以脚注标明"补白"，因此，整理后目录与原文目录存在差异。

正文插入的推送信息不进行整理，如1942年第3卷第7期"鸳鸯七志斋藏碑详目将发表"。

三、字、数字、标点、年号

整理采用简体字。

中文数字，引文、正文原则上保持原貌，其他视情况而定。

错、漏标点，直接改，如文中所引文献名皆无书名号。

错、讹等字，修改后，脚注以"原为"标注。

异体、通假、同义等字，原文稿间并不统一，如"发见"与"发现"、"按"与"案"、"纽与钮"、"殷墟"与"殷虚"、"贡献"与"供献"，整理尽量保持原貌，如作修改则备注。

民族称谓，古今异同者，则保持原貌，并以括号注今通行字，如"傜（瑶）族""猺（瑶）族""獠（僚）"。

模糊字，以□表示；疑似字，则在"□"后的括号中标注；原文为"□"的，则以脚注标注。

简称、漏字、不同表述等，则在括号中标注，如"见左（下）"。

年号，在括号中标注出公元纪年，如至德二年（757）；原文有标注的，尽量保持原貌。

四、注释、引文

注释，保持原貌。

引文出处，无论文中注，还是尾注，统一改为脚注，并以"原注"标注。

引文无出处，则补入完整信息并以脚注标注。

引文出处错误的，直接改，并以脚注标注。

引文与文献记载出入小者，直接修改；出入大者，修改同时，在脚注中以"原为"标注。

转引文献，以最后一次引文为准，并参考第一次引文。如《史记正义》载："夏者，帝禹封国号也。《帝王（世）纪》云：'禹受封为夏伯，在豫州外方之南，今河南阳翟是也。'"整理以《史记正义》为准，并参考《帝王（世）纪》。

引文出处的版本，文中明确的，则以原文为据，如"《古文苑·蜀都赋》"，则以《古文苑》为据；其他部分出现《蜀都赋》，则版本统一即可。

引文注释第一次出现时，完整标明著者、书名、版本等信息，后出现只标注书名、页码。

目录
CONTENTS

总序◎1

凡例◎1

前言◎1

编辑说明◎1

上编

冠词◎15

巴蜀文化◎18

记錞于◎59

关于发现汉墓的经过◎62

涪陵名称的由来◎68

整理重庆江北汉墓遗物纪略◎70

中大历史学会试掘史迹纪事◎74

汉墓漫谭◎77

蜀地识小录(一)◎104

汉规矩砖考◎106

蜀地识小录(二)◎110

谈葬制◎112

云南昭通的汉墓◎127

重庆附近之汉代三种墓葬◎130

沙坪坝发现古墓纪事◎136

乐山的蛮洞◎139

汉左表墓石画说明书◎143

蜀胜志异录◎145

汉代的重庆◎153

附　　录◎180

编后语◎202

中编

复刊词◎205

巴蜀古文化之研究◎206

四川古迹之调查◎207

避巴小记◎209

巴蜀文化附图说明◎215

巴蜀文化◎250

甲饰◎295

成都白马寺出土铜器辩◎306

华西的史前石器◎313

广汉古代遗物之发现及其发掘◎328

殷代的羌与蜀◎342

蜀王本纪考◎370

漫谈巴蜀文化◎376

蜀锦◎384

巴蜀在中国文化上之重大供献◎390

钓鱼台访古◎406

编后语◎433

下编

沙坪坝出土之石棺画像研究◎437

重庆附近发现之汉代崖墓与石阙研究◎449

蜀石经残石跋◎454

华西大学博物馆参观记◎456

古史在西康◎461

石纽探访记◎484

古蜀的洪水神话与中原的洪水神话◎507

禹与四川之关系◎523

夏民族发祥于岷江流域说◎542

唐代西南地理研究◎580

新津出土蜀王虎钟考略◎590

四川省立博物馆所藏汉代石函浮雕与陶制明器图说◎596

参考文献◎614

上编

卫氏测量墓口

郭卫二氏亲扶锄头

由墓穴外望

郭卫二氏于发掘后摄景

陶俑

陶缶

陶制豕犬

陶制鸡雁

陶制马头

规矩砖

三元鼎

陶罐及豆柱

汉砖纹样

富贵砖（一）

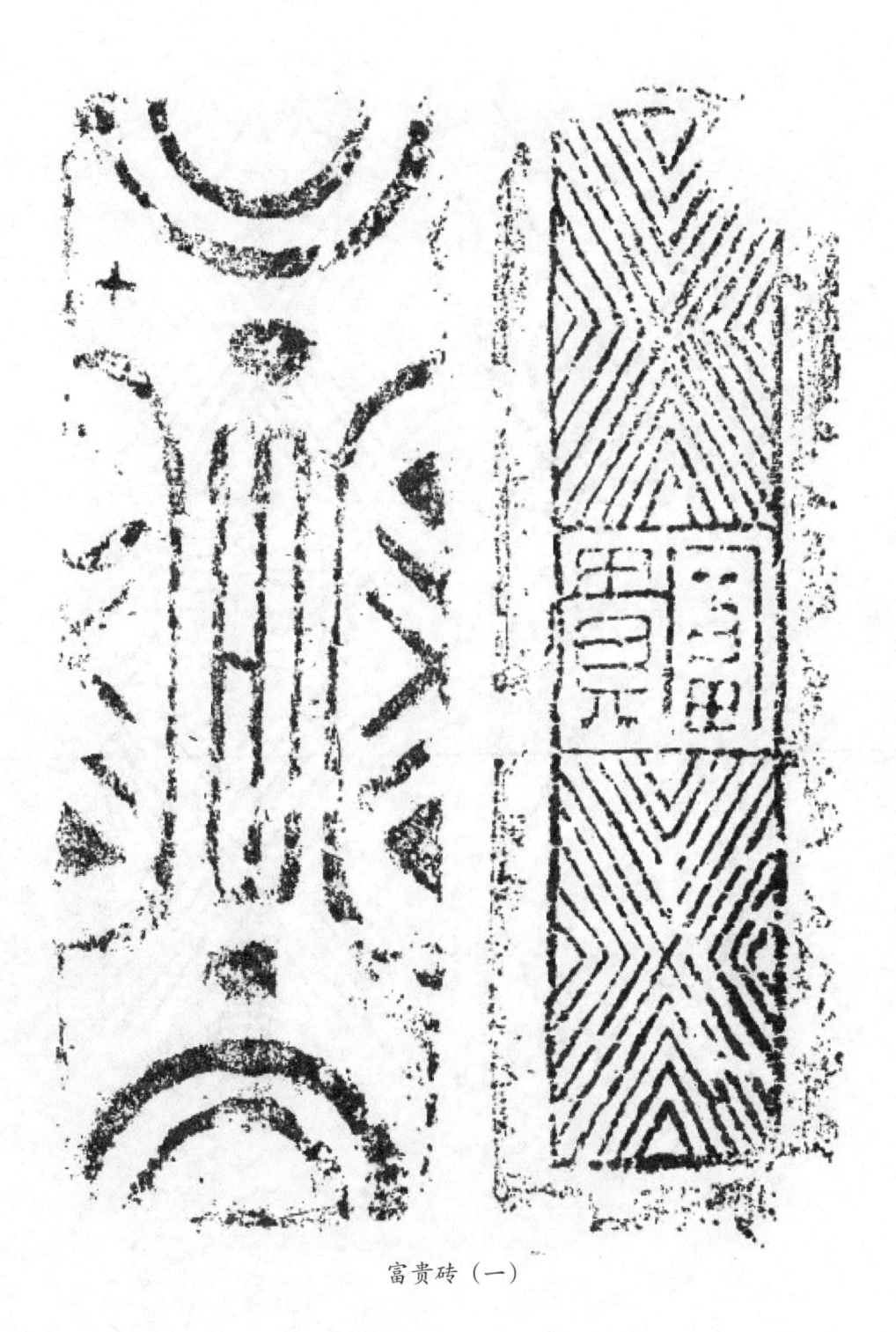

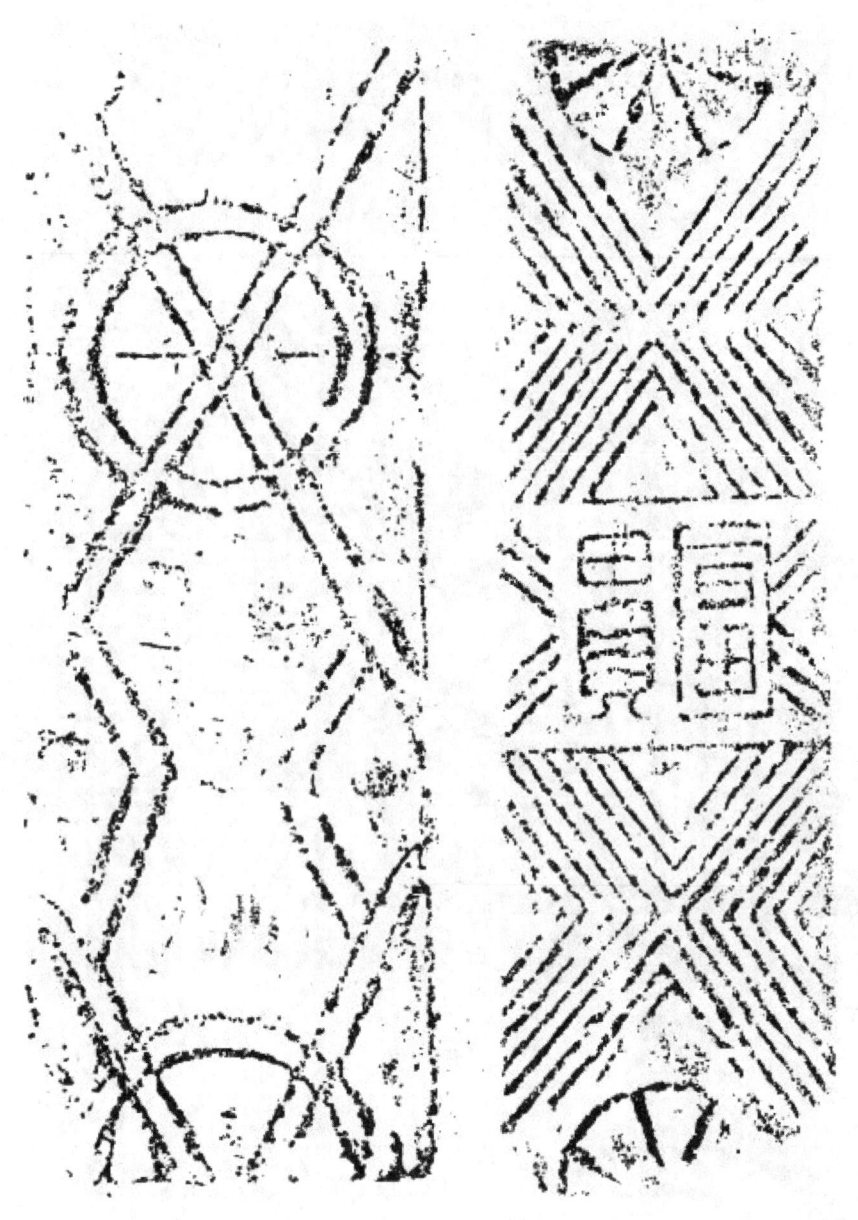

富贵砖（二）

說明

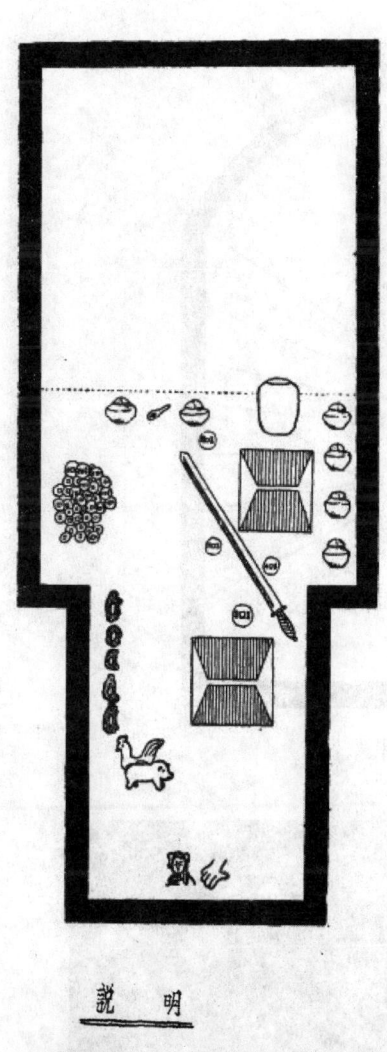

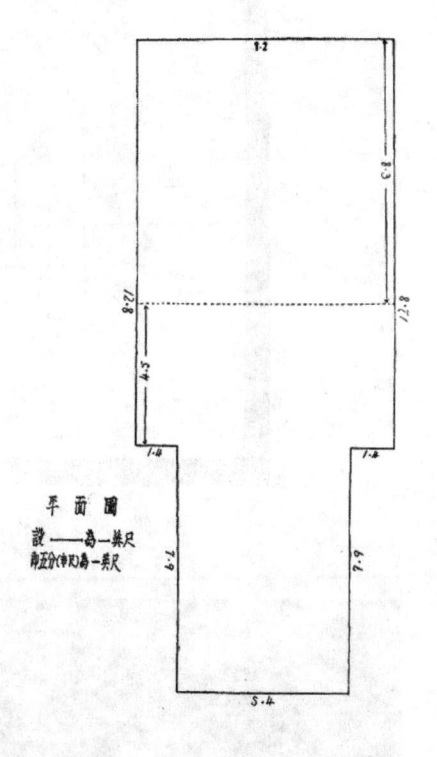

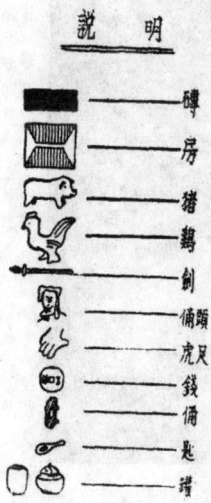

■——磚
▦——房
🐖——豬
🐓——鵝
⚔——劍
俑——俑頭
🤚——虎尺
💰——錢俑
🥄——匙
🍚——譜

明器位置圖

汉墓隧道示意图

汉墓穴口

冠词

金祖同[①]

巴蜀古称天府,《华阳国志》曰:"蜀之为国,肇于人皇,与巴同囿。至黄帝,为其子昌意娶蜀山氏之女,生子高阳,是为帝颛。封其支庶于蜀,世为侯伯,历夏、商、周。武王伐纣,蜀与焉。"[②]《尚书·牧誓》"庸、蜀、羌、髳"[③]是也,则蜀之由来久矣。《山海经》曰:"西南有巴国,太暤生咸鸟,咸鸟生乘釐,乘釐生后照,后照是始为巴人。有国名曰流黄辛氏。"[④]郭璞注"巴蛇食象"事曰:"今三巴是也。后照乃巴人始祖,辛氏即鄷氏。"[⑤]则巴人之来亦甚远焉。周秦之间,有蜀侯蚕虫,其目纵,始称王。次王曰柏灌,次王曰鱼凫。又次有杜宇者,始改称帝曰望帝,更名蒲卑,治郫邑。后传位于其相开明,是为丛帝。丛帝生卢帝,卢帝生保子帝,九世传至开明尚,乃徙治成都,此蜀之旧史也。巴之见于经传,始于《春秋》桓公九年(前703),巴子使韩服告楚,请与邓为好。文公十六年(前611)楚人、秦人、巴人伐庸,战国时七国称王,巴亦僭王号。《华阳国志》:"周慎王五年(前316),蜀王伐苴,苴侯奔巴。巴

[①] 金祖同(1914—1955),浙江人,笔名殷尘,曾师事郭沫若、鲍扶九、卫聚贤等人,参与《说文月刊》编辑,抗战期间在重庆从事学术研究,在甲骨卜辞研究、历史考古等方面颇有建树,著有《殷契遗珠》《龟卜》等。

[②] 〔晋〕常璩著,任乃强校注:《华阳国志校补图注》卷三《蜀志》,上海:上海古籍出版社,1987年,第113页。

[③]《尚书正义》卷11《周书·牧誓》,清阮元校刻《十三经注疏》本,北京:中华书局,1980年,第183页。

[④] 袁珂校注:《山海经校注》卷18《海内经》,北京:北京联合出版公司,2014年,第380页。

[⑤] 〔明〕曹学佺:《蜀中广记》卷17《名胜记第十七·上川东道·重庆府》,文渊阁四库全书本。

为求救于秦。秦惠文王遣张仪、司马错救苴、巴。遂伐蜀,灭之。仪贪巴、苴之富,因取巴,执王以归。"①此巴事之见于经史者也。夏禹降生于石纽,李冰治水于离堆,文翁设周公之礼殿,相如传题柱之佚闻,此皆巴蜀故事之彰彰在人耳目者。至若三国争雄,先主据蜀,诸葛武侯之流风遗泽,尤皎然传之于童孺。而张鲁嗣道陵正正一之教,今道流满天下,巍然与儒佛相抗衡。其规型权舆,实亦始于巴蜀也。杜工部为百代诗宗,篇章多在蜀所作。李白、苏家父子、陆放翁、范石湖诸大诗人亦均与巴蜀有密切关系。其他文人才士若扬雄、王褒、陈子昂、虞集诸公亦均为蜀产,表仪一代,领袖百家,于中华文化,实多所贡献。巴蜀之于中国,虽地近边陲,而于学术文物有与中原吴越相长相成者。安可不加注意者乎?山则玉垒青城,峨眉剑阁,珠联鼎峙,嵯岈雄杰。水则泯倍②绵洛,巴渠湔渝,夹江争趋,宛蜒浩渺。地出油井盐井火井,物传嘉鱼么桤楠,西土大都,文物鼎盛,我人于此安可漠然视之而无所见乎?记述蜀事之书颇有作者,其脍炙于人口者有汉陈寿之《益州耆旧传》③、李膺之《益州记》,晋常璩之《华阳国志》,唐卢求之《成都记》、陆放翁之《入蜀记》、范石湖之《吴船记》④、宋张唐英之《蜀梼杌》、赵抃之《成都古今集记》、王刚中《续记》、李文子《蜀鉴》,明郭棐之《夔记》、何仁仲之《益部谈资》⑤、张俨山之《蜀都杂钞》⑥、杨用修之《全蜀艺文志》,清曹能始之《蜀中名胜记》、王渔洋《陇蜀余闻》等。或志西蜀山川,或叙三峡风物,或记世代兴衰,或述神奇异事,凡所笔札,于政令文献典章风习诸大端,皆有所阐明,诸可供学人参考,作研检巴蜀文化者之一助。顾前人所记,都偏于眼前景物,易代佚闻,于地下工作,诸多略而不讲。搜采瑚琛,遗其珠贝,实未可谓窥其全貌也。亦复志在山川政治

---

①《华阳国志校补图注》卷一《巴志》,第11页。原为:"慎王五年,蜀苴相攻,苴侯奔巴,巴为请于秦,秦使张仪救苴灭蜀,仪贪巴道之富,遂灭巴,执王以归。"

②应为"涪"之误。

③按,裴松之注《三国志·蜀志》引有《益州耆旧传》《益部耆旧传》,有学者认为二书实为一书(吴金华:《古文献研究丛稿》,南京:江苏教育出版社,1995年,第254页)。

④按作者列举论著的时代顺序,陆放翁之《入蜀记》、范石湖之《吴船记》应与"宋张唐英之《蜀梼杌》"等放一起。

⑤原为"《益部资谈》"。

⑥原为"张俨山"。陆俨山,即陆深。

之一鳞半爪，遗闻佚事之片辞只句，欲求因小识大，偏工深入之专门研究，更觉寥似晨星，阙焉不及，此盖时尚风习有然，不足以责于前贤者也。往者卫聚贤、郭沫若二师在陪都江北培善桥发现汉代墓群，因亲扶耒耜，蹀躞荒郊，所得古代明器甚多，此皆有裨巴蜀史地之研究者也。今萃其记述，汇为斯编，学人君子，其进而教之。溯自抗战军兴，国都西徙，衣冠人物，群集渝蓉，巴蜀一隅，遂成为复兴我国之策源圣地，政治、经济、人文学圃，蔚为中心，粲然大盛，日下风流，俨然见汉家旧典。中华崭然新文化当亦将于此处孕育胚胎，植其始基，继吾辈研究巴蜀古文化而发扬滋长。刍荛之献，聊作老马之引途，奋起有人，使巴蜀新文化衍而为中华新文化，其光华灿烂与国运日新不已。则我等筚路蓝缕以启山林之微劳，或不致被人谥为空谈无益耳。

巴蜀文化

卫聚贤[①]

　　四川在秦以前有两个大国——巴、蜀。巴国的都城曾在重庆，蜀国的都城则在成都。巴国的古史则有《山海经》《华阳国志》的《巴志》所载，惟其国靠近楚、秦，故《左传》上尚有段片的记载。蜀国的古史，则有《尚书》、《蜀王本纪》（扬雄作，已亡，他书有引）、《蜀论》（来敏本作，《水经注》引），及《华阳国志》的《蜀志》。不过这些古史既不详细且多神话，因而目巴蜀在古代没有文化可言。

　　去年四月余在重庆江北培善桥附近发现汉墓多座，曾加发掘，得有明器若干，由其墓的建造，砖上的花纹及字，其他的俑钱剑等物看来，文化已是很高。不过，这是汉代的汉人文化，与先秦的巴人无干。再就重庆各地的蛮洞子——崖墓而论，固是蛮人的遗物，但是在汉代的汉人在四川也曾以崖墓葬地。是以巴人的文化，除书本子外，无物可证。

　　去年八月余到汶川访石纽，闻有石器发现，路过成都参观华西大学博物馆，见有石器甚多，皆川康境内出土，其形状除一种扇面形外，多与黄河流域同。故知其蜀人文化之古，而不知其蜀人文化之异。陶器在北川，找到彩陶一二片，但块甚小，花纹也看不清。在广汉太平场则有黑陶，但亦多系碎片，惟有一玉刀，形状特别（见图四十七），并有二尺以上的大石璧，其时代则在石铜之交，

[①] 卫聚贤（1898—1989），山西人，号卫大法师等，曾用鲁智深为笔名，考古学家、历史学家，曾任"吴越史地研究会"总干事，主编《吴越文化论丛》，曾任"说文社"理事长，主编学术刊物《说文月刊》。

已引起我的好奇心，但无他物为证而罢。

今年四月余到成都，在忠烈祠街古董商店中购到兵器一二，其花纹为手与心，但只有一二件，亦未引起余注意。六月余第二次到成都，又购到数件，始注意到这种特异的形状及花纹，在罗希成处见到十三件，唐少波处见到三件，殷静僧处两件，连余自己搜集到十余件，均为照，拓，描，就其花纹，而草成《蜀国文化》一文。

八月余第三次到成都，又搜集到四五件，在赵献集处见到兵器三件，残猎壶一。林名均①先生并指出《华西学报》第五期（二十六年十二月出版）有錞于图，其花纹类比，购而读之，知万县、什邡（四川）、慈利（湖北）、长杨②（湖北）、峡来③亦有此特异的花纹兵器等出土，包括古巴国在内，故又改此文为——《巴蜀文化》。

此种特异花纹的铜器，出于成都城外西北角白马寺附近坛君庙后李洪治等数家地中。其路是出旧西门，不到成灌公路的车站处，向北有一条环城马路，由北巷子走，不及一里有向北一条道，又不及一里有一大河（即洗足河）过木桥，望见东北高处则为皇坟及白马寺，过桥向西北行数十步，为坛君庙，有茶馆二家，买卖砖瓦及瓦窑工人都在此吃茶。

成都北门外，由城东北角方向起，至西北角经过白马寺处，有由东北至西南的一条土阜④，高出地面（稻田）五尺至一丈。土阜东北宽而西南窄，宽处有四五里，窄处亦一二里，由东北至西南长约十里左右。因为土阜高出，于是到处有烧瓦窑，借此取土，使地低下，水可灌溉，以便种稻。而烧瓦窑则以白马寺西为多，共有三十余家。取土既多，古物出土不少，故白马寺出古物，在成都很有名。

---

①原为"林名钧"。

②即今湖北长阳。

③应为"峡东"，《抗战时期的四川》"抗战时期巴蜀文化的提出与研究"一章中引用该内容时已订正为"峡东"（段渝主编，成都：巴蜀书社，2005年，第280页）。

④原为"埠"。该文中，"埠"统一改为"阜"，不一一出注。

白马寺位置图

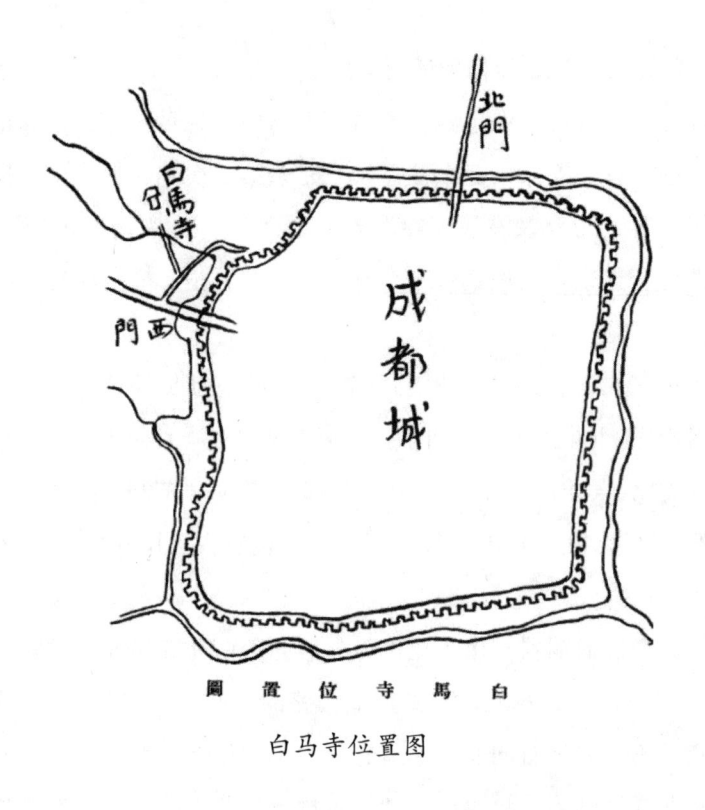

白马寺坛君庙后窑工掘土，于民国十年（1921）左右，即掘有铜器，以兵器为最多，以其上钳金银花纹者为贵，有花纹者次之，素的最下，在当时上等的一二十元，次等的十元左右，下等的一二元而已，故各收藏家多有此物，（闻英国人搜集去的四五百件，四川博物馆有四五十件。）但因空袭疏散于乡间，又以兵器不为重要古物，而且不大，都东一件西一件，夹杂在别的古物中，余到各处去借，都一时找不到，兹就其已找到的，加以推论。

《华阳国志·蜀志》云："西南两江有七桥。"[1]今成都北门外及东门外的江名涪江，南门外的江名锦江，是蜀国都城在涪江、锦江之北，城北高出五尺以上的数里长土阜即其遗址。白马寺坛君庙后只有数十亩田中出此兵器，似为蜀国的武库。但曾出土二罍坛，一为覃子钧经手卖给上海转售外人，一残经罗希成手售北平骨董商人。其一为残猎壶，由张文彬从白马寺工人手中购入售给赵献集的（图四十八），并有祭器，似为蜀国的宗庙。

①《华阳国志校补图注》卷3《蜀志》，第152页。

现在坛君庙后，尚有土阜高约六七尺，宽约四五丈，长约八九丈，另两家窑户地界，正在出兵器地的中心，很有发掘的必要。据工人云，夏季多雨，工资也贵，故窑多停止工作，冬季工作时，时有古物出土，有的为忠烈祠街古董商人守候购去，有的亲持到忠烈祠街去卖。今者夏季将过，甚愿成都文化机构组织团体，与窑工合作（因取土作坯，发掘出的土，窑工可省一半力），发掘此土阜，看看蜀国是否有文化？

一民族据有沃土，生活丰裕，文化自高；若退居山地，生活艰难，文化自落。以元朝据有中原与清代的蒙古人作比，正是好例。四川盆地，汶（岷）江可溉数十县，所谓"沃野千里"，冬季雾多而霜雪少降，在农业时代，生活很是丰裕，文化自然很高。自秦昭王命张仪、司马错灭巴蜀，巴蜀的人民，离开成都平原，散居四面山中，由农业退为游牧，生活日艰，将固有的文化失掉，是以以今日北川的羌民，西康的番人，大凉山的罗罗，这些落后的民族的文化看来，当然不相信巴蜀古有高深的文化，白马寺等处有这样特异花纹的兵器等出土。

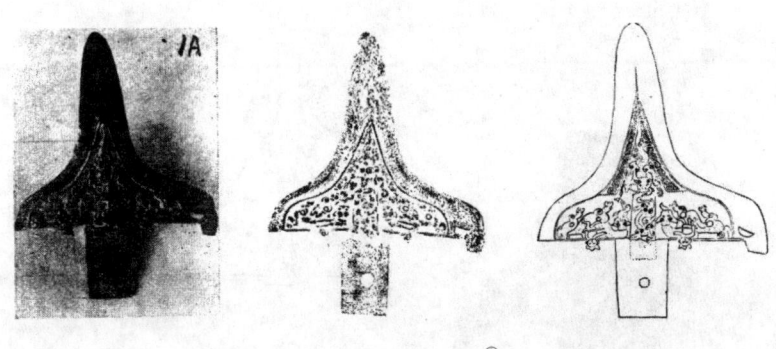

图一　A、B、C[①]

图一，戈。长七寸（以市尺计），其花纹为四条龙，鼻为一龙，头部残缺。戈尖一龙，口衔一兽，左爪抓一蛇，右爪持一火炎物。左一龙口衔一蛇，背负一持矛人。右一龙口未衔物，但舌均伸出，背亦负一持矛人。

[①] 原文中，图及说明文字的序号皆为阿拉伯数字，整理时以"图一"等表示；原文在图一说明文字后有图A、B、C的说明："一器重要的则用照（A）、拓（B）、描（C）的三种，上下排列，以便对照。"

图二　A、B、C

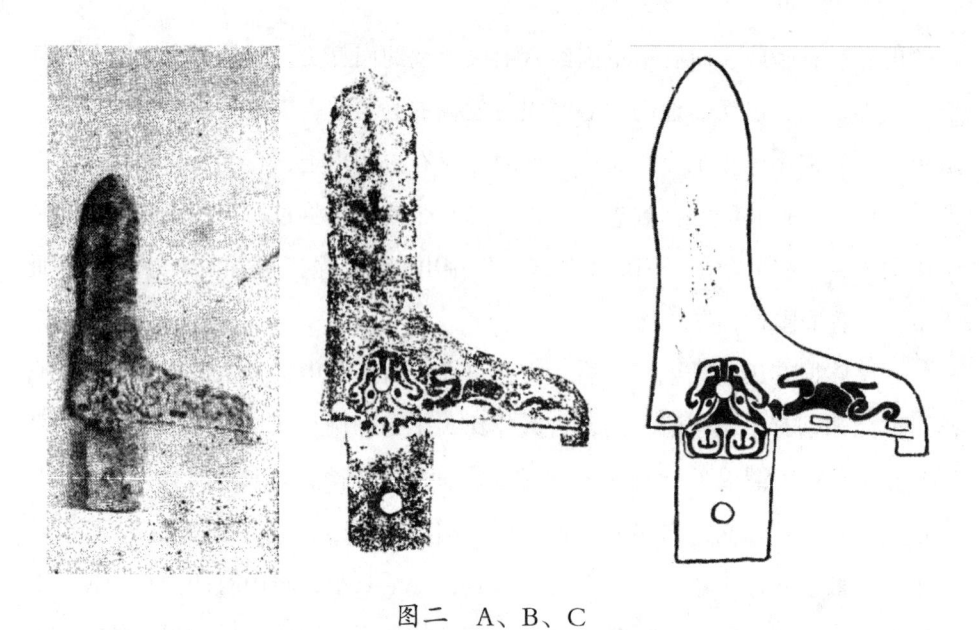

图二，戈。长五寸五分，花纹系一吞口（饕餮），及一卷尾兽。

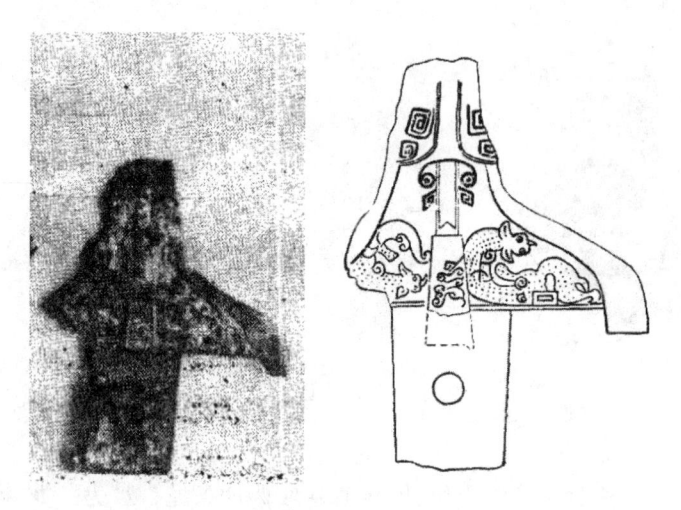

图三　A、C

图三，戈。残，残处长四寸，花纹不全，但知为二龙。

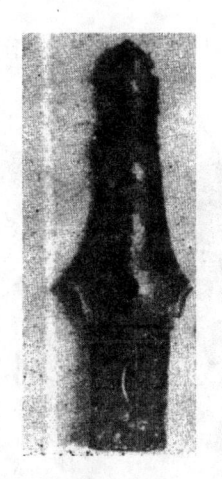

图四　A

图四，戚。长七寸五分，无花纹。

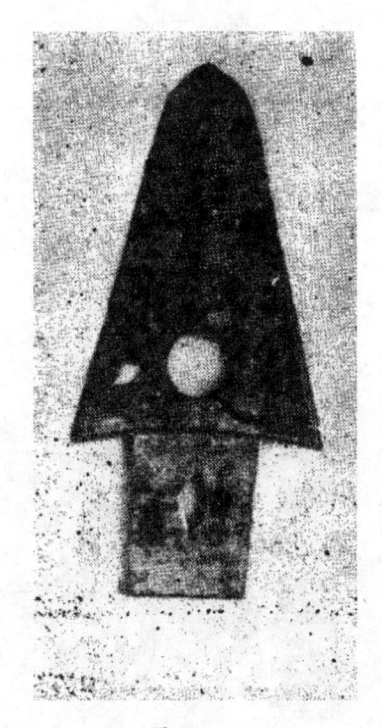

图五　A

图五，戚。长七寸二分，无花纹。

兵器排列，应以类分，如戈为一类，戚为一类。但原器不在一处，故照像

（相）时未按类排列。如欲将照片剪贴成类，但作铜版锌版甚多，费钱太大，故以照片上的次序为次序。

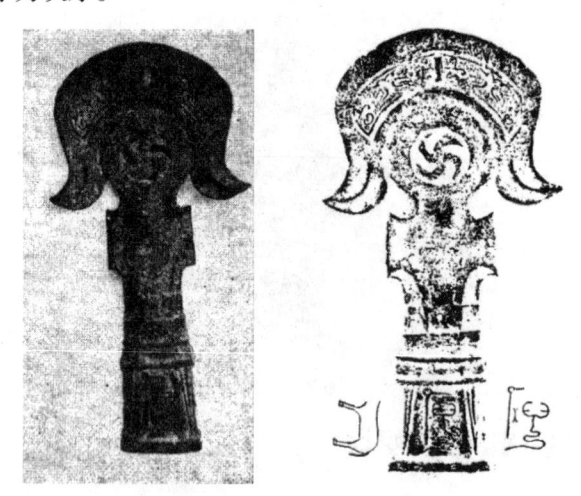

图六　A、B

图六，和。长八寸六分，罗希成藏，据张文彬云，此器出于广汉。和非兵器，系车上向物，因其文字特别，故附于此。

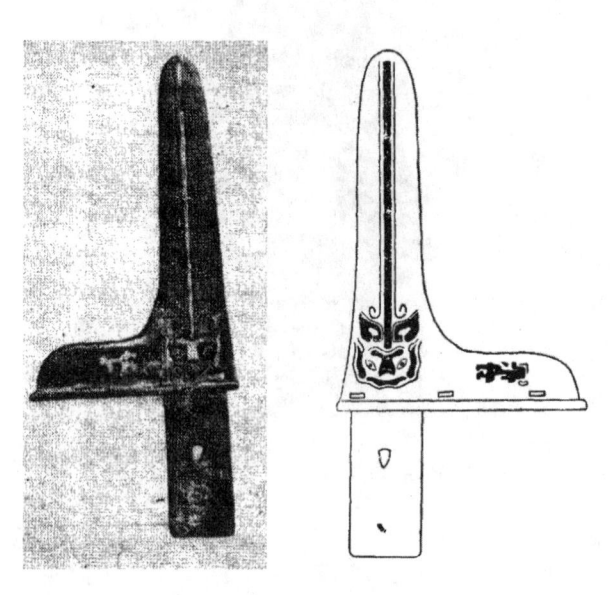

图七　A、C

图七，戈。长八寸三分，系罗希成藏。因系钳金，故只照、描，而不能拓。

图八 A

图八，戚。长六寸三分，无花纹，罗希成藏。

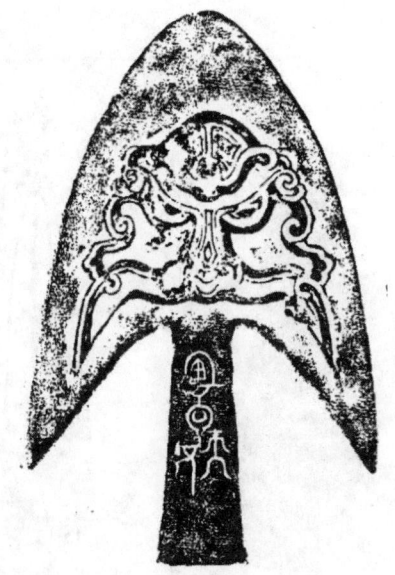

图九 A、B

图九，戚。长五寸一分，花纹为吞口，柄有文字，不识，罗希成藏。因拓片已清楚，故不再描。

图十　A、C

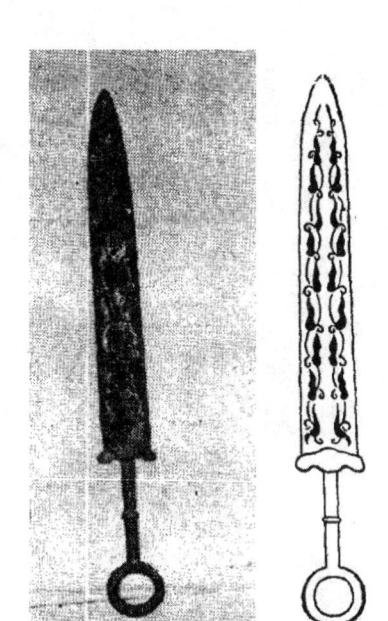

图十，匕首。长七寸四分，罗希成藏。系钳金花纹。

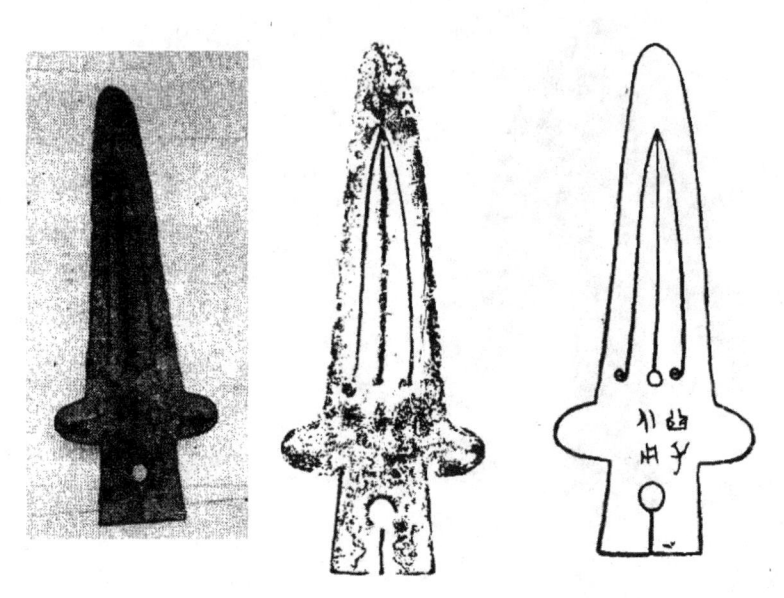

图十一　A、B、C

图十一，戈。长六寸五分，文为"其父永用"四字。系罗希成藏。

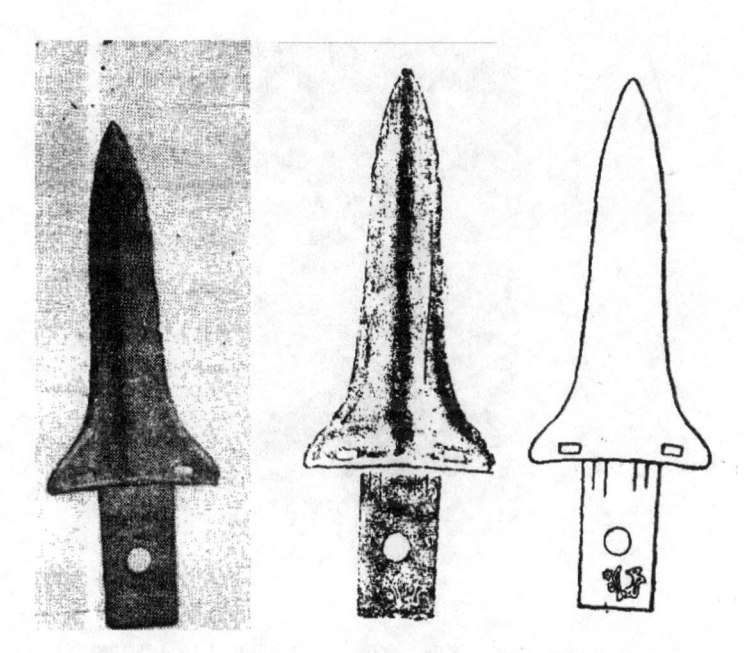

图十二　A、B、C

　　图十二，戈。长六寸八分，罗希成藏，柄有文字，左为日月星，右文不明，类罗罗文字。

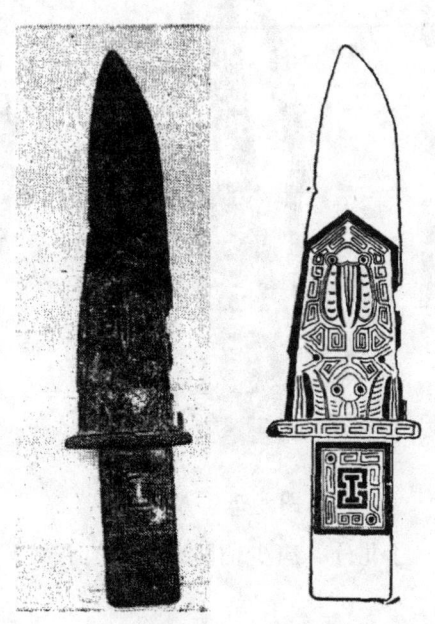

图十三　A、C

　　图十三，戈。长八寸四分，系罗希成藏，系钳金花纹。

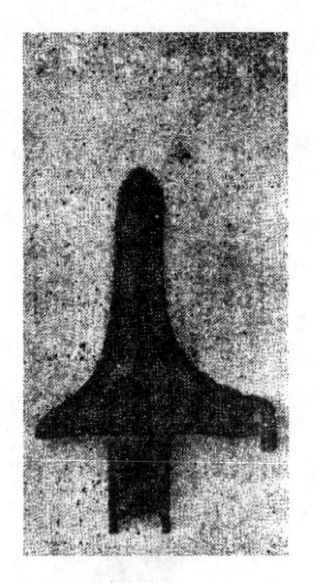

图十四　A

图十四，戈。长八寸一分，唐少伯藏，花纹不清，故未拓照。

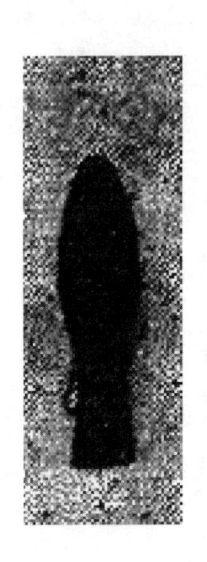

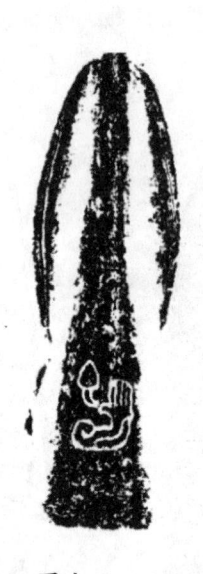

图十五　A、B

图十五，矛。长二寸九分，唐少伯藏，两面有花纹，一为手及心，一为卷兽等。

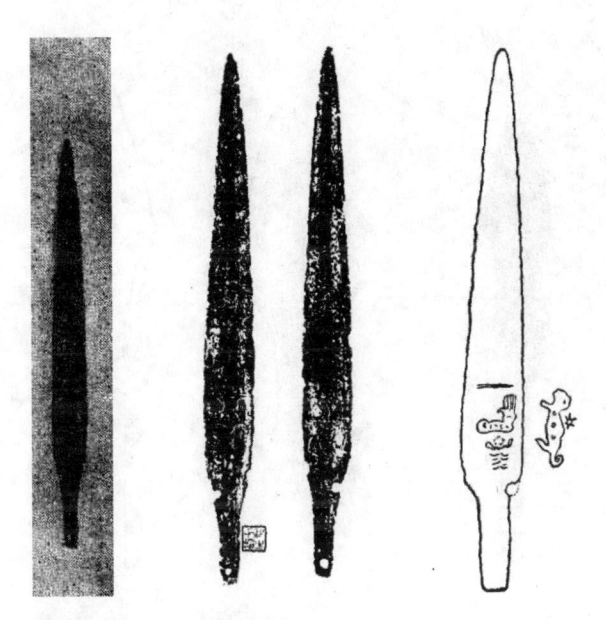

图十六　A、B、C

图十六，矛。长一尺零二分，唐少伯藏。花纹一面为手等，一面为卷尾兽，兽背有星。

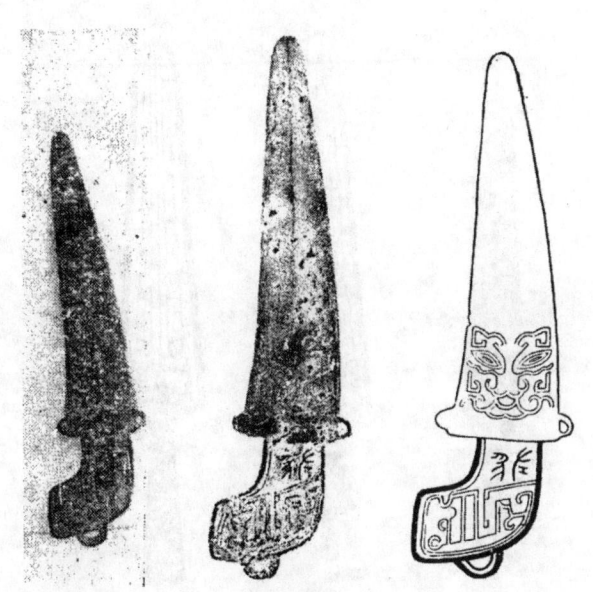

图十七　A、B、C

图十七，戈。长一尺零三分，上部花纹为钳金，柄花纹为阳纹。柄有文字为"貄"，系阳文。罗希成藏。

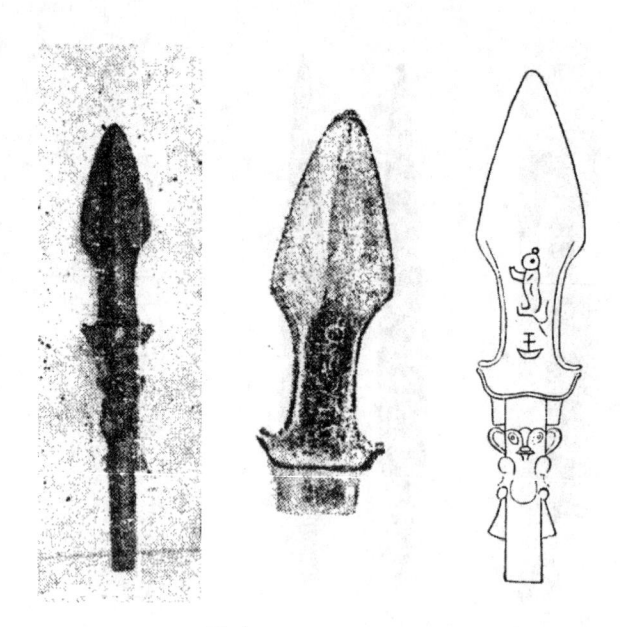

图十八　A、B、C

图十八，矛。长九寸，柄为一熊，上有"熊王"二字，反面为鱼纹。

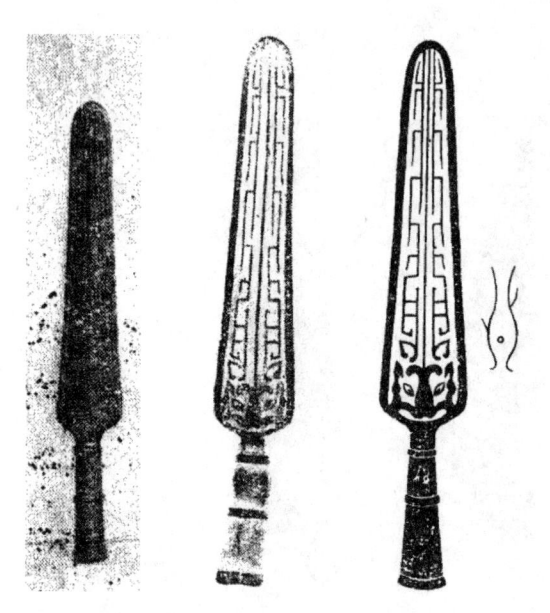

图十九　A、B、C

图十九，矛。长九寸八分，罗希成藏，柄有字或系"旅"字，有文字的一面，花纹不清，故拓片上无文字。

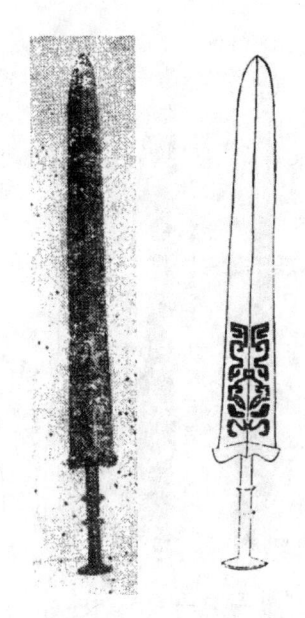

图二十　A、C

图二十，剑。长一尺二寸五分，罗希成藏，系钳金花纹，故未拓。

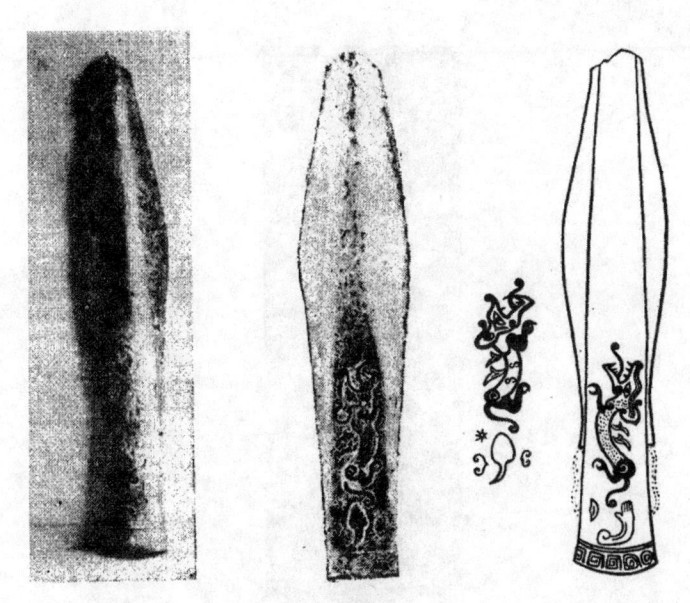

图二十一　A、B、C

图二十一，矛。长七寸六分，两面花纹，均为卷尾龙，一下为手及月，一下为心及云。

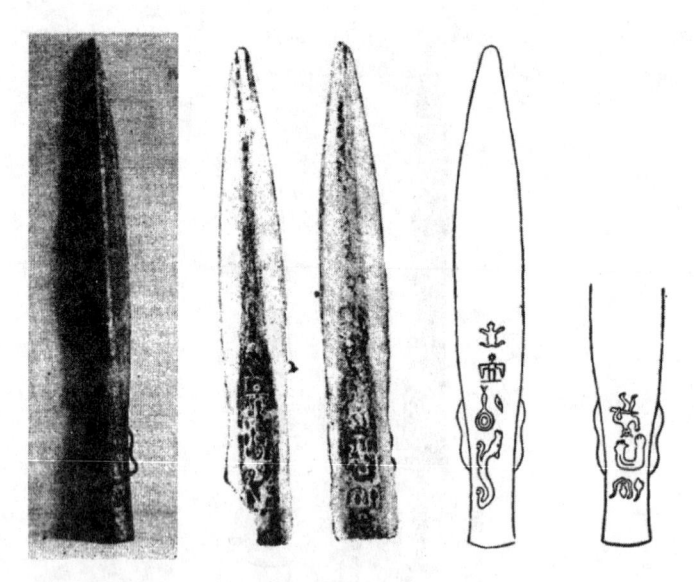

图二十二 A、B、C

图二十二，矛。长八寸二分，两面花纹，一为人持矛，在两头手下，并有心及酒壶等，一为蛙鱼兽等，兽尾残缺。

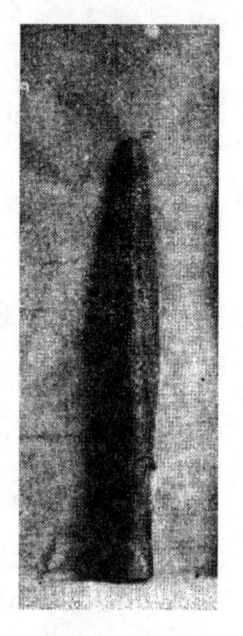

图二十三 A

图二十三，矛。长六寸八分，花纹不清。

图二十四　A

图二十四，矛。残，残处长五寸五分，花纹为龙。

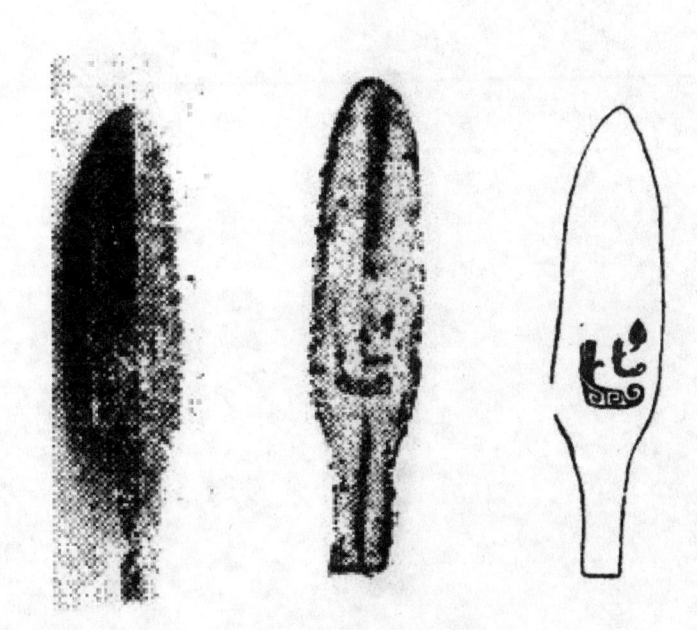

图二十五　A、B、C

图二十五，矛。长四寸二分，花纹为心及二手。

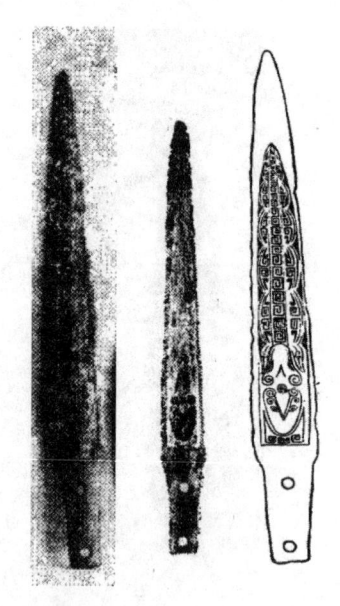

图二十六　A、B、C

图二十六，矛。长七寸九分，花纹为蛇。

图二十七　A

图二十七，矛。长一尺二寸五分，断为二节，花纹不清。

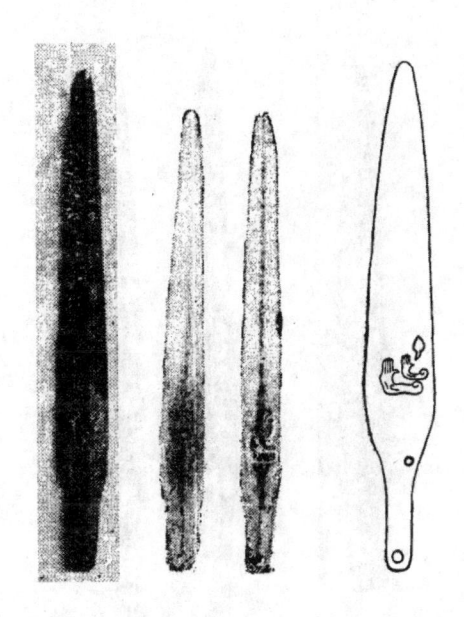

图二十八　A、B、C

图二十八，矛。长九寸五分，花纹一面为心及手，一面不清楚。

图二十九　A

图二十九，矛。长九寸，无花纹。

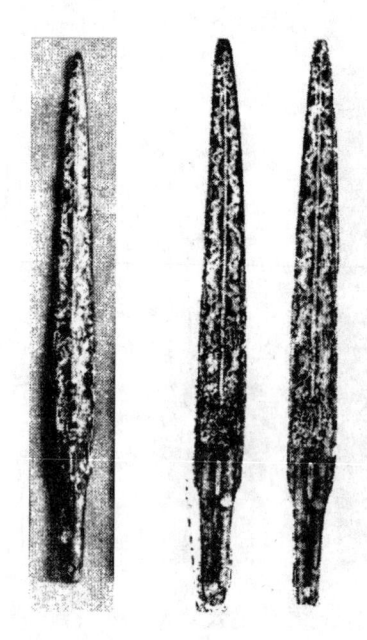

图三十　A、B

图三十，矛。长一尺二寸二分，原系钳金，钳金脱落，花纹不清，照像（相）时以白粉涂其中，使花纹易显。

图三十一　A

图三十一，矛。长八寸八分，失其柄。

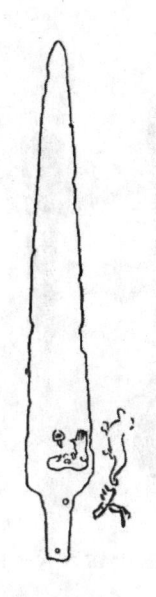

图三十二　C

　　图三十二，矛。长一尺八寸，罗希成藏。因太长不能与（其）他兵器同列，故未照相。花纹一为心及手，一为二兽。

图三十三　B

　　图三十三，矛。长七寸，已断为二，花纹为一大头龙。

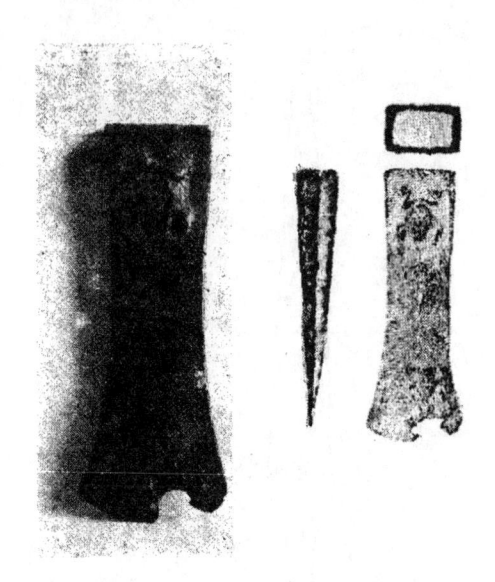

图三十四　A、B

图三十四，斤。长三寸八分，上有一蛙，系突（凸）起花纹。

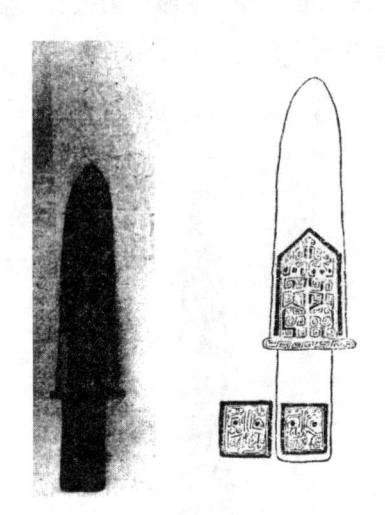

图三十五　A、C

图三十五，戈。长八寸五分，系钳金银花纹，赵献集藏。

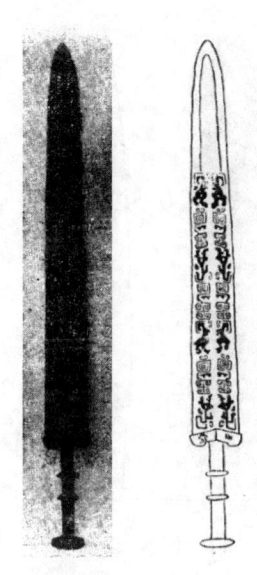

图三十六　A、C

　　图三十六，剑。长一尺二寸五分，系钳金银丝花纹，上层为二卷尾兽，系银丝钳，而眼为金钳，尾下头上的二云纹为金钳，背二点亦为金钳，雷纹为银丝钳，雷纹的周一道宽线为金丝钳，中匚形为银钳，对云纹中的十字亦为银钳。第二层卷尾兽为金钳，尾下云纹为银钳，其雷纹云纹同上。第三层同第一层，第四层同第二层，惟上有"宛用"，系后刻，因将红锈刻脱了。系赵献集藏。

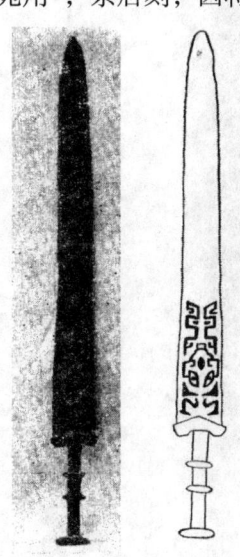

图三十七　A、C

　　图三十七，剑。长一尺二寸五分，系金银丝钳花纹，赵献集藏。

图三十八　A、C

图三十八，标枪。长一尺，花纹一面为手，下有一单线刻卷尾兽，下有如工字符号。反面为心。

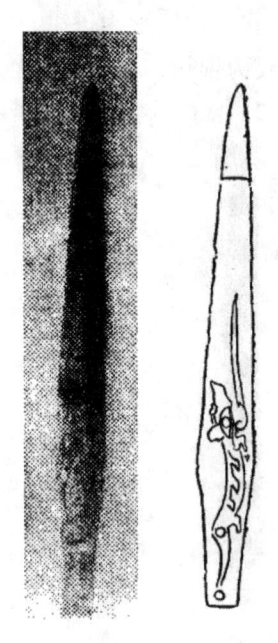

图三十九　A、C

图三十九，标枪。长七寸七分，花纹为一长唇纹，肚下有星符号。

图四十　A

图四十，矛。长五寸，残，花纹不清。

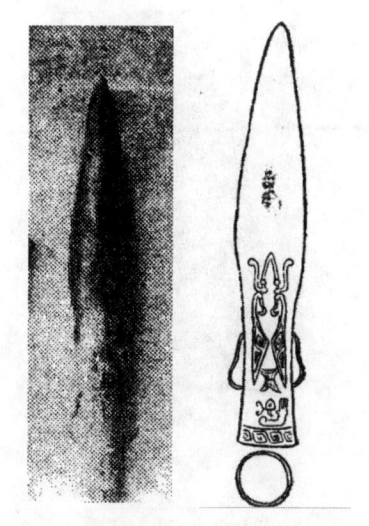

图四十一　A、C

图四十一，矛。长六寸七分，断为二节，花纹如蝉，下有手及心，旁有云纹。

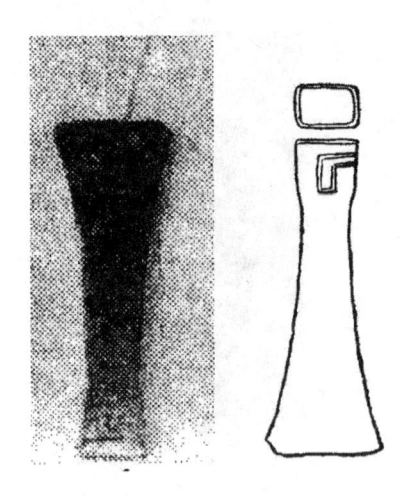

图四十二　A、C

图四十二，斤。长四寸二分。

图四十三　A

图四十三，戚。长五寸。柄断。

图四十四　A

图四十四，戈。长六寸五分，无花纹。

图四十五　C

图四十五，矛。长六寸八分，花纹为卷尾兽。成都少城公园民众教育馆武器馆藏。

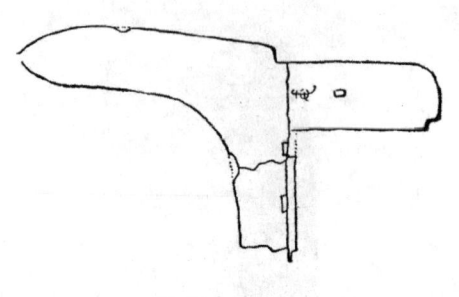

图四十六　C

图四十六，戈。长六寸二分，残，柄一字，后刻，因字处无锈。亦武器馆藏。原为张幼荃赠自白马寺，赠送民教馆。

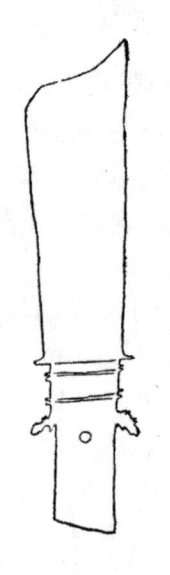

图四十七　C

图四十七，玉刀。长 394 公厘①，宽 105 公厘，厚 5 公厘，广汉太平场出土，华西大学博物馆藏。

上三器②，只描，而未照、拓。

---

①公厘，公制长度单位，亦称"毫米"。
②即图四十五、四十六、四十七三器。

残猎壶全部 　　　　　　　　　残猎壶花纹之一部

残猎壶花纹之一面 　　　　　　残猎壶花纹之二面

残猎壶花纹之三面 　　　　　　残猎壶花纹之四面

图四十八　残猎壶花纹的一面（描）

上（图四十八）七图系一残猎壶，分为若干部分的。此壶赵献集藏，上部残去，由其下部看，推知为壶，由其花纹为狩猎纹，故名为猎壶。

此残猎壶由底至顶残处高五寸七分。上面残处口面宽七寸五分。底圈直径四寸二分。

残部口沿有突起一道宽线，第二道突起宽线下一小条花纹，一周为四段重复而成。其下如莲花瓣者，一周共十三个，底圈有十字花一周七个。

花纹图一　即前21器的花纹①　　花纹图二　系残矛，上为蛇

①原为大写数字标注图，说明文字为"一、即前21器的花纹"且独立成段，"前21器"即前文图二十一的器物。为了与后面行文一致、区别前图，图序号变成"花纹图+序号"，并将说明文字与图结合。

花纹图三　即16器花纹 　　　花纹图四　即15器花纹

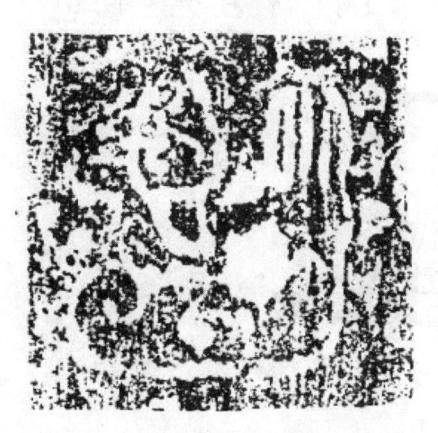

花纹图五　即32器花纹 　　　花纹图六　即28器花纹

花纹图七　即22器花纹 　　花纹图八　残矛，花纹为龙头

花纹图九　残矛，花纹为龙头 　　　花纹图十　残矛，花纹为吞口

花纹图十一　即前10器花纹

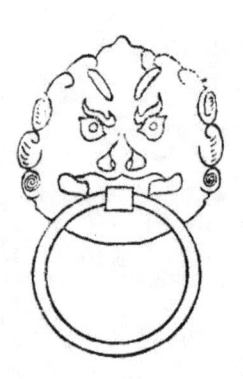

花纹图十二　系鎏金辅首，罗希成藏，其衔环的兽头与汉尊及钫上花纹异

花纹图十三　系汉墓中石刻的吞口，发表于拙作《泰山石敢当》中
（见本刊二卷九期）

花纹图十四　即前21器花纹　　　花纹图十五　残矛上花纹

花纹图十六　即32器上花纹　　花纹图十七　即15器花纹

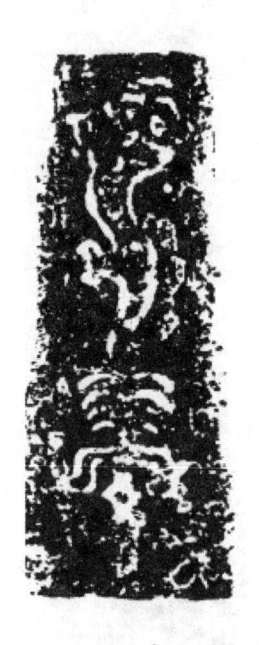

花纹图十八　即16器上花纹　　花纹图十九　即39器花纹

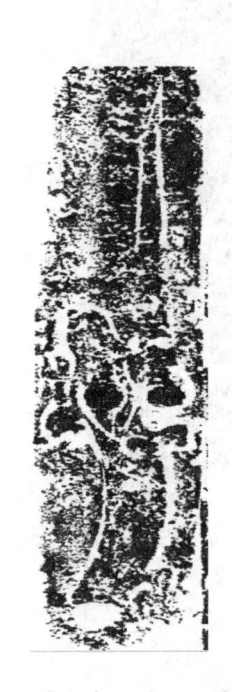

花纹图二十

花纹图二十一

花纹图二十二

花纹图二十三

二十至二十三①即前1器戈上的花纹。

---

① 即花纹图二十至花纹图二十三。

花纹图二十四　即前34器花纹　　花纹图二十五　即手及心的花纹

花纹图二十六　即26器花纹

花纹图二十七　即41器花纹

花纹图二十八　矛，殷静僧藏，花纹普通，惟下有一鳖

花纹图二十九　即 12 器上的文字

花纹图三十　即 10 器上的文字

花纹图三十一　即19器上的文字

花纹图三十二（描）　即6器上的文字

花纹图三十三（描）　即18器上的文字

三十二、三十三[①]，因只拓了一份，故用描代。

---

①即花纹图三十二、三十三。

花纹图三十四　即7器上的文字

花纹图三十五　即17器上的文字

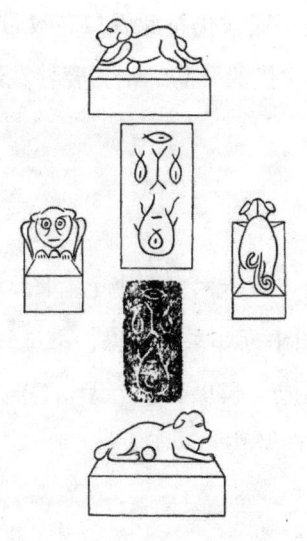

花纹图三十六　系殷静僧藏的玉印

根据以上花纹，分类假定于左（下）[①]：

一、手及心

白马寺出土的兵器，以手及心的花纹为多。此种花纹多在矛上，矛为标枪，于细而长的木柄上加此矛头，用手掷出，以"心手相印"可以"百发百中"的。有的于手旁有月星云工字等形，系其部落或使用人的符号。但万县出土的錞于，其上花纹亦有手及心，或者此花纹别有用意。

二、吞口

四川现在各地有用木瓢画一怪物头悬在大门上，有用石碑刻"泰山石敢当"五字，碑额上刻一怪兽头，名为"吞口"。图八系龙头，而图九、图十、图十一则近饕餮纹。十三为辅首，系门环，但是与汉代的尊钫上的饕餮头衔环不同。十三系长舌，而二十至二十三的龙均吐长舌，四川的吞口亦系口吐长舌。惟图九、图十一，口的左右有二齿横出，今四川吞口的口中横衔一剑，或者后人以齿误为剑。

吞口原为羌人崇拜的狗图腾，在苗傜（瑶）中以盘古为龙狗，故白马寺兵器上铸狗（卷尾龙）及狗头（饕餮）为记。殷亦苗人的一部落，由四川沿江而下，由江苏沿海北上，到了殷墟仍持此吞口花纹带去，故殷墟的雕骨有饕餮花纹。惟自西北来的新石器时代的彩陶，则无饕餮花纹的痕迹。可知饕餮（即吞）为蜀人的花纹。

三、龙

龙系卷尾，与狗相同。图十六、图十七、图十八为兽卷尾则近狗（图二戈上亦为此兽），图十四、图十五亦系卷尾兽，不过头大类龙，有翼可飞。若图十八、图十四、图十五的龙成了爬虫类，但无角，与后世画的龙不同，且身上有云纹，由翼而云，系可升空及快。

---

① "以上花纹"即花纹图一至花纹图三十六；"分类假定"内容中的"图×××"或有些中文数字即为"花纹图×××"，为了保持原文原貌，内容中不再注释。

前22器上有一人手持矛，图十八、图十九系人持矛骑在龙背上。他是以"矛"为惟一的武器（旧说以矛为苗民酋长蚩尤所发明，矛北方人俗名锚子，锚矛音同），可以征天空的龙，则克敌御兽自不待言。

四、蛙及蛇龟

图二十四即器三十四，系一斤上的花纹，花纹突起为蛙，而22器上亦有一蛙。现在成都的大庙屋脊上常有蛙为饰，花盆亦都用蛙。西藏的匾铜壶上亦用蛙为饰。东北的扶余、高丽（均为殷后裔）相传其祖先为金蛙，北方出土的铜器，上都有"天鼋"二字，前人多作"子孙"二字，实亦蜀人的同族，均以蛙为图腾的种族。成都人不吃鳖，故附图二十六图（二十四图同）于此。

图二十五、图二十六为蛇，《山海经》以巴蛇吞象，可见其蛇之大，而旧乐器的三弦名"蜀国弦"，其空首用大蛇皮蒙其上，是蜀地多蛇之证。

亦有鱼纹，而三十四的印文，上一字为用又插三鱼，下一字系一釜，釜有盖，釜中放鱼，釜外有火焰，系捕鱼煮鱼。

五、狩猎

就猎壶上的兽观，固然神话中的兽居多，如双尾三尾双角三角等，但可认识的有鹿，牛，犀，熊，虎，鸟，鳄鱼等。其人其兽其鸟肌肉突起，姿态雄壮□将斗争的精神均能表现出来。

其人头上有尖而斜（錞于图的人头上亦如此），与现在西康大凉山罗罗以布绕头，以布的一端扭编成角，斜在头上，名为英雄结（古人名为椎髻）同，可知蜀人为罗罗。

六、文字

就白马寺出土兵器上的文字，可分为二类：

甲、二十九，三十，三十一，三十二[①]为一类，即先期文字，蜀人自造的文

---

① 原为"三十三"，结合前后改为"三十二"。

字，类于现在的罗罗文。

乙、三十三，三十四，三十五为一类，即晚期文字，系蜀人受了秦楚等国中原文化而仿中原的文字。

蜀人自己的文字，其时间约在春秋以前。蜀人仿中原的文字，则在春秋战国时。三十六图，印文甚奇，故附于此。

七、结论

四川在秦以前，小国甚多，均有文化，以出土的铜器而论，有成都、广汉、什邡、万县，其下有峡东、慈利、长阳，其记载出土地的地名或有不确，而成都白马寺坛君庙后出土此类兵器祭器，确系事实，则系蜀国的器物无疑。此又发表系借知巴蜀古有文化，并希望引起：

甲、雾期少空袭，各收藏家将白马寺兵器取出，集而为一，以便在《说文月刊》上出《巴蜀文化再论》。

乙、在书本上找材料，民俗中搜遗风，以便在《说文月刊》上出《巴蜀文化别论》。

丙、成都各文化机构组织白马寺发掘团，从事发掘，以便有专刊出版，成为《蜀国文化专论》。

丁、依照上列出土地，除成都白马寺外，如广汉太平场等广事发掘，以便出《巴蜀文化论》，在古史上添一笔材料。

余不日有西北之行，故先将此文草成，在《说文月刊》上发表，待余自西北归，路过成都时，此文或已发表了，由沪寄蓉，余将持此，以便与成都文化机关接洽发掘白马寺事，因此文发表，当易引起人的注意！

中华民国三十年（1941）八月二十五日记于成都中央银行

记錞于[1]

——此文发表于《华西学报》第五期，即二十六年出版

赵世忠[2]

錞于图一　　　錞于图二

錞于图三

---

①该文是应华西协和大学校长方叔轩之请所撰，先刊于《华西学报》1937年第5期。《说文月刊》该期原目录中无信息，第3卷第7期第82页又重新刊登了该文但无图。

②赵世忠（1884—1966），原籍安徽，生于成都，字少咸，语言文字学家，历任四川省立第一中学校长，国立成都高等师范学校、公立四川大学、成都师范大学、成都大学、中央大学等学校教授。

right器，隋圜①，通高公尺七百有（又）五公厘，析而度之，顶平，中为虎钮，虎头去顶一百一十一公厘，周顶侈唇迤出，唇厚七公厘，两唇纵去三百七十八公厘，横三百二十四公厘，唇端至颈二十九公厘，颈高十四公厘，周九百二十二公厘，颈下为肩，广肩旁出，其周强于颈四百四十八公厘，至此则倾仄缩朒，约敛以渐，去颈二百八十公厘之长，始直下迄口，形如钟甬之倒植者，又三百公厘，积而计之，以成通高之度，器口纵二百八十公厘，横二百四十七公厘，其厚与唇同。虎钮昂头出目，巨耳倨牙项后剥损，及股断折，或掘时所残蠲也，遂不能知尾之修度，自头迄股长一百九十四公厘，股高七十一公厘，背广六十八公厘，头项胁胫，刻画殊异，虎足跋铜鍱，前后各一，前鍱之前，文为华咢，四出如菱，汉富贵宜寿熏炉底文类焉。其左隅为二钩相背，形略似周器中之弓状。钩后为虎，四足据地，吐舌翘尾，汉铙中白虎文有似者。虎后为鱼，八鳞四鬐尾岐，鱼下文形如梭，中目，目左右作四回文相错，后鍱左隅，文为方肉圜好，有二直文挟好贯肉而出，两端相背成钩焉，鍱后作一左手，肱掌悉具，拇右植一菡萏，其右隅为走马，矫首奋鬛，扬尾腾踔，大泉五十范底文略似。虎鱼指端皆向右者也，马后为舟，舟上左文，下体如中，上体如米，右为企鸟，张翼舒尾，父乙鸟莫觚之鸟形粗同。鸟首有十，如古文甲，此诸形中，惟此差似古文，舟左下为行马一重之状，上作四菱形相连，各有回文，如阑楯状，前鍱右隅，作一人首，竖目长耳，削下疏髭椎结，与鸟皆左向，前后鍱间，当虎腹下，复作虎文，与上全同，凡十有一文，皆款焉，全器重旧称五十六斤。

right器藏于万县某乡寺中，县人某购以赠其师美国博士鹿依士君。鹿来华西大学，置于居室门侧。方君叔轩，多闻好古，见而欣异，考博古图，知为錞于，请鹿君贻贮博物馆。余周览馆中，方君委余考证，谨案錞于。《周礼》谓之錞，《国语》始曰錞于，郑韦之注略举其制。《宋书·乐志》云"今民间犹时有其器"②，《南史》"始兴王（萧）鉴传"云：什邡人以献鉴，古礼器也，圆如筒，

---

① 隋圜，椭圆之意。
② 〔南朝梁〕沈约撰：《宋书》卷19《志第九·乐一》，北京：中华书局，1974年，第554页。

黑如漆。①与此器同。《周书》"斛斯征传"云：近代绝无此器，是錞于皆汉以前制作，六代无之矣，又曰或有自蜀得之，皆莫之识。②《容斋续笔》云，得于慈利，又曰得于长阳，又曰复得一枚自峡来③，俱与此器所出地接。又按，吕大临《考古图》载錞于十八，王黼《（宣和）博古图》有二，《西清古鉴》有四，刘体智《（小校经阁）金文拓本》前后有十六④，容庚《海外吉金（图录）》有一，此四十一图者，无一之文似此，即汉器物象繁缛如镜、如铜鼓者，间有小同，若此之憰恑⑤者，益难相订，不敢妄说，惟依葛维汉，博士林君名均所书尺度重量而备录之，以俟博物君子之考证。《南史》又云："以芒茎当心跪注錞于，以手振芒，则声如雷，清乡良久乃绝。"⑥《周书》亦云，"其声极振"⑦。《御览》引《乐书》云，"伏兽为鼻，内悬子铃铜舌，凡作乐振而鸣之"⑧。《续笔》云："扣之，其声清越以长"⑨，今虑叩击之或损也，未试，故不记。

---

①〔唐〕李延寿撰：《南史》卷43《列传第三十三·齐高帝诸子下》，北京：中华书局，1975年，第1087页，载："有广汉什邡人段祖，以錞于献鉴，古礼器也。高三尺六寸六分，围三尺四寸，圆如筒，铜色黑如漆。"
②〔唐〕令狐德棻等撰：《周书》卷26《列传第十八·斛斯征传》，北京：中华书局，1971年，第432页，载："近代绝无此器，或有自蜀得之，皆莫之识。"
③〔宋〕洪迈：《容斋续笔》卷11《古錞于》，北京：中华书局，2005年，第349页。"长阳"，原为"长杨"。
④原为"刘宝智《金文拓本》"。"刘体智《小校经阁金文拓本》，著录錞于共十六器，皆有汉文数字，自三、四以至十八、十九字不等"（徐中舒：《论巴蜀文化》之"巴族与錞于铜鼓的关系"，成都：四川人民出版社，1982年，第34页）。
⑤憰恑：变化。
⑥《南史》卷43《列传第三十三·齐高帝诸子下》，第1087页。
⑦《周书》卷26《列传第十八·斛斯征传》，第433页。原为"其声极清"。
⑧〔宋〕李昉等：《太平御览》卷575《乐部一三·錞于》，北京：中华书局，1960年缩印1935年商务印书馆影印宋本，第2598页；〔宋〕陈旸撰：《乐书》卷111《四金通论》，文渊阁四库全书本。原为"内县子铜铃舌，作乐振而鸣之"。
⑨《容斋续笔》卷11《古錞于》，第349页。

关于发现汉墓的经过

郭沫若[1]

一

四月七号（星期日），卫聚贤先生到我寓处来，要我和他同到生生花园去找汉砖。因为在那前几天，画家吕霞光先生告诉过我们，说：在生生花园里面有无数的汉砖，用来砌着一条小路。那天下午我们便同到生生花园去，但是那条汉砖路却怎么也找寻不出。（后来又有另一位朋友告诉我们，才知道那路被拆掉了，汉砖也被人搬去了。）天气很好，嘉陵江北岸的风光大有蛊惑的情调，我们在寻砖失望之余，便步下江边，乘着励志社的渡船，渡过了江去。

在江北岸培善桥头的一家茶店里吃了一会茶，我们又走向茶店东头的山坡上去散步。走不好远，便在一座农家的墙根和附近的阳沟旁边，发现不少有花纹的古砖。卫先生高兴得了不得，他连连地说：这不就是汉砖了吗？很多，很多。我也相当高兴地响应着他，我说：我有一篇文章好做了，题目就叫着"求砖得砖"。

人是只怕不注意，一经注意了，有价值的东西实在遍地都是。我们接着又发现了无数的砖，或是面在路旁，或是砌在墙上，有的除掉花纹之外还有文字。有一片有"昌利"二字的反书，又有好几片在当中横写着"富贵"两个字，从

---

[1] 郭沫若（1892—1978），四川人，字鼎堂，历史学家、考古学家、文学家、剧作家、社会活动家。

字形上看来确是汉隶无疑。卫先生过分高兴，他便往一家农家去借锄头和篮子，想把这些有文字的砖头搬过江去。

　　我在卫先生去借锄头的期间，循着曲折的小径绕到一座人家后面去，却发现了一双已经开了的石桙，但在那石桙外面却分明有"富贵"砖突露着，我这一下才着实惊喜了：因为我自以为是找着了那些古砖的源头。等到卫先生转来了，我忙把这个发现告诉了他。他也就忙叫他所带来的一位农人，把那突露着的一片"富贵"砖挖了下来，另外又在别处取了一片"富贵"砖，让我和那农人两个，盛在篮内用锄头把扣着走，他自己把"昌利"砖抱着引路。走到他所借锄头的那家农家，他说：那灶房里还有好的东西呢。我们便同到灶房里去，原来在一座灶头上还有一片有花纹的端砖，上面盖有一个印章，有篆书"任文"两个字。

　　搬砖倒不是件容易的事，一片砖约有二十公斤重，抱起来是相当吃力的。农家的人看见我们把砖头当成宝贝，怎们也不肯替我们搬运，我们只得一片一片地把三片砖抱到了培善桥头，抱了总有四分之一里路远，抱得一头一身都是汗。我当时对卫先生说过这样的笑话，我说：这些砖虽然还不敢说就是汉砖，但至少总可以说是"汗砖"了。

　　旁晚，过江来以后，聚贤便往中央通讯社访问他的朋友去了，第二天的报纸上公然便有发现汉墓的消息出现。我倒是有点感觉着惶恐的，因为究竟是不是汉墓，我在当时实在还没有具体的把握。但是聚贤却是坚决得很，他把这消息早已告诉了于右任、张溥泉、吴稚晖诸位老先生，同时又通知了好几位考古的专家，如故宫博物院的院长马衡先生，及中大教授的金静庵、常任侠诸位先生。他说：他已经约好了，我们到十号的清早再去调查。

二

　　十号，聚贤一早便跑到寓所来，约着同往生生花园。到了那儿时，马衡先生早到了，便一同过江。这一天的路很烂，因为前一天下过雨。大家在烂泥中走到了墓地，就露出土面的各种砖块来说，马衡先生也承认确是汉砖。因此便在当天决定了一个试掘的计划，把当地的联保主任也请了来，托他帮找工人，决定在十四号的星期日开始试掘。正在这样商议的时候，联保主任告诉我们，就在邻近的一座院落里面，也有一座有花纹的砖墓，在平地的时候取了好些砖，又把整个的墓埋进土里去了。我们到那院落里去问时，果然有这样的事情，那儿的负责人并且还答应我们，可以在十四日同时试掘。

在十号这一天，除马衡先生外，还有常任侠先生，他到得比较迟，走了不少的冤路，但亏他也把墓地找着了。

三

十四号。星期（日）。

这一天天气很好，有不少的人来参观并参加试掘。我担任试掘首先发现的那座双椁，聚贤担任试掘院落内埋在土里的一座。

试掘了半天，把石椁内的堆积启光了，殉葬物什么也没有，只是从每一石椁里各挖出了一条活蛇（有某报的记者曾把这项材料来奚落过我们一下）。同时在一座石椁的壁上，更发现了鹿含灵芝草和牡丹花的浮雕。这些壁画的发现使我的兴趣冷掉了百分之九十九：因为这些花样绝对不会是汉代的。而且在椁外的泥土中挖取砖块时，更使人失望的挖出了一个"嘉庆通宝"，这使我对于那些砖块都不能不怀疑起来了。聚贤先生的信仰却很坚定，他是这样主张，在毁了的汉墓之上又建了一座清代的墓。常任侠先生也赞成此说，但我依然不能不怀疑。有一位生生农场的职员在旁参观的，他说这样的砖，在他们农场里发现了无数，那些墓里的古物怕只是明代的吧。这也助长了我自己的怀疑。

聚贤所试掘的院落里的一座，把墓头的确从土中挖出来了，砖也都是有花纹的，而且多有"富贵"二字。但横在那墓脊上却新建了一座房屋，如要正式挖掘，除非把新屋毁掉。这是近于不可能的事。但同时在这第二墓的方向线上，相聚约一丈之处，有参加试掘的朋友杨仲子，和胡小石先生，在新掘的阳沟边上又发现了有古砖砌成的一个直角。于是又就这个直角突露试掘下去，结果是得到了一个长约八尺，宽约二尺，高约一尺的一个古砖砌成的槽形。里面什么也没有。朋友们认为是孩子墓，称之为"第三墓"，但我还不敢相信，或许是那座大墓前面的什么配备品吧。

这一部分的试掘，也没有充分的力量来打破我的怀疑，因此我在下半天，也因为有事，便各自过江来了。

在这一天的试掘，马衡先生也是参加了的，不过他因为有事不曾过江。

四

十五日以后，卫聚贤先生们又发现了"第四墓"，据说是在第二墓的继续试掘中，由工人告诉他们的。那墓在培善桥西首的一座小丘上，是已经开掘了的，但墓形十分完整，附近的人在有警报的时候，当成防空壕在使用。墓虽已被开掘，但墓底积土甚深，聚贤以为土中或许还有遗物，便又在这墓中试掘。

积土异常坚硬，并杂以无数小石，挖掘很不容易，挖了两天多，仅挖清了三分之一，但一无所得，聚贤已感觉着失望，决心再挖一天不再挖了。但在十八号的下午三时左右，我接到他的电话，说有重要的东西发现，要我过江去，并带一位摄影的朋友同去。摄影的朋友去了，我自己因为有事，没有去。

二十号的下午我得到空闲去看那些"重要的发现"，果然是值得惊异的，有五铢钱无数，长三尺的铁剑一口，士俑大小七个，陶猪陶鸡各一，陶罐陶盂若干。看情形的确是汉墓了。并且就在这第四墓的试掘中，附近的桐油公司送来四件铜器，请卫先生鉴定，据云系平地基时所得，计鼎一、壶一（残片）、盂一、罐一，虽均无铭文，但确是汉器形式，尤为坚确的旁证。因此，我对于汉砖的信念又才恢复了转来，我私心深深庆贺着聚贤的收获，并深深钦佩着他那坚韧不挠的精神，假使没有他，没有他的那种毅力，谁也无法断定江北是有一大群汉墓存在的。

二十一号是星期（日），聚贤已把试掘结束了，并把数日来的劳苦所获，连

同桐油公司的四器，在公司的客厅里开了一个小规模的展览会。这一天天气也很晴明，参观的人真不少（据说在两千人以上），我还对朋友们说过，像这样的办法多来几次，对于国民的保健上都是很有利益的。

试掘在不期然之间形成了一种风气，就在二十一号的旁（傍）晚，有农人在第四墓东北的一个小丘上发掘一个墓址（据聚贤讲，是他早已发现的九个古墓之一）。这一次所挖出来的砖，竟成为了压轴戏。砖有两种，一种两端有公母枸，中有"富贵"二字，另一种为长方形，一端有"延光四年七月造作牢坚谨"等字样。这样便把汉砖汉墓的问题完全解决了。

"延光"是东汉安帝的年号，四年是西历125年，距今1815年。而且有趣的是安帝死于延光四年（125）三月，而此有"七月"，足证安帝之次的顺帝是于第二年始改元为"永建"的。

五

二十一号的晚上，马衡先生打电话来，说要来看我，我表示了异常的欢迎。因为我们居处相近，而且嗜好相同，我们是常相过从的。

马先生来了，他颇带着兴奋的口吻开始对我说：这一次的汉墓的发掘，在手续上是有点不合的。论手续应该先呈准古物保管委员会，而且发掘者应该是国立的学术机构。因此他后来也就不便参加了。

我很有些诧异，我问他：试掘是不是也要经过这样严重的手续呢？

他说：试掘是可以不必的，但正式发掘就非依法不可。

我顺便便问了些古物保管委员会的情形。他告诉我，在前那个委员会是隶属于行政院的，后来改隶内政部。自抗战以来该会是无形停顿了，每月两千元的经费也停发了。委员呢，除马先生自己外仅有一二人留在此地，而且委员的任期是已经满了的。只是在惯例上，偶尔有关于会的公事，是送交马先生签注处理云云。

我在当晚贡献了一个意见，说道，乘这汉墓发现的机会，马先生何不向内政部呈请，把委员会的阵容复起来？同时，我又说：我一方面当转告卫聚贤先生，在正式发掘时，依据规定的手续办理。

马先生对于我的意见很表赞同，我们谈到十二时相近，他才告辞了回去。

六

今天（二十七号），见报载有"中央社讯"一则，言据古物保管委员会负责人谈称，"此次发掘与规定手续不合。……已由该会函请江北县政府查明保护；一面函郭沫若等暂停发掘，并查询经过详情"云云。

阅后不胜诧异，这位"负责人"，我不知道究竟是谁，而他们"查询"我的"函"，我一直到现在也还没有收到。其实这一次的汉墓发现，只是偶然的试掘程度，根本是说不上"发掘"的。那么，所谓"与规定手续不合"的话，更不知从何说起。"查询"我的"函"，我虽然并未奉到，但这"经过详情"我是早就想写出来的，因为关心这件事的中外的朋友都很多。当然，这并不是学术报告，也还说不上"详"，我相信卫聚贤先生将来是会有更详细的试掘报告发表的。

汉墓的发现，并不始于这一次，很荣幸的是这一次的发现却引起了委员会诸公的"注意"。我很希望这"注意"能够加强而且持久。嘉陵江下游两岸到处都是汉墓，以前为筑路或建屋，不知毁灭了多少。前天我曾到红崖嘴，看金城银行所准备建设的新村。那儿正在平地基，筑道路，无心之中又发现一座被毁了的汉墓。因此，我更切实感觉着古物保管委员会的责任实在重大，而这会的阵容实在是有恢复起来的必要，仅仅保管着几条规则或规定，那是不够的。勿谓古物无补于抗战，实则乃发扬民族精神之触媒。至于这次试掘所得的各种物品，据聚贤先生说，全部仍存留在桐油公司里面，并已于二十五日函请内政部如何处理矣。

（民国）二十九年（1940）四月二十七日

涪陵名称的由来[①]

鲁智深[②]

一、涪陵在汉时名枳

《华阳国志·巴志》:"枳县,郡东四百里,治涪陵水会。"[③]郡即巴郡,是现在的重庆,在重庆东四百里涪陵水与长江水会的枳县,即现在的涪陵县。

二、涪陵亦名巴陵

《水经·江水注》:"江水又东为落牛滩,迳故陵北,江侧有六大坟,庾仲雍曰:'楚都丹阳所葬,亦犹枳之巴陵矣,故以故陵为名也。'"[④]是涪陵亦名巴陵。

[①]《说文月刊》目录中,该内容属于"补白"。
[②]鲁智深,卫聚贤自称。卫聚贤以"鲁智深"为名撰写其自传,"而现在的鲁智深与大发痴形影相交,知之甚切,故为文考之于左"(卫大发痴:《鲁智深传》,《说文月刊》第1卷,1940年,第819页)。
[③]《华阳国志校补图注》卷一《巴志》,第30页。涪陵水,任注为"乌江"。
[④]〔魏〕郦道元撰,陈桥驿校释:《水经注》卷33《江水》,杭州:杭州大学出版社,1999年,第586页。

三、涪古音读如巴

《说文》：音，"从否，否亦声"①。涪，《说文》"从水，否声"②。《广韵》涪在下平声尤韵，作缚谋切。国音作ㄈㄡ，罗马字拼音作 Ewu，是唐自汉以来读如否。但涪从音声，音应从立声，立有ㄚ音，如拉字是。所以涪在汉以前读如巴。

四、枳古音亦读如巴

枳从只声，只从八声，是枳县即八县，亦即巴县。

五、涪陵因巴国祖先之陵墓多在其地而名

涪陵即巴陵，已如前云。而《华阳国志·巴志》云："巴……其先王陵墓多在枳。"③是涪陵因巴国祖先陵墓所在地而得名。

据上考证，如欲找寻巴国的陵墓，应在涪陵。

---

① 〔汉〕许慎撰，〔清〕段玉裁注：《说文解字注》第五篇上《丶部·音》，郑州：中州古籍出版社，2006年，第215页。
② 《说文解字注》第十一篇上《水部·涪》，第517页。原文"从否声"。
③ 《华阳国志校补图注》卷一《巴志》，第27页。

整理重庆江北汉墓遗物纪略

常任侠[1]

重庆附郭之区，沿嘉陵江两岸，多有汉代墓葬。以地形之变迁，及历代之残劫，今多不可考知；惟于荒陇废墟间，时见古砖，人家墙根屋角，治井累灶，常亦采用，以是验之，固知汉墓之已毁者，盖甚多也。其在沙坪坝附近，已经中央大学之所发见者，盖有数起：一墓石棺中，有元兴元年五月五日镜（西纪105），又有永寿四年六月十七日（西纪158）延熹五年二月十九日（西纪162）熹平四年（西纪175）熹平五年十月十八日（西纪176）光和三年（西纪180）诸崖墓，皆在江干悬崖间，而刻识年月其上；又曾发见一汉阙，无文字。凡此大率为二世纪时所建筑，皆刘燕庭氏《三巴耆古志》[2]，法人色伽兰氏《中国西部考古记》所未著录者也。至于牛角沱对江江北汉墓之发见，亦属偶然得之。其先予游生生花园，见园路多汉砖，践踏无问者，颇惜之；盖当建园之初，墓遂被毁矣。余尝以告友人吕君，吕又告之郭沫若先生，后予复告友人商承祚，以金大中国文化研究所，方集川中古砖图案文字也。某日，郭与卫聚贤先生，来园访砖，无所见。因渡江作郊游，至培善桥，见人家墙角屋根，皆汉时砖，有"昌利""富贵"诸字，一砖又有"任文"二字，阳篆小印，如封泥然。因究所自来，旋于一新建筑屋基下，发见古墓一；又于屋侧，得残破古墓一，颇动

---

[1] 常任侠（1904—1996），安徽人，中国艺术史论家、艺术考古学家，曾任中央美术学院教授、中国社会科学院南亚研究所研究员、国务院古籍整理出版规划小组顾问、国家文物鉴定委员会委员。

[2] 《三巴耆古志》，又名《三巴金石苑》。刘燕庭，即刘喜海，山东诸城人，清代金石学家、藏书家。

顿厘保存之念。其次日，召予及故宫博物院院长马衡先生往，再一审视，断为汉墓遗址无疑。以古文化遗物，无人注意及之，行被摧毁丧失之可惜也，因思急于救护之，乃请当地军警，加以守视，于四月十四日，遂由郭、卫两先生为之倡，广邀好古之士，同往理其残遗焉。其一墓早毁，一墓适当墙基下，于此仅得古砖数十，未能竟其工。闻工人言，其南两里，尚有一古墓，已为居人掘作防空洞，遂往视，则其中积土未尽；卫拟尽除之，测量其制度；闻农本局①即将夷为平地，以备建筑，因穷四日之力急治之，躬握刀镵②，汗浃于背，于土中更得意外之收获，有铁质长剑一，陶豆陶瓿陶瓮陶碗数事，陶俑人六，陶鸡豚陶屋陶灶陶勺各一，五铢钱甚多，贯索已腐，败结不可数。细心剔掘，并忘饮食，墓中空气混浊，头自眩痛，亦不以为苦也。郭、卫与余图其布置方位，并拍摄出土之状。器在土中多残缺，完者甚少，盖因墓早被毁，有以致之。毕工之次日，乃尽出所得，公开展览于墓傍之竹庐，观者两千余人，中央研究院任先生鸿隽来视，尤深关爱，且拟以院中专董修补残器者，为之缀理碎片，复其原状云。其日，欧美苏联人士，有来摄影并电其国人者，以为中国当抗战正殷之际，而学术工作之盛，尤见建国事业之迈进也。

展览器物，余任布置之役，且备观者之垂询，沫若先生，并为外籍人士，作扼要之说明。按之汉代丧葬，厚葬之风特盛，故墓中多置金钱食物日用饮食诸器及俑人。《汉书》（卷）五十九《张汤传》、（卷）七十二《贡禹传》，俱言墓中瘗钱③。《东阳学报》一卷二号所记旅顺刁家屯汉墓发掘情形，亦言墓有五铢钱。此墓所出"五铢"颇多。尝见长沙古墓所出"半两"泥钱，俗亦瘗钱类此，制之以泥，则纸钱之滥觞也。又其盘盂瓿瓮之中，往往有根须状物，盘结其中，疑为谷类生芽而成。《后汉书·礼仪志下》记大丧曰：

东园武士执事下明器。筲八盛，容三升，黍一，稷一，麦一，粱一，稻一，

---

①农本局：国民党政府为控制粮、棉、纱、布的产销而设置的机构。成立于1936年，隶属国民政府实业部。(张跃庆等：《经济百科辞典》，北京：中国工人出版社，1989年，第79页)
②镵：chán，古代的一种犁头，又是一种挖草药的器具。
③瘗（yì）钱：古代葬礼置于墓中陪葬的钱财。

麻一，菽一，小豆一。瓮三，容三升，醯①一，醢②一，屑一。黍饴。载以木桁，覆以疏布。甒③二，容三升，醴一，酒一。载以木桁，覆以功布。④

此风下逮于官庶，盖已浸成一般之习俗矣。墓中所出日用饮食诸器，盘豆杯勺甑灶之类，其用俱见《后汉书·礼仪志》。《乐浪》三十六至五十页所载王盱墓内杯盘碗勺，则多以漆为之，其瓦瓮瓦碗，亦当与此同也。瓦器有小口大腹者，疑为盛酒之物，类于古匈奴语所谓之服匿，解见《汉书·李广苏建传》，而秦语促音则谓之缶，曰甒无瓿曰瓶，殆皆其转语耳。墓中有长剑，北方殆颇少见。二十七年春，予客长沙，见城外古墓所出亦有之。其地古属楚，伴出楚器颇多。《楚辞·九歌·东皇太一》曰："抚长剑兮玉珥"，《少司命》曰："竦长剑兮拥幼艾"，《国殇》曰："带长剑兮挟秦弓"，《九章·涉江》曰："带长铗之陆离兮"⑤，皆可见其风尚。巴楚比邻，传习正同。又战国冯欢有《长铗之歌》⑥，而《史记》言荆轲刺秦王，王所佩，亦长剑也。盖自汉以前，已习用于诸国矣。墓中陶制鸡猪，川中古墓所出多同；长沙汉墓所出亦有之。川墓多瓦俑，犹得见汉衣冠。而长沙古墓之俑，有以木梗制成者，上有须髯，下锐如锥，则其特异之物也。予辈就所整理各墓，仅得残物，而无文字，因难断定其年代。后又于附近雨田山，寻得汉墓九处，方保留以待将来之探究，其一乃为游人所毁，予与郭卫出而力止之，则已散出延光四年（125）造作砖数十方，因得比证相近之年代；又墓侧桐油公司，出掘地建筑所得铜器四事，参与展观，审其式制，亦汉器也。

回思二十七年春，予与友人商君承祚客长沙，见城外因有新建筑，楚汉古

---

①醯（xī）：醋。

②醢（hǎi）：用肉、鱼等制成的酱；古代的一种酷刑，把人杀死后剁成肉酱。

③甒（wǔ）：古代盛酒的瓦器。

④〔南朝宋〕范晔撰：《后汉书·志第六·礼仪下》，北京：中华书局，1965年，第3146页。

⑤〔汉〕刘向辑、王逸注，〔宋〕洪兴祖补注，孙雪霄校点：《楚辞》卷1《九歌章句·东皇太一/少司命/国殇》、卷4《九章章句·涉江》，上海：上海古籍出版社，2015年，第66、87、101、155页。

⑥冯欢，《史记集解》：音欢。或作"煖"，音许袁反。《史记索引》：音欢。字或作"谖"，音况远反。（〔汉〕司马迁：《史记》卷75《孟尝君列传第十五》，北京：中华书局，1959年，第2359页）长铗之歌：冯欢为孟尝君门客，冯欢三弹其铗而歌其求，孟尝君皆满足，冯欢终为孟尝君出谋划策。

墓，破坏至多，心焉痛之，乃无如之何。而司保管之责者，至今似尚无知也。其时出土古器物，贵重之品，多入外人之手，或远邮于沪上。商君节衣缩食，争得若干器，又钩摹摄影他人所藏若干器，以有金大中国文化研究所哈佛燕京学社基金为之助，成《长沙访古记》及《长沙古器物图录》各一编，以公于世。今兹重庆附郭及嘉陵江下游沿岸，因事建筑，破坏古墓情形，正复相同，幸赖郭、卫为之倡，出而力救于垂毁之际，否则将复不可知矣。而予与胡小石、马叔平、金静安诸先生，及其他好古之士，亦获乐观其成，固觉其难能也。乃复为之公开展览，以冀引起社会对于中国古代文物之爱护，应司保管之责者，亦知所留意焉，则其功诚不可没矣。今兹中大历史学会，展览古器物，江北汉墓出品，亦获陈列其间，予故著其崖略云。

中大历史学会试掘史迹纪事[1]

金毓黻[2]

国立中央大学史学系,自移渝以来,即努力于考古之工作,其考古之范围,暂以四川一省为限,随时随地注意及此。又为集中研究史学之力量,并于今夏成立历史学会,鸠合本系师长,及已未毕业同学之富有研究兴趣者,从事史学之探讨。而考古工作即为其中之一项,尤为发掘史迹为考古工作之中心。此又本系考古工作,首从事于发掘史迹之由来也。

中央大学临时校址,位于嘉陵江上之柏溪分校,一称松林坡者是也[3]。在其附近发现之史迹,凡有三处:其一为农场院中之古墓,其二为嘉陵江边之崖墓,其三为对岸盘溪之石阙。关于古墓之发现,余前撰纪事一文,发表于《时事新报·学灯》第四十一期,想已为读者所共见矣。兹将试掘所得分述如下:

一、古墓

此墓似属于后汉时代,可由发见之石棺铜镜及各明器,可以证明。兹经细

---

[1]《说文月刊》目录中,该内容属于"补白"。该文曾发表于《说文月刊》第2卷第2期(1940年)。
[2]金毓黻(1887—1962),辽宁人,字静庵,历史学家,东北史研究的开拓者,著有《东北通史》《宋辽金史》《渤海国志长编》等。
[3]原为"位于嘉陵江上之×××,一称松林坡者是也"。《南京师范大学大事记》载:1937年12月1日,中大在重庆沙坪坝新址开学,3日正式上课;1938年12月,校务会议决定在柏溪建立分校,中央大学一年级新生,师范学院一、二年级学生在分校学习(南京师范大学校史编写编:《南京师范大学大事记(1902—1990)》,南京:南京大学出版社,1992年,第42页)。柏溪分校遗址,位于重庆渝北礼嘉。

勘其遗址，排列之人工石板甚多，爰就其发掘之，去其上层之土，则石板俱呈现矣。盖于一平面之地，长丈余，广二丈余之地，平铺石板，以为并置二棺之用。除此以外，他无所见，惟于石板之右侧，发现瓦俑之残瓦甚多，计得人头二，人身下部一，鱼二，其一为双尾，又马足一，其他不可认辨者，尚待整理。余闻吴君国栋言：初次发见石棺时，尚有一红色之马，作奔驰状，误为工友所碎，只二人头一鸡尚存。合以此次之所得，则此次试掘为不虚矣。余初疑墓后隆起如坟之处，尚为古墓，乃顺掘一沟通之，竟为积土，终无所得乃作罢。

二、崖墓①

此墓在重庆大学工学院江边崇堡之下，沿岸而列者凡六。初发见之人，为中央研究院史言所傅君乐焕。傅君因避警报，偶至其地，见有石窟六处，并列于崖壁，其中间之一，有"永寿四年六月十七日……□作此冢"等字，归而告余，急往观之，后又同常君任侠、刘君子植再往，手拓其字，始知此即中国西部考古队色伽兰君所称之"四川之崖墓"也。后又至其地，遇乡人苍君多三（黑龙江人），语余左首一墓，上亦有字可识，追视之，则为"熹平□年"等字。按后汉桓帝，永寿四年（158）六月戊寅，改元延熹，故《通鉴》诸书无永寿四年之纪年，此云永寿四年六月，则正改元之时也。灵帝熹平凡七年，其元年上距永寿四年凡十四年，则其为一族聚葬于此，又可知矣。考其字体，均为朴茂之汉隶，其非伪造，自不待论。此次试掘者，为左首之第一窟，内皆流沙，且有成片之积层，似为沙水灌入而又退出之情形。又掘右首之一窟，盖凿而未成，仅土俑之残片，及半截古砖而已。重庆附近崖墓甚多，随处可见，郭君令智曾于佟家湾对岸，发见数处，导余往观，且有高在悬崖之上者，惟无文字可考耳。

---

①该部分"□"，原文如此。

三、石阙

　　此阙在对岸之盘溪，初由唐君世隆所发见，以告常君任侠，而始得知之者。大凡石阙多为二柱对立，其中间为门，至此阙则仅存其一，兀立于稻田中，其一则毁而不见。后于左方二十余丈外，觅得半截，沉埋土中，不可尽见，乃用人工掘出，是为左柱，其兀立者，则右柱也。两柱皆刻石画，左柱所刻者一面为日神，一面为苍龙神。右柱所刻者一面为月神，一面为白虎神。以其作风考之，当为汉阙无疑，惟正面不刻文字为异耳。于其附近尚得古砖数方，余无所见，余将两柱之石画，手拓数纸，以供考证。

　　关于崖墓及石阙之考证，已见另文，如常君任侠所述，兹不复赘。惟此次试掘之成绩，虽不甚佳，然于吾国考古学上，亦有相当之贡献，此三处史迹，各有其无上之价值，有如石棺石阙所刻之石画，可谓为同一时代之作风，亦可借此考见汉代巴蜀之文化。而崖墓之上刻有文字，尤可珍视，据《巴县志》所载重庆附近之汉碑数事，今皆不可得见，是此崖墓石刻之价值，尤在巴蔓子墓以上也。至于附出之品，如土俑，有红陶青陶两种，可以考见汉代之风俗。所出铜镜，亦为汉镜中最贵之品，惜为时势所限，不能将照片拓片模本，尽量发表，是则有待于来日耳。

汉墓漫谭[1]
——自重庆《时事新报·学灯》转载

孙宗文[2]

小引

民国二十九年（1940）四月间，郭沫若卫聚贤诸氏于江北培善桥胡家堡地方发现古墓四座，一时轰动渝市。考该地于清乾隆时始建厅，在两汉时为江州县地，隶属巴郡，巴郡系西蜀名都，人口繁盛，沿嘉陵江两岸尤为黎庶蕃育之地，证以此次发掘得有汉式纹砖、古剑、五铢钱，暨陶质罐、盂、猪、鸡、猫等明器，殆为汉墓无疑。但何以抗战以来一般人士[3]在艰难生活中对于它事仍抱有浓厚之研究兴趣，盖汉墓在我国考古史、建筑史上颇占有一重要地位，即从地下层之发掘，更可得有极丰富之古代文化资料；在后方学术空气渐沉之今日，江北汉墓之发现，不可谓非一服兴奋剂。尝考三代以前无墓祭，王者之葬封树而已。考墓之一名首见于《周礼》，"春官篇"说："墓大夫掌凡邦墓之地域，为之图，令国民族葬……凡争墓地者，听其狱讼，师其属而巡墓厉。"[4]盖墓厉[5]谓茔限遮列之处，庶人不封不树，故不言冢而云墓，是指平地者称之。扬子云

---

[1] 谭，同"谈"。
[2] 相关资料显示，孙宗文可能为近代时期重要建筑家，生于1916年，1937年上海（私立）沪江大学商学院建筑科毕业，曾于20世纪30年代在《时事新报》《申报》等上发表多篇关于建筑、居住的文章。（赖德霖：《中国近代时期重要建筑家五》，《世界建筑》2004年第9期）
[3] 人士：原为"人仕"。
[4] 《周礼注疏》卷22《春官宗伯第三·墓大夫》，清阮元校刻《十三经注疏》本，第786页。
[5] 墓厉：坟地周围界域的标志。

《方言》亦说:"凡葬而无坟谓之墓"①,有坟谓之茔,故《檀弓》云:"墓而不坟"②了,《尔雅·释山》注:"封曰冢,高曰坟。"③因葬即藏的意思,故无需累土隆起也。墓地起坟之制则自春秋始;当时孔子因要周游列国,故必须加以标识;及后帝王之坟丘高大,遂改称陵,《尔雅·释地》说:"大阜曰陵。"④又《释名》说:"陵,隆也,体隆高也。"⑤依一般惯例言,平民之坟丘谓之墓,帝王之坟丘谓之陵,但考古学上之所谓汉墓,实墓与陵二者并称。最近友人恒以汉墓之特征及其史乘见询,爰择要介绍以投《学灯》;惟汉代陵墓仅依文献记载,不足以言其制度全体。尚需有待他日实物考证者,故以漫谈称焉。

一

汉陵因袭秦时生圹之制,凡天子即位之翌年即须命将作大匠勘地营造之;此种在帝王未崩御前所造之生圹名曰"寿陵"。按此制起源甚早,《史记·赵世家》说:"(肃侯)十五年(前335),起寿陵。"⑥降至清世则称万年吉地⑦。当时建筑寿陵实为汉室一大事业,并规定以天下贡赋三分之一作为建陵费用,《晋书·索綝传》说:

---

① 〔汉〕扬雄撰,〔晋〕郭璞注:《方言》卷13《墓》,北京:中华书局,2016年,第173页。按,原文作"扬子"。

② 《礼记正义》卷6《檀弓上》,清阮元校刻《十三经注疏》本,第1275页。

③ 按,《尔雅注疏·释山》无此记载。汉初元二年十二月"上追念望之不忘,每岁时遣使者祠祭望之冢,终帝之世",胡三省注:"平曰墓,封曰冢,高曰坟"(《资治通鉴》卷28《汉纪二十》,北京:中华书局,1956年,第903页)。

④ 《尔雅注疏》卷7《释地第九》,清阮元校刻《十三经注疏》本,第2616页。

⑤ 〔汉〕刘熙:《释名》卷1《释山·陵》,四部丛刊本。原为:"陵,崇也,谓崇高也。"按,清代文献及后世多将"隆"作"崇",清人毕沅说:"隆,《广韵》引作'崇',唐时避明皇帝讳也。"王先谦注说:"'陵''隆'双声,汉林虑避讳改'隆',虑亦用双声字改也。'陵''林'音同。"(王先谦撰集:《释名疏证补》,国学基本丛书,上海商务印书馆,1937年)

⑥ 《史记》卷43《赵世家第十三》,第1802页。原为:"肃侯十五年周显王三十四年(前335年)起寿陵。"

⑦ 原注:《东华续录·道光四》:"道光元年九月己酉谕国家定制登基后即应选择万年吉地……各依昭穆次序在东陵西陵界内分建。"

时三秦人尹桓、解武等数千家，盗发汉霸、杜二陵，多获珍宝。帝问绲曰："汉陵中物何乃多耶？"绲对曰："汉天子即位一年而为陵，天下贡赋，三分之一供宗庙，一供宾客，一充山陵。"①

是陵邑规模虽依各帝治绩及在位年限而有差别，（详后）惟当时对于建筑寿陵则均有一定之制度焉。《后汉书·礼仪志》引《汉旧仪略》说：

天子即位明年，将作大匠营陵地，用地七顷，方中用地一顷，深十三丈，堂坛高三丈，坟高十二丈，武帝坟高二十丈，明中高一丈七尺，四周二丈，内梓棺柏黄肠题凑，以次百官藏毕。其设四周羡门，容大车六马，皆藏之内方，外陟车石。外方立，先闭剑户，户设夜龙、莫邪剑、伏弩，设伏火。已营陵，余地为西园后陵，余地为婕妤以下，次赐亲属功臣。②

又引《皇览》说：

汉家之葬，方中百步，已穿筑为方城。其中开四门，四通，足放六马。然后错浑杂物，杆漆绘绮金宝米谷，及埋车马、虎豹、禽兽。发近郡卒徒，置将军尉侯，以后宫贵幸者皆守园陵。③

观此知当时陵地用地七顷，墓穴称方中，占地一顷，深十三丈，筑为方城，坟高十二丈，玄宫称明中，高一丈七尺，四周二丈，纳梓棺（即天子之棺）于内。由明中通四羡道，四羡门。棺之四周累积黄肠题凑，按黄肠以柏木黄心为椁，题凑之题即头以木之头，向内凑而埋入，皆所以巩固棺之四周也。由是迄至羡门，埋藏六车、六马、兵器、绣帛、金玉、米谷、畜类，以及祭器，明器

---

① 〔唐〕房玄龄等撰：《晋书》卷60《列传第三十·索绲传》，北京：中华书局，1974，第1651页。
② 《后汉书》志第六《礼仪下》，第3144页，注一。
③ 《后汉书》志第六《礼仪下》，第3144页，注一。

珍玩诸殉葬物品。考羡或称埏，羡道即为开掘于地下之隧道。其制始于春秋，《左传》隐公元年（周平王四十九年，公元前722年）说："若阙地及泉，隧而相见，其谁曰不然。公从之，公入而赋：大隧之中，其乐也融融。姜出而赋：大隧之外，其乐也泄泄。"①又僖公二十五年（周襄王十七年，公元前635年）说："请隧，弗许，曰王章也。"杜注："阙地通路曰隧，王之葬礼也，诸侯皆悬柩而下。"②是该时羡道为帝王陵墓之制，人臣不得用之。但其起源殆得自战争之需，《墨子·备城门篇》说："客攻以遂（同"对"），十万物之众，攻无过四队者，上术广五百步，中术三百步，下术百五十步。"③当殓葬未毕时，羡道出入可进明中，葬送之际新帝则照例须亲自送至羡道之口。羡道虽为汉陵中主要之营建工程，但此后即一般盗墓者亦每沿用此法，《吕览》毕沅注说："有人自关中来者，为言奸人掘墓，率于古贵人冢旁，相距数百步外为屋以居，人即于屋中穿地道以达于葬所，故从其外观之，未见有发掘之形也，而藏已空矣。"④按现今北平贵人家墓无一不被掘者，棺内宝玉葬后数月必出墓，其盗取之法实与此同，盖此道行之可谓久矣。

羡道口有门称羡门，即墓门。汉室通用石制，然亦有用铜制者，杭世骏《道古堂外集》（本）、《三国志补注六》（引）、朱彝尊说（语）⑤：

《吴志》不言定陵所在，顺治中海宁邵湾山居民，穴地得隧道，行数百步，道穷有碑，乃孙休陵也。治铜为门，门有兽镮，两狻猊夹门左右，坚不可入。未发而为怨家所首，亟以土掩之，此地志所不载也。

---

①《春秋左传正义》卷2"隐公元年"，清阮元校刻《十三经注疏》本，第1716页。
②《春秋左传正义》卷16"僖公二十五年"，第1820页。
③〔战国〕墨翟撰，〔清〕毕沅校注：《墨子》卷14《备城门第五十二》，丛书集成初编本。
④许维遹撰，梁运华整理：《吕氏春秋集释》卷10《孟冬纪第十·安死》，新编诸子集成本，北京：中华书局，2009年，第226页。按，《吕览》即《吕氏春秋》；原为"高诱注"，查阅四库全书本"高诱注"并无，此据《吕氏春秋集释》改；原为："有人自关中来者，言奸人掘墓，率于古冢旁相距数百步外为屋以居，即于屋中穿地道达葬所，自其外观之冢未掘也，而藏已空矣。"
⑤〔清〕杭世骏撰：《三国志补注》卷6《吴三嗣主传》，丛书集成初编本，孙亮"癸未休薨"注。原为"《三国志补志六》"，"（本）""（引）""（语）"三字原文无。

墓门上置以兽镮，制作谅甚精美。按兽镮即铺首，大多作兽头及龟蛇之形，以金属为之，故有金铺银铺之分。汉室盛行于庙门，考其用意不外在喻人以谨慎门户之义，宋李诫《营造法式》引《风俗通义》说："门户铺首，昔公输班之水见蠡曰：见汝形。蠡适出头，般以足画图之，蠡引闭其户，终不可得开，遂施之于门户云：人闭藏如是固周密矣。"①（按：《太平御览》亦引有此条，惟今本风俗通无之，盖为佚文。）至狻猊即猛兽为虎豹之属，证以近年发掘营城子及山东淄川县贾平乡诸汉墓，前者得有画虎之门，后者得有刻以车马人兽且镌有"此马皆上食天泰仓"九字完整之门，殆为事实。②当殡葬时，葬仪既毕，即紧闭墓门，闭门以后不忍再开，即在后址亦复如此。《东华录》说：

嘉庆八年七月壬寅谕：……本日办事王大臣具奏事仪折内有"掩闭石门大葬礼成"八字，殊属粗心疏忽不经之极，试思石门岂可闭，即闭不能复开，……今关闭石门，欲朕另卜吉地乎。③

惟汉墓何以设有四通羡门，一如当日宫阙寝庙丞相府四向辟开之制，核与后世地宫之制不同，殊为莫解。④此外又有陟车石，外方立，按《说文（解字）》说："陟，登也。"⑤是陟车石即登车石，疑羡门之限甚高，故限外设石，以便大行载车之升降，然方立不明，本谱何所指。羡道之有剑户，户设夜龙莫邪剑，以及伏弩伏火等机械之具，以资警卫，考伏弩之说自史籍记载观之，汉代以前已有，如殷汤陵、春秋尤常冢⑥及秦骊山始皇陵皆如是。《太平寰宇记》

---

① 〔宋〕李诫撰：《营造法式》卷 2《总释下·门》，上海：商务印书馆，万有文库本，1933 年出版（8 册）（1954 年重印为 4 册），第 32 页。
② 原注：见二十三年（1934 年）四月《北平晨报》。
③ 〔清〕王先谦：《东华录·嘉庆朝》卷 16，嘉庆八年七月壬寅条，光绪二十五年仿泰西法石印本。原为"《东华录·庆三》"。
④ 原注：清地宫之制见延昌《惠陵工程全案》云："地宫隧道，次头层门，次明堂，次二层门，次穿堂，次三层门，门内为全券……皆南向门。"按，刘敦桢在《大壮室笔记（续）》作"与近世地宫之制稍异"，并完整注引"清延昌《惠陵工程全案》"对同治惠陵的记载，其"门内为全券"作"门内为金券"。（《中国营造学社汇刊》，第三卷第四期，1932 年，第 112 页）
⑤ 《说文解字注》第十四篇下《𨸏部·陟》，第 732 页。
⑥ 原为"尤当冢"，据《太平广记》《酉阳杂俎》《水经注》等文献改。

四十六说："后魏太和中,有（宝鼎）县人张恩破（殷汤）陵求货,其陵下先有石弩,以铜为锁,盗开埏门,矢发中三人皆毙。"①《嵩阳杂识》说："《水经》言越王勾践都琅玡,欲移尤当冢。冢中生风,飞沙射人,不得近,遂止。"②《史记·秦始皇本纪》说："令匠作机弩矢,有所穿近者辄射之。……葬既已下,或言工匠为机,藏皆知之,藏重即泄。大事毕,已藏,闭中羡,下外羡门,尽闭工匠藏者,无复出者。"③依始皇陵例言,则汉陵剑户宜为方中之中羡门,至伏火之说虽亦见定陶丁后冢,《汉书·外戚传》说："开丁姬椁户,火出炎四五丈,吏卒以水沃灭乃得入,烧燔椁中器物。"④但事涉怪诞,终难征实耳。

以上寿陵制度不仅天子如此,即宠臣如霍光董贤等之墓亦复如此。《汉书·霍光传》说：

光死,宣帝"赐金钱,缯絮,绣被百领,衣五十箧,璧珠玑玉衣,梓宫、便房、黄肠题凑各一具。枞木外藏椁十五具,东园温明,皆如乘舆制度"。⑤

又《佞幸传》说：

东园秘器,珠襦玉柙,豫以赐贤,无不备具。又令匠作为贤起冢茔义陵旁,内为便房,刚柏题凑,外为徼道,周垣数里,门阙罘罳甚胜。⑥

---

① 〔宋〕乐史撰,王文楚等点校：《太平寰宇记》卷46《河东道七·蒲州·宝鼎县》,北京：中华书局,2007年,第959页。
② 《水经注》载"勾践都琅玡,欲移尤常冢。冢中生分风,飞沙射人,人不得近,勾践谓不欲,遂止"（陈桥驿校释,卷40《浙江水/斤江水/江以南至日南郡二十水》,杭州：杭州大学出版社,1999年,第697页）。原为"《嵩阳杂志》",按,《元明事类钞》卷17《人品门》"挟册坐桶"条引《嵩阳杂识》、《四库全书总目》卷175《集部二十八》"别本东田集"条引。
③ 《史记》卷6《秦始皇本纪第六》,第265页。
④ 〔汉〕班固撰：《汉书》卷97下《外戚传第六十七下》,北京：中华书局,1962年,第4003页。"开丁姬椁户",原为"王莽发丁后冢"。
⑤ 《汉书》卷68《霍光金日磾传第三十八》,第2948页。按,"黄肠题凑",原为"黄赐,题凑",注引苏林语："以柏木黄心致累棺外,故曰黄肠。木头皆内向,故曰题凑"。
⑥ 《汉书》卷93《佞幸传第六十三·董贤》,第3734页。

墓中除黄赐题凑外复有便房之设。按：便房自来释者不易其说，如刘敞谓为梓宫，（即梓棺）题凑间物。宗祁曰小柏室。服虔则云"藏中之便坐"①。据便房之义言，似以服说为近。似惟方中辽阔，为室非一，其分位迄无定考，近人刘敦桢氏之考证，则称便房为明中外室之一，若清陵地宫之有明堂也。刘氏说：

按《后汉书·礼仪志·大丧礼》："皇帝进跪临羡道房户，西向，手下赠，投鸿洞中，三东园匠奉封入藏房中。"注引《续汉书》曰："明帝崩，司徒鲍昱典丧事，葬日，三公入安梓宫，还至羡道半，逢上欲下，昱前叩头言：'礼，天下鸿洞以赠，所以重郊庙也。陛下奈何冒危险，不以义割哀？'"②则鸿洞之上有房，天子所以凭户投赠，鲍昱谏章帝欲下之所也。（原注《后汉书·礼仪志·大礼丧》："东园武士奉下车，司徒跪曰：'请就下房'，都导东园武士奉车入房。"③）洞次为羡道，再次复有房，东园匠藏赠于是，以便坐非正室，不应居羡道之北，明中之前，宜在其左右或后部，故疑此房为明中外室之一，若清陵地宫之有明堂也。④

汉陵既袭秦制，则明中墓室必用石构无疑。考石室之作在春秋战国时代已甚精巧，如《西京杂记》述"魏襄王冢，皆以文石为椁，高八尺许，广狭容四十人，手以扪椁，滑液如新，中有石床、石屏风，宛然周正"。又述"幽王冢，甚高壮，羡门既开，皆是石垩，拨除丈余深，乃得云母，深尺余，见百余尸，纵横相枕藉"云云⑤。据此则知到汉代当更有可观的成绩，《水经注》（卷）八戴延之《西征记》说：

---

① 《汉书》卷68《霍光金日䃅传第三十八》，第2948页，服虔注"便房"。原注：《汉书·霍光传》注语。
② 《后汉书》志第六《礼仪下》，第3148页。
③ 《后汉书》志第六《礼仪下》，第3146页。
④ 原注：《中国营造学社汇刊》第三卷第四期，刘敦桢《大壮室笔记》。按，最后一句原为"明陵地宫之有明堂也"，据《大壮室笔记（续）》改（《中国营造学社汇刊》，第三卷第四期，1932年，第114页）。
⑤ 《西京杂记（外五种）》卷6《广川王发古冢》，第42、43页。

焦氏山东即金乡山也，有冢，谓之秦王陵，山上二百步得冢口，堑深十丈，两壁峻峭，广二丈，入行七十步，得埏门，门外左右皆有空，可容五六十人，谓之白马空。埏门内二丈，得外堂，外堂之后，又得内堂。观者皆执烛而行，虽无他雕镂，然治石甚精。或云是汉昌邑哀王冢。①

墓室石壁或有雕刻人物者，当时朱鲔墓即为一例。《梦溪笔谈》说：

济州金乡县发一古冢，乃汉大司徒朱鲔墓，石壁皆刻人物，祭器，乐器之类。人之衣冠多品，有如今之幞头者，巾额皆方，悉如今制，但无脚耳。妇人亦有如今之垂肩冠者，如近年所服角冠，两翼抱面，下垂及肩，略无小异。人情不相远，千余年前冠服已尝如此，其祭器亦有类今之食器者。②

汉墓石室刻画之制不但见于文献，并见于实物，如民国二十一年（1932）四月间山东省立图书馆馆长王献唐氏于滕县安上村东十里曹王墓，无意中发现汉代石室，该墓上有穴口八个，口下为石室，四面皆墙，墙各有门，门各有屋，所有石柱尽为汉代画像，精美异常。其上口为天窗，且有带槽石盖，可见天窗未露者必数倍于此。各屋必互相联通。汉画当不下千余方。待至二十二年（1933）九月间，中央研究院与山东古迹研究会又合并发掘此墓，开至第十二圹内，又得刻画石二十七方，一在开第一圹时所得，为瓦陇形之房六一块；一在山下庙中所得，为孔子见老子之画像，与嘉祥武梁及肥城孝堂山汉画石刻作风大致相同；其余二十五块在墓山下三官庙门墙中拆出，人物雕刻精致，原系士人拆脊墓上之食堂杂乱堆砌者，此外又在滕县城西十里冈发现石室一座，其建筑形式石刻花纹与曹王墓同。而城南官桥津浦车站附近之薛城有山名墓山，上又有石室八九处，石上有花纹者有无之者，即官桥所用石料亦多有汉画石。王

---

① 《水经注校释》卷8《济水》，第144页。
② 〔宋〕沈括著，施适校点：《梦溪笔谈》卷19《器用·汉朱鲔墓》，上海：上海古籍出版社，2015年，第125页。

氏又在滕县城北发现一所将画像挂列成整个之墓室,约五规十方,可谓考古史上之一大奇获。除滕县外,又在临沂县亭子村发现汉墓,墓周围全为汉画石,堪与嘉祥武梁祠画像媲美,浑厚伟大,足以代表鲁东南汉代之陵墓艺术作风也。[1]惟汉代以前之陵墓,究已有否雕刻之作,因少实物佐证,无法明了。但寄园寄所寄引《陕西通志》述项羽入关掘开始皇冢,见先时所埋工匠皆久而不死,琢石为龙凤仙人之象,及作碑辞赞文,好事者验诸史传皆非葬时所有,则知生埋匠者之所作也,后人以其辞多愁苦诅怨之言,因名碑曰"怨碑"云云。是秦时已有,但语多神怪,不能信之。

羡道明中之上部结构是否为覆以半圆形之发券,及水平层抛物线之穹隆状一如乐浪诸墓式者,仰以斗八式之梁叠其上一如高句丽古坟之状者,则非俟大量之科学发掘不能穷其究竟。虽近年以来各地发现汉墓为数甚多,但均系小型的,构造殊觉简单,或仅用木椁,或仅累砌天然之卵石以为外墙。再次则有用砖石构成的羡道和墓室,其重模稍大,羡道大部南向,墓室的配列方法极不规则,且数目亦多寡不一。室的平面或为长方形,(如营城子汉墓例)或为近于方形,(如刁家屯汉墓例)或为外侧再加套室一间并作成走廊形状。(如熊岳城汉墓例)室的上部普通用砖砌成抛物线形的穹隆,但也有偶然覆以水平形石板的。盖砖石为汉墓最普遍的建筑材料,且每施以装饰纹样,其题材皆取吉祥之意味,如字则书"万岁富贵"或"千秋长乐",而图则画四灵或海马葡萄等等。其见于报纸者甚多,兹举例数则,以供研究者之参考。

一、徐州南乡银山南麓场地一片约十余亩,相传为古代墓道,当去秋被水冲成水沟一道,沟边露出整奇(齐)砖墙,樵者除去泥土,现出一极大石窗,嵌于砖上,砖有精细花纹,寻有破碎模糊墓碑一方,辨认不清,据传为汉墓。
——二十一年(1932)天津《益世报》载。

二、赣省立科学馆址建于南昌,拆毁城垣后山,近雇工挖土填筑沟壕,备将来建大讲演厅之用,六月二十二日忽在该山发现古墓一座,建筑坚固,墓砖

---

[1] 原注:见二十一年(1932年)四月十二日至十六日《北平晨报》《大公报》,二十二年(1933年)九月、十一月间《天津大公报》《北平晨报》及二十四年(1934年)十一月二十四日南京《中央日报》。

亦多完整，砖上镌有永宁元年（120）等字样。又安徽当涂县滨江采石镇农民掘出古圹一穴，内有样砖各一，古砖刻有"汉佐所作壁"五字者一。——二十一年（1932）天津《大公报》载。

三、考古家鹿世典于徐州卢山下发现有大墓数座，多被山水冲坏，发现汉砖长二尺，宽一尺，厚数寸，一面花纹甚坚，纹形如半月，两半月中有双道十字形，瓦如屋盖形，中间高有道，长宽三寸许，堆积累累。又朱堂山村山下有墓道，五墓石刻有车马人物。——二十三年（1934）南京《中央日报》载。

四、河北邢台县二区荆村铺农民李九成，在该村西北前湾地方掘土，深及三尺许，忽见有砖痕，李某随砖痕而掘之，将砖痕掘尽，即发现古墓一座，墓为砖砌成，宽约六尺，高约八尺，据谈此墓系汉时某人之墓。——二十五年（1936）南京《东南日报》载。

即去岁所发现之江北汉墓，其较完整者为第四墓，位于培善桥西二里许之红纱碛，全墓计长一丈七八尺，高约八尺，宽广六尺，有石门二进，构造宏伟，四壁全用不同花纹之砖砌成，全数约有五六百方，砖质精良，纹理工细，上有"富贵"字样，令人几叹观止。此外各地尚有已发现汉墓而不能确定者，更不胜枚举。由此可知当时各地砖墓之风极为盛行，而墓室雕绘画像尤为该时代的建筑艺术生色不少。

汉代厚葬之俗系沿春秋列国之旧，致引盗贼之发掘，虽帝王陵墓亦所不免；正如刘向所说的："德弥厚者，葬弥薄；知愈深者，葬愈微。无德寡知，其葬愈厚，丘陇弥高，宫庙甚丽，发掘必速。"[1]又秦吕不韦于《春秋》"安死篇"中亦说："自古及今，未有不亡之国也。无不亡之国者，是无不扣之墓也。"[2]其中尤以埋藏财宝最多之汉代陵墓遭受发掘之厄亦最多。故该时已有伪装之法，康熙《临城县志》说："汉王霸墓，在县东南三里，东西二冢相距里许，相传一实一

---

[1]〔汉〕刘向著，林纾选评：《刘子政集》之《陈营起昌陵疏》，林氏选评名家文集，上海：商务印书馆，1924年，第4页。
[2]《吕氏春秋集释》卷10《孟冬纪第十·安死》，第225页。

虚，昔土人犁地，忽穿一穴，见其中规模宏丽，二冢复道相通，随即掩之。"①是为明证。考当时送葬之物种类甚多，《汉书·韩延寿传》说："百姓遵用其教，卖偶车马下里伪物者，弃之市道。"师古注："偶谓土木为之，象真车马之形。"张晏注："下里，地下蒿里伪物也。"②又《孔光传》《翟方进传》《张禹传》等，皆说"赐乘舆秘器"或"赐东园秘器"③。按，秘器者即周之明器，皇室所造，较民间略工耳，故赐大臣用之，此可证上自天子下至百姓皆以车马伪物送葬。又《汉书·张汤传》说："会有人盗发孝文园瘗钱。"如淳注："埋钱于园陵以送死。"④是可见当时风俗埋钱送葬虽百姓亦为之，证以近年发掘汉墓每得五铢钱，当为事实。但在周秦则无此种风俗习惯。此殆与古希腊人每置钱币于死者之口中以示付与川资作为死者渡过死河之用者同一意义耳。此种送葬之物，发现后渐次为好事者所收集，传至后世俾供学术上之参考者为数甚多。日人足立喜六著《长安史迹考》引《宣和博古图》《西清古鉴》《全石索》《陶斋吉金录》诸书所载之汉器，并认为西安附近所得汉墓之埋藏品者，略考定如下：

一、铜器

1. 鼎、镦、彝、钟、尊、洗、壶、铎、舞、铃。

2. 剑、矛、镞、戈、弩、机。

3. 镜、印符。

4. 半两、五铢、三铢、大泉、五十、货布、货泉、刀、布等古钱。

二、玉器

1. 圭、璧、带钩、含玉、襚玉。

三、土器

1. 瓦俑，壶，鼎，杯，灶，鲍，牲口。

---

① 康熙《临城县志》卷1《舆地志·墓》。
② 《汉书》卷76《韩延寿传》，第3210页。按，原为"《汉书·尹翁归传》"。
③ 《汉书》卷81《匡张孔马传第五十一·孔光传》，第3364、3353页。
④ 《汉书》卷59《张汤传第二十九》，第2643页，注七。

国人之研究明器者以罗振玉氏为最先,著有《古明器图录》,次则郑德坤氏著有《中国明器》及《中国明器图谱》二书,而郑氏于《黔南□州唐墓发掘记》文中之第二节"墓物之重要意义"说明明器之历史颇详,载于哈佛大学研究院之期刊第四卷第一期,(1939年5月号)阅者可参考之。

二

汉陵方中(即墓穴)之上累土为坟称"方上",《汉书·赵广汉传》说:"昭帝崩,而新丰杜建为京兆掾,护作平陵方上。"孟康注:"圹臧上也。"①考历代山陵之制,除唐陵因山为坟外,两汉与北宋几全部采用此等方形之坟,虽其中亦有采用长方形六角形者,前者如元帝渭陵例,后者如高祖长陵例及薄太后南陵例,但统名为"方上"。直至明世太祖之营南京孝陵,始改方为圆,并加宝城一道,此名遂废。但当时"方上"之制师自周秦旧有形态,非汉代特创,盖周秦遗迹中如文王陵、成王陵、康王陵、始皇陵等平面胥作此形。②而始皇陵之外观且为方台二层状,不仅此也,即当时流风所及,且远至四裔,如高句丽时代将军坟与乐浪张抚夷墓金为方形,前者以巨石作七丈方坛尤为最显著之例。方上之外观每为截头平顶之方锥体,略似埃及之金字塔而截去其上部,而元帝渭陵视金字塔面积尤大,有方台三重,方台之上更有低坛二级,即此等形制直到今日尚能留存完好。盖西汉诸帝除山陵外皆曾被盗掘,惟盗贼发掘时大抵皆由正面羡门穿入内部,因坟丘极大,故其外形并不因此而受损坏也。但汉世自列侯以下,坟墙殊低,据《周礼·春官》"冢人"注郑司农引"汉律"说,"列侯坟高四尺,关内侯以下至庶人各有差"③。是为明证。此外又据日人足立喜六之

---

① 《汉书》卷76《赵尹韩张两王传第四十六·赵广汉传》,第3199页。
② 原注:尹东志《太支那建筑史》:"文王陵在咸阳北十五里之地,作长方梯形大三百七十五尺至三百二十尺高约六十尺顶面百五十三尺至百五十四尺……成王康王之陵在文王陵之北与西北皆略成方形之配置而作梯形。"
③ "以爵等为丘封之度,与其树数"注(《周礼注疏》卷22《春官宗伯第三·墓大夫》,第786页)。

调查，发现汉陵虽具有一定之格式，但细别之尚可分成下列三种形式：

一、陵为低小之圆锥台形，陵之四棱及顶上显带圆形，惟其上面平坦。又四门遗迹皆显然残存，且形式较大。安陵，阳陵，义陵，皆属此类。

二、陵为正四角锥台形，而有棱角，陵上平坦甚广。又在陵底周围有二级或三级阶段，周垣及四门遗迹具不明显。长陵，杜陵，属之。但杜陵无门址，仅残柱础。

三、陵为四角锥台形，顶之周围有段阶，又在上面有隆起处二三或横亘于东西南北为高可一二尺之土墙，区划如棋盘之孔格。周垣及四门遗址则甚低小，勉强可资辨认，平陵，渭陵，延陵，康陵，属之。[①]

又考东汉诸帝之陵，除献帝禅陵不起坟外，其余坟墓全作正方形，大小不等，散布今洛阳附近一带，由此更可为"方上"命名进一解。《后汉书·礼仪志》注引《古今注》《帝王世记》[②]：

光武帝原陵，山方三百二十三步，高六丈六尺。明帝显节陵，山方三百步，高八丈。章帝敬陵，山方三百步，高六丈二尺。和帝慎陵，山方三百八十步，高十丈。殇帝康陵，山周二百八步，高五丈五尺。安帝恭陵，山周二百六十步，高十五丈。顺帝宪陵。山方二百步，高八丈四尺。冲帝怀陵，山方百八十三步，高四丈六尺。质帝静陵，山方百三十六步，高五丈五尺。

桓帝宣陵及灵帝文陵各方三百步，高十二丈。献帝禅陵，不起坟。

（按，其中殇冲二帝坟制较形卑小，盖二帝均在位不久，崩后附葬于慎陵宪

―――――――――――
[①] [日]足立喜六著，杨炼译：《长安史迹考》，上海：商务印书馆，1935年，第69页。原注：杨译、足立喜六《长安史迹考》，页六十九，商务本。
[②]《后汉书》志第六《礼仪下》，第3149—3150页，注一。按：原文无"《帝王世记》"，桓帝宣陵、灵帝文陵、献帝禅陵的情况乃《后汉书》注引《帝王世记》。

陵茔内之故，见《后汉书·安帝纪》"注"及"李固传"①。）

汉陵方上之外形略如上述，其覆土之际则每杂用沙及炭苇诸物，盖沙以和泥与石灰供圹壁外三合土及内部涂饰之用也。炭苇吸水，夹置土中，能防水之下浸，苇亦避湿物，用以实圹，其制始于周。按《周礼》说："掌蜃掌敛互物蜃物，以共闉圹之蜃。"注："以蜃御湿也。"②所谓蜃即蜃物。但当时仍甚贵，故《左传》成公二年（前589）说："宋文公卒，始厚葬，用蜃炭益车马。"③夫以诸侯用之尚称厚葬，则一般平民之不能应用由此可知。及至汉代始普遍的应用，《汉书·田延年传》说：

（先是，）茂陵富人焦氏、贾氏以数千万阴积贮炭苇诸下里物，昭帝大行时，方上事暴起，用度未办，延年奏言："商贾或豫收方上不祥器物，冀其疾用，欲以求利，非臣民所当为，请没入县官。"（孟康注："死者归蒿里，葬地下，故曰下里。"）……（初，）大司农取民牛车三万两（辆）为僦，载沙便桥下，送致方上。④

又《抱朴子》"道意篇"说⑤：

洛西有古大墓，穿坏多水，墓中多石灰，石灰汁主治疮，夏月行人有病疮者烦热见此墓中水清好，因自洗浴，疮偶便愈。于是诸病者闻之，悉往自洗，

---

① 延平元年九月"丙寅，葬孝殇皇帝于康陵"，注曰："陵在慎陵茔中庚地，高五丈五尺，周二百八步。"（《后汉书》卷5《纪第五·孝安帝纪》，第205页）"时冲帝将北卜山陵，固乃议曰：'今处处寇贼，军兴用费加倍，新创宪陵，赋发非一。帝尚□小，可起陵于宪陵茔内，依康陵制度，其于役费三分减一。'乃从固议。"注三曰："康陵，殇帝陵也。"（《后汉书》卷63《列传第五十三·李固传》，第2083页）
② 《周礼注疏》卷16《地官司徒第二·掌蜃》，第748页。
③ 《春秋左传正义》卷25"成公二年"，第1896页。
④ 《汉书》卷90《酷吏传第六十·田延年传》，第3665页。按，原文中，"（初，）大司农取民牛车三万两（辆）为僦，载沙便桥下，送致方上"之句位置在首。
⑤ 〔晋〕葛洪撰：《抱朴子内篇》卷9《道意》，四部备要本，上海中华书局据平津馆本校刊。

转有饮之以治腹内疾者。近墓居人便于墓所立庙舍而卖此水，……而来买者转多，此水尽，于是卖水者常夜窃他水以益之，其远道人不能往者，皆因行便或持器遣信买之，于是卖水者大富。人或言无①神，官中禁止，遂填塞之乃绝。

按，西汉时起造平陵用运沙牛车三万辆，炭苇之价至数千万钱，其数量之巨至可惊骇。是不仅以填塞羡门羡道之需，且方上累土，其下铺以沙，一如当日版筑之制，更可收宣泄污水之功也②。东汉末则已有石灰，故建墓时遂以代炭苇而应用之，然仍不普遍，故当时人民以石灰水能治病，颇以为异，是为明证。

方上因系堆土而成，故其上必植以陵树，"植草木以象山"是与秦始皇陵之制同。《后汉书·阴皇后纪》说："上陵日，降甘露于陵树。"③又同书《虞延传》说："二十年东巡，路过小黄，高帝母昭灵后园陵……其陵树……"④是西汉高祖母陵既有树，则关中诸皇陵当亦如此，惜不见记载，惟法人色伽兰《中国西部考古记》记述茂陵以大石被覆今犹见其碎片，可谓特别。方上之外西汉诸陵则绕以周垣，于四周之中央各辟一门，计共有四。惟东汉诸陵除光武原陵为垣门四出外，余陵无垣，代以行马，内设钟以建石殿。垣门则作石阙，甚为壮丽，色伽兰调查茂陵说："观其陵前神道，列有石像，与梁明两代相同，可以证古陵之四周方垣中，各开一门，各门神陵之口，建有石阙"，成帝延陵"外垣今尚可见，各垣之外，皆有双堆，陵前有碑。"⑤惟以《汉书·五行志》诸记载观之，则墓阙尚多用墓构，"汉志"说：永光四年（前40）"孝宣杜陵园东阙南方灾"。永始元年（前16）"戾后园南阙灾"。四年（前13）"孝文霸陵园东阙南方

---

①原为"有"。
②原注：版筑之垣底部每置碎砖石或稻菱之类，其上则铺沙实土盖土作首重泄水之功。
③《后汉书》卷10上《皇后纪第十上·阴皇后》，第407页。
④《后汉书》卷33《朱冯虞郑周列传第二十三·虞延传》，第1151页。原为："高帝母昭灵后园陵，在小黄，有陵树。"
⑤[法]色伽兰著，冯承钧译：《中国西部考古记》第4章《渭水诸陵》，上海：商务印书馆，1932年，第79、81页。原为："武帝茂陵四周方垣中各开一门，各门神陵之口建有石阙，成帝延陵外垣今尚可见，垣外皆有双堆，疑为阙址。"

灾"。①既每火成灾,则当用木构无疑。其墓阙之制见于《霍光传》:光妻"显改光时所自造茔制……起三出阙,筑神道"②。是为三出式者,然细按今武氏阙嵩山三阙及川中梓潼绵州诸阙,皆二出式,当时光妻显因奢僭逾制,故史臣特书之,是三出式为陵制,非人臣所有矣。

墓阙系指庙祠之前及墓道之上所设立的小形(型)门阙而言,秦汉之离宫殿前多建二台,上有楼观,中央阙前为道,阙后作为颁布法令之所,此建筑物亦称观或称象魏。崔豹《古今注》说:

阙,观也。古每门树两观余其前,所以标表宫门也。其上可居,登之则可远观,故谓之观。人臣将至此,则思其所阙,故谓之阙。其上皆丹垩,其下皆画云气、仙灵、奇禽、怪兽,以昭示四方焉。

苍龙阙画苍龙,白虎阙画白虎,玄武阙画玄武,朱雀阙上有朱雀二枚。③

又《韵会》说:

为二台于门外,作楼观于上,上员(圆)下方,以其县法谓之象魏。象治象也,魏者言其状,魏魏然高大也。使民观之因为之观,两观双植。中不为门。又宫门、寝门、冢门,皆曰阙。④

当时之墓阙当系模仿象观之作。尝考汉墓石阙分布区域最广者首推四川,其次河南,再其次山东。而四川所有数量几占全国三分之二,现业经调查发现在四川境内者计有:雅安县益州太守高颐阙,为后汉献帝建安十四年(209)所

---

① 《汉书》卷27上《五行志第七上》,第1336、1337页。
② 《汉书》卷68《霍光金日䃅传第三十八》,第2950页。
③ 〔晋〕崔豹:《古今注》卷上《都邑第二》,四部备要本,中华书局据汉魏丛书本校刊。原为:"观,阙也。古者每门树两观余前,所以标表官门也。其上可居,登之可远观,人臣将朝至此,则思其所阙,故谓之阙。其上皆垩土,其下皆画云气,仙灵,奇禽,怪兽,以示四方苍龙,白虎,元(玄)武,朱雀,并画其形。"
④ 〔元〕黄公绍编,〔元〕熊忠举要:《古今韵会举要》卷26《入声四·阙》,文渊阁四库全书本。

造，刻有车马，龙虎，人物等。渠县冯焕阙，赵君阙及交郡都尉沈府君阙，刻有朱雀铺首，四神，瑞玉等。梓潼县杨公阙，西门外南门外无铭阙，及沛相范君阙，刻有车马，人物等。新都县北兖州刺史洛阳令王涣阙，为后汉和帝元兴元年（105）所造，刻有神人，车马，龙象，狮子，重屋等。夹江县杨宗杨畅阙。绵阳平阳府君阙。此外梓潼县李业阙及雅安县高颐和阙之东阙虽阙身倾毁，仅余一部分文字，亦皆东汉遗物。在河南境内者计有：登封县太室石阙、为后汉安帝元初五年（118）阳城吕常所造，刻有龙凤，牛虎，鹤鱼，人物，车马等。又启母石阙（或称开母石阙）及少室石阙，均后汉安帝延光二年（123）所造，刻有龙马，鹿兔，人物，麟凤等。以上三阙皆在嵩山之南麓，故合称嵩山三阙，为世界著名艺术品之一。在山东境内者计有嘉祥县武氏祠阙，为后汉桓帝建和元年（147）石工孟孚李弟卯二人所造，双阙东西对峙，矗若浮图，形制颇大。除三省以外，又有会稽东部之都尉路君阙，为后汉明帝永平八年（65）所造，刻有执杖负剑之人物。不胜枚举也。

陵墓之建置石像首见于春秋战国时期诸墓室，如晋灵公冢与魏哀王冢等皆如是。《西京杂记》说："晋灵公冢，甚魏壮，四角皆以石为玃①犬捧烛，石人男女四十余，皆立侍。"又说："（魏）哀王冢，以铁灌其上，穿凿三日乃开。……床上有石几，左右各三石人立侍，皆武冠带剑……床左右石妇人各二十，悉皆立侍，或有执巾栉镜镊之象，或有执盘捧食之形。"②及至吴景帝时发汉墓，知降至汉代更有用金属制像之风矣。《（太平）御览》卷558③引《抱朴子·佚文》说④：

吴景帝时戍⑤将于江陵，掘冢取板治城，后发一大冢，内有重阁、石扇，皆

---

① 玃：jué，大母猴。
②〔汉〕刘歆等撰，王根林校点：《西京杂记（外五种）》卷6《广川王发古冢》，上海：上海古籍出版社，2012年，第42、43页。
③原为："预览五五八。"
④《抱朴子》之《附篇目录·内（篇）佚文》，四部备要本。按，四部备要本注，佚文辑自《御览》卷558、805、806、808、810、813。《太平御览》卷558《礼仪部三七·冢墓二》，第2523页引。原为"《抱朴子·逸文》"，按，《太平御览》只注明"《抱朴子》"并无"佚文"字样。
⑤原为"戎"。

枢转开闭，四周徼道通事①，且广高可乘马。又铸铜为人数十枚②，长五尺，皆大冠衣，执剑列侍，灵坐皆刻铜人，皆后石壁言"殿中将"，或言"侍郎"，似公王冢也。

此外由近年之发掘知又有用于墓前者，如民国二十三年（1934）一月间，鲁省立图书馆据日照县政府之报告，谓该县城西十里许古城村地方于汉墓前获一铁人，头大如斗，掘之竟日及入土丈许，仅及半身云云，③是为明证。盖在陵前神道两旁之设置人兽等物亦自秦汉始，但当时则以石制者为多，《图书集成·陵寝部》引《封氏闻见》说："秦汉以来，帝王陵前有石麒麟，石辟邪，石象，石马之属；人臣墓前有石羊，石虎，石人，石柱。"④建于墓前之石人则称为翁神。尝考翁仲之起源见于记载者始于秦代，《关中记》说："始皇二十六年，有大人十二，见于临洮，身长五丈，足履六尺，始皇以为瑞，铸为金人象之，各重千石（《水经注》云：各重二十四万斤），坐高二丈，号曰翁仲。"⑤但此实系神话，其真正之原因实为纪念当时统帅士兵镇守临洮之大将名秦阮翁仲者而起。按，翁仲南海人，身长一丈三尺，气质端勇，异于常人，其威名远振⑥匈奴，故死后始皇以铜铸像，置于宫前，至后汉末始一变而为墓前之饰物焉。石兽最普通者为麒麟，辟邪，见于记载者亦始于秦，《三辅黄图》卷5说："青梧观，在

---

① 《抱朴子内篇佚文》注"事，当作车"。
② 《抱朴子内篇佚文》注："又作十数头"。
③ 原注：见二十三年一月二十五日《天津大公报》。
④〔唐〕封演：《封氏闻见记》卷6《羊虎》，文渊阁四库全书本。按，原为"《封氏见闻》"。
⑤ 《关中记辑注》在《长乐官》下只记"长乐官殿前铜人"，注有关文献引《三辅故事》的记载，但与此差异较大（刘庆柱辑注，西安：三秦出版社，2006年）。张鹏一《潘岳〈关中记〉辑佚》（《陕西教育月刊》第3卷第3期，1937年，第141页）辑铜人条引自《春秋公羊传注疏》，与此差异也较大。《春秋公羊传注疏》疏"长狄也"曰："解云：'何氏盖取《关中记》云：秦始皇二十六年，有长人十二，见于临洮，身长百尺，皆夷狄服，天诫若曰，勿大为夷狄，行将灭其国。始皇不知反喜。是时，初并六国，以为瑞，乃收天下兵器，铸作铜人十二象，是也。'"（卷14，文公十一年，清阮元校刻《十三经注疏》本，第2271页）张守节正义、司马贞索隐皆有所引，包括《关中记》，但皆与此差异较大（《史记》卷6《秦始皇本纪》、卷48《陈涉世家第十八》，"金人十二""铸以为金人十二"条，北京：中华书局，1982年，第239、1963页）。
⑥ 振：古同"震"，威震。

五祚宫之西。观亦有二①梧桐树，下有石麒麟二枚，刊其胁文字，是秦始皇骊②山墓上物也。"③惟麒麟辟邪之状不明，今存者均为附翼之狮（Winged Lion），其中以四川雅安县之高颐墓前之石狮最为著名，但不能谓翼狮即麒麟辟邪也。除翁仲石人及麒麟辟邪外，见于实例者又有石马，石羊，《西京杂记》说："（陈缟）入终南山采薪，还晚，趋舍未至，见张丞相墓前石马，谓为鹿也，以斧挝之。"④又民国二十三年（1934）一月间鲁省立图书馆以二百五十元购得汉石羊一双，闻系安徽寿县出土，为墓道外陈列物，羊身各有八九字，土锈浸蚀，已不能辨认，⑤系可信之。此外著名于世界之石人石兽又有下列二处：

一、《金石索》："鲁王墓前二石人，在曲阜张屈庄，乾隆甲寅春阮芸台先生按试曲阜时，命顾教授崇梨、冯县尉策，以牛车接轴移置矍相圃。西向一人冕而拱立，高汉尺一丈一寸许，胸题'汉故乐安太守麃君亭长'十字；一人手按一物，似剑，高汉尺九尺三寸许，胸题'府门之卒'四字。"⑥

二、《汉书·霍去病传》"为冢象祁连山"句师古注："在茂陵旁，冢上有坚石，冢前有石人马者是也。"⑦

按，曲阜矍相圃之石人，系于清乾隆五十九年（1794）从张屈庄移来者，石人共有两躯，其一高七尺，两手重叠于右侧胸际，持着武器，取直立的姿态。另一躯全长六尺五寸，双手拱于胸前，脚部之后半均稍有缺损，现仆于地上。所施手法二者均极古朴，面貌衣文的表现方法在粗野之中，而带古拙之味，实

---

① 原为"三"。
② 原为"西"。
③ 何清谷校注：《三辅黄图校注》卷5《观楼馆·青梧观》，西安：三秦出版社，2006年，第387页。
④ 《西京杂记（外五种）》卷5《金石感偏》，第41页。原为："……其舍至张丞相墓前石马，以为鹿也，以斧挝之。"
⑤ 原注：见二十三年一月八日《北平晨报》。
⑥ 〔清〕冯云鹏、〔清〕冯云鹓辑：《金石索》之《石索二：碑碣之属〔东汉〕》，道光元年开镌，滋阳县署藏板。原为："鲁王墓前二石人，在曲阜张屈庄，乾隆间阮元按试曲阜，移置儒学内矍相圃。一高汉尺一丈一寸许，题'汉故乐安太守麃君亭长'，今仆。一高汉尺九尺三寸许，题'府门之卒'。"
⑦ 《汉书》卷55《卫青霍去病传第二十五》，第2489页。

为考察该时代石刻最贵重的遗物。霍去病墓则在今陕西兴平县东北约三十里之处，此墓前之石马最近经法国学者之介绍，已脍炙人口矣。但当时此等石刻作品虽已盛行，然仍不多见，而人民又每视作神物，遂有石人治病之神话产生。《抱朴子·道意篇》说[1]：

汝南彭氏墓近大道，墓口有一石人，田家老母到市买数片饼以归，天热过荫彭氏墓口树下，以所买之饼暂著石人头上，忽然便去而忘取之。行路人见石人头上有饼，怪而问之，人云此石上有神能治病，愈者以饼来谢之。如此转以相语，云：头痛者摩石人头，腹痛者摩石人腹，亦还以自摩，无不愈者。遂千里来就石人治病。初但鸡肋，后用牛羊，为立帐帷，管弦不绝，如此数年。忽日前忘饼母闻之，乃为人说，始无复往者。

汉时除石刻人兽诸墓饰外，复有墓志埋铭，自此以后，墓上始起碑。盖葬者藏也，故自古无志墓者，有之惟自西汉始。其制首见于长安杜子夏墓，《长安县志》引《西京杂记》说：

子夏临终作文曰："魏郡杜邺。立志忠款，犬马未陈，奄先草露。骨肉归于后土，魂气无所不之，何必故丘，然后即化。封于长安北郭，此焉宴息。"及死，刻石埋于墓前。[2]

据此，则杜墓实为埋铭之始。又《封氏闻见记》引王俭说："石志不出礼经，起元嘉中（151）颜延之为王琳石志。"[3]又《茶香室续钞》（卷）五引国朝王士禛《池北偶谈》说："孙侍郎退谷先生说，昔为祥符令，有人发一古冢，乃

---

[1]〔晋〕葛洪撰：《抱朴子内篇》卷9《道意》，四部备要本。
[2]嘉庆《长安县志》卷21《陵墓志》，民国二十五年（1936）铅印本。按，原文第一句为"魏郡杜邺即子夏"；《西京杂记（外五种）》最后一句作"及死，命刊石，埋于墓侧"（卷3《生作葬文》，第27页）。
[3]《封氏闻见记》卷6《石志》，文渊阁四库全书本。

东汉马武妾葬处，中有石即武为其妾自制志，文甚古，字画精绝。"①皆汉时已有墓志之明证，此后即演变成墓表墓碣一类之石作矣。

汉墓门阙之外则有司马门，一如羡门之制，四向皆然，《汉书·五行志》说："园陵小于朝廷，阙在司马门中。"②又依当时制度，后宫凡自五宫以下均陪葬于司马门外，而勋臣则每陪葬于东司马门左近，《后汉书·明帝纪》说：永平二年（59）"遣使者以中牢祠萧何、霍光。帝谒陵园，过式其墓"。注引《东观汉记》说："萧何墓在长陵东司马门道北百""霍光墓在茂陵东司马门道南四里"。又同书〈和帝纪〉注："曹参冢在长陵旁道北，近萧何冢。"③均为实例。

三

陵墓起寝之制开始于秦代，但该时墓旁尚无庙之配置，有之直自汉初叔孙通说惠帝为高祖立原庙后始开其端。如景帝中元四年（前146）所造之德阳宫，武帝元光三年（前132）所起之龙渊宫，宣帝神爵三年（前59）所立之乐游宫，皆为显例。（以上均帝自作，故讳不言庙，而称宫）此外则太上皇悼皇考亦各自居陵旁立庙，是其制实侈于秦。当时帝陵之寝称"寝殿"，但其方位今已不明。据日人足立喜六之调查，因见汉陵之上常皆平坦，证以《汉书》中每称"陵上置寝"，故谓"寝殿"意系筑于坟顶者。④但此实误，盖陵上并非专指陵墓顶部之也。考《后汉书·祭祠志》说："秦始出寝，起于墓侧。"⑤又注语说："寝殿、园省在东"⑥，故颇疑汉代寝殿皆位于陵之东侧，则以昭帝之世帝崇节约，遗诏只于陵东北作庑祠祀代寝，殆为事实。《三辅黄图》卷六说：

---

① 〔清〕王士禛：《池北偶谈》卷20《莫如》，文渊阁四库全书本。
② 《汉书》卷27上《五行志第七上》，第1336页。
③ 《后汉书》卷2《显宗孝明帝纪第二》，第104页；卷4《孝和孝殇帝纪第四·和帝》，第172页，"朕望长陵东门，见二臣之垅"注引《庙记》。
④ 原注：杨译《长安史迹考》，页七十一。
⑤ 《后汉书》志第九《祭祀下》，第3199页。
⑥ 《后汉书》志第六《礼仪下》，第3149页，"先大驾日游冠衣于诸宫诸殿，群臣皆吉服从会如仪……"后注引"《古今记》具载帝陵丈尺顷亩，今附之后焉……"

昭帝平陵，在长安西北七十里，去茂陵十里。帝初作寿陵，令流水而已。石椁广一丈二尺，长二丈五尺，无得起坟。陵东北作庑，长三丈五步，外为小厨，裁足祠祝，万年之后，扫地而祭。①

寝之规模甚伟大，试观：

《汉书·（韦）玄成传》："园中各有寝、便殿，……时祭于便殿。"②
又《王莽传》："杜陵便殿乘舆虎仗衣废藏在室匣中者出自树立外堂上。"
《后汉书·礼仪志上·陵礼》："大鸿胪设九宾，随立寝殿前。钟鸣……乘舆自东厢下，太常导出，西向拜，止旋升阼阶，拜神坐。退东厢，西向。"③
又《明帝纪》："遗诏无起寝庙，藏主于光烈皇后更衣别室。"④
《三辅黄图》卷五："高园于陵上作之，既有正寝，以象平生正殿路寝也。又立便殿于寝侧，以象休息闲晏之处也。""园中各有寝便殿，日祭于寝，月祭于殿，时祭于便殿，寝日四上食。"⑤

据上列诸记载，知寝内既有便殿，则寝当为陵之正殿，设钟虡有东西阶厢及堂。堂上设神坐，殊与前殿同制。殿内有房室，以供日祭于寝四上食之用。宫人则随鼓漏理被枕、具盥水、陈庄具，盖寝中之陈饰布置等一切全与生人无异也。此外则更有藏乘舆衣物及更衣之室，其规模之大可见一斑。诸陵之庙则更有正殿，殿门，惟皆为木构，故规模虽宏巨但终不被灾，不如汉末盛行之石殿石室可留存今日。试观：

《汉书·五行志》："（昭帝）元凤四年（前77）五月丁丑，孝文庙正

---

① 《三辅黄图校注》卷6《陵墓·昭帝平陵》，第435页。
② 《汉书》卷73《韦贤传第四十三·韦玄成》，第3115页。
③ 《后汉书》志第四《礼仪上·上陵》，第3103页。
④ 《后汉书》卷2《显宗孝明帝纪第二》，第123页。
⑤ 《三辅黄图校注》卷5《宗庙·高园/宗庙园》，第359、371页。按，两段引文，原文合为一段，中间以省略号隔开。

殿灾。"

又:"(成帝)鸿嘉三年(前18)八月乙卯,孝景庙北阙灾。"

又:"平帝元始五年(5)七月己亥,高皇帝原庙殿门灾尽。"①

哀帝元寿元年(前2)"孝元庙殿门铜龟蛇铺首鸣"。②所谓铺首即庙门上所施之兽环,为汉时最通用之一种门饰,以金属为之,故有金铺银铺之分,并常见于词赋,前者如司马长卿《长门赋》说:"济玉户以金铺兮,声噌吰而似钟音。"注:"金铺以金为铺首也。"后者如何平叔《景福殿赋》说:"青琐银铺,是为闺闼。"注:"银铺以银为铺首也。"然寝与庙是否二者并立一起,全在陵之东侧,仰分左右,庙位于陵之西侧,现已无法考证,但二者诸书记载全谓在陵旁,则当非若东汉石殿石室位于方上之前甚明。且依事实言之,垣与方上之间面积颇狭,万难容纳此等伟大之建筑物也。

汉代因陵侧建庙制盛行,故当时各地庙之建筑更如雨后春笋,统计不下一百七十六所之多,《汉书·韦玄成传》说:

初,高帝时,令诸侯王都皆立太上皇庙。至惠帝尊高帝庙为太祖庙,景帝尊孝文庙为太宗庙,行所尝幸郡国各立太祖、太宗庙。至宣帝本始二年(前72),复尊孝武庙为世宗庙,行所巡狩亦立焉。凡祖宗庙在郡国六十八,合百六十七所,而京师自高祖下至宣帝,与太上皇、悼皇考各自居陵旁立庙,并为百七十六。③

不仅如此,降至东汉时,则一般卿士大夫亦纷纷起而效之,各立于墓前,惟不称庙而称祠堂。试观:

---

① 《汉书》卷27上《五行志第七上》,第1335、1336、1338页。三段材料,原文皆无月份及干支纪日。
② 《汉书》11《哀帝纪第十一》,第344页。按,原文将该材料与"平帝元始五年(5)七月己亥,高皇帝原庙殿门灾尽"放为一条引文,这也许是想表达"灾尽"而"铺首鸣"之意。
③ 《汉书》卷73《韦贤传第四十三·韦玄成》,第3115页。

《汉书·霍光传》：其后光妻"显改光时所自造茔制而侈大之，起三出阙，筑神道……盛饰祠堂，辇阁通属永巷，而幽良人婢妾守之"。①

又《龚胜传》：敕子孙"勿随俗动吾冢，种柏，作祠堂"。②

又《张禹传》："禹年老，自治冢茔，起祠室"。③

又《原涉传》："令先人俭约，非孝也。乃大治起冢舍，周阁重门。"④（按，冢舍即祠堂。）

《后汉书·张酺传》：临危敕其子曰："……其无起祠堂，可作稿盖庑，施祭其下而已。"⑤

《盐铁论》："今富者积土成山，列树成林，台榭连阁，集观增楼。中者祠堂屏阁，垣阙罘罳。"⑥

《潜夫论·浮侈篇》："或至刻金镂玉，檽梓梗柟良田造茔，黄壤致藏多埋珍宝偶人车马，造起大冢，广种松柏，庐舍、祠堂崇侈上僣。"⑦

按，东汉卿士大夫墓前建立祠堂之制系由当时帝陵建立石殿之制而来，故又称石室，盖起所用建筑材料均可以石为之也。即北魏时文明太皇太后陵亦然，《水经注》卷十三《瀔水》条说：

方山有文明太皇太后陵，陵之东北有高祖陵，二陵之南有永固堂，堂之四周隅，雉列榭、阶、栏、槛，及扉、户、梁、壁、椽、瓦，悉文石也。檐前四柱，采洛阳之八风谷黑石为之，雕镂隐起，以金银间云矩，有若锦焉。堂之内外，四侧结两石跌，张青石屏风，以文石为缘，并隐起忠孝之容，题刻贞顺之

---

① 《汉书》卷68《霍光金日磾传第三十八》，第2950页。
② 《汉书》卷72《王贡两龚鲍传第四十二·龚胜》，第3085页。
③ 《汉书》卷81《匡张孔马传第五十一·张禹》，第3350页。
④ 《汉书》卷92《游侠传第六十二》，第3716页。
⑤ 《后汉书》卷45《袁张韩周列传第三十五》，第1533页。
⑥ 王利器校注：《盐铁论校注》卷6《散不足第二十九》，北京：中华书局，1992年，第353页。
⑦ 〔汉〕王符《潜夫论》卷3《浮侈第十二》，四部备要本，上海中华书局据湖海楼陈氏本校刊。原为："或至刻金镂玉，檽梓梗柟良家造黄壤坟茔。致多埋珍宝、偶人、车马，造起大冢，广种松柏，庐舍祠堂。"

名。庙前镌石为碑兽，碑石至佳，左右列柏，四周迷禽暗日。院外西侧，有《思远灵图》，图之西游斋堂，南门表二石阙。①（按，北魏书孝文帝太和五年建永固石室，于方山立碑于石室之庭，自太和五年起工，凡八年始成云。）

是汉之石殿石室，殆即后世享殿陵恩殿之权舆也。尝考汉墓石室分布区域亦甚广，现业经调查发现在山东境内者计有：肥城县孝堂山郭巨墓祠石室一处，巍然存在，保存完好。据日人关野贞之调查，祠仅一间，平面约为五与三之比例，正面中央有八角形石柱，分正面入口为二，乃后来不易多睹的结构法。此外如嘉祥县武宅山之武氏祠，武梁祠石室，以及济宁县之两城山石室等皆著名于世。在四川境内者计有内江伏尉公墓祠石室一座，亦系优良之作也。石室四壁则每施以种种招祥祈福或寓有奉事鬼神之意的浮雕，以充分表现出汉代的艺术来。

汉陵建置后更于其近旁起造陵邑，徙丞相将军列侯吏二千石及郡国高资富豪实之，为筑宅第，赐田钱，设官寺，发近郡卒以当守护与祭祀之职，庞大殊与郡邑无异。考其目的正如班孟坚《西都赋》中说："三选七迁，充奉陵邑，盖以强干弱枝，隆上都而观万国。"所谓"三选"即选三等之人，七迁即迁于七陵，此等举动无非在实行皇家一贯的"强干弱枝"政策而已。按汉帝之置陵邑者仅长陵、安陵、霸陵、阳陵、茂陵、平陵、杜陵等七陵，然各陵之规模每依帝皇生前治绩及在位年限而有差别，兹将当日七陵邑之制度略考如下：

一、长陵邑。《汉书·地理志》："汉兴，立都长安，徙齐诸田，楚昭、屈、景及诸功臣家于长陵。"②《长安志》卷十三引《关中记》："长陵城有南北西三面，东面无城，陪葬者皆在东，徙关东大族万家以为陵邑，长陵令秩禄千钟，诸陵皆六石。"③《三辅黄图》卷六："长陵城周七里百八十步，因为殿垣。门四

---

① 《水经注校释》卷13《灢水》，第231页。按，原为"方山有文明太皇太后陵"。
② 《汉书》卷28下《地理志第八下》，第1642页。原文无"立都长安"字。
③ 〔宋〕宋敏求纂修，〔元〕李好文绘图，〔清〕毕沅校刻：《长安志》卷13《县三·咸阳》，长安县志局铅印本，民国二十年（1931）。按，文渊阁四库全书本无"高祖长陵"记载。"六石"，原为"六百石"。

出,及便殿掖庭诸官寺,皆在中。"①

二、安陵邑。《长安志》卷十三引《关中记》:"徙关东倡优乐人五千户以为陵邑,善为啁戏,故俗称女啁陵也。"②《三辅黄图》卷六:"安陵有果园鹿苑云。"③(按《太平寰宇记》引作:"安陵有果园鹿苑。"④)

三、霸陵邑。《史记·孝文本纪》:帝治陵"发近县见卒万六千人,发内史卒万五千人"。⑤

四、阳陵邑。《三辅黄图》卷六:"景帝五年(前152)作阳陵。起邑。"⑥

五、茂陵邑。《三辅黄图》卷六:"武帝茂陵,在长安城西北八十里,建元二年初置茂陵邑,本槐里县之茂乡,故曰茂陵,周回三里。《三辅旧事》云:'武帝于槐里茂乡,徙户一万六千,置茂陵,高一十四丈一百步。茂陵园有鹤观。'"⑦(按,《汉书》"户一万六千"作"户六万一千"。⑧)

六、平陵邑。《汉书·宣帝本纪》:"本始元年(前73)春正月,募郡国民吏民訾百万以上徙平陵。……二年春,以水衡钱为平陵,徙民起宅第。"⑨

七、杜陵邑。《汉书·宣帝本纪》:"元康元年(前65)春,以杜东原上为初陵,更名杜县为杜陵,徙丞相、将军、列侯、吏二千石、訾百万者杜陵。"⑩

以上七陵邑首推长陵邑及茂陵邑规模最大。七陵之中长陵、安陵、阳陵、茂陵、平陵皆在长安渭水之北原上,故后世遂以五陵北原或五陵原呼之,其在

---

① 《三辅黄图校注》卷6《陵墓·高祖长陵》,第425页。
② 《长安志》卷13《县三·咸阳》。
③ 《三辅黄图校注》卷6《陵墓·惠帝安陵》,第428页。
④ 《太平寰宇记》卷26《关西道二·雍州二·高陵县》,第566页。原为"安陵有果园名鹿园云"。
⑤ 《史记》卷10《孝文本纪第十》,第434页。原为:"帝治陵……发近县见卒万六千人。"按,文献载为:"后七年六月己亥,帝崩于未央宫。遗诏曰:'……'令中尉亚夫……发近县见卒万六千人……"
⑥ 《三辅黄图校注》卷6《陵墓·景帝阳陵》,第431页。
⑦ 《三辅黄图校注》卷6《陵墓·武帝茂陵》,第432页。
⑧ 《汉书》卷28上《地理志第八上》"右扶风"载:"茂陵,武帝置。户六万一千八十七。"(第1547页)
⑨ 《汉书》卷8《宣帝纪第八》,第239、242页。
⑩ 《汉书》卷8《宣帝纪第八》,第253页。

诗文中更享有盛名。但因东汉以后此七陵县渐被合并，随汉室有至灭亡，陵邑亦多衰落，惟（唯）唐诗人杜甫犹咏："五陵衣马自轻肥。"储光义亦咏："五陵贵公子，双双鸣玉珂。"（盖时至唐时所谓五陵少年则系专指长安狭巷中一般豪奢相竞之贵公子。）而在今日该地已无遗迹留存。但陵邑制度施行不久，终因流弊过大而在永光四年（前40）元帝营建寿陵时，诏告天下废除此制[①]，虽不到十年，成帝之世复用陈汤之议徙民大起昌陵，然作治五年不成，亦知难而退，自动停工。降至东汉此风渐息，不可谓非平民之福矣。

综上所述，汉墓制度虽可得一大概，惟文献材料过少，似不足以言其制度之全体，则尚有待于他日地下层之发掘，庶古文化演进之陈迹可有一较满意之答覆也。

[①] 原注：诏书详《汉书·元帝本纪》。按，永光四年九月，诏："……今所为初陵者，勿置县邑，使天下咸安土乐业，亡有动摇之心。布告天下，令明知之。"（《汉书》卷9《元帝纪第九》，第292页）

蜀地识小录（一）[1]

十穗[2]

蜀之望山

《青城甲记》："黄帝封青城山为五岳丈人，乃岳渎之司，真仙之崇秩。一月之内，群岳再朝焉。"《续博物志》："青城县岁春秋以蔬馔享丈人山，令躬行礼，盖蜀之望山也。"青城为道士修真胜地，有上清宫上皇殿等，为明皇幸蜀时作，常道观有古黄帝祠址，有轩辕石匼，（今呼天师洞）延庆观有神幢即五符幢。凡为胜迹皆道家所绚绘。蜀中多先秦古地名，复多古传说，其以此欤？

《五岳图》云："青城山七十二小洞，应七十二候。八大洞应八节，玉女其一也。"《胜览》："山有玉女洞，亦曰素女。"

巨人山

《胜览》："巨人山在州南（茂州）三十里，山头有石如人立，面南。元宗幸蜀时，以石人背立，敕令鞭之一百。下有九池，俗传是九龙湫。"

金船

《蜀记》："金泉县古有金船，沈江之东岸锐底，民于水中往往见之。"[3]《水

---

[1] 该内容在《说文月刊》目录中为"补白"。按，该文所引文献基本出自《蜀中广记》，不一一标注。

[2] 十穗，即孔令谷。孔令谷，乳名谷人，字君冶，号十穗，上海人，任教于小学、中学、大学，治历史、文字学。其间，曾在中央银行经济研究处编《说文月刊》，又任上海市社会局编审室主任、《正言报》董事会秘书等。

[3] 《蜀中广记》卷8《名胜记第八·川西道·成都府·金堂县》。

经注》：“新都县有金台山，水通于巴汉，以水出金沙，因以名山。”①据此知金船之说应由金台而讹。水中未必真有其物也。

石乳房

《（太平）寰宇记》：“阳安县北二十里玉女灵山。东北有泉，西北两岸各有悬崖，腹有石乳房一十七眼，状如人乳流下，土人呼为玉华池。每三月上巳日，有乞子者，漉得石即是男，瓦即是女，自古有验。”山为仙人李八百修炼处。

息壤

《仁寿志》：“县南有地亩余，踏之软动。有泉渊澜泺，旱不涸，涌不溢，名曰息壤。”

葛仙山

《内江志》：“银杏铺之阴，江所绕也。渡江对岸为葛仙山，相传吴郡葛孝先曾栖其上。今有巨人迹。”

石人山

《（太平）寰宇记》：“天池山，在州（江油县）南百三十里，高九十二丈。上有池，周回二十三步。其水常满，号曰天池。本名石人山，天宝六年（747）敕改为灵液山。”

---

① 按，不见《水经注》，《蜀中广记》卷8《名胜记第八·川西道·成都府·金堂县》载："《水经注》云：新都县有金台山，水通于巴汉，以水出金沙，因以名山。"

汉规矩砖考

严敦杰[①]

　　古算书存于世者，以《周髀》《九章（算数）》为最早，然《周髀》之谊未详，清儒已有此说，挽近考证，亦未能确定其成书年代；《九章（算数）》出于魏景元四年（263）刘徽手，其中杂有秦、汉间算学，不能代表某一时期作品，欲探讨古代算学发展情形，则有征诸乎实物之考察也。去岁江北汉墓出土，予亦往参观，往岁所见汉砖，仅据拓录，以未睹实物至憾；此次得手之抚摩，亲身履勘，私以为喜，尝就各砖花纹，草拓一份而归，以研其几何图案之构造，借之古代算学概况，乃发现此规矩砖，实有加以究讨之必要焉。

　　规矩砖乃余拟定名称，亦犹砖号"富贵"之意。砖纹平面图形宽约七点五公分，长约二十六公分，分四段：第一段，为圆形一，径约五点五公分，圆八等分，各以直径贯之，若轮状，圆外四角有四点，圆心一点与四点状同。第二段，左方为四三角形，即以长约三公分，宽约二公分之矩形，作对角线，分而为四，右方为矩形二，矩形内又容一小矩形，若回字状。第三段，左上角为一等腰三角形，中为犁形状一，下具不规则之四边形二，此二四边形复容有四边形。第四段亦为圆形，与第一段同；第一段与第二段间，第三段与第四段间，各以直线分划，余以第三段中之直角三角形，矩也，犁状形，即规也。

[①] 严敦杰（1917—1982），浙江人，字季勇，数学家、科学史家，主要研究中国数学史和天文历法史，是中国数学史现代研究的开拓者之一。

砖矩规

按，汉武梁祠石室有"伏羲手执矩，女娲手执规"造象（像），古代重视规矩，此砖之意亦同；比较之，其矩形同而规之变化，则由简趋繁矣。《周髀算经》曰："数之法出于圆方，圆出于方，方出于矩，矩出于九九八十一，故折矩以为句广三，股修四，径隅五，既方其外，半之一矩，环而共盘，得成三四五，而矩长二十有五，是为积矩，故禹之所以治天下者，此数之所生也。用矩之道：平矩以准绳，偃矩以望高，覆矩以测深，卧矩以知远，环矩以为圆，合矩以为方，方属地，圆属天，天圆地方，方数为典，以方出圆，笠以写天，天青黑，地黄赤，天数之为笠也，青黑为表，丹黄为里，以象天地之位，是故知地者智，知天者圣，智出于句，句出于矩，夫矩之于数，其裁制万物唯所为耳。"知之为用大矣哉。此砖之犁形，余定为规，其构造可说明如下：

如图（一）：甲乙庚及丁戊己为规之两足，己每为圆心，庚则规之；丁，戊，壬，丙四角均固定，乙则固定于壬戊中点上，而可活动回旋之，丙丁为有刻度之计算尺，有小孔如图（二），以竹针插住之，甲则可自由移动丙丁间，甲之孔有如图状，依相似形定理，则知甲丙恒与己庚相等，（其实有差数，乃甲乙之长不定，然古人或以约略不计。）若是欲画规定之圆，可得而成也。古人言规矩，可于下列各书见之：

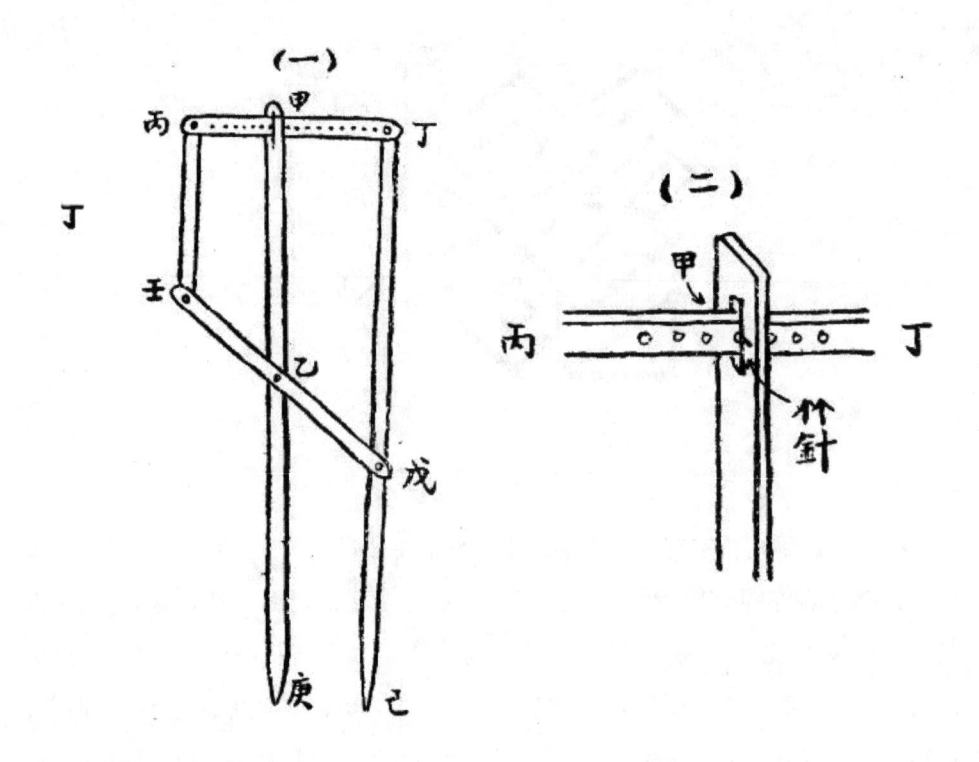

离娄之明，公输子之巧，不以规矩，不能成方员（圆）。①

梓匠轮舆，能与人规矩，不能使人巧。②

今夫轮人操其规，将以量度天下之圆与不圆也。曰中吾规者谓之圆，不中吾规者谓之不圆，是以圆与不圆，皆可得而知也，此其故何则，圆法明也；匠人亦操其矩，将以量度天下之方与不方也。曰中吾矩者谓之方，不中吾矩者谓之不方，是以方与不方，皆可得而知之，此其故何则，方法明也。③

譬若轮人之有规，匠人之有矩，轮匠执其规矩，以度天下之方圆，曰中者是也，不中者非也。④

---

① 《孟子注疏》卷7上《离娄章句上》，清阮元校刻《十三经注疏》本，第2717页。原注：《孟子》卷第七《离娄章句上》。
② 《孟子注疏》卷14上《尽心章句下》，第2773页。原注：《孟子》卷第十四《尽心章句下》。
③ 《墨子》卷7《天志中第二十七》，第75页。原注：《墨子》卷七《天志中第二十七》。
④ 《墨子》卷7《天志上第二十六》，第71页。原注：《墨子》卷七《天志上第二十六》。

圆者中规，方者中矩。①

直者中绳，曲者中钩，方者中矩，圆者中规。②

巧匠目意中绳，然必先以规矩为度。③

礼之于正国也，犹衡之于轻重也，绳墨之于曲直也，规矩之于方圆也，故衡诚县，不可欺以轻重，绳墨诚陈，不可欺以曲直，规矩诚设，不可欺以方圆。④

圜者中规，方者中矩，立者中县，衡者中水，直者如生焉，继者如附焉。⑤

规矩不能方圆，钩绳不能曲直。⑥

故天之圆也不得规，地之方也不得矩……若夫规矩钩绳者，此巧之具也。⑦

夫无规矩，虽奚仲不能以定方圆，无准绳，虽鲁般（班）不能以定曲直。⑧

昔倕之巧，目茂圆方，心定平直，又造规绳矩墨，以诲后人、试使奚仲公班之徒，释此四度，而效倕自制，必不能也。⑨

按，规矩碑当具有规箴之意，为之砌墓用者，以示其人也。余好中算史，乃妄为斯篇，海内治金石考古者，其有以正之乎。

---

① 〔清〕王先谦撰：《荀子集解》卷 18《赋篇第二十六》，北京：中华书局，1988 年，第 474 页。原注：《荀子》卷十八《赋篇第二十六》。
② 〔清〕郭庆藩：《庄子集释》卷 8 中《杂篇·徐无鬼第二十四》，北京：中华书局，2004 年，第 819 页。原注：《庄子》卷八《杂篇·徐无鬼第二十四》。
③ 〔清〕王先慎撰，钟哲点校：《韩非子集解》，北京：中华书局，1998 年，第 38 页。原注：《韩非子》卷第二《有度第六》。
④ 《礼记正义》卷 50《经解第二十六》，第 1610 页。原注：《礼记》卷之十五《经第二十六》。
⑤ 《周礼注疏》卷 39《冬官考工记第六·舆人》，第 910 页。原注：《周礼》卷第十一《冬官考工记上》之《舆人》。
⑥ 何宁撰：《淮南子集释》卷 1《原道训》，北京：中华书局，1998 年，第 80 页。原注：《淮南子》卷第一《原道训》。
⑦ 《淮南子集释》卷 11《齐俗训》，第 797、802 页。原注：《淮南子》卷第十一《齐俗训》。
⑧ 《淮南子集释》卷 19《修务训》，第 1355 页。原注：《淮南子》卷第十九《修务训》。
⑨ 《潜夫论》卷 1《赞学第一》，四部备要本。原注：《潜夫论》卷第一《赞学第一》。

蜀地识小录（二）[①]

十穗

石犀寺

一名石牛寺（在成都）。《华阳国志》："周显王之世，蜀王有褒汉之地。因猎谷中，与秦惠王遇。惠王以金一笥遗蜀王。王报以珍玩之物，物化为土。惠王怒，群臣贺曰：'天奉我矣！王将得蜀土地。'惠王喜。乃作石牛五头，朝泻金于后，曰'牛便金'。有养卒百人。蜀人悦之，使使请石牛，惠王许之。乃遣五丁迎石牛。既不便金，怒遣还之。乃嘲秦人曰：'东方牧犊儿。'秦人笑之，曰："吾虽牧犊，当得蜀也。"[②]《舆地志》云："邓艾庙南有石牛，即秦惠王遗蜀王者。"《水经注》："西南石牛门曰市桥，吴汉入蜀，自广都令轻骑先往焚之，桥下谓之石犀渊。李冰昔作石犀五头以厌（压）水精。穿石犀，渠于南江，命之曰犀牛里。后转犀牛二头，一头在府市市桥门，一头沉之于渊也。"[③]石犀石牛所以镇水怪，后以之为量水之物。

江渎祠

《括地志》云："江渎祠在成都县南上四里。"《汉郊祀志》云："秦并天下，

[①] 该内容在《说文月刊》目录中为"补白"。按，该文所引文献基本出自《蜀中广记》，不一一标注。

[②]《华阳国志校补图注》卷三《蜀志》，第123页。

[③]《水经注校释》卷33《江水》，第578页。按，原文与《蜀中广记》卷1《名胜记第一·川西道·成都府》记载一致，与《水经注》记载不同在"后转犀牛二头在府中，一头在市桥，一头沉之于渊也"之句。

立江水祠于蜀，至今岁祀之。"按《广雅》，江神谓之奇相。《江记》云："帝女也，卒为江神矣。"《汉旧仪》云："祭四渎用三牲圭沉，有车马绀盖，以夏之日觞焉。"

石笋

常璩云："蜀有五丁力士，能移山，举万钧。每王葬，辄立大石长三丈重千钧为墓志，今石笋是也。"此与石柱天柱为一家眷属。

石镜

《蜀记》云："武都山（即武担山）精化为女子，美而艳，蜀王纳为妃。不习水土，欲去，王必留之，作东平之歌以悦之。无几物故，王乃遣五丁于武都，担土为冢。盖地数亩高七尺，上有一石，厚五寸径五尺，莹澈，号曰石镜。王见悲悼，遂作《臾邪之歌》《龙归之曲》。"石镜庐山东及归安均，有之，见《水经注》《（太平）寰宇记》《吴兴记》等书。

《（太平）寰宇记》："丽元山在县（新都）北八里，平地特起，四绝，高三丈。有双石镜。广五尺。尝掘其下，至水而未臻其极。"[1]

---

[1] 按：《太平寰宇记》无"在县北八里"之句（卷72《剑南西道一·益州·新都县》，第1470页）。

谈葬制

方欣安[①]

《星期评论》第十五期登载拙撰《所谓蛮洞》一文[②]。讨论四川的崖葬制度，以《星期评论》非专门学术性质之刊物，有一部份材料割而未录，故不免有漏误之点。兹复撰本文，借以补充前文之一二。但本人近以别有工作，不能分身，故今仍未能遍检群籍，但就正史之通“四裔传”所载关于边地各族葬制的史料提供如下。大体略可分为天葬（包括鸟葬兽葬等式），水葬，火葬，土葬，崖葬种种方式。其中也有一族而兼具各种葬式者，例如：

扶南……死者有四葬，水葬则投之江流；火葬则焚为灰烬；土葬则瘗埋之；鸟葬则葬之中野。[③]

以一族而兼具各种葬式者，则此等葬式中自有高下之别，例如：

顿逊国，在海崎之上……其俗又多鸟葬，……鸟食肉尽……烧其骨沉海中，以为上行人也，必生天。鸟若迴翔不食，其人乃自悲，复以为己有秽，更就火

①方欣安，即方壮猷。方壮猷（1902—1970），湖南人，原名方彰修，学名方兴，字欣安，历史学家。

②方欣安：《所谓蛮洞》，《星期评论（重庆）》第15期，1941年。

③《南史》卷78《列传第六十八·夷貊上·扶南传》，第1954页。原注：《南史》卷79《南蛮传》。

葬，以为次行人也；若不能生入火，又不被鸟食，以为下行也。①

可见同时有各种葬式的顿逊国，以鸟葬为上，火葬为次，其他为下。今日西藏西康青海一带，亦同时兼具四种葬式，最普遍流行者为天葬，人死即请喇嘛诵经之后，由死者最亲之人负尸投于荒谷，或将尸首割裂挂于树林，以供禽兽果腹，更收拾残骨，粉碎之，和以面粉。引雕鹰啄食之，待尽而后已。鸟食愈速者则家人相庆，以为死者生前修德，来世光明之证；否则家人深忧，以为死者生前作恶，必入地狱之兆。次为水葬，仪式简单，喇嘛诵经后，将尸和衣缚捆，投于江中，以供鱼食。故藏人既不食鸟亦不食鱼，以其为祖先葬身之所也。又次为火葬，人死请喇嘛诵经并卜定吉地，砌石成塔形，将尸首盘坐其中，涂以酥油，堆薪搭架，引火焚化，成灰则止。死者系俗人则收灰置囊中，混以面粉泥土，捏成小圆塔形，或置嘛哩堆上，或埋嘛哩堆旗竿之下，或置转经楼前，谓之受度。如系喇嘛，则收尸灰于寺侧建塔，以留纪念。康藏人并深信尸骨烧化不尽，即系死者生前无善行而有恶德所致。最后为土葬，凡得恶疮而死者，不许用天葬、水葬、火葬三式，只许用土埋葬之。此四种葬式中，除土葬一式有一定限制外，其余三式中究采何种，并无限制，人死后请喇嘛诵经时用卜法决定。然以天葬为最流行，水葬则仅于有江河处行之，火葬以手续较繁，行者较少。

一、所谓天葬

所谓"天葬"一名词，含义本甚模糊，但西藏、西康、青海各地以此为包括鸟葬、兽葬的通行名词，目前尚未想到其他更适当的名词可以替代，故暂用之。所谓天葬之制又可分为人食、兽食、鸟食种种，例如：

1. 饲鸟。"扶南国"例已见上；"顿逊国……其俗多鸟葬，将死，亲宾歌舞

---

① 〔唐〕杜佑撰：《通典》卷188《边防四·顿逊》，北京：中华书局，1988年，第5095页。原注：《通典》。

于郭外，有鸟如鹅，口似鹦鹉而红色，飞来万许，家人避之，鸟食肉尽乃去，烧其骨沉海"①。今西藏、青海人以死尸饲雕饲鹰，亦其例。

2.饲狗。"康居城外有户二百，专知丧事，别筑一院，其院内养狗。每有人死，即往取尸，置此院内，令狗食之，肉尽收骸骨，埋瘗无棺椁。"②可见古代西域确有专食人尸的狗类，我国古代所见的西旅贡獒，及春秋时晋国豢养以害赵氏的狗，大概亦属此类。

3.饲貂。"勿吉国，若秋冬死，则以尸饵貂，貂食其肉，则多得之。今靺鞨国父母死，弃之中野以哺貂。"③

4.弃尸于山以饲鸟兽。

波斯……死者多弃尸于山，一月著服。城外有人别居，唯知丧葬之事，号为不净人，若入城市，摇铃自别。④

真腊……丧葬贫者或用瓦，而以五彩色画之，亦不焚，送尸山中，任野兽食之（《通考》）。

楚之南，有炎人之国者，其亲戚死，朽⑤其肉而弃之，然后埋其骨，乃为孝子。⑥

勃泥国在西南大海中，……丧葬亦有棺敛……载弃山中。⑦

都波，……死亡以木柜盛尸，置山中。⑧

劫国，……死亡弃于山。⑨

---

①《通典》卷188《边防四·顿逊》，第5095页。原注：《通典》。
②《通典》卷193《边防九·康居》，第5256页。原注：《魏书》。
③《通典》卷185《边防一·边防序》，第4979页，"有葬无封树焉"注。原注：《通典》卷185《边防总序》自注。
④〔北齐〕魏收撰：《魏书》卷102《列传第九十·西域·波斯》，北京：中华书局：1974年，第2272页。原注：《魏书》。
⑤原为"刳"。毕沅注"《太平广记》引作'刳'"（《墨子》卷6《节葬下第二十五》，第68页）。
⑥《墨子》卷6《节葬下第二十五》，第68页。原注：《墨子·节葬》。
⑦〔元〕脱脱等撰：《宋史》卷489《列传第二百四十八·外国五·勃泥国》，北京：中华书局，1985年，14094页。原为："勃泥在西南大海中，……丧葬载弃山中。"
⑧《通典》卷199《边防十五·都波》，第5467页。
⑨《通典》卷193《边防九·劫国》，第5278页。

悉立国，在吐蕃西南，……死葬于中野，不为封树。①

摩揭它国，……死者葬于野，不封树。②

5. 挂尸于树以饲雕鹰。

契丹，……父母死……以其尸置于山树之上。经三年之后，乃收其骨而焚之，因酹酒而祝曰："冬月时，向阳食；夏月时，向阴食。若我射猎时，使我多得猪鹿。"③

库莫奚，……死者以苇薄裹尸，悬之树上。④

失韦，……父母死，男女众哭三年，尸则置于林树之上。⑤

室韦，……部落共为大棚，人死则置尸其上。⑥

挹娄，……死者其日即葬之于郊野，交木作小椁，杀猪积其上，以为死者之粮。⑦

都波，……死亡以柜盛尸，……或悬于树上。⑧

流鬼，……死解封树，哭之三年⑨（似有脱误）。

6. 人食。

琉球……收取斗死者共聚而食之。⑩

---

①《通典》卷190《边防六·悉立》，第5178页。
②原注："以上《通典》"。按，"以上"应至"勃泥国"，据查《通典》无"勃泥""摩揭它"相关内容记载；《新唐书》《文献通考》所记摩揭它，无"死者葬于野，不封树"之俗，此俗为悉立国有，而二书将"悉立国"附于"摩揭它国"，这应是作者失误之原因。
③《通典》卷200《边防十六·契丹》，第5485页。原注：《通典》。
④《通典》卷200《边防十六·库莫奚》，第5484页。
⑤《魏书》卷100《列传第八十八·失韦》，第2221页。原注：《魏书》。
⑥《通典》卷200《边防十六·室韦》，第5487页。原注：《通典》。
⑦《通典》卷186《边防二·挹娄》，第5022页。
⑧《通典》卷199《边防十五·都波》，第5476页。按，原文无"或"；省略号内容为"置山中"。
⑨《通典》卷200《边防十六·流鬼》，第5491页。按，原文无"三年"。
⑩《通典》卷186《边防二·流求》，第5026页。

琉球……南境风俗少异，人有死者邑里共食之。①

由上举诸例，可见天葬的风俗，中国的东西南北四境的古代边族多流行之。其方式虽有种种，而其以尸体供人禽兽类果腹之原则则同，故暂仍天葬之名。要之，此与下述水葬之制当同为人类最原始的安葬方式。

二、所谓水葬

所谓水葬者，即葬于鱼腹之谓，此种制度多见于南海各国，其水葬多先火化，与今西藏西康青海各地之以肉身投水者略异，例如：

1. 林邑，……王死七日而葬，有官者三日，庶人一日。皆以函盛尸，鼓舞导从，举至水次，积薪焚之。收余骨，王则内金罂中，沉之于海，有者官以铜，沉之海口；庶人以瓦，送之于江。②

2. 真腊，……丧葬，儿女皆十日不食，剔发而丧，僧尼道士亲故皆来聚会，作音乐送之，以五香木烧尸，收灰以金银瓶盛，送大水之内。③

3. 赤土，……父母兄弟死则剔发素服，就水上构竹为棚，栅内积薪，以尸置上，烧香建幡，吹蠡击鼓，以送火焚薪，遂落于水，贵贱皆同。唯国王烧讫，收灰贮以金瓶，藏于庙屋。④

4. 投和国，在真腊之南，……死丧则祠祀哭泣，又焚尸以罂盛之，沉于水中。若父母之丧，则截发为孝。⑤

---

① 〔宋〕郑樵编撰：《通志》卷194《四夷传一·流求》，北京：中华书局，1987年，第3116—3117页。原注：《通志》。
② 《通典》卷188《边防四·林邑》，第5091页。原注：《通典》。
③ 《通志》卷198《四夷传五·真腊》，第3176页。
④ 《通志》卷198《四夷传五·赤土》，第3176页。原注：《通志》。
⑤ 《通典》卷188《边防四·投和》，第5102页。

5. 哥罗国，在槃槃东南，……死亡则焚尸，盛以金瓮，沉之大海。①

6. 顿逊国，……已见上。

7. 扶南国，……已见上。

屈原说宁赴江流，葬于江鱼之腹中。似至战国时中国南方犹有水葬之俗，故屈原得据以为说，非其杜撰也，此制最初见者为南海各国，今西藏青海亦有此制，则似由南海各地传来。

三、所谓火葬

火葬之俗多见于西北西南各地，而东北东南各地则无其例。

1. 秦之西有仪渠之国者，其亲戚死，聚柴薪而焚之，熏上，谓之登遐，然后成为孝子。②

2. 冉駹，在蜀郡西北……死则烧其尸。③

3. 党项羌……少死者则仰天云柩而悲哭，焚之，名为火葬。④

4. 结骨……死丧，刀剺其面，火葬收其骨，逾年而葬。⑤

5. 焉耆……死亡者皆焚而后葬。⑥

6. 突厥……死者停尸于帐，……择日取亡所乘马及经服用之物并尸俱焚之，收其余灰，待时而葬，春夏死者候草木黄落，秋冬死者候华茂，然后坎而瘗之。……为茔立屋中，图画死者仪形及其生时所战阵之状，尝杀一人则立一石，有

---

① 《通典》卷188《边防四·哥罗》，第5089页。
② 《墨子》卷6《节葬下第二十五》，第68页。原注：《墨子·节葬下》。
③ 《后汉书》卷86《南蛮西南夷列传第七十六·冉駹夷》，第2858页。原注：《后汉书》卷115。
④ 《通典》卷190《边防六·党项》，第5169页。原注：《通典》。
⑤ 〔宋〕王溥撰：《唐会要》卷100《结骨国》，国学基本丛书本，上海：商务印书馆，1935年。原注：《唐会要》卷100。
⑥ 《通典》卷192《边防八·焉耆》，第5223页。

至千百者。又以祭之羊马头尽悬之于标上。①

7. 耨陀洹国，堕和罗西北……父母死，停丧在室，辄数日不食，燔尸之后，男女并剔发临池，先浴然后进食。②

8. 石国……国城之东南立屋……正月六日、七月十五日以王父母烧余之骨，金瓮盛之，置于床上，巡绕而行，散以香花杂果，王率臣下设祭焉。③

9. 堕婆登……在环王南……死者实金于口，以钏贯其体，加婆律膏、龙脑众香，积薪燔之。④

10. 婆登国在林邑南……其死者，口实以金，又以金钏贯于四支，然后加以婆律膏及檀、沈（沉）、龙脑等香，积薪以燔之。⑤

11. 多摩长国居于海岛……死亡……以火焚其尸。⑥

12. 柔佛……死者皆火葬。⑦

13. 丁机宜……丧用火葬。⑧

14. 麻叶瓮……妇丧夫……或于焚尸日，亦赴火自焚。⑨

15. 扶南……已见上。

按，以上诸地概在中国之西北或西南，与印度接近，此种火葬制度，或系受佛教的影响所致。中国东面如朝鲜、日本等国古代亦无火葬之制，自佛教输入后，今亦盛行火葬，尤以日本为然。窃意南洋各地的原始葬式或以水葬为最普遍。自受印度文化的影响之后，始渐改为火化、水葬之制。其受波斯、埃及

---

① 《通志》卷 200《四夷传七·突厥》，第 3210 页。原注：《通志》。
② 《唐会要》卷 99《耨陀洹国》。原注：《唐会要》。
③ 《通典》卷 193《边防九·石国》，第 5275 页。
④ 〔宋〕欧阳修、〔宋〕宋祁撰：《新唐书》卷 222 下《南蛮下·堕婆登》，北京：中华书局，1975 年，第 6303 页。按，原为"诃陵国"。
⑤ 《通典》卷 188《边防四·婆登》，第 5105 页。
⑥ 《通典》卷 188《边防四·多摩长》，第 5107 页。原注：《通典》。
⑦ 〔清〕张廷玉等撰：《明史》卷 325《列传第二百十三·外国六·柔佛》，北京：中华书局，1974 年，第 8249 页。原为"丧用火葬"，原注：《明史》。
⑧ 《明史》卷 325《列传第二百十三·外国六·丁机宜》，第 8249 页。原注：《明史》。
⑨ 《明史》卷 323《列传第二百十一·外国四·麻叶瓮》，第 8379 页。原为"麻逸冻……妇人丧夫，至焚夫日，类自赴火死"。原注：《明史》。按，有些文献也作"麻逸国"。

文化影响者则改营崖葬之制。

四、所谓土葬

所谓土葬之制，亦包含种种不同的方式，比较奇特者为新疆缠回①的土葬方式，先掘方穴深丈余，以白布缠尸，置木匣中，出殡时，掷尸穴中，观其向背；如向上，则以为有福之人，必登天堂，或转生于富贵之家，即设宴庆贺；若向下者则以为生前有罪恶，必入地狱，即请阿衡诵经忏悔；若侧身旁向者，则以为寿命犹未尽，因罪中折，魂尚飘流，既无宴贺亦不忏悔。李济之先生曾发现殷虚有俯身葬之制，不知是否亦系掷尸以卜向背之意。

古代高车国的土葬方式亦颇奇特：

死亡葬送，掘地作坎，坐尸于中，张臂引弓，佩刀挟矟，无异于生，而露坎不掩。时有震死及疫疠，则为之祈福。若安全无他，则为报赛。多杀杂畜，烧骨以燎，走马绕旋，多者数百匝，男女无大小皆集会。②

又乌桓国的土葬方式亦有特点：

敛尸以棺，有哭泣之哀，至葬则歌舞相送。肥养一犬，以彩绳缨牵，并取死者所乘马衣物，皆烧而送之，言以属累犬（注：属累犹付托也），使护死者神灵归赤山。③

上例的肥犬，似乎专为送丧引路之用，送葬后的处置办法不详。此外中国东西南北四境各族都有土葬之制，兹分述之如次：

---

① 缠回：清至民国中期，维吾尔族的汉译名称。1934 年改为"维吾尔族"。
②《魏书》卷 102《列传第九十一·高车》，第 2308 页。原注：《魏书》卷 100。
③《后汉书》卷 90《乌桓鲜卑列传第八十》，第 2980 页。原注：《后汉书》卷 120。

东北各族的土葬之制：

1. 高句丽……厚葬，"金银财币尽于厚葬，积石为封，亦种松柏"。①
2. 夫余，"死则有椁无棺，杀人殉葬，多者以百数。其王葬用玉匣"。②
3. 马韩……"其葬有棺无椁"。③
4. 东沃沮，"其葬，作大木椁，长十余丈，开一头为户，新死者假埋之，令皮肉尽，乃取骨植椁中。家人皆共一椁，刻木如生，随死来为数焉"。④
5. 新罗……死有棺敛，葬起坟陵。⑤
6. 乌桓……见上。

朔方各族的土葬之制：

1. 匈奴……送死，有棺椁金银衣裳，而无封树丧服，近幸臣妾从死者，多至数千百人。⑥
2. 稽胡……死亡殡葬，与中夏略同。⑦
3. 铁勒……死者殡埋之。⑧
4. 蒙古……若诸王死，则在一帐中置死者于座上，前置一桌，上陈肉一皿，马乳一杯。及葬，则并此帐与牝马一，驹一，备具鞍辔之牡马一，连同贵重物

---

① 《后汉书》卷85《东夷列传第七十五·高句骊》，第2813页。原注：《后汉书》卷115。
② 《后汉书》卷85《东夷列传第七十五·夫余》，第2811页。原为："夫余……其死夏日皆用冰，杀人殉葬，多者百数，厚葬，有椁无棺，其王葬用玉匣（《后汉书》卷115）。按，原文所引应出自《三国志》卷30《魏书·乌丸鲜卑东夷传第三十·夫余》（〔晋〕陈寿撰，北京：中华书局，1982年，第841页），而非《后汉书》。
③ 《三国志》卷30《魏书·乌丸鲜卑东夷传第三十·韩》，第851页。
④ 《后汉书》卷85《东夷列传第七十五·东沃沮》，第2816页。原注：《后汉书》卷115。
⑤ 〔唐〕魏征、令狐德棻撰：《隋书》卷81《列传第四十六·东夷·新罗》，北京：中华书局，1973年，第1821页。原为："死有棺敛，送葬，起坟陵。"
⑥ 《史记》卷110《匈奴列传第五十》，第2892页。原注：《史记·匈奴传》。"数千百人"，原为"数十百人"。
⑦ 《周书》卷49《列传第四十一·异域上·稽胡》，第897页。
⑧ 《通志》卷200《四夷传七·铁勒》，第3213页。原注：《通典》。

品，置之墓中。秘其葬地，以人守之，不许人近。①

5. 高车……已见上。

西部及西北各族的土葬之制：

1. 吐谷浑……死者亦皆埋殡。②

2. 附国……在蜀郡西北……有死者……置尸高床上，沐浴衣服，以牟甲覆以兽皮……而瘗之。死后十年方始大葬，……立木为祖父神而事之。③

3. 吐蕃……人死，杀牛马以徇（殉），取牛马头周垒于墓上，其墓正方，垒石为之，状若平头屋焉。④

4. 松外诸蛮……死丧哭泣，棺椁袭敛，无不毕备。三年之内，穿地为坎，殡于舍侧，上作小屋。三年而后，出而葬之，蠡蚌封棺，令其耐湿。⑤

5. 獠（僚）……自汉中达于邛笮川洞之间，所在皆有。……死者竖棺而埋之。⑥

6. 女国，在葱岭之南……其女王死，国中贵人剥取皮，以金屑和骨肉置于瓶内而埋之，经一年，又以其皮纳于铁器埋之。⑦

又东女国……贵人死，剥藏其皮，内骨瓮中，糅金屑瘗之。王之葬，殉死至数十人。⑧

7. 渴槃陁国……死者埋殡。⑨

8. 嚈哒……死者，富家累石为藏，贫者掘地而埋，随身诸物，皆置冢内。⑩

---

① [瑞典] C.d'Ohsson 著，冯承钧译：《多桑蒙古史》卷1（始成吉思汗终帖木儿）第1章，上海：商务印书馆，1936年，第33页。原注：冯译《多桑蒙古史》第1卷页33。
② 《通典》卷190《边防六·吐谷浑》，第5165页。
③ 《通志》卷197《四夷传四·附国》，第3167页。
④ 《唐会要》卷97《吐蕃》。原注：《唐会要》卷97。
⑤ 《通典》卷187《边防三·松外诸蛮》，第5068页。原注：《通典》。
⑥ 《魏书》卷101《列传第八十九·獠（僚）》，第2248页。原注：《魏书》。
⑦ 《通典》卷193《边防九·女国》，第5276页。
⑧ 《新唐书》卷221上《西域上·东女国》，第6219页。
⑨ 《通典》卷193《边防九·渴槃陁》，第5273页。
⑩ 《魏书》卷102《列传第九十·嚈哒》，第2279页。原注：《魏书》。

9. 滑国……死则葬以木为椁。父母死，其子截一耳。①
10. 宕昌……俗重虎皮，以之送死。②

东部及东南各族的土葬之制：

1. 倭……死有棺无椁，封土作冢。③
2. 琉求……浴其尸，以布帛缠之，裹以苇草，杂土而殡，上不起坟。为子者，数月不食肉。④
3. 台湾……太野儿族、保隆族、曹米族等死则葬于居宅之内；阿水族等死则葬于居宅附近；亚米族、培旺族等死者有预定的葬地，死者生平所用之武器及遗物多用以殉葬。
4. 文郎马神国……死则贮瓮中以葬。⑤

由上列诸例可见土葬制度，中国的东西南北四境都有之。在各种土葬方式中，有兼具棺椁者如匈奴等；有单具棺者如马韩、新罗、倭、乌桓、獠（僚）、松外诸蛮等；有单具椁者如沃沮、夫余、滑国等；有用瓮瓶者如东女国、文郎马神国等；有用铁器者如女国等；有用布帛苇席者如琉球及新疆回人等；有用兽皮者如附国宕昌等是。兼具棺椁者其受中国墓葬制度影响之深，尤觉显而易见。

五、关于崖葬

除上述四种葬式之外，我们虽然微觉湖南青海两地略有类似崖葬的痕迹：

---

① 《南史》卷79《列传第六十九·夷貊下·滑国传》，第1984页。原注：《南史》卷79。
② 《通典》卷190《边防六·宕昌》，第5168页。原注：《通典》。
③ 《南史》卷79《列传第六十九·夷貊下·倭国传》，第1974页。原注：《南史》卷79。
④ 《通典》卷186《边防二·琉求》，第5027页。
⑤ 《明史》卷323《列传第二百十一·外国四·文郎马神》，第8380页。原注：《明史》。

1. 潭、衡洲人曰：蛮取死者骨，小函子盛置山岩石间。①

2. 大羊同，东接吐蕃……北直于阗，……其酋豪死，抉去其脑，实以珠玉，剖其五脏，易以黄金，假造金鼻银齿，以人为殉，卜以吉辰，藏诸岩穴，他人莫知其所。②

但例证既少，且上述两例仅有藏诸岩穴及置山岩石间的模糊记载，使人觉得仍是利用天然的山洞。

近年凌纯声先生曾调查湖南沅水流域颇有崖葬的遗存，且曾见于唐人的记载：

五溪蛮，父母死，于村外阁其尸，三年而葬。打鼓路歌，亲属饮宴舞戏一月余日。尽产为棺，余临江高山半腰"凿龛"以葬之。自山上悬索下柩，弥高者，以为至孝，即终身不复祀祭。③

以张氏的记载与杜氏《通典》所述，互相印证，则潭衡洲人蛮的岩葬，似亦大概相同。至于四川岷江、嘉陵江流域的崖葬，别见拙撰《所谓蛮洞》一文（《星期评论》第十五期），兹不复赘。

除四川、湖南两省之外，云南似亦有类似的葬式：

1. 秃落蛮……人死焚尸，用小匣盛其余骸，携之至高山山腹大洞中悬之，俾人兽不能侵犯。④

2. 土獠（僚）蛮……人死则以棺木盛之，置于千仞巅崖之上，以先坠者

---

① 《通典》卷185《边防一·边防序》，第4979页，"有葬无封树焉"注。原注：杜佑《通典》卷185《边防典·总序》自注。

② 《通典》卷190《边防六·大羊同》，第5177页。原注：《通典》。

③ 〔唐〕张鷟：《朝野佥载》卷2《五溪蛮》，文渊阁四库全书本。原注：唐·张鷟《朝野佥载》卷2。

④ ［意］A.J.H.Charignaon著，冯承钧译：《马可波罗行纪》卷2（中册，第128章）《秃落蛮州》，上海：商务印书馆，1948年第四版，第505页。原注：《马可波罗行纪》，冯译，中册，第128章第505页。

为吉。①

按，马可波罗所记的Tholoman，亦即李京所记的土僚（獠）蛮，《元史》一作土老蛮或秃老蛮。同一事实而二书所记不同，仍有待于人类学者考古学者的实地调查。

湖南四川两省既有崖葬的遗存，云南亦有类似崖葬的记载，则其余如贵州广西等省，或亦有类似的崖葬遗迹可寻。深盼各地学者就便考察，随时报告，以广见闻。

六、石棺传说

中国古代关于崖葬的记载虽不经见，但关于石棺石椁及瓦棺的记载则颇早：

1. 有虞氏瓦棺，夏后氏堲周，殷人棺椁，周人墙置翣。周人以殷人之棺椁葬长殇，以夏后氏之堲周葬中殇下殇，以有虞氏之瓦棺葬无服之殇。②

2. 秦之先……中潏在西戎，保西垂。生蜚廉。蜚廉生恶来。恶来有力，蜚廉善走，父子俱以材力事殷纣。周武王之伐纣，并杀恶来。是时蜚廉为纣石北方（此据皇甫谧说）③，还，无所报，（纣已死）为坛霍太山而报，得石棺，铭曰："帝命处父不与殷乱，赐尔石棺以华氏。"死，遂葬于霍太山。④

3. 周失纲纪，蜀先称王。有蜀侯蚕丛，其目纵，始称王。死，作石棺、石椁，国人从之。故俗以石棺椁为纵目人冢也……九世有开明帝……时蜀有五丁力士，能移山，举万钧。每王薨，辄立大石，长三丈，重千钧，为墓志，今石

---

① 原注：元李京《云南志略》，此据马长寿先生《四川古代的獠族》所引。按，文章名应为《四川古代"獠"族问题》，发表于《青年中国季刊》第2卷第1期（1940），第174页。

② 《礼记正义》卷6《檀弓上第三·檀弓上》，第1275—1276页。原注：《礼记·檀弓》。

③ 原为："为纣作石椁于北方"并文中注"此据皇市谧说"。按，"集解"引徐广曰："皇甫谧云作石椁于北方。"

④ 《史记》卷5《秦本纪第五》，第174页。原注：《史记·秦本纪》。

笋是也，号曰笋里。①

据《(礼记·)檀弓》，则殷以前已有瓦棺及烧土为砖以周于棺的圣周之制；据《(史记·)秦本纪》，则殷周之际已有石棺椁的传说，据《华阳国志》则蜀地周时已有石棺椁的传说，(又《全汉文》卷 53 所载扬雄《蜀王本纪》亦有石棺石笋的记载，但徐中舒先生已考定《蜀王本纪》是《华阳国志》既出之后，好事者据常书而伪为之者，说见《史学季刊》第一期②。)关于中国古代的葬制，得暇当别为一文论之。

七、附论·崖居

美洲土人迄今仍有崖居之制，此在人类学的专著上，记载者固多，即《大英百科全书》第五册 Cliff-dwellers 及 Cliff-dwellings 两条亦曾述其概略。我国古代东北方面亦有类似的痕迹：

1. 挹娄……土地多山险，……土气极寒，常为穴居，以深为贵，大家至接九梯。③

2. 韩……无城郭。作土室，形如冢，开户在上。④

3. 勿吉……在高句丽北，……其地下湿，筑城穴居，屋形似冢，开口于上，以梯出入。⑤

4. 室韦……气候最寒，冬则入山，居穴中。⑥

---

① 《华阳国志校补图注》卷 3《蜀志》，第 118、122 页。原注：晋常璩《华阳国志》。
② 文为《古代四川之文化》(《史学季刊》第 1 卷第 1 期，1940 年)，徐中舒说："扬雄当不及知此。疑常书既出之后，好事者反采取常书而伪为此。"(第 32 页)
③ 《后汉书》卷 85《东夷列传第七十五·挹娄》，第 2812 页。原注：《后汉书》卷 115。
④ 《后汉书》卷 85《东夷列传第七十五·马韩》，第 2819 页。原注：同上。
⑤ 《魏书》100《列传第八十八·勿吉》，第 2219 页。原注：《魏书》卷 100。
⑥ 《通典》卷 200《边防十六·室韦》，第 5488 页。

5. 沃沮……夏月恒在山岩深穴中为守备；冬月冰冻，船道不通，乃下居村落。①

6. 乌洛侯……其土下湿，多雾气而寒，冬则穿地为室，夏则随原阜畜牧。②

7. 流鬼……依海岛散居，掘地深数尺，两边斜竖木，构为屋。③

8. 驱度寐……在室韦之北……居土窟中。④

由上述诸例，可见东北诸边族中崖居的风俗颇为普遍。多数系冬季崖居以避寒；然亦有夏季崖居以避暑者，如沃沮即其例。以梯出入，大家至接九梯，这与美洲土人的崖居制颇相近似。西南各边族中似亦有崖居的记载。杜氏《通典·边防总叙》"自注"谓"黔夷有穴居、巢居之制"⑤。如其然也，则汉代的崖墓，或系利用古代边族的崖居遗址以为墓穴之用，也未尝不可能。俟读书有得时，当别为一文论之。

---

① 《三国志》卷30《魏书·乌丸鲜卑东夷传第三十·东沃沮》，第847页。
② 《通典》卷200《边防十六·乌洛侯》，第5489页。原为："地下湿而寒，冬则穿地为室，夏则随原阜。"
③ 《通典》卷200《边防十六·流鬼》，第5491页。
④ 《通典》卷200《边防十六·驱度寐》，第5489页。原注：《通典》。
⑤ 《通典》卷185《边防一·边防序》"有居处巢穴焉"下注："上古中华亦穴居野处，后代圣人易之以宫室。今室韦国及黔中羁縻东诸夷及附国，皆巢居穴处。诸夷狄处巢穴者非少，略举一二。"（第4979页）

云南昭通的汉墓

张希鲁[1]

我在云南省会教育界服务，见北平、广州各学术团赴云南考察，多半为的是民族、地质，对于古物，尚少人注意。国内考古之风颇盛，大都在黄河流域和西北一带。或许是说云南开化较晚，无甚古物。不知如光绪年间出土的汉孟璇碑，也就是一件惊人之事，其实又何足奇。原来云南分为迤东、迤南、迤西三部分，三部中要以迤东昭通附近开化最早。因为该地是个气候适宜的高原，又比较接近内部，可想古代汉族迁居其地的必多，故汉晋间的古迹随处可指。惟（唯）因交通不便，少与国内人士通声息，故无数宝藏，也就等闲视之。如果有人来提倡考古，还要惹人非笑。可是国内考古风气，天天的打在我的心目中。当民国十八年（1929）的冬天，因家在昭通，出门多年，要回去一转，就亲身多次去访问梁堆的一切古迹。访问后，大略知道是汉晋间室与墓的遗痕，不过年湮代远将他的名传讹了，乡人不知，误认为傜（瑶）人的卢[2]舍。但事实上调查，昭通过去并没有傜（瑶）人居住过。梁堆中大多数藏有五铢钱，乡人无识，也就呼为傜（瑶）钱。我见着昭通地下的五铢钱，屡屡发现。梁堆中的花砖，更不计其数。它的花纹，有十多种。又问发现经过的农民，说砖在梁堆内建筑得颇好，其内容有点仿佛城门洞。如果不是有文化艺术的人，怎能如此。今年春季，我游成都时，见着少城公园陈列彭县出土汉延平年的花砖，恰好与

---

[1] 张希鲁（1900—1970），云南人，号西楼，长期从事地方史志和文物考古工作，著有《西南古物的新发现》《滇东史》《滇东金石志》等。

[2] 卢，通"庐"，房屋。

昭通的一样，不过昭通尚未发见有文字的。考云南迤东这个地带，是汉时的朱提郡，当汉初通西南夷后，中国人就自然侵入其地。又考汉洗铸的地名，不是"朱提"，便是"堂狼"。"堂狼"即是"朱提"产铜的一个山，因此认定这地并且有汉代的大铜矿厂。可是区区能力，仅有考察，不能发掘，未免贻"纸上谈兵"之讥。乃将这种意见呈请云南文化当局发掘，未蒙允纳。十九年（1930）春季，任昭通省立中学教席，于是利用这个机会，进行考古的工作。次年昭通奉教育厅命筹备省立民众教育馆，我负图书股的责任。就将梁堆有发掘的价值，在筹备会中提出，幸获通过。同年春夏之交，前去提导工人实行。经过两个星期，先后发见人马花鸟的浮雕石刻共有三件，有文字的石刻两件，余外还有陶片花砖，和无字的方石等百余件。当时县长汤氏认为都是汉代古物。在个人的观察，审订这梁堆至晚是晋代的，因文字较多的那一石，辞意虽难索解，然细观字体，却与本省清代所出丙爨碑①相近。去年暑假间，往铜工家，发见汉顺帝时阳嘉二年的两洗：一个底上是有双鱼，中为篆书"阳嘉二年堂狼造"七字；一个底上是有十余个孔，内中安放一盘。据容希白先生告我：这个是古代釜甑的甑。当我发见时，铜工说："如先生慢来一步，我就要将他（它）毁了。"因问他以前照此类的毁的很多吗？他说多不为多，因乡间人常在梁堆内挖着送来，我们嫌他（它）是坏铜，每每不要。依此推想，这一类古物出土后被销毁的，实在已不知多少。今年旅行，到成都、武汉、南京、济南、天津、北平各处参观，见着内地的古物，多经考古家著录。而云南的古物，除孟琁及丙爨三碑②外，湮没无闻。当我要离乡前一月，西区滴鱼河，又发见两个梁堆，我不避风寒，不嫌路远的去考察。一个是石砌成的，颇与前次发掘的那一个相仿佛，没有文字与图画。一个是砖砌成的，甃③得很好，与农夫所说无异。距石的那一个极近，其规模虽还相同，但是那砖上刻的各种花纹十分美观，有些还是刻成兽类的，为我以前所未见。内中可站立十余人。初发见就有二三十枚五铢钱，并

---

①丙，应为"两"之误。两爨碑，即《爨龙颜碑》《爨宝子碑》。

②孟琁，原为"孟璇"；丙，应为"两"之误。孟琁碑，即《孟琁残碑》，也称《孟孝琚碑》《孟广宗碑》。

③甃，zhòu，砌、垒。

有一个陶土鸡头，村一童携来给我看，我遂向他收买。入城将此事告知李文林县长，李君一面命该地农民负责保护，一面请我同鄢若愚君去照像（相）。鄢君以事烦延期，我又为忙于长途旅行，到现在已将一年，后事如何不得而知了。这是本人五年来考古的一点小经过，将它①述出，也许值得大家注意的。

（民国）二十三年（1934）十二月二十三日

---

① 原为"枇"。

重庆附近之汉代三种墓葬

常任侠

川中重厚葬，其风早源于汉，汉代之墓阙之存于今者，以川中独多，可以见之。兹据实地调查发掘之结果，以重庆附近而论，汉代墓葬，约有三种。一为崖墓葬，一为砖墓葬，一为石棺葬。又曾发见一汉阙，阙后墓早平夷，除断其非崖墓外，不知究属何类。大抵俭奢不同，而贵贱异制，视其封建之地位与资财之多寡而定，殆亦所谓丧葬称家之有无也。

一、崖墓葬

崖墓葬皆在江干悬崖间，分布甚多，据法人四川考古队之调查，则崖墓分布之区，川东西皆有之，该队所已探考者，限于扬子江二大支流嘉陵江、岷江二处，窟之易见者，下临江岸，其余位于分流水道之中，大致常于沿岸见之。其方向不定，常依天然崖石之直线开凿窟门（说详《中国西部考古记》Premier Expose des Resultats Archeologiques Obtenusdaus la Chine Occidentale, parla Mission Gilbert de Voisins, Jean Latirgue, Victor Segalen[①]及附图。冯承钧有中文译本，商务版[②]，无图），属于嘉陵江流域者，为保宁、绵州、两区；属于岷江流域者，为江口、嘉定东、岷江下流、嘉定西、各处（说详前举书中）。对于重庆附近，

[①] Gilbert de Voisins 即法占，Jean latirgue 即拉狄格，Victor Segalen 即色伽兰。
[②] 尚志学会丛书，商务印书馆，1932年。

略而未论，盖调查所未及也。此类崖墓，在重庆附近，发见颇多，大率墓门方三英尺，圹室内方七英尺，在重庆上清寺、曾家岩、化龙桥、沙坪坝、庙溪嘴、柏溪等处所见皆同。有单独一墓者，有数墓并列一处者，并列之墓，往往亦非一时所造。在沙坪坝嘉陵江西岸发见者，墓门之上方，常有刻字，在九石岗所见并列六墓，计有永寿四年六月十七日眪（望）①作此冢（158②）、延熹五年二月十九日（162③）、熹平四年（175④）诸题识，在九石岗对江庙溪口悬崖上两墓，有熹平五年十一月十八日（176⑤）、光和三年（180⑥）题识。九石岗六墓之下，另有一墓，门之上方，刻一动物之形，似鸟而四足，亦汉墓也（俱见所附石刻拓片）。各崖墓早经破坏，中积泥沙，常⑦与金静安教授，鸠工尽除之，均无所获，不知原有明器否？乡俗多称崖墓为蛮洞，以汉人刻石，题识证之，足知其谬。盖非生人之宅，而为死者所归云。

二、砖墓葬

重庆附近砖墓葬，分布亦甚多。大率沿江近水之地有之，且多在邱（丘）陵之上。孔子曰："望其圹，皋如也，嶔如也，鬲如也，此则知所息矣。"⑧古之墓圹，盖多营于高处，旧时堪舆之术，好言风水，岂即得风近水之地耶。今陵谷虽少变，而坟墓多平夷，惟散出墓砖，时时见之。重庆附近，砖墓所在之地，据所已知者，沿嘉陵江岸上溯，有江左张家花园、曾家岩、牛角沱，江右香国

---

①眪，一同"盲"，一同"望"。这里同"望"，月圆之日，约农历每月十五日前后。
②原为"西纪一五八"。
③原为"西纪一六二"。
④原为"西纪一七五"。
⑤原为"西纪一七六"。
⑥原为"西纪一八一"。
⑦常，即常任侠。
⑧《荀子集解》卷19《大略篇第二十七》，第510页。原为："庄子曰：'望其圹，坟如也，皋如也，睪如也，则知所止矣。'"《常任侠文集》载为："昔孔子语子夏曰：'望其圹，坟如也，皋如也，睪如也，则知所止矣。'"（常任侠著，郭淑芬等编，合肥：安徽教育出版社，2002年，第104页）按，此句为孔子与子贡的对话，《列子》与《荀子》记载略有差异，两书记载多为后世文献所引。

寺、培善桥、雨田山，江左红岩嘴、小龙坎、中央大学松林坡，江右盘溪上庙溪嘴等处，最远之处已去重庆二三十里，再上溯或仍有之。皆在水左右。长江沿岸窍角沱、弹子石，以迄下游，所得墓砖，形式亦略同。以是知其时代之相近也。墓多被破坏，不易一完整者，其式大率上作穹隆形，下为长方空间，后部稍宽，前部稍狭。后部为死者长眠之所，后部之前半以及前部，则以陈列明器。营墓之术，颇为精好，其上穹隆，砖皆接枸相比，以故历久不毁，砖面均有几何图案或文字，以为装饰，而每墓各异。一墓之砖，且至少必有两种花纹也。本年四月尝与卫聚贤、郭沫若两氏，就红沙碛残墓，作一试掘。先是此墓亦被毁，居人穿其后壁，以为防空洞，惟其中尚有积土，卫氏拟尽除之，测量其制度。余土垂尽，发见中有明器，杂陈其间，所获乃出意外。惟以墓早被毁，故明器亦多残缺，即其陈列方位，恐亦不尽为原状矣。所得计有五铢钱数贯，贯索已朽，陶勺、陶瓶、陶瓮、陶盂、陶碗、陶豆、陶舍、陶灶数事、陶鸡、陶豚各一，陶俑人六，及铁质长剑一柄，除拍摄出土之状，并作图测量，记其方位。按之汉代丧葬，厚葬之风特盛，故墓中多置金钱、食物、日用饮食诸器及俑人。《汉书》卷五十九《张汤传》、（卷）七十二《贡禹传》，俱言墓中瘗钱。《东洋学报》一卷二号所记旅顺刁家屯汉墓发掘情形，亦言墓有五铢钱。此墓所出"五铢"颇多。尝见长沙古墓所出曰半两泥钱，亦瘗钱类此。制之川泥，则纸钱之滥觞也。又其盘、盂、瓶、瓮之中，往往有根须状物，盘结其中，疑为谷类生芽而成，《后汉书·礼仪志下》记"大丧"曰："东园武士执事下明器。笥八盛，容三升，黍一、稷一、麦一、粱一、稻一、麻一、菽一、小豆一。瓮三，容三升，醯一、醢一、屑一。黍饴。载以木桁，覆以疏布。甒二，容三升，醴一、酒一。载以木桁，覆以功布。"①此风下逮于官庶，盖已浸成一般之习俗矣。墓中所出日用饮食诸器，盘、豆、杯、勺、甑、灶之类，其用俱见《后汉书·礼仪志》。《乐浪》②三十六至五十页所载王盱墓内杯、盘、碗、勺，则多以漆为之，其瓦瓮、瓦碗，亦当于此类也。瓦器有小口大腹者，疑为盛酒之物，

---

①《后汉书》志第六《礼仪下》，第 3146 页。
②《常任侠艺术考古论文选集》收入该文，并修定为"日本原田淑人所编《乐浪》三十六到五十页……"（北京：文物出版社，1984 年，第 17 页）

类于古匈奴语所谓之服匿,解见《汉书·李广/苏建得(传)》,而秦语促音则谓之缶,曰瓶、曰瓿、曰瓶,殆皆其转语耳。墓中有长剑,其附近桐油公司掘地亦曾得一柄,与之相类。廿七年(1938)春,予客长沙,见城外古墓所出亦有之。其地古属楚,伴出楚器颇多。《楚辞·九歌·东皇太一》曰:"抚长剑兮玉珥",《少司命》曰:"竦长剑兮拥幼艾",《国殇》曰:"带长剑兮挟秦弓",《九章·涉江》曰:"带长铗之陆离兮"[①],皆可见其风尚。巴楚此(比)邻,传习正同。又战国冯欢有兵铗之歌,而《史记》言荆轲刺秦皇,王所佩亦长剑也。盖自汉以前,已习用于诸国矣。墓中陶制鸡、豚(猪),地所得破碎铜器四事,应亦另一墓中之物,审其式制亦汉器也。(详见拙著《整理江北汉墓遗物纪略》)

三、石棺葬

石棺葬以四川新津城东南堡字山发见较多,其地在民国二十六年(1937),曾出石棺五具,皆有雕刻画像。一棺前有人首蛇身双像,及双阙车马武士相斗诸像。一棺雕有博弈戏乐大雀天马诸像(见《美术生活》三十九期所载,二十六年六月一日上海版)。二十六年(1937)秋,南京国立中央大学迁于重庆附近沙坪坝,于其农场小丘上,发见并列石棺二具,现归国立中央博物馆保存。棺之形式,与今俗用木棺相似。一棺外长 2.33 公尺,高 0.73 公尺,宽 0.70 公尺,内空长 2.08 公尺,宽 0.49 公尺,高 0.50 公尺,底厚 0.13 公尺;承盖有子口。一棺较小,外长 2.22 公尺,高与宽俱 0.70 公尺,内空长 2.00 公尺,宽 0.53 公尺,高 0.70 公尺(据国立中央博物馆之测量)。棺两侧俱刻饕餮兽而环,前后各有画像。较大一棺,前额刻一人首蛇身像,一手举日轮,中有金乌,后刻双阙。较小一棺,前额刻一人首蛇身像,一手举月轮,后刻两人一蟾,蟾两足人立,手方持杵而下捣。中立一人,手持枝状之物,疑为传说之桂树。右侧一人,

---

[①]《楚辞》卷 1《九歌章句·东皇太一/少司命/国殇》、卷 4《九章章句·涉江》,第 66、87、101、155 页。

两手捧物而立。棺一较大，一较小，所刻亦象征一阴一阳应为一男一女，合葬地下。一棺后刻双阙，当系表明男性死者，在封建社会中之官阶地位（另详拙著《沙坪坝出土之石棺画像研究》，《时事新报》"渝版"《学灯》）。伴出陶俑人，较之普通汉墓所出者，约大两倍以上。俑戴冠而着靴，青色红色者俱有之，皆为官俑，冢中人殆贵官也。明器又有陶马、陶鸡、陶鱼等及五铢钱，又有陶制形类王瓜者，中空，不知其何名。因系偶然发见，无人指导，大率为工人所毁，原出方位，亦不能尽知矣。惟棺中两铜镜尚完好，一小镜无字，一镜边际有文曰"元兴元年（105）五月壬午"，其内又有"位宜□□"①四字，边作连弧纹，内环四龙纹。按，以元兴纪年者有三：东汉和帝，以乙巳四月改元元兴；吴归命侯孙皓，以甲申七月改元元兴；东晋安帝，曾以元兴纪年，是年壬寅三月，仍改隆元。是则吴与晋虽有元兴元年，俱无五月，此当为东汉和帝元兴元年矣（当西历105年，金静安教授推断，亦同此说）。据陈垣教授所著闰朔表，则汉和帝元兴元年（105）六月朔日癸未，五月壬午，当为晦日。汉人铸铜制兵，喜择五月丙午，谓可取得纯阳之精，以协其数。今取五月壬午，其意亦同。虽铸造之时，不必定为是日，然相差当不甚远。此亦汉人迷信五行风俗如此。丧葬用镜，楚汉古墓，往往有之，今发见甚夥②，殆为当时葬仪之一。以此镜推知其年月，亦二世纪初年之所葬也。覆棺惟有泥土，未见砖石，惟棺下以石板平铺，如今所见黄肠石然，与砖墓崖墓，均不同耳。

在沙坪坝江右盘溪西小丘上，更发见墓阙一对，左阙残毁已甚。其上无文字，莫能知为谁氏之阙。左阙外侧刻人首蛇身举日轮像，日中有金乌，里侧刻青龙像。右阙外侧刻人首蛇身举月轮像，月中有蟾蜍，里侧刻白虎像。龙虎俱衔组击环，环盖为阙之门纽，青龙白虎为汉四神之二，所以守门者也。其上四力士，以肩承斗拱。观其形制，与渠县沈君阙冯焕阙相似，盖亦二世纪初至三世纪初百年中所建物也（说详拙著《重庆附近汉代之崖墓与石阙研究》）。但阙后墓早平夷，故不能知其果为何种墓葬。虽曾于阙前近傍陇畔，发见富贵文墓砖，但不知是否与此为一耳。

---

①原文如此。
②夥，huǒ，一同"伙"，一为"众多"之意。

四、结语

　　重庆附近汉代之墓葬，就今所已知者，为崖墓葬、砖墓葬、石棺葬三种，据所发见文字可考年代，则最早为元兴元年五月壬午（105[①]），最迟者为光和三年（180[②]），均为西历二世纪时所建。由此可以考知当时重庆区域丧葬礼俗之仪，以及社会经济文化之一般。大抵砖墓葬、石棺葬及营造基阙，非社会上层阶级莫属，而崖墓较俭，或属普通士庶矣。古者文化都市，皆依河流而生，重庆以临巴渝水，昔称渝州，二水所会，人居其间，亦其一例。按之，川中汉墓墓葬，崖墓固在江干，其他墓葬，亦近水流，若新津、嘉定、渠县等处汉墓麇[③]聚之区，皆临水都市，固不仅重庆已也。盖交通所便，人烟斯聚，经济有进，而文化乃生。墓葬多处，亦即当时人烟盛处，今日遗与吾人者，可以方之地下原物馆也。汉人经营川中，既倚各水流为交通，亦依各都市为据点，其文化之展布，即在河流两岸。若距离都市水流过远，当里山丛叠之处，则汉墓之发见无闻，非仅搬运不便，人力难臻，盖蛮荒未辟之所，或有巴番杂处，亦非汉族文化之所及也。若就川中汉代墓葬，广事发掘，详为考稽，则于当时史迹实状，以及经济文化建筑艺术诸端之概况，当必有所补矣。

　　此稿受中英庚款之协助，写于二十九年（1940）七月五日中央大学被日机大轰炸中。著者附识。

[①] 原为"西纪一〇五"。
[②] 原为"西纪一八一"。
[③] 麇，一读 jūn，为"獐子""古地名"之意；一读 qún，为"成群"之意。

沙坪坝发现古墓纪事[①]

金静庵[②]

民国二十七年（1938）一月间，国立中央大学农学院附设农场区内，有发见古墓之事。某报略为披露而语焉不详。当二十六年（1937）秋，中央大学自南京迁于重庆郊外之沙坪坝，至十一月始能开课，旋于学校附近辟设农场，建房以居工人，于开辟地基之时，乃有此古墓之发见。是时有农学院职员吴君国栋在场监视。据吴君言，墓内并列石棺二具，前有隙地，置有附葬之明器土俑等事。初发见时，吴君亦不之知。迨查知后，所有附葬诸物，多为工人击毁或被持去，仅余铜镜二具，土俑只存二首一足，又有一鸡。闻尚有五铢钱，触手即碎，竟无一存。而石棺则极完整，上覆版[③]盖。其中无骸骨，似已为人发掘。此当日发见之概略也。及场房建成，即置石棺于房后，用以贮物。大学军事教官唐君世隆，偶至是地，见而异之。以告中央研究院历史语言研究所所员潘君确。潘君一再往视，见棺之四周雕有花纹人物。断为汉晋时代古墓。始知是棺之可重视，而所获之铜镜、土俑，已先为吴君携至农学院保存。未几中央博物院商之农学院，将石棺移至馆内保存，并将铜镜持去，迨余谂[④]知其事，急偕史学系同人姚君公书至发见地视察，两棺已为人移去，又至农学院觅吴君询之，始知铜镜亦为博物院取去，仅余土俑数具，聊备参考而已。嗣将土俑移存文学

[①] 该内容《说文月刊》目录中属于"补白"。
[②] 即金毓黻。
[③] 版：供建筑或其他使用的木板，通"板"。
[④] 谂，shěn，劝谏，规谏；想念，思念；告知，知悉；潜藏，四处游散。

院史学系，此即余所知之大略也。

　　铜镜二具，其一形小无字，亦无花纹，背纽有孔，无可考证。其一稍大，径十三公分，而有云形花纹，外辐射成十六角。中有四字，仅"位宜"二字可识。边缘则有"元兴元年五月壬午"八字，考汉镜常有"位宜公侯"四字，而花纹之形，亦略与之同，此即汉镜之证也。愚又考后汉和帝吴归命侯晋安帝及定安国乌玄明，皆以元兴为年号，孙吴地不及蜀，定安为宋太宗时僻居东北之小部族，亦与蜀渺不相及。所可考者，惟汉晋两元兴耳。按《汉书》及《通鉴》皆云，汉和帝于永元十七年（105）夏四月庚午，改元元兴。又以汪曰桢《历代长术辑要》及陈垣《二十史朔闰考》推之，皆以和帝元兴元年五月朔为癸丑，六月朔为癸未，是则五月晦日，乃壬午也。又按《长术》及《朔闰考》，是年四月无庚午，应有庚寅、庚子、庚戌，若为庚寅，则下距壬午为四十三日，改元诏书，自可颁到蜀地。若干支不误，则必月分有误，是年三月五月皆有庚午，而五月之庚午，下距壬午仅十二日，改元诏书，决难到蜀。则史所记必为三月之庚午，四月必为三月之误，据此则此镜为后汉和帝元兴元年五月晦日所铸必矣。晋安帝于元兴元年（402）正月朔改元，是时蜀地已隶晋封，诏书早经颁到，自不待言，惟是年三月元显执政，仍用隆安旧号，桓玄入京，凌逼晋帝，又于是月改元大亨。迟之又久，始复用元兴之号，是则是年五月，不用隆安，则用大亨，决不能仍用元兴，元兴元年四月所铸之镜，不属于晋，又明甚矣，得此反证，益知此镜之必属于汉，汉镜既经证明，更须就石棺之形式刻画及土俑等事证之，以明其为何代之墓。项由胡小石、宗白华两先生介绍考古学专家常君任侠到校，索观土俑，断为汉制，则此墓之为汉墓，可约略得之矣。石棺之前后，或刻伏羲女娲合像，或刻日月二神，刻汉宫阙，左右所刻，如鼎彝之有饕餮。此节应待常君考证。余不敢妄为说。古人以铜镜殉葬，所用或为前代旧物，晋人以汉镜殉葬，自属常事。惟据常君言石棺刻画，亦当属之汉代，则此墓应为汉墓盖十得八九矣。

　　余曾数次至发现地考按，见其地势隆起，且有人工石外露，疑发掘尚有未尽，应再从事有组织之发掘。大约需工十余人，需时十余日，需款一二百元，即有成功之望。拟向学校当局陈议，想亦不难实现也。

愚又考是墓当为后汉时代巴郡士大夫或官于此者所葬,《华阳国志》载后汉汝南太守谒焕,度辽将军桂阳太守然温,皆江州人,江州即巴郡之倚郭县也。又有巴郡严王思为扬州刺史,有惠政,其子亦官徐州刺史,巴郡太守应季先为作诗以张之。又有巴郡张禽为阴平郡守,子湍亦官越嶲太守,惟皆不详为后汉何帝时人,墓中所葬,果为志中所述诸氏之一,则其发现之成绩,必有大于此者。然必于墓地为有组织之发掘,乃能得有确证也。

乐山的蛮洞

味橄①

我到乐山才十三日，就遇到日机三十六架来大轰炸，在几分钟内，竟把一个几千年的古城，炸成一片可怜焦土，居民死了很多！未死的人，这时心中只有一种欲望，就是找一个安全的避难所。我住城外，房子虽没有被炸毁，也就感到市上毕竟不是安居的地方，从那时起，我便开始注意到乐山的蛮洞了。

巡视了几个蛮洞之后，竟使我对于新建筑的防空壕洞，发生了一种轻视的心思。既无钢骨又无水泥，但靠一点碎石黄土，能抵御些什么？至多只能避免机关枪的扫射，或碎片的飞来，真正有一颗炸弹下来，使一切都完了。

怀抱我这一种见解的人很多，警报来时，并多人宁肯坐在防空壕外的露天底下，或是田边，或是树下。住在市上的人，都纷纷搬到乡下有蛮洞的地方去，我也就搬到雪地，和五六家邻人分占了两个石洞。我们醵②资雇用石匠，把两个石洞凿通，因为有了两个出口，更可多出一重保障。洞口堆着沙包，洞内撑了木柱，于是这个两千年前遗留下来的蛮洞，一变而为一个理想的防空室了。

在乐山附近，这种蛮洞最多，只要出城几十步就可找到。凡地面隆起的地方，几乎无处非洞。有很深而可容纳一二千人的大洞，也有很浅而可以从外面一直看到里面的小洞。有的入口极小，像狐穴一般，要弯着腰才能钻进去，可是一到里面便可昂头阔步，作火炬游行。其中的大厅，几乎有二丈立方开外，左右还有圆门通着里面的小房间，俨然是地下的一幢大屋子，不过没有窗子罢

---

① 钱歌川，笔名味橄，湖南人，散文家、翻译家。
② 醵，jù，凑钱。

了。试想这完全是在一块整石头上雕凿出外的，多么伟大的工程呀！

有些蛮洞的作风和这些相反，内部只有一条或两条平行的隧道，而洞口的规模可就大了。洞口有拱形的，也有方形的，其高均约一丈半，宽到二丈开外，有的并排三个大门，有的一连两个拱道，进门就是一个宽广的穿堂，普通是在正中有一个神龛似的地方，其两旁常有两条隧道，一直进去很深。而在这穿堂四壁，常有人马的浮雕，看去颇似汉时物，有时左墙角上，还雕有人物及动物的大立像。至于墙头的花边，犹其余事，想不到在那桑麻的野外，居然有此雕墙之美，而且是出于古代蛮人之手！

乐山最著名的蛮洞是在离城十里的白岩山，那地位于竹公溪的西岸，现在筑有马路，可以直达，不必像一年前我初来时，定要穿过阡陌，经由许多水田间险窄的路才能走到那里。白岩山前大小蛮洞很多，而以高处的白云、清风和朝霞三洞，最有历史价值，地方上人俗呼之为蛮王洞，正确地应称之为程公洞。所谓程公者，原指宋朝逸民程公望，他曾在这朝霞洞中，注过《易经》，所以此洞又叫治易洞。据说从前苏老泉和苏东坡都曾到过那里去好几次。三洞之中，以白云洞的风景为最。原来洞口有个白岩院，三洞外的岩上，又有观稼楼和望江楼，但现在则连一点影迹也没有了。在洞口的壁间，满刻着古人的题识，今尚依稀可辨。如宋朝李晰翁在元祐二年（1087）的题诗[①]：

洞户阴阴八月寒，浓岚虚翠杳难攀。露凝萝蔓悬樱粟，风入杉松响佩环。
千古江山今日是，百年荣辱此身闲，题诗不作消魂计，要与骚人共破颜。

地以人传，白岩三洞之所以出名，完全是由于那位研朱点易人的影响，似与洞的本身无关。因为那三个洞，不仅内都没有广大的石室，就是外面那一间穿堂，也是不算得如何伟大。程公望不过是一个千年后的寄居者，至于那些石洞的原来主人，却早已湮没无闻了。

乐山为什么会有这么多石洞呢？到这里来游览的人，不免常要发生这个疑

[①] 许吟雪、许孟青编著：《宋代蜀诗辑存》之《邛崃市·李画·白崖》，成都：四川大学出版社，2000年，第108页。按，《宋代蜀诗辑存》所录有5个字缺漏。

问。我想这与地理历史双方，都有关系。乐山山水，本称蜀中第一，山既大，水也多，县城不过是一倾突出水中的三角洲，它的周围，万山环抱，山虽不高，然而全是石山，便于营穴。如在成都，就不行了，因为那里全是平地，入地三尺即有水，不能掘洞。

有了这样好的地势，还得要有同样好的时机才能做出这种成绩来。蛮洞凿得那么深，那么大，断不是一朝一夕的工夫。难道这地方原是蛮人的区域吗？竹公溪是夜郎国的发祥地，夜郎当然是蛮子，诸葛孔明五月渡泸，泸即今日汇于乐山凌云山前的大渡河，孔明也许就是到这一带来征南蛮。但乐山于汉属南安县，南安又属蜀郡，历史可以追溯到秦汉以前的周代。不消说，这地方从古就开化了，并不是蛮地。这可使我有些迷惑了。

但蛮洞断然不是凭空掉下来的。从那故纸堆中总可以找出它的来历。有了，原来在东晋时候，李势僭据益州，与獠（僚）夷常接近，对之采取容纵态度，于是那些蛮子便大批侵入，布满山谷，大为民患，乐山从这时起，便为蛮夷占据，直到隋仁寿元年（601）行军总管段文振来此讨伐蛮乱，大破之，蛮患始熄。然而乐山沦于蛮夷之手，已经过了两百多年。在这样一个长时期中，什么事不能成功？乐山在当时说不定还是蛮子的都城，不然为什么会留下这么多工程浩大的蛮洞？

现在一般人都认蛮洞为蛮子的住家，我却不以为然。如果是他们的住家，为什么有的建在悬崖绝壁之上呢？从上而下必得用绳，从下而上也得用梯，多么不方便呀！有的洞很浅，不能避风雨，有的洞极深而窄，不通空气，都不宜于居住。我认为这完全是他们的墓穴，因为就在今日，你还可以在某些洞中发现石棺。

野蛮人的生活方式，大部是相似的。以石洞为墓穴，我还可以在南洋群岛的野蛮人中，找出今日尚存的实例来作旁证。在荷属东印度的特莱亚人，他们所择的住城，就常是在悬崖绝壁之上。那种墓穴，他们叫作"利安"，含有幸福或极乐的意思。特莱亚人经营这种"利安"，不仅可以倾家荡产，而且还要花上多少年的工夫。他们生时的第一件大事，就是自掘坟墓。如果祖宗先掘得有很大的窀穸①的时候，他们便可占点便宜，死后可以合葬，只消在洞口多添一个立像就够了。

我想乐山的这些蛮洞，也有同样作用。可惜我不晓得现在是否还有獠（僚）夷存在。办理夷务的人也许可以找出一点事实来证明。不过这是采风者和考古家的分内之事。用不着我来越俎。我现在所要说的，是不问这些蛮洞曾是活人的家也好，或死人的墓也好，总之它不外是野蛮人造的一种防御工事。

二千年前，野蛮人所营造的庇护所，我们今日又得用来避免二十世纪的野蛮人所给我们的危害，而且安全还要胜过新建的防空壕，这并不是件偶然的事。文明虽日新月异，蛮性却永远不变，杀人放火的行为，几十年如一日，丝毫也未改动，防御那种蛮性烧杀的方法，野蛮人与文明人不仅同出一辙，而且他们做的更要彻底，工程也更要坚固，使今日的野蛮人，用最新式的武器，也不能摧毁，仿佛小巫之见大巫。我们只好甘拜下风！

转载《星期评论》第六期，二十九年（1940）十二月二十日出版

---

① 即墓穴。

汉左表墓石画说明书[①]

卫聚贤

（一）石画出土地

此石画十三幅，系山西离石县马茂庄村及王家坡村交界处，于民国十三年（1924）被水冲开，为牧羊人所看见掘得。

（二）石画的年代及主人

此墓被水冲开，马茂庄村崔某，拾去石柱两根，上刻汉隶，第一条上云"和平元年西河中阳左元异建筑万年庐舍"，第二条云"使者持节中郎将莫府奏曹吏左表字元异之墓"。是此墓的石画系东汉桓帝和平元年（150）所刻，系左表的墓中物。

（三）石画出土时的附带物

左表墓被牧羊人发现，即为发掘，得有明器，如瓦瓶瓦杯瓦盘等。并有人骨置于瓦盘内。因发掘人注意在宝贵的财物，致使明器及人骨损坏无余。

（四）墓的建筑

左表墓系用砖砌成，为上尖下方的方锥形，下部外为砖砌，内的四周用画石砌成。

[①]《说文月刊》目录中，该内容属于"补白"。

（五）古物的遗失及保存

左表墓被人发掘，除当时将明器人骨损坏外，马茂庄村崔某在左表墓旁所得的两条石柱及石画，及墓中掘出的四五块，于民国十三年（1924）被北平的古董商人李重先购买去了。余此石画十三块。被离石县政府闻知，移于县城内，现在离石县城内文庙保。

山西离石县公安局局长张炳炎先生与余系同学，故托其拓此石画并请查出土情形，承其办理，特志于此。

蜀胜志异录[1]

孔令谷辑[2]

蜀地有伏羲、禹王、开明、鳖令、李冰、张道陵等古传说，其所传古迹，颇有与吴越相同者，其中关系何在，未及深考。而其治水乞子誓鬼等诸神话，殊有作研求古俗学者参考之资。其遗闻遗迹，足供考古学人勘验之处，亦复不少。因纂辑于此，使好事者得按图以索骥，若于斯有获，则与有荣焉。

辛巳中秋后二日

麻姑洞 新都西南十五里有繁阳山。《录异记》："繁阳山麻姑洞，即二十四化之第一，阳平之别名也。在繁水之阳，因以为名。《本际经》云：'天师张道陵所游太上说经之处。'在成都府新都县南。渡江十五里，众山连接，孤峰特起是也。神武皇帝龙潜之时，光化二年（899）己未五月四日丙申，山土摧落，洞门自开。县吏时康，道士张守真等，以事申府，云：'白洞门开后，每日有百姓往来者。'府差县典杨泽，画工任从，与守真同往检覆，画图申上称，把灯烛入洞看检，其第一门对北，高二尺阔三尺五寸。入至第二门约五尺已来。第二洞门方一尺六寸，入内并是黑处，长一丈二尺，阔六尺。有石窟两处在东畔，并西南有洞门两路。南畔一路，圆阔一尺六寸，入内长一丈二尺，阔一丈高四尺。南畔有石窟三处。西畔两路，入内通绕，门圆阔一丈七尺，内各阔五尺，高六

---
[1] 按：本文引文出自《蜀中广记》卷1—10（文渊阁四库全书本），不一一标注。
[2] 孔令谷，号十穗，见前文《蜀地识小录（一）》作者注。

145

尺已来。门相去一丈，门屋一所，高五尺阔四尺。从内往来，有刻斗拱甋瓦，约山作石日月，兼作日字月字。隔子房一所，阔二尺五寸，高一尺五寸，刻斗拱甋瓦石灶一所，高一尺，阔一尺五寸。门阔五寸。石窟三处，各阔七尺。又西入洞门，圆阔一尺七寸，湾（弯）曲入。向南门屋一所，高六尺，阔四尺。从内往来，有石斗拱甋瓦，又有灶模两所共一床。高一尺，阔二尺三寸。门阔八寸，有石斗拱。西北角又有一门，方一尺六寸，内方二丈已来。南畔西畔北畔，各窟一所。南角又有一洞，圆阔一尺六寸已来。将灯烛近前，有黑气出，灯火即灭，更入不得。其洞连接繁阳本山，相去三里已来。据诸生张赟等状称，繁阳是古迹山，每准勒祭祀其洞，亦是元有，往往闭塞。元和中南康王韦皋莅蜀，洞忽开。时人咸云，洞开即年丰物贱。寻又闭塞，至是复开。其后果远近丰稔。洞本名麻姑山，侧有麻姑宅墓，盖修道之所也。"道洞天福地，如此麻姑洞之类，颇疑乃上古原人穴居时遗迹。武夷山之船，洞庭委宛之秘册，皆一类也。闻浙江新昌县亦有石洞，大小凡百余。有石床石桌，其经人工镌凿，应无问题。委宛之说，应是藏"止令茄"之宝地，神话传说总非无因而生，此麻姑洞有斗拱石灶，若刻画草简则应为古人穴栖之所，否则亦为祭褅秘地也。考古学者颇有一勘之价值。广都县（双流）有盘古祠，此则犹今桂地苗人崇祀盘古而立庙，不当视为古迹焉。

龙宫石室　李膺记："入山七里至赤石城，有羊马台，三师坛。上五里至瀑布水涧。二百步有二石梯，有一石笋，其高三丈。过二石门，绝崖数百丈，下起常道观。高峰下有水，六（不）时洒落。东北有二石室名龙宫，可容百余人。从龙宫过石室，至石梯，名龙桥。又有一石梯，洞穴深浅，莫知所极。西北有石室宛然见存。又有黄帝坛石，法天地，上圆下方，阔一丈二尺，有十二角。观东有石日月，各阔五尺，厚一尺二寸，相对。柱上乌兔辉铄，方圆磅礴可观。"[1]《五岳真形图》云："洞天所在之处，其下别有日月分精，以照其中"[2]，麻姑洞有日月石，此亦有之。盖日月之分精也。

三龙门　《金堂志》："北十五里昌利山有石室三门，容数十人，俗呼为三

---

[1]《太平御览》卷44《地部九·青城山》，第210页。
[2]《太平御览》卷44《地部九·青城山》，第210页。

龙门。"

  石柱山 "近岩（在简州）有石柱山，孤高独立，上有石像百余，石室数间，有仙人杨氏养丹炉鼎尚存。"石洞石室有石床石灶之处，前人每指为修道者炼丹之所，恐未必然。此或是古代原人遗迹非三代后事，或为古大人大墓，道家所称洞天福地有若干处当作如是观也。

  逍遥洞 《胜览》云："逍遥洞在玄都山，去城三十里。景德间有杨用晦者隐居此山。其上有层崖，命工发之，得东西二室。西室后刻二灶，若养丹之所。又凿二窟，中可坐五七人，东西二壁镌二孔雀二神人，有'汉安元年（142）四月十八日会仙友'十二字，汉隶也。今存。"观于此记则此石室应与武梁祠石室相同。炼丹之，终不可信。

  淳风洞 《简州志》："南岩在治南一里，有洞深三丈，阔二丈五尺。"《方舆胜览》："南岩有光孝寺，前敞飞阁，尽览江山之胜。左有洞，可容数十人，即淳风洞也。"①

  焰阳洞 杜光庭《录异记》："焰阳洞，古老相传在陵州阳山之下，从来隐蔽，人莫知其处。乾德三年辛巳正月十六日癸卯，井监史（使）保义军使太保马全章，梦一紫衣束带巍冠者，状若道流，揖之，俱行至崖壁所。告曰，此焰阳洞也。闭塞多年，能开发护持，可以福利邦国。又指其地近开小径曰，可断之，勿使常人践踏。言讫而去。及旦往寻其所，果见土势微陷。以杖导之，深不可测。即令本军节级侯广之勾当人夫斸②地，渐获纵由。相次开掘，见三重石门。洞内并是细砂，一无虫蚁他物。其洞自东入西，深三丈九尺，阔五尺三寸。洞门三重，第一重高六尺，阔五尺二寸。第二重高五尺五寸，阔三尺七寸。第三重从顶至底，一向高六尺一寸。三门相去，各只三四尺。镌凿精巧，殆非人工。三门内南畔，别有石房，阔七尺四寸，高四尺八寸，深四尺二寸。其后别有一小洞，洞门有片石遮掩，旁通一缝，以烛照之，深不知其底。北畔亦有石

---

  ①《方舆胜览》卷52《成都府路·简州》载："南岩，在阳安县。有光孝寺，前敞飞阁，尽览江山之胜。左有洞，可容数十人。"（〔宋〕祝穆，北京：中华书局，2003年，第933页）把"左有洞"命名为"淳风洞"应为宋之后的事，曹学佺见之或命名为"淳风洞"。

  ②斸，zhú，大锄；挖；砍。

房，深四尺，阔七尺三寸，高五尺。房内有石床一。西畔又有小石房，深二尺，阔三尺五寸，高三尺一寸。西北畔有石床长三尺八寸，阔二尺八寸。有石灶模长二尺三寸，额阔七寸，灶深八寸，周围三尺五寸。计从洞门向东一直至盐井西，相去可四十一丈八尺，井在洞门正东也。"焰阳洞详载尺寸，应实有其事。所谓梦中所指，疑出伪托，或故神其说耳。

东岩　《（资县）图经》："距州（资县）城东三里，曰东岩。……岩上镌宋承议郎郑钢诗云，'迤转得幽谷，云岩屹相向。……深可数千尺，广逾八九丈。洞穴既窈窕，松门亦昭旷。廊舍三千界，中列五百像。巨楠布幢盖，翠蔓垂帷帐。木灵不知名，境幽或难状……'"

书台坊　杜光庭《录异记》云："成都书台坊，武侯宅南。乘烟观内有古井，井内有鱼长六七寸，往往游于井上，水必腾涌，相传其井有龙矣。"六七寸之鱼应即被视为龙者。

蚕丛祠　《方舆胜览》："蜀王蚕丛氏祠，今呼为青衣神，在圣寿寺。昔蚕丛氏教人养蚕，作金蚕数十，家给一蚕。后聚而弗给，瘗之江上为蚕墓。《南史》齐永明间，始兴王萧鉴为益州刺史，于州园得古冢，有金为蚕数斗。鉴一无取，复为起冢立祠。"金蚕作葬品，秦始皇陵，阖闾夫人墓，桓温女冢汉刘王某皆有之。疑为厌胜之物，非以其有功于人也。

摸石求子　吴中复游海云寺唱和诗，王霁序云："成都风俗，岁以三月二十一日，游城东海云寺，摸石于波中，以为求子之祥。太守出郊，建高旟①，鸣笳鼓，作驰骑之戏，大宴宾从，以主民乐。观者夹道。百重飞盖蔽山野，欢讴嬉笑之声，虽田野间如市井，其盛如此。"如此迎春，乃春郊之遗。

金马碧鸡祠　《舆地纪胜》云："金马碧鸡祠在金马坊前（北门是石马巷）。汉宣帝闻益州有金马碧鸡祠之神，遣谏议大夫王褒持节醮祭而致之。本朝赐为昭应庙，封其神为灵光侯。"汉祭金马碧鸡文曰："持节使者王褒，敬移南崖金精神马，缥缥碧鸡，处南之荒。深溪回谷，非土之乡。归来归来，汉德无疆。广于唐虞，泽配三皇。黄龙见兮白虎仁。归来归来，可以为伦。归兮翔兮，何

---

①旟，yú，古代画着鸟隼的军旗，泛指旗帜，扬起、翘起。

事南荒也。"①

万岁池春宴 《岁华纪丽》称："三月三日，张伯子于学射山上升，巫觋卖符于道，游者佩之，以宜蚕辟灾。太守出游，日晚宴于万岁池。"《（太平）寰宇记》云："学射山，一名斛石山，在县北十五里。"李膺《益州记》："斛石山有两女冢矣。"田况《三月三日登学射山》诗："丽日照芳春，良会重元巳。阳滨修祓除，华林程射技。所尚或不同，兹俗亦足喜……"此与摸石求子为同一习俗，二者皆含有禊祓②意，不是春游玩物华也。

伏鬼井 《纪胜》云："在广都县北，张道陵祠也。坛下有井，名伏鬼井。"赵阅道记："华阳县衡山有井，妖怪藏其中，道陵运石以镇之，鬼妖乃绝。邑人为立祠，植杖井旁，今为乔木，曰戒鬼木矣。"③

誓鬼石 《五岳真形图》云："（青城）山旁有誓石，天师张道陵与鬼兵为誓，朱笔画山，青崖中绝。今验断处石并丹色阔二十丈深六七丈，望之赧然也。"④石色丹赧，遂有张道陵朱笔画山神话，此神话兴于实事之一例。

誓鬼坛 《方舆胜览》云："常道观（在青城）北有张天师誓鬼坛。"《志》云："汉时龙穴出水，暴害禾稼。张道陵立石台以镇之，名誓鬼台。"《碑目》云："昔天师自鬼城山驱鬼于绝域，有鬼界古碑。字尽磨灭不知年代。"又云："天师戒鬼笔迹在大龙桥侧，深一十三丈，阔十三丈。"据《志》所记，知所谓鬼乃龙也。⑤

藏衣洞 《方舆胜览》云："艳阳洞，在州（隆州）城至道观之后。昔天师既誓玉女于井，因藏去其衣，念藏之未固，径取锁之石室，或谓之藏衣洞。"⑥

玉妃溪 武都山（在绵竹县）有玉妃溪。《成都耆老传》载："妃与五丁同

---

①两处引文皆出自《蜀中广记》，第一段引文所在的《舆地纪胜》卷136《成都府》、卷137《成都府下》（中华书局，1992年）缺，而在《方舆胜览》卷51《成都府》（第913页）有记载，因此可知《舆地纪胜》"成都府"的内容在明代还可见，清人阮元在"序"中也有交代。

②禊祓，xì fú，指古代三月上巳，临水洗濯，祓除不祥的祭祀活动。

③《方舆胜览》卷51《成都府》载："天师观，在广都县北，张道陵祠也。今坛下有井，名伏鬼井……"（第912页）

④"山旁有誓石"，"山"是青城山之山。

⑤《方舆胜览》卷55《永康军·古迹》载：张天师誓鬼坛"在常道观北"（第988页）。

⑥《方舆胜览》卷53《隆州》，第957页。

生，父母弃之溪中。后闻呱呱之声，就视乃一女五男。女即蜀妃，男即五丁。故《华阳国志》云，武都山精化为美女也。"①

誓水柱　《郡国志》云："誓水柱，在治（石泉县）西四十五里河岸。柱高丈许，围五尺。前人恐水冲县，故立此誓之，未详年代。"

誓水碑　《集古录》载："秦李冰为蜀守，凿山导江，以去水患。其神怒化为牛，出没波上。君操刀入水杀之，因刻石以为五犀，立之水旁，与江誓曰'后世浅无至足，深无至肩'，谓之誓水碑，立在彭州。"

李冰祠　《古今集记》曰："李冰使其子二郎作三石人以镇湔江，五石犀以厌水怪。凿离堆山以避沫水之害。穿三十六江，灌溉川西南十数州县稻田。自禹治水之后，冰能因其旧迹而疏广之。今县西三十三里犍尾堰索桥有李冰祠。"按，即崇德庙也。

玉女房②　《益州记》曰："羊摩江、灌江西于玉女房下作三石人于白沙邮。邮在堰官上立水中，刻要江神。水竭不至足，盛不没腰，是以蜀人旱则借以为溉，雨则不遏其流。"李膺记云："玉女房凿山为穴，深数十丈，有廊庑堂室，屈曲殆若神功，非人力矣。"

伏龙观　范石湖《离堆诗·序》云："沿江两崖，中断，相传秦李冰凿此以分江水，上有伏龙观，是锁孽龙处。蜀汉水涸，则遣官致祭。壅都江水以自足，谓之摄水。民祭赛者，率以羊，岁杀羊四五万计。"③

（水则）　《堤堰志》（曰）："都江口旧有石马埋滩下，凡穿淘必以离堆石记为准，号曰水则。"④

（蜀堰）　《元史》曰："蜀堰旧为李冰作，历数千百年，所过冲崩荡啮，又大为民患。……元统二年，金四川肃政廉访司事吉当（普）……征工发徒，即

---

①《华阳国志》云："武都有一丈夫，化为女子，美而艳，盖山精也。蜀王纳为妃。"（《华阳国志校补图注》卷3《蜀志》，第123页）

②按，原文无"玉女房"三字，据作者前后论述及明人杨慎在《升庵集》卷78《玉女房》记载的相同内容，加之。

③范诗原文作："沿江有两崖，中断，相传秦李太守凿此以分江水。又传李锁孽龙于潭中，今有伏龙观在潭上。蜀旱，支江水涸，即遣官致祭，壅都江水以自足，谓之摄水，无不应。民祭赛者，率以羊，岁杀四五万计。"（《石湖居士诗集》卷18《离堆行·序》，万有文库，商务印书馆，1937年）

④原文无"水则"之字。

都江旧迹而治之。盐井关限其西北，水西关据其西南。分江导水，因势潴堰，以铁六千斤铸大龟，贯以铁柱，镇其江源，然后诸堰皆甃以石，范铁以关其中……"①

龙女祠　《成都记》云："唐高僧智浩尝于中兴寺诵《法华经》。邻有龙女祠，龙每夜听之。一夕施一宝珠，浩曰：'僧家无用此。'龙以神力化大圆石榴而去。今以水浇之，则'龙宫石室'四字隐隐可见。"岑参诗："龙女何处来，来时乘风雨。祠堂青林下，宛宛如相语。蜀人竞祈恩，捧酒仍击鼓。"

龙坛　《郡国志》云："龙坛在万岁池。唐开元中有僧诵《法华经》。感老叟来听，僧问之，曰：'我池中龙也。'僧曰：'今方旱，何不降雨？'叟曰：'凡雨须天符，不尔天诛之。今当为师降雨，师其葬我。'是夕，大雨。质明②，见池边大蛇斩而雨，僧取焚之，为立塔，呼龙坛。"二事异叙而为一故事之绎演。

摩诃池　《方舆胜览》云："隋蜀王秀取土筑广子城，因为池。有胡僧见之曰：'摩诃宫毗罗。盖梵语呼摩诃为大宫，毗罗为龙，谓此池广大有龙耳。'……"《蜀梼杌》："王建武成元年，改摩诃池为龙跃池。"《方舆胜览》又谓："摩诃池一名污池，陈人萧摩诃所开也"，则摩诃池之名，或由陈氏而名，胡僧之语或与昆明劫灰同为影响之论也。

龙池　广都县有公孙述墓。有《葛陂本志》云："治北十里，龙池旧名葛陂道，汉费长房至此，以杖掷陂中化龙去。"

女郎山　《郡国志》："梁州女郎山张鲁女浣衣石上，感赤光之祥而怀孕，生二龙。及女死将殡，柩车忽腾跃升此山，遂葬焉。其浣衣石犹在，因谓之女郎山。"《集记》："温江治西三十五步有女郎祠。张天师孙灵真之女名玉兰者，幼不茹荤。十七梦吞赤光感孕，为母所责，一夕无疾而卒。有一物如莲花自腹

---

①《元史》载："秦昭王时，蜀太守李冰凿离堆，分其江以灌川蜀，民用以饶。历千数百年，所过冲薄荡啮，又大为民患。……元统二年，金四川肃政廉访司事吉当普巡行周视，得要害之处三十有二，余悉罢之。……于是征工发徒，以仍改至元元年十有一月朔日，肇事于都江堰，即禹凿之处，分水之源也。盐井关限其西北，水西关据其西南。……而都江又居大江中流，故以铁万六千斤，铸为大龟，贯以铁柱，而镇其源，然后即工。诸堰皆甃以石，范铁以关其中……"（〔明〕宋濂等撰，北京：中华书局，1976年，第1654—1657页）原文无"蜀堰"二字。

②质明：天刚亮的时候。

中出，开视之，乃《本际经》十卷。葬百余日，雷雨晦冥，失经所在。坟圹自开而飞升，棺盖挂于巨木之上，此三月九日事，乡人至今如期斋祭之。"①此应为龙母死事之一型，复与感生传说为一类故事。于此复可见麟吐玉书等神话，及古典坟产生之渊源，皆有其共通之原则，传说之来，每由数原则撙掇纠合而成，我人辨此，不能以此可信彼不可信之简陋评语作批判也。

投龙观　《（方舆）胜览》云："投龙观，在新津县南六里，枕夜郎溪及白木水。上有龙穴，祈祷皆应。"

慈母池　田况《益州龙祠记》云："蜀之西山有池曰滋茂，亦曰慈母。以其能兴云雨、救旱暵②、楙③养百谷而名。"唐开元中章仇兼琼既得平戎城，梦一女子谓曰："我此城之龙也。今弃戎归唐，愿有以居我。"章仇异之，表为立祠。

龙洞　《（方舆）胜览》云："龙洞在牛溪镇（益州），入洞数步，向南石壁，有穴可通，无路可陟。掌洞道人附巨竹一枝于穴内，令游人扳竹而上，可达龙池。"威州玉垒山左有龙洞，湔水自玉垒峡出注为泉。有鱼长经尺，州人以为神鱼，无敢捕者。此亦一龙洞也。

龙穴山　《（太平）寰宇记》云："龙穴山，在（阴平）县东北五十里。古老相传，此山有龙斗死，血变为石。宋、齐于此置龙血戍。"李膺《益州记》云："龙血东有龙像岩，绝壁约万余丈。有四石龙在壁间，今尤可验。"《礼记》："苌弘氏，孔子尝问乐焉。死之三年而血化为碧。"苌宏（弘）血化碧。乃化为琥珀。苌宏（弘）切即为龙。疑龙血变石，乃与苌宏（弘）传说为一源之神话。

---

①按，作者将《蜀中广记》中《郡国志》《集记》的顺序进行了调换。
②暵，hàn，干枯；干旱；晒；炕。
③楙，mào，植物名；林木茂盛的样子。

汉代的重庆

卫聚贤

一、重庆的命名

重庆是于宋孝宗淳熙十六年八月，即西历 1189 年，距今 751 年时，由恭州改的。因为宋光宗初封在恭州为恭王，于孝宗淳熙十六年二月即帝位，因于斯年八月改恭州为重庆府，他是以封为恭王就可以庆了，由恭王而即帝位，可谓为重庆了。

恭州是于宋徽宗崇宁元年，即西历 1102 年，距今 838 年时，由渝州改的。因为渝州的赵谂以反叛被诛，故其改乡①渝州为恭州，是以其地从此以后就恭顺了。

渝州是于隋文帝开皇元年，即西历 581②年，距今 1359③年时由楚州改的。因为其地在渝水（嘉陵江）旁，以水得名。

楚州是于梁简文帝大宝元年，即西历 550 年，距今 1390 年时，梁武陵王萧纪于此置楚州，因萧纪率众东下，以萧□为征西大将军都督梁益十八州诸军事，以此地在战国曾属楚国，目的是由楚而下，故先置此楚州。

巴州亦为此地别名之一，于齐高帝建元二年，即西历 480 年，距今 1460④

---

① 乡，应为多出字。
② 原为"589"。
③ 原为"1351"。
④ 原为"1406"。

年时置的，因由巴郡而升为巴州的。光是在蜀汉后主初年，李严要求于此地置巴州未准。

荆州亦置于此地，是晋成帝咸康四年，即西历338年，距今1602年时，李特等据蜀，李寿以李闳为荆州刺史，以荆州置此地，是侨置之一。

江州亦为此地别名之一，在西汉时（西历纪元前207年至西历8年）巴郡领县十一，其一为江州，因其城靠近长江，故名江州。

巴郡是此地最初的大名，秦始皇统一六国，于（秦始皇）26年，西元前221年，距今2161年时，分全国为三十六郡，此地名为巴郡，是因巴国而得名。

巴县是此地的小名，于后周明帝武成三年，即西历561年①，距今1379年时，改垫江为巴县，至今沿用，因此地曾名巴郡巴州之故。

巴之所得名，蜀汉时四川人谯周作的《巴记》云："阆、白二水东南流，曲折三回如'巴'字，故谓三巴。"②他是以重庆城附近的长江与嘉陵江会（汇）合处如巴字形（见前图）③，因而名巴。但是巴国的都城在古似乎在川北的阆中一带。

《春秋》文公十六年（前611）云："楚人巴人秦人灭庸。"④庸在汉中与襄阳之间，围庸用楚秦巴三国之师，是巴距庸不远，又如《左传》桓公九年（前703）云："巴子使韩服告于楚，请与邓为好。楚子使道朔将巴客以聘于邓。邓南鄙鄾人，攻而夺之币，杀道朔及巴行人。……夏，楚使斗廉帅师及巴师围鄾，……（邓）救鄾……邓师大败，鄾人宵溃。"⑤又如《左传》哀公十八年（前477）云："巴人伐楚，围鄾。……（楚）败巴师于鄾。"⑥按邓在湖北襄阳，其

---

① 原为"555年"。"后周明帝武成三年"，出自《太平寰宇记》卷136《渝州·巴县》（四库本为"后周成帝三年改垫江为巴县"，红杏山房藏宋本为"后周成帝三年改垫江为巴县"）、《民国巴县志》卷1引《太平寰宇记》（"后周武成三年改垫江为巴县"），"后周"应为"北周"。关于是否存在武成三年存在争议，《周书》卷5《武帝纪》载："武成二年夏四月，世宗崩"，武帝宇文邕即位，保定元年春正月戊申，诏曰："可改武成三年为保定元年。"（中华书局，1971年，第63、64页）
② 《太平寰宇记》卷136《山南西道四·渝州》，第2658页，引《三巴记》。
③ 按，《说文月刊》该卷不见相应的图。
④ 《春秋左传正义》卷20"文公十六年"，第1858页。
⑤ 《春秋左传正义》卷7"桓公九年"，第1754页。原为："巴子使韩服聘于邓，邓南鄙鄾人攻而夺之币，杀巴行人。夏，楚师及巴师围鄾，邓师救鄾，大败，鄾人宵溃。"
⑥ 《春秋左传正义》卷60"哀公十八年"，第2180页。

南鄙的鄾当距襄阳不远，而巴国如都于重庆，伐楚应沿江而下，或依后来秦伐楚时先取黔中，即从涪陵绕道而下，因此地山势较低，决不会绕道襄阳以南的。况《荀子》"强国篇"云："秦……西有巴、戎"①，是秦与巴为邻之证。

按，嘉陵江亦名巴水，亦名渝水，巴渝同音，是嘉陵江之发源地，即古代巴国的所在地。但是嘉陵江流域，均是巴人之地，故《华阳国志·巴志》云："巴子时虽都江州，或治垫江，或治平都，后治阆中。其先王陵墓多在枳，其畜牧在沮。"②

巴不是因重庆城附近长江与嘉陵江会（汇）合处似"巴"字形而名，而其得名之由，实由于巴人以蛇为图腾的。

《山海经·海内南经》有"巴蛇食象"③，元稹云："巴之蛇百类：其大，蟒。"④是言巴地之蛇巨大。又《华阳国志·蜀志》广汉郡"五城县"条下云："山（玄武山）出龙骨。云龙升其山，值天门闭，不达，坠死于此，后没池中，故掘取得龙骨。"⑤是巴郡附近之地，有古代的大爬虫之遗骨存。

按，巴的本字训为蛇［《说文（解字）》："巴，虫也，或曰食象蛇，象形"⑥］，巴地有大蛇遗骨及大蛇，是巴本为以蛇为图腾之国。

二、古代的巴国

甲、种族

四川在古代有两个国，即巴与蜀，蜀为羌人，余在《石纽探访记》及《泰山石敢当》中已经说过了。至于巴人，余疑属于苗民之一种，以巴人之善于歌

---

① 《荀子集解》卷11《强国篇第十六》，第301页。
② 《华阳国志校补图注》卷1《巴志》，第27页。
③ 《山海经校注》卷10《海内南经》，第284页。
④ 《全唐诗》卷399《巴蛇》，周振甫主编：《唐诗宋词元曲全集》第八册，合肥：黄山书社，1999年，第2923页。原为："巴之蛇百类，其大蟒尤甚。"
⑤ 《华阳国志校补图注》卷3《蜀志》，第166页。原为"以为县出龙骨……"
⑥ 《说文解字注》第十四篇下《巴部·巴》，第741页。

舞证之：

《后汉书·南蛮传西南夷传》云："阆中有渝水，其人多居水左右，天性劲勇……俗喜歌舞，高祖观之，曰：'此武王伐纣之歌也。'"[1]按武王伐纣之歌，《华阳国志·巴志》云："周武王伐纣，实得巴蜀之师，著乎《尚书》。巴师勇锐，歌舞以凌殷人，殷人（前徒）倒戈，故世称之曰：'武王伐纣，前歌后舞也。'"[2]《尚书·牧誓》只言武王伐纣率庸、蜀、羌、髳、微、卢、彭、濮八国人，未有巴人。但《汉书·礼乐志》载"郊祭乐"有"巴俞鼓员"，颜师古注云："高祖初为汉王，得巴俞人，并趫捷善斗，与之定三秦灭楚，因存其武乐也。"[3]又按，《楚辞》载宋玉[4]文有"客有歌于郢中者，其始曰'下里巴人'，国中属而和者数千人"[5]，是古代巴人善于歌舞，而目下苗民亦长于歌舞，而且是且歌且舞的。

殷本苗人，见于我《古史研究》第三集《中国民族之来源》。武王伐纣率有苗人，在阵前歌舞，殷人以其同类，于是前徒倒戈。此与汉高祖围楚霸王于垓下，因霸王所率者为楚人，而汉高祖以所率巴俞人作"四面楚歌"，楚人亦以其同族不宜互残，因而楚霸王之部下瓦解。由此而论，巴人本为苗民之一种。

乙、古代史

巴国自己没有历史记载下来，或有已被散失了，只好从别的记载中或后人的追述中，将关于巴国古史择要录左：

《华阳国志·巴志》引："《洛书》曰：'人皇……囿中之国，则巴蜀矣。'"[6]此无所据，但余在《中国民族来源》中已指川黔湘之交为中国人种发源地，余本年赴川北川西考察，闻雅安于修公路时发见人猿化石，工人以为鬼

---

[1]《后汉书》卷86《南蛮西南夷列传第七十六·板楯蛮夷》，第2842页。
[2]《华阳国志校补图注》卷1《巴志》，第4页。
[3]《汉书》卷22《礼乐志第二》，第1073页。
[4]原为"宋立"。
[5]《楚辞》原为"《楚词》"，《楚词》即《楚辞》，整理中统一改《楚辞》并标注。该材料应出自《文选》。〔梁〕萧统辑，〔唐〕李善注：《文选》卷45《对问·宋玉对楚王问一首》，四部备要本，上海中华书局据鄱阳胡克家校刻本校刊。
[6]《华阳国志校补图注》卷1《巴志》，第4页。

物而击碎,《洛书》言人皇出于巴蜀,即是说中国人种发源于四川的。

华西大学在雅安一带发现旧石器,在茂县、汶川、懋功、广汉、珙县并在重庆至宜宾一带之长江南岸,均有新石器发现,余有《华西大学博物馆参观记》一文已详言之。余在汶川及嘉定亦有新石器发现。而广汉新石器遗址上之墓中玉器甚精,是四川在有史以前,其文化亦有可观。

《山海经·海内经》:"太皞生……后照,是始为巴人。"①按,四川各地汉墓中雕刻多有伏羲女娲之象,这是汉代的汉人因巴蜀土人习俗崇拜大皞之故,现在苗民对于伏羲女娲神农的故事传说甚多。由此可证巴人为苗民,而巴人为伏羲之后,其传说的历史亦相当之古。伏羲是征服了野兽,此为游牧社会的反映,即是巴人因游牧而崇拜伏羲。

《华阳国志·巴志》及《山海经·海内南经》云:禹娶于涂山,在江州。夏后启时巴人讼于孟涂,这是夏人发源于西北,在春秋战国时有一枝(支)逾岷山入川,所以夏禹及启的传说亦带入川中。②

周武王兴于陕西岐山,距汉中不远,或在伐纣时,率有一部分巴蜀之人,但《尚书·牧誓》中只有"庸、蜀、羌、髳、微、卢、彭、濮人"③,而无巴。但巴古在阆中较蜀距周为近,周既率蜀伐纣,巴或在其中。

至春秋战国时,其事较为可靠。如《左传》桓公九年(前703)载巴与楚攻邓,"巴子使韩服告于楚,请与邓为好。楚子使道朔将巴客以聘于邓。邓南鄙鄾人,攻而夺之币,杀道朔及巴行人。……夏,楚使斗廉帅师及巴师围鄾,……(邓)救鄾……邓师大败,鄾人宵溃"。④庄公十八年(前676)载"巴人因之以伐楚",十九年"楚子御之,大败于津"。⑤《春秋》文公十六年(前611)载:"楚人巴人秦人灭庸。"⑥《左传》哀公十八年(前477)载:"巴人伐

---

① 《山海经校注》卷13《海内经》,第380页。
② 《华阳国志校补图注》卷1《巴志》,第4页;《山海经校注》卷10《海内南经》,第244页。
③ 《尚书正义》卷11《周书·牧誓》,第183页。
④ 《春秋左传正义》卷7"桓公九年",第1754页。原为:"巴子使韩服聘于邓,邓南鄙鄾人攻而夺之币,杀巴行人。夏,楚师及巴师围鄾,邓师救鄾,大败,鄾人宵溃。"
⑤ 《春秋左传正义》卷9"庄公十八年",第1773页。原为:"庄公十八年载巴人攻楚:'巴人伐楚,楚子御之,大败于津。'"
⑥ 《春秋左传正义》卷20"文公十六年",第1858页。

楚，围鄾。……（楚）败巴师于鄾。"①降至战国（楚威王时），巴有内乱，巴蔓子求救于楚，许事平后，以三城给楚，结果蔓子不愿以土地给人，自杀以谢陛。但重庆附近终归于楚，如《史记·秦本纪》载秦夺楚的巴及黔中郡。

秦昭王时有白虎为巴蜀害，巴人廖仲药等射虎与秦为铭，事见《后汉书·南蛮西南夷传》。

巴蜀为仇，蜀王封其弟葭明于苴即汉中，巴苴为友，蜀因伐苴，巴苴求救于秦，秦灭蜀及苴，而巴亦亡，遂置为巴郡。事见《华阳国志》。

三、秦汉魏晋时巴郡的历史

甲、秦及西汉

秦既灭巴，率其人民，资其食粮，下取楚商於之地改为黔中郡，终借之以灭楚。②其地富者如巴寡妇清，政府加以褒奖。③

汉高祖被封为汉王，虽都于南郑，但巴蜀为其属地，及汉高祖出攻雍，萧何运巴蜀之租，以给军用。④及淮南王反，又以巴蜀材⑤官军于霸上。⑥

汉武帝除以巴蜀之粟振济关东水灾外⑦，常借巴蜀之力，以开发西南，如于元光五年（前130）发巴蜀卒沿南夷道，元鼎五年（前112）以巴蜀人伐南越，元封二年（前109）以巴蜀人平滇为益州郡。⑧

王莽时因击益州，以巴蜀租给军，巴蜀始骚动，公孙述因之而起。⑨

---

① 《春秋左传正义》卷60 "哀公十八年"，第2180页。
② 原注：见《华阳国志》。
③ 原注：见《史记·货殖传》。
④ 原注：见《汉书·高帝纪》
⑤ 原为"村"，据《汉书》卷1下《高帝纪第一下》改（第73页）。
⑥ 原注：亦见《汉书·高帝纪》。
⑦ 原注：见《汉书·武纪》，系元鼎二年事。
⑧ 原注：均见《史记·西南夷传》。
⑨ 原注：《汉书·西南夷传》。

乙、后汉

公孙述据巴蜀，汉光武帝于建武十一年（35）使征南大将军岑彭与公孙述将田戎、任满战于荆门大破之，遂复重庆，及岑彭被刺，又遣吴汉等分道入，于次年始平蜀。①及建武十八年（42）蜀守将史歆反，宕渠②杨伟相应，吴汉等均讨平之。③

安帝时巴郡太守多失道，郡人作诗讽之④，永初中西羌反，乱及巴蜀，政府遣中郎将尹就攻讨，三年不能克，乃以王堂为巴郡太守，其乱始平。（江北"延光四年"砖即此时所建之基，或亦为王堂所举的孝子严永名儒陈髦之墓？王堂所举四人，而隐士黄错在顺帝时尚在，俊士张璘为安汉人，死当葬于其乡。王堂所举四人，见《华阳国志·巴志》。）

桓帝时郡人母成等十六人上太守但望书，以巴郡地域广大，交通不便，行政效率减少，拟请分为二郡，但望据情上疏，政府未准⑤。反⑥板楯蛮数反，太守赵温以恩信降服（伏）。⑦

灵帝时板楯蛮又反，遣御史中丞萧瑗督益州刺史讨之不平⑧，及听益州计曹掾程色谏，遣太守曹谦宣诏降赦⑨。而黄巾又叛，扰乱郡县，杀太守，被部州从事贾龙讨平⑩。

丙、季汉及蜀汉

汉献帝初平元年（190⑪），征东中郎将赵颖建议分巴为三郡，以垫江以上为

---

① 原注：《华阳国志·公孙述志》。
② 宕渠，古地名，西汉置，治所在今四川渠县东北。
③ 原注：《后汉书·吴汉传》。
④ 原注：见《华阳国志》。
⑤ 原注：见《华阳国志·巴志》。
⑥ 反，应为衍字。
⑦ 原注：见《后汉书·板楯传》。
⑧ 原注：《后汉书·灵帝纪》。
⑨ 原注：《华阳国志·巴志》。
⑩ 原注：《华阳国志·刘二牧志》。
⑪ 原为：西历一九〇年。

巴郡，治安汉。以江州至临江为永宁郡。朐忍至鱼复为固陵郡，遂名三巴。建安六年（201）又改永宁郡，以固陵郡为巴东郡。而重庆复得巴郡之名①。

建安五年（200）赵韪反，进攻蜀郡，被益州牧刘璋战败，退守重庆，被其部将庞乐、李异等所杀②。

建安十六年（211）益州牧刘璋迎刘备北攻张鲁，刘备乃至重庆，北上至涪，后刘璋、刘备相攻，十九年（214）诸葛亮、赵云、张飞沿江上至重庆，张飞攻城破，获将军严颜，以费观为太守。二十年（215）刘备下公安后与孙权和乃还兵重庆③。

后主建兴四年（226），都护李严自永安宫还，住江州，筑大城，欲自牛角沱至广元坝在嘉陵江与长江窄处凿断，使重庆城为岛。八年（230）丞相诸葛亮招李严至汉中，以李严子李丰为江州都督，而凿城之事未竟④。

丁、魏晋

魏灭蜀时，薛齐为巴郡太守，蜀亡以家户五千降魏⑤。

晋武帝以王濬为巴郡太守，时以巴郡苦兵役，人民生男多不养，王濬严为禁止⑥。至太康元年（280）以王濬率兵平吴⑦。

惠帝时李雄据蜀，以罗尚屯巴郡，权统三巴，供其军赋。怀帝永嘉四年（310）罗尚死以皮素代，而皮素被罗尚之子罗宇所刺杀，乃以张罗行三府事，张罗死于讨隗文之役，隗文执巴郡太守黄訇，驱吏民西上降于李雄。三府文武共表王异行三府事，张启、罗琦又杀王异，以罗琦为巴郡太守。成帝时李雄死，晋以李玙为巴郡太守，而李寿又以李闳镇巴郡⑧，是重庆在晋时屡有兵灾，人民死亡甚多，墓葬当不如从前之富。

---

① 原注：《华阳国志·巴志》。
② 原注：《三国志·二牧传》。
③ 原注：《华阳国志·刘二牧传》。
④ 原注：《华阳国志·巴志》。
⑤ 原注：见《新唐书·宰相世系表》及《通志·氏族志》。
⑥ 原注：《晋书·王濬传》。
⑦ 原注：《华阳国志·大同志》。
⑧ 原注：见《华阳国志·大同志》及《李特雄寿势志》。

四、秦汉魏晋时巴郡的人物

甲、外籍人为巴郡太守者

时代	姓名	职业	籍贯	所见书
汉初	张府君	巴郡太守	犍为人	《华阳国志·巴志》
成帝时	陈立(字少迁)	巴郡太守	临邛人	《华阳国志·蜀志》及《先贤士女总赞论》①
后汉光武初	岑彭(字君然)	巴郡太守	南阳棘阳人	《后汉书·岑彭传》有"行太守事。彭到江州"。②
明帝时	尹贡	巴郡太守	夜郎人	《华阳国志·南中志》及《大同志》
	杜安(字伯夷)	巴郡太守	颍川定陵人	《后汉书·乐恢传》注引《华峤书》③
安帝时	王堂(字敬伯)	巴郡太守	广汉郪人	《后汉书·王堂传》
顺帝时	吴资(字元约)	巴郡太守	泰山人	《华阳国志·巴志》
冲帝时	应承(字季先)	巴郡太守	汝南人	《华阳国志·巴志》
桓帝时	朱辰(字元燕)	巴郡太守	蜀郡广都人	《华阳国志·蜀志》
	李盛(字仲和)	巴郡太守	河南人	《华阳国志·巴志》
	但望(字伯阎)	巴郡太守	泰山人	《华阳国志·巴志》
	赵温(字子柔)	巴郡太守	蜀郡成都人	《华阳国志·巴志》
	傅宝(字纪图)	巴郡太守	牂牁平夷人	《华阳国志·南中志》
灵帝时	龚扬	巴郡太守	垫江人	《华阳国志·巴志》
	曹谦	巴郡太守		《华阳国志·南中志》
	陈雅(字伯台)	巴郡太守	汉中成固人	《华阳国志·汉中士女》
	张纳(字子郎)	巴郡太守	勃海南皮人	《舆地碑目》
	赵部	巴郡太守		《华阳国志·刘二牧传》

---

①原为"《蜀都士女》"。
②原为"曾至江州"。《后汉书》载:"诏彭守益州牧,所下郡,辄行太守事。彭到江州,以田戎食多,难卒拔,留冯骏守之。"(卷17《冯岑贾列传第七》,第662—663页)
③"安擢为宛令,以病去。章帝行过颍川,安上书,召拜御史,迁至巴郡太守。"(《后汉书》卷43《朱乐何列传第三十三》,第1478页)

续表

时代	姓名	职业	籍贯	所见书
灵帝时	赵敏	巴郡太守	垫江人	《华阳国志·巴志》
	王咸	巴郡太守		《华阳国志·刘二牧传》
	李权	巴郡太守		《华阳国志·刘二牧传》
	李次公(字仲居)	巴郡太守	成纪人	《北史·序传》及《新唐书·宗室世系表》①
	樊敏(字升达)	巴郡太守	芦山人	《(民国)巴县志·金石志》
献帝时	王谋	巴郡太守	汉嘉人	《三国志·杨戏传》②
	庞羲	巴郡太守	河南人	《华阳国志·刘二牧传》
	赵筰③	巴郡太守	巴西人	《华阳国志·刘二牧传》④
	严颜	巴郡太守	临江人	《华阳国志·巴志》⑤
	鹿旗	巴郡太守		《广韵》"屋"注引《风俗通》
	刘卿成	巴郡太守		《(民国)巴县志·金石志》
蜀汉时	张裔(字君实)	巴郡太守	蜀郡成都人	《三国志·张裔传》
	辅匡(字元弼)	巴郡太守	襄阳人	
	费观(字宾伯)	巴郡太守	江夏鄳人⑥	《华阳国志·刘先主传》
	廖立(字公渊)	巴郡太守	武陵临坑人	《三国志·廖立传》
	杨颙(字子昭)	巴郡太守	襄阳人	《三国志·杨戏传》"注"⑦

---

① 原为"《北史·叙传》及《私唐书·宗室世系表》"。

② 原为"《三国志·杨献传注》"。《三国志》卷45《蜀书十五·杨戏传》载：杨戏著《季汉辅臣赞》，王谋赞为"王元泰名谋，汉嘉人也。有容止操行。刘璋时，为巴郡太守"(中华书局，1982年，第1082页)。

③ 原为"筰"。

④ 原为"《华阳国志·巴志》"。

⑤ 《巴志》除"临江"大姓记载外，并无相应记载，《三国志》卷36《蜀书六·张飞传》载其为巴郡太守，"至江州，破璋将巴郡太守严颜，生获颜"(第943页)。对于严氏是否担任过巴郡太守，学者有异议。任乃强注"严、甘、文、杨、杜为大姓"说："严颜为巴西太守(按：从任氏后几处注看，应为"巴郡太守"之误)，见《张飞传》，常氏收入《士女目录》。"(《华阳国志校补图注》卷1《巴志》，第30页注11)任乃强注"刘主至巴郡，巴郡严颜拊心叹曰'此所谓独坐穷山，放虎自卫者也'"说："时巴郡太守为赵筰，颜为守将，见下十九年文"，任注"十九年文"("巴郡太守巴西赵筰拒守，飞攻破之。获将军严颜")说："《三国志·张飞传》作巴郡太守严颜，误。当以本志为正。"(卷5《刘二牧传》第347、348页)

⑥ 江夏，郡名，元狩二年(前121)置，管辖今湖北东部、河南南部大片区域；鄳，méng，古隘道名，即今河南信阳平靖关；汉代县名，今河南罗山县西南。

⑦ "赞王元泰"注引《襄阳记》。

续表

时代	姓名	职业	籍贯	所见书
蜀汉时	董恢(字休绪)	巴郡太守	襄阳人	《三国志·董允传》"注"
	柳隐(字休然)	巴郡太守	成都人	《华阳国志·后贤志》
	王彭	巴郡太守	广汉郪人	同上
	薛齐	巴郡太守		《(民国)巴县志》
魏	辛怡	巴郡太守		同上
晋	王濬(字士治)	巴郡太守	弘农湖人	《晋书·王濬传》
	唐定	巴郡太守	犍为人	《华阳国志·大同志》
	何观(字巨忠)①	巴郡太守	蜀郡郫人	《华阳国志·后贤志》
	张罗(字景治)	巴郡太守	河南梁人	《华阳国志·大同志》
	黄龛	巴郡太守	巴西人	《华阳国志·大同志》
	王异(字彦明)	巴郡太守	蜀人	同上
	罗琦	巴郡太守	广汉人	同上
	李玗	巴郡太守	宕渠宾人②	《华阳国志·李特雄期寿势志》③
	张启(字进明)	巴郡太守	犍为人	《华阳国志·大同志》④
	柳纯(字伟叔)	巴郡太守		《华阳国志·后贤志》

以上太守共49人。

乙、外籍人为巴郡郡佐者

时代	姓名	职业	籍贯	所见书
西汉末	谯玄(字君黄)		阆中人	《后汉书·独行传》
光武	杨仁(字文义)	功曹	同上	《后汉书·儒林传》
明帝	陈禅(字纪山)	功曹	安汉人	《后汉书·陈禅传》
桓帝	冯绲(字鸿卿)	功曹等	宕渠人	《后汉书·冯绲传》

---

①原为"匡忠"。
②"宾"繁体为"賨";《华阳国志校补图注·李特传》载"祖世本巴西宕渠賨民"(第483页),李玗为成汉皇帝李班弟,故此处应为"宕渠賨人"之误。
③原为"《华阳国志·李特志》"。
④《华阳国志校补图注·大同志》载:"(永兴)六年,龙骧将军江阳太守犍为张启与广汉罗琦共杀异。异字彦明,蜀人也。启复行三府事。罗琦行巴郡太守。启病亡。启字进明,犍为人,蜀车骑将军张翼孙也。"(第476页)

续表

时代	姓名	职业	籍贯	所见书
桓帝	傅坚	郡吏		《续汉书·五行志》
	赵芬	户曹掾	宕渠人	《华阳国志·士女目录》①
	冯尤	文学掾②	弘农人	《华阳国志·巴志》
	龚荣		垫江人	同上
	王祈		同上	同上
	李温		同上	同上
	严就		临江人	《华阳国志·巴志》
	胡良		同上	同上
	文恺		同上	同上
	黄闾③		阆中人	同上
	陈禧(以上系诣太守但望请分郡者)④		安汉人	同上
灵帝	李元	府丞	宕渠人	《(民国)巴县志·金石志》《(民国巴县志·)张纳碑阴》
	张勤	掾史		同上
	黎景	同上		同上
	冯经			
	赵中			
	母俊			
	蒲胜			
	犹潭	掾史		《(民国)巴县志·金石志》《(民国巴县志·)张纳碑阴》
	黄机	主记掾	阆中人	《(民国)巴县志·金石志》《(民国巴县志·)张纳碑阴》

①原为《华阳国志·巴志》。赵芬,《巴志》记载为"文学掾"(第19页);《后贤志》附《益梁宁三州先汉以来士女目录》载"户曹掾"(第680页),任乃强注"当是由文学转户曹,卒于户曹任也"(第687页注44)。按:掾,原为佐助之意,后为副官佐或官署属员的通称。户曹掾,主民户、祠祀、蚕桑的官员。

②《华阳国志校补图注·巴志》载"郡文学掾宕渠赵芬,掾弘农冯尤"(第19页);对于上书但望16人,任乃强说:"讼请分郡之十六掾,除冯尤外,皆郡中大姓之入仕于郡职者",并对汉制"理民事之官署"及"掾"进行了说明(第21页注3)。故冯尤职业为掾,是否为文学掾还值得商榷。

③原为"黄间"。

④"诣太守但望请分郡者",除赵芬为文学掾外,包括冯尤的其余15人皆为"掾"。

续表

时代	姓名	职业	籍贯	所见书
灵帝	王翁	录事掾	江安人	
	赵瑰	上计掾	安汉人	
	李思	议曹掾	宕渠人	
	扶古	同上	朐忍人	
	陈阜	同上	安汉人	
	杨本	同上	枳人	
	任穆	文学主事掾		
	严晏	从事掾	阆中人	
	杨蚰		同上	
	冯誉		宕渠人	
	李并	从事掾	同上	
	周蕤	文学掾	阆中人	
	王业	待事掾	安汉人	
	张荣	文学主事史	阆中人	
	沈弥	奏曹史	宕渠人	
	李舍	户曹史	同上	
	李□	同上	充国人	
	龚祖	同上	垫江人	
	宋亶	户令史	同上	
	咸平	献曹史	宕渠人	
	陈低	辞曹史	安汉人	
	胥遗	赋曹史	充国人	
	张恃	赋曹史	平都人	
	曹胤	同上	宕渠人	
	牟梁	右赋曹史	枳人	
	王安	决曹史	宕渠人	
	范谋	右金曹史	安汉人	
	王袖	左金曹史	宕渠人	
	杨徐	左仓曹史	充国人	
	曹巴	左漕史	安汉人	

续表

时代	姓名	职业	籍贯	所见书
灵帝	田嵎	右漕曹史	垫江人	
	夏晋	右兵曹史	同上	
	何镡	比曹史	充国人	
	陈胤	中部督邮	安汉人	
	王汤	南部督邮	阆中人	
	赵应	临市掾	同上	
	弧有	中部案狱	同上	
	李街	府后督盗贼	枳人	
	郭兴	守属	安汉人	
	杨连			
	邡升		安汉人	
	李平		宕渠人	
	谁将		充国人	
	王可	守属	同上	
	上官旦	领校	安汉人	《(民国)巴县志·张纳碑》
晋	杨预	主簿		《华阳国志·大同志》

以上共七十人。

丙、外籍人镇守巴郡者

时代	姓名	职业	籍贯	所见书
蜀汉	赵云(字子龙)	江州都督	常山真定人	《三国志·赵云传》[①]
	李严(字正方)	同上[②]	南阳人	《华阳国志·刘后主志》
	李丰(李严子)	同上		《三国志·李严传》

[①] 《三国志》卷36《蜀书六·赵云传》正文并无"江州都督"记载,正文"成都既定,以云为翊军将军"注引《云别传》说:"先主不听,遂东征,留云督江州。"(第949页)

[②] 《华阳国志校补图注》卷7《刘后主志》载为"江州都护",非"江州都督"。建兴八年"(诸葛亮)表进江州都护李严骠骑将军,将二万人赴汉中。严初求以五郡为巴州。书告亮,言魏大臣陈群、司马懿并开府。亮乃加严中都护,以严子丰为江州都督"(第398页);同时,卷1《巴志》载:"刘先主初以江夏费瓘为太守,领江州都督。后都护李严更城大城……"(第28页)

续表

时代	姓名	职业	籍贯	所见书
蜀汉	李福(字孙德)	同上	梓潼涪人	《三国志·杨戏传》①
	邓芝(字伯苗)	同上	义阳新野人	《三国志·邓芝传》
晋	罗尚(字敬之)	权统巴郡②	襄阳人	《华阳国志·大同志》
	李闳	镇巴郡③	宕渠賨人④	《华阳国志·李特雄期寿势志》⑤
	李奕	同上	同上	同上

以上共八人。

由汉至晋，外籍人寓于巴郡者，共计一百二十七人。不过这些人不一定均死于巴郡，而葬于重庆附近。

丁、巴郡郡属人

《华阳国志》对于各郡列有士女一门，但其中阙了《巴郡士女》一卷。惟有《士女目录》存，兹将巴郡郡属人列左（下）：

时代	姓名	职业	籍贯	所见书
战国时	廖仲药	射虎	巴朐忍人	《华阳国志·巴志》
	何射虎	同上	同上	同上
	秦精	同上	同上	同上
	范目	渡沔侯	阆中人	《华阳国志·巴志》《华阳国志·士女目录》
	落下闳(字长公)	(文学,)聘士	同上	《(华阳国志·)士女目录》《(华阳国志·)巴志》
	任文孙	玄(任注：宋明各本作玄，清避改元)始,侍御史⑥	同上	《(华阳国志·)士女目录》

---

①原为"《三国志》卷45《蜀书十五·杨献传》注"。

②原为"权统巴州"。《华阳国志校补图注·大同志》载："诏书权统巴东、巴郡、涪陵三郡，供其军赋。"（第470页）

③原为"镇巴州"。《华阳国志校补图注·李特雄期寿势志》载："进李闳为征东、荆州，移镇巴郡。"（第501页）

④原为"宕渠宾人"。

⑤原为"《华阳国志·李特志》"。

⑥原为"元始侍御史"。

续表

时代	姓名	职业	籍贯	所见书
战国时	任文公	文学,司空掾①	同上	《(华阳国志·)士女目录》《(华阳国志·)巴志》
成帝时	胥君安	先生②		同上
	徐诵(字子产)	京兆尹	阆中人	《(华阳国志·)士女目录》
	谯隆(字伯司)	忠正,侍中	同上	同上
	谯玄(字君黄)③	高清,太中大夫(《巴志》作谏议大夫)	同上	《(华阳国志·)士女目录》《(华阳国志·)巴志》
	赵瑃(字孙明)④	公车令	同上	《(华阳国志·)士女目录》
	赵毅(字仲都)	公府掾	同上	同上
	赵宏(字温柔)	俊才,凉州刺史⑤	同上	《(华阳国志·)士女目录》《(华阳国志·)巴志》
	臧太伯	公车令	宕渠人	《(华阳国志·)士女目录》
东汉明帝时⑥	谯瑛(玄子也。以《易》授孝明帝)	洁白,尚书郎	阆中人	《(华阳国志·)士女目录》《(华阳国志·)巴志》
	严道(字王思)	政事、扬州刺史	同上	同上
	严羽(字子翼,王思子)	徐州(牧)刺史	同上	《(华阳国志·)士女目录》
	王伟卿	长安令		同上
	玄贺(字文和)⑦	政事,大司农	宕渠人	《(华阳国志·)士女目录》《(华阳国志·)巴志》
	庞雄(字宣孟)	将略,大鸿胪	同上	同上
	冯焕	政事、幽州刺史	宕渠人	《(华阳国志·)士女目录》
	冯绲(字鸿卿,冯焕子)	明略,使持节、车骑将军	同上	《(华阳国志·)士女目录》《(华阳国志·)巴志》

①原为"文学司定掾"。
②原为"儒学"。
③原为"谯元(字君实)"。
④原为"赵洋"。
⑤原为"儁"。任乃强说:"元丰、张、刘、李、廖本作儁。他各本作俊。"(《华阳国志校补图注》,第678页)按:儁,同"隽",通"俊"时,为"才德超卓的人";儁,古同"俊"。
⑥《华阳国志校补图注》载:"右是十三人,前汉"(第678页)。按,谯瑛在其中。
⑦原为"元贺"。

续表

时代	姓名	职业	籍贯	所见书
东汉明帝时	冯(元)允(字公信,冯绲弟)	降虏都尉	同上	《(华阳国志·)士女目录》
	冯遵(字文衡,冯允子)①	尚书郎	同上	同上
	陈禅(字纪山)	政事,司隶校尉	安汉人	《(华阳国志·)士女目录》《(华阳国志·)巴志》
	陈澄(陈禅子)	汉中太守	同上	同上
	陈实(字盛先②,陈澄孙)	别驾从事	同上	《(华阳国志·)士女目录》
	杨仁(字文义)	思防,治中从事	阆中人	《(华阳国志·)士女目录》《(华阳国志·)巴志》
	龚调(字叔侯,《(华阳国志·)巴志》作升侯)③	志士,荆州刺史	安汉人	同上
	赵晏(字平仲)	忠贞,魏郡太守	同上	《(华阳国志·)士女目录》
	李颙(字德印)	筹画,益州太守	垫江人	《(华阳国志·)士女目录》及《(华阳国志·)大同志》并《(华阳国志·)南中志》
	张翕(字叔阳)	美化,越嶲太守	安汉人	《(华阳国志·)士女目录》及《后汉书·(南蛮)西南夷传·邛都夷传》
安帝时	张璊(张翕子,字端方)④	越嶲太守	同上	《(华阳国志·)士女目录》及《(华阳国志·)巴志》并《(华阳国志·)广汉士女》
	赵邵(字泰伯)	至孝、上蔡令	阆中人	《(华阳国志·)士女目录》
	严永	孝子(王堂所举)		《(华阳国志·)士女目录》及《(华阳国志·)巴志》并《(华阳国志·)广汉士女》
	陈髦	名儒(王堂所举)		同上

---

① 原为"冯导"。
② 原为"盛光"。
③ 任乃强说:"龚调、升侯,亦见《巴志·总序》。别无考。"(《华阳国志校补图注》,第686页,注27)
④ 《华阳国志》正文无"字端方"语,任乃强注"太守王堂察举孝廉"说:"张璊,受王堂察举,见《巴志·总序》及《先贤·广汉王堂赞注》。《后汉书》见《西南夷·邛都传》,字作湍(参《巴郡士女赞注》辑补文)。"(第687页,注第33条)

续表

时代	姓名	职业	籍贯	所见书
安帝时	黄错	隐士(玉堂所举)		《(华阳国志·)士女目录》及《(华阳国志·)巴志》并《(华阳国志·)广汉士女》
	黎景	日南太守	垫江人	《(华阳国志·)士女目录》
	王澹	茂才	阆中人	同上
	龚策	文学掾,荆州刺史①	垫江人	同上
	李温	桂阳太守	宕渠人	同上
	赵芬	户曹掾	同上	同上
	陈宏	上庸,太守	安汉人	同上
	曲庚	忠义,宕渠主簿	宕渠人	同上
	冯湛	忠义,宕渠主簿	同上	同上
	郝伯都	烈士	阆中人	同上
	捄之信		板楯蛮人	《华阳国志·汉中志》
质帝时	周舒(字叔布)	杨序弟子。玄贞,征士	阆中人	《(华阳国志·)士女目录》《(华阳国志·)广汉士女》
蜀汉时	程畿(字季默)	义烈,江阳太守	同上	《(华阳国志·)士女目录》
	程祁(字公弘,程畿子)②		阆中人	
	韩俨		巴西人	《(华阳国志·)士女目录》
	黎韬		巴西人	同上
	周群(字仲直,周舒子)	文学,儒林校尉	阆中人	同上
	周巨(周群子)	博士	阆中人	《(华阳国志·)士女目录》
	黄权(字公衡)	雅重,车骑将军,育阳景侯	同上	同上
	黄崇(黄权子)	尚书郎	同上	同上
	甘宁(字兴霸)	勇壮,折冲将军,西陵太守(仕吴)	临江人	同上
	马忠(字德信)	政事,镇南大将军,彭乡亭侯	阆中人	同上

①原为"文学掾"。
②原为"字公宏"。

续表

时代	姓名	职业	籍贯	所见书
蜀汉时	王平(字子均)	将略,镇北大将军,安汉侯	宕渠人	同上
	勾扶(字孝兴)	果壮,左将军,宕渠侯	汉昌人	同上
	张嶷(字伯岐)	将略,荡寇将军,关内侯	南充国人	同上
	姚伷(字子绪)	尚书仆射	阆中人	同上
	马勋(字盛衡)	别驾从事	同上	同上
	马齐(字承伯)	尚书	同上	同上
	龚谌①	犍为太守	安汉人	同上
	龚禄(字德绪,龚谌②子)	越巂太守	同上	同上
	龚皦(字德光,龚禄弟)	镇军将军	同上	同上
	谯岍(字荣始)	征士	西充国人	同上
	谯周(字允南,谯岍子)	渊通、散骑常侍、城阳亭侯	同上	同上
	杜濩	巴西太守③	巴夷	《(华阳国志·)汉中志》
	朴胡	巴东太守④	同上	同上
	袁约	巴郡太守⑤	同上	同上
永初中	马妙祈妻义	贞烈	阆中人	《(华阳国志·)士女目录》及《(华阳国志·)巴志》
	王元愦妻姬	同上	同上	同上
	赵云曼妻华⑥	同上	同上	同上

①原为"龚湛"。
②原为"龚堪"。
③原为"魏遥领三巴太守"。《华阳国志校补图注·汉中志》载:"魏武以巴夷王杜濩、朴胡、袁约为三巴太守"(第73页);《三国志·魏书·武帝纪第一》载"(建安二十年)九月,巴七姓夷王朴胡、賨邑侯濩举巴夷、賨民来附,于是分巴郡,以胡为巴东太守,濩为巴西太守,皆封列侯"(第46页)。
④原为"同上"。据《三国志·魏书·武帝纪第一》改。
⑤原为"同上",据"魏武以巴夷王杜濩、朴胡、袁约为三巴太守"(《华阳国志校补图注·汉中志》,第73页)推断。
⑥原为"赵云君妻华"。任乃强说:"《巴志》作曼,《御览》引《益部耆旧传》作蔓。"(《华阳国志校补图注·后贤志》,第681页)

续表

时代	姓名	职业	籍贯	所见书
永初中	赵瑰妻姬	节烈	宕渠人①	《(华阳国志·)士女目录》
	赵英(赵瑰女)	童女	同上	同上
	赵万妻娥		同上	同上
	耿秉妾行		安汉人	同上
	鲜尼母姜		同上	同上
	杜慈(虞显妻)		巴郡②	同上

以上共八十二人。

这些人死了,未必都葬在郡城的。

戊、重庆的人在外作事者

时代	姓名	职业	籍贯	所见书
王莽时	任满	公孙述大司徒	巴郡人	《华阳国志·公孙述志》《华阳国志·刘二牧志》
安帝时	龚杨③	犍为太守	巴郡人	《华阳国志·犍为士女》
	陈禅	汉中太守	同上	《华阳国志·汉中志》
	陈澄(陈禅子)	汉中太守	巴郡人	《华阳国志·汉中志》
质帝时	任安④	杨序弟子	同上	《华阳国志·广汉士女》
	董扶	同上	同上	同上
灵帝时	沈稚	永昌太守	同上	《华阳国志·南中志》
	黎彪	同上	同上	同上
蜀汉时	杨汰(字季儒)		同上	《华阳国志·士女目录》及《三国志·蜀志·杨戏传》
晋武帝⑤时	文立	济阴太守	同上	《华阳国志·大同志》

---

①原为"宕中人"。
②原文无籍贯。
③原为"弓杨"。《华阳国志校补图注·广汉士女》载:韩姜自杀,"太守巴郡龚杨哀之",任乃强说:"钱、刘、李、《函》作龚,不误。巴多龚姓。廖、浙、顾本作弓,未见巴有此姓。"(第593页)
④原为"仕安"。
⑤原为"晋秦帝"。

续表

时代	姓名	职业	籍贯	所见书
泰始二年(266)	杨宗	武陵太守	同上	同上①
咸宁时	毛扶	阴平太守衙博从事	同上	同上
建兴元年(223)	常歆	都安令	同上	同上
汉武帝时	杨季	卢江太守	江州人	《后汉书·扬雄传》
东汉明帝时	谒焕	汝南太守	同上	《华阳国志·士女目录》
东汉明帝时	然温	度辽将军、桂阳太守	同上	同上
献帝时	董和	益州太守	同上	《后汉书·董和传》
晋	母稚(字君孙)	夜郎太守	同上	《(民国)巴县志·金石志》

以上共十八人。

这些人是否死于家乡，埋在重庆，则不可知。

己、重庆人在重庆工作及有地位者

时代	姓名	职业	籍贯	所见书
秦始皇时	清	寡妇	巴郡人	《史记·货殖传》
安帝时	孟彪	茂才、州右职	江州人	《华阳国志·士女目录》《华阳国志·广汉士女》《华阳国志·大同志》
桓帝时	母成	掾②	同上	《华阳国志·巴志》
桓帝时	阳誉	同上	同上	同上
桓帝时	乔就	同上	同上	同上
桓帝时	张绍	同上	同上	同上
桓帝时	牟存	同上	同上	同上

---

①按：《大同志》不见相应记载。任乃强注"杨宗符称武陵"说："《后贤志》及《目录》宗作崇。今按：杨宗事在《大同志》。平吴前任武陵太守"(《巴志》，第30页)；任乃强注"(崇)宗武陵太守"说："杨崇，见《巴志》与《晋书·唐彬传》，俱作宗。此作崇，字讹。《(士女)目录》，廖本亦作崇，他各本具作守，亦宗字讹。"(《华阳国志校补图注》卷11《后贤志》，第627页注12)

②原为"上太守但望书"。母成、平直等"诣太守但望请分郡者"16人，职业不应注为"上太守但望书"，应注为"掾"，任乃强说："讼请分郡之十六掾，除冯尤外，皆郡中大姓之入仕于郡职者。"(《华阳国志校补图注·巴志》，第21页注3)

续表

时代	姓名	职业	籍贯	所见书
桓帝时	平直	同上	同上	同上
	然存(字元文)	行丞事从掾位	同上	《(民国巴县志·)张纳碑阴》
	白文	主簿	同上	同上
	上官延	议曹掾	同上	同上
	董国	奏曹史	同上	同上
	母龟	辞曹史	同上	同上
	然雄	赋曹史	同上	同上
	尹裴	右仓曹史	同上	同上
	愊益	法曹史	同上	同上
	张南	右集曹史	同上	同上
	铅迁	文学史	同上	同上
	丁盛	守属	同上	同上
	谒恭	同上	同上	同上
	傅坚	郡吏	江州人	《续汉书·五行志》
	杨阳(字世明)	察孝骑都尉	同上	《(民国)巴县志·金石志》

上共二十二人。此外在《(民国巴县志·)张纳碑阴》尚有失名者五人。

这些人既是重庆人，又在重庆居官或为士绅，其死当埋葬在重庆的，又《华阳国志·巴志》于"江州"云："其冠族有波、铅、母、谢、然、愊、杨、白、上官、程、常，世有大官也。"①或者江北汉墓有此十一姓之人在内。

由秦至晋，巴郡人物共计二百四十九人。重庆江北的汉墓，或者在这二百四十九人有名的人物中，有一二人在内？况王咸、李权、罗尚、皮素②死于巴郡是有明文的。

五、巴蜀的殷富

四川为一盆地，即四山之中一大平原，平原有汶川灌溉，山地因冬季雾期

---

① 《华阳国志校补图注》卷1《巴志》，第30页。
② 原注：皮素为益州刺史，下邳人，见《华阳国志·大同志》。

甚长，故物产甚丰。在古号称陆海，亦名天府之国。兹将其巴蜀之殷富列举于左（下）：

甲、巴地殷富之一般

巴国甚富，秦不顾同盟，乘灭蜀之际而亡巴。"周慎王五年……秦惠文王遣张仪、司马错救苴（汉中）、巴，遂伐蜀，灭之。仪贪巴、苴之富，因取巴，执王以归。置巴、蜀、及汉中郡。"①

人民亦有甚富者，如巴寡妇清，其先得丹穴，擅其利数世，家亦不訾，秦始皇为之筑女怀清台，见《史记·货殖传》。由秦始皇时推前"数世"，是其人在战国时已甚殷富。

秦资其人物以伐楚"周赧王……七年……司马错率巴蜀众十万，大舶舡万艘，米六百万斛，浮江伐楚，取商於之地，为黔中郡"②。

汉之起兴，亦多借助其军粮，"留萧何收巴蜀租，给军粮食……汉王引兵从古道出袭雍"③，又淮南王反发巴蜀材④官军霸上，亦见《汉书·高帝纪》。

汉武帝之时，北以巴蜀粟振（赈）关东，元鼎二年（前115）"夏，大水，关东饿死者以千数"，"下巴蜀粟以振焉"⑤。南以士卒下夜郎，"'以汉之强，巴蜀之饶，通夜郎道，为置吏，甚易'。上许之"。⑥击南越，"乃发巴蜀罪人尝击南越者八校尉击破之"。又平西南夷，"元封二年（前109），天子发巴蜀兵……临滇……以为益州郡"⑦。

---

① 《华阳国志校补图注》卷1《巴志》，第11页。原注：《华阳国志·巴志》。
② 《华阳国志校补图注》卷3《蜀志》，第128页。原注：《华阳国志·巴志》。
③ 《汉书》卷1上《高帝纪第一上》，第30、31页。原注：《汉书·高帝纪》；原为："汉王引兵从古道出袭雍，留萧何收巴蜀租，给军粮食。"
④ 原为"村"，据《汉书》卷1下《高帝纪第一下》改（第73页）。
⑤ 《汉书》卷6《武帝纪第六》、卷24下《食货志第四下》，第183、1172页。原为："夏大水，关东饿死者以千数，下巴蜀粟以振焉（《汉书·武帝纪》）。"按，作者实将《武帝纪》与《食货志》的两条材料合为了一条，《武帝纪》载为："夏，大水，关东饿死者以千数……秋九月……今水潦移于江南……方下巴蜀之粟致之江陵"；《食货志》载："山东被河灾，及岁不登丰年，人或相食……下巴蜀粟以振焉。"
⑥ 《史记》卷116《西南夷列传第五十六》，第2994页。原为"以汉之疆，巴郡之饶，通夜郎，道为置吏，甚易，上许之"。原注：《史记·西南夷传》"唐蒙上汉武帝书"。
⑦ 《史记》卷116《西南夷列传第五十六》，第2996、2997页。原注：《史记·西南夷传》。

东汉以来二百余年有升平之气,"自建武至乎中平,垂二百载,府盈西南之货,朝多华岷之士矣"①。

乙、蜀地殷富之比较

此外古书所载蜀地之富,亦足以代表巴地之富,如"始皇,克定六国,辄徙其豪侠于蜀;资我丰土,家有盐铜之利,户专山川之材,居给人足,以富相尚。故工商致结驷连骑,豪族服王侯美衣,娶嫁设太牢之厨膳,归女有百两之徒车,送葬必高坟瓦椁,祭奠而羊豕夕牲,赠襚兼加,赗赙过礼。此其所失,原其由来,染秦化故也。……盖亦地沃土丰,奢侈不期而至也"。又"若卓王孙家僮千数,程、郑各八百人,而郄公从禽,巷无行人,箫、鼓歌吹,击钟肆悬,富侔公室,豪过田文;汉家食货,以为称首"。又"郫民杨伯侯奢侈……"②。

丙、巴郡的疆域及户口

《汉书·地理志》云:"巴郡,属益州,户十五万八千六百四十三,口七十万八千一百四十八。县十一:江州,临江,枳,阆中,垫江,朐忍,安汉,宕渠,鱼复,充国,涪陵。"③

《巴郡图经》:"境界南北四千,东西五千,周万余里。属县十四,盐铁五官,各有丞吏。户四十六万四千七百八十。口百八十七万五千五百三十五。"④

《续汉书·郡国志》:"巴郡,十四城,户三十一万六百九十一,口百八万六千四十九。江州,宕渠,朐忍,阆中,鱼复,临江,枳,涪陵,垫江,安汉,平都,充国,宣汉,汉昌。"⑤

据上所载,巴郡的人口,以东汉桓帝时为最盛,亦当以此时为最殷富。

---

① 《华阳国志校补图注》卷5《公孙述刘牧二志》,第337页。原注:《华阳国志·公孙述志》。
② 《华阳国志校补图注》卷3《蜀志》,第148、157页。夕牲,祭之前夕,举行预祭仪式(任注,第150页)。原注:《华阳国志·蜀志》。
③ 《汉书》卷28上《地理志第八上》,第1603页。
④ 《华阳国志校补图注》卷1《巴志》,第20页。原注:《华阳国志·巴志》"巴郡太守但望上疏"所引。
⑤ 《后汉书》志第二十三《郡国五·巴郡》,第3507页。"十四城",原文位于人口数之后。

丁、重庆的城

重庆的城，小城始于张仪，大城始于李严，其他则不可考。

"仪城江州。"①

"都护李严更城大城，周回六十里，欲穿城后山，自汶江（长江）通水入巴江（嘉陵江），使城为州。求以五郡置巴州，丞相诸葛亮不许。亮将北征，召严汉中。故穿山不逮，然造苍龙、白虎门。"②后主建兴四年（226）"永安都护李严还督江州，城巴郡大城"③。《元和郡县志》"渝州巴县"条云："州理城，即汉巴郡城也，先主令都督李严镇此，又凿南山，欲会汶涪二水，使城在孤洲上。会严被征，不卒其事，凿处犹存。"④这是指牛角沱至广元坝一段山窄处。

其时有北城、南城二城，"汉世，郡治江州巴水北，有甘橘官，今北府城是也。后乃还（迁）南城……"⑤《水经·江水注》云："汉世郡治江州，巴水北，北府城是也，后乃徙南城。"⑥似乎北城在江北，余意北城即大城为李严所筑，由上清寺至观音岩一带。南城即小城为张仪所筑，由七星岗至大小梁子一带。以重庆市内发现汉砖而论，小什字时事新报馆门口凿水沟有汉砖发现，可证小什字在汉代尚为葬人，是小什字在汉代的南城之南。又观音岩张家花园有汉砖发现，七星岗领事巷有蛮洞子，可证张家花园领事巷在汉代为南北二城间之空地，故可葬人。又曾家岩求精中学、明诚中学中有汉砖发现，牛角沱生生花园内亦有汉墓发现，可证明曾家岩及牛角沱均在北城的城外。

戊、重庆的市

汉桓帝永兴二年（154⑦）三月甲午，巴郡太守但望欲将巴郡分为二郡，疏

---

① 《华阳国志校补图注》卷1《巴志》，第11页。原注：《华阳国志·巴志》。
② 《华阳国志校补图注》卷1《巴志》，第28页。原注：《华阳国志·巴志》。
③ 《华阳国志校补图注》卷7《刘后主志》，第388页。原为"巴部大城"。原注：《华阳国志·刘后主志》。
④ 〔唐〕李吉甫撰，贺次君点校：《元和郡县图志》卷33《剑南道下·渝州》，北京：中华书局，1983年，第854页。
⑤ 《华阳国志校补图注》卷1《巴志》，第27页。原注：《华阳国志·巴志》。
⑥ 《水经注校释》卷33《江水》，第583页。
⑦ 原为：西历一五四年。

中有云:"郡治江州,时有温风。遥县(县当为悬,即冬季常有雾)客吏,多有疾病。地势刚险,皆重屋累居,数有火害。又不相容,结舫水居五百余家。承三江之会,夏水涨盛,坏散颠溺,死者无数。"①《水经·江水注》:"地势侧险,皆重屋累居,数有火害,又不相容,结舫水居者五百余家。承二江之会,夏水增盛,壤散颠没,死者无数。"②由此可知汉代的重庆城内,房屋之多,人口之盛,并在沿江一带船上水居者有五百余家。

公园,"县有官橘、官荔枝园,夏至则熟,二千石常设厨膳,命士大夫共会树下食之"③。

工厂,"县下又有清水穴,巴人以此水为粉,则皓曜鲜芳,贡粉京师,因名粉水,故世谓之为江州堕林粉"④、"县北有稻田,出御米;陂池出蒲蒻蔺席……"⑤

六、汉墓

甲、蛮子洞

四川各地沿江边的山脚下,在大石中凿方穴,俗名蛮洞子,说这些洞子是古代蛮子(四川的土人)的居住的地方。其实此为汉代埋人的坟墓,如沙坪坝的蛮洞子上刻有"自作冢"字样可证。不过说是蛮洞子也有来历,如《华阳国志·蜀志》云:"蜀侯蚕丛,其目纵,始称王。死,作石棺、石椁,国人从之。故俗以石棺椁为纵目人冢也。"⑥这种蛮洞子在重庆附近者,为北碚,成渝路的

---

① 《华阳国志校补图注》卷1《巴志》,第20页。原注:《华阳国志·巴志》。
② 《水经注校释》卷33《江水》,第583页。
③ 《水经注校释》卷33《江水》,第583页。《华阳国志校补图注》卷1《巴志》载:"有荔枝园,至熟,二千石常设厨膳,命士大夫共会树下食之。"(第30页)原注:《水经·江水注》《华阳国志·巴志》略同。
④ 《水经注校释》卷33《江水》,第583页。原注:《水经·江水注》。
⑤ 《华阳国志校补图注》卷1《巴志》,第30页。原为"陂池出蒲蒻蔺席……县北有稻田出御米"。原注:《华阳国志·巴志》。
⑥ 《华阳国志校补图注》卷3《蜀志》,第118页。

赖家桥，沙坪坝的中央大学下面江岸，七星岗的领事巷，南岸弹子石上去大佛殿、大佛寺附近均有。在四川者，据我所见者，川北的汶川，川西的新津，川南的嘉定宜宾。其中以洞壁雕刻之精，首推嘉定；石棺上雕刻之精，首推新津。其深而且大亦以嘉定为第一。白崖有五洞相连，可容数千人，现作监狱，狮子湾之洞其深为一百二十英尺。这当是汉人模仿蛮人而作者，故名蛮子洞。

乙、汉墓

四川的土人凿山为墓，中原人到四川后亦有仿效者，名为蛮洞子，但亦有用中原葬仪而另造砖墓者。

"始皇，克定六国，辄徙其豪侠于蜀；资我丰土……送葬必高坟瓦椁，祭奠而羊豕夕牲，赠襚兼加，赠赙过礼。此其所失，原其由来，染秦化故也。"又"郫民杨伯侯奢侈，大起冢茔。因庞（刘庞）为郫令，伯侯遂徙占成都……"①

他这种"大起冢茔"，"高坟瓦椁"是"染秦化"的。故其汉墓的建筑及其墓中的陈列，与中原略同。

这种汉墓，除在江北为汉墓群外，而在市内如小什字、张家花园、曾家岩、生生花园，较远者则为化龙桥过去土湾、沙坪坝、北碚，南岸龙门浩、弹子石、大佛寺等处均有。川地则阆中、绵阳、松潘、汶川、灌县、郫县、成都、新津、眉山、嘉定、涪陵。不过分为两系，沿嘉陵江②而下，如阆中、重庆、涪陵，则砖大而厚，由绵阳、成都、新津至嘉定，其砖小而薄。以花纹形势论，嘉陵江系多为几何形而岷山系则有人物图案。而岷江系中，以川北砖多，成都、新津、眉山次之，而嘉定砖墓甚少。惟墓中各明器则多相同。

---

① 《华阳国志校补图注》卷3《蜀志》，第148、157页。原注：《华阳国志·蜀志》。
② 原为"嘉定江"。

附 录

温泉浴

卫大法师[1]

  重庆有两个温泉，一为南温泉，由重庆南岸海棠溪往，汽车一个多钟头可到，有浴室，有旅馆，有饭馆。一为北温泉，在北碚，由重庆北行，汽车需三点多钟，由北碚至温泉，汽车路正在修，三个月后可通车。余因事与二三友人至北碚，乘滑干（竿）（轿子无顶）行数里，换乘船往，温泉在半山中，温泉公园管理主任邓少琴，藏四川的汉碑汉画等甚多，观毕欲返北碚，主任坚留，乃检定残石刻及残佛像，大约为六朝至唐代物，而以唐代为多。又发掘一古墓，当至温泉时，石上刻有"东对"二字，对字有唐人作风，其墓正在路基中，乃与邓主任及友人发掘，至晚尚未发掘完，因而停工。饭后入温泉浴室，有单人的小房间，有大浴室，余等五人共入大浴室，大水从西南喷入，温度与体温正合，深约三尺，大可十方丈，一友人能泳，一跃而入，余入内因水浮力太大，足不敢举，举则头重脚轻，有倒插下去的可能，于是靠墙横行，突然生出一个感想，问友人曰："鱼何以能直入水，蟹何以沿石横行？"友人说："不知。"余曰："我兄与弟何以不敢走池中间向前行，而沿墙横行，可知其故否？鱼无腿，

---

[1] 即卫聚贤。

可一跃一蹴而前进；蟹为八条腿，顺水或逆水直行，则腿被水冲断，故为横行，又为避免水的冲力，故沿石而进。初入泳的人正是蟹的时代。"友人大笑。不久进至池中间，但两足不敢举起，踏地而行，两手在水面左拨右拍，友人亦如此，余曰："余等进化了，由蟹而蛙，但是幼蛙，只生出两前腿，尾尚未脱，后腿亦未生出，故头浮出水面。杨秀琼善游泳，人称为'美人鱼'，应作'美人蛙'，因四肢尚未去掉。"友又大笑。五人泳至一处，有人提议，成立一"中国西部史地学会"，有人说"西部"二字包括太大，仿吴越史地研究会成立一巴蜀史地研究会，都赞成，推我起草，又谈起应请某某作发起人，某某作赞助人，分为几种门类，应用几个步骤，讨论的详而尽，但忘记了身尚在水中。会毕，余曰："在水中开会除鱼蟹而外，人类算是第一次吧？"友人都大笑。

寝室中谈天，都是些作学问的方法与态度，你一言我一语，不觉到了两点钟，于是就寝。

次早发掘未发掘完之古墓，友人云："死人遇见你们这些考古家就倒霉了，不惟体无完肤，而且使他寸骨不存。"余曰："死人遇见考古家是很荣幸的，死而葬于荒山，无声无臭与草木同朽。他生前既不能流芳百世，又不能遗臭万年，借考之力，将其死骨及殉葬物，连其墓的建筑，作成考古报告书，可以扬名远近，鬼而有灵，不亦乐乎？"友人亦大笑。

其墓用石砌成，上用三石为盖，上为一口，长一米二九公分，宽五公寸。下为墓身，长二米一公寸，深八公寸，宽七公寸。底头下一石，宽七公寸，长四公寸，身下一石宽四公寸六分，长一米六公寸，铺在中间，两边留有各一寸二公分深一公寸的水道。尸原日即陈此石板上，寸骨无存，是早已腐化了。在头的左面有一瓦香炉，高约二寸，内尚有灰烬，头右置一深绿色小磁（瓷）盂。顶头处为一台阶，高四公寸，宽一公寸八分，两边为斜形，宽一公寸九分，台上分三处陈列，左为一粗白磁（瓷）碗，放在一个细磁（瓷）碟上。中为一粗白磁（瓷）碗，碗中放一瓦小盘。右为一粗白磁（瓷）碗，碗中放一小黑磁（瓷）碗。在此墓中共得到器皿八件，以磁（瓷）质看，大约为唐宋时代物。墓中无文字及与有文字物均无，惟墓盖前石左侧刻有"东对"二字，其意不明。

北碚有一小博物馆，古物陈列室中，多西康物，本地物则有汉砖数方，上有花纹可贵。惟西康的铜壶上，雕刻一蛙，亦可为殷人由川沿江而下之证。

此行除温泉公园主任邓少琴外，在北碚有前辞典馆长杨家骆，中大教授程仰之与常任侠亦同往。

中华民国二十九年（1940）三月二十八日记。

巴蜀史地研究会草章[①]

重庆郭沫若、卫聚贤、沈尹默、马衡、金静庵、胡光炜、程憬、缪凤林、常任侠、杨家骆、邓少琴、商锡永、姜亮夫、杜纲百、蒙文通、卢作孚、陈青石等数十人，发起巴蜀史地研究会，兹将其草章录之于下：

第一条　本会定名为巴蜀史地研究会

第二条　本会以研究巴蜀史地为宗旨

第三条　本会会址设重庆北碚温泉公园

第四条　本会会员凡经发起人或会员二人介绍，经理事会通过者为会员

第五条　会员大会每年举行一次，开会时由理事会代行其职权

第六条　理事会由会员大会选举理事二十一人组织之，由理事会推选常务委员七人主持日常会务，设财务委员会主持财务事宜，设调查委员会主持调查发掘事宜，设出版委员会主持出版事宜

第七条　理事会全体会议每半年开会一次，常务理事会每月开会一次，财务、调查、出版各委员会于每三个月开会一次

第八条　理事会得聘请指导若干人主持指导工作及评论学术事宜

第九条　理事会得聘请总干事一人，干事若干人，常川[②]驻会执行各项交办事宜

第十条　本会经费来源分为三种：

1. 会费会员年纳一元

---

① 原刊于《说文月刊》第2卷第1期，第100页。
② "川"字，疑为刻印时误增。

2. 事业收入

3. 政府及学术机关之补助与各项捐款

第十一条　本会得视经济情形举办下列各事业：

1. 设立巴蜀文物馆

2. 刊行关于巴蜀文化刊物

3. 组织发掘及采访团

4. 其他有关发扬巴蜀文化之事业

第十二条　本简章如有未尽事宜得由大会通过修改之

江北发现汉墓

考古家郭沫若、卫聚贤与郭夫人于立群女士，昨日郊游，从生生花园渡江，至培善桥胡家堡，见道旁房基汉砖甚多，砖上有各种花纹，并有"富贵"及"昌利"等字样，并找到汉墓两处，似系夫妇二人并葬处，郭卫两氏携砖三方返渝，拟联合重庆各考古家，组织一考古团体从事发掘。

——（民国）二十九年（1940）四月八日重庆《中央日报》《时事新报》《益世报》《新民报》均有登载

郭沫若等在渝发掘汉墓

郭沫若、卫聚贤等，在江北培善桥发现汉墓，十四日开始发掘，计分三墓，甲墓中除发现不同花纹之汉砖数十方外，另有陶制虎头一个，及其两前腿并臀部一块，猪头一个，残缺之红质薄釉饕餮头含环器一部分；乙墓系以汉砖十九方作成形如马槽式葬埋小儿之墓；丙墓长约一丈五尺，宽五尺，高七尺，全用汉砖造成，工程浩大，尚待十五日继续发掘。（十四日重庆电）

发掘汉墓

地点在江北培善桥。

郭沫若，卫聚贤，在江北培善桥胡家堡发现汉墓，已志各报，前日郭沫若，卫聚贤，马衡，常任侠等，再度前往考查（察），又发现一汉墓，已定于今日联合各学术团体前往发掘，届时于右任，吴稚晖，张溥泉诸氏均往指导，并欢迎各界参观，于是日上午九时在生生花园集中，并设有招待所，随时可由生生花园内渡江前往。——（民国）二十九年（1940）四月十四日重庆《中央日报》《时事新报》《国民公报》《新华日报》《新蜀报》《扫荡报》《商务日报》均有登载。

发掘之第一日·汉墓中藏巨蛇

知名的学者专家，教授们，昨天踏着泥泞，跑到江北胡家堡，开掘发现了的汉墓。过去在江浙最努力于考古工作的吴越史地研究会的同志们，抗战以后，昨天才第一次踏上探讨之途。

郭沫若，卫聚贤，胡小石，金静庵，杨仲子，马衡，常任侠等亲往主持，潘公展先生是研究中国文字的，自然也到场找材料，张西曼更盼能发现奇珍异宝好送到苏联去展览，张溥泉先生同张夫人前天已经去过一次。

原来发现汉砖的地方是在生生花园，园主不知道贵贱，把它用来铺路，后来觉得不耐用，又换了石头，剩下了一两块砖。在胡家堡地方，发现了三个墓，在甲墓中除发现不同花纹之汉砖数十方外，尚有陶制虎头一个，并两前腿及虎臀部一块，猪头一个，并有残缺之红质薄釉饕餮头含环器一部分，乙墓系八方汉砖铺底，八方汉砖为墙，二方汉砖为两档，尚有一方横在头上，共计十九方汉砖，作成形如马槽式葬埋小儿之墓。丙墓长约一丈五尺，宽约五尺，高约七尺，全用汉砖造成。几个砖上，有"昌利""富贵"等字，还有"任文"两个字,大概是监制人的姓名。

在四川,有几处已经发现有汉砖,据郭沫若先生说,沙坪坝,新津,嘉定都有集团的"蛮洞",所谓"蛮洞",就是贵族之家的汉墓。

上午,在墓中发现了一条长七尺许的蛇,希望能寻得碑及其他古物,今天再掘。(西洛)

——(民国)二十九年(1940)四月十五日《新民报》

江北汉墓

发现汉砖甚多,今日继续发掘。

江北培善桥汉墓,昨日开始发掘,由郭沫若,卫聚贤,金静庵,胡小石,常任侠,杨仲子,马衡等主持并有工程专家邓士萍等参与测量及绘图,参观者有潘公展,张西曼等数百人,发掘计分三墓,甲墓系在二石筑之墓旁,石墓因建筑时,将汉墓毁坏,故附近居民墙根之汉砖,即由此出,在甲墓中,除发现不同花纹之汉砖十方外,尚有陶制虎头一个,并两前腿及虎臀部一块,猪头一个,并有残缺之红质薄釉饕餮头含环器一部分,乙墓系八方汉砖铺底,八方汉砖为墙,二方汉砖为两档,尚有一方横在头上,共计十九方汉砖,作成形如马槽式葬埋小儿之墓,丙墓长约一丈五尺,宽约五尺,高约七尺,全用汉砖造成,工程浩大,故昨日仅发掘一部分,尚未有古物出现,今日仍继续发掘云。

——(民国)二十九年(1940)四月十五日重庆《新蜀报》《国民公报》《益世报》《中央日报》《扫荡报》均有登载

发掘汉墓继续进行

(中央社讯)江北培善桥汉墓于昨日开始发掘,由郭沫若,卫聚贤主持,计发掘三墓,发现不同花纹之汉砖多方,陶制虎头一个,并有残缺之红质薄釉饕饕头含环器一部分，尚未有古物出现，今日仍继续发掘。

——（民国）二十九年（1940）四月十五日《新华日报》

发掘汉墓又有新发现

郭沫若，卫聚贤，前在江北培善桥先后发现汉墓二处，郭氏乃于昨日联合各学术团体前往发掘，由郭沫若，卫聚贤，金静庵，胡小石，常任侠，杨仲子，马衡等主持，并有工程专家邓士萍等参与测量及绘图，参观者有潘公展等数百人，发掘之二墓俱在培善桥之北，一为石墓，内有二圹穴，唯一壁已失去，圹内石壁镌有图案花纹，附近并掘得汉砖甚多，因该汉墓系在二石筑之墓旁，石墓建筑时，将汉墓毁坏，故汉砖多行分散。在墓中除发现不同花纹之汉砖数十方外，尚有陶制虎头一个，并两前腿，虎臀部一块，猪头一个，并有残缺之红质薄釉饕餮含环器一部分。另一汉墓，砖上亦作图案花纹，该墓长约一丈五尺，宽约五尺，高约七尺，工程极为广大。惟发掘终日，尚无任何殉葬物发现，据卫聚贤氏之考察，该二墓当为东汉末叶者。又在距砖墓五十尺处，昨复发现一砖砌长方槽，长五尺许，宽尺余，深亦尺许，八方汉砖铺底，八方汉砖为墙，二方汉砖为两档，尚有一方横在头上，共计十九方汉砖，尚不知为何物。发掘工程，今日仍继续中。

——（民国）二十九年（1940）四月十五日重庆《时事新报》

川江北汉墓又发现九座

江北培善桥胡家堡发现汉墓三座，于前日发掘甲乙丙三墓，丙墓于昨日继续发掘，掘出一瓦瓿，旋以该墓斜穿一大屋基下，欲掘完非拆除房屋不可，因费工太大，故停止，惟在丙墓之西约二里红沙集，又发现一汉墓，被水冲出一小洞，并由农人凿开，在口上毁坏少数之砖，内部建筑完整，是以从事发掘，掘到汉瓦一块，尚未掘完，今日仍拟继续踱掘，对于此墓拟不拆除汉砖，留其原建筑，任人参观，墓四周均用花砖（汉砖有花纹，此墓砖上有四鸟，甚为特别），颇为美观。又在董家溪两休田一小邱（丘）四周，发现八个完整汉墓，砖上除花纹外，尚有造砖人盖"王女"图章，拟将此汉墓发掘，墓墙不动，墓中原物仍保存于原位，将此墓群改为一小小天然博物馆，吴稚晖先生昨日特往江北参观各墓。

——（民国）二十九年（1940）四月十六日重庆《时事新报》《益世报》《扫荡报》《大公报》《国民公报》《新蜀报》均有登载

郭沫若等，昨继续在江北发掘汉墓，又在董家溪发现汉墓九座。
——（民国）二十九年（1940）四月十六日重庆《新华日报》

法领事夫人昨参观汉墓

（中央社）江北红沙碛第一汉墓，因工程甚大，昨尚未掘完，今日仍继续发掘，法领事杨克维夫妇，特往参观，赞美不已，杨领事夫人以汉墓建筑及花纹特殊，确有使世界考古家注意之价值，拟不日将汉墓发掘记略并照片拓片，送于世界著名报纸发表云。

——（民国）二十九年（1940）四月十七日重庆《新蜀报》《时事新报》《大公报》均有登载

汉墓发掘

昨又发现一汉墓。

江北第四汉墓昨继续发掘，除清积土，并在墓入口底部掘得一残缺之陶瓿。又距第四墓数十步处因建筑房屋掘地，亦掘出一汉墓，砖上花纹亦有"富贵"

二字，其中并掘出五铢钱数十枚，铜鼎一，铜盂二及铜钫残片，尚有饕餮衔环，以铜器形式证其年代，前发掘第一第二第三汉墓，当系西汉末年之墓，现发掘之第四墓，砖上花纹古朴，或系西汉初之墓云。

——（民国）二十九年（1940）四月十八日重庆《大公报》《时事新报》《益世报》均有登载

……江北第四汉墓，昨继续发掘，在墓入口底部，掘得一残缺之陶瓶，依掘出之铜器形式，证其年代，前发掘第一第二第三汉墓，当系西汉末年之墓，第四墓，砖上花纹古朴，或系西汉初年之墓。

——（民国）二十九年（1940）四月十八日重庆《中央日报》

继续发掘汉墓获五铢钱近千

江北发掘汉墓，郭沫若卫聚贤等，昨日继续工作，其第四墓中之土已除去大半，在墓底随处有五铢钱发现，但多腐朽，惟在西墓墙根处，发现五铢钱近千，系盘在一起，盖当日除以绳穿外，并用麻布包裹，现麻布虽已朽腐，但麻布印纹尚存于泥土中，且在该墓中续发现殉葬陶器七八件，内有一大陶罐，被打翻口已向下，又有陶瓿尚完整，将其中泥土挖出，内藏有五铢钱多枚，又有陶瓿覆在一陶盘上尚未取出，并有陶制一形同现用之木匙。连日前往参观者甚众，工作颇多不便，拟于今日暂行谢绝普通人参观，另于星期日公开展览云。

——（民国）二十九年（1940）四月十九日重庆《国民公报》《时事新报》《大公报》《益世报》《新华日报》均有登载

……江北发掘汉墓，在第四墓中，随处有五铢钱发现，但多腐朽，其西墓墙根处，并发现五铢钱近千，殉葬陶器七八件，兹为工作便利起见，今日谢绝参观，另于星期日公开展览。

——（民国）二十九年（1940）四月十九日重庆《中央日报》

汉墓发掘第六日发现铁剑陶俑

古物摄影寄苏联发表。

江北汉墓发掘昨日为第六日，在第四墓中发现铁剑一口，刃长三尺，柄长九寸，刃尖宽半寸。靠柄处宽一寸半，又发现陶俑四个，均系红陶，一在正中部，倒卧泥中，其余三个均在西面靠墙站立，共系三种恣（姿）态，又发现陶罐三个，陶瓿四个，昨尚未掘完，今日仍继续发掘，又苏联塔斯社社长米海耶夫等三人，昨日曾冒雨前往参观，将已发掘出各古物摄影，寄往苏联报纸发表。

——（民国）二十九年（1940）四月二十日重庆《大公报》《新民报》《时事新报》均有登载

……江北汉墓发掘昨发现铁剑等物。塔斯社社长米海耶夫等冒雨前往参观摄影。

——（民国）二十九年（1940）四月二十日重庆《新华日报》

汉墓发掘暂作结束

今日公开展览。

（中央社讯）江北第四汉墓昨日已发掘完竣，又掘出陶俑四个，陶猪一个，陶鸡一个，陶瓿二个，残陶屋一幢，其他汉墓发掘，因经济及时间关系暂作结束，所有掘出之古物，今日即在该汉墓旁公开展览，欢迎各界参观，参观者可从生生花园内渡江，沿岸西行百余步，至半山竹庐，即可到达，时间为上午八时至下午六时。

——（民国）二十九年（1940）四月二十一日重庆《国民公报》《扫荡报》《时事新报》均有登载

……江北第四汉墓,昨日发掘完竣,所掘出之古物,今日在该汉墓旁公开展览。

——(民国)二十九年(1940)四月二十一日重庆《中央日报》

汉墓古物观赏记

襄谟[①]

轰传一时的江北发掘汉墓工作,现已匆匆结束。考古家郭沫若,卫聚贤,马衡,常任侠诸氏,在热心工作一周间所获得的全部汉墓古物,也在昨天作了最后一次的公开展览。

昨逢星期,天气又晴明,行都各界人士前往观光者,不下二三千人。考古家,历史学家,美术家,以及社会名流,新闻记者,男女青年学生和许多旅渝外侨,都一群群地为观赏古物文化而往来奔忙于嘉陵江边。

我们从牛角沱生生花园渡江漫步过沙滩,前行凡一里,至某氏之别墅"竹庐",庐内花树浓荫,春色满园,洋楼一幢中,有客厅一间,汉墓古物,即假此间展览。

室中观者拥挤,人人面对着长桌上陈列的古物,正在一件件地聚精会神的观赏。常任侠先生亲在那儿招待来宾,恳切说明。宝剑一柄,长仅三尺宽不过一寸,而铁色红黑,已腐锈不堪。据说这是死者生前所用之物,但有人认为此剑短小绝非汉代人佩用之剑,似即专门殉葬之物。

陶俑六个,最大的一个,高不逾七寸;其余五个,更不过五寸。六俑有六象,各不相同,其衣锦花纹,正是汉时一般礼服。按汉时风俗,死者安葬时,恒将其生前忠实仆役之形态,铸为陶人,而殉葬于棺中。这六位陶俑皆着礼服,

---

[①] 襄谟,即傅襄谟(1911—1948),字仲举,四川人,1932年北平大学艺术学院实用美术系毕业,1933年留学日本东京新闻学院并创办与主编《留东新闻周刊》,1936年回国后任重庆《国民公报》记者,1938年为复旦新闻系兼任教授。

证明墓中人尚是汉时一位官员或贵族。

常氏更告诉我们，发掘出来的这批古物，都应该是墓中人生前日常习用之物；或者是他最爱好的东西。譬如陶屋两幢，就是他住宅的模型，大型"铜匙"一把，就是他饮酒或用汤的器具。"陶猪"一只高五寸长八寸，"陶鸡"一只已残破仅存一首，大约都是死者最爱好的家畜。"陶□"①特别多，"陶碗""陶盂"之外，还有一个有趣的"陶灶"——使我们可以推想到汉代祖先是什么样的宗教思想和人生观念的另一面。

汉鼎四个，是出品最有价值的古物。因为化验的报告，是铜和别的合金铸成的，所以大部分都风化腐朽，呈黄绿色，最大之一鼎，圆形，两耳，约有二尺五寸围径，两耳垂有铜环，环扣上有人兽图案铸象（像），这也是汉时铜器的特征之一。

"五铢钱"有数百枚陈列，据一位专门收藏古钱的来宾，当时的考证，认为是西汉末东汉初"光武"以前的古物。

总观这次发掘中收获最大的汉砖，各种文字图纹，约有十八九种之多，就中以"富贵砖""昌利砖"两种为最名贵。

郭沫若先生特别手拓四幅，悬诸展览室中，雅好者，徘徊于拓本之前，留（流）连忘返，盖拓本上且有郭氏之题诗耳，诗意入古，笔力秀劲，并为此二千年前之土砖增色不少。其题"昌利砖"者云："农家汉砖砌泥沟，拾取归来汗满头，剑剔苔痕辨昌利，一轮红日照渝州。"此诗盖写出发现之经过，最后一句，乃照出此砖正中有一红轮花纹也。

其题"富贵砖"一诗，尤为精心之作，因郭氏现虽从事抗战工作，而对昔年考古之学，未尝忘怀，故诗意奔放，有直追唐汉②气慨（概），诗曰：

富贵如可求，尼叟愿执鞭，今吾从所好，乃得汉时砖，上有富贵字，古意何娟娟，文采朴以素，委婉似流泉，相见仅斯须，邈矣二千年！贞寿逾金石，清风拂徽弦，皓月来相窥，拓书人未眠，嘉陵江上路，蔼蔼（霭霭）竖苍烟。

①原文如此。
②应为"汉唐"。

最后两句，也正是记者归途所见的景色了。

——（民国）二十九年（1940）四月二十二日重庆《益世报》

汉墓古物展览

（中央社）江北汉墓发掘，现暂作结束，特于昨日在半山竹庐内展览，计展览所发掘之古物，有第一汉墓中之虎头，猪头，第四墓中之五铢钱，铁剑，陶俑，陶鸡，铜鼎，铜壶，及各墓有花纹有文字之汉砖，郭沫若氏曾将汉砖上之各式花纹文字拓出，题有诗句，悬之壁间，古色古香，与陈列之古物，相映成趣，自上午八时起至下午六时，先后前往参观者，有荷兰代办傅雷斯，法大使馆商务参赞萨养思，及蒋作宾，任鸿隽等不下二千余人云。

——（民国）二十九年（1940）四月二十二日重庆《时事新报》《国民公报》《新民报》《扫荡报》《新蜀报》《益世报》均有登载

中央古物保管委员会保护江北汉墓

请郭沫若等暂停发掘。

考古家郭沫若、卫聚贤等，前在江北发现汉墓，掘出汉砖陶器等甚多，经过已志前讯，顷悉中央古物保管委员会对此事甚为注意，认此次发掘与规定手续不合，据该会负责人谈称，按照古物保存法第八条规定"采掘古物，应由中央或地方政府直隶之学术机关为之，前项学术机关采掘古物，应呈请中央古物保管委员会审核，转请教育内政两部会同发给采取执照，无前项执照而采掘古物者，以窃盗论"，又以采掘古物规则第九条规定，"在左列各地域内不得采掘古物，（一）于炮台要塞、军港、军用局厂及其有关地点，曾经圈禁未经该管官署准许者，各距国有公有建筑物国葬地、铁路、公路及紧要水利等地界十五公尺以内，未经该管官署许可或管有者同意者；（二）在业经准许学术机关采掘之地域内者"，此次发掘胡家堡地方汉墓，发掘人事前并未呈准该会依法转请核发执照，报载如果属实，显与规定不合，又此项汉墓是否在采掘古物规则第九条所列之地域内，亦亟有查明之必要，现已（已）由本会函请江北县政府查明保护，一面函郭沫若等暂停发掘，并查询经过详情云。

——（民国）二十九年（1940）四月二十七日重庆《新蜀报》

卫聚贤报告汉墓试掘经过

重庆汉墓甚多应加保护，拟具意见请设立博物馆。

关于江北汉墓试掘之经过，卫聚贤曾于二十三日函报教育部，二十五日又函报内政部，两函大同小异，兹将二十五日致内政部函录下：自抗战以来，筑路建厂，古物时有出土，但以与抗战无关，是以少有人注意，目前聚贤与郭沫若先生，偶游江北，发现汉墓，又与故宫博物院院长马衡先生及中央大学教授常任侠先生，复往考察，以究竟是否汉墓，有试掘必要，爰乃组织临时团体，从事试掘，计共掘四墓，但第一墓系后人葬墓时毁坏，故只掘数块砖而止，第二墓原已露出地面，掘之为葬小孩之墓，内无殉葬物，只用十九块砖砌成，第三墓规模较大，但大部份（分）在某处房屋之下，掘完必须拆屋，费款太多，故而终止，是以上三墓等于未掘，第四墓已被人掘过，作为防空洞用，但其中尚有积土，疑尚有殉葬物在内，掘之，得有五铢钱及铁剑，并有陶俑陶甑等，但多为破碎，现因无博物馆等机关可送去陈列，故仍保存在汉墓旁竹庐。

汉墓在整个历史中供献[①]不多，用不着宣传，但□□[②]组织成立以来，汉□[③]报纸屡造谣言，希图淆惑中外观听，故略在报纸披露，借使中外人士，得知后方人心安定，学术空气浓厚，因此每日参观试掘人甚多，妨碍工作，故于结束之次日，在竹庐内公开展览，而游人狃于汉砖可作砚之说，于是群在雨田山

---

①即贡献。
②原文如此。
③原文如此。

的汉墓群，随意掘砖，携之而去，按重庆汉墓自张家花园以至沙坪坝，沿江两岸甚多，有的墓形露出，有的只有墓砖，被人作为墙脚，水沟路阶，俯拾即是，不斯之取，而取其完整汉墓上之砖，殊非所宜，故临时请当地军队加岗保护，但地域广大，汉墓甚多，军队自有其责，派岗保护汉墓，临时则可，久则不宜，兹拟具意见于左（下）：

（一）重庆既为首都，尚无博物馆之设，拟请将江北董家磺雨田山汉墓群，作为博物馆或汉墓保存所，但宜速拨款将两（雨）田山用篱笆围住，建草房数间，派警驻守，以便将来作正式发掘，其他各地因地域广大，一一保护，力有不及，请出一布告禁止私掘。

（二）古物保管委员会自抗战以来，无形解散，各委员任期巳（已）满，又多散在各地，宜恢复或改组，以便将来正式发掘汉墓有接洽及领发掘证之机关。又汉墓试掘所得古物，临时借用竹庐保管，近日日机时来，应有适当保存所，究应送至何处保存，请函示为荷云云。

——（民国）二十九年（1940）四月二十八日重庆《国民日报》

卫聚贤在中央大学历史学会讲演词

（民国）二十九年（1940）五月五日上午九时至十时

今天贵校约兄弟与郭沫若先生来讲几句话，兄弟的讲题是"江北汉墓试掘的理由"。江北汉墓试掘的经过，郭沫若先生在报上已有披露，用不着兄弟再说。

目前的急务，应为目前及将来的，用不着问过去的。但对于现在及将来如何作去应有三个方法：一是环境的，一是本能的，一是历史的。看现在环境需要我们如何作？看我们本身能不能这样作？看历史上指示我们的方法是如何作？

现就历史讲，在有史以前多系神话，有史以后尚无条理，是中国历史急待整理。如果历史整理不清楚，演变的阶段就不能明了。但是近来研究上古史的人，可分为两派，一派是凡属古的都是真的，将类书的材料照抄；一派是凡属古的都是假的，历史教科书第一课从殷朝起，甚至商务出版的文化史丛书有从汉朝写起的。

　　历史整理的方法，不外（一）书本上的材料搜集，（二）民俗的调查，（三）语言的纪录，（四）人体的测验，（五）即地下古物的发掘。

　　中国的考古，现在可谓才开始，就纵的讲，始石器，旧石器，新石器，殷（殷墟），西周（斗鸡台），春秋（城子崖），战国（燕都），西汉（严子圪塔），六朝（栖霞山），都有了，但东汉至三国一段连接不起来。就横的讲，直至现在，川、鄂、黔、桂诸省尚未有过正式田野的考古工作。

　　这次在重庆江北发现汉墓，正是考古上补足时间与空间的地位。

　　正欲在考古上补足时间与空间的地位，而古物保管委员会在报纸上的"奇突的披露"，给予文化界一大打击。这一点，兄弟再说几句：

　　一、依古物保管委员会会议规则第二条规定，"常务会议，每月举行一次；全体会议，每半年举行一次"。古物保管委员会自抗战以来，从未开过会，是古物保管委员会本身已不健全。

　　二、依古物保管委员会办事规则第四条规定"对外文件以主席及全体常务委员名义行之"。古物保管委员会常务委员多散在各地，又未开会，而对外竟以"负责人"名义在报端发表谈话，是该"负责人"本身已不合法。

　　三、报告函已于二十五日收到，置之不理，另来一个"查询"。但"查询"之函于"二十七日"发出，在未发之前一日，突在报上发表谈话。即使这次试掘汉墓，罪至于死，也得判决死刑后，才能宣布罪状，不应先宣布罪状，然后再为"查询"。

　　四、如以在此古物保管委员会本身不健全时代，发掘仍要履行手续，但中央研究院在大理发掘新石器时代遗址，何以不令其完成手续。试掘如要履行手续，贵校于去年却在农学院试掘汉墓，其经过在《学灯》上发表，想古物保管委员会"负责人"早已见到，何以不"奇突披露"呢？

　　五、古物保管委员会，过去不惟无成绩，而且作违法之事，此点请问贵校胡小石教授便知。抗战以来再未行使职务。此次对于古墓保管，推之"函江北县政府保护"，其地属重庆市，江北县政府何以能越界保护？雨田山的汉墓群，原拟作正式发掘，前天兄弟过江去看，已被人毁坏无余，兄弟即加阻止，掘砖

人云："报载你们也是'盗掘',我们拿几块砖有何关系。"是古物保管委员会的"奇突披露",不是"保管"古物,而是毁坏古物。

兄弟本想以江北汉墓发现,将来正式发掘,在文化上有些贡献,不意古墓反被毁坏,是兄弟之罪实甚于"盗"。兄弟本人被以"盗"名事小,而考古从此以后停止事大。

在透地镜未发明以来,谁也不能知道地下有古物,总得试试看。犹如有人在路旁看见遗下一块煤,以此地下有煤矿,呈请经济部开采,这当然是大荒唐之人。而在地面上看见一块汉砖,即呈请古物保管委员会给予发掘证,其荒唐更甚。况"声(申)请表格"内有"采掘古物原因"一栏,不加试掘,如何填写?

古物保管委员会以官加兄弟为"盗",兄弟是不敢反抗的,但将来考古的前途应如何办?这(是)值得研究的问题。

复古物保管委员会函

敬启者:顷接五月七日渝礼五九二号函一件,又见五月十三日《国民公报》,有"应候查明实况"之语,因聚贤于四月二十五日向内政部报告之函,未能详尽,故再函说明于左(下):

古物发掘,要领执照,法有明文。但考古与开矿情形有些类似。如有一人在道旁拾得煤炭一块,即呈请经济部开采,经济部当以其人荒唐;而聚贤与郭沫若先生如在江北看见墙脚有古砖一块,即断定其下有汉墓,呈请贵会发给执照,贵会必疑聚贤与郭沫若先生为神经病患者。是不能不试试看,其下有无汉墓?是否汉墓?为试掘要领执照,中央大学去年在农学院试掘一汉墓,其经过情形在《时事新报·学灯》上发表,贵会当然看见,何以不去"查询"。

四月七日聚贤与郭沫若先生,偶游江北,在墙脚下见有古砖,循此以往,见一厕所墙壁全用古砖作成;十日与郭沫若、马叔平、常任侠又前往,目的是与房主交涉,将厕所拆除,以新砖换旧砖,房主云后面某院内,有此花砖甚多,往问果然,又知其平地时发现一古墓,此砖即在其古墓上取下,但此古墓是否汉墓？故于十四日联合中大教授金静庵、胡小石等试掘。

第一墓系结①清嘉庆时建墓的所毁，厕所墙上之砖即此墓中物，故只掘数块砖而止。第二墓因某院内作水沟已露出，掘之形如马槽，用十九砖作成，其他一无所有。第三墓规模较大，但将上面土层掘出时，其墓有三分之二斜插入房基下，如欲发掘必将新建之五间办公室拆除，故即终止。是故此三墓均等于未掘，前函已详细报告。

在工作试掘之际，工人云去其地西二里有一防空洞与此墓相同，聚贤前往参观，知是古墓，据其地六七十岁老人言：伊小时其处即有一孔，常入其中游戏，去年因凿为防空洞。但下面尚有积土三尺，故试掘看下面尚有遗物否。由十六日起掘，至十八日尚无古物发现，本不欲再掘，以附近居民愿意帮掘，其意谓掘完后入洞避日机为易，不意于十八日下午至二十日即发现五铢钱及铁剑等。

再发现古物时，附近居人都来参观，拥挤不堪，已允此项古物取出，并不搬走，在桐油公司开一次展览会，请大家看看，故于二十日掘毕，二十一日（星期日）开展览会。二十二日避警报，二十三日致函教育部及内政部；至于先函教育部之理由，乃因陈部长有函询问其他事件，欲急复，故顺便先写，及写内政部函时，适逢警报，遂暂辍；二十四日避警报，直至二十五日始将报告内政部函续完发出。想贵会业已见及，然贵会二十六日送中央社稿将聚贤②三函一字未题，诚百思莫得其解。

聚贤当日函内政部而不函贵会，因依古物保管委员会会议规则第二条之规定，"常务会议，每月举行一次；全体会议，每半年举行一次"。自抗战以来，贵会常务及全体会议一次也未开，故依法贵会已不存在。又依古物保管委员会办事规则第八条之规定，"对外文件以主席及全体常务委员名义行之"。送稿至中央社发表，系属对外，而全体常委既未开会，是在报上所谓"负责人"本身已不合法。

此次江北汉墓试掘，即使罪至于死，亦应在判决确定后宣布罪状，似不应先宣布罪状，然后再为"查询"？因贵会给中央社稿是四月二十六日上午送到，

---

① "结"，应为多出。
② 原为"聚聚"。

但致郭沫若先生"查询"之函,书面为"四月二十七日"。

贵会在报端将此谈话公布后,即发生左(下)列之误会:

(一)有人以疑及政府压迫郭沫若先生,使其考古亦发生阻碍,因此牵扯到政治问题;

(二)有人以马叔平先生为主动,牵扯到贵会本身机构不健全诸问题;

(三)有人以当日游人乱掘汉砖携走,聚贤出而阻止,其中有内政部人在,故而在报上发表消息,以为报复。

以上三点当然不确,但是贵会此次发表谈话,影响到的是:

(一)自□政府成立以来,汉□报纸累次造谣谓重庆人心恐慌。中央意以考古与政治相去太远,在首都尚有人考古,可知重庆人心安定。但自贵会发表谈话后,汉□报纸必以原来重庆考古,乃属"盗掘",与人心安定无关。①

(二)抗战三年,首都尚工作考古,是以引起外人如苏联大使,法领事,荷代办,美联社,塔斯社均经参观,摄影以去。但自贵会发表谈话,外人误以政府目前仅需要抗战,凡非抗战工作,政府出面干涉。

(三)蒋委员长所定之"抗战必胜,建国必成",前线将士浴血抗战,以后方人士在努力建设,因中央社每日将江北考古广播,各地报纸登载,前线将士知后方考古尚作,其他建设,当在努力进行中。然自贵会创发表谈话后,前线将士闻之必感灰心,此为后方不努力建设,而作盗掘工作。

(四)江北某处本无军事机关,但日人据汉□②妄报,日机屡次投弹未中,而贵会发表谈话,有"军港要塞……"等字样,暗示其地有军事机关之设。似属不当。

私人在报纸上互相攻讦,并无所谓;以政府机关随意在报纸上发表谈话,不惟有违中央宣传考古之真意,且使外界误会。

聚贤与郭沫若均为现任政府公务人员,目之为"盗"似有不宜,如果为"盗",应送法院办理。而在报端发表谈话,似有毁坏名誉之嫌。

郭沫若先生为前中山大学文学院长,金静庵先生为前东北大学文学院长,胡小石先生为前云南大学文学院长,聚贤已曾受西北大学之聘,以四个文学院

---

① 该段"□",原文如此。
② 原文如此。

长从事考古，而目之为"盗"，可谓文化扫地了。

现在附带报告两点：

（一）贵会发表谈话，有"函江北县政府保护"，此次函示中亦有"函江北县政府"字样，查聚贤等试掘之汉墓地址系属重庆市，并不属江北县。

（二）古物原存在桐油公司内，展览之日，游人拆其花木甚多，展览之后，仍常有人前往参观，该公司不胜其烦，屡催携去，聚贤前函呈请指示处理，而贵会规避"保管"责任，函示并未提及。不得已暂送中央大学保管。现在希望两点：

（一）贵会应念及国际荣誉及文化建设之处，仍应由贵会及教育部并重庆市主持设立一汉墓保存所，将雨田山之汉墓作正式发掘。

（二）掘墓与其他考古不同，人民迷信，古墓发掘，有伤风水。又以墓中古物价值甚巨，为免除地方人士与中央政府隔膜起见，如正式发掘，以请郭沫若先生参加为宜，因伊为四川人，且在考古界甚有声望。

前日聚贤过江，看见仍有人掘砖，聚贤即加阻止，他们说报载你们是"盗掘"，我们拿几块砖有何关系。如贵会不在报纸发表谈话，聚贤尚可阻止游人发掘，今则贵会对于江北汉墓，推之江北县政府，而江北县政府实不能越界保护，如此实令人怀疑贵会不是保管古物，而是毁坏古物。

贵会在抗战以前，收买以洋灰作的"渭山窑"碑，实为违法；抗战以来，再未开会，放弃职守，此次江北考古，复作"奇突披露"，处理失当；是贵会诸公，均应引咎辞职，将古物保管委员会改组。聚贤在此郑重声明：聚贤即非考古家，国府明令不准兼差，如贵会实行改组时，聚贤决不是谋一委员之席而出此。

总之，聚贤不吃考古饭，故敢对贵会诸公，直陈利害。请贵会诸公勿打官话，看对于江北汉墓的"保管"成绩如何？谨致

古物保管委员会

卫聚贤敬启

五月十一日

有感于"刨坟"

了了[①]

最近重庆发生了一桩"刨坟"公案。郭沫若卫聚贤等在江北发现了几座汉代的坟,试掘之下,稍有所获,业已证明确系"汉墓"。卫聚贤当于上月二十三日、二十五日分函教部、内部报告经过,并建议了几点保护汉墓的意见。不意二十七日各报同载中央社发出之中央古物保管委员会负责人谈话,谓发掘不合规定手续,并引据古物保存法似将对发掘者以盗窃论罪,于是累得郭沫若卫聚贤都来声述试掘经过,且说明"试掘"并未违法,并谕到中央古物保委会经费早已停发,保委会委员只余马衡等二三人在渝,且任期已满,不知所谓"负责人"是谁?这样,又累得马衡也来声明他并非那个"负责人","负责人"到底是谁,仍在待考,这桩公案,大约即将"不了了之"!至于江北汉墓的保护问题,我们只好等着"下回分解",但有否"下回",也正难说!

在抗战中这桩刨坟公案,似乎引不起大家的注意,因为它不是目前的急务;但抗战中仍有人注意保全古物,研讨考究;似乎不见得就不如提倡国乐,创办歌剧院之类重要!

笔者过去一年中从中国的西南角走到了中国的西北角,沿途有些见闻,在我看到这次刨坟公案之后,不能自已,亟想倾吐为快。去年过四川北部广元的时候,知道距广元不远的著名石刻千佛崖,为了加宽公路便利运输,一部份(分)石刻曾遭损毁,其实,"加宽公路便利运输",并不是一定非毁那石刻不可。还有由兰州西行,经甘、凉、肃,出嘉峪关途中,发见沿途公路桥梁的木材,都取之于"左公柳",六十余年前左宗棠的遗物,帮助了今日我们的抗战,

---

[①] 萨空了(1907—1988),生于成都,笔名了了、艾秋飙,蒙古族人,新闻工作者、新闻学家。1939年赴新疆从事抗日宣传活动,任《新疆日报》第一副社长,1941年任重庆《新蜀报》总经理,积极配合《新华日报》,从事抗日救亡与反对分裂、反对倒退的宣传,是我国早期新闻学研究中有影响的学者。

我们用了那大木材之后，似乎也应再为种上一株小树秧，遗留给我们的子孙罢？可是并没有人管那些闲事，——当时我曾想到中央古物保委会不知干些什么事！

为了澈底了解我们的西北，去年我曾读了许多有关西北的中外典籍，这些书籍，使我知道在过去的五十余年中，外人到我们的甘、青、新三省从事探险考古工作的，多至五十余人，国籍包含了德、俄、英、法、日、美、匈、瑞典，除了中瑞合组的考察团曾带了徐炳昶诸人同行，中法合组的一九科学考察团曾带了诸□[①]民谊等同行而外，中国人自己去作探险工作的，一起都没有。因此古代西域的文物，为外人盗窃了去，陈列到柏林、巴黎、伦敦博物院中的，非常之多。而且这些古物，对我汉唐古史，西域往迹，皆有极大极重要的启示。外人在我国境内这种任意发掘行为，曾引起我极大的愤慨。可是想到千佛崖石刻之部分被毁，左公柳之伐而不植，加上此次来渝又恭逢首桩刨坟公案，心下不由的□□□种"奴隶思想"，即反深幸西北戈壁沙漠中的汉唐遗物，能为外人捆载而去，——否则，我怕在我们的"包而不办"的风气中，大约终于是淹没零散了事罢？

自己不干也不许人家干，这风气，目前似乎很流行。这种甘作妨害进步的绊脚石的心理，为了完成抗建大业，是否也该"取缔""制裁一下"呢？

涪陵又有汉墓发现

涪陵发现汉墓已志前讯，据悉该县士绅周为心，在涪陵发现汉墓二座，其中有陶俑、陶犬、陶瓿，并有铜尊、铜镜、铜敦。敦上为饕餮纹，两耳为兽头；铜镜上有"灭下大明，见日之光"八字；又铜刀币一，上有"一刀平五千"字样，以此刀币论，此墓确为王莽时墓，又按江北墓，有后汉安帝"延光四年"砖，但另一墓砖有钱模，上有"五千"二字，亦为王莽时墓，是在东汉以前者，此次涪陵出土之刀币，益足证实云。

——（民国）二十九年（1940）七月三十一日重庆《扫荡报》

[①]原文如此。

编后语

  去年四月间卫聚贤郭沫若二师在陪都北倍①地方发现汉墓丛，经发掘后所获明器甚多，于西南古代文化的研究上，获得了实物的证明，因有巴蜀史地研究会之组织；中间因发掘的权限问题不免与正统派的考古者有了龃龉，根据吾们在吴越研究的经验，可以知道这不过是一种"文人相轻"的积习，和嫉视而已。在真正的学术研究上是毫无道理可言的。本期是结集所有在发掘汉墓时的报告和经过，在巴蜀文化研究方才开始发轫的时候，我们是并不菲薄这些文字的，虽然是那末②的简单。

  在卫师开始办《说文（月刊）》时，报纸是不满五元一令③，一卷结束时已涨至二十几元，二卷结束时已飞腾至六十元，真令编者咋舌。在这样洛阳纸贵的时候，我们用来出版这种饥不得食，寒不能衣的学术杂志，的确于国计民生毫无补益，不过在我们这般无拳无勇的学人，既不能置身戎行，就只得在这本位上稍尽棉④力，若硬说是一种浪费，那就只得付之悠悠了。

---

① "北倍"，应为"江北培善桥"之误。
② 即"那么"。
③ 令，量词，印刷用的原张平版纸五百张为一令。
④ 棉，通"绵"。

中编

复刊词

本刊于二十八年（1939）一月在上海出版，于三十年（1941）十二月出至三卷六期，因上海沦陷而停刊，兹于三十一年（1942）七月从三卷七期起，在渝复刊。

本刊初期印刷费由主编人自出，至一卷十期由中央银行月津贴七百元，二卷十期月津贴一千元，三卷三期月津贴四千元，至三卷六期上海沦陷，津贴取消，此次复刊由捐募而来。

三卷四期为巴蜀文化——成都白马寺的兵器与重庆江北的汉墓——但只寄到数册，内地见者甚少。此次复刊将白马寺兵器独出一期，汉墓将另出一专号。一卷合订本在渝出版二千，不一月而售罄。二卷合订本在桂林付印，不久将与一卷合订本在渝再版。

本刊渝版第一号（即三卷七期）为巴蜀文化，二号编史方法采访，三号为四川的治水者与水神，四号为汉墓，五号为西北文化。以后则出普通的，遇有必要再出专号。

说文月刊社

巴蜀古文化之研究

于右任[1]

四川古为巴蜀之国，战国末年被秦所侵，其人民退居四面深山中，因其历史未曾传世，考古者亦多不注意于此。而其古代文化，遂不闻于世。其实古巴蜀自有巴蜀文化也。

历代出土铜器，有一种花纹文字与周异，而与殷亦不同，金石家将其年代向前推求，目为夏代物。今其出土地在四川，则知其物非夏代，而为巴蜀人固有之文化也。

去年卫聚贤先生成都搜集古物，得有古代铜兵器若干，其花纹文字特殊，即金石家所目为夏代物者，询之估人，云出于成都西北郊白马寺附近，在民国十年左右始有大批出土，出土之数约近千件，皆四散遗失，而少有人注意者也。

余与聚贤亲自到白马寺附近探访，其地有数十家烧瓦窑，正在取土作坯，当地人指坛君庙后即系出古兵器之地址，今尚有土阜[2]高五六尺，宽五六丈，长十余丈尚未被掘，究其下是否尚有古铜器则不敢臆度，而附近绳纹瓦片甚多，则系古文化遗址，似无可疑。如能作一次科学之发掘，得事实之证明，则对于学术上之贡献，可胜言哉！文化机关有意于斯乎？

---

[1] 于右任（1879—1964），陕西人，中国近现代政治家、教育家、书法家。
[2] 原为"埠"。

四川古迹之调查

张继[1]

四川古称天府，民阜物丰，文化甚高，则遗留之古迹甚多。当此抗战之际，陪都设于重庆，文人群集后方，若就地面考古则甚易，发掘则较困难。且感于财力之不足，因而所得材料，无法印刷，故不如先从手调查工作：轻而易举，收效亦宏也。

一、秦以前之古迹

四川古为巴蜀之国，武王伐纣，蜀遣兵从征。灭商后，又以巴濮楚邓为其境，此征诸可信之载籍，四川与中原发生关系甚早，若其固有之历史，当不止此，惜一毁于"诸侯恶其害己也，而皆去其籍"[2]，再毁于嬴秦之焚书，遂荡然无存。今之《蜀王本纪》《华阳国志》等，均为后人所追记，传闻异辞，难征信。近年来地下时有古器物发现，可补史乘，如华西大学博物馆在广汉大平场发掘所得有新石器、黑陶、玉器、大石璧等，并闻广汉曾出土金银错之古兵器，近成都白马寺亦出有大批兵器祭器，花纹文字奇瑰，经卫聚贤考证，谓可代表一区域之礼俗特性。他如雅安懋功理番等处发现之新旧石器，皆可见四川文化之高，能与中原媲美矣。

---

[1] 张继（1882—1947），河北人，字溥泉，有《张溥泉先生全集》《张溥泉先生全集补编》等。
[2] 《孟子注疏》卷10上《万章章句下》，第2741页。

二、汉以后之古迹

蜀中汉八阙，间有金石书著录，重其文字，忽其花纹，而近来尚未见有好古之士将汉八阙拓绘拍照作详细之调查，又各地所谓蛮洞，实系汉墓，每不为学人所注意，或埋藏于蓬蒿，或被毁于牧竖，且其中间之雕刻如武梁祠者，而为金石各书未见著录，此急需调查者也。砖墓亦复伏颐砌以为室，例如各种花纹，合而观之，不下数十百种，其具吉语文字及年号者，则不多遘①。崖墓汉墓中之明器以新津堡子山发现为多，近年重庆、成都、涪陵时时有之，就其明器，可以推知四川文化制度及葬礼习俗也。

三、唐宋以来之古迹

东晋李特之乱，遍地骚然，文物多被毁坏，其存留者则有齐梁之造象，与川北广元在唐开元时造大石窟，公路开辟毁坏不少。五代蜀石经已有注文，开石经之特例，时人黄希成藏有二残块。它若中国最早民间所用之纸币，如五代时四川之交子，交子本系纸质，在四川卑湿之地不易保存，川北及西康气候干燥，多藏之于佛腹中，二十四年（1935）夏红军在川北川西捣毁佛像，使此种纸币始流传入人间，不过为数甚寡，但于货币史实为重要也。元代抗战之事迹，石达开之布告，均在可查搜及研究之必要。

川省广袤，古迹丛脞，若从事发掘，或感物力之不足，但是能以择尤设施，如成都白马寺遗址是也。据卫聚贤考察，其出土遗址系烧瓦窑，取土挺堭，尚未取尽，今所余者高约六尺，宽四五丈，长仅十余丈之一土阜②耳。一二年后势将尽成平地，遗址则无法保存，即今失机，后将噬脐，川中当局士绅，必有以处之，使征文究献者，有所取资焉。

---

① 遘，gòu，相遇；古同"构"，构成。
② 原为"埠"。

避巴小记

吴敬恒[1]

二十六年（1937）吾乡沦陷，避地来蜀，居重庆者已亘六年，名则居蜀，实居巴也，巴蜀今同一四川，在古民族与起源[2]，皆或小异。客中无斋书，偶浃徐校《说文》等，皆语为不详。然巴蜀起原（源），即据许字字诂，亦可得而略说。即余所居巴境之概略，可因而分疏之，故为此小记也。

按，《说文》："巴，虫也，或曰食象蛇，象形。"[3] "蜀，葵[4]中蚕也，从虫，上目象蜀头形，中象其身蜎蜎，《诗》曰：'蜎蜎'者蜀。"[5]（今《诗》从俗字作"蠋"）巴蜀古居西南蛮夷中，巴地多巨蛇，蜀地多如蚕之蠋，先民据其瞥有所习见，姑以名其地。如荆，《说文》："楚木也，从艸刑声。"楚，《说文》："丛木，一曰荆也。"[6] 荆楚皆即多刺之灌木，古代荆州之域，僻在南荒，草木丛茂，故名其州曰荆。荆与楚同物，故后人立国，又名楚也。如巴蜀所居之梁州，应邵以为梁州者，言西方金刚，其气强梁。地域之命名，或以所产方物，或以土宜，取义自名不同，而必皆有其所本。巴蜀义取方，其一例也。

今将略记巴，惟可用蜀为比较，先略言蜀。蜀为葵中之蚕，刘安以为蠋与

---

[1] 吴敬恒（1865—1953），江苏人，字稚晖。中国近代资产阶级思想家、政治家、教育家、书法家。曾任天津北洋学堂教习，上海南洋公学学长。1902年加入上海爱国学社，参与《苏报》工作。1905年，在法国参加中国同盟会，出版《新世纪报》。1924年起任国民党中央监察委员、国民政府委员等职。

[2] 原为"原"。

[3] 《说文解字注》第十四篇下《巴部·巴》，第741页。

[4] 原为"蔡"。

[5] 《毛诗正义》卷8《国风·豳风·鸱鸮》，清阮元校刻《十三经注疏》本，第396页。

[6] 《说文解字注》第一篇下《艸部·荆》、第六篇上《林部·楚》，第37、271页。

蚕，状相类，而爱憎异。《说文》：蚕"任丝虫也，从䖵，朁声"①。蠋为大青虫，蚕为丝虫，形之蜎蜎相似，而性质大异。然此乃开化人类之所办，蛮邦或非所知。而且蜀虽非惟一宜桑之土，如兖州郑卫之期我桑中，但富有蠋，亦且富有蚕。蜎蜎之蚕，当时或亦所在皆是。若黄帝第二子昌，为元妃嫘祖之所出，嫘祖为蚕祖，昌意娶蜀山氏女昌仆，或化于其姑，亦能从蠋中辨识有蚕。蜀山氏所在之地，为今北川县石纽山产禹邻近。北川旧名广柔，曾合汉庆县蚕陵等，而为汶川郡。后人以蚕陵名县，于古或有蚕事，又可推想。则蜀山之自古见重于中土，亦有由来。至于巴为食象蛇，《山海经》亦言之，巴字中间之一直，徐锴以为即指所吞。余则以为巴蛇食象，或非事实。乃取象为大物，形容巴蛇所吞，可大至于象耳，象虽古时并产南越，非如近世之仅产印度。《说文》：象"南越大兽，长鼻牙，三年一乳，象耳牙四足尾之形"②。故南越有象郡，广西亦有象县。然偶而贡象于中土，自古或有，即前清北京象房，尚豢有多象。巴虽较能近接南越，未为有奔象至巴，为巴蛇所食。因韩非之世，尚云人希见生象，而得死象之骨，按其图以想其生，故人所意想，皆谓之象。虽韩非时巴蜀已成文教之地，自无由南越北来至巴之象，故曰希见生象。但吞象之巴蛇，于古亦仅有传说，并载于《山海经》等之神话。《山海经·海内经》云："西南有巴国……有黑蛇，青首，食象。"③又《海内南经》云："巴蛇食象，三岁而出其骨，……其为蛇青黄赤黑。一曰黑蛇青首。"④其余郭象之赞，高诱《淮南（子）》之注，吴都之赋⑤，屠巴蛇，出象骨；博物之志⑥，《志怪》之篇，皆言巴蛇食象，三岁出骨，均袭旧说，并无新义。惟徐锴引《山海经》，又有玄蛇食麂，鹿也；近世犹有目验之者。乾隆中有笔记一则载于《蜀故》云：

---

①《说文解字注》第十三篇下《䖵部·蚕》，第674页。
②《说文解字注》第九篇下《象部·象》，第459页。原为"象，长鼻牙，南越大兽，三年一乳，象耳牙四足尾之形"。
③《山海经校注》卷18《海内经》，第380、381页。原文无省略号。
④《山海经校注》卷10《海内南经》，第247页。
⑤《吴都赋》。
⑥《博物志》。

有人游瞿塘峡，时冬月，草木枯落，野火燎其峰峦，连山跨谷，红焰烛天。忽闻岩崖鞫然有声，驻足伺之，见一物圆如大囷，坠于平地。近视之，乃一蛇也。遂剖而验之，蛇吞一鹿在于腹内。野火烧燃，坠于山下。所谓巴蛇吞象，信乎有之。①

如谓蛇能吞鹿，则蛇亦能吞象，似微嫌武断。巴之造字，出于仓颉。即远在仓颉数万年之前，世上已无如恐龙等之巨兽。巴龙名地之时，何来千寻之巨蛇。千寻者，郭象赞《山海经》巴蛇之辞也。此亦形容尺度之大，忘其所以之词。否则千寻当为八百丈，古尺虽小，亦当亘今日一公里而弱。真与翼若垂天之云，背负泰山，皆词人夸诞之语耳。故巴蛇吞象，决是形容所吞之能大，与形容大水，则曰石浸稽天，天岂可稽，亦形容耳。《楚辞·天问》："一蛇吞象，厥大何如。"②郭象亦能作辞人，而曰："厥大何如？屈生是疑。"③屈生所疑，彼亦疑之也。惟于古代，巴地多蛇，蛇又相当巨大，自比有之。但吾六载居巴，所见之蛇，并未特多于他处，则今昔异矣。然亦久处城市而已，未适僻远。又据近代笔记一则，为巴多蛇张目，足引一小嚎：

乐巴寺在通江县西十里。《县志》云：相传乐巴真人所建法座下有石穴。每岁仲夏，一蛇长尺许，先出。群蛇大小颜色不一，络绎随之，游于殿堂、几榻、橱器之间，或至数日。不畏人，亦不伤人，人亦不相害也。必僧为食以饲之，食已其先出者，先至穴口，俟群蛇毕入而后入焉。土人传为四万八千尾，云今尚然。④

---

① 〔清〕彭遵泗等撰，刘兴亮等整理：《蜀故》卷20《物产·介虫》，北京：国家图书馆出版社，2017年，第350页。
② 《楚辞》卷3《天问章句第三·离骚》，第84页。原为"楚词""有蛇吞象，厥大何如"。按，郭璞注《山海经》"巴蛇食象，三岁而出其骨"引《楚辞》作"有蛇吞象"（《山海经校注》，第248页）。
③ 〔晋〕郭璞著，张宗祥校录：《足本山海经图赞》之《海内南经第十·巴蛇》，上海：古典文学出版社，1958年，第39页。
④ 〔清〕张澍撰：《蜀典》卷5《故事类·乐巴寺蛇》，续修四库全书本。按，原文无"《县志》云"。

通江即产银耳之地，在古代为巴之最东北境。巴蛇古多，蜀蚕今富，对照自足咸趣。周时蜀之称王，第一名即号蚕丛。是巴蜀命名，为蛇为蚕，征诸《说文》，可无疑义矣。

又有疑"巴，虫也"，为一义；"或曰'食象蛇'，象形"，又为一义；今巴蛇无可考。此乃妄分许辞。巴既为象形，乃象大蛇，口有所吞之一物，此外更无二义。先释为虫也者，巴承戊巳之后，戊巳各有所象，皆象神物，巴乃象寻常之虫，故加"虫也"以别之。虫部，一名蝮，博三寸，首大如臂，指象其卧形；蝮，虫也，从虫，复声。蝮亦一种之蛇，先象其形于虫，复释虫也于蝮，正与巴为一例也。

巴之所以为巴，后人又名别辞。大约以川流曲折成巴字之形，最为流行。而且随便各自附会，又多异同。一称西境培江①，东流至铜梁县境，曲折成字，名曰字水，又东至合川入嘉陵江。又称东北境之巴江，出大巴山，行至巴州东南，分为三流，而中央横贯，势若巴字，名曰字江，唐李远曾有诗句云："巴江学字流。"②又有诗人，因重庆东城有字水街，凿口（通）嘉陵江与大江合流处，曲折成字，所以有街号字水。凡此皆不达巴之造字原本，而又不乐以蛇区名其地，故为此周章。又《史记》"苴蜀相攻"，徐广等并采谯周之说，以为苴即谓巴，周乃巴人，为熟巴故，其为说曰："益州'天苴'读为'包黎'之'包'，音与'巴'近。"③天苴即巴苴，巴苴读如巴苞，容易读巴为苴，苴蜀犹言巴蜀。混苴巴而为一，既于字之本义有乖，又纡曲难达。《说文（解字）》："苴，履中艸，从艸，且声。""苞，艸也，南阳以为粗履。从艸，包声"④，皆自有。其本义，不得又混为巴。巴苴果有其物，且又称天苴，不过此天苴者，乃巴之苴耳。如何又可混苴为巴。想谯周巴人，亦耻认巴为蛇区，故特诚⑤诡其词。徐广等喜闻苴蜀即巴蜀，不必□为苴解，可较直截。而《华阳国志》补所旧闻，言蜀君

---

① 即涪江。
② 〔宋〕王安石编：《唐百家诗选》卷17《李远诗五首·送人入蜀》，文渊阁四库全书本。
③ 《史记》卷70《张仪列传第十》，第2281页，裴骃集解引。原为："益州之人，读'天苴'为苞梨之苞，音与巴近。"
④ 《说文解字注》第一篇下《艸部·苴/苞》，第44、31页。
⑤ 原为"叔"。

中编

曾封其弟为苴侯，居今广元西古葭明城。苴后疏蜀而亲巴，蜀因攻之，苴求救于巴，巴力不胜，又为求救于秦。蜀因其弟叛蜀亲巴，亦求救于秦。苴在广元西，正当巴蜀之交，又最近于秦。得此叙述，补史迁所略，尤于因苴起衅，相攻而各于秦求救，皆曲折相合，故张守节为正义，取常志①以正集解、索引之失。而巴之本义，亦免淆晦矣。

巴之字义既明，而巴之成国，与其地之见于历史，又□（书）□（略）加以的解，考巴起源之神话，亦牵连于蜀。据《华阳国志》所载（《山海经》等亦同），其为蜀，则曰："蜀之为国，肇于人皇，与巴同囿。至黄帝，为其子昌意娶蜀山氏之女，生子高阳，是为帝喾。封其支庶于蜀。"②此误高阳为帝喾，与《史记》异。神话记述，固可随便。惟昌意娶蜀山氏女，或较传说有力。则蜀山氏必系蜀之初民，蜀名见于记载，在武王牧誓之前，止此而已。常氏于蜀山氏之世，即云与巴同囿，乃便于叙述巴史，亦欲托始黄帝而已。其袭《山海经》等之神话为"巴志"，曰："昔太皞生咸鸟，咸鸟生乘釐，乘釐生后照，乃有巴国。"③与蜀之肇于人皇，皆无可凭信。所谓百家言黄帝，文不雅驯，神话所托，大无然矣。其实之名见于经传者，始于《牧誓》。所谓庸、蜀、羌、髳、微、卢、彭、濮八国，从讨商纣是也。蜀至于西周□王，其第一君为蚕丛。由是而柏灌，而鱼凫而望帝，即及春秋之初，望帝传其相开明，再传八世，至战国，灭于秦。巴名则始见于《左传》桓公九年（前703），请与邓为好。其后庄公时伐楚，文公时与秦楚灭庸，哀公时为楚败于鄾，裨鯈鱼三巴救之。至战国益强，足为秦楚轻重。惟与蜀常相攻，卒与蜀同灭于秦。《牧誓》庸、蜀、羌、髳、微、卢、彭、濮八国，时无巴者，伪孔传注，髳、微在巴蜀。当时庸在巴东（夔州），濮在巴南（酉阳等地），不当无巴。或其时巴犹微弱，隐于髳、微人之中，迨牧野一战，髳、微中之巴人独勇，故《元和郡县志》亦采《巴志》，而曰："武王伐殷，巴人助焉……后封宗姬于巴，爵之以子。"④是巴蜀立国同始

---

① 即《华阳国志》。
② 《华阳国志校补图注》卷3《蜀志》，第113页。
③ 按，此句不见于《华阳国志·巴志》。《山海经校注》卷13《海内经》记载为："太皞生咸鸟，咸鸟生乘釐，乘釐生后照，是始为巴人。"（第380页）
④ 《元和郡县图志》卷33《剑南道下·渝州》，第853页。

于周初，亦可信也。

巴都则建在重庆，亦时并都于丰都，其先君之陵墓，大都在焉。故有名自杀之巴蔓子，亦葬忠州。今重庆有巴蔓子墓者，或古已有衣冠墓之类欤？巴境东界鱼复，西界僰道，北极汉中，南达牂牁，所谓巴蜀相攻，至近世而始无其迹。中世犹常常不免。巴人自恃其勇，常轻蜀人：

元魏①时萧宝夤反，董绍上书求击之云："臣当出瞎巴三千，生啖蜀子。"肃宗谓黄门徐纥曰："此巴真瞎也？"纥曰："此是绍之壮辞，云巴人劲勇，见敌无所畏惧，非实瞎也。"帝大笑，敕绍速行。②

蜀人又自恃其文化之富，常轻巴地：

蜀东西川之人，常互相轻薄。西川人言："梓州（今潼川）者，乃我东门之草市也。岂得与我偶哉？"（东川）节度使柳仲郢闻之，谓幕宾曰："吾立朝三十年，清华备历。今日始得为西川作市令。"闻者皆笑之。③

此种蜗角中之得失，皆交通阻塞时之现象。迨交通既畅，互相迁徙，人皆惊奇于古之所为矣。吾居巴，一如居吴。居巴六年，更将居蜀多年，仍如居乡而已。蚕乡欤？固已为锦城。蛇乡欤？亦以穴其洞为最良，对飞行之机而自豪也。一大轩渠。

---

① 元魏，即北魏。
② 《魏书》卷79《列传第六十七·董绍》，第1759页。
③ 〔宋〕孙光宪纂集：《北梦琐言·佚文》卷3《东西川人轻薄》，朱易安、傅璇琮主编：《全宋笔记》第1编4，郑州：大象出版社，2003年，第96页。"蜀东西川之人，常互相轻薄"，原为"西川之人，藐视东川"；"（东川）节度使柳仲郢闻之"，原为"柳仲郢为东川节度使"。

巴蜀文化附图说明[1]

卫聚贤

甲、兵器

一、锐[2]

由图一至图七均为锐，其排列的次序，以小者为早，以有手与心的花纹为先。

图一：长四寸二分（均以市尺计），花纹为手与心。

图二：长一尺二寸五分，花纹一面为手与心，一面花纹不清。

图三：长一尺零二分，花纹一面为手与心，一面为卷尾兽。唐少波藏。

图四：长一尺八寸，花纹一面为手与心，一面为二兽。罗希成藏。

图五：长一尺，花纹一面为手，下有一兽，兽后有一如工字形花纹，一面为心。

图六：长七寸七分，花纹为下唇长兽。

图七：长七寸九分，花纹为蛇。

---

[1]原为先排图，后根据图顺序一一进行说明，现改为图文穿插，并将文中序号改为"图+序号"。
[2]锐：锐利的兵器。

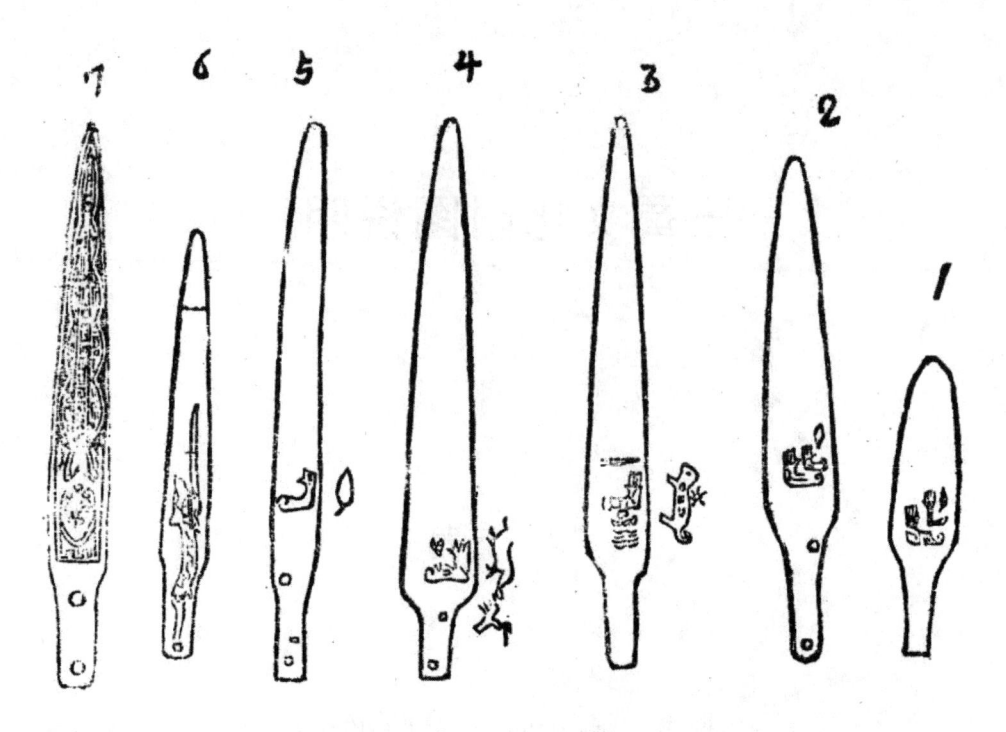

从右到左：图一至图七

二、矛

由图八至图十二均为矛，其排列次序，以第八似锐，因矛由锐进化的，故列于前。第九头较宽为晚。第十有翼更晚。第十一近剑，因剑由矛进化的，故列于后。至于第十二系矛中最进步的，故列于最后。

图八：长八寸二分，两面花纹，一面为持矛人，一臂两头为手，心与酒壶（图一〇四及一〇六即其花纹之放大的）。一面为蛙及无尾兽等。

图九：长六寸五分，已断为二节，花纹为蝉。

图十：长七寸六分，两面花纹，均为有翼兽。一面为手，手旁有月；一面为心，心旁有星及云。

图十一：长九寸八分，花纹为多足饕餮。柄有一"旅"字或"口"口。罗希成藏。按，《金石索·金索二》第七页有一古戳[1]，其花纹与此同。

---

[1] 戳，qú，古代戟一类的兵器。

图十二：长九寸，头有"熊王"二字，反面为一鱼纹。柄为熊囗。罗希成藏。

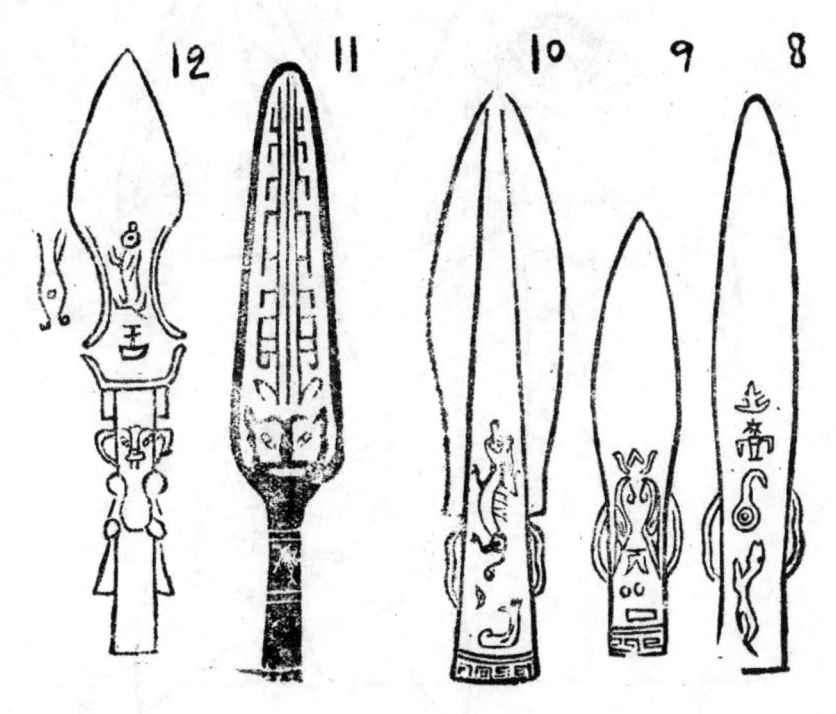

从右到左：图八至图十二

三、欮

欮由矛进化，由小而大，由秃而锐，故以此为序。

图十三：长三寸四分。柄有二文字，不识。

图十四：长五寸一分，花纹为饕餮（吞口），柄有三字，上有一僻字。《积古斋钟鼎彝器款识》卷二第二十三页珊戈有类似此字①。罗希成藏。

图十五：长六寸，花纹为吞口，有一字，不识。吞口花纹系金银错。

---

① 《积古斋钟鼎彝器款识》卷2《商戈·珊戈》载：面为一字：，背为四字：（阮元编，丛书集成初编本）。

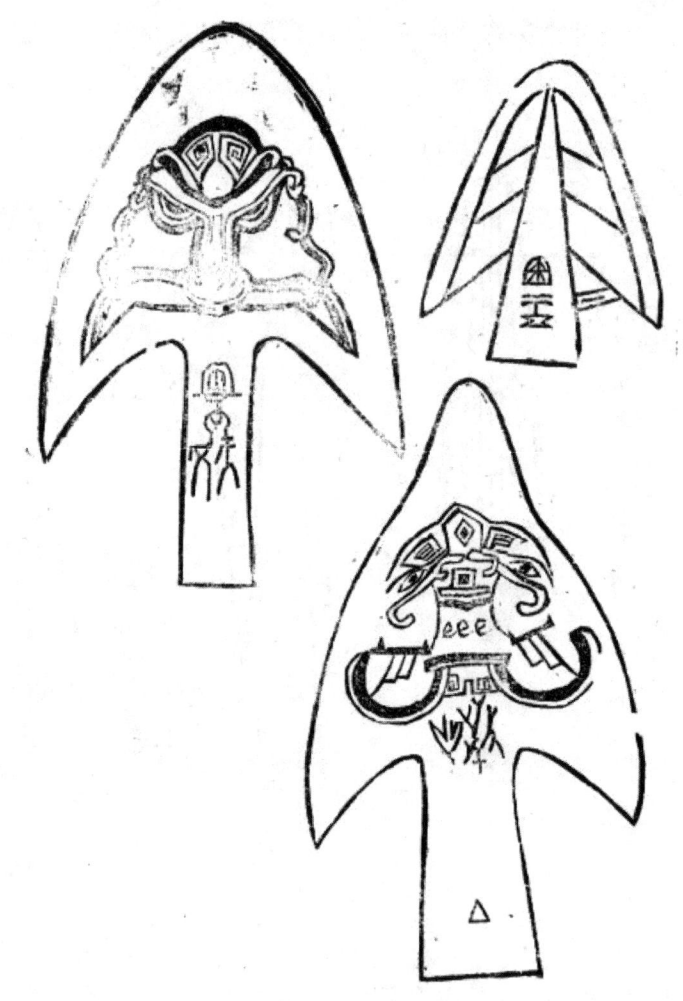

右上图十三、右下图十四、左图十五

四、瞿

图十六至图二十一均为瞿。十六、十七头上之洞有沿突起，此洞系穿绳□□用，洞有沿突起系以缩时头不至于折断，故以为早。十七已有穿当比十八为早，但洞有沿突起，故列于前。十八无穿，十九与二十都有穿，二十一头已尖锐，故为晚。

图十六：长七寸五分，无花纹。

图十七：尖头断去，右角缺一部。

图十八：长六寸四分。

图十九：柄残一节（截）。

图二十：长七寸二分。

图二十一：长六寸三分。罗希成藏。

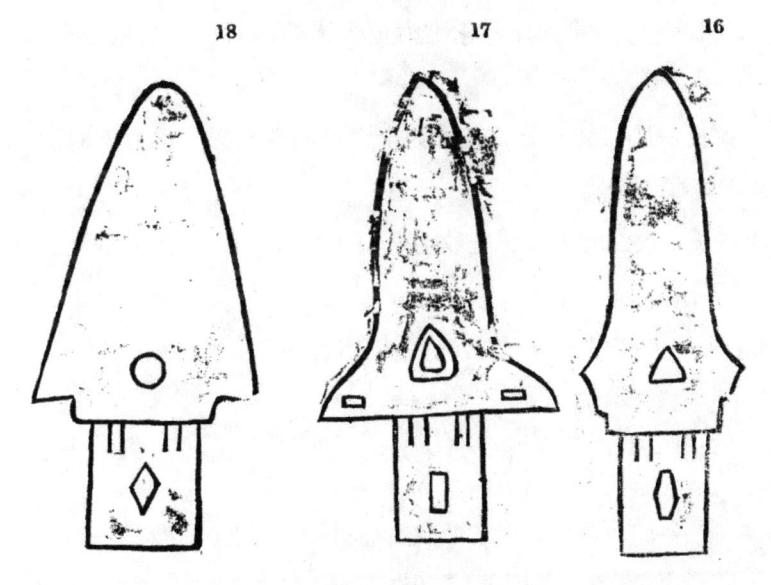

从右到左：图十六、十七、十八

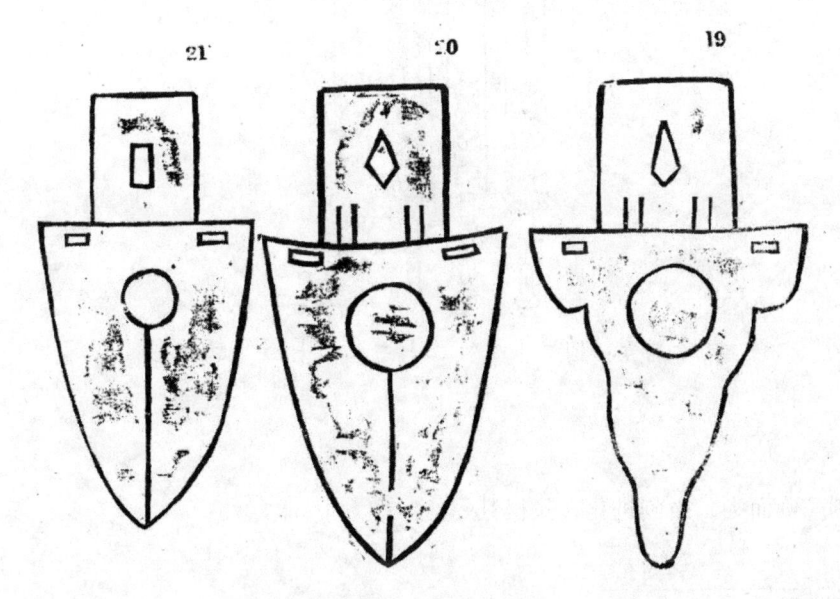

从右到左：图十九、二十、二十一

五、剑

图二十二至图二十五为剑，剑由矛进化，故以壮柄列前，细柄列后。二十五应列在最后，以其花纹□杂为晚，但其花纹与二十二近，故列在一起比□（较）。

图二十二：长一尺三寸三分，花纹为金银错的六对兽，近柄处有二字□□□。

图二十三：长一尺二寸五分，花纹为金银错的四对兽，面有三对□（云）纹□□□。赵献集藏。

图二十四：长一尺二寸五分，花纹为金银错饕餮，而饕餮为三□□。赵献集藏。

图二十五：长一尺二寸五分，花纹为金银错饕餮。罗希成藏。

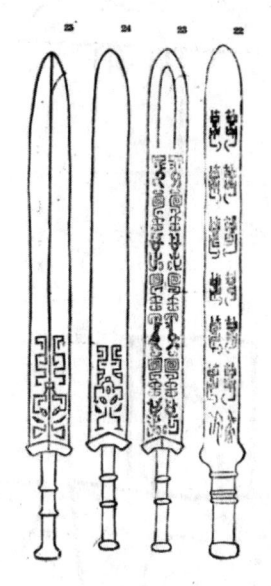

从右到左：图二十二、二十三、二十四、二十五

六、劉①

劉□剑而尖，由剑进化，只得其一。

---

①劉，liú，斧、钺一类的兵器；姓，通"刘"；杀戮；凋残、零落。

图二十六：长一尺一寸二分，柄如蛇□□于树状。有二字，《积古斋钟鼎彝器款识》有此字，名为虬戈[①]。

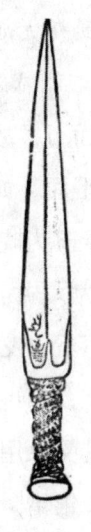

图二十六

七、匕首

匕首由剑进化。

图二十七：长七寸四分，花纹为金银错如草蔓状。罗希成藏。

图二十七

[①]《积古斋钟鼎彝器款识》卷2《商戈·虬戈》，第118页。

八、戈

图二十八至图四十一均为戈。最初无胡，后因缩柄而有小胡，最后则为大□（胡）。故以此为序。二十九似在二十八之前，但二十九文字为晚，三十及三十一金银错花纹为晚，三十一只左面刃，故列于三十的两面刃后。三十二□有穿。但其状如瞿而无孔，且其背为平面，如北方的柳叶刀之一。三十三与三十五为殉葬物，三十四花纹文字较三十五为晚，但为一穿，故列于□（后），三十六与三十七为小胡，三十八至四十为大胡，四十一为大□（胡）□弋，□为汉代物，故列于最后。以此次序，可以看出戈的演变。

图二十八：长七寸一分，有一字，不识。

图二十九：长六寸八分，有"其父永用"四字。罗希成藏。

图三十：长八寸五分，花纹为金银错。赵献集藏。

图三十一：长八寸四分，花纹为金银错，罗希成藏。

图三十二：长四寸六分，花纹为饕餮。

图三十三：长七寸五分，薄如一铜片系殉葬物。

图三十四：长一尺零二分，头□饕餮花纹为金银错，柄上花纹□□□，柄有二字为"左豸"阳文。罗希成藏。

图三十五：长八寸二分，柄有阳纹花纹，□（薄），系殉葬物。

图三十六：长六寸七分。

图三十七：长六寸一分，柄有一小鸡，下有二爪纹。

图三十八：长五寸五分，花纹为一饕餮，旁有一卷尾兽。

图三十九：长八寸三分，花纹为金银错。罗希成藏。

图四十：长八寸四分，花纹为金银错，柄有二字，与□□□□，□□。

图四十一：长五寸九分，素戈。

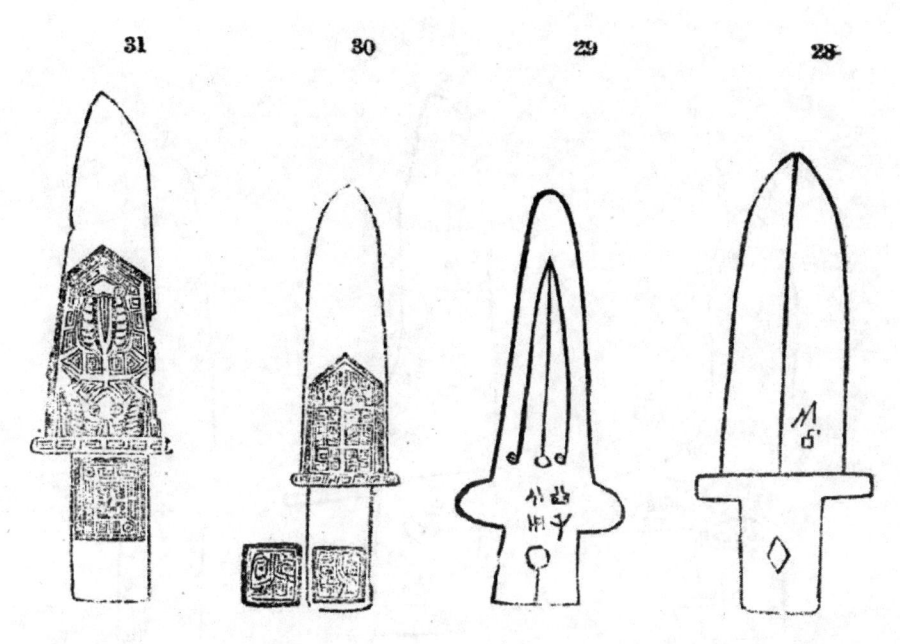

从右到左：图二十八、二十九、三十、三十一

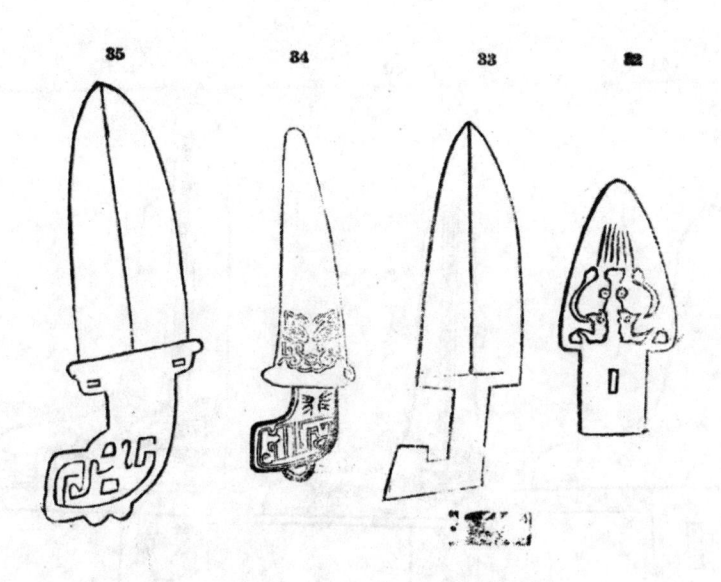

从右到左：图三十二、三十三、三十四、三十五

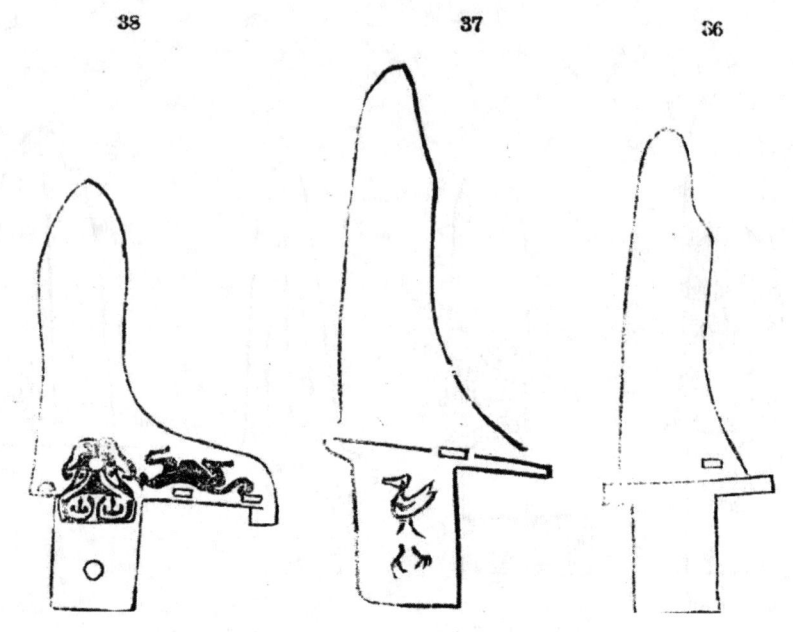

从右到左：图三十六、三十七、三十八

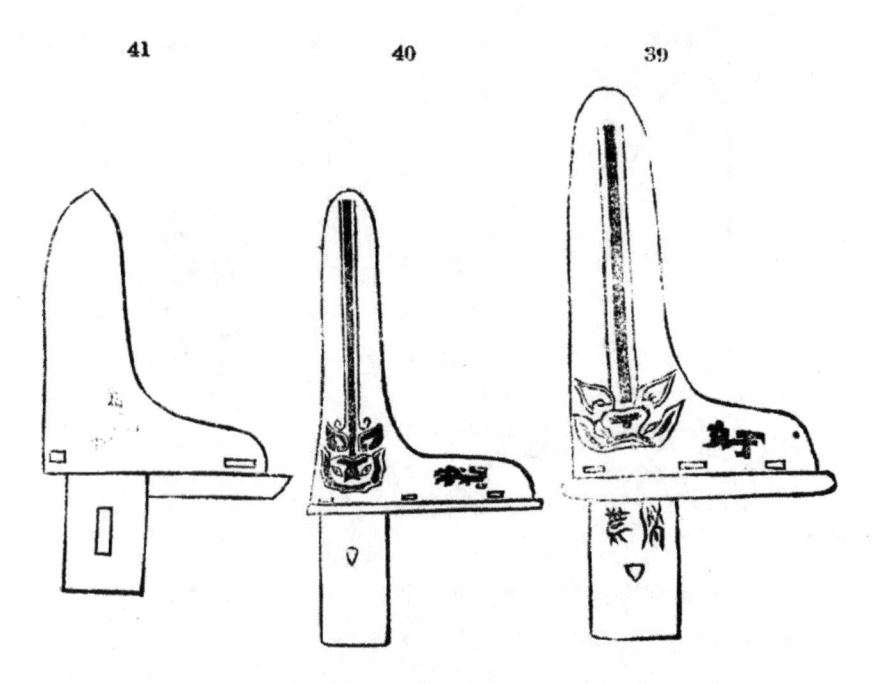

从右到左：图三十九、四十、四十一

九、戟

图四十二至图四十三为戟，戟由戈进化，戈为一胡，戟为二胡，由小胡□大胡，故以此为序。

图四十二：长六寸八分，柄有一字，不识。罗希成藏。

图四十三：长七寸，上有四条龙，鼻一龙系一片□（斜）出，旁二人□□□出，两面突出六齿，系包在木柄上。

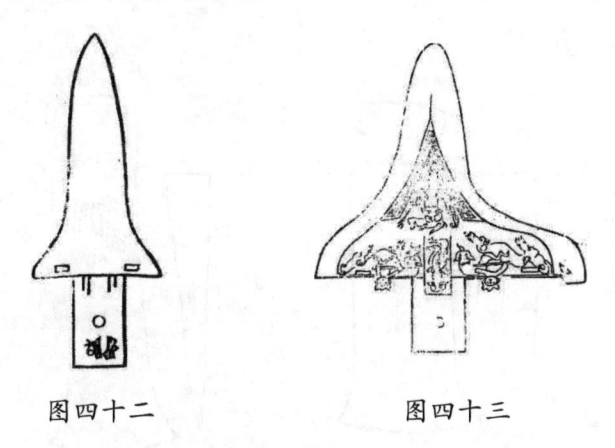

图四十二　　　　图四十三

十、钺

钺与斧相近，但来源不同。

图四十四：长八寸六分，柄正背各一纹，此面为"□"字。□□□□，而头部残去。罗希成藏。

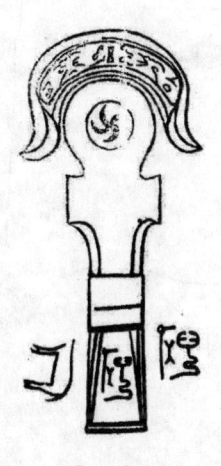

图四十四

十一、斤①

图四十五至图四十八均为斤，以无洞及洞长方形与正方形为序。

图四十五：长二寸二分，系一厚铜片。

图四十六：长三寸九分，中空，可插柄。有一突起之□。

图四十七：长二寸八分，有刻一鱼。

图四十八：长四寸三分，柄洞正方，上有突起的纹，有一字，不□（识）。

以上兵器四十八件。

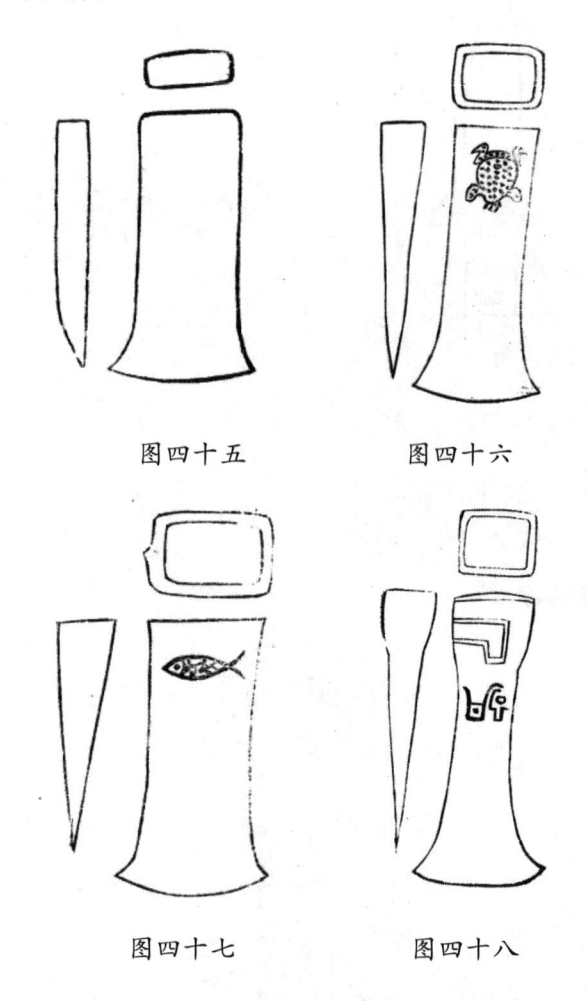

图四十五　　　图四十六

图四十七　　　图四十八

---

①斤，一种砍树用的器具。

乙、花纹

十二、手与心

图四十九至六十均为手与心。其序以单手单心为早,手与心合为次,二手一心合为晚,一口(臂)两头手为最晚。

图四十九与图五十二:系一个器(图五)上花纹的两面。

图五十与图五十三□□:系一个器(图十)上花纹的两面,心旁有□纹,手□有月。

图五十一:系一□(残)矛上花纹。其上有蛇纹。手旁有如工字形花纹。

图五十四:即图三上花纹。手下有花纹。

图五十五:系唐少波所藏一小矛□(上)花纹。

图五十六:即图四花纹。心中及□上有□(云)纹。

图五十七:即图一百一十七上花纹。

图五十八:即图二花纹,臂上有雷纹。

图五十九:即图二花纹。

图六十:即图一〇四至一〇六,亦即图八之反面花纹。□不展直,而为握□形。系一□臂,两面有手。下一旁有心,一旁有一酒壶,酒壶上有□□物。

上除图五十二及图五十七外,臂上均有纹,此为文身的表现。

图六十一:系一瞿上花纹,此瞿断去尖部,其花纹似人头□□,□□□□形,故附于手后。

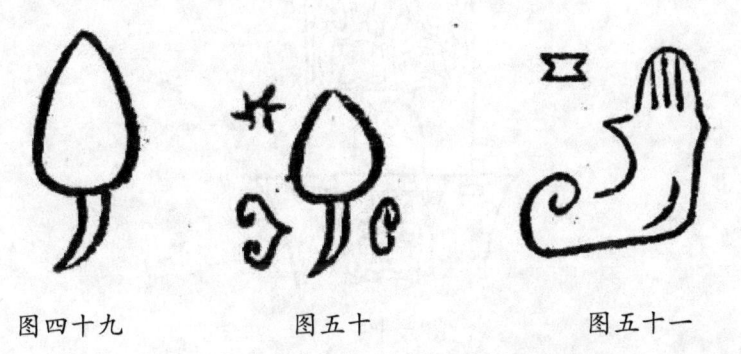

图四十九　　　　图五十　　　　图五十一

图五十二 　　　　　图五十三 　　　　　图五十四

图五十五 　　　　　图五十六 　　　　　图五十七

图五十八 　　　　　图五十九 　　　　　图六十

图六十一

十三、饕餮

图六十二至图七十均为饕餮。

图六十二：残矛上花纹，系一龙头，尚有身残迹少许。

图六十三：残矛上花纹，系一龙头，龙身如蛇，尚存一部分。

图六十四：残矛上花纹，只有一头，无身遗迹。

由图六十二至图六十四，口旁均有二齿突出，但现在四川各地的□□，□□□为刀，均于口中横衔一剑。

图六十五：即图十五花纹，系金银错。

图六十六：即图十四花纹，系金银错。

图六十七：即图三十二花纹。

图六十八：系斤上花纹，此斤长三寸六分，系罗希成于四月小□□□□□□街□购得，余为摹入。

图六十九：系汉墓石刻吞口，绵阳出土。

图七十：系汉墓门□守卫□头部，嘉定狮子□（涧）。

图七十一至图七十四为饕餮的□□。

图七十一：即图三十八花纹，原为戈，只有左边一兽。兹加□□□（右边一兽），以为对称。

图七十二：即图三十九花纹[①]，边加一兽，以作对称。

图七十三：正中的饕餮即图六十二[②]，旁□（图）采三十二剑上的花纹[③]。

图七十四：系一铜壶上饕餮花纹，此种饕餮在中原周代铜器上□□（甚多）。

由图七十一至图七十四，中间的兽头，是一贯的。边旁的花纹，图七十一□□。图七十二尚有卷尾形，臂部尚大，七十三身已细，七十四身细，不过□为地位的关系，将尾巴卷□在身子下了。如此，知饕餮系狗形的□□。

[①] 图三十九花纹，与图七十三正中饕餮纹更像。
[②] 图六十二纹，与图七十二正中的饕餮纹一致。
[③] 卫聚贤该文的图三十二为戈，此"三十二剑"不知所指。从旁图花纹看，与图二十三剑极为相似。

从右到左：图六十二、六十三、六十四

图六十五 　　　　图六十六

图六十七 　　　　图六十八

图六十九 　　　　图七十

图七十一

图七十二①

图七十三②

图七十四

---

①根据文字叙述，该图中间的饕餮并非图三十九器物上的纹饰，而与图六十二饕餮相同。卫聚贤图七十三说："正中的饕餮即图六十二"，故该饕餮纹饰应属图七十三，所以在原文图七十二中间标有"73"。

②饕餮并非叙述所说的"正中的饕餮即图六十二"，而与图三十九饕餮纹饰大致吻合，故该饕餮纹应属图七十二。

十四、人与龙

图七十五至八十一为人。人与龙列在一起，因人骑龙，尚有二龙为一戟上物。

图七十五：系图一百一十六，猎壶上花纹。人持矛。

图七十六：同上。

图七十七：系图一百一十七錞于上花纹，系一人头。

图七十八：即图八反面及图一〇四矛上花纹，人手持矛①。

图七十九：系长沙出土战国时楚器铜洗沿上花纹，系龙头人身，裸体，腰前垂一片小布以遮盖阳物，现在南洋土人尚有此状。

图八十至八十三，即图四十三戟上花纹。

图八十：系人骑龙，人头带三齿帽，即巫（端公）带的"五福冠"，正面只看见三齿，龙口衔一蛇。

图八十一：同上，龙口未衔物。

图八十二：龙口衔一兽，右爪抓一蛇，左抓持如树枝物。

图八十三：龙。

以上四条龙，胫均有铁链物，似为家龙可供乘者。

从右到左：图七十五、七十七、七十六

从右到左：图七十八、七十九

---

①按，人所持物更像图一至图七的锐。

从右到左：图八十、八十一

从右到左：图八十二、八十三

十五、狗与龙

图八十四至图九十七为狗与龙。以狗与龙列在一起，系狗与龙不可分离之故。次序系由简而繁，由无翼而有翼。

图八十四：即图五上花纹。系卷尾兽（狗）尾后有一如工字形。

图八十五：即图二十六上花纹。系卷尾兽后有如"至三[①]"文字。

图八十六：即图四上花纹，原器兽后尚有如一兽者。

图八十七：即图三上花纹，系一卷尾兽，兽上有图如豹纹，背有一星。

图八十八：即图八上花纹之尾一，无。

图八十九：系矛上花纹，此矛藏成都少城公园民众教育馆□□□（武库馆）内。

图九十：系一残戈上花纹，在成都张文彬处看见摹入。

图九十一：即图六上花纹，系一下唇长的兽。

图九十二与图九十三：即图十上两面的花纹，为有翼兽。

①三，古同"四"。

图九十四至图九十五：系长沙出土楚铜洗上飞龙。

图九十六至九十七：系长沙出土楚铜鼎盖上飞龙，原器上为四兽，二龙二虎。

以上图九十二至九十七，龙身上均有小点作花纹。

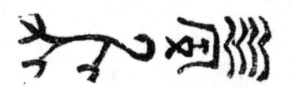

从右到左：图八十四、八十五

从右到左：图八十六、八十七

从右到左：图八十八、八十九

从右到左：图九十、九十一

从右到左：图九十二、九十三

从右到左：图九十四、九十五

从右到左：图九十六、九十七

十六、蛙蝉蛇等

图九十八：即图四十六，斤上突起的蛙。

图九十九：即图八上花纹之一，亦为蛙形。

图九十九至图一〇二，系图八花纹之一面，图一〇四至一〇六，系图八花纹之又一面，除一〇二至一〇六在前文已解释外，一〇〇至一〇一花纹不囗其意。

图一〇三：即图九上的蝉纹。

图一〇七：即图七上的蛇纹。

从左到右：图九十八、九十九、一〇〇

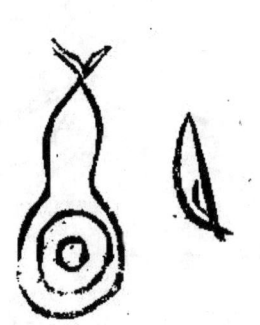

从左到右：图一〇一、一〇二、一〇三

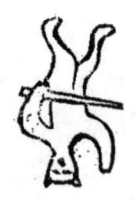

从左到右：图一〇四、一〇五、一〇六

图一〇七

十七、盔甲

图一〇八至图一一五，除图一一一外，似均为盔甲上物。王献唐先生所藏。

图一〇八：长三寸五分（上下环不计在内），眼珠为银错，眉及头有金错。

图一〇九：即图一〇八下环反面的文字，除中为兽外，两头的文字类似梵文。

图一一〇：长三寸四分，眼珠为银错，眉及头有金错。

图一一一：长二寸七分系一薄片，系三个饕餮叠成。背有突出小钉，似衔在木板上，疑为盔上或箱柜上的装饰品，铜的颜色资料与盔甲他件不类。

图一一二至图一一三系小钉子，系甲上物。

图一一四：长一寸九分。

图一一五：长三寸六分，眼珠为银错，眉及头有金错。

从左到右：图一〇八、一〇九、一一〇

图一一一

图一一二　　　　　图一一三

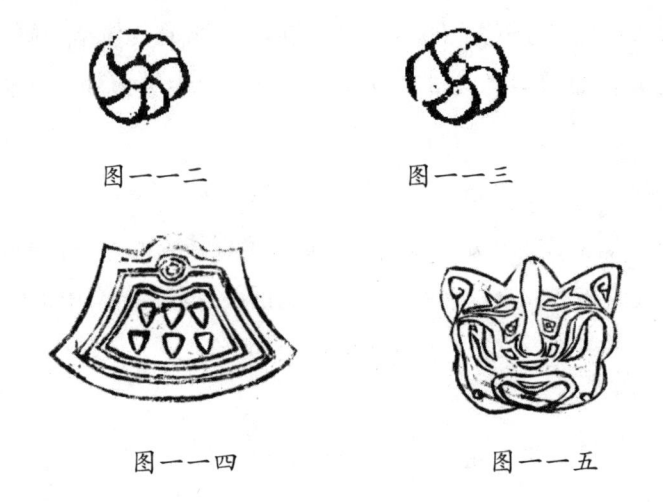

图一一四　　　　　图一一五

十八、猎壶

铜壶，上部残去，上有银错的狩猎纹，故名为猎壶。

（图一一六）由底至上面残处高五寸七分，上面残处口面宽七寸五分，底圈直径四寸二分。

残部口沿有突起的一条凸带，上为云纹，中亦为凸带，花纹亦云纹。两凸带之间为三四层鸟兽□□鱼等，有人持矛追击。第二凸带下有一条系一人持矛击六兽一鸟，一周为四段联成。下如莲花瓣，瓣中有二蹲兽相背，一周共十三瓣，底圈有十字花纹，一周共七个。

图一一六

十九、錞于

錞于出土地在万县，藏华西大学，详见后记《錞于》一文①。

图一一七：系錞于盖上花纹。原书附二照片，《说文》三卷四期已为翻印，但今用木刻，故去此二照片，因作铜版不易。

图一一七

二十、弩机

图一一八至图一二〇系弩机。柯尧舫藏。

图一一八：弩机，长四寸。

图一一九：系弩机平面上错金花纹。

图一二〇：弩机望山上错金花纹。

上弩机上花纹与图一二三至图一二七花纹有些类似。

---

① 按，《说文月刊》第3卷第7期无"后记"，也无相关文章。《说文月刊》第3卷第4期有赵世忠《记錞于》一文（上编），所记錞于即为此錞于。

图一一八　　　　图一一九

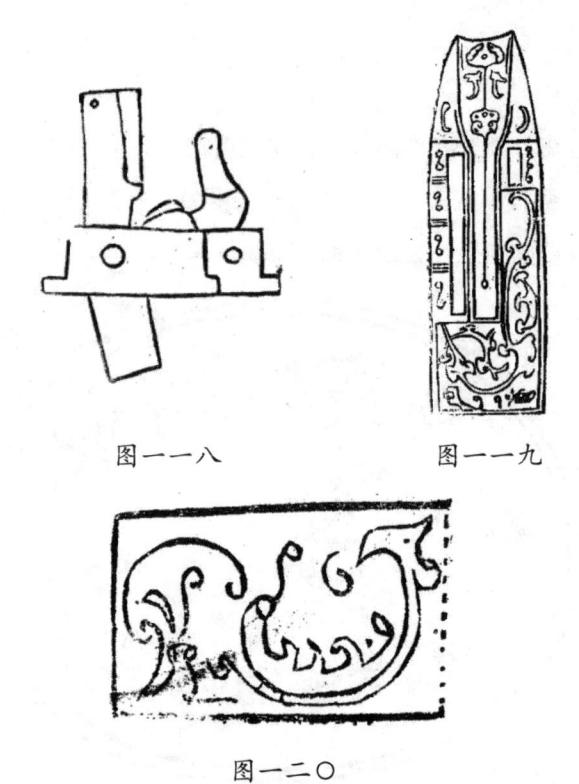

图一二〇

二十一、带钩

图一二一至图一二二系带钩。

图一二一：长三寸，带钩的正面，花纹为金银错。罗希成藏。

图一二二：系前带钩的侧面。

图一二一　　　　图一二二

二十二、卷凤纹

图一二三至一二七均卷凤纹，但此卷凤纹与前一一九至一二〇上的花纹为一个系统。

图一二三：A系长沙楚墓漆案边沿花纹。B系漆盘边沿花纹。C系瓦豆边沿花纹。

图一二四：系长沙楚墓漆盘中花纹。中心衔一薄银片，银片为灰色，上绘黑红两种花纹，外有红色圈一道，以外为黑漆底，上绘红色花纹，花纹中有点处，系涂了一层浅灰色，因用单色印，故以点代表浅灰色。

图一二五：系浙江杭县良渚镇出土新石器时代黑陶的豆上花纹。

图一二六：寿县出土楚铜器上卷凤纹。

图一二七：长沙出土楚漆盘上卷凤纹。

由以上卷凤纹，可知巴蜀及吴越的文化是一个系统。

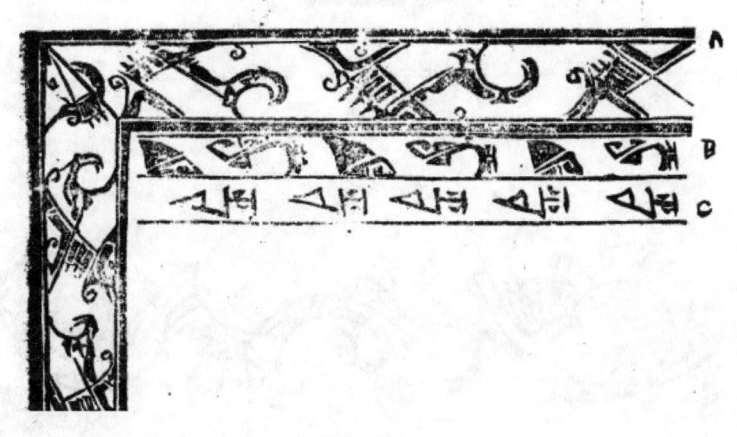

图一二三

图一二四

右：图一二五，左：图一二六

图一二七

丙、文字

二十三、文字

图一二八至图一四四均为文字。图一二八至图一三四系罗希成所藏的兵器上文字[1]，已在《说文月刊》三卷四期上发表过。图一三五至图一四四系新搜集的，图一四四系盔甲上文，现归王献唐，余均为余有。

图一二八：即前图十五上文字。

图一二九：即图十一上文字。

图一三〇：即图四十四上文字。

图一三一：即图二十九上文字。

---

[1] 原为"兵器文上字"。

图一三二：即图十二上文字。

图一三三：即图四十二上文字。

图一三四：即图三十四上文字。

图一三五：即图二十八上文字。

图一三六：即图四十七上文字。

图一三七：即图三十七上文字。

图一三八：即图四十八上文字。

图一三九：即图二十六上文字。

图一四〇：即图十三上文字。

图一四一：即图十四上文字。

图一四二：即图四十上文字。

图一四三：即图二十二上文字。

图一四四：即图一〇九的文字。

以上系兵器上文字。

图一四五：系杭县良渚镇新石器时代□□边沿上的九个字，左为□□□沿，其文字不识。

图一四六：系贵州安顺红岩石刻，据《说文月刊》二卷十期上照片摹入。

图一四七：湖南的《岣嵝碑》，据《金石索》摹入。

图一四八：越王诸咎钟的□篆，据《两周金文辞大系》摹入。

图一二八　　　　　图一二九

图一三〇　　　　　　　图一三一

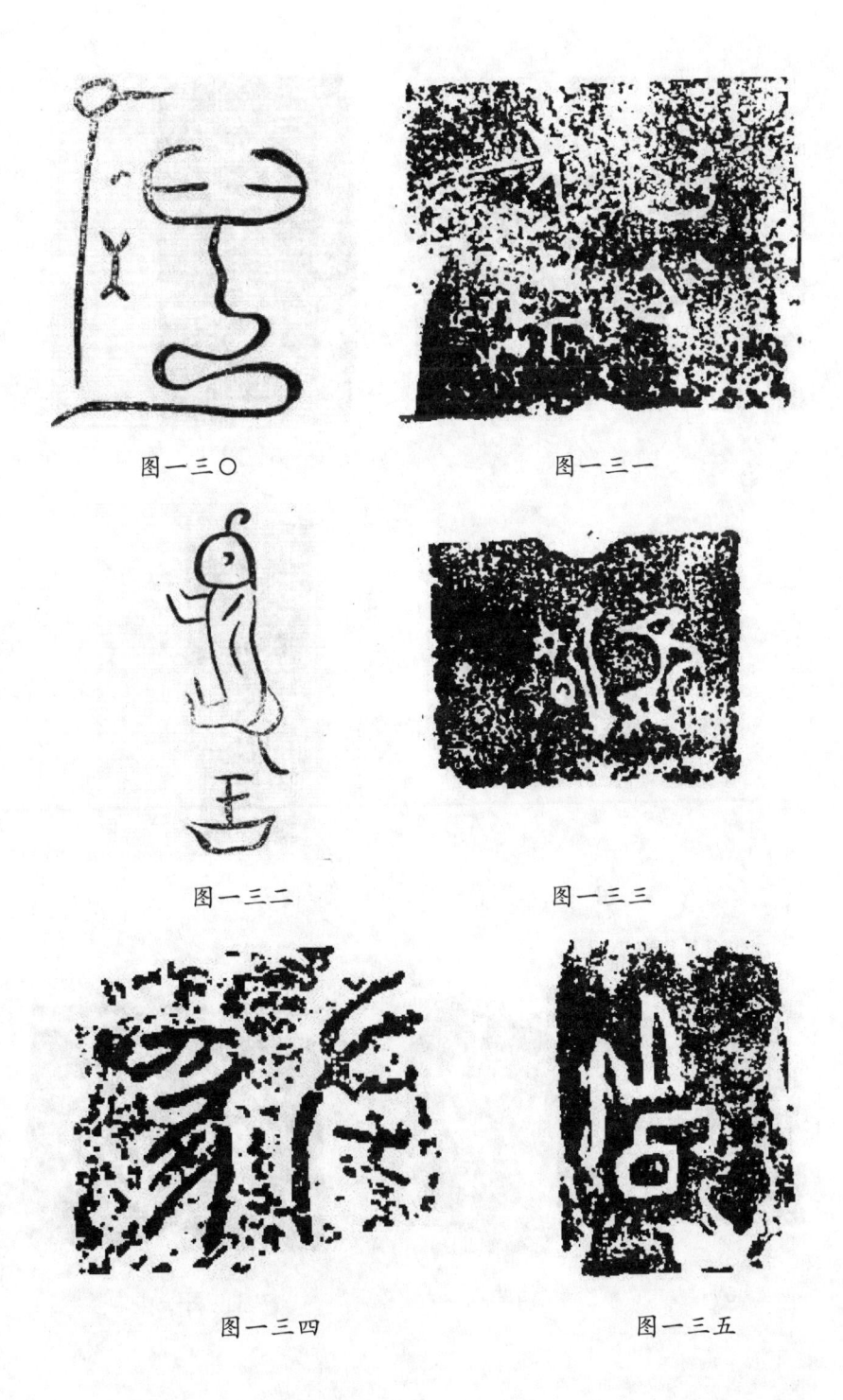

图一三二　　　　　　　图一三三

图一三四　　　　　　　图一三五

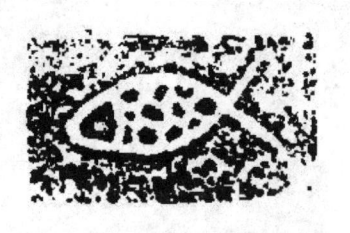

图一三六 　　　　　　图一三七

图一三八 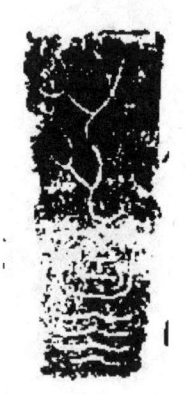　　　　　　图一三九

图一四〇 　　　图一四一 　　　图一四二

图一四三    图一四四

图一四五    图一四六

图一四七

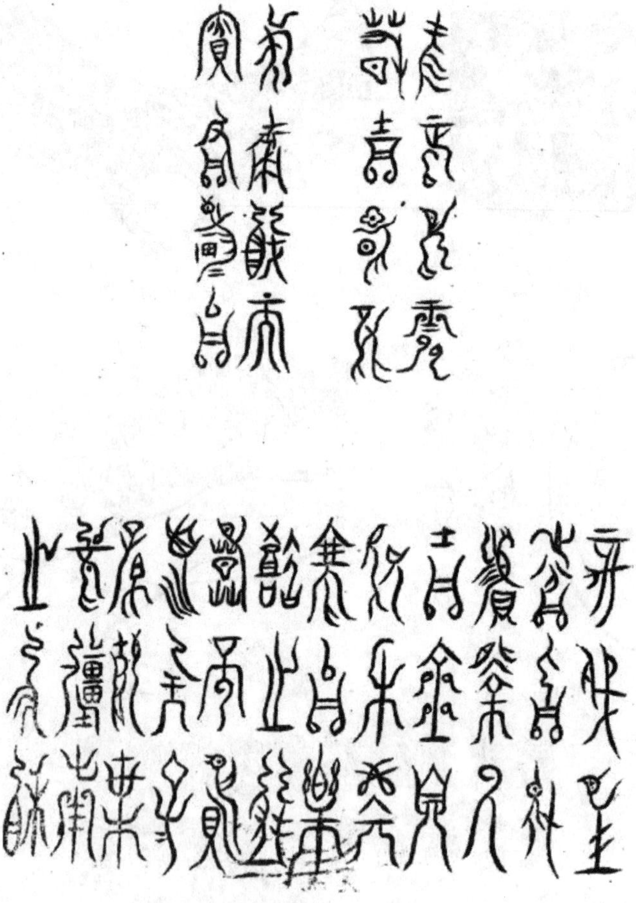

图一四八

二十四、地图

图一四九：成都城图。

图一五〇：白马寺图，坛君庙后一长方形黑块，即高约五尺，宽约口丈，长约十丈的土阜，四周出兵器，尚留此这地，急待发掘的地方。

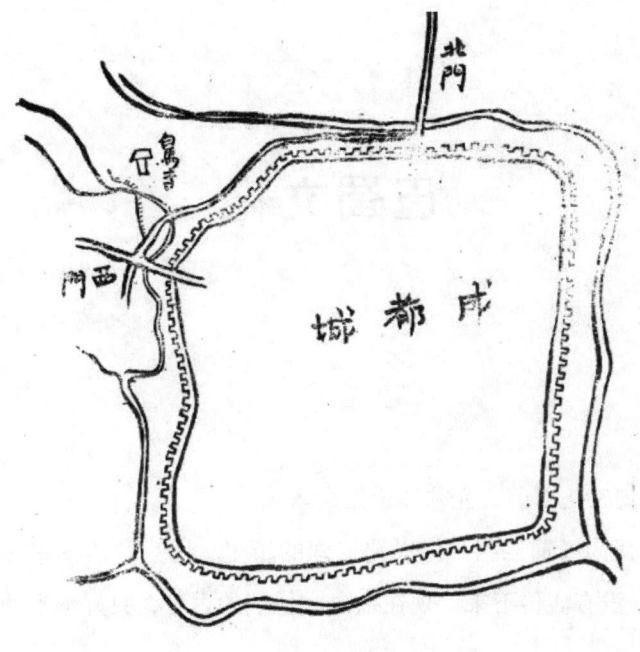

图一四九

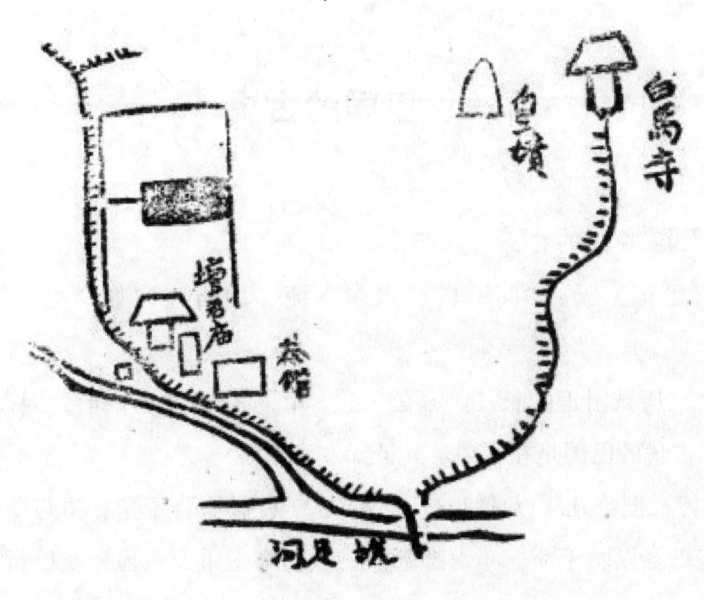

图一五〇

附记

以上木口（刻）图二十三张，锌版图一张共分二十四类，列号为一百五十。因为铜版锌版太贵，故用木刻。

巴蜀文化

卫聚贤

在未讲巴蜀文化以前，先须知道巴蜀古史。

四川在古代为巴蜀二国。但巴蜀二国的历史，因为"诸侯恶其害己也，而皆去其籍"[1]，没有流传下来。现在欲研究他们的古史，只好从别的□中或后人追述找寻一二。

一、巴国的古史

甲、巴国名称的由来

谯周《巴记》云："阆、白二水东南流，曲折三回如'巴'字，故谓三巴。"[2]

他以为重庆城附近的长江与嘉陵江会（汇）合处如巴字形，因而□（名）巴。但不知古代的巴国是在汉中。其证如左（下）：

1.《左传》桓公九年（前703）云："巴子使韩服告于楚，请与邓为好。楚子使道朔将巴客以聘于邓。邓南鄙鄾人，攻而夺之币，杀道朔及巴行人。……

---

[1]《孟子注疏》卷10上《万章章句下》，第2741页。
[2]《太平寰宇记》卷136《山南西道四·渝州》，第2658页，引《三巴记》。

夏，楚使斗廉帅师及巴师围鄾，……（邓）救鄾……邓师大败，鄾人宵溃。"①《左传》哀公十八年（前477）有云："巴人伐楚，围鄾。……（楚）败巴师于鄾。"②——按，邓在湖北襄阳，其南鄙的鄾，当去襄阳不远。巴人伐鄾，不应绕道襄阳之南。

2.《左转》庄公十八年（前676）"初，楚……文王即位，与巴人伐申"③。——按，申在河南南阳，巴若都重庆则去南阳甚远，不能出师。

3.《春秋》文公十六年（前611）云："楚人巴人秦人灭庸。"④——按，庸在湖北竹山县，靠近汉中，故秦出武关以攻其北，楚攻其东与南，则巴当攻其西，是巴都在汉中。若巴都在重庆，西路之攻非秦则蜀。

4.《国策·秦策》："秦西有巴蜀。"⑤《荀子·强国》云："秦……西有巴、戎。"⑥——是秦与巴为邻，所谓西者，指西南的汉中而言。

5.《水经·沔水》云："东过南郑县南。"注云："有廉水出巴岭山。"⑦——汉中有山名巴岭，当由巴人得名。

6.《水经·沔水》注："又东经魏兴郡广成县，县治王谷。谷道南出巴獠（僚）。"⑧——在六朝时汉中尚有巴遗民。

古代的巴国都城既不在重庆，是巴国得名，当不因重庆附近的长江与嘉陵江会（汇）合处如巴字形而名巴的！巴何以名巴？余疑因渝水（嘉陵江）而名。

《后汉书·西南夷传》云："阆中有渝水，其人多居水左右，天性劲勇……俗喜歌舞，高祖观之，曰：'此武王伐纣之歌也。'"⑨《汉书·礼乐志》"郊祭乐"有"巴俞鼓员三十六人"，颜师古注曰："巴，巴人也；俞，俞人也。当汉

---

① 《春秋左传正义》卷7"桓公九年"，第1754页。原为："巴子使韩服聘于邓，邓南鄙鄾人攻而夺之币，杀韩行人。夏，楚师及巴师围鄾，邓师救鄾，大败，鄾人宵溃。"
② 《春秋左传正义》卷60"哀公十八年"，第2180页。
③ 《春秋左传正义》卷9"庄公十八年"，第1773页。原为："庄公十八年载巴人攻楚：'巴人伐楚，楚子御之，大败于津。'"
④ 《春秋左传正义》卷20"文公十六年"，第1858页。
⑤ 〔宋〕鲍彪校注，〔元〕吴师道重校：《战国策校注》卷3《秦·苏秦始将连横》，四部丛刊本。
⑥ 《荀子集解》卷11《强国篇第十六》，第301页。
⑦ 《水经注校释》卷27《沔水》，第489页。
⑧ 《水经注校释》卷27《沔水》，第492页。
⑨ 《后汉书》卷86《南蛮西南夷列传第七十六·板楯蛮夷》，第2842页。

251

高祖初为汉王，得巴俞人，并趫捷善斗，与之定三秦灭楚，因存其武乐也。"①
又《汉书·司马相如传》："巴俞宋蔡。"颜师古注曰："巴俞之人刚勇好舞，初高祖用之，克平三秦，美其功力，后使乐府习之，因名'巴俞舞'也。"②

巴人古居渝水流域，因巴俞古音同，有的呼之为俞人，有的呼之为巴人。巴音较俞音为古，故《左传》均名之为巴。

《山海经·海内南经》："巴蛇食象"③，有以巴为蛇图腾之国者。巴蛇系指巴地之蛇，非以巴为蛇。

乙、巴国传说的古史

《华阳国志·巴志》："《洛书》曰：'人皇始出，继地皇之后，兄弟九人，分理九州，为九囿。人皇居中州，制八辅。'华阳之壤，梁岷之域，是其一囿；囿中之国，则巴蜀矣。"④

常璩根据《洛书》以为巴国在人皇时已有之。《洛书》的话是无根据的，不过余曾指出中国人种发源于川黔湘之交。⑤前年余到川北川西川南考察，闻雅安修公路时，发现人猿化石，工人以为鬼物而打碎。华西大学博物馆陈列着雅安的旧石器，□（茂）县、汶川、懋功、珙县发现的新石器，余在嘉定亦发现新石器，是四川在旧石器及新石器时代已有人类。

《山海经·海内经》："西南有巴国，大皞生咸鸟，咸鸟生乘釐，乘釐生后照，后照是始为巴人。"⑥

《山海经》以巴人为大皞伏羲之后，不知何所据？现在苗民中对于伏羲女娲神农的故事传说甚多。四川各地的汉墓多雕刻伏羲女娲像。这是汉代四川的汉人，以巴蜀土人曾崇拜大皞之故而沿用其俗。伏羲因征伏（服）了野牺而命名，代表游牧社会，即反映四川在游牧时代已有人类活动。

---

① 《汉书》卷22《礼乐志第二》，第1073页。
② 《汉书》卷57上《司马相如第二十七上》，第3569页。
③ 《山海经校注》卷10《海内南经》，第248页。
④ 《华阳国志校补图注》卷1《巴志》，第4页。
⑤ 原注：见《古史研究》第三集。
⑥ 《山海经校注》卷18《海内经》，第380页。

《华阳国志·蜀志》以望帝时"有水灾,其相开明,决玉垒山以除水害"①。

重庆南岸黄角(桷)垭上有冰川遗迹,是四川曾经过大洪水的,这是说在洪水时代四川已有人类。

《华阳国志·巴志》:"禹娶于涂山……今江州(重庆)涂山是也。"②《山海经·海内南经》载:"夏后启之臣曰孟涂,是司神于巴。人请讼于孟涂之所。"③这是传说在夏代时已有巴人。

丙、巴国比较可靠的历史

《华阳国志·巴志》:"周武王伐纣,实得巴蜀之师,著乎《尚书》。巴师勇锐,歌舞以凌殷人,殷人(前徒)倒戈,故世称之曰:'武王伐纣,前歌后舞'也。武王既克殷,以其宗姬封于巴,爵之以子。"④

常璩以武王伐纣率有巴师,是"著乎《尚书》",但今本《尚书·牧誓》为"庸、蜀、羌、髳、微、卢、彭、濮人"⑤,而无巴在内,不知常璩所看见的《尚书》那一个字是巴字?但是既有蜀,若无巴,蜀不能越巴而从周。又以"歌舞以凌殷人,殷人(前徒)倒戈"⑥,此与汉高祖围楚霸王于垓下,四面楚歌而楚兵散去,同一事实。殷本苗民,巴蜀亦苗民,楚(除统治⑦者)亦苗民。周武王率巴蜀人伐纣,巴蜀人歌舞,殷人闻其歌声,见其舞态,知为同族,同族□不相残,故殷人前徒倒戈。汉高祖率巴蜀人伐楚,巴蜀人在四面唱歌,楚人闻见同族的歌声,不愿同族自残,乃为散去。至于云:"宗姬封于巴",恐系根据《左传》昭(公)元年的"巴姬"而误的。姬为女子美称,如丽姬、越姬之类。

《左传》昭(公)九年(前533):"及武王克商……巴、濮、楚、邓,吾南土也。"⑧

---

① 《华阳国志校补图注》卷3《蜀志》,第118页。原为"巴志"。
② 《华阳国志校补图注》卷1《巴志》,第4页。
③ 《山海经校注》卷10《海内南经》,第244页。原为"……是司神子,巴人请讼于孟涂之所"。
④ 《华阳国志校补图注》卷1《巴志》,第4页。
⑤ 《尚书正义》卷11《周书·牧誓》,第183页。
⑥ 《华阳国志校补图注》卷1《巴志》,第4页。
⑦ 原为"制"。
⑧ 《春秋左传正义》卷45"昭公九年",第2056页。

《周书·王会》："巴人以比翼鸟。"①王会虽非周成王时史料，但在战国时中原人已认识有巴。

《左传》桓（公）九年（前703）："巴子使韩服告于楚，请与邓为好。楚子使道朔将巴客以聘于邓。邓南鄙鄾人，攻而夺之币，杀道朔及巴行人。楚子使□章让于邓，邓人弗受。夏，楚使斗廉帅师及巴师围鄾，邓养甥、聃甥帅师救鄾，三逐巴师不克。斗廉衡陈其师于巴师之中，以战而北。邓人逐之，背巴师而夹之，邓师大败，鄾人宵溃。"②

《左传》庄（公）十八年（前676）："楚……文王即位（鲁庄公五年），与巴人伐申而惊其师，巴人叛楚而伐那处，取之。……巴人因之以伐楚。……十九年春，楚子御之，大败于津。"③

《春秋》文（公）十六年（前611）："楚人秦人巴人灭庸。"④《左传》："楚大饥，戎伐其西南，至于阜山，师于大林；又伐其东南，至于阳丘，以侵訾枝。庸人率群蛮以叛楚，□人率百濮聚于选，将伐楚……乃出师，旬有五日，百濮乃罢。……次于句澨，……及庸方城。……唯裨、鯈、鱼人实逐之，庸人……遂不设备，楚子……分为二对……以伐庸。秦人、巴人从楚师，群蛮从楚子盟，遂灭庸。"⑤

《左传》哀（公）十八年（前477）："巴人伐楚，围鄾，……三月，楚公孙宁、吴由于、□固，败巴师于鄾。"⑥

《华阳国志·巴志》："周之季世，巴国有乱，将军有蔓子，请师于楚，许以三城。楚王救巴。巴国既宁，楚使请城，蔓子曰：'借楚之灵，克弥祸难。诚许楚王城，将吾头往谢之，城不可得也。'乃自刎，以头授楚使。楚王叹曰：'使吾得臣若巴蔓子，用城何为？'乃以上卿礼葬其头。巴国葬其身，亦以上卿

---

① 〔清〕朱右曾著：《逸周书集训校释》卷7《王会第五十九》，国学基本丛书本，上海：商务印书馆，1940年，第119页。
② 《春秋左传正义》卷7"桓公九年"，第1754页。
③ 《春秋左传正义》卷9"庄公十八年"，第1773页。
④ 《春秋左传正义》卷20"文公十六年"，第1858页。
⑤ 《春秋左传正义》卷20"文公十六年"，第1859页。
⑥ 《春秋左传正义》卷60"哀公十八年"，第2180页。

礼。"①巴蔓子墓相传在重庆通远门外。

《史记·西南夷传》:"会秦击夺楚巴、黔中郡"②,是重庆一度曾为楚有。

《华阳国志·巴志》:"周显王时,巴国衰弱,秦惠文王与巴、蜀为好。蜀王弟苴侯私亲于巴,巴蜀世战争。周慎王五年,蜀王伐苴侯,苴侯奔巴。巴为求救于秦。秦惠文王遣张仪、司马错救苴(汉中)、巴。遂伐蜀,灭之。仪贪巴、苴之富,因取巴,执王以归。"③

二、蜀国的古史

甲、蜀国名称的由来

蜀字在甲骨文作"蜀",《说文》:"蜀,葵中蚕也,从虫,上目象蜀头形,中象其身蜎蜎。"④

朱逖先生在《时事新报·学灯》第四十四期有《古蜀蚕国为国说》一文,以蜀即古蚕字,蜀之为蜀,以蜀国蚕业发达故。李则纲在《始祖的诞生与图腾》一文中,主张蜀有先王蚕丛,即以蚕为图腾的。

《后汉书·董卓传》:"吕布军有叟兵内反。"章怀太子⑤注:"叟兵即蜀兵也,汉代谓蜀为叟。"⑥《华阳国志·汉中志》:"并氐傁如一国……尽为氐傁所破煞(杀)。"⑦其字又作傁傁,傁傁其形离蚕为远。按,蜀应读如竹,如觸燭从蜀□(得)声而音近竹,这是中原人译其音,至于蜀人□□名为何字,则不得知?

---

① 《华阳国志校补图注》卷1《巴志》,第11页。
② 《史记》卷116《西南夷列传第五十六》,第2993页。原为"会秦夺巴及黔中郡"。
③ 《华阳国志校补图注》卷1《巴志》,第11页。按,"巴国衰弱",原为"楚国衰弱";"蜀王弟苴侯私亲于巴",原为"楚王弟苴侯私亲于巴"。
④ 《说文解字注》第十三篇上《虫部·蜀》,第665页。
⑤ 章怀太子,即李贤,唐高宗第六子。
⑥ 《后汉书》卷72《董卓列传第六十二》,第2333、2334页。
⑦ 《华阳国志校补图注》卷2《汉中志》,第96页。

乙、蜀国传说的古史

扬雄《蜀王本纪》:"蜀王之先名蚕丛、柏灌、鱼凫、蒲泽①、开明,是时人萌(民)椎仿(髻)左言(衽),不晓文字,未有礼乐。从开明上至蚕丛,积三万四千岁。"②

来敏《本蜀论》:"荆人鳖令死,其尸随水上,荆人求之不得,令至汶山下复生,起,见望帝。望帝者,杜宇也,从天下。女子朱利,自江源出,为宇妻,遂王于蜀,号曰望帝。望帝立以为相,时巫山峡而蜀水不流,帝使令凿巫峡通水,蜀得陆处。望帝自以德不若,遂以国禅,号曰开明。"③

《华阳国志·蜀志》:"周失纪纲,蜀先称王。有蜀侯蚕丛,其目纵,始称王……次王曰柏灌,次王曰鱼凫,……后有王曰杜宇……巴国称王,杜宇称帝,号曰望帝,更名蒲卑……会有水灾,其相开明,决玉垒山以除水害……遂禅位于开明。……开明位号曰丛帝,丛帝生庐帝。庐帝攻秦,至雍,生保子帝。……九世有开明帝,始立宗庙,以酒曰醴,乐曰荆,人尚赤,……开明王自梦廓移,乃徙治成都。"④

《华阳国志·蜀志》:"蜀之为国,肇于人皇,与巴同囿。至黄帝,为其子昌意娶蜀山氏之女,生子高阳,是为帝喾。封其支庶于蜀,世为侯伯。历夏、商、周。武王伐纣,蜀与焉。"⑤

丙、蜀国可靠的古史

甲骨文中有蜀为国名,常与殷人为敌:

---

① 此处应为"蒲卑",《华阳国志校补图注·蜀志》载"杜宇称帝,号曰望帝,更名蒲卑"。(第118页)

② 〔梁〕萧统辑,〔唐〕李善注:《文选》卷4《赋乙·左太冲蜀都赋一首》,四部备要本。原注:《文选·蜀都赋》刘逵注引。

③ 《水经注校释》卷33《江水》,第580页引。原注:《水经·江水注》引。

④ 《华阳国志校补图注》卷3《蜀志》,第118、122页。原为"七国称王"。

⑤ 《华阳国志校补图注》卷3《蜀志》,第113页。

丁卯，卜□贞，王享舌于蜀，二月。①

贞：皋弗其戋（哉）羌蜀。②

丁卯，卜收贞，至蜀我又事。③

甲寅，卜□贞，王收入〇正（征）蜀。④

殷都在河南安阳，殷既征蜀，蜀当距殷不远。按，《逸周书·世俘解》载武王"新荒命伐蜀"⑤，五日而返。《春秋》成（公）二年（前589）十一月："公会楚公子婴齐于蜀"，《左传》"楚师侵卫，遂侵我师于蜀"⑥，是鲁卫之间有地名蜀，甲骨文及《逸周书》的蜀或即此地。

《尚书·牧誓》："王曰：'嗟！我友邦冢君，御事，司徒，司马，司空，亚旅，师氏，千夫长，百夫长，及庸、蜀、羌、髳、微、卢、彭、濮人，称尔戈，比尔干，立尔矛。予其誓。'"注："八国皆蛮夷戎狄属文王者，国名，羌在西蜀，叟、髳、微在巴蜀。卢、彭在西北，庸、濮在江汉之南。"疏："叟者，蜀夷之别名，故《后汉书》兴平元年马腾、刘范谋诛李傕，益州牧刘焉遣叟兵五千人助之。"⑦是蜀与周为友邦。

《周书·王会》："蜀人以文翰，文翰若皋鸡。"⑧

《史记·六国表》秦厉共公二年（周元王二年）："蜀人来赂。"⑨

《史记·六国表》秦惠公十三年（周安王十五年）："蜀取我南郑。"⑩

---

① 罗振玉：《殷虚书契后编》卷上，1916年影印本，第9页，第7块。原注：《殷虚书契后编》卷上，第九页第七块。
② 〔清〕刘鹗编：《铁云藏龟》，上海蟬隐庐石印抱残守缺斋本，1931年，第105页，第3块。原为："贞，吴弗其我戋蜀"，原注：《铁云藏龟》一〇五页第三块。
③ 罗振玉：《殷虚书契》卷8，1913年影印本，第3页，第8块。原注：《殷虚书契前编》卷八，第三页第八块。
④ 《殷虚书契后编》卷下，第27页，第7块。原注：《后编》卷下第二十七页第七块。
⑤ 《逸周书集训校释》卷4《世俘第三十四》，国学基本丛书本，第56页。
⑥ 《春秋左传正义》卷25"成公二年"，第1893、1897页。
⑦ 《尚书正义》卷11《周书·牧誓》，第183页。
⑧ 《逸周书集训校释》卷7《王会第五十九》，国学基本丛书本，第119页。
⑨ 《史记》卷15《六国年表第三》，第688页。
⑩ 《史记》卷15《六国年表第三》，第713页。

《史记·秦本纪》秦惠公十三年（周安王十五年）："伐蜀，取南郑。"①

《史记·楚世家》："蜀伐楚，取兹方，于是楚为扞关以拒之。"②

《汉书·艺文志》"杂家""《尸子》二十篇"，班固自注云："名佼，鲁人，秦相商君师之。鞅死，佼逃入蜀。"③

《史记·六国表》秦惠文王元年（周显王三十二年）："楚、韩、赵、蜀人来。"④

《战国策·秦策》："司马错与张仪争论于秦惠王前，司马错欲伐蜀，张仪曰：'不如伐韩。'王曰：'请闻其说。'对曰：'……今夫蜀西僻之国，而戎狄之长也。……'司马错曰：'不然……不如伐蜀之完也。'惠王曰：'善！寡人听子。'卒起兵伐蜀，十月取之，遂定蜀。蜀主更号为侯，而使陈庄相蜀，蜀既属，秦益强。"⑤

《史记·六国年表》秦惠文王初更九年（周慎靓王五年）："击蜀，灭之。"⑥

《华阳国志·蜀志》："周慎王五年，秋，秦大夫张仪、司马错、都尉墨等从石牛道伐蜀。蜀王自于葭萌拒之，败绩。王遁走至武阳（□□县⑦），为秦军所害。其傅相及太子退至逢乡，死于白鹿山。开明氏遂亡。凡王蜀十二世。"⑧

蜀国就此灭亡了。

巴蜀亡于周慎靓王五年，即西元前三一六年，距今二千二百五十八年。

---

①《史记》卷5《秦本纪第五》，第200页。原为"《史记·六国表》秦出子十三年（周烈王四年）：伐蜀，取南郑"。

②《史记》卷40《楚世家第十》，第1720页。原为"《史记·楚世家》秦孝公八年（周烈王十五年）"。按：秦孝公八年即公元前354年，周烈王只在位7年，而秦孝公八年相对的应是周显王十五年；《史记·楚世家》此事载为"（楚）肃王四年"即公元前377年，故整理暂只保留文献内容。

③《汉书》卷30《艺文志第十》，第1741页。

④《史记》卷15《六国年表第三》，第727页。原为"周烈王三十二年"。

⑤〔宋〕鲍彪校注，〔元〕吴师道重校：《战国策校注》卷3《秦·司马错与张仪》，四部丛刊本。

⑥《史记》卷15《六国年表第三》，第732页。

⑦据目前考古发现以及相关文献，武阳应在今四川彭山县境内。

⑧《华阳国志校补图注》卷3《蜀志》，第126页。

三、巴蜀文化研究起因

甲、巴蜀文化研究的困难

巴蜀传说的古史，则多神话；巴蜀可靠的历史，亦甚简略。居于二千年后，而欲从书本子上探访当日的文化则甚难。巴蜀的遗民散居山地文化落后，以遗俗推究古文化，尤更不易。无已，则以新出土古器物为证。

四川各地出土的新石器，其伴出的陶器甚少，而且都是些碎片。既无如彩陶画的花纹，又无如黑陶刻的花纹，更无如印陶印的花纹，是就陶器的形状与花纹以研究古文化，则不可能。石器除广汉的一玉刀形状复杂，珙县的一石铲为扇面形，较为特别外，余均平常。以此而言文化，则甚不易。

四川古铜器出土甚少。历代间有记载，而形状花纹文字不详；考古书上间有记录，不但对于出土地不明，时代也弄不清。故无人敢着手于巴蜀文化之研究。

乙、巴蜀文化研究的动机

去年四月余到成都，在忠烈祠街购到兵器一二件，其上花纹为手与心。因为这种花纹在黄河流域出土的铜器上未看见过，遂引起我的注意，但因收集不多，难加研究。

六月重游成都，得若干件，于罗希成处见到十三件，唐少波处见到三件，殷静僧处见到两件。追求其出土地，知为西门外的白马寺，先后探访过十余次，始着手研究。

八月余再到成都，又搜求到十余件，在赵献集处看到残猎壶一。于是将三次所见的，都为摄影，因作铜版时要缩小印出不显明，故再加以椎拓。花纹文字突（凸）起的易拓，其嵌入银照时虽勉强能辨认，而势又不可拓，则只好描出来写了一篇《蜀国文化》，送林名均先生看，他说《华西学报》于民国二十六年曾发表一篇《记錞于》，并附插图及拓本，其上也有手形花纹。余亟购而读之，知为万县出土，其花纹与成都同，是此文化包括巴国在内，乃将题目改为巴蜀文化，将稿寄往上海，与前年在重庆试掘的江北汉墓材料并在一起，名为"巴蜀文化专号"，载《说文月刊》第三卷第四期。

十二月余自西北考察归来，路过成都，又续得十余器，在重庆有收藏家让出七八件。柯尧舫处看到五件，成都又寄来盔甲一副，大件十三，小钉子二十，已让给王献唐先生。对于前文有补充的必要。"巴蜀文化专号"，内地见到很少，故于《说文月刊》复版先出此专号，而将汉墓的文章提开，将来另出一汉墓专号。

丙、白马寺出铜器的遗址

由成都市西门，向成灌公路，不到汽车站处，有环城马路，向北的汽车道名北巷子，由北巷子顺汽车路走，约半里过桥数十步，向北的一条道，小水在流着，由此路北行约一里，大河（洗足河）横前，过桥，即见东北不远土阜①上有庙即白马寺，现为童教养院。

过了木桥沿河向西北走数十步为坛君庙，庙前有茶馆两家，小饭馆一家，窑上的工人在此休息吃茶，买卖砖瓦的也在谈生意。庙前并有私塾一所，学生约三十余人。庙后有李洪治等数家窑地，即是出土兵器之处（见图一四九至一五○②）。

兵器出土在民国十年左右开始，当时价甚贱，收藏家多有其物，多者十余件，少者二三件，聊备一格。闻加拿大教士购去约五百件，四川博物馆有四五十件。除加拿大教士的已运出国外外，余因空袭，疏散在四乡，而且兵器很小，东一件西一件夹在别的古物内，即欲借观，一时也不易找得出来。

出了成都北门，有一土阜自东北而西南，高出稻田五尺至一丈，东北宽而西南狭，由东北城外以至西北城外的白马寺洗足河岸为业。在白马寺附近的人，利用此土阜的土作砖瓦坯，一因距城甚近，二因有洗足河可以便于运输；是以瓦窑聚集有三十余家。在西北方多出汉瓦当，只有坛君庙后二三家地出铜器。

坛君庙后除出兵器外，尚出过三个祭器，罍罐，一由罗希成售给北平古玩

---

①原为"埠"。该文中除引文外，"埠"统一改为"阜"，不一一出注。
②即"巴蜀文化附图说明"的图，该文后同。

商，一由瞳子钓售给上海古董商再转售给外国人了。其一残去上部，经张文彬售给赵献集，余从赵献集处借阅，知为猎壶，而非罍罐。前者余疑其地出兵器为蜀国的武库；今出祭器，或者为蜀国的社稷坛？以其地在高阜之西南，现在的坛君庙，或与社稷坛不无关系？

《华阳国志·蜀志》云："西南两江有七桥"[1]，按今成都北门外有涪江，南门外有锦江，二江合流于东南城角外。《蜀志》既云："西南二江"，可知蜀国都城在二江之北，即今成都北门外高阜之地。现在坛君庙后，尚有一土阜，高约六七尺，宽约四五丈，长约八九丈，系两家地界，正在取土，如果成都的学术团体能组织发掘团，就此土阜加以发掘，必能得大批铜器及其附带物，可将巴蜀文化予以证实。又此处铜器于南齐时（西历四八四年）曾有出土，又被封闭，《路史》"蚕丛氏"注"永明二年，萧鉴刺益，治园江南，凿石冢，有棺无椁，得铜数千种，玉尘三斗……有篆云'蚕丛氏之墓'，鉴责功曹何伫坟之……于上立神，衣青衣"[2]，此种记载虽不甚确，但其地总出过大批铜器，是以有传说而为之记载。

四、巴蜀文化的研究

甲、兵器的名称

白马寺兵器，可分为直刺、横刺、钩[3]击三大类：

直刺类兵器，则分戣、锐、矛、剑、劉等；

横刺类兵器，则分戈、戟、瞿等；

钩击类兵器，则分斧、钺等。

---

[1]《华阳国志校补图注》卷3《蜀志》，第152页。

[2]〔宋〕罗泌撰，〔宋〕罗苹注，〔明〕乔可传校：《路史》前纪四《蜀山氏》"自丛以来帝号芦保，其妻曰妃，俱葬之"注，四部备要本。原为："永明二年，萧鉴刺益，治园凿石冢，得铜数种，玉尘三斗，有篆云'蚕丛氏之墓'，鉴资功曹冢之，于上立神，衣青衣。"

[3]原为"句"。"句"通"钩""勾"，后文又有"C.钩击兵器"叙述，故将此类情况的"句"，统一改成"钩"。

这些名称，是依《尚书·顾命》的命名就器而审定的。《顾命》云："二人雀弁执惠，立于毕门之内；四人綦弁，执戈上刃夹两阶戺，一人冕执刘，立于东堂；一人冕执钺，立于西堂；一人冕执戣，立于东垂；一人冕执瞿，立于西垂；一人冕执锐，立于侧阶。"①

这些兵器的名称，据其解释云：②

惠，三隅矛；刘，钺属；戣，瞿，皆戟属；锐，矛属也（孔安国传）。

"传"惟言："惠三隅矛，锐亦矛也；戣瞿皆戟属，不知何所据也。刘，钺属者，以刘与钺相对，故言属以似之而别，又不知何以为异。古今兵器，名异体殊，此等形制，皆不可得而知也。郑玄云，惠状盖斜刃，宜芟刈；戈即今之句矛戟；刘盖今镶斧；钺大斧戣瞿。盖今三锋矛；锐矛属。凡此七兵，或施衿，或着柄。"《周礼》："戈长六尺六寸"，其余未闻长短之数。王肃惟云："皆兵器之名也。"（孔颖达疏）

注疏家关于《顾命》上所载的兵器不能解释，因为中原少有此种兵器，而今皆见于成都白马寺出土的兵器之中。兹为说明于左（下）：

A.直刺③兵器

1.戣

《说文》："戣。周制：侍臣执戣，立于东垂。兵也。"④这是据《顾命》为说。按，癸字古文作：

金文的"癸"字

---

①《尚书正义》卷18《周书·顾命》，第240页。
②《尚书正义》卷18《周书·顾命》，第240页。
③原为"击"，该部分"直刺"与"直击"混用。分类中也有"横刺类兵器"之载，从直刺类、横刺类兵器与钩击器兵类对比看，"刺"更合本意，故统一为"刺"。
④《说文解字注》第十二篇下《戈部·戣》，第630页。

白马寺兵器的戣头

戣加以长木柄，以四戣之柄尾相连，戣头向外列为十字形，则与金文上癸字形同，故以此兵器名癸，后人□列为戈类，故□戈成戣字（见图十三至十五）。

2. 锐

《说文（解字）》作銐，云："芒也"①，以其甚尖锐如麦的芒。按，白马寺兵器中有如长薄片而中脊渐厚，上尖锐正如麦芒之形，下薄片为柄，柄有二小洞。其□柄法，是将圆木棍的一端劈开，将□头夹入缝内，于柄上□贯二钉，从二小洞内钉入，使之坚固。因其□头锐利，故名曰□（锐），演而为快，如《文选》陆机论云："夫进取之情锐。"②后世名此为标枪，以其状如枪，用手掷出，其快如鹿之□，故亦名镳枪，《越绝书》卷八云："锐兵任死，越之常性也"③，是越亦有此兵器。（见图一至七）

3. 矛

矛，《说文》云："酋矛也，建于兵车，长二丈，象形。"④按，王褒《僮约》作"釪"⑤，《礼记·曲礼》作"䤫"，《释文》云：矛"本又作䤫"⑥。山西河东人云："此□铇子，是矛、□（牟）、苗均为其音。"甲骨文有如"子"字形，头

---

①《说文解字注》第十四篇上《金部·锐》，第707页。銐"侍臣所执兵也。从金，允声。《周书》曰：'一人冕执銐。读若允'"（《金部·銐》，第710页）。故，《说文解字》中，銐、锐二字的金文写法、字义是不同的。
②《文选》卷54《论四·陆士衡五等诸侯论一首》，四部备要本。
③〔汉〕袁康撰：《越绝书》卷8《越绝外传记地传第十》，四部丛刊本。
④《说文解字注》第十四篇上《矛部·矛》，第719页。
⑤宋本《太平御览》卷500（《人事部一四一·奴婢》）、卷598（《文部一四·契券》）均作"矛"（第2298、2693页）。
⑥《礼记正义·曲礼》载："进矛戟者前其镦"，陆德明注："矛本又作䤫"（卷2《曲礼上第一·曲礼上》，第1244页）；陆德明"矛戟"注："本又作䤫。音谋。兵器。"（《经典释文》卷11《礼记·曲礼第一》，四部丛刊本）

尖柄弯①，头柄之间有一横木，有释为矛者，其物以形审之非矛，而"矛"字亦非为"象形"。矛是由锐进化的，因锐之装柄劈开易毁，故将锐头的下部作筒，以木棍塞入筒中，较锐坚固（见图八至十二）。

4. 剑

剑从金声，以声类求，当是戡字。以其最古的戈头如剑故列于戈类加"甚"字为音；后以剑形如刀，列于刀类而加金音。剑是矛□（演）化的，以矛头长一点，矛筒中实作手握的柄，不必再加长木柄。以矛有长柄携带不便，而从矛中另发明剑。余以剑两面有□□（锋刃），可以直刺，又为矛所袭，故列入直刺类（见图二十二至二十五）。

5. 刘

王莽以"刘"字拆开读为"卯金刀"，实际"卯"就是刀。以其属金类，加"金"应做"钊"字或"铆"字，而"刘"字有"卯"有"刀"则成两刀，如"鹤"字有"雀"有"鸟"是重复了。干支中以兔为卯，是以兔耳为"卯"字，古人画兽形，取其□征，如羊角为曲，狗尾为弯②。故于兔书二长耳，□人□□"卯"字。"柳"字从卯，以其柳叶之尖长如兔耳。前者北方有武艺的人，常于绑裤腿带窝处插一对四五寸长的尖刀子，名为柳叶刀，俗名芒子，"芒"读如囊（见图二十六）。

这五类之中，戡、锐、矛为长兵，剑、刘为短兵。

B. 横刺兵器

1. 戈

《说文》："戈，平头戟也。"③《考工记》："冶氏为戈，广二寸，内倍之，胡三之，援四之"，以音求之，其用为割。（见图二十八至四十一）

2. 瞿

《说文》："瞿，鹰隼之视也"④，不解为兵器。按，"瞿"字从二目从佳，像

---

① 原为"湾"。
② 原为"湾"。
③ 《说文解字注》第十二篇下《戈部·戈》，第628页。
④ 《说文解字注》第四篇上《瞿部·瞿》，第147页。

大目乌。白马寺有兵器,如戈形,而中有一大圆□,有的圆□周有沿突起,原系穿绳为缩在柄上作坚固用。但此兵器如戈,装柄后恰似乌头带胫,故余以此兵为瞿(图二十一)。《广韵》有"戳"字,是列瞿为戈类(见图十六至二十一)。

3. 戟

《说文》:"戟,有枝兵也,从戈,幹省,《周礼》戟长丈六尺。"[1]按,《说文》所言,系后世所谓画天戟,其形如矛,于矛头近柄处有二横齿,二齿端接一月牙形锋刃,余得一件,系铁质,锋上有嵌金花,柄上嵌有金字,似为汉器。惟古戟如戈,其胡上下出,正□(如)"卓"字,其"曰"为刀,上下"十"字即是所突出之胡。余得白马寺出土一戟,上有四龙,其二龙背上骑人,人头突出,戟柄处一龙头突出,两面共突出六,系包在木器上,使之坚固(见图四十二至四十三)。

C. 钩击兵器

斤[2]

新石器时代,江浙有石钺,其形如后世的斧头,系绑在曲木的柄上,其形"如后列入戈类为'戉'字,《说文》云:'戉,大斧也,从戈'"。[3]又以其属金类为钺(见图四十四)。

铜器时代将钺头作空,以曲木柄插入钺空头中,名之为斤(见图四十五至四十七)

铁器时代将曲木柄成为"丁"字形,其上的一端装斤,下丁为柄,为现在木匠用的锛子。

在铜器时代钺固变为斤,但有的变成如现在的铁斧,于斧头上有孔,以木柄横穿过去,如有刃处而宽如月形,名此为钺。但是到了铁器时代将有锋刃成平形,名为斧。

---

[1]《说文解字注》第十二篇下《戈部·戟》,第629页。
[2]斤,《说文解字》:"斫木斧也,象形。"段玉裁注:"凡用斫物者皆曰斧;斫木之斧则谓之斤。"(《说文解字注》第十四篇上,第716页)
[3]《说文解字注》第十二篇下《戉部》,第632页。

钺变为斤,斤变为锛。在白马寺出土的为斤。

在广汉县太平场出土的铜兵器,其上端为圆,下部缩进而有两端伸出,锋刃即是上面突出处,下有方筒以装木柄,可列为直击类。以物系张文彬售给罗希成,当巴蜀文化属草时,马叔平先生见此拓片云为和,系车上的装饰品。故于《说文月刊》三卷四期□(图)六列为和,后商锡永先生名为钺,是也。

《顾命》中的"惠"□传以为三隅矛,但以形及□考之,应为仿龟壳作的盾,非兵器的矛类物。

《顾命》中为什么有这些奇怪的兵器?而为前人无法解释?今出土在成都白马寺呢?《顾命》系载成王崩康王即位事。余疑康王即位有他舅家姜人(羌人——原在四川)持着原有的兵器以壮威仪的。

《诗·大雅·生民》:"厥初生民,时维姜嫄"①,言其始祖后稷系姜原(名一姜嫄)所生,是姬姜为婚甚古。

《国语·周语下》:"则我皇妣大姜之姪",韦昭注:"大姜,大王之妃,王季之母姜女。"②又《周语中》:"齐、许、申、吕由大姜",韦注云:"四国皆姜姓也,四岳之后,大姜之家也。大姜大王之妃,王季之母也。"③

《国语·周语中》:"齐许申吕由大姜……是皆能内利亲亲者也"④,言周与姜姓早已为婚姻,故齐许申吕四国在周初所由封。

《左传》昭(公)元年(前541),"当武王邑姜,方震大叔",杜预注:"邑姜,武王后。"⑤

铜器中的令簋⑥及眔卣中均有"王姜",郭沫若先生以为"王姜乃成王之后"。⑦

---

① 《毛诗正义》卷17《大雅·生民之什·生民》,第528页。原为:"厥初生民,实维姜原。"

② 〔战国〕左丘明撰,〔三国吴〕韦昭注:《国语》卷3《周语下》,国学基本丛书本,上海:商务印书馆,1935年,第47页。

③ 《国语》卷2《周语中》,国学基本丛书本,第16页。原为:《周语上》。

④ 《国语》卷2《周语中》,国学基本丛书本,第16页。原为:《周语上》。

⑤ 《春秋左传正义》卷41"昭公元年",第2023页。

⑥ 原为"□"。

⑦ 郭沫若著:《郭沫若全集·考古编》第8卷《两周金文辞大系图录考释二·眔卣》,北京:科学出版社,1982年,第14页。原为:《两周金文辞大系》。

铜器中蔡簋有"出纳姜氏命"①，郭沫若先生列此为周夷王时器，是夷王后亦姓姜。

《列女传》："周宣姜后者，齐侯之女也"，《文选·景福殿赋》注引："女"下有"宣王之后"四字②。是宣王之后亦姓姜。

《国语·晋语一》："太子出奔申"，韦昭注："申，姜姓之国，平王母家也"③，是幽王之后亦姓姜。

据以上所载，姬姜世婚，而成王之后姓姜，有铜器传世。是康王即位，其舅家以周灭殷伐东夷未久，故以兵士列队保护，如后世秦以兵送平王东迁于洛相同。

以上除《顾命》中的兵器在成都白马寺找出外，在传说中锐、矛、戈、戟、铍，长柄兵器都在南方发明的。

锐——《越绝书》卷八，"锐兵任死，越之常性也"④。

矛——《世本》："蚩尤作五兵，戈，矛，戟，酋矛，夷矛。"（《路史·后纪》注引。）⑤《周礼》《考工记》以酋矛为长矛，按《华阳国志·大同志》云，"（李）荡□马追退军，为叟长矛所撞，死"⑥，是蜀人惯用长矛⑦。

戈——《世本》："蚩尤作五兵，戈……"⑧《楚辞·国殇》："操吴戈兮被犀甲"⑨，以吴地产戈出名。

---

①《郭沫若全集·考古编》第8卷《两周金文辞大系图录考释二·蔡簋》，第103页。原注：《两周金文辞大系》。

②《文选》卷11《赋己·宫殿·何平叔景福殿赋一首》，李善注"见姜后之解佩璩前世之所遵"引《列女传》，四部备要本。

③《国语》卷7《晋语一·武公》，国学基本丛书本，第90页。

④《越绝书》卷8《越绝外传记地传第十》，四部丛刊本。

⑤《路史》后纪卷四《蚩尤传》，"发葛卢、雍狐之金，启九冶，作兵刑剑铠，剑铠作而岁之诸侯相兼者二十一"注。按，清人秦嘉谟辑《世本》也辑于《路史》（卷9《作篇》，《世本八种》本，北京：中华书局，2008年）；其他辑本，有作"蚩尤作兵""蚩尤以金作兵器"等。

⑥《华阳国志校补图注》卷8《大同志》，第464页。按，卫聚贤原文为"罗尚为叟长矛所撞，死"，罗尚为益州刺史、平西将军，李荡为西晋末年蜀地流民起义首领李特次子。

⑦既然原文是李荡为长矛所杀，而非罗尚，那么该观点是否还站得住脚，值得思考！

⑧〔清〕秦嘉谟辑：《世本》卷9《作篇》，《世本八种》本。

⑨《楚辞》卷2《九歌章句·国殇》，第101页。

戟——《世本》：“蚩尤作五兵……戟……”①

钺——《国语·吴语》：黄池之会，吴王夫差亲秉钺，是以特种武器示威于北方诸侯②。

蚩尤是苗民的酋长，以本族的长柄兵器，从四川沿江而下，由江浙沿海北上，至鲁燕与自西北方来之人战争，都于安阳，自号为衣，在江苏名为吴，至河南归德名为虞，至安阳名为韩，亦名为卫。古音"衣""囗（吴）""卫"通。周人以其人自南方来，而名为商（南亦作任，殷任音通），又因其都于漳水旁（甲骨文作滴水）而名为商。③

乙、兵器的花纹

1. 手与心

白马寺兵器上多手与心的花纹，手是拼（并）拢食指至小指，大指则与四指分开。手连前臂，惟手与臂在手腕处成为囗（弯④）形。有的是一双手，有的是两双手重叠，上手比下手小些。心如杏仁而长，底下有一囗柄，尾尖。有的上为心，下为一双手，或上为心，下为两双手，也有此面为心，彼面为手（见图四十九至六十）。

手与心的花纹，中原未见过，而为巴蜀所特有。作何解释？

A. 得心应手

手与心的花纹，多在兵器的锐上，矛上也有些，但戈、戟、殳、钺上尚未见，锐为囗（镰）枪，以手掷出，矛由锐进化，作直刺用，这是不是以心欲达其目的，以手掷出则中，取得心应手的意思。万县出土的錞于（见图二七），其上也有一个心手的花纹。

---

① 〔清〕秦嘉谟辑：《世本》卷9《作篇》，《世本八种》本。
② 《国语》卷19《吴语》，国学基本丛书本，第221页，"王亲秉钺"。
③ 原注：详见《古史研究》第三集《中国民族的来源》及《吴越文化论丛》等。
④ 原文似为"湾"。

B. 左衽

《蜀王本纪》言，蜀人是"椎髻左衽"①，《后汉书·（南蛮）西南夷传》："莋都夷……其人皆被发左衽"②，《山海经·大荒西经》："吴回，奇左，是无右臂"③，《左传》宣（公）十二年（前597），"楚子围郑……克之……郑伯肉袒牵羊以逆"④，均为左衽。左衽即是左臂穿袖子，右臂袒露在外面，现在西康的罗罗，青海塔儿（尔）寺的喇嘛都是这样。但观兵器上的手，有左的，又有右的，以此为左衽的表示，似乎不确。

C. 印符

罗香林先生云，云南人以房中曾有病人住过，乃于门上用石灰水印上手迹，以为可以驱逐魔鬼。心似桃符，不过手尚连臂，不似印迹，以作法驱鬼用，也不适当。

D. 文身

臂上有花纹，知为文身，又由二郎的三变，知蜀人为雕题，以是知巴蜀与吴越同俗。

2. 龙

龙在秦汉以来，已成为神话了，而白马寺铜器上的龙，有的近原始，时间较古；有的近神话，时间为晚。兹分言于左（下）：

A. 飞龙

白马寺兵器的矛上有卷尾兽，背上有翼（见图八十四至九十七），其头似龙，故列入飞龙类。飞龙见于纪载者，如：

《易·乾》："飞龙在天。"⑤

---

① 《华阳国志校补图注》卷12《序志》，第727页引。任乃强注"又言：'蜀椎髻左衽，未知书，文翁始知书学'"说："此言《蜀本纪》所无，而世俗横造之，下举五事皆是。然则此五事皆扬雄《蜀王本纪》所不言。世人辑本犹或有之者，皆误辑也。"
② 《后汉书》卷86《南蛮西南夷列传第七十六·莋都夷》，第2854页。
③ 《山海经校注》卷16《大荒西经》，第348页。
④ 《春秋左传正义》卷23"宣公十二年"，第1878页。
⑤ 《周易正义》卷1《乾》，清阮元校刻《十三经注疏》本，第14页。

《归藏·郑母经》:"夏后启筮:御飞龙登于天,吉。"①

《归藏》已亡,其年亦难考。而《易》爻辞有"不事王侯,高尚其事"②,其时代很晚。长沙近出土战国末年的楚铜鼎,盖上有四兽,二龙二虎,其一龙背上有翼(见图九十六、九十七),可见飞龙的传说是春秋战国时才产生。又此矛上的兽,张大口吐长舌,近于吞口,且为卷尾,则系"龙狗"。但龙狗的崇拜,则在饕餮之后(见后"饕餮"条)。

B.乘龙

白马寺兵器的戟上有四龙,其二龙为人所乘(见图八十至八十一)。人骑龙的故事,《山海经》上也有记载,兹列于左(下)③:

南方祝融,兽身人面,乘两龙——《海外南经》

西方蓐收,左耳有蛇,乘两龙——《海外西经》

北方禺强,人面鸟身,珥两青蛇,践两青蛇——《海外北经》④

东方句芒,鸟身人面,乘两龙——《海外东经》

冰夷(冯夷)人面,乘两龙——《海内北经》

夏后启于此儛九代,乘两龙,云盖三层,左手操翳,右手操环——《海外西经》

有人珥两青蛇,乘两龙,名曰夏后开,开上三嫔于天,得《九辩》与《九歌》以下——《大荒西经》⑤

《博物志·外国》:"夏德之盛,二龙降之,禹使范成光御之,行域外,既周而还,至南海。"⑥

---

① 《山海经校注》卷7《海外西经》"在大运山北"注,第193页。原注:《山海经·海外南经》郭璞注引。

② 《周易正义》卷3《蛊》,第35页。"高尚其事",原为"高尚其志"。

③ 以下所列,分别载于《山海经校注》第189、206、222、235、275、192、349页。

④ 原为"北方禺强,黑身手足,乘两龙"。

⑤ "乘两龙",《山海经校注》作"乘雨龙",而巴蜀书社1992年版《山海经校注》、文渊阁四库全书本等皆作"乘两龙"。

⑥ 〔晋〕张华:《博物志》卷8《穿胸国》,四部备要本。

以上的乘龙，都是"乘两龙"，这不是骑龙，骑只能骑一不能骑二。两龙乃是驾车；古车为一辕在中，辕端有横木，辕左右各驾一畜，驾龙则亦用二，故乘两龙系指驾车，而白马寺的戟上，共有二人，各骑一龙。骑龙的故事比乘龙为早，是白马寺此戟比《山海经》早。

C. 操蛇

白马寺戟上的龙，爪操蛇，口衔蛇，操蛇的故事，亦见于《山海经》①：

又有神衔蛇操蛇……名曰强良——《大荒北经》

有人珥两黄蛇，把两黄蛇，名曰夸父——《大荒北经》

有黑人，虎首鸟足，两手持蛇，方啖之——《海内经》

3. 人

白马寺铜器上的人凡三见。其一为猎壶，其一为戟，其一为矛（见图七十五至八十一）。

A. 持矛人

矛上的人手持矛，戟上骑龙的人手持矛，猎壶上打猎的人也是手持矛（其物为长柄直刺的兵器，非矛则锐），可知巴蜀人重长柄兵器。

B. 椎髻人

猎壶上的人，头有斜尖角，錞于上有一人头，头上也有一斜尖角，此在古名为"椎髻"。《史记·西南夷传》："自滇以北君长以什数，邛都最大，此皆椎结耕田，有邑聚"②；《货殖传》（载）："程郑……亦冶铸，贾椎髻之民。"③现在西康罗罗名为"英雄结"。系用布缠头，以布的一角扭成角形，斜刺出在头上，如有人触此角，以为大不敬。可知巴蜀人的风俗与罗罗同。

---

① 《山海经校注》，第 359、360、382 页。
② 《史记》卷 116《西南夷列传第五十六》，第 2991 页。
③ 《史记》卷 129《货殖列传第六十九》，第 3278 页。

C. 戴①三齿帽人

白马寺戟上骑龙的人，头戴三齿帽。现在四川湖南各地的端公（巫）作法时，头戴如圭的五块并排穿绳戴在头上，名为"五福冠"。正面只能看见三齿，尚有两齿在旁看不见，又古人以"三"代表多数，如手足本五指，而甲骨文则写为三。知此戟上人戴的三齿帽原为五齿帽，此人即是巫。（按，长沙出土楚漆器的奁，上有彩绘十一人，坐在屋中者三人，右旁之人头戴三齿帽，亦系巫戴的五福冠，系巴蜀与荆楚同俗。）

戟上骑龙持矛戴巫帽的人，疑与夏后启故事有关。如《归藏》与《海外西经》《大荒西经》均云夏后启乘龙，此戟上为人骑龙。《大荒西经》以夏后启珥蛇，戟上的龙操蛇衔蛇。《海外西经》以夏后启操环，戟上骑龙人持矛。《归藏》与《大荒西经》言夏后启登天，且能得天上的乐曲《九辩》与《九歌》，戟上骑龙的人为巫，巫可通天。《海外西经》以夏后启舞九代，此戟花纹满面，则为舞器而非兵器。或者巴蜀有巫骑龙升天的故事，故铸于戟，作《山海经》的取此故事，加上夏后启身上。又禹有为羌人说，启为禹子（启为胁生，胁生为南方神话），或此戟上所传为夏后启的故事，《山海经》即根据此种戟上的花纹而叙述的。

4. 饕餮

A. 饕餮花纹的旧释

殷周的铜器，如鼎、鬲、甗、□（壶）、敦、簠、簋、尊、爵、钟等，上面多铸正面有一种如兽头的花纹，侧面各有一如草□（蔓）的花纹，《吕氏春秋》名此花纹云②：

正面的是："周鼎著饕餮，有首无身。食人未咽，害及其身，以言报更也。"（《先识》）

侧面的是："周鼎有窃，曲状甚长，上下皆曲，以见极之败也。"（《适威》）

---

①原为"带"，此类情况后同。
②《吕氏春秋集释》卷16《先识览第四·先识览》、卷19《离俗览第七·适威》，第398、532页。

他以正面如兽头的花纹名饕餮，侧面附的花纹名穹曲。但他的"食人未咽，害及其身"，是就"有首无身"上望文生义的。

B. 饕餮花纹的原形

余常考饕餮花纹的由来，以为正面花纹是个羊头，侧面花纹是个鸡，铜器上铸鸡羊，取其吉祥之意（见《中国考古学史》）。但自白马寺兵器出土，就其饕餮等花纹看来，则知：饕餮——是正面的一个狗头；穹曲——是侧面的两个全身狗。

白马寺的一戈上有饕餮，旁胡上有一卷尾的狗（见图三十八），因此器为戈，故侧为一狗，如系戟则侧面各有一狗，中一狗头，侧各一狗，与饕餮、穹曲正同。白马寺的剑上有嵌金银的狗（见图二十二至图二十三）（按，《金石索·金索》一书二十一页商蚕瓠上有此花纹），此狗已近穹曲，惟镰鼎上的穹曲因占的地位关系，狗尾不卷竖于背下，而卷缩在肚子下，故骤视之不像狗。穹曲既知为狗，至中原铜器上所铸的饕餮，与此白马寺兵器上的饕餮，系由一系而来，看图就明白了（见图七十一至图七十四）。

C. 饕餮的发源地

《左传》文公十八年（前 609），"缙云氏有不才子，贪于饮食，冒于货贿，侵欲崇侈，不可盈厌，聚敛积实，……不分孤寡，不恤穷匮，天下之民，以比三凶，谓之饕餮"①。

据上，知饕餮为缙云氏之后，缙云氏为一部落。

《舜典》："窜三苗于三危"，孔传："三苗，国名，缙云氏之后，为诸侯，号饕餮。"②《左传》昭（公）元年（前 541）："虞有三苗"，杜预注："三苗饕餮"，《左传》昭（公）九年（前 533）孔颖达疏云："先儒皆以为……饕餮，三苗也。"③

据上，知饕餮为三苗。

《神异经》："西南方有人焉，身多毛，头上戴豕，贪如狼恶，好自积财，而

---

① 《春秋左传正义》卷 20 "文公十八年"，第 1863 页。
② 《尚书正义》卷 3《虞书·舜典》，第 128 页。《舜典》，原为"《尧典》"。
③ 《春秋左传正义》卷 40 "昭公元年"、卷 45 "昭公九年"，"先王居梼杌于四裔，以御螭魅"疏，第 2021、2056 页。

不食人谷，强者夺老弱者，畏群而击单，名曰饕餮。"①

据上，知饕餮在西南方。

巴县"县志"："《蜀中名胜记》云：'《图经》缙云山在县西北百三十里'……陶宏《景水仙赋》云：'增城瑶馆，缙云琼阙，黄帝所以觞百神也'"，缙云寺"创于刘宋少帝景平之岁"。②

据上，知重庆附近北碚温泉上的缙云寺即饕餮的发源地。

黄河流域新石器时代彩陶上一点饕餮的遗迹也没有，而在殷墟的雕骨及铜器上已有此饕餮花纹了。彩陶是由巴比伦从西北传来的，殷人是由巴蜀经荆楚吴越齐□而至安阳的（详《古史研究》第三集），是饕餮花纹发源于四川，由殷人带到北方的。

D. 饕餮在民俗上的遗存

四川各地（青海、云南、广西、广东均如此）于门首悬一木牌或瓢，在上面画一怪兽，涂以颜色。又于石碑上雕一怪兽头，口张甚大，舌伸甚长，口中横衔一剑，名为"吞口"。以为神甚灵，尤其是在靠近苗□（民）羌人区域为甚，石碑的吞口大多有刻"泰山石敢当"五个字，意以大山的石头敢挡住此物（详《泰山石敢当》，《说文月刊》二卷九期）。

附：泰山石敢当

……余在重庆过江到弹子石时，道旁一家人门上正中悬一大瓢，瓢背上用颜色画一如戏台上花脸似人非人、似兽非兽的一个头，大口吐舌，余知此为民俗中的辟邪物，但未询人作何用途。这次到汶川时，在路上看见人门口竖一石碑，碑上刻"泰山石敢当"五字，碑上端刻一兽头，兽为大口吐舌。但在路中过去，未仔细看，不过因已入羌民区域，故各事留心，待到汶川县北关，亦见

---

① 〔明〕陶宗仪：《说郛》卷66上《神异经》，文渊阁四库全书本。按，文渊阁四库全书也收录有《神异经》，但无此内容。

② 民国《巴县志》卷1中《山脉·西山·缙云山》、卷3《古迹·相思寺》，中国地方志集成本。缙云寺"创于刘宋少帝景平之岁"，原为："缙云寺刘宋前废帝景平年建"。按，民国《巴县志》载：相思寺"王志云：缙云山有相思岩，寺创于刘宋少帝景平之岁。唐宣宗大中元年赐额相思寺，以岩名也。《蜀中名胜记》云：'《感通录》缙云寺即古相思寺也……'"

一家商号门口有一，问其他人，名此曰"吞口"，言此神最灵，而且比一切神的神力为大，是以四川各地人奉此神最多。中秋日余到新都县桂湖游览，由桂湖公园至文庙的一条马路两旁，各有一碑，上端雕为狗头，但在峨嵋县双福镇及泸县澜泥渡所见之吞口，其像凶恶，口张甚大，舌尖甚长，口中横衔一剑，而泸县澜泥渡的且有新近用鸡血酒洒在此碑□（上），并且有很多鸡毛贴在碑上。回到重庆，在李子坝我们办公旁边交通银行隔壁亦有此碑，上端雕狮子头，舌不吐出，项下有两爪露出，下刻为"泰山石不敢当"六个字。

羌民[①]于屋顶置一块有尖角的白石，每年用猪狗鸡等血涂于其上，而目为神，以此神为最灵。羌民（吊狗羌）在古时以狗为图腾，如于各地雕吞口，即以狗（吞口）为最灵的神。但在四川居住的汉人得罪了这个狗神，没有方法可以免祸，惟有大山上的石头可以堵得住。因为羌人原居四川，有时北过岷山的大山，但过山后多为汉人所征服，故汉人移居四川□，于吞口上横穿一剑，有截□（谷）□（实为二齿之误）。又刻了"大山石敢当"五个字。而"大"字古音读为"太"，有人刻成"太山石敢当"，后人误为山东泰山的人名石敢当者可以镇邪，因刻成"泰山石敢当"了。

在汉代已有吞口，绵阳白云寺汉墓上雕一吞口头，嘉定狮子□汉墓门口有二守卫的，其一为人身吞口头，即有二大耳，有□□，舌伸出甚长。重庆江北相国寺某工厂汉墓中有陶人身吞口，有二角短二大耳，舌伸甚长。

白马寺兵器的戟上龙像吐长舌，矛上的卷尾兽，系张大口吐长舌，不过在白马寺兵器上的龙尚无角（长沙楚鼎上飞龙有角），汉代的吞口才加上角。又白马寺兵器上饕餮有二齿向嘴角有伸出，汉代及现在的吞口误为横衔剑（见图六十二至七十）。

E. 饕餮崇拜的演变

饕餮崇拜的演变，可分为四个阶段：

子、原物——狗

《后汉书·南蛮传》："昔高辛氏有犬戎之寇，帝患其侵暴，而征伐不克。乃

[①] "羌民"前原文有省略号。

访募天下,有能得犬戎之将吴将军头者,购黄金千镒,邑万家,又妻以少女。时帝有畜狗,其毛五采,名曰槃瓠。下令之后,槃瓠遂衔人头造阙下,……帝不得已,乃以女配槃瓠,……其后滋蔓,号曰蛮夷。"①

灌县二郎庙的二郎神旁有铁铸的一条狗蹲着。这与《后汉书·南蛮传》所记,是原始的遗迹。

丑、象征——饕餮

《吕氏春秋》:"周鼎著饕餮。"②

铸族徽于器皿,□为□谕□时的同族,或昭告后世子孙,对于族徽的崇拜。不过在"铸鼎象物"时,已超过原物的崇拜,而走入象征的途径上了。因为象征比原物有些神秘性。

寅、神物——龙

广西义□(宁)县公正乡的盘傜(瑶)与板傜(瑶),都说他们祖先是龙狗变来的。而白马寺兵器上的兽,卷尾吐长舌近狗,形又似龙。这是以□(旧)通的傜(瑶)为祖宗,不足以夸耀邻族,乃有龙狗的产生。四川人求雨抬一狗(北方人求雨抬龙王)。

卯、人格化——狗头人身

《吴越春秋》:"大夫种……之三户之里,范蠡从犬窦蹲而吠之,……文种曰:'无障也,吾闻犬之所吠者人……且人身而犬吠者……'乃下车拜,蠡不为礼。"③

《梁书·诸夷传》云,有人渡海至一岛"女则如中国,而言语不可晓;男则人身而狗头,其声如吠"④,这是戴着狗头帽,或头部□□□狗头形,被人所误认。广西都安东陇傜(瑶)说他们的祖先"蓝狗公,仙身之人,半人半鬼,白日变狗,夜晚变成人"(详陈志良的《傜俗札记》),这是有些礼教成分在内,

---

① 《后汉书》卷86《南蛮西南夷列传第七十六》,第2829页。
② 《吕氏春秋集释》卷16《先识览第四·先识览》,第398页。
③ 《史记》卷41《越王句践世家第十一》,第1740页,张守节注"乃令大夫种行成于吴"引《吴越春秋》。原注:《史记正义》引。
④ 〔唐〕姚思廉撰:《梁书》卷54《诸夷·扶桑国》,北京:中华书局,1973年,第809页。

以祖先为狗不经，但不能抛开传说于不顾，乃有半人半狗调和之说出。

狗的崇拜分为四个阶段，饕餮则在第二个阶段，去今已远，不从古物上比较，民俗上参考，是无法求其实现的。

5. 蛇蛙鱼的花纹

白马寺兵器上，有蛇鱼蛙的花纹，其花纹虽不多，但可备一格以作参考。

蛇的花纹在锐上，蛇头向锐柄处，蛇尾向锐尖，一条蛇长铺在锐上（见图一〇七）。按，《山海经·海内南经》云："巴蛇食象，三岁而出其骨"，郭璞注云："今南方蚺蛇吞鹿，鹿已烂，自绞于树腹中，骨皆穿鳞甲间出，此其类也。《楚辞》曰：'有蛇吞象，厥大何如？'说者云长千寻。"[①]又乐器中有三弦名"蜀国弦"，弦鼓用大蛇皮蒙住，可知蜀在古代亦产大蛇，故以蜀地所产而名蜀国弦。白马寺兵器的锐上有蛇，或以战胜蛇有功，铸蛇于其上以作纪念；或为其族徽。

白马寺兵器斤上有蛙（见图九十八至九十九）。按，现在西藏用的扁水壶，上有蛙□（印）。成都的大庙庙脊上也有蛙，人家栽花，以蛙作花盆，成都人不吃鳖，都有以蛙作族徽的遗迹。东北扶余民族，传其祖为金蛙，中原铜器上多有一正面人，下有一蛙，《国语》名为天鼋，前人对金文此二字，释为子孙，郭沫若先生释为天鼋则是。

白马寺兵器的斤上有鱼，此或与蜀先王名"鱼凫"的鱼有关，详后文字条，万县出土的錞于花纹有一鱼在云纹上。

丙、猎壶上花纹

白马寺出土一铜器残去上部，系成都赵献集先生藏，由其形观，知其为壶；上有狩猎花纹，知为猎壶（见图一百一十六）。除人为椎髻在前面说明外，兹将各种花纹分言于左（下）：

1. 鸟

猎壶上的鸟，有长角的，有四足的，有四翼的，已近神话，这些怪鸟，在

---

① 《山海经校注》，第248页。《楚辞》，原为"《楚词》"。

《山海经》上已有，兹列于左（下）[①]：

有鸟焉，其状如鸡而三首六目，六足三翼，其名曰鹍䳜——《南山经·基山》

有鸟焉，其状如鸡，而白首、三足、人面，其名曰瞿如——《南次三经·祷过山》

有鸟焉，其状如枭，人面而一足，曰橐琶——《西山经·羭次山》

其鸟多鶹，其状如鹊，赤黑而两首四足——《西山经·翠山》

有鸟焉，其状如鹤，一足，……名曰毕方——《西山经·章莪山》

有鸟焉，其状如夸父，四翼、一目、犬尾，名曰嚣——《北次二经·梁渠山》

有鸟焉，其状如蛇，而四翼、六目、三足，名曰酸与——《北次三经·景山》[②]

有鸟焉，其状如鸮，而一足彘尾，其名曰跂踵——《中次十经·复州山》

2. 兽

猎壶上的兽，已奇形怪状，兹分言于左（下）：

A. 兽角

猎壶上的兽，其角有一有二有三有四，与《山海经》所载相近。兹将《山海经》上的兽角列左（下）[③]：

有兽焉，其状如鹿而白尾，马足人手而四角，名曰夒如——《西山经·皋涂山》

有兽焉，其状如羊而四角，名曰土蝼——《西次三经·昆仑山》

有兽焉，其状如牛，白身四角，……其名曰𢾭，㹽——《西次三经·三

[①]《山海经校注》，第5、14、24、28、46、75、151页。
[②]原为"北次二经"。
[③]《山海经校注》，第27、42、48、56、61、69、77、86、100、115页。

危山》

有兽焉，其状如马而白身黑尾，一角……其名曰䮝，是食虎豹——《西次四经·中曲山》

有兽焉，其状如马，一角有错，其名曰䑏疏——《北山经·带山》

有兽焉，其状如牛，而四角，……其名曰诸怀……是食人——《北山经·北岳》

有兽焉，其状如麢羊，而四角，……其名曰䮴——《北次三经·太行山》

有兽焉，其状如羊，一角一目，目在耳后，其名曰辣辣——《北次三经·泰戏山》

有兽焉，其状如马，而羊目、四角、牛尾……其名曰峳峳——《东次二经·硬山》

有兽焉，其状如白鹿而四角，名曰夫诸——《中次三经·蔓山》

B. 兽尾

猎壶上的兽，有一尾二尾三尾四尾的，与《山海经》上所载相近，兹将《山海经》上的兽尾列左（下）①：

有兽焉，其状如羊，九尾，……名曰猼訑——《南山经·基山》

有兽焉，其状如狐而九尾——《南山经·青丘山》

神陆吾司之，其神状虎身而九尾，人面而虎爪——《西次三经·昆仑山》

有兽焉，其状如赤豹，五尾一角……其名曰䑏——《西次三经·章莪山》

有兽焉，其状如狸，一目而三尾，名曰讙——《西次三经·翼望山》

有兽焉，其状如狐，而九尾、九首、虎爪，名曰蠪侄——《东次二经·凫丽山》

朝阳之谷，神曰"天吴"，是为水伯。在虫虫北两水间。其为兽也，八首人面，八足八尾——《海外东经》②

---

①《山海经校注》，第5、5、42、46、50、100、228、228页。
②原为"朝阳之谷，天吴，八首人面，八足、八尾——《海外东经》"。

青丘国，其狐四足九尾——《海外东经》

C. 飞兽

猎壶上的兽有翼，白马寺兵器卷尾兽亦有翼，与《山海经》上的飞兽相近，兹将《山海经》上的飞兽列左（下）[①]：

神英招司之，其状马身而人面，虎文（纹）而鸟翼——《西次三经·槐江山》

有兽焉，其状马身而鸟翼，人面蛇尾，是好举人，名曰孰湖——《西次四经·崦嵫山》

有兽焉，其状如白犬而黑头，见人则飞，其名曰天马——《北次三经·马成山》

有兽焉，其状如狐而鱼翼，其名曰朱獳——《东次二经·耿山》[②]

有兽焉，其状如狐而有翼，其音如鸿雁，其名曰獙獙——《东次二经·姑逢山》

3. 爬虫

猎壶上爬虫有八足的，其形已奇，与《山海经》有些相近，兹将《山海经》上的奇虫列左（下）[③]：

是多冉遗之鱼，鱼身蛇首六足，其目如马耳——《西次四经·英鞮山》

……鯈鱼，其状如鸡而赤毛，三尾、六足、四首——《北山经·带山》

……鳖鱼，其状如肺而有目，六足有珠——《东次二经·葛山首》[④]

有鱼焉，其状如鲤，而六足鸟尾，名曰鮯鮯之鱼——《东次三经·跂踵山》

[①]《山海经校注》，第40、58、78、98、100页。
[②] 原为"东山经耿山"。
[③]《山海经校注》，第55、61、97、102、134、158页。
[④] 原无"有珠"；原为"东山经葛山"。

其中多三足龟——《中次七经·大𦤶山》

其中多三足鳖——《中次十一经·从山》

4.云纹

猎壶上有两条凸带，凸带上花纹类云纹，一周由此云纹相连而成，此与中原铜器上的雷纹（龙戟上亦有雷纹）相等。但猎壶上的云纹与长沙新近出土战国末年漆器上边沿一道云纹相似（见图一一七）。

此□猎壶疑为战国时物，其上鸟有角，兽为多角多足多尾有翼，与《山海经》所载的神话相同。《山海经》是战国中年人作（详《古史研究》第二集），其上的奇怪鸟兽是从图书上抄来，非《山海经》作者真亲见此怪物。猎壶上怪物，以目的在□□（展示）狩猎，狩猎普通的兽，不足以示威武，于是又"为虎添翼""画蛇添足"了。或者《山海经》上的怪鸟兽，就从这种猎壶花纹上抄下来的。

丁、錞于上的花纹

万县出土的錞于，二十六年（1937）赵世忠有《记錞于》一文，发表于《华西学报》第五期，因为花纹奇怪，无法解释，有人疑其为伪，自白马寺兵器等出土，其花纹不同中原，而与此錞于有一部分相同，知为巴蜀特有的花纹与文字。兹将其文字解释于左（下）：

錞于盖为一椭圆形，中间有一凸起虎为柄钮，虎肚下有虎的花纹，凸起的虎头向下，而虎肚下的虎纹则背向下。其余有一个十字花纹在虎头前（见图一百一十七）。由左向右转，一为人首，二为垒纹，三为船载旗鸟，四为鸟，五为心与手（此花纹在虎尾后），六为方云挟日，七为鱼在云上，八为虎纹，九为虎纹。[①]

[①] 该段原文没有单独成段，根据前后语意修改。

除中间的虎与下面十字花纹占特殊地位外，依摩些人的文例，自左向右读，兹将其每字的原意推测于左（下）：

1. 鸟

左角上为一鸟形，鸟系三齿大冠，系侧面画，因冠子大，把翼的地位占了，故将翼画在屁股上了，小眼，张嘴，有二爪，由胫至尾有点，表其翎毛有花。以大冠言似为鸡。此以鸡为族徽的部落。

2. 心与手

心与手的花纹，在白马寺兵器中多在锐与矛上，此花纹意为得心应手，在此处应作计划解。

3. 方云挟日

中一圆形为日，外加方框为地，日在方中为正午，外有云纹二道挟着，表示为下雨天。

4. 船载旗鸟

下为一舟，舟上前为一旗杆，上有旗在向左右飘扬者。旗后为一鸟，鸟头小而翼尾甚大，似为孔雀（凤）上有一个十字符□，表示为酋长所乘的船。

5. 鱼在云纹上

鱼的花纹甚显著，鱼下有云纹，与猎壶凸带上的云纹相同。鱼在水中行走甚快，加云更快，意为飞渡。

6. 垒纹

上为长斜方形，内为四雷纹。其下有四×，×下有一，一为地，×为障碍物，雷纹为堡垒，为阵地，意为在边界战争。

7. 虎纹

张嘴吐舌长卷尾的兽，下有两大爪，身有条纹甚多，知其为虎，系以虎为族徽者。

8. 人首

人首，正面画，有目，无眉，有鼻，有口，有耳，头上有斜尖帽，头下尚有一节△项。面为长形，上宽下狭，类长三角形，低鼻，小口，大耳，头戴斜尖角帽，表现着罗罗族的形状。视此形象，当为首级。

9. 云纹

如阿拉伯数目字的 8 字两个相背。白马寺兵器矛上有卷尾兽，下部此面为手，旁有一月纹，彼面为心，心左角上为星纹，心左右各有一云纹，又与汉瓦当上云纹相同，此二云纹相背，表示云散，意为消灭。

10. 虎纹

正中一虎纹，与其右（8①）一虎纹同，意为虎族。

11. 十字纹

下面□边有一个十字花纹，猎壶也有十字花纹在底圈上，意与后世画押写十字同。

錞于上花纹系记载一个故事，根据上文的解释，具故事如左（下）：

鸡族计划在下雨天的中午，使凤将军乘船飞渡过河来攻边界。被我虎族战胜，得了凤将军的首级，鸡族人因之四散逃走。虎族押。

作为乐器，将其故事刻在乐器上，以作纪念。但巴人的文字尚未造完善，

---

① 应为"7"，即前文的"7. 虎纹"。

不能有系统的记载，如摩些人、印第安人并商代铜器上的图像文字，以图像表意。

戊、金银错器

白马寺兵器，多嵌有金银花纹，有的于戈上将饕餮用金银嵌，其穹曲亦用金银嵌，如余存的赵昱戈（见图四十）。又余藏的戣，其饕餮亦为金银嵌（见图十四），又余藏的剑，剑身上两串卷尾兽花纹也是金银错的（见图二十二），又罗希成所藏的戣（见图十五）、戈（见图三十四）、无胡戈（见图三十）、剑（见图二十五）、匕首（见图二十七），赵献集所藏的戈（见图三十一）、剑（见图二十三）、剑（见图二十四），均为金银嵌。又柯尧舫白马寺出土的弩机平面（见图一一八），及望山（见图一一九），均为金嵌。赵献集藏的猎壶全为银嵌。王献唐藏的盔甲，饕餮的眼珠为银嵌，眉及脸均嵌金。

此种金银器物，在白马寺出土中算为精品，这是因为蜀西有金沙江产金，西南有朱提①产银（汉朱提郡产银，现为云南昭通地，在川南滇北），故以金银错器，其艺术在汉代尚存。

《汉书·贡禹传》："蜀广汉主金银器，岁各用五百万。"注"如淳曰：'《地理志》：河内、怀、蜀郡、成都、广汉皆有工官。工官，主作漆器物者也'"。②

《盐铁论·散不足》："今富者银口黄耳，金罍玉钟；中者野王仼器，金错蜀杯，夫一文杯得铜杯十。"③

不过有人以汉代四川对于金银错艺术甚精，疑此器为汉代物。但就其器形、花纹、文字观，尚有商及西周物，决非汉代物。

己、文字

巴蜀人有文字否？

---

①原为"朱堤"。
②《汉书》卷72《王贡两龚鲍传》，第3070、3071页。"主作漆器物者也"，原为"主作银器物者也"。
③王利器校注：《盐铁论校注》卷6《散不足第二十九》，第351页。

扬雄的《蜀王本纪》言："蜀……不晓文字。"①

而《后汉书·(南蛮)西南夷传》"冉駹夷条"云："其山有六夷、七羌、九氐，各有部落。其王侯颇知文书。"②"其王侯颇知文书"，这"文书"是汉字呢？抑是夷羌氐他们自己的"文书"，未为明白说明，难以断定。

《华阳国志·南中志》云："今南人言论，虽学者，亦半引《夷经》"③，是在晋时苗人自有"文书"，名为"夷经"[现在苗人的文字尚存，系端公（巫）所长，不是一般平民都认得的]，苗人的文字，不是在晋时突然产生的。由晋上溯三百年前秦未灭巴蜀时，巴蜀是有文字的，不是秦灭巴蜀，巴蜀人仿汉字造的文字。以现在罗罗、摩些人的文字，与汉字尚少相关处。

白马寺兵器上有文字，罗希成藏十三件，其中七件有文字，阳文者二，阴文者五。其中四件文字与中原文字不是一个系统，二件为中原文字，一为"其父永用"，一为"左豕"，有一件在相似之间，其上为一熊形，下为一千字加口，似为王字，合为"熊王"。这些文字（见图一百二十八至一百四十四），分言于左（下）：

1. 戣文

此系三个字为品字形，上一个字见于《金石索·金索二》案九页十页的"商珦戈"及《积古斋钟鼎彝器款识》卷二第二十三页的"珦戈"，下系二人形，右为正面立的人，左似为人形④。其文不可识。

---

① 《文选》卷4《赋乙·左太冲蜀都赋一首》，四部备要本。
② 《后汉书》卷86《南蛮西南夷列传·冉駹夷》，第2858页。原为"冉莋夷条"。
③ 《华阳国志校补图注》卷4《南中志》，第247页。
④ 《积古斋钟鼎彝器款识》卷2《商戈·珦戈》载：面为一字：　，背为四字：　（第116页）。

2. 戈文

此系四个字，左上为□，左下为"日"，中似月而不弧，右文不识，义亦不明。

3. 矛文

左上似为斻字，右下似人，合文疑为旅字，或斿，又左似戈，疑为好字，但不能定。

4. 钺文

阳文在钺柄上，此面为奇文，背面为马（头部坏了），奇文似为阤字，左似梯子，右为蛇，以不可识。《金石索》商癸□（钺）上有文字类此。此物马叔平先生云为和，车上饰的□（响）物，以马以驰义欲快。而商锡永先生以上锋刀，应为钺，义与物无相关处。

5. 矛文

在此刃上柄上有熊形为饰，此文形似熊，熊下似王字。反面为一鱼文，而重在头部，似为大头鱼。

6. 戈文

以戈形观（见图一三一），似为早期物，而文字较晚。据罗希成前日在渝告余云，此文字系后人伪刻。

7. 戈文

戈阳文在装秘处，戈形为早期物（见图一三四），而文字较晚，前日罗希成来渝云，此文字不伪，系汉代物。

8. 印文

殷静僧先生藏一石印，文为：

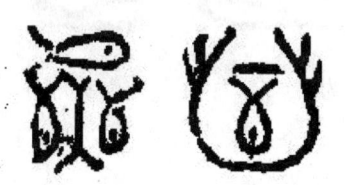

余因其奇而附于后，多但认为伪物。故此期删去。

现在将我自己所藏兵器上文存列左（下）：

1. 小戣文

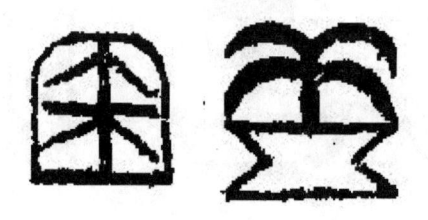

阳文在柄上，系二字，其文不识。

2. 大戣文

文在柄与头之间，似系四个文文组合而成，文不识，义不明。

3. 劉文

文在刃靠柄处，其文亦见于《积古斋钟鼎彝器款识》卷二第二十四页，名为蚪戈，云："面背铭各二字，字横列援上，……上一字似龙而小有角，是蚪象也，下一字是古至字，殆作戈者名"①，所言非是，多不可识，不过为卷尾系犬形，下□不明。

4. 剑文

文在柲上，左右各一文，类《岣嵝碑》文，而不能识。

5. 斤文

文在斤头上，而不可识。

---

① 《积古斋钟鼎彝器款识》卷2《商戈·蚪戈》，第118页。

6. 斤文

文在斤头上，系柯尧舫藏，字不可识。

7. 斤文

系鱼文。

8. 直戈文

文在援上，字不可识。

9. 小胡戈文

文在内上，上（左）为小鸡，下（右）为二爪。

10. 大胡戈文

文在内装秘处，字与《岣嵝碑》同。

中编

根据我自己所藏器的文字，其可推测有三器，兹列于左（下）：

上系斤与戈合文，按《蜀王本纪》言，蜀先王第三有"鱼凫"。《华阳国志》作"鱼凫"，此二器文字合在一处，正似鱼凫二字。这或系蜀人有以鱼为族徽者而刻鱼文作纪念，有以鸟为族徽者则刻鸟为纪念，鸟下有二爪另有表示，此种器物在汉代四川尚有存者，扬雄□以二爪误为"几"字，以"鸟""几"二字在一器上，误为一个字而写为"凫"，又以他器上的鱼文加上"成"为一个"鱼凫"，说是蜀之先王。按，铜器中的令簋、令彝、令尊、作册大鼎，均于文末画一鸟形，鸟下为一"册"字，郭沫若先生云："铭末鸟形文，乃作器者之族徽。……册乃书写之意，某册犹令人录下款言某人书也。"①此器乃成康时物，而鸟形□（疑）系羌人以鸟为族徽者仕周。作册，铸于器上，扬雄等就兵品上花纹观，误为"凫"字，又与鱼合，名为"鱼凫"。

上二字见于《岣嵝碑》（图一百四十七）。左（右）一字在《岣嵝碑》上的尚有彡偏旁。右（左）一字左（右）面似为"肖"字，右（左）旁为氵或亻，应为赵字。左（右）一字中有日，外如羽毛，甲骨文金文上有类似此字，义为明日或后日，书上写翼、翊、昱等字。按，二郎神亦名赵昱，不过《青城山志》《常熟县志》说赵昱为隋时人，修行得道，曾救过四川的水灾。余疑此戈文亦蜀先王之名，或为治水者，以其排行第二，名为二邹，以其文字似汉文"赵昱"，故译为赵昱（赵昱字仲明，封神榜作赵公明）。如此，《岣嵝碑》所载（见图□

---

① 《郭沫若全集·考古编》第8卷《两周金文辞大系图录考释二·令簋》，第5页。原注：《两周金文辞大系》。"某册犹令人录下款言某人书也"，原为"某册犹今人录款言某人书也"。

□□①），亦系记述治水故事，其治水故事，在湖南当地人口中尚有传说，而汉人以其文字不类殷周，推前为夏，以夏禹曾治水，故以《岣嵝碑》为夏禹治水所立，实为二郎治水所立。

庚、兵器时代

白马寺出土的兵器，决非汉代，因汉代已有铁兵器，铜兵器居于次要地位，故出土汉代的兵器多薄而小，铜质不精。若白马寺兵器，宽大而厚，既为实用物而铜□（质）又甚精，非汉代所能。且其形状之古，花纹文字之奇，汉人决不如此作。花纹文字或可解为汉人仿古，而形状有最原始者，汉人不用进化之兵器而兼仿用原始兵器，于战争上实非所宜。故白马寺兵器断为汉以前则物不为过。但在汉前甚什么时期，余疑有商末周初，以至西周春秋战国时均有，因白马寺坛君庙后，为蜀国的社稷坛，则有兵器祭器存于其中。

1. 兵器的形状②

兵器中的戈，有无胡、小胡、大胡、上下胡之别，而可断定其时期的早晚。

A. 无胡戈

白马寺出土有直戈无胡，此无胡戈又可分为三期，第一期为直戈直内（见图二十八）。第二期为直戈而内尾作弯③曲形，惟此器余只得二殉葬物，其质薄，柲之腐纹尚存。就其形状与花纹（花纹在柄尾）言，与安阳出土的商器同。第三期为直戈直内而援近内处除穿外，尚有一圆洞，此圆洞系为系绳坚固而设，但此种形势后变为瞿。

B. 小胡戈

戈有胡为装柄坚固而起，由戈变瞿时，固因戈头有洞可穿绳绑缩，但于使用上不变，是以瞿之为用不广。惟戈下加胡，则加多一穿，使绑缩易，而戈头不易折断，故有小胡产生（见图三十六）。

---

①除"见图"二字外，原无字。从其"《岣嵝碑》所载"看，可能为开头叙述中的"图一百四十七"。

②此外并无"2"及后的内容。

③原为"湾"。

C. 大胡戈

由小胡戈为便于缩绑起见，而加长胡使再多加一穿，此种戈形由春秋战国以至秦汉均如此，故普通所见的戈多为此形。

D. 上下胡戈

戈有胡在下，而演为上下均有胡，白马寺有此器，余名为戟（见图四二）。（此戟为余所藏，成都唐少波亦藏一戟，较余藏略小，惟花纹不清楚，余拟洗涤，而唐少波不允，故在《说文月刊》第三卷四期中只列有其照片，今则删去。）

由无胡戈看，则时代在商；由小胡戈看，则时代在西周；由大胡戈看，则时代由春秋以至秦汉。由无胡戈而变为瞿，亦为西周物。

由锐、矛、剑三器的变化看，锐为商代物，矛为西周物，剑为春秋以至秦汉物。锐为镰枪系最原始兵器，由锐进化为矛，其时较晚，但殷墟已有矛；由矛进化为剑，剑之为物，最早亦不至超过春秋。

由刻纹与铸纹看，刻的花纹较铸纹为早，而手与心的花纹在锐上的刻的为多，铸的很少，而在矛上的全为铸纹了（矛上手与心的花纹不多）。由刻的花纹看，亦可到商末及周初。

由兽无翼与有翼看，无翼兽较古于有翼兽，因兽本无翼，欲使可乘骑兽行走迅速，及欲使凶猛的兽加翼表示其更为凶猛，故于兽有翼产生。锐上有卷尾而无翼，矛上就有翼了，到了猎壶上不惟兽有翼，而三角四尾八足的怪形又出来了。故知锐为早，可在商代；矛为晚，可在西周及其以后，猎壶则为战国时物，以其接近《山海经》的神器了。

又余在白马寺坛君庙后，曾拾到很多砂质绳□纹陶片，似为鼎鬲之类的破片，其时代系由新石器时代以至商代与西周。〔其地出土大批兵器，为蜀都城，鼎类的□（锅），在春秋以后恐易为铜器，此仍陶质，为时当不晚。〕

辛、兵器的真伪

造伪的人有其目的——金钱，白马寺出土的兵器，如认为成都人的伪作，其形状、其花纹、其文字均应仿照中原出土已见于著录的，或者稍加改动一点，使人见之异而不为惊奇，可以售大价。而使自出心材（裁），别为创作，使之惊奇，可以售善价，但初出土时，完整嵌金银花纹而有文纹者，每件不过二三十元，其次有花纹文字而无嵌金银花纹者，每件一二十元。再其次则在十元左右，残破者不过一二元，是无善价可售。作伪者既无利可图，何为作伪？而且白马寺出土者近约千种，作伪者何愿赔此大钱？又其出土地除成都白马寺外，则有广汉太平场及万县，而且与长沙出土的楚漆器、铜器上有些花纹相同，作伪者何其如此之多？并且不谋而同？

文字方面，罗希成所藏的"左豸"及"其父永用"，多视为伪，但当日仓卒（促）看过，原拓寄沪作版，今既不能再看原器，照片又索不到，故不能决定。惟余藏之器，其中小胡戈有鸟形花纹在内上，靠近装秘处。大胡嵌金银花纹的，其字在内装柄处，胡少石先生、马叔平先生均以文字地位不宜，装秘后，字看不见，疑字为后刻。惟董彦堂、王献唐先生认为不伪，并且用放大镜看过，字画之无新迹。

华西大学的錞于，其文字商锡永先生疑为伪，余未见其器，但其文有手与心及十字花纹，与白马寺兵器及猎壶同，錞于出土于万县，而且手与心的花纹未有文字，前人未为著录，白马寺出土此物不过二十年历史，又未为人所注意，作伪当无所据，何以伪造与真物不谋而合？

认其器大部分为伪者，系徐中舒先生，余将《说文月刊》三卷四期的"巴蜀专号"寄徐先生，其上有图，又将新得器的报片寄去，伊□□云多伪，并允作一文给《说文月刊》，以证其伪。不过徐先生未见原物，仅就照片报片上推测，或为未确。

总之，白马寺不发掘，这些问题是很难解决。前余为求慎重起见，在渝中央大学及文化工作会讲演时，曾将余所藏□□会为陈列，在重庆或到重庆对于铜器及铜器文字曾研究而为全所□者，多携去或约至余处□加□□，除胡小石、马叔平疑二戈文地位不宜外，大抵皆认为不伪。

甲饰

王献唐[①]

今岁春间，得古铜饰器十一事，賸以铜钉二十。据贾人言，器于十数年前，在成都附近之白马寺出土，距寺约二里左右。为一塾师贱值购得，秘不示人。二年前，塾师病故，遗言欲以殉葬，否非善价不售。其外侄杨□，经商广汉新都，塾师妇托其代售，展转归余。器以精铜制成，光泽□然，俗谓墨漆古。习于川中金石者，谓广汉太平场亦有白马寺，出土古铜器多如此。成都白马寺出者，类为青绿斑锈。年久事淹，虽得其详，要为蜀中古金，无可疑也。

此十一饰器，内有三器，作兽面形，又二器，作兽面花纹，骤视颇类饕餮，而额皆有角，与传世古器饕餮纹异。《仪礼·乡射礼》："大夫兕中"，郑注："兕，兽名，似牛，一角。"[②]《尔雅·释兽》："兕，似牛"，郭注："一角，青色，重千斤。"[③]据知兕有一角。《古文苑·蜀都赋》："其旁则有期牛兕旄"，注云："兕如水牛，角在额上。"[④]范应元《老子注》：兕，"猛兽，如牛状，青色，一角，虎鼻，识神物"[⑤]。又知角在额间，且为虎鼻。今验各器兽面，正皆一角在额，并未虎鼻，殆象兕首为之。阮氏《积古斋钟鼎彝款》有兕父癸鼎，左作人执弓形，右作兕形如 ，与此正合，尤可信也。

[①] 王献唐（1896—1960），山东人，字献唐，号凤笙，以字行，金石学家、考古学家。
[②] 《仪礼注疏》卷13《乡射礼第五·乡射礼》，清阮元校刻《十三经注疏》本，第1012页。
[③] 《尔雅注疏》卷10《释兽第十八》，第2651页。
[④] 〔宋〕章樵注：《古文苑》卷4《赋·蜀都赋》，文渊阁四库全书本。
[⑤] 〔宋〕范应元集注直解：《老子道德经古本集注》下《出生入死章第五十》"盖闻善摄生者……以其无死地"注，续古逸丛书之十七。原为："兕，猛兽，一角，虎鼻，识神物"。

兕之体量，郭注《尔雅》谓"重千斤"①；其注《山海经·南山经》，又谓三千斤②。虽难一一齐同，《诗·吉日》："殪此大兕"③，《国语·晋语》："唐叔射兕于徒林，殪以为大甲"④，要为巨兽。时《何草不黄》："匪兕匪虎"⑤，《论语》："虎兕出于柙"⑥，与虎并称，亦必为猛兽。兕之猛在角，《晋语》韦注："兕似牛而青，善触人。"⑦据刘欣期《交州记》，角长三尺余，形如马鞭柄。《一切经音义》（卷）一九引《南州·异物志》，谓长二尺余。兕有大小，角有长短，自难一概而论；要必甚长，殆如今之水牛角矣。其角中空，故古人用以制觥。著额触人，既坚且利，故郭璞《山海经图赞》云："兕惟壮兽，似牛青黑，力无不顷，自焚以革"⑧，事皆可见。征诸故书，凡由兕取义取象者，俱为威猛义。《史记·齐太公世家》引《今文尚书·泰誓》："师尚父左杖黄钺，右把白旄以誓曰：苍兕！苍兕！总尔众庶，与尔舟楫，后至者斩！"马融注"苍兕，主舟楫官名"。⑨官以兕称，犹军士曰虎贲，曰虎士，曰黑貅⑩，取威猛义也。《乡射礼》："大夫兕中。"⑪中者盛算之器，别有皮树种，闾中，虎中，鹿中，为用皆同。《礼》云："鹿中髹，前足跪，凿背，容八算"⑫，是鹿中作鹿形。推之皮树闾虎，亦皆为兽，中必各象其形，而兕中象兕矣（聂氏《三礼图》皆如此，但疑有意造处）。象兕制中，犹象虎制中，亦取威猛义。古既象而作器，则□饰器之象兕，事同一律，无可异也。古人用兕，皆取威猛义；则此饰器之用兕，亦必取威猛义矣。古人以兕命名者，用于军旅，以兕取象者，用于武事，则此饰

---

①《尔雅注疏》卷10《释兽第十八》，第2651页。
②袁珂在《海内南经》"兕"注中引郭璞对《南山经·南次三经》"祷过之山，其下多犀、兕"之注（《山海经校注》，第242页）。
③《毛诗正义》卷10《小雅·南有嘉鱼之什·吉日》，第430页。
④《国语》卷14《晋语八·平公》，国学基本丛书本，第166页。
⑤《毛诗正义》卷15《小雅·鱼藻之什·何草不黄》，第501页。
⑥《论语注疏》卷16《季氏第十六》，清阮元校刻《十三经注疏》本，第2520页。
⑦《国语》卷14《晋语八·平公》，国学基本丛书本，第166页。
⑧《足本山海经图赞》之《南山经第一·兕》，第4页。
⑨《史记》卷32《齐太公世家第二》，第1479页。
⑩黑貅，犹貔貅，古代传说中的猛兽，喻勇猛的士卒。
⑪《仪礼注疏》卷13《乡射礼第五·乡射礼》，第1012页。
⑫《仪礼注疏》卷13《乡射礼第五·乡射礼》，第1011页。

器之用，亦必与同，可由军旅武事求之矣。

此言饰器，系饰装他器物上，为傅著品。以其傅著，故《说文（解字）》以钟上横木之金华为镈；镈字音义犹傅，以金华傅著之也。《说文（解字）》通俗文诸书，又以门上铜饰为辅，一名辅首，辅亦犹傅也。凡为傅饰，外向一面作饰纹，内向著器一面则否；且必有著器用具，如钩钉孔钮之类；其面度轮廓，亦必与器面相合。今此饰器十一事，皆一面有花纹，一面无饰。有花纹者，铜经磨炉，光华色□（则），无饰者暗淡作青绿斑锈。知必一面向外，一面向内。向内者傅著他器，掩而不见，故无花纹，亦不须磨炉，此一事也。各饰器中，最大者一品（如附图一〇八①，下称甲器）。兕首上端，有环较小，在角后。下□（端）有环较大，在口间。上环用以悬系，下环亦有兕首花纹，口间作图。孔环以增饰，孔以佩□。若次大者二品（如附图一一〇图，下称乙器）。内上兕角之背，有弧形鼻钮，可用组②穿系。外面兕口左右，弯伸二牙，牙间各有透孔。孔形斜向，著钉不宜，亦用以穿系者也。又次者二品（如附图一一五图，下称丙器）。内上兕角之背，亦有弧钮。外面兕口下端有钩，钩以悬挂他物者也。甲乙器皆作兕首形，丙器为兕首花纹。此外更有六品（如附图一一四图，下称丁器）。上狭下广，四周有边栏，中作点形。首端复著圆孔，器凸中空，著钉不牢，亦用以穿系者也。凡上若环，若钮，若孔，皆为传著他器之用，且俱为组系，不以□（钉）贯，此二事也。各器皆为凸面，内虽虚空，甲乙丁三器之周缘，无不齐平。丙器则以左右边□求平，上下征翘。以傅著之故，使彼此面度适合，始终如此，否即不需，此三事也。凡傅著饰器所有条件，今皆备具，知此必为饰器。若铜钉二十品，上如帽形，有花纹，下为钉（如附图一一二至一一三图，下称帽钉）。正以钉饰器物，与此同用者也。

若是此既定为饰器，其所傅著者，又为何物？就甲器言之，下有巨环，初视颇与辅首相类，细审不尔。第一，辅首钉著门上，所见传世诸器，内有尖锐钉橛，今则无有。第二，铺首只有下环，无上环。上环用以悬系，辅首弗需，此则有之。第三，他器与此同出，色泽既同，饰纹制作，亦相因相依，必同时

---

① "如附图"即卫聚贤《巴蜀文化附图说明》中的图，本文后同，不一一注明。
② 组，古代有丝带之意，如组缨（系冠的丝带）、组绶（玉佩上系玉的丝带）。

傅著一物，合而不分。以言门饰，即指甲器为辅首，余多与门不合，无能通贯也。器已出土多年，当时发掘情形，既不可知，又无他器可征；欲推求其傅著之物，诚属困难。然综前说，可得三义，为推求根据。一所傅著之物，必属于武事。一所傅著之方法，类为穿系，必其器物有此需要。一此十一饰器，合以帽钉，既同饰一物，其物必与一一适合。执此三义，求诸古代器物，皆与铠甲相应。欲明其事，当先释铠甲制度。

古代铠甲不传，今所见者，只近代制作。稽诸故籍，先后因革，尚可寻绎也。《释名》："甲……亦曰介……亦曰铠。"①经典多名甲，《管子·地数篇》始言铠，介则见于《诗·郑风清篇》及"左宣六年传"。名虽有别，实皆一声之转。其制质剂不一，或以皮革，或以铜铁，或以环锁。革甲最早，周代典籍屡言之。铠甲则《书·费誓正义》以下，率谓起于秦汉。武虚谷《群经义证》引《吕氏春秋》《国策》诸□（书）谓战国已有铠甲。《诗·小戎》："俴驷孔群"，笺谓："俴，浅也。谓以薄金为介之札。"②金指铜，彼时可为马甲，亦可为人甲。"左襄三年传"："练甲三□"③，马融、杜预，皆以□（炼）为□（练）帛，疑难颇多。"练""炼"同音，五金之精炼者，古通名练，王褒《四子讲德论》："精练藏于矿朴"④可证。此□（疑）借练为炼，铠甲即金属甲。铁后于铜，盖由铜甲后变铁甲也。至环锁甲，即后世俗称之锁子连环甲。最先见于曹子建《上先帝赐铠表》，诣有："环锁铠一领"⑤，周代未闻也。大抵两周先有革甲，继有铜甲，晚期铁渐通用，又有铁甲，汉魏以来，更有环锁甲。"铠"字从金，即由金属甲起，"甲"作"钾"亦然。据《管子·地数篇》，"葛卢之山发而出

---

①《释名》卷7《释兵·铠》载："铠，犹垲也。垲，坚重之言也，或谓之甲，似物孚甲以自御也。"（四部丛刊本）王先谦《释名疏证补》卷7《释名·释兵·甲》在四部丛刊本释"铠"处载释"甲"："甲，似物有孚甲，以自御也。亦曰介，亦曰函，亦曰铠，皆坚重之名也。"（国学基本丛书本，上海：商务印书馆，1937年）

②《毛诗正义》卷6《国风·秦风·小戎》，第370页。"俴"，原为"浅"；"谓以薄金为介之札"，原为"马以薄金维介"。

③按，《春秋左传正义》卷29"襄公三年传"载："使邓廖帅组甲三百，被练三千"，杜预注："组甲被练皆战备也。组甲、漆甲成组文被练。练，袍。"载："组甲八十，被练三百而已。"（第1930页）

④《文选》卷51《王褒·四子讲德论》，四部备要本。

⑤夏传才主编，王巍校注：《曹植集校注》，建安文学全书，石家庄：河北教育出版社，2013年，302页。原为"环锁甲一领"。

水，金从之，蚩尤受而制之，以为剑、铠、矛、戟。"①《韩非子·五蠹篇》："共工之战，铁铦短者及乎敌，铠甲不坚者伤乎体。"②是蚩尤共工之时，已有金属甲，但未可信。《书·费誓正义》引《世本》："杼，作甲"，宋仲子注："少康子杼也。"③是更起于有夏，今亦难详矣。

以护身之具，名加名介，殆有取于虫鳞之甲介。彼此以护身，先民制作，多由摹仿而起，原名甲介，效其护用，别造坚韧被覆之物，用以自护。因亦沿名甲介，刘氏《释名》谓："似物孚甲以自御"④，虽与此相应，而义尚有问。汉□（人）用孚甲，多指草木言。《说文（解字）》释"甲"，谓："从木戴孚甲之象"⑤，刘氏又曰："甲，孚也，万物解孚甲而生也。"⑥是所谓物者，指万物之草木，铠甲义出草木初生所戴甲矣。契文⑦、金文，"甲"作"十"，作"⊕"。第一体余别有说，第二体即《论语》"虎兕出于柙"⑧之柙。从□⑨为牢，形从"十"为声。契（文）、金（文）"牢"作"⊕"，外亦象形。《魏三体石经》，"甲"作"㘤"，"牢"形正相通会，可见也。"⊕"体易与"田"字相混，后变为甲，见秦阳陵虎符，及《魏三体石经》。下端不合。形出于"凡"。《说文（解字）》篆文作甲者，丁又十变，金文已如此矣。《说文（解字）》古文"甲"复作"命"⑩，上形下声。□象胄不象甲，其古文"弁"作"弁"，上象弁，与此胄形正合。《礼记·曲礼》："献甲者执胄"⑪，用甲为共名，少仪说

---

① 黎翔凤撰，梁运华整理：《管子校注》卷23《地数第七十七》，北京：中华书局，2004年，第1355页。
② 《韩非子集解》卷19《五蠹第四十九》，第445页。
③ 《尚书正义》卷20《费誓》，第255页，"备乃弓矢，锻乃戈矛。砺，乃锋刃。无敢不善"疏。
④ 〔汉〕刘熙：《释名》卷7《释兵·铠》，四部丛刊本。
⑤ 《说文解字注》第十四篇下《甲部·甲》，第740页。
⑥ 〔汉〕刘熙：《释名》卷1《释天》，四部丛刊本。
⑦ 契文，即甲骨文。
⑧ 《论语注疏》卷16《季氏第十六》，第2520页。
⑨ 原文如此。
⑩ 《说文解字注》十四篇下《甲部》，第740页。
⑪ 《礼记正义》卷2《曲礼上第一·曲礼上》，第1244页。

献甲义同。初盖兼以护首护身者，通名为甲，故造甲象□形也。其形似汉武梁祠画像，夏禹所戴之毋追，亦似今钢盔，别名鍪，见《淮南子》诸书。又名兜鍪，见《说文（解字）》诸书。鍪之音义犹帽，而小釜亦名鍪，见《说文（解字）》及《急就篇》颜注。釜又即锅，以覆锅之形，求人之状，胄制可睹矣。古胄亦不一致，以字形求之，初既象胄为甲，则朱氏《说文通训》定声，谓先有护首之甲，后制护身之甲，似颇可信。更以六书求之，铠甲字作甲，为借字；虔敲作□，从衣甲声，与《说文（解字）》古文，皆后出正字也。

  原始铠甲制作，必极单纯。积渐兵戈愈利，护身之术愈密。由简而繁，几经改进，至于有周，就《考工记》所载，可略得大较。然只为周末官工制度；周前不必如此，西周亦不必如此；甚即同时各地，都难齐同；同属一地，贵者所服，与贱者亦难画一。《（考工）记》云：“函人为甲，犀甲七属，兕甲六属，合甲五属。凡为甲，必先为容，然后制革。权其上旅，与其下旅，而重若一，以其长为之围。”①盖于制甲之前，先量服者体躯，称其大小长短，裁割皮革。旅即膂，上旅指腰以上，下旅指腰以下，各有甲。上甲为衣，下甲为裳，裳即"左宣十二年传"所谓"得其甲裳"者也②。甲裳与甲衣，革重若一。合两甲之长，为腰围之度。于制作时，上下甲各连革叶为之。革叶古谓之札。"左成十六年传"："养由基蹲甲而射之，彻七札"③，《太玄·玄掜》："比札为甲"④，是也。札之多少，视革而异。犀革上下各连七札，兕革六札，合犀兕两革，削裹存表为重革者，则各连五札。《（考工）记》言："属"者，连属之谓也。连多以组，"左襄三年传"："组甲三百"⑤，《国策·燕策》："妻自组甲絣"⑥，皆指此。亦或以帛，《吕氏春秋·去尤篇》："邾之故法，为甲裳以帛"⑦，是也。□□又载："公息忌谓邾君曰：'不若以组。凡甲之所以为固者，以满窍也。今窍

---

① 《周礼注疏》卷40《冬官考工记第六·函人》，第917页。
② 《春秋左传正义》卷23"宣公十二年"，第1881页。"得"，原为"获"。
③ 《春秋左传正义》卷28"成公十六年"，第1918页。
④ 〔汉〕扬雄撰，〔晋〕范望注：《太玄经》卷9《玄掜第十三》，文渊阁四库全书本。
⑤ 《春秋左传正义》卷29"襄公三年传"，第1930页。
⑥ 《战国策校注》卷9《燕·苏秦死其弟苏代》，四部丛刊本。
⑦ 《吕氏春秋集释》卷13《有始览第一·去尤》，第289页。

满矣，而任力者半耳。且组则不然，窍满则尽任力矣。郑君以为然。'"①知革札连属处，皆各有窾，以组帛穿编。其"窾"即《考工记》："凡察革之道，眡其钻空"②之"钻空"。既连以后，□此相接处，不使□切，又即《考工记》："农之欲其无□"之说也。（惠周惕《礼》说，以属为札，七属六属，似指叠札而言。江慎修《周礼疑义举要》又谓札皆相掩相续，如第一札之半，第二札续之；第二札之半，第三札续之。则第三札之上端，当第一札之尽处，故一札有两重。乃以后世鱼鳞铁甲制度，说古革甲，皆未敢信从。）

《考工记》所言犀兕合甲，皆较名贵。其言七属六属五属，亦指贵者所服。《荀子·议兵篇》："魏氏之武卒，……衣三属之甲"③，则士卒所服者也。以□革为甲，亦见《国语》《楚辞》。以兕革为甲，又见《国语》《荀子》。此外楚人或以鲛鱼皮为之，并见《荀子》。蛮甲或用象皮，见《桂海·器志》。因地制宜，本不拘一。而王隐《晋书》谓：（马）隆兵著牛皮铠④。事虽在后，然疑古代犀兕皮革，不为常品；大卒之甲，一一取给犀兕，势难□（敷）用，大抵亦为牛皮也。革甲坚韧，服之屈折不便。《礼记·曲礼》，少□（仪），皆言："介者不拜。"⑤《史记·绛侯周勃世家》记文帝至细柳劳军，将军周亚夫持兵揖曰："介胄之士不拜，请以军礼见。"⑥——不拜者，服甲难拜也。其坚韧既如此，则凡为甲，绝难如今人衣服，缝合为一，引臂服之。《（礼记·）少仪》："国家靡敝，……甲不组縢"，郑注："组縢，以组饰之及衿带也。"⑦《说文（解字）》"衿"训"衣系"，为衣襟之带。今用扣钮，古用衿带⑧，以郑注求之，知甲亦如此。甲不限于衣襟，肘胁他处，亦或从同。"左襄十八年传"："皆衿甲面缚"，杜注：

---

① 《吕氏春秋集释》卷13《有始览第一·去尤》，第289页。
② 《周礼注疏》卷40《冬官考工记第六·函人》，第917页。
③ 《荀子集解》卷10《议兵第十五》，第272页，原为"魏氏五卒，衣三属之甲"。
④ 《太平御览》卷355《兵部八六·甲上》，第1633页。
⑤ 《礼记正义》卷3《曲礼上第一·曲礼上》，第1253页。
⑥ 《史记》卷57《绛侯周勃世家第二十七》，第2074页。
⑦ 《礼记正义》卷35《少仪第十七》，第1516页。原为："'国家靡敝，甲不组縢'，郑注：'组縢，铠饰。以组饰之，及衿带也。'"
⑧ 《说文解字注》："衿，衣系也"，段玉裁注："联合衣襟之带也。今人用铜钮，非古也。凡结带皆曰衿。"（第十三篇上《糸部·衿》，第654页）《说文解字》中"衿"同"紟"，文中后有"'衿''紟'同字"，故文中"紟"应为"衿"之误。

"衿甲,不解甲也。"①《国语·吴语》:"(吴王)为带甲三万",韦注:"带甲,旌铠。"②"衿""紟"同字,见《玉篇》,音义犹结。殆就他处,亦一一结之。故特言紟言带,与常制不同;而脱甲则言解甲。既解而后,可分别叠卷,藏之囊中。《考工记》曰:"橐之欲其约也"③,《吕氏春秋·悔过篇》亦言:"橐甲束兵"④,皆指此。若如今人衣服,不可离析;服之尚难屈拜,安能叠卷。后世甲制如此,古代亦殆如此也。

后世之甲,上披于两肩者,谓之披膊。中缀于胸次者,谓之胸铠。下垂于两股者,谓之腿裙。披膊古谓之釬,《说文(解字)》:"釬,臂铠也"⑤,是也。腿裙古谓髀裈,见《汉书·刑法志》。三属甲,如淳苏林注。若胸背甲,苏林注有"盘领",殆指此。《国策·秦策》:"不用一领甲"⑥,甲□领,亦指此。常衣领皆左右相掩,甲或盘合领间。传世汉画石刻戎服,时见此制。若专□(围)于项上者,古谓铔锻,《说文(解字)》:"铔,铔鍜,颈铠也"⑦,是也。古甲制作不一,以车战骑战步战之不同,每随变异。甲裳初系腰间如裙,其腰上之甲,亦仅长□裳腰,不须下垂,与古衣裳制同。施于车战可如此,骑战则裳裹两髀,乘马不便,胸甲亦须下掩。若步卒之甲,□(围)裳不利奔追,胸甲长垂,亦即当不便,势须别趋简易。汉画石刻,有骑士髀甲制,有步卒甲制,裆间前后较长,左右较短。《方言》:"自关而东,谓之甲襦"⑧。其制今谓马甲,两臂无袖,如胸背甲制,故以甲名。戏剧中士卒所被之甲,前后署卒署兵者,尚如此状,□(盖)亦一制也,步战最早。车战次之。骑战又次之。后世有骑战步战,无车战。以骑步之甲,推求车战之甲,因革损益,尚多可如。《考工记》所言诸甲,则用于车战者也。

---

① 《春秋左传正义》卷33"襄公十八年",第1965页。原为"皆衿今面缚",原文"杜注"无"衿甲"。

② 《国语》卷19《吴语》,国学基本丛书本,第221页。

③ 《周礼注疏》卷40《冬官考工记第六·函人》,第917页。

④ 《吕氏春秋集释》卷16《先识览第四·悔过》,第410页。

⑤ 《说文解字注》第十四篇上《金部·釬》,第711页。

⑥ 《战国策校注》卷3《秦·秦攻赵苏子谓秦王》,四部丛刊本。

⑦ 《说文解字注》第十四篇上《金部·铔》,第711页。

⑧ 《方言》卷13《甲襦》,第48页。原为"汗襦,自关而东,谓之甲襦"。

此十一饰器，合以帽钉，皆用于革甲。上述甲制，因多就革质者为说，今可进而探索甲饰矣。古代革甲，皆被服于外，素质无文，贱者或不饰，贵则饰之。《吴子》书载吴起谓魏文侯曰："今君四时，使斩离皮革，掩以朱漆，画以丹青，烁以犀象。"①知先以朱漆漆染，再以丹青画花纹，又雕刻犀角象牙，为各种饰品，镶嵌于上。《说文（解字）》："烁，灼烁，光也"②，谓以犀象之饰，使生光彩也。因服于外，始彩饰如此，内服则不需。左昭元年传：郑公孙黑与子南争"徐吾犯之妹……适子南氏，子晳怒，既而囊甲以见子南，欲杀之"③。乃于衣内囊甲，故言"囊甲"，系□（临）时掩饰之谋，非甲皆以衣覆遮也。《桂海（虞衡志）·器志》谓大理"以小白贝累累④络甲缝，及装兜鍪"⑤，知亦以贝饰甲，并饰于胄。饰胄即《诗·閟宫》："贝胄朱綅"之"贝胄"⑥，传训"贝饰"，谓以贝饰之。又言"朱綅"者，綅犹线，以朱线缀贝也。前引《（礼记·）少仪》"甲不组縢"，郑注□训"铠饰"⑦。以组饰铠，乃刺为各种饰纹，亦指革甲言也。迨造铁甲，势难以铁片裹身；因制小片，上下□□（缀）相掩，如鱼鳞形状。被服于外，片片□荡，既不利便，且不美观。乃别作衣表，纫附甲裳，与革制不同。但此向外之衣表，亦各有饰。或以金属，或以刺绣，考其图样，尚多由革甲变出。古革甲不可见，后世之铁甲尚可见。执其铠饰，用推古甲，此数十古铜饰器，略可得其傅著所在矣。

所以知此饰器，必基于革甲，不著于铁甲者。器内类有悬系之鼻纽，如为铁甲，穿系衣内之小铁片上，势不可能。系于衣表，器又较□，力不能胜。即勉强为之，衣表面软，亦游移不宜。宜者厥为革甲，质剂坚韧，能任悬系故也。曩见安阳所出商鼓，四周皆饰贝壳。其饰贝之处，后世鼓制，多变为帽钉。因

---

① 〔周〕吴起撰：《吴子·吴起初见文侯章句》，文渊阁四库全书本。原为："今君斩离皮革，掩以朱漆……"
② 〔汉〕许慎撰，〔宋〕徐铉增释：《说文解字（新附）》卷10上《火部》，文渊阁四库全书本。
③ 《春秋左传正义》卷41"昭公元年"，第2022页。
④ 绳索；缠绕。
⑤ 〔宋〕范成大撰，孔凡礼点校：《范成大笔记六种·桂海虞衡志·志器》，北京：中华书局，2002年，第99页。
⑥ 《毛诗正义》卷20《鲁颂·駉之什·閟宫》，第616页。
⑦ 《礼记正义》卷35《少仪第十七》，第1516页。

知近代兜鍪，累累作帽钉饰者，即古贝胄之遗。更知近代铠甲，累累作帽钉饰者，亦古贝饰之遗；饰贝于甲，不只大理如此也。帽钉之改，可以为饰，亦可以加强抵御。若然此附带之帽钉，即可识其用途；数当甚伙，不限二十枚也。近代披髆之甲，衣面上端当肩首处，皆有绣饰，作虎首形。此兕首乙器二具，制正与合。彼饰于衣面，改作刺绣；此饰于革面，可用金属品。一虎一兕，义用相因。器内之鼻，两牙之孔，皆以组系于革者也。胸甲亦有虎首绣饰，胸部较□首为大，虎首亦大。此最大之兕首甲器，殆即悬系此间。用以护胸，略如后世之护心铜镜，上环悬□，下环佩□。《管子·小匡篇》："轻罪入兰盾鞈革二戟。"注云："鞈革，重革，当心著之，所以御矢。"①鞈犹合，盖合两革护胸。其处最为重要，外此则为两肩，各著兕首饰者，亦所以加强抵御也。至丙器二事，上端内向有钮，下端外向有钩。钮以穿系，钩以悬挂，形制如传世带钩，惟钮不同。施于何处，今难确知，但必左右各一。求之于甲，正有其用途，传世此类钩形铜器，大都用于腰围衣带间也。丁器较小，于上孔系组，胸臂及髀部诸甲，均可傅著。古以犀象为饰，殆属此类。至以丹青彩绘者，胸肩之兽首，当在其内，且或佐以犀象。若画，若铜，若犀象，其为饰则一也。以质剂之不同，贵贱之有差，各易其术，各适其宜；先后之制作形状，固相因相处也。

据上以甲饰说之，此数十铜器，略可知其义用所在。第一，甲为戎服，此作兕首示武，与之正合。第二，各器皆以组系，革甲正须如此。□甲则系之，解甲则除之。盖除帽钉可永远钉著，余皆凸起甚高。叠甲卷藏，著之不便，除则组系为宜。第三，各器同饰一物，此俱著甲上，亦与相合。统前所举诸端，固一一征应也。此外饰器制作，皆一面向外，一面向内，因著于甲，始须如是。更以服饰之故，动荡摩拭，面部光泽；虽入土已久，尚精莹奕奕，亦均甲饰之佐证也。

仪礼既夕礼，载明器之属，有弓矢，有甲胄，有干笮。甲胄与其他武器，本可殉葬，今此甲饰出土，必古人与甲同殉；皮革不存，殆已毁烂，或为掘者废弃矣。历来编录古器物，未载有甲。近闻河南曾出古胄一具，商锡永氏《长

---

① 《管子校注》卷8《小匡第二十》，第423页。

沙古物闻见记》①，载楚铜甲叶，有方胜诸形，殆亦甲饰。其专言甲者，只古今注记，东汉章帝建初三年（78），丹阳宛陵民，掘地得甲一而已。此甲饰之重要，不仅形制花纹，为历代著录所鲜见；甲器下环，并镌有文字。环制外凸内平，外作兕首纹，内当下孔之上，横行刻文凡四。中为兽形，左端一文似弓矢状，如射；余二文，皆缭绕盘曲不可识（如附图一〇九图）。以中原古代所传书体求之，皆不似，疑系别为一文。器出蜀中，与古蜀文化，必有密切关系。审其义用，殆此铠甲主人之名氏，身后以殉，又即墓葬中人也。其作兕首之甲乙诸器，目皆嵌银，眉皆嵌金。两颊连口处，凸起花纹，似须形之变，亦皆嵌金。丙器只以银嵌目，以金嵌两颊。金银皆极厚，直透器背，与古器物镶金银片者，制尚不同。制甲有此华饰，非高贵者不能。器又较□，所傅著之甲亦必重，服者或孔武有力，据《蜀都赋》，"其旁则有期牛兕旄"②，蜀中古多产兕，颇疑服者或就地取材，亦为兕甲。以兕最威猛，制器象之，犹后世喜用虎形，舍虎而取兕。又可见当时当地之习俗心理矣。

自得此器后，以文字既不可识，虽说为甲饰，只就古代书证，及近世物证，推度为之，疑义滋多，未能定识。适聚贤先生来为《说文月刊》索文，且以此命题，坐候一日夜不去。逼不获已，勉草是篇，亦只为假设之探索。布诸月刊，如能引起当世学人研讨，使此古蜀铜饰，得识旨归，则固□林之幸，今但为豚蹄篝车之祝③而已。

---

①商锡永，即商承祚。
②〔宋〕章樵注：《古文苑》卷4《赋·蜀都赋》，文渊阁四库全书本。
③豚蹄篝车之祝：比喻代价甚微而所求者甚巨。

成都白马寺出土铜器辩

商承祚[①]

《说文月刊》，自抗战军兴，已堕入肺病状态，由一期转入三期，几乎寿终正寝，幸大法师佛法广运，将垂危的三期肺痨——"月刊"，拯登彼岸，重与大后方人士接触，这种毅力，是值得传令嘉奖的。

"月刊"屡次向我征稿，都是"口惠而实不至"，真是有点那个。现在叹佛法之无边，庆还魂而更生，当然不仅我一个人高兴。同我要稿，那能不给，但是对不住，要借这块地方，向法师斗一斗法，打一次擂台，凑凑热闹，聊代庆祝。

聚贤治学同作文章，都不求甚解，写了就罢，说完就算，信不信由你，对不对在他。你说他对，他的话更多，你说他错，他也不坚持，甚至简直当没这回事，同十年前好勇斗狠的一样，此中道理，惟有他自己明白。本来学问浩浩渊海，人不是万能，强项也要有止境，尤其考古贵实据，空谈虽易动听，终归事实胜过雄辩，借使问题尚在两可之间，而必要以我说为依归，否则漫骂来泄愤，离乎研究切磋的目标，这种人不是有神经[②]病，必是个妄人，聚贤不同人辩论，可以说是预先避免那些神经[③]失常同灭性的妄人无理取闹，见解是对的。

我到达重庆的第二天，他就拉我看他在成都所得的三十多件兵器，据商人

[①] 商承祚（1902—1991），广东人，字锡永，号驽刚、蠖公、契斋，古文字学家、金石篆刻家、书法家。

[②] 神经，原为"神精"。

[③] 神经，原为"神精"。

说都是白马寺出土，他并且作过实地调查，何处出兵器，何处出陶器，是商人指点告诉他的。看完那些兵器，读毕他那篇上海出版的"巴蜀文化"，听了他断续重复的叙述事迹，不禁叹了一口气说："老兄病魔了，我要来医治你一下。"

聚贤于事的判断一向好凭理想，玄之又玄的贯彻他的意见，甚至中途发觉有不对的事迹，还是要捏拢在一起，将错就错，一直错到底，就拿这次的失败，是轻信作买卖人的话（于今或已略微明白，但不好意思认错，还在装呆），须知商人最狡猾，他只要卖得到你的钱，绝对顺从你的心气，迎合你的理想，使你好像近醇酒妇人，沉迷死心，反转来作他的信徒。近来聚贤一谈到兵器就是白马寺，一谈到发掘就是白马寺，白马寺——白马寺——成了他的口头禅语，简直着了魔，中了疯，因此我不能不取出法宝，当头棒他一棒，使他恢复原来的智慧。

聚贤向我征稿的时候，我就同他说写一篇《成都白马寺出土铜器辩》，是同他绝对对立，拿客观的眼光来论断，作学术上的检讨，抛弃主观，不作强词夺理[1]与人歪缠。他一口允许，并且极端的赞同，时时催促我赶快写。确实难怪，我是伏魔将军，医中圣手，是来启复他的理智，是来医治他的沉疴，他如何不高兴欢迎。

这批兵器出在白马寺，是据商人所说，我由事实证明，完全是虚构！是谎言！然而事态的造成，可以滑稽的说：聚贤种的因，商人浇的果，又好像告人家如何作个圈套而自己尽往里钻，我看他是钻牛角尖，他偏说前程广大，别有洞天。

兵器出于白马寺而非成都的白马寺，我的证明有五点：

一、成都白马寺是否有铜器出土？尤其是兵器。

二、兵器制度及年代的诠释。

三、花文[2]文字的燃犀[3]。

四、从锈色定地域。

---

[1] 原文作"强辞夺理"。
[2] 花文，即花纹。本文不再一一标注。
[3] 燃犀，也作"毁犀"，指烛照明察，洞察事理或奸邪。

五、据铜质的优劣,知非出于一地。

我抓住这五点,一段一段的写在下面。

一、成都白马寺是否有铜器出土尤其是兵器

成都白马寺有古物出土,诚然,但不是铜,而是陶砖瓦当,早几年俯拾即是,我的游友时常捡回断瓦残当留作纪念,证之市面上所卖的陶砖瓦当谓出白马寺的花纹制作完全一样,而于铜器则实未见未闻。自聚贤扰攘白马寺出铜器后,甚嚣尘上,不能不令人生疑,况且兵器极多,用器特少,比例在三四十分之一,相差太悬殊,再由其制度花纹斑锈来检讨,无一合乎四川出土器物的条件。然而白马寺不出铜器,尤其是兵器可以确实决定的了。

白马寺不出铜器吗?没有兵器吗?不!白马寺都有出土,不过此白马非彼白马,而为洛阳的白马寺。民国二十几年华西大学在广汉太平场发掘,得了些玉器石器,据我推断其年代制作属于西周,不是蜀人的作品,而是后人带入川中重入土的。又听说广汉也有个白马寺,于是有人又疑此批兵器是白马寺出土,我都不敢相信。四川地名相同的太多,每一省的乡场,都有太平场,中兴场,中和场……等等,搅得人头脑发晕。庙宇同名的全国更多,就拿白马寺来说,最知名的无过于洛阳的白马寺,这一群兵器中,恐怕有属于他的。成都人只知成都的白马寺,商人又附和买主的心理,就将错就错张冠李戴来蒙混一切,一直到了聚贤,复加渲染,遂几不可收拾,害了多少听众,真可谓白马之乱了。

二、兵器制度及年代的诠释

□□□以前人称为瞿的时代最早,属于夏商,加胡则为戈,商末周以后都是如此,越到后来胡越长,卫文中三十三、三十五图,其形制为商器,质地甚薄,安阳出土最多。阅十六至二十一凡六器(十八图近柄处原有两尖,今断去,

二十图有□□圆□，当中四个整的，左右各三个半边的。又三十二图当属此类）。这种兵器似瞿有别，其锋宽而短，到后来一种近柄处特别加宽在戈钺□□之间，如四十三图，一种前锋化尖为圆，或两□刃加深变作钺，如四十四，十三，十四，十五图（十四十五两器虽伪，形有所本）。这种形制也是属于商周的，并且在兵器中不大多见。

三、花文文字的燃犀

聚贤文内附图，共有四十八件，计唐少波藏的一件，赵献集藏的三件，罗希成藏的十三件，其余二十一件是他自己的[1]。而我分析的结果，剔出伪器十三件：计赵（献集）三件，罗（希成）六件，卫（聚贤）四件。器真而字后刻的也有七件，计罗四件，卫三件，举证如次：

二十三、二十四图是剑。
三十图是戈。

以上三件是赵献集藏。

十二图是矛，制□花文都靠不住，太像宋明间的器样子，作伪的人摹仿错了。
十五图是钺。
二十五图是剑。
三十一，三十四，三十九图是戈。

以上六件罗希成藏。

---

[1] 按：图见该编"巴蜀文化附图说明"一文，但唐少波等人收藏器物合计只有38件。

十四图是钺。

二十二，二十五图是剑。

四十图是戈。

以上四件卫自藏。

除了第十二花文完全是阳文，其余十一件半都是嵌金花（第三十四援上花文嵌金，内是阳文，故算半件）。嵌金器的价钱□（最）大，第一，因为他的艺术太高妙。既浅且细的金丝，方的见锋芒，圆的极遒劲，嵌存器上到现在还好好未尝脱落。第二，嵌金的器流传不多，在当时是一种专门工艺，能手很少，否则作品一定是很普遍的了。

我曾将残缺的嵌金片剖视过，金片薄如纸，扣入器面的浅渠中，而能令人看不见痕迹，既平且严，平是指底平，底平则不□空气而有吸合力。严是指金片的两边，两边同凹处紧凑则不会被外力牵动暴起，因此两三千年来还能保持不脱，其秘诀当不脱"平严密凑"四字。上举的嵌金伪器，与真物的工艺相差太远太远，简直没一丝一毫能比拟的地方。先说整个器罢：凡角度以及弧形线都是不直，处处流露出曲线丑，就是器的平面，有如长久未修理的马路面，一高一低，好不恶心。其剑的两刃，又好像收取出声浪的线谱，多么滑□呢。长剑当中必有脊，脊的用处，一方刺入人体能深入，一方可令空气由脊引入而容易将剑抽出，伪剑是平的。再说他的嵌金术，有其器的不平地子，他的花文就可想象得之，除"粗拙痈肿"，简直再没法找得出另一种文辞来形容他。锈色作法也极劣，红绿斑是敷在外面的，用三四十年前拿松香来作色的老法子，可谓幼稚到极点。据此看起来，这些假货，够不上苏州货，更够不上潍县货；而是川货，或者就是成都本地作。

花文所在地不合的位置，如三十一图的戈，援内相接之处，不应有花，因为装上了柲，就被遮去了一部分了。

真器假字的有六件，十一的矛、四十二的戈（罗藏），二十六的匕首，二十八、三十七的戈（卫藏），刻得都极□（坏）。二十九器文作"其父永用"简直不通，三十七器刻的地位不对，同三十一器同犯一个毛病。

四、从锈色定地域

那一省人说那一省的话，那一方有那一方的土色，这几乎成了个定式，听得熟，看得多，就极容易辨别得出，辨铜器的锈色即可用此法。最容易分别的是陕豫两地，陕西土质秀润，河南色燥，脏坑多，水坑少，若遇水坑，又在陕西之上，好坏相差太远，到不如陕西能站在水平线上。这里的器，据我能确定出于安阳的两件，三十三、三十五其体质极薄，中央研究院历史语言研究所在安阳发掘出来是类形制颜色的戈总有几百，是属于商朝时期。十六、二十八也是河南坑，十六且是水坑，锈色绿润而有光，称为绿气古的即是此类。其他四十五、四十六、四十七的斧，也是河南的坑口。

五、据铜质的优劣知非出于一地

卫藏二十一件器里，除去假的七件，其余十四件铜质优劣不一，当然有些是很好的合金，而有些炼得不净，铸出有气孔，好像假的：如第一、第三十二器。第十三、第二十六，铜是炼净了，而其他合金成分不够，故此颜色特别的红（此两器出土很久，被人抚摸得露铜的地方甚多）。可见这几种色不是铸于一处，而是几个地带的作品，反映出这些兵器没一件是成都白马寺出土的。

我对于成都白马寺出土的兵器，最初怀疑，结果否认，才写出以上的言论，聚贤目前是不会表同情的，日后当知所见不差（若能如卫发掘一次，那更容易解决此问题了）。收商人蒙混，我是过来人，上一次当，学一次乖，这真是至理名言，不姥目为老生常谈的腐论。

主人请我写文章，而对他的材料大加批评，把他一团高兴同新发现的生命线驳得体无完肤，无乃太滑稽不近人情；然后须知友谊是友谊，讨论学问是讨论学问，我不能因友谊的关系，拿情感来抹杀事实，误尽苍生，淆乱观听；"宁为诤友，不为谀臣"，为学术立场而辩论，决不意气用事来狂吠，清心的学人，头脑清楚的读者，当不至以为我叫主人下不来台吧。

聚贤"巴蜀文化"的标题，因材料不准确，而失其重心，我们姑且将题目撇开，将成都白马寺这五个字拈掉，就材讲材，确实不失为一部分好材料，同可注意的一些花文。六、七、九、十、三十八、四十三花文都极精，尤以四十三器之人骑兽文最为少见。一至五器及第十器花文作手与心，为前人所不重视，经聚贤这一汇集，大可研究他用手心作图案的意义，而与其他饕餮云文（纹）的平凡用义决然两样。聚贤谓："手与心的花文，多在兵器的锐上，……锐为标枪，以手掷出，……是不是以心欲达其目的，以手掷出则中，取得心应手的意思。"推论极近情理。战争是极残忍的事，一刀一枪出去，不是你死就是我活，对敌时，当然是望要害地击刺，心之所向，未必手就能准，所以画图案的人，揣度战斗人的心理，画一心一手，表示持此兵器的，可以"得心应手"，无往而不利。

华西大学藏的錞于，是得于万县的庙里，不能认为即出于万县，其物我于二十七年春天看过，花文是后刻。这种乐器，《博古图》《考古图》西清古鉴各有收入，皆无花文，张燕昌金石契有一件，作阳文的鱼藻文，各家定它为周器，是错的。罗雪堂一器上有"卅一"二字，罗原觉一器上有"文君"二字，都作阳文篆书，据文字花文来确定属于汉代（不能因为錞于之名见于《周礼》就定它作周，今由各器的虎梁看来，其制度气韵决不能到周，并且还够不上战国）。此錞于作阴文（纹）花，已不符合条件，刻得光怪陆离，更是莫名其妙，碰到个好奇的人——老卫，将它一烘托，真像"有啥介事"了。

錞于的出土地，不是出于黄河以南，就是淮河两岸，同句鑃、钲、铿都是南方的乐器，而不是北方的制度。

这要附带说一件好花文的器，就是赵献集所藏的那一件残猎壶，怪人怪兽颇堪玩味，与故宫等处所藏的猎壶可以对照欣赏。口沿图案同楚漆器极类似，其年代当属于战国，出土地带在陕豫之郊。

三十一年（1942）七月三十日写于酷暑中

华西的史前石器[1]

郑德坤[2]

一、华西石器调查的经过

华西史前时代石器之采集，已有五六十年的历史。1886年，英人贝巴氏（C.E.Baber）至四川游历，在重庆附近购得磨制石器二枚。华西有石器，遂闻于世。其后居驻川康传教士叶长青（J.H.Edgar）、戴谦和（D.S.Dye）及葛维汉（D.C.Graham）等在各地调查，采获甚多。他们所得，除数枚捐赠上海亚洲文会博物馆及南京中央研究院外，全部收藏于成都华西大学博物馆。可靠的石器，大小不下数百件，葛氏就是前任的馆长。

叶、戴、葛三氏，前后发表关于川康石器文章共十篇，刊载于《华西边疆学会会志》（*Journa of The west China Border Research Society*）[3]及《亚洲文会会

---

[1]该文修改后为1946年印行的《四川古代文化史》第一章，整理时以《四川古代文化史》参校（成都：巴蜀书社，2004年）。按，该文前有赵世忠《记锌于》一文，因第3卷第4期"巴蜀文化专号"收录，故此处略。

[2]郑德坤（1907—2001），福建人，考古学家。

[3]应为《华西边疆研究学会杂志》。该杂志是成立于1922年的华西边疆研究学会（West China Border Research Society）向全世界公开发行的大型综合性学术刊物。它是中国近代华西地区第一份由外国传教士创办的以"华西边疆"为研究对象的英文学术杂志。自1922年创刊到1947年停刊，这份杂志持续发行25年之久，共出版十六卷二十二册，刊发339篇论文，其内容主要涉及华西地区人文历史和自然地理等研究成果，大多都是相关研究领域的开山之作。杂志发表的著作中大部分是关于川康、康藏及滇北民族地区的文化人类学、考古学、历史学、地理学、动植物学、医学等学科的考察报告和研究论文，具有很高的学术价值。（来源：四川大学博物馆官网）

报》(Journal of the North-China Branch of the Royal Asiatic Society)[①]，颇引起中外学者的注意。近二十年来，亲至华西调查的很少。1925—1926年，中亚探险队考古主任奈尔逊氏（N.C.Nelson）[②]调查三峡史前遗迹，工作□（精）详，成绩颇佳，奈氏所得□一部分留存北平地质调查所外，全部运至美国编号研究。现存美国自然科学博物馆（American Museum of Natural History）。初步报告刊载《自然科学》杂志（Natural History），后又刊入《中亚自然科学》（Natural History central Asia）第一卷。

1930年，广州中山大学教授赫音（Arnold Heim）至川边考察地质，也发现石器数枚，报告见赫著 Minya Conka 书中。

1931年，美国哈佛燕京学社派包戈登氏（Gorton Bowles）来西南调查民俗[③]，在道孚西北[④]，发现石器甚多。全部留存华西大学博物馆，其报告刊载于《中国地质学会会志》。

1937年，瑞典考古学家安特生（J.G. Anderson）与中央研究院，四川大学及华西大学合组川康考察团，在道孚一带发现史前遗址数处，遗迹由中央研究院代表祁延霈主持发掘，并由祁氏担任研究报告，重要材料，全部存中央研究所。[⑤]

1936年，作者被哈佛燕京学社派来成都，得见华西大学博物馆所藏材料，精粗石器约一千枚。后二年，又被派至康桥。并代接洽在纽约美国自然科学博物馆研究奈尔逊所采器物，精粗石器，亦数百件。《说文月刊》编辑，拟出"巴

[①] 应为《皇家亚洲文会北中国支会会报》。皇家亚洲文会北中国支会成立于1857年，最初叫上海文理学会，1858年与英国皇家亚洲文会联系，成为其在上海的一个分支机构即亚洲文会北中国支会。它是近代一个重要的中外文化交流中心，也是远东地区最早的汉学机构，"它旨在'调查研究中国各项事情'，从文会《会报》所刊登的内容看，文会的调查研究涉及地理、历史、民俗、动物等30余个学科"。（王毅：《皇家亚洲文会北中国支会研究》，上海：上海书店出版社，2005年，第172页）

[②] 又作纳尔逊，如《重庆库区考古报告集1997卷》载："历史上，三峡工程重庆库区的考古工作可以追溯到20世纪20年代，美国自然历史博物馆中亚探险考古队的纳尔逊（N.C.Nelson）等人于1925—1926年间曾于三峡地区发现若干古文化遗址，据收集到的遗物，推定这些遗址属史前时期。"（北京：科学出版社，2001年，"前言"）

[③]《四川古代文化史》为"至川西调查民俗"（第2页）。

[④]《四川古代文化史》为"在道孚附近发现史前遗址多处，采集石器数十种"（第2页）。

[⑤]《四川古代文化史》为"所得古物甚富，现存中央研究院，报告在编辑中"（第2页）。

蜀文化专号",嘱撰"华西石器"一文,因就作者在成都及纽约两地博物馆研究所得,略述华西史前文化,希望海内贤明,不吝赐教。

二、遗址情形及分布

华西史前遗迹可分为四类,其处于河流或支流的两岸者为最多。这类遗迹多是原始人类之遗迹,居住地或工业区。土洞石穴里的遗迹也有,但沿长江洞穴,原始遗迹很少。奈尔逊氏在三峡调查洞穴共783处,可称为史前遗迹的极少,而现代人民的居住,共138处。河边两岸上台地里的遗迹也多,特别是在西北部,这一带的台地都是黄土的堆积,或与华北马兰台地同时。地面上的遗物,也时有发现:交通孔道,涸干河床,河流交叉地带,都有大宗石器发现。

据可考记录,华西史前遗迹之发现,共约九十处。其分布地带,集中于长江、岷江、大渡河及雅砻江四流域。嘉陵江流域,尚未闻有石器发现,这大概是因为调查未周,而非嘉陵江流域无史前文化。兹将四河流域所发现遗迹,表列于下:

1. 长江流域

湖北[①]:宜都　二

　　　宜昌　八

　　　巴东　二

　　　归州　二

四川:夔州　五

　　　巫山　七

　　　云阳　六

　　　万县　四

　　　重庆　一

[①]巴东、归州:原文是归入"四川",分别位于夔州、巫山之后。

　　　　泸州　一
　　　　纳溪　一
　　　　叙府　二
　　　　珙县　一
　云南：元谋　一
2. 岷江流域
　四川：嘉定　一
　　　　峨眉　二
　　　　华阳　二
　　　　彭县　一
　　　　汉州　二
　　　　灌县　二
　　　　汶川　二
　　　　威州　一
　　　　理番　一
　西康①：雅安　一
3. 大渡河流域
　西康：康定　七
　四川：丹巴②　一
　　　　懋功　一
　　　　抚边　一
4. 雅砻（江）流域
　西康：道孚至炉霍③　十七
　　　　理化　一

---

①西康省，设置于1939年，管辖今四川甘孜州、凉山州、攀枝花、雅安及西藏昌都、林芝；1955年撤销西康省，其所辖区域分别并入四川省与西藏自治州区筹备委员会（今西藏自治区）。
②原为"巴东"，据《四川古代文化史》改（第4页）。
③原为"卢河"，据《四川古代文化史》改（第4页）。

各遗迹出土古物，以石器为最多，陶片次之，骨角器物很少。这一大宗的石器，大部分是地面调查所得，非发掘出土的，在地内层位上的根据，十分薄弱，是以吾人的讨论，只可以由石器的形制上着想。

三、华西石器之分类

据技术上的精粗，华西石器可分为四类：

第一类　打制石器；

第二类　打磨石器；

第三类　打琢磨石器；

第四类　磨制石器。

华西第一类打制石器，其基本技术是卵石的劈击。这类工业的工厂，都在河流的两岸上。有许多石器，如槌石之属，简直就是河边的卵[①]石。他如石斧、石刮刀、石刀、硬石之属，多是利用适合卵石，劈击而成。这种石器或无复击（Secondary Chipping）的痕迹，不过多数都是经过精细的劈击，器形因各器的功用而不同。

打制石器以卵石片劈成的为最多。匠人先由大卵石劈下一石片，然后将石片打成用器。这类石器，除精细劈击的边沿尖锋外，正方仍保存卵石皮面，背方□（呈）现初次劈剥凸形（Bubof Percussion），辨别容易。石片的利用也有，但不是普遍的现象。

由石器的形状及功用分别，华西打制石器，共有四十一种，以石斧、石锛、石凿、尖铲、枪头、钻子、刮刀、刀、棰石、槌石等。形状复杂，此不详述。

华西第二类打磨石器□第一类打制石器□脱锋，加上磨脱的工夫。石器并以卵石及卵石片为主体，其不同，就在于脱锋制作的各异。后者的脱锋是劈击而成，而这类石器的脱锋是磨制而成。前一类石器的四十一种中只有八种有磨

[①]原为"蛋"，据《四川古代文化史》改（第5页）。

制的脱锋。

打磨石器可分为十一种，其中八种与第一类相同，其他三种新型：一是石刀片，二是扁形刀，三是磨石。最后一种是磨制工业的工具。

华西第三类打琢磨石器是三种技术的产物。这种工业可分为三段：先打劈，次槌琢，三磨脱。前二类的工业以卵石及卵石片为基础，但第三类石器因利用槌琢，所以器上的卵石皮面及劈口（击）凸形都不见了。匠人可将劈击粗面琢平，或直接将原料石琢成适合的器形。

在技术上，这类石器确比前二类进步，不过槌琢技术事实上不能制造脱锋。脱锋的制造，以磨法为最合适，因此第三类石器的作者，不能放去磨制的技术。从石器的功能上着想，琢制技术不能成为独□的工业。

琢制技术确比打制技术进步，因为匠人较能支配原料石，特别是河边的卵石。因此第三类的石器确比较前二类的整齐，标准化。

这类石器，可考的有五种。其中，石斧、石锛及石凿是普通的器具，而其他两种，一是尖根石锛，一是雕沟石斧，都是新的形制。

华西第四类石器是一种很进步工业的产物，其基本技术为磨制法。这类石器，呈露着打劈皮面的，还有不少。这可证其初形是打劈而成的。但是磨制法的应用，在第二类第三类确与这类有别。前者是以磨制法用在脱锋的制造，而这类石器利用这方法以制造脱锋外，还用以施于石器的皮面，使石器成为一滑亮的器物。

这类石器的原料也是河边卵石。许多石器还保存着卵石的皮面。工匠可利用这种皮面，以减少其磨制的烦劳，但是他的技术精熟，并不受蛋石皮面的限制，任何形式他都可以应付裕如，因此石斧，石锛及石凿□种类，比前类繁多且精巧。

磨制法之外，又有新技术发展出来，第三类石器工业既知雕沟，这方法在第四类更进步了。磨制石器也有带孔的，这是前三类所未有，新式的器具有单肩斧、蛾眉凿、枪头、石疱丁、石环及石手磨等。此外还有许多玉器，可知其原料已不是全靠着河边的卵石了。

四、华西石器的研究

华西石器，由技术的精粗，可分为四类，已如上述。这四类工业或可代表华西石器演进四个不同的程次。这个假定可由：一、石器的种类，二、石器种类的分布，三、三峡遗址的种类，四、石器与陶器共存的关系，及五、与东亚其他区域所得石器的比较——这五方面的研究□得到相当的根据。

华西第一类打制石器，可分为四十一种；第二类打磨石器，十一种；第三类打琢磨石器，五种；第四类磨制石器，十七种。打制石器种类的繁多，正表现其工业经过长时间演进，而为这区最占有势力的工业。其他三类，都立于次要地位，假使不是外货，也应是较晚期的产物。

这四类的石器，在这区域的分布，很值得注意。第一类打制石器分布于长江、岷江、大渡河、雅砻江四流域。第二类打磨石器及第四类磨制石器，发现于长江及岷江流域。第三类打琢磨石器，只发现于三峡附近。根据这几种的事实，我们或可推想华西石器工业的演进，初为打制石器文化，后来其他石器工业乃渐次输入，或发明，因时代较晚，所以最终未有发展到川西及西康诸高山地带。

长江是川康与中原[①]交通的孔道。奈尔逊氏在长江两岸调查极详，他所发现的史前遗址，共三十七处。根据他在这些遗址所发现石器共存的情形，这三十七处可分为四个不同阶段：

第一期　发现遗址五处，只得第一类打制的石器。

第二期　发现遗址也五处，只得第二类打磨石器[②]的一处，而得第一类和第二类共存的，有四处。

第三期　发现遗址六处，得第一类（打制石器）与第三类打琢磨石器□有

[①]原为"华西"，据《四川古代文化史》改（第10页）。
[②]原为"打制石器"，据前后文、《四川古代文化史》改（第11页）。

□（三）处，得第一类第二类和第三类共存的也有三处。①

第四期　发现遗址二十一处，得第一类与第四类磨制石器共存的有六处，得第一类、第二类与第四类②共存的三处，得第一第二第三及第四类共存的九处，而只得第四类的有三处。

奈尔逊氏沿江调查的结果，不限于石器的发现而已，他也得到许多的陶片。出陶片的遗址，共有十二处，而这十二处都是第四期的遗址。这事实直接可以证明这些陶片与华西第四类磨制石器有密切的关系，间接可以表示在这四类的石器中，磨制石器的年代最晚。

我们将华西区所得的石器，拿来和东亚其他区域比较，这种比较工作在地域上要广，在器物上要细，结果才比较可靠。在器物上，华西所得七十五种石器，都用为比较的材料；在地域上北起西伯利亚，南到马来半岛，可分为延尼西（Yenisei）流域、贝加湖地带（Baikal）、黑龙江流域（Amur）、冈札德加（Kamchatka）、日本、朝鲜、满洲、蒙古、新疆、华北、华南、越南及马来半岛等十三区。以华西七十五种石器和这些区域所得石器比较，其异同的地方很多，而其重要结论有五：

第一，华西史前石器不是一种独立特殊工业的产物。从大体上观察，华西史前文化不过是泛东亚史前文化的一支。其石器的种类七十五种中，有六十五种已在其他区域发现，其他十种，并非主要工具。在地域上，华西是东亚边区之一，其史前文化为东亚文化的外支③，固非偶然的事实，而华西石器的研究，应以全东亚石器工业为基础，更是明显。

第二，华西第一类四十一种打制石器，有三十二种已在他区发现。其年代多系于旧石器时代，在越南即称为和平文化（Hoabinhian Culture）及北山文化

---

①《四川古代文化史》载为："遗址六处，其中得打制石器与打琢磨石器共存者三，得打制、打磨及打琢磨三类石器共存者亦三"（第11页）。

②原为"第三类"即指打琢磨石器，据《四川古代文化史》"得打制、打磨与磨制石器共存者三"（磨制石器即第四类）改（第11页）。

③《四川古代文化史》为"边支"（第11页）。

(Bac-Sonian Culture)①的产物（其前期亦为旧石器时代）。其他余九种中有三种与东亚他区的新石器时代前期的遗物相同，又另有四种与新石器后期的器具类似。据此可见这类石器在东亚的年代，是从旧石器时代传至新石器时代的后期，然后渐渐消灭。这四十一种石器中，只有五种与铜器发生共存的关系。

我们把华西打制石器拿来和其他区域的旧石器比较，不是说华西的打制石器是旧石器时代的遗物。华西打制石器有一部分可能是旧石器时代的东西，但是大多数都是旧石器时代以后的器具。旧石器时代文化的成立，必须有地层及其他古生物的佐证，华西打制石器多是地面上调查所得，在没有地质学上的根据之前，我们不应认其为旧石器时代的遗物。

华西地形，山河崎岖，离开文化的发源地很远。在时代上，其打制石器的流行，应较文化发源地为晚后。这类石器和陶片共存的关系，又很少。所以在大体上，华西第一类打制石器的年代，或可认为中石器时代，及新石器时代前期。

第三，华西打磨石器的主要工具是由打制石器演进出来的。这种情形与东亚其他区域正相同。这两类的石器，在东亚各区常是共存的。华西十一种打磨石器中，有七种已在其他区发现，其余四种也不是主要工具。这类石器在他区的报告中，不是属于新石器时代的前期，就是属于新石器时代的后期。铜器时代的遗址，未曾发现这类的石器。

第四，华西第三类打琢磨石器是一种特殊技术的产物。在东亚分布的区域并不广，偏于东北部，华北、满洲、黑龙江流域②及冈札德加等地。东亚之外，以北美洲森林地带为最普遍③。华西五种打琢磨石器，中有三种已在他区发现，而其在地内的层位，当与磨制石器发生共存的关系，所以其年代多数是新石

---

①原为"华宾文化 Hoabinhian 及巴宋文化 Bacsonian"，《四川古代文化史》为"在越南即称和平文化（Hoabinhian）及北浣文化（Bacsonian）"（第12页）。据查，不见有"北浣文化"叫法，而 Bacsonian 则指越南北山文化。和平文化：东南亚大陆中石器时代和新石器时代文化，因1926年首先发现于越南北部的和平省而得名；北山文化（Bac-Sonian）：东南亚新石器时代早期文化，因1924年首次发现于越南河内北山而得名。（陈国强主编：《简明文化人类学词典》，杭州：浙江人民出版社，1990年，第320、126页）后文出现"华宾文化及巴宋文化"据此改，不再说明。

②原为"黑龙江"，据《四川古代文化史》改（第12页）。

③原为"以北美洲为□行"，据《四川古代文化史》改（第12页）。

时代的晚期。在东亚全部只有一大琢磨器发现于铜器时代的层位里。在这些情形之下，华西打琢磨石器的年代，或应在打磨石器之后。

第五，华西十七种器制石器，只有一种未在其他区里发现。磨制石器的分布极广，世界五大洲无处没有这类石器发现。这类石器工业，在东亚最古的年代虽未可定，但其盛行为新石器时代中期以后，应无疑问，且其年代延长很晚。就华北一区而言，石器、铜器过渡时代及铜器时代的遗迹中，这类的遗物很多；在铁器时代的遗迹中，也常常发现。汉代遗迹中发现磨制石器，也不是稀奇的事情。

五、华西史前文化的分期

华西石器的研究，其结果虽不令人十分满意，然而由各方综合的证据，颇觉显然可靠。这区域史前文化的时期，约在东亚旧石器时代之后及铜器时代之前。其自身的演进，约可分为四期，每期以一类石器工业为代表。可惜调查未周，发掘未兴，第二期和第三期的遗物不像第一期及第四期的丰富。

华西石器四期的演进，因地形的关系，又不能应用于本区的西部，其演进只限于长江流域。这种时期的区分，并没有清楚的界限，简单的说，第一期只有打制石器；第二期有打磨石器，而打制石器仍然盛行；第三期有打琢磨石器发现，而前两类石器，□（应）是存在；第四期以磨制石器为主，而其他三类石器也未见得完全消灭。

岷江流域的情形与长江流域的有点不同，就是没有打琢磨石器的存在。在第一期第二期与长江流域的情形完全相同，这种情形继续至第三期，到了第四期以磨制石器为主，而打制石器和打磨石器或还存在。

大渡河流域及雅砻江流域，地处偏僻，情形相同。在四期中，只有一类石器，独据其地，所得材料都是打制石器，其演进的分期，现在还没有法子分别。

六、华西石器在东亚史前文化的地位

华西石器文化与东亚其他区域文化的广泛比较，已如上述。我们应再进一步，把这文化与其他区域作个别的比较，其结果可使华西石器文化分期的可靠性，更加显明[1]。

在这个比较研究中，日本和冈扎德加可不必着想，因为这两区的年代很晚。日本的新石器年代比亚洲大陆的后数百年，而冈扎德加的新石器时代遗址或不过数百年前的遗物而已。

据现在新知道的材料，当旧石器的时代，全东亚是"斩砍石器"（Chpping-tool）文化的区域。这种石器的原料卵石及卵石片，制造技术是打劈的。东亚的大陆上，由西伯利亚至马来半岛没有一区没有这种石器的发现。

这种旧石器时代"斩砍石器"的工业流行很久，到更新统（Pleistocene）尾期远没有重大的改变。在这时代，虽有周口店□（上）洞的文化侵入，和固有文化有点不同，然而到中石器时代中，固有文化仍占势力。

在中石器时代中，又有新的文化侵入东亚。这就是由中亚东伸的幺石器文化。西伯利亚南部、新疆、蒙古及满洲西部，这种文化的遗物很多，其性质大体相同。幺石器文化的重要□物有四：一是幺石器，器形细小；二是制造石器的工业，劈击技术精巧，原料都是火石、燧石类的岩石；三是大量打制石镞的制造；四是粗陋的陶业、陶片都带绳纹、席纹的装饰。这一带各区的石器□略有异同，这不过□地□性的差别而已，在大体上，都属于同一个文化，就是戈壁或"沙丘"的文化（Gobi Culture）。这种文化在这沙漠地带有很长的历史，不过其年代目前还无法订定。

西伯利亚南部的发掘，略有层位上的发现，惜地处偏僻，遗物十分复杂。新疆、蒙古及满洲各区里的遗址很多，又惜精细的发掘不多，而新发掘又不幸

---

[1]《四川古代文化史》载为"四川史前与东亚各区文化之广泛比较，已如上述。本节将更进一步与东亚各区文化作个别之比较，使四川史前文化在东亚之地位，更加明了"（第14页）。

都是处于沙漠里，因风侵缘故，遗物都沉留在地面，混成一堆，无层位之可言。所以我们只知道幺石器文化的存在，而不明幺石器在这沙漠地带进展的始末。

由地域上的分布，我们却知道幺石器文化在东亚的范围，只限于沙漠地带，南不及阴山以南，东未逾兴安岭。从世界史前考古学上观察，东亚戈壁文化地带，不过是亚非欧三大洲幺石器文化的东支而已。在这三大洲的草原及沙漠地带，是无处不是这文化的势力范围。

东亚戈壁文化时代很长，其势力直至新石器时代晚期，及石器铜器过渡时代，还是很盛。在热河、察哈尔、绥远、宁夏及甘肃等地带，幺石器与新石器晚期的制磨石器发生共存的关系，这是平常得很。在这交叉地带，幺石器文化和磨制石器文化互相影响，情形复杂。可是华北高原及平原，却没有幺石器的痕迹了。华西僻处西南高原，其不受戈壁文化的影响，当可预料的。

华北一带中石器时代及新石器时代前期的遗迹很少，绥远、察哈尔、热河、辽宁、吉林，发现打制石器很多[①]。陕西、河北、河南、山东也有这类石器的发现，这一材料都是地面上的采集，又欠详细的报告。至于打磨石器，华北各省，还未闻有此发现。

华北新石器时代后期的材料比较丰富，情形也比较清楚了。已报告的遗址不下百余处，其中经过精细发掘的也不少。这类的遗迹多数是村落，石器之外，还有各色各类的陶片。石器以磨制的为最多，石斧、石锛之外，还有大宗的磨制石镞。华北陶片的原始[②]，以河南后冈、侯家庄、大赉店、仰韶及山西西阴村的红陶□（为）最古，山东、河南的黑陶次之，这都是新石器时代后期的遗物。华西第三类打琢磨石器及第四类磨制石器和华北出土的毫无二致。当这时代，华北与华西文化的分别，只在于石镞的有无而已。

[①] 原为"发现打磨石器很多"，据《四川古代文化史》"华北区域中石器时代及新石器时代前期之遗迹，可考者鲜。绥远、察哈尔、热河、辽宁、吉林有大宗打制石器出土，陕西、河北、河南、山东亦发现类似之石器"改（第15页）。该文章"四、华西石器的研究"部分，将石器分为打制石器（第一类）、打磨石器（第二类）、打琢磨石器（第三类）、磨制石器（第四类）四类。

[②]《四川古代文化史》为"华北史前陶器"（第16页）。

华东、华南史前的材料简单得很①，而以广西洞穴文化为最重要。这种文化的特质，是卵石打制石器，年代约是中石器时代，因为几个遗址中，都没有陶片发现。广西洞穴出土石器十一种，除雕纹的石锤外，没有一种不在华西发现，其同为森林崎岖地带的文化，当可想象。

华西打琢磨石器及磨制石器，在江、浙、闽、粤以至云南，都有发现。不过这些材料都是地面上所采集，已无层位上的根据，又乏细详的描写，无法比较，台湾岛出土打琢磨石斧一枚，其时代或者很晚，且单据独证，未可为凭。浙江杭州黑陶文化的发现，其石器或与华西磨制石器相同，而其石器的盛行，却与华北相似。就其石器的形制，如石钺的特殊及黑陶土洞穴的装饰，其年代应在山东、河南之后，或晚至石铜器过渡时代。福建武平、广东海丰及香港等地的史前材料，像是所谓吴越文化的遗物，其时恐在（西）周末、春秋战国之间，应在华西磨制石器文化之后。云南腾越的磨制石斧、石锛等和川南珙县、高县等地出土石器，直似同出一模。

安南史前的情形与华西的最相同。安南史前文化的前期可以和平及北山文化②为代表。两地所得遗物约略相同。初有打制的卵石器，法国考古学称之为旧石器；继以打磨石器，号称新石器的原型（Proto-neoliths）。华西第一类打制石器四十一种，三十四种和越南的完全相同；第二类打磨石器十一种，六种和越南相仿佛。华西这一大批的石器，尚无层位上的根据，而越南各省遗址的发掘，多不胜举，都是打制石器在下，打磨石器居上，层位分明；且有地质与及古生物学的佐证，其为旧石器时代尾期至新石器时代前期，可无疑议。华西第一类及第二类石器的前后层位，可由越南所得，而定订之。

安南③新石器时代后期的文化和华西□却有点差别。琢磨石器未曾发现，磨制石器又以双肩石斧为最精，为华西所未有。但在大体上两区的技术略同，华西磨制石器十七种，安南已出土十四种。加以安南亦无石镞发现，其新石器时

---

①《四川古代文化史》为"长江以南之史前材料，尚寥寥无几。所可考者，以广西洞穴文化为最重要"（第16页）。
②原为"华宾及巴宋文化"。
③原为"越南"，据《四川古代文化史》改（第17页）。

代后期文化,为与华西第四期文化划为一区,当可断定。这两地出土石器的差别,只可认为地方色彩而已。

马来半岛史前文化的演进与安南①最相似。初为卵石打制石器文化,次为打磨石器文化,最后为磨制石器文化。前二段可与越南、华西、华南划成一系统,后一段却有两点②不同:一、磨制石器以鸭嘴石锛及长形石斧为最特色;二、石镞盛行。其与华西、安南③异系,甚明。

据上述比较研究的结果,华西这四期史前文化的划定,似不至十分荒唐无稽。这一批地面上的材料,在东亚史前文化的演进中,实占极重要的地位。其技术发展的程序,正可以反映全东亚史前文化的进展。据目前所知道的材料而言,除戈壁文化另属一系外,东亚史前的文化自更新统结束以后,至历史时代的殷商,似可分为四期,如下:

第一,中石器时代,似可以下列诸事为代表:

1. 华西打制石器之一部;
2. 华北、新疆、满洲打制石器之一部;
3. 广西洞穴文化之全部;
4. 安南,和平及北山文化④遗物之一部;
5. 马来和平(文化)⑤或"苏门答腊"式石器之一部。

第二,新石器时代的前期,似可以下列诸事为代表:

1. 华西打磨石器之一部;
2. 满洲打磨石器之一部;
3. 安南打磨石器或原型新石器之一部;
4. 马来打磨石器之一部。

第三,新石器时代的后期,这一期可分为上下二段,上段情形不很清楚,材料简陋,似可以下列诸事为代表:

---

①原为"越南",据《四川古代文化史》改(第17页)。
②原为"几点",据内容改。
③原为"越南"。
④原为"华宾及巴宋文化"。
⑤原为"马来华宾"。

1. 华西打琢磨石器之一部；

2. 华北打琢磨石器之一部；

3. 满洲打琢磨石器之一部。

下段情形较为清楚，材料也很丰富，且可分为若干文化区域，将来再来详细讨论。新石器时代后期的下段，可以下列诸事为代表：

1. 华西磨制石器之一部；

2. 华北新石器时代后期遗物之全部；

3. 满洲新石器时代后期遗物之全部；

4. 华南新石器时代后期遗物之全部；

5. 安南新石器时代后期遗物之全部；

6. 马来新石器时代后期遗物之全部。

第四，石器铜器过渡时代，似可以下列诸事为代表：

1. 华西磨制石器之一部；

2. 华北石器铜器过渡时代遗物之全部；

3. 满洲石器铜器过渡时代遗物之全部；

4. 华南石器铜器过渡时代遗物之全部；

5. 安南石器铜器过渡时代遗物之全部；

6. 马来石器铜器过渡时代遗物之全部。

广汉古代遗物之发现及其发掘

林名均[1]

一、绪言

四川古称巴蜀，川东南为巴，川西北为蜀。蜀在《禹贡》为梁州之域，山川重障，交通梗阻，自秦惠文王（更元）九年（前316）司马错伐蜀灭之之后，始正式入于中国版图，与中原之交通，遂日见其繁，而文化亦因以大开。然自此以前，蜀之情况若何？其文化究与中原有何关系影响？史家均缺言之，实犹有待于考古学家之努力追寻者也。十年前，广汉太平场忽有古代器物之发现，复经华西大学博物馆前馆长葛维汉博士（Pr.D.C.Graham）与作者前往该处发掘，获得陶器石器甚多，经研究结果，知古代蜀国文化，非若吾人想象中之幼稚，且与中原文化有若干相关之处，可补古史之缺略。关于此次发掘，已有葛馆长《汉州发掘初步报告》（A Preliminary Report of the Hanchow Excavation）一文，在《华西边疆研究学会杂志》第六卷中发表（The Journal of the West China Border Research Society 1934 Vol.6，PP.114-131），其中虽颇有可商榷之处，然大体尚称完备，惜该志流传不广，仍未能引起海内学者之充分留意也。兹因《说文月刊》编者卫聚贤先生，拟在渝出版"巴蜀文化专号"，征稿于余，乃根据当时参加发掘经验，及个人研究所得，并参考葛氏报告，草成此篇，以就正于国人，惟图

---

[1] 林名均（1911—1969），四川人，著名考古学家，三星堆考古发掘者之一，著有《川苗概况》等文。

片具见该文，兹不重赘。

二、遗物之发现与保存

广汉在成都北九十里，秦为蜀郡地，汉分蜀郡为广汉郡，今之县城，即广汉郡之雒县也，清为汉州，民国后改名广汉县。地势平衍，无高山险岭，水利便易，宜于农田，且以地近都城，故开化颇早。其西北十八里，沿江一小镇，名太平场，去场二里许，有小庙曰真武宫，位于一高平原之上。其侧有居民燕道诚者，年七十余，前清曾为官府司笔乾，人呼曰燕师爷，现以务农为业。燕宅之旁有小溪，传为明代所掘凿。民国二十年（1931）春，因溪底淤塞，溉田不便，燕氏乃将水车干，施以淘浚，忽于溪底发现璧形石圈数十，大小不等，叠置如笋，横卧泥中（此系事后随戴谦和先生赴遗址考察之摄影员晋君闻诸燕师爷之子转告于我者，据云燕氏以事关风水，记忆甚确，与葛氏报告书中所言之排列方法不同）。疑其下藏有金银珠宝，乃待至深夜，始率众匆匆前往掘取，除获完整之石璧若干外，复拾得古代圭、璧、琮、玉圈、石珠各若干。然颇不知重视，夸示乡邻，馈赠戚友，璧及玉圈数十，遂致分散无遗，圭、琮、石珠等物，亦大部散落损毁，致不能集中加以研究，诚可惜也。

时英人董笃宜牧师（Rev V. H. Donnithorne）正布道于该县城内，闻知其事，以此有关历史文化之古物，不可任其散佚，乃告于驻军旅长陶宗伯氏，复函邀华西大学戴谦和教授（Prof.D.S.Dye）同往视察。燕氏乃将所藏之玉器五件售于陶氏，复将最大之石璧一个，琬圭一柄，赠与华西大学博物馆。陶氏亦将所获全赠该馆，以便保存。同时董君亦购得玉琮一个，后亦赠送该馆。戴氏于其所著"Some ancient circles, Squares, Angles and Curves in Earth and in Stone in Szechwan, China"（载《华西边疆研究学会杂志》第四期）一文中，曾讨论此物之重要及其用途。又，成都金石名家龚熙台先生，于二十一年（1932）秋季，曾由燕氏购得玉器四件，著有《古玉考》一文，载民国二十四年（1935）成都东方美术专科学校校刊《太阳在东方》创刊号内。二十九年（1940），龚氏已归道山，其戚某氏以重价售归华大博物馆。此外则燕氏本人尚保藏有完整之琬圭、琰圭各一柄，玉琮一个，残圭半截及石璧数事。石璧之较大者，后亦赠与华大。今所能据以研究者，仅此而已矣。

三、发掘经过

民国二十一年（1932），葛维汉博士就任华大博物馆馆长，以广汉遗物之富于考古价值，乃函询董君发现之详细情形，复驰赴出土地点，详加考察，知其近旁必有其他遗物，可资考证。于是就商于广汉县长罗雨苍氏，并得四川省政府及教育厅之发掘护照，拟于二十二年（1933）冬季水枯时期，在该处举行试掘，旋因他事迁延未果。

二十三年（1934）春，罗县长以好古心切，邀葛氏从速办理。葛以此项发掘，非以现代科学方法，不能辨明其层位而求得其时代之价值。然此事在蜀尚属创举，以西人主持其事，恐引起不必要之误会与纠纷。乃改用县政府名义，由罗氏出面主办，而以发掘工作归由葛氏负责指导进行。时作者适供职于华西大学博物馆，故得参预其事，乃于三月四、五两日与葛馆长先后驰赴广汉，筹备发掘。至发掘所应用之器物，如测量器、绘图版、水准器、卷尺、锹、铲、锄、粗细毛刷、竹签、木方、绘图纸、方眼簿等，均由成都运往。并雇带有训练之工人数名，以免临时发生困难。县府亦特派邹臣辅、萧仲源二君前往襄助，并指派附近团丁八十余人，负保卫之责。三月六日，发掘工作开始，然附近无知乡民，竟妄造谣言，谓吾人掘有金马，时邻境匪风正炽，恐因此发生不测，且晚间必须步至八九里以外住宿，以避匪患，众以为苦，故甫十日即行结束，然所获之成绩固甚佳也。

吾人预拟之工作地段，为小溪之左右两岸，惟溪南即紧接燕氏住宅，其人迷信风水，不允于其宅外发掘，乃就溪北葫豆田坝及溪底二处，作为目标。于是先沿溪开一长四十尺、广五尺之第一坑，经时四日，深达七尺。其地表面为近代之黑土层，此层泥土甚薄，平均深度，不及一尺，据当地人云，此田不能种稻，盖缘上层土壤太薄而其下尽属瓦砾也。其次即瓦砾层，平均深度，约有三尺，其中所含陶片及破损陶器，最为丰富，且有若干石器及其残块掺于其间，吾人发掘所得，皆在此层之内。以其上层土壤为红色，故葛氏疑其为古代之一陶窑。再次则为未曾翻动之粘土层，带黄褐色，以探锄凿洞试之，亦无遗物发现，知再掘无益于事，乃停止第一坑工作而掘溪底。

时溪水新涨，农民借以溉田，吾人乃将拟掘之一段用泥石断塞，并将所开第一坑之两端掘通，使溪水改道经坑中流出。复假溪氏在溪旁所设牛车将水车干，录求发现遗物之原址。经泅掘后，始悉其为一长约七尺、宽三尺、深一尺之坑，早为泥沙所淤塞，坑中旧藏遗物，已全部为燕氏取去，吾人仅得琰圭之残块二片及破缺小石璧数件而已。此类石璧残块，尚有为前此燕氏弃掷于岸旁者，吾人亦一一拾取以归。此外尚有由坑中所散出之长方形绿色小玉块，及绿松石磨成之有孔石珠，混于溪底泥沙之内，吾人淘获约近百件。据云：自燕氏淘溪之后，附近居民于其近旁拾得此类石珠甚多，用线穿系以为儿童玩具，然皆散失（吾人尚于一乡人手中购得数颗），小玉块则无人拾取，任水漂去。按《周礼·典瑞》："驵圭璋璧琮琥璜之渠眉，疏璧琮以殓尸"[①]，则该地或为古代重要人物之坟墓，诸物乃殉葬所用者也。又或为古代祭祀天地山川之所，亦有可能。

溪底工作既毕，更紧接第一坑之南开第二坑，同时依其北开第三坑，长宽均同第一坑。第三坑土层与第一坑相同，在第二层中亦掘得若干陶片与石器残块。第二坑半属溪岸，较田坝约高尺余，上二层泥土，系后人堆积，杂有近代陶瓷残片，无何等价值；下第三层，与第一、第三两坑之瓦砾层同，所得亦相似；再下即为未曾翻动之黄土层矣。

当发掘工作进行时，吾人即注意附近各地有无其他遗物，后果于小坡之上拾得石器残块二片，溪岸拾得少数陶足。后又由一农人处购得石斧一柄，柄端及口部微缺，又刀柄一段，尚存一孔，据谓亦得自溪中，距燕氏淘治处约十余丈。此外尚购得红色小石凿一柄，谓于溪南土中所得。据此，则遗物散布之区

---

① 《周礼注疏》卷20《春官宗伯第三·典瑞》，第778页。

域，甚为广大，若能用长时间而作大规模之发掘，成绩必更有可观；惟因种种限制，吾人不得不暂行结束，将所掘之坑，用泥土补填复原，并给地主以相当酬报，赔补其损失。

综计此次发掘所获玉器、石器、陶器、陶片等物，共有六百余件，分置六箱。吾人所应特别申谢者为罗县长，以此有关文化之古物，分散以后，不便研究整理，乃将全部移赠华西大学博物馆保存。惜燕氏私藏数器，几经交涉，未能购致，仅摄影以作参考而已。

四、各遗物研究

广汉出土遗物，为研究便利计，可分成三部分：一为溪底出品，包括燕氏所获及吾人在同一地点所淘得者；一为溪底正式发掘所得，有层位可考者；一为购买所得，以其正确性较少，不可混为一谈，龚熙台先生四玉器，虽亦谓由燕氏售出，然几经转手，故亦归入此类叙述。

（一）溪底出品

溪底出物地点，前已假定其为墓葬，诸物系殉葬所用，惟究为何人坟墓，颇难加以断定，龚氏以为望帝葬所，虽未可信，亦当为古代蜀国一重要人物，以其遗物既多且富也。兹按其形质分为石璧、石珠、琬圭、琰圭、琮、玉圈、小玉块七类述之。

（1）石璧

《说文·玉部》云："璧，瑞玉圆也。"[①]《尔雅》："肉倍好，谓之璧。"[②]惟此系用砂石磨制而成，似璧而大，故姑称之为石璧。此物位于墓葬之上部，为数至多，大小厚薄，无一相同，孔径则一面较他面略大。最大之石璧一个，今已中裂成为二块，径达七百公厘，孔径一八〇公厘，厚七〇公厘。其次者径五

---

① 《说文解字注》第一篇上《玉部》，第 12 页。按，原为"璧，瑞玉圜也"。
② 《尔雅注疏》卷 5《释器第六》，第 2601 页。

二〇公厘，孔径一三〇公厘，厚五〇公厘。最小者径一一〇公厘，孔径四〇公厘，厚仅一〇公厘。说者以为古以苍璧祀天，而大者不能以玉为之，故改以石制而象璧形，理或然欤？至其叠置溪底，整齐有序，当必有其特殊意义也。

（2）石珠

吾人在溪底发现之石珠，共十余颗，皆为绿松石所磨成，多为不规则之圆形，间亦有作方形者。珠各有孔，系自两面钻入，故口大而中间细小。此当为古代装饰所用，龚氏以为系帝王冕旒，说亦可参。

（3）琬圭

《说文·土部》云："圭，瑞玉也，上圆下方。"[1]《周礼·典瑞》："琬圭，以治德，以结好。"郑司农云："琬圭无锋芒，故治德以结好。"[2]戴震云："琬圭穹隆而起，宛然上见。"[3]又《考工记·玉人》："琬圭九寸而缫，以象德。"注："琬犹园也。"[4]广汉所得玉器其形如锛者，短而厚，端圆，无锋芒，两面或一面向外凸起，与《周礼》琬圭之制相合。其一质细，作深灰色，有浅灰色纹理。其他皆为浅灰色，质亦较粗。燕氏所藏一柄，长三六四公厘，宽一二九公厘，厚一九公厘，近边处有沟槽长二三〇公厘。华大博物馆所藏三柄，其中一柄亦有同样之沟，殆即《周礼·典瑞》所谓之"渠眉"欤？

（4）琰圭

《周礼·典瑞》："琰圭，以易行，以除慝。"郑司农云："琰圭有锋芒，伤害征伐诛讨之象。"[5]又《（考工记·）玉人》："琰圭九寸，判规，以除慝，以易行。"[6]判规者，半圆也。戴震云："琰圭，左右剡，坳而下，如规之判。"[7]吴大澄《古玉图考·琰圭下》云："其制上作半月形。"[8]广汉琰圭数柄，与诸说密

---

[1]《说文解字注》第十三篇下《土部》，第693页。
[2]《周礼注疏》卷20《春官宗伯第三·典瑞》，第778页。
[3]〔清〕戴震：《考工记图》卷下《玉人》，《皇清经解》本（卷564）。
[4]《周礼注疏》卷41《冬官考工记第六·玉人》，第922页。
[5]《周礼注疏》卷20《春官宗伯第三·典瑞》，第778页。
[6]《周礼注疏》卷41《冬官考工记第六·玉人》，第922页。
[7]〔清〕戴震：《考工记图》卷下《玉人》，《皇清经解》本（卷564）。
[8]〔清〕吴大澄：《古玉图考·琰圭》，上海同文书局，1889年，第14页。原为"其制上作半圆形"。

合，其形狭长而薄，口端锋锐，向内凹进成半圆形，左右成两棱角，即郑司农所谓之锋芒也。柄端有圆孔，用以系组。惟两旁有不整齐之牙突出，数刻线横贯其间。按《周礼·玉人》有牙璋、中璋，注云："二璋皆有锄牙之饰于琰侧。"①又《（周礼·）典瑞》："牙璋，以起军旅，以治兵守。"郑司农云："牙璋琢以为牙，牙齿兵象。"②故有牙琰圭，亦王者治兵之器，所谓以易行除慝者，即征讨诛伐之也。今存诸圭，以燕氏所藏之一柄为最完整，长五〇五公厘，口端宽八五公厘，厚五公厘，质甚坚细，深灰色，满布浅灰纹理，盖以埋土日久，为草根酸性所浸而成者也。华大博物馆所藏二柄，质理形状制作均与之相同。其一口部微缺，长三九四公厘，宽一〇五厘，厚五公厘。其一柄端缺去一部，故仅长三六五公厘，宽一二四公厘，厚亦五公厘。此外则燕道诚身旁尚佩有一柄，仅余口部一小段，带黄色，用以切割肉类。吾人在溪底所掘获之二残块，亦与此为同类。按《越绝书》云："黄帝之时，以玉为兵。"③是知古代兵器，有以玉为之者，迨铜器出，乃改用为礼器，其形制亦有种种变化，而用途以分。诸圭口部锋锐，至今尚可作为器用，可见其本为兵器而后乃用之于治兵也。

（5）琮

《说文·玉部》云："琮，瑞玉，大八寸，似车釭。"④《白虎通义·文质篇》云："圆中牙身玄外曰琮。"⑤广汉出土之琮，今所见者三，华大博物馆即有其二：其一系董笃宜牧师赠，高五五公厘，广七五公厘，孔径六五公厘，色灰黄，有天然浅灰纹理，并有人工所作之横线及圆圈，四方如一；其一为陶宗伯旅长所赠，高三〇公厘，广五七公厘，孔径五〇公厘，黄色而带黑色斑纹。至燕氏所（藏）一只，较高，约一二〇公厘，广五〇公厘。三者皆系圆中方外而带黄色。按《周礼·大宗伯》"以黄琮礼地"，《典瑞》谓"璧琮以殓尸"，注云："琮在腹"⑥，盖亦所以通地也。

---

① 《周礼注疏》卷41《冬官考工记第六·玉人》，第923页。
② 《周礼注疏》卷20《春官宗伯第三·典瑞》，第778页。
③ 《越绝书》卷11《越绝外传记宝剑第十三》，四部丛刊本。
④ 《说文解字注》第一篇上《玉部》，第12页。
⑤ 〔汉〕班固撰：《白虎通德论》卷《文质篇》，四部丛刊本。原为"圆中方外曰琮"。
⑥ 《周礼注疏》卷18、20《春官宗伯第三·大宗伯/典瑞》，第762、778页。

(6) 玉圈

燕氏所得玉圈，据云有数十只，惜皆散失。吾人仅于其小孙手中获得二残片，可粘合成一小半圆形。质颇细，作灰绿色，有浅灰纹理，极薄，仅厚二公厘，由半圆而计其直径，当为七公厘，惟因损毁过甚，不便推考。

(7) 小玉块

吾人在溪底泥沙中所获之小玉块，计八十余片。色绿，质坚，系人工磨制，作长方形，大小不等，大者长八公厘，宽四公厘，厚一公厘，小者仅长三公厘，宽二公厘，厚一公厘。此物在当时，当用以镶嵌于服饰器物之上者也。

(二) 溪岸发掘所获

吾人发掘，以溪岸数坑为主，所获遗物，可以分为石器、陶器、玉器三类，三者之中，又以石器、陶器为最重要。

(1) 石器

广汉发掘所得石器，为数不多，可分为石斧、石杵、石锥、石刀、石珠、磨石、石器残块诸类，兹分述如次：

A. 石斧

在坑中，吾人获得磨光石斧二柄，皆为用器。其一深灰色，甚完整，系先琢而后施以磨炉者，两面均向外凸，至口部变薄，长二三〇公厘，广一二〇公厘，厚三八公厘。其一微缺，两侧及口部有磨痕，长二二〇公厘，广一三二公厘，厚二五公厘。此外尚有一破残石斧，亦系琢磨而成，口部作尖圆形。

B. 石杵

石杵二个，捣物所用，质粗而坚，为火成岩所作。其一，长二三三公厘，宽一三〇公厘，厚五八公厘。其一，长九〇公厘，宽一三三公厘，厚四二公厘。

C. 石锥

刻纹小石锥一，长四四公厘，宽一五公厘，厚五公厘，其特点为正面刻有交叉斜线及平行横线。

D. 石刀

长方形之石刀一柄，为砂石磨成，两面皆平，近口处一面倾斜成刃，宽五四公厘，长三三公厘，厚十公厘。安特生氏（Dr.J.G. Andersson）在《中华远古之文化》一文中，曾谓此种形式之石刀，可为亚洲民族之特征，今华北尚有沿袭此形之铁器流行，惟此乃兴孔而已。

E. 石珠

吾人在坑中曾掘得石珠一颗，灰色，作长圆形，其质料形式均与溪底所发现之石珠不同，惟孔仍自两端钻入，计长四〇公厘，径一二公厘。

F. 磨石

吾人于发掘时，得有磨石数个，或用以打磨陶器者。

G. 石器残块

吾人掘获之石器残块颇多，质之精粗不一，然皆有磨光之痕迹，可以确知其为石器损坏后所弃掷者也。

（2）陶器

广汉出土之陶器，除在溪旁所拾得之陶足外，尽系溪岸坑中发掘所得。虽多残缺不完，然其形状、作法、质料、颜色、花纹，俱可考见，分述之如后：

A. 陶器之原形

吾人所得虽多为陶片，然经作者细心镶补之后，间有能复其原形者。一深灰色粗钵，系若干碎块所镶成，厚薄不匀，当系手制，其口部及腹部均甚大，至底渐小而作尖圆形，口径一五〇公厘，腹径一八四公厘，高一二五公厘，为所得陶器中之较完整者。一浅灰色之陶盆，缺底，口缘向外，高一一〇公厘，口径二五五公厘。又一盆仅得其小半，形式相同。一浅灰色之盘，甚粗，亦缺去一部。黑色小碗一个，圆底，已部分残缺，质细而薄，厚薄匀整，当为陶轮所作，陶质甚细，中杂木炭，故内外均呈现黑色，此种黑陶与龙山城子崖出土者极为近似，值得特别留意者也。又一完整之纺织轮，上尖而下圆平，中有小孔，合线作底坠用。此外则陶足多种：其二，外部作黄灰色，细长而中空，上下均已缺去，似为豆足；一种两端稍小，中部略大，似为鼎足；又一种亦系中空，足尖成一圆锥体者，当为鬲足。凡此，皆古代常用之器也。

B. 陶器之质料

由陶器研用之质料，吾人可分为粗陶、细陶二种：粗陶内杂沙粒甚多，故所作成之器物，多粗而较厚；细陶则用黏土作成，不含沙粒，间有含木炭所捣成之细灰者，故所作成之器多薄而精细。

C. 陶器之做法

广汉陶器可分为手制及磨轮制二种：手制者，多凹凸不平；磨轮制者，则平滑而圆，厚薄均匀。惟间有手制而施以打磨者，外部亦颇平滑。

D. 陶器之颜色

广汉陶器，属于单色，惟亦颇为复杂。有纯为灰色者，分深灰与浅灰二种。有纯为砖红色者，因土内含有铁质，经火烧氧化，故变为红色。有纯为黑色者，以其含有木炭也。自其剖面视之，有红色而中间为黄色者，有黄色而中间为灰色或黑色者，其黄色部分，皆因火候不足，未能完全氧化。此外尚有外红中灰、外灰中黑、外灰中红、外浅灰中深灰、外黑中灰、外黑中红，诸色变化。其中有以不同之泥土涂于陶器外面者，有一陶片尚有刷痕可见，此广汉陶器之一特点也。

E. 陶器之花纹

吾人所获陶片，除表面无纹者外，带纹者亦甚丰富。大别之可分为绳纹、刻纹及其他印纹三种。绳纹大概在粗陶器外面。刻纹则以物刻划于陶器之上，一种为线纹，单线、双线或三线、四线不等，平行或不平行，亦有作交叉形者；一种为陶器之凸出部分，以物刻划。印纹有布印纹一块，有络印纹一块，另有一块作多数菱形者，则不知为何物所压印。

（3）玉器

吾人在溪岸坑中，未尝发现有完整之玉器，仅在第一坑中得残璧一块，浅灰而带白纹，与琬圭之粗者质料近似。肉宽三七公厘，近好处厚十公厘，至边渐薄，仅厚六公厘。

（三）购买所得

购买之物，较诸发掘所得或燕氏所藏所赠者，价值较微，自不待言。然亦可以作为参考，故亦及之。

(1) 玉环

环为璧之属，《尔雅》："肉好若一，谓之环。"[1]吾人由一乡民处购得玉环一只，谓系在燕氏掘物原地所拾得者，质甚坚细，作深褐色，肉宽二五公厘，厚二公厘，近好处向两旁凸出，厚一七公厘，孔径六十公厘。此物因乡民不知贵重，任儿童随意抛掷，边缘已有多处损坏。

(2) 石珠

石珠五颗，购买所得，据云亦出自溪中原址，与吾人在溪底掘得者完全相同。

(3) 石凿

小石凿一柄，购自农民，谓得于附近不远之处，红色，质坚，磨制甚精，长七七公厘，广一二公厘，厚八公厘，背部凸起，面平，至口向内凹进，形如今之圆凿。

(4) 石斧

石斧一柄，已残缺不完，亦附近溪中所出，系砂石作成，磨制颇光。

(5) 龚熙台先生四玉器

龚氏四玉器，据其自叙，于民国二十一年（1932）秋间自燕氏购得，华大博物馆于二十九年（1940）转购□藏。四器质皆精美，各长尺余，柄俱有孔有牙，与前述琰圭之牙孔无殊。其一上部如戚形，龚氏以为戉；其一上有三枝者，龚氏以为戟；上作半圆者，谓之为琰圭，与前述之琰圭相同；上如刀形者，谓之为牙璋，皆治兵之器也。龚氏考证精详，惟质料与吾人所见者略异，故有人疑其不真。

五、时代之推测

广汉出土各遗物，其时代颇难决定，在葛氏报告书中，曾假定其为周初之

---

[1]《尔雅注疏》卷5《释器第六》，第2601页。

物，彼以发掘所得之石器、陶器与溪底墓葬中之物，均属于同一时代。其重要证据为溪岸坑中曾获残璧一块，与琬琰之粗者质料相同。然玉器之变化甚少，且偶尔掺入，亦非不可能之事也。

于此，吾人有一新假定，即二者本不属于同一时代，将溪岸出土之物与溪底遗物分开。盖吾人在溪岸发掘时，绝无一片铜器或铁器发现，以石器及陶器之原始形制观之，实可谓其属于新石器时代。惟陶器中有与城子崖之黑陶相类者，故吾人假定溪底发掘所得之遗物，属于新石器时代之末期而在殷周以前也。

至于溪底墓中之物，其时代较晚，当为周代之物，盖所发现之玉器，与《周礼》所称，多所吻合。又美国菲尔德自然历史博物馆（Fild Museum of Natural History）主任洛佛尔氏[1]所作之《中国古玉考》（Jade, *A Study in Chinese Archaeology and Relegion*, The Mrs.T.B.Blackstone Expedition, Chicago, 1912）[2]，其第六版第三图之玉刀，其形制与广汉溪中出土之琰圭相同，彼以为系周代之物。又玉之有牙者，在周代亦盛行[3]。如洛氏书中第二版第二图，第九版第一、二两图，第十三版第一图，及第十五版第三图，均为周代玉器之有牙者。又书中第十一版第一图及第十二版中部向外凸出之环，亦与吾人所获褐色之环相同，洛氏亦定为周代。据巴尔（A.W.Bahr）序中所称，洛氏著录玉器，多得自吴大澂旧藏及河南新郑发掘所获，并有最精确之考证者。以此证之，则吾人以广汉溪中遗物属诸周代，或不致大有差谬也。

惟此次发掘时间过短，所获材料有限，溪中遗物，又已散佚不全，故对于其时代，不能十分决定，将来若能从事大规模之发掘，当必更有可靠之证据出现也。

---

[1] 原为：美国菲尔特自然历史博物馆。Berthold Laufe，有译作洛佛尔，也有译作劳佛尔。关于洛氏职位，"（劳佛尔）此后任职支（芝）加哥自然历史博物馆，讲学于哥伦比亚大学（1904—1907），旋任该馆亚洲部副主任，1911年任该馆人类学部主任"。（梁绳祎：《外国汉学研究概观》，李孝迁编校：《近代中国域外汉学评论萃编》，上海：上海古籍出版社，2014年，第48页）

[2] 《中国古玉考》后括号英文原为：B.Laufer: Archajc Chinese Jades。据《中西文化交流史》（沈福伟著，上海：上海人民出版社，2006年，第551页）、《程憬文存》（清华大学国学研究院主编，南京：江苏人民出版社，2018年，第216页）改。

[3] 原为"在周代亦盛为盛行"。

六、广汉遗物出土之重要

广汉遗物出土之重要,可分数点言之:

(一)古代之蜀,向皆目为戎狄之域,必无文化可言(《国策》记司马错伐蜀事,张仪曰:"夫蜀西僻之国,而戎狄之长也。"[①])。今观广汉出土诸器物,其制作之精工,实无逊于中土,加以玉器之使用,尤足显示其文化之高尚复杂。由此可改变吾人对于古代四川之基本观念。

(二)由前所述,可知广汉遗物与中原所得者有若干相关相似之处,则古代蜀中文化所受于中原文化之影响,实不几窥见其痕迹。盖四川与中原之交通甚早,《世本》谓:"昌意娶于濁山氏之子,谓之昌仆,产颛顼。"[②]《史记·五帝本纪》亦谓:"黄帝之子昌意,降居若水,昌意娶蜀山氏女,生高阳。"[③]其说虽未可尽信,然蜀之名早见于殷代卜辞,"武王伐纣,蜀与焉"[④]。故谓四川与中原同为一系之文化,亦无不可,则广汉遗物对于吾国文化分布情形之研究上,实甚有贡献也。

(三)由广汉出土之圭,可证明《越绝书》所称黄帝时以玉为兵之说不谬。旧解(《轩辕黄帝传注》)以玉为兵者,乃以玉饰其兵器,不知兵器真可以玉作,后乃改变其用途耳。他如圭、琮、璧等物,均可作为读古籍之参考,而不为后世歧说所惑。

(四)此次遗物之出土,仅只广汉之一小区,即有如斯之成绩表现,以此推之,蜀中埋藏于地下之古物,较此更古更重要而尚未经发现者,必有无穷之希

---

① 《战国策校注》卷3《秦·司马错与张仪》,四部丛刊本。

② 〔清〕秦嘉谟辑:《世本》卷1《帝系篇》,《世本八种》本。原为"颛顼母,蜀山氏之子,名昌仆。"

③ 《史记》卷1《五帝本纪第一》,第10页。

④ 《华阳国志校补图注》卷3《蜀志》,第113页。原为:"武王伐纣,蜀人预焉(见《尚书·牧誓》)"。按,《尚书·牧誓》载:武王率"及庸、蜀、羌、髳、微、卢、彭、濮人"等伐商(《尚书正义》,第183页),并无"武王伐纣,蜀人预焉"之语。

望，可以断言（如作者即曾在理番①发现彩陶，将另有文述及）。是则对于将来之考古学有莫大之关系也。

民国三十一年（1942）七月于成都华西大学博物馆

---

① 今四川理县。

殷代的羌与蜀[1]

董作宾[2]

这是殷代地理志中一部分的重要问题。

说起殷代地理，真算是一个繁难的题目。甲骨文研究了三四十年，对于殷代地理，虽也有过几篇论文，但大多数是比托附会，一知半解，甚至于捕风捉影之谈。正确的殷代地图，一时很难得精密的绘画出来。据我个人十几年的经验，觉得像"田猎区""交通线"，各方面的所在，都可以直接间接推求出一个眉目，可是很难就把他们摆在一张地图上面。例如帝辛十年九月至十一年七月，征人方往返所经过的地点和日程，不难正确的一一指出，但仍是只能从这一条"交通线"上的几个定点，像大邑商是商邱（丘），亳是南亳，淮是淮河左近，齐是临淄，攸（条）侯喜之国在南巢附近等等，约略的推知人方的所在，而不能把每一地名都考证出他现在的地方。那些地名，也实在太生疏了，有些连殷代当时的史官都一时写不上来，把地名白空下去；有些，在二百七十三年之间，已是前后用字不同；有些到西周以后，就换了新字，改了新名了。甲骨文中，有地名可考的，只是些田猎、行程、征伐等的法子，这些法子又太残碎，太零星，如果不能使他们复原，便失去了彼此相关的联系，山水是比较容易考定的了，但是在殷代地名中，某山、某水的合文，也很难都指定他就是现在的某山、某水。这个，只怪我们对于古代地理的参考材料太缺少，基本知识太贫乏了。同时也是甲骨文本身的研究，还不算能十分到家。

---

[1] 该文中，甲骨文引文中的"□"基本为原文如此。
[2] 董作宾（1895—1963），河南人，字彦堂，又作雁堂，别署平庐，甲骨学家。

殷代地理，详细讲，固然今非其时，若只就大体的轮廓说，也还有点眉目。殷人把那时候的疆土分为五个大区域，就是东土、南土、西土、北土，和所谓"中商"。中商，并不是殷庚迁殷的殷，不是那时的都城，现在的安阳小屯村；而是他们的老家，周代的宋，现在的商丘，当时所谓的"大邑商"。五个大区域，就以商丘为中心。东土，自然是商丘以东的地带，约当现在的山东全省，江苏安徽的北部，这里面包括着从武丁到帝辛历代打猎的地方，就是泰山以南至于抱犊岗这一群山脉的西麓，我叫他做"田猎区"。田猎区的重要地名，有盂、噩、宫、向、𦣞①、专、乐、梌、鸡、雝等等。现在可定的地方有商、亳、雇、叔、昼、齐、淮等处。而人方、盂方、攸（条）侯皆是东土的大国。南土的界线，不能十分清楚，至少包有今河南省的豫南、豫东各地。西土，自商丘以西，包括河南省的豫西，陕西省的中部和南部。本篇所讲的羌方，当更在其西。西土中陕西部分，有许多殷人的方国诸侯，后来"翦商"的周侯也在其内。蜀当在羌方的东或东南，也当属于西土范围。北土，由西北的鬼方起，向东数，有苦方、土方两个大国；鬼，苦在西北，土在正北，这三方疆土向北去的起讫，不能确切知道；和他们接壤的，也是些殷的诸侯，如望乘、沚、蚁等国，包括着现在的陕西北部，山西全部，河南的豫北和河北的大部分。除了中土之外，其余的四土，也称为东、南、西、北四方。这是殷代地理的一个鸟瞰的轮廓。详细的说明，只有留待将来了。

聚贤先生谆谆嘱托我写一篇东西，为他的《说文月刊》"巴蜀文化专号"凑热闹。我答应他把甲骨文中的羌与蜀写出来，及至抄集材料，下笔要写的时候，就碰到许多困难，如上边所说，羌蜀的地望不能十分确定，羌既不必就是今川西的羌族，蜀也不一定是现在的成都。又蜀的材料太少，只有羌倒是一个材料丰富而又饶有趣味的问题。

现在先讲羌，后讲蜀。

---

① 同"𦣞"，《说文解字》："孰也。从㐭羊。读若纯。一曰鬻也。"（《说文解字注》第五篇下《㐭部》，第229页）

一、羌

羌，在甲骨文中给我们的印象是：当时西方一个大国，他们的地大人众，和殷人的关系也最多。在殷代末年，武王伐纣的时候，因为他们与周为近邻，又世通婚媾，同样又受了多年殷人征伐侵略，闷气，所以就帮着武王，协力去推翻了大殷王国，一雪历世的耻辱，这是后话不提。待我先叙述羌人同殷人的关系。

《说文·羊部》，"羌，西戎。羊种也。从羊儿，羊亦声"①。甲骨文中的羌字，正是从人从羊，武丁时如此写。祖甲以后，在人的颈上加写一条绳索，以示羁縻之义。在殷代，羌的种族，是西方最大的一个，他们是为畜牧民族，以牧羊为主要的生产，所以叫他们作"羊人"，即是《说文》"牧羊人"的意思。见于甲骨文中，"羌"字最多，除去了羌甲是殷的先王，就是开甲、沃甲；羌和羌山皆为地名之外，择要理董如次。

1. 羌方和北羌

羌方就是羌人之国，殷人称国曰方。武丁时曾命沚国伐羌方，沚国北与土方、苦方接壤，西邻羌方，是殷人西北的重镇。卜辞有：

癸卯卜，宁贞：叀（传）乎令（命）沚壴羌方。十月。②
己酉卜，殷贞：王叀北羌伐。③

壴与戋（哉），伐，征同义，北羌，也许是羌方的北支，因为接近沚国的正是他们的北部。在康丁时，也有羌方出现过，如：

---

① 《说文解字注》第四篇上《羊部》，第146页。原为："羌，西戎牧羊人也。从人从羊，羊亦声"。
② 《殷虚书契》卷6，第60页第6块。原注：前六·六〇·六。
③ 《殷虚书契》卷4，第37页第1块。原注：前四·三七·一。

于父甲求戋（哉）羌方。①

武乙时，曾命五族伐羌方，并祷告着要擒获羌方的人。

王叀次，令五族伐羌方。②
戉叀义行用遘③羌方，又（有）戋（哉）。
从，义行用弗遘羌方。④
王其求羌方禽（擒）。⑤

由以上各条，可知羌方是常常遭受殷人哉伐的。
2. 伐羌昷羌与戋（哉）羌
在武丁时，有专卜"戋（哉）羌"，"征羌"的辞：

贞：皋弗其戋（哉）羌蜀。⑥
贞：吴戋（哉）羌龙。十三月。⑦

龙，疑是羌方的君长之名。

---

①董作宾：《殷虚文字甲编》，拓本号1946。原注：甲一九四六。按："甲编"于1940年曾在香港第一次付印，但始终未见书，1948年商务印书馆第二次付印，故该文所引为第一次付印的底稿，其经过详见《殷墟文字甲编自序》（《中国考古学报》第四册，上海：商务印书馆，1949年）。
②《殷虚书契后编》卷下，第42页第6块。原注：后下四二·六。
③遘，本义为"遇"；通"构"，构成、构造之意。
④《殷虚书契后编》卷下，第13页第5块。原注：后下一三·五。
⑤罗振玉：《铁云藏龟之余》，上海蟫隐庐石印抱残守缺斋本《铁云藏龟》附，1931年，第4页第1块。原注：余七·一。按，1931年石印本释文为"王其求羌方毕王"。
⑥〔清〕刘鹗编：《铁云藏龟》，上海蟫隐庐石印抱残守缺斋本，1931年，第105页，第3片。原为："贞：吴弗其哉羌龙"。原注：铁一〇五·三。
⑦叶玉森：《铁云藏龟拾遗附考释》，五凤砚斋本，1925年，第5页第5片，考释在第11页。原注：拾五·五。

甲辰卜壬：羌弗戋（哉）朕史（使）二月。①
征羌。七月。②
亦征羌。③

文丁时，羌方曾侵入沚国，又曾命弜同雀两国去伐羌方：

癸□卜，王贞：羌其显沚。④
癸丑贞：于一月伐羌众（及）召方。受又（佑）。⑤
辛丑卜，王贞：弜戋（哉）羌。⑥
乙巳卜，令弜众雀伐羌。田（祸）。⑦
乙丑弜隻（获）⑧—羌。□月。⑨
叀，王伐羌。叀雀伐羌。⑩

雀同弜，皆是殷西方的诸侯，戉在西方，卜辞有"雀戋（哉）戉"之文，凡互"戋（哉）"者，皆当为邻国。又言"弜众雀"，是弜雀皆与羌方为邻。

---

① 《殷虚书契》卷4，第4页第7片。原注：前四·四·七。
② 方法敛、白瑞华：《库方二氏所藏甲骨卜辞》，上海：商务印书馆，1935年。第529片。原注：库五二九。
③ 《库方二氏所藏甲骨卜辞》，第706片。原注：库七〇六。
④ 郭沫若：《殷契粹编》，第1170片，《郭沫若全集·考古编》第3卷，北京：科学出版社，1965年，第642页。原注：粹一一七〇。按，郭释文"羌"作"芳"（后同）。
⑤ 黄濬：《邺中片羽初集》卷下，北京尊古斋影印本，1935年，第40页，第2片。原注：邺下四〇·二。
⑥ 《铁云藏龟拾遗附考释》，第5页第2片，考释在第10页。原注：拾五·二。按，《考释》载为"辛丑卜，王贞：气戋（哉）羊"。
⑦ 《殷契粹编》，第1167片，第641页。原注：粹一一六七。按，郭释文无"令"字。
⑧ 隻，同"只"，《说文解字》：隻，𫵢，鸟一枚也，从又持隹；持一隹曰隻，持二隹曰雙（第四篇上《隹部·隻》，第141页）。本文中，当"隻"作"获"意时，仍写为"隻"。
⑨ 《铁云藏龟》，第31页第3片。原注：铁三一·三。按，抱残守缺斋本释文为"乙丑卜，斤隻韦羌，月"。
⑩ 《殷虚甲骨文甲编》，拓本号2326。原注：甲二三二六。

3. 循羌与往羌

羌方是叛服无常的，叛了就加以弋(哉)伐；服了就加以安抚。有时候殷王也亲往循视，武丁时就是一例。

丁未卜，王贞：余重羌循。①

有时候也派人前往羌方。

壬午卜㐭卜：佔不□㚔多臣，往羌。②
甲午卜，韦贞：往羌。
丙申卜殻贞：翌丁酉亡（无）其去。③

佔和㪔，都是驻守西土的将领。参看下节。

4. 羌妇与羌卫

羌与姜本是一个字，男的为羌，女的为姜，就是以姜为女子之姓。《后汉书·西羌传》说："西羌之本，出自三苗，姜姓之别也。"④其实姜姓也就是羌人之姓。羌人和周人是世通婚姻的，周人的始祖后稷，相传他母亲叫作姜嫄，古公亶父的夫人，也是姜女。殷人也曾用通婚为牢笼羌方的手段，武丁时候曾娶羌女为妇，卜辞记载有。

妻羌妇。⑤

---

① 《铁云藏龟拾遗附考释》，第 5 页第 1 块，考释在第 10 页。原注：拾五·一。按："羌"，《考释》为"羊"。
② 《殷契粹编》，第 1169 片，第 642 页。按，郭沫若释为"壬午卜㐭贞□不□□（本）多臣，往㱿"。原注：粹一一六九。
③ 《殷契粹编》，第 1135 片，第 633 页。原注：粹一一三五。
④ 《后汉书》卷 87《西羌传第七十七》，第 2869 页。
⑤ 《殷虚书契》卷 5，第 17 页第 4 块。原注：前五·一七·四。

妻，义同娶，就是娶了羌女为妇。武丁有许多的妇，羌妇是其中之一。又在武丁时，凡是卜疾病死亡的，都是子妇贵族或左右亲信之人，卜辞有：

贞：备，羌田，同㞢。（有）疾。十二月。①
贞：㞢疾，羌其死。②
贞：羌亡其死。③

这里所卜的羌，疑即羌妇，不然，普通供劳役的人，他们的生病或死亡，殷王当然不会如此的关心了。

在和好的时候，羌人也是时常纳贡的，这可以从骨臼刻辞所证明。骨臼刻辞的研究，以前我叫作"帚矛说"，是错误的，其实"帚"就是妇。骨臼所刻的（也有刻在骨的背面），乃是记事文字，记武丁时诸妇诸子纳贡卜用的牛肩胛骨的日子，数量。"矛"字正像郭沫若氏所说，乃是包的意思，一只牛，前面的肩胛骨有一对可用，"矛"字正像两个骨臼包扎起来的形状。一个牛的一对胛骨，叫作"一包（矛），单个的叫作一臼（象半月形）"，或"一骨"。这种胛骨和龟版一样，都是王的妇子，各国诸侯，进贡来的。明白了骨臼刻辞，可看下边的五个例子：

丙寅，羌卫示（假，作置或致）一矛（包）。岳。④
戊戌，羌卫示七矛。小叟。⑤
己丑，三自岳，五矛，卫示三矛。岳。⑥

---

①《殷虚书契》卷5，第10页第1块。原注：前五·一〇·一。
②《殷虚书契》卷6，第1页第5块。原注：前六·一·五。
③董作宾：《新获卜辞写本》，第51片，1929年《安阳发掘报告》第1期。原注：新五一。
④王襄：《簠室殷契征文》第8编《典礼6》，第47片，天津博物院石印本，1925年。
⑤金祖同：《殷契遗珠》，第426拓，上海中法出版委员会，1939年。姬佛陀（王国维编著）：《戬寿堂所藏殷虚文字》，艺术丛编第3集石印本，1917年。原注：珠四二六；凡一〇·四；同文又一骨；戬三九·二；史官为叟。
⑥原注：善一七四。即善斋藏第174片。

己丑，羌立示三矛。岳。①

戊寅，羌□示三矛。曼。②

举第二例说明之。羌卫，也同别的骨臼记妇井、妇楚，妇丰、子妌之类，当是羌方的君长名叫卫。同文的见于三个骨臼，两个是"小曼"保管的，一个是曼保管的。所记是在戊戌这一天羌卫贡来了七包胛骨，共总当有十四块骨版，每块的骨臼上都记着同样的文字，只是保管的人有时不同。十四个骨版，现在可见的只有这三块了。三、四例更有趣。三，是羌卫与缶国（见后）一同贡送到的。卫有三包，共六块胛骨；四，也是史官岳保管的，可是他把"卫"字写错了，写了个同音的立（位），羌立就是卫，也就是羌卫。骨臼研究，非图不明，我将别为专文。由此五条，可以知道羌方贡纳骨版，至少有过四次，一次在丙寅，送了一包，二骨；一次在戊戌，送七包，十四骨；一次在己丑，送三包，六骨；一次在戊寅，送三包，六骨。贡纳卜骨，是当时的大典，这已足见羌方是臣服了。

由以上所举，可知羌方不但与殷人通婚姻，并且也信使往来，贡进卜用的胛骨。这里，还有羌方献纳土田的史实，也在武丁三世。卜辞云：

癸巳卜宾贞：令众人□入羌方种田。

贞：勿令众人。六月。③

这虽然不是直接记载羌方献纳了土田，但是可以推求出来。这卜辞在一个龟腹甲上，正反两面卜之。种田的种，是新认识的字，从臼持用下从土，用是农具，就是后世叫作"耧"的象形字，耧是播种的器具，我已别有考说。六月，约当夏正四五月间，正是播种晚禾及晚黍之时，曰"命众人入羌方种田"，必是羌方有王的公田。这田自然是羌方所割让献纳的了。殷代的王田，许多地方都

---

① 容庚、瞿润缗：《殷契卜辞》，第 68 片，哈佛燕京学社石印本，1933 年。原注：契六八。
② 《簠室殷契征文》第 8 编《典礼 6》，第 48 片。原注：徵典六·四八。
③ 《殷虚文字甲编》，第 3510 片。原注：甲三五一〇。

是有的，王也时当要派人去监督耕种之事。据可以考知的王田，东边到田区里的□，西边直到羌方，可见范围是如何的广大，真可谓"普天之下，莫非王土"了。

5. 氐羌与获羌

殷代王室所役使的人，多数是来自羌方，其中一部分是征发的，一部分是俘虏有。这可以分"氐"与"获"去说明他。殷人常常向各地征发供劳役或者供兵役的人，有一个专名叫作"氐"。氐本是"以"字，文丁时省写作"厶"，可是兼有挈带、征发、调用之义。所以卜辞每有"氐众"之语，氐众就是用众，如曰"命軍氐众伐苦方"①，正如《春秋》桓（公）十四年"宋人以齐人、蔡人、卫人、陈人伐郑"②的语法。可是有时又有率领、挈取之义，系本段的"氐亲"。氐羌本是征发羌人，因为殷人常用他，后世乃有以氐羌为羌人之称，又经分化，作为氐族的两种民族的解释。羌人在平时就征用他们，为殷王室服各种劳役，叫作"氐羌"。若背叛了就征伐他们，拿获他们作俘虏，叫作"获羌"，这"氐"同"获"，乃是在两个不同的情形之下所造成的词字。这不是空话，有诗为证，《诗经》的"鲁颂"，歌咏到鲁国同淮夷的关系，恰好可以借来解说殷人同羌方的关系。如《閟宫》"淮夷来同，莫不率从"③，这是宾服的时候，随时征发，无不从命；正像殷人的"氐羌"。如泮水"在泮献囚""淮夷卒获"，这是叛变的时候，系累其子弟，俘虏其人民；正像殷人的"获羌"。"氐"与"获"解说清楚了，我们可以再看卜辞中的材料。

甲　氐与来

如上文所说，"氐羌"就是征发羌人来为王室服劳役的，所以"氐羌"有时也作"来羌"。例如：

辛丑卜，軍氐羌，王于门谢。④

---

① 《殷虚书契后编》卷上，第16页第10片。
② 《春秋左传正义》卷7"桓公十四年"，第1757页。
③ 《毛诗正义》卷20《鲁颂·駉之什·閟宫》，第617页。
④ 《殷虚书契后编》卷下，第9页第4片。原注：后下九·四。

壬子卜贞：吴氐羌，击于丁用。六月。①

庚子卜贞：牧氐羌，延于□用。②

乙未卜：夆隻蒿，十二月，允隻六十。氐羌六。③

戉氐羌。④

勿用异氐羌。⑤

贞：王（氐）众于羌。⑥

戉（氐）同吴都是殷西方之国，曾伐苦方，也是殷西北之国，他们都同羌方接近，所以调用羌人时，由他们去征发，去"氐"。到文丁时，氐字写作厶，如：

丙申贞：射叀厶羌，□□用自上甲。⑦

辛（酉）贞：王其逆（羌）。

壬戌贞：王逆毕厶羌。

壬于宗门逆羌。

于滴逆羌。⑧

武丁及文丁的以前以后，不是不（见）氐羌人了，乃是不见于卜辞了。称"来羌"的，皆是武丁时辞，如

庚子卜，旁贞：翌甲辰望乘来羌。⑨

---

① 《殷虚文字甲编》，第351拓片。原注：甲三五一。
② 《殷虚书契后编》卷下，第12页第13片。
③ 《殷虚书契》卷7，第8页第4片。原注：前七·八·四。
④ 罗振玉：《殷虚书契续编》卷3，第42页第5片，1933年影印本。原注：续三·四二·五。
⑤ 《殷虚书契》卷6，第6页第4片。原注：前六·六·四。
⑥ 《铁云藏龟》，第231页第4片。原注：铁二三一·四。
⑦ 《殷虚书契后编》卷上，第25页第7片。原注：后上二五·七。
⑧ 《殷虚文字甲编》，第892片。原注：甲八九二。
⑨ 《殷契卜辞》，第596片。原注：契五九六。

己亥卜，宁贞：氾用来羌。①

□卜宁（贞）：□来羌。②

□卜，㱿贞：豕来羌。③

贞：勿叀豕来羌。④

望乘，豕，叀，皆为殷西土之国，与羊方为邻，所以他们也常常氐羌来羌。

乙　获与得

卜辞"获"作"隻"，以手执鸟，为"获"的初文。卜辞记获羌，属于武丁时的：

□□卜㱿贞：戉隻（获）羌。⑤

贞：戉不其隻羌戉隻羌。⑥

贞：光隻羌。⑦

光不其隻羌。⑧

丁巳卜㱿贞：𠂤⑨隻羌。十二月。⑩

贞𠂤不其隻羌。十月。⑪

己酉卜㱿贞：畓隻羌。⑫

贞：畓（不）其（隻）羌。⑬

---

① 《新获卜辞写本》，第85片。原注：新八五。
② 《殷契卜辞》，第642片。原注：契六四二。
③ 明义士：《殷虚卜辞》，第2343片，上海别发洋行石印本，1917年。原注：卜二三四三。
④ 《戬寿堂所藏殷虚文字》，第42页第3片。原注：戬四二·三。
⑤ 《殷虚书契续编》卷3，第43页第1片。原注：续三·四三·一。
⑥ 《殷虚文字甲编》，第3338片。原注：甲三三三八。
⑦ 《殷虚书契》卷5，第32页第7片。原注：前五·三二·七。
⑧ 《殷虚书契》卷3，第33页第5片。原注：前三·三三·五。
⑨ 通"堆"。
⑩ 《殷虚书契后编》卷上，第30页第14片。原注：后上·三〇·一四。
⑪ 《殷虚书契后编》卷下，第37页第1片。原注：后下·三七·一。
⑫ 《殷虚书契》卷4，第50页第2片。原注：前四·五〇·二。
⑬ 《殷虚书契》卷4，第44页第3片。原注：前四·四四·三。

贞：旨隻羌。①

己未卜叶贞：医隻羌。②

□酉（卜）贞：史隻羌。③

庚申卜，王：弜隻羌。④

己卯卜，争贞：今春命豸田，从裁至于湄，隻羌。⑤

豸于上文曾来羌，这里又命他田猎而获羌，可知他的国与羌邻近。

（上缺）豸幸（执）羌，隻廿业（有）五。而二。⑥

这一条应注意的是"获羌人廿有五，而二"。而也是殷时的方国，他辞有"而伯龟"，又有"在而获虎"的记载。"而"字，《说文》训"颊毛也"⑦，字正象颊毛之形，就是现在人所称之"连边胡子"，疑而国乃是胡人之一种。此条记"而二"，即于羌人廿五人之外，又获两个大胡子而国之人。

贞：豸不其多获羌。⑧

甲戌卜，㱿贞：在易，牧隻羌。

易也是殷西土方国之一。他辞有"易伯嵩"⑨，又有"鬼方易囚"⑩，又与畓为邻，他所有"弋畓示易。戊中自西告"。牧，人名，曾"氐"羌人，见上

_____

① 方法敛、白瑞华：《金璋所藏甲骨卜辞》，第 651 片，1939 年影印本。原注：金六五一。
② 《殷虚书契续编》卷 3，第 43 页第 2 片。原注：续三·四三·二。
③ 《殷虚书契》卷 6，第 3 页第 1 片。原注：前六·三·一。
④ 《殷虚文字外编》，第 360 片。原注：《外》三六六。
⑤ 《殷虚书契》卷 7，第 2 页第 4 片。原注：前七·二·四。
⑥ 《殷虚书契后编》卷下，第 38 页第 7 片。原注：后下·三八·七。
⑦ 段玉裁注："各本作'颊毛也'。"（《说文解字注》第九篇下《而部》，第 454 页）
⑧ 孙海波：《甲骨文录》，第 750 片，河南通志馆，1938 年。原注：录七五〇。
⑨ 《殷虚书契》卷 5，第 11 页第 6 片。原注：前五·一一·六。
⑩ 《殷虚文字甲编》，第 3343 片。原注：甲三三四三。

引。在文丁时,曾记步及子效获羌。

丙寅卜:子效□不其隻(获)羌。①
□寅卜:步隻(获)羌。②

武丁时,也称获羌为得羌。

贞:往,羌得。③
贞:往,羌不其得。④

尚未获得之时,也记追羌。

癸未卜,宁卜:叀毕往追羌。⑤

也有只记俘获的人数者:

隻(获)羌十。⑥
执羌十八。⑦

总看以上各条,如吴曾"戋羌龙",曾"氐羌",戊与畓与牧,皆曾"氐羌",豸曾"来羌"。弜曾"盓羌",由此连锁,皆可见此数国与羌方关系是如何的密切。他们所获得的羌人俘虏,自然也要献于王室,同样的与征发的(氐的)

---

① 《铁云藏龟》,第59页第1片。原注:铁五九·一。
② 《铁云藏龟》,第97页第4片。原注:铁九七·四。
③ 《殷契遗珠》,第613片。原注:珠六一三。
④ 《殷虚书契》卷4,第50页第8片。原注:前四·五〇·八。
⑤ 《殷虚书契》卷5,第27页第1片。原注:前五·二七·一。
⑥ 《殷虚书契》卷7,第18页第1片。原注:前七·一八·一。
⑦ 林泰辅:《龟甲兽骨文字》卷2,第13页第2片,北京富晋书社翻印本,1921年。原注:龟二·一三·二。

羌人，为殷王服各种劳役的工作去了。

6. 用羌

这里讲到氐，获的羌人的用途。上节昊氏羌，牧氏，羌，皆曾记"于某用"，那是用羌的一种，是使羌人为祭祀服役的。殷人每次获到的羌人，都分派了各种劳役的工作，主要的可分为四项，就是牧畜，田猎，耕种，祭祀。以下分述之。

甲　牧畜

羌人本是牧羊人，善于牧畜，饲养马牛羊是他们的特长。殷人把氐获来的羌人，大部分派他们去从事牧畜，牧畜的工作分为两种，各有专名：养马的叫作"马羌"，养牛羊的叫作"羌刍"。

子，马羌

见于武丁的卜辞的：有

贞：令多马羌。
贞：勿令多马羌。①
□多马羌臣。②

多，如他辞之"多射""多臣""多子族"。一次命令许多马羌，可知殷□（王）室畜马的蕃庶。马羌，也是羌方一部落之名，或者因为他们也能养马之故。后来的"白马羌"，也许就是"马羌"的苗裔③。武丁曾伐马羌。

乙卯卜，争贞：王乎伐马羌。④

马羌习于马性，有时也使他们掌御马之事。

---

① 《殷契粹编》，第1554片。原注：粹一五五四。
② 《甲骨文录》，第625片。原注：录六二五。
③ 苗裔：后代子孙。《史记》卷7《项羽本纪》："太史公曰：吾闻之周生曰'舜目盖重瞳子'又闻项羽亦重瞳子。羽岂其苗裔邪？"（1959年，第338页）
④ 《龟甲兽骨文字》卷2，第5页第18片。原注：龟二·五·一八。

□□卜，宁贞：令多马羌，御方王□。①

戊午卜，𣪘贞：勿乎御，羌于九□，弗其□。②

丑，羌刍。

刍，《说文解字》："刈艸（草）也，象包束艸（草）之形。"③甲骨文从又（手）持断草，正是刈草之事，《周礼·充人》"刍之三月"，注"养牛羊曰刍"④。当《正义》云："养牛羊曰刍者，以刍养牲，因谓之刍。正字当作犓。"⑤《说文解字》"牛部"："犓，以刍茎养圈牛也。"⑥《墨子·天志上篇》："犓牛羊，豢犬彘。"⑦是"犓"为刈草以养牛羊的专字。殷人所称之"羌刍"，就是用羌人养牛羊有的专名。在武丁时有辞云：

甲辰卜，亘贞，今三月光乎来。王固曰："其来乎，三至，佳乙。"旬㞢（有）二日，乙卯，允㞢（有）来自光，氐羌刍五十。⑧

这段记载很明白，大意是：在甲辰这一天，史官亘去问卜，说："在现今三月之内，王要叫光国来人的。"王又问说："叫他们来的，是继续要到的，大概在乙日罢。"以下是亘的追记："在一旬又二日（甲辰至乙卯十二日）的乙卯，果然有人从光国来了，带来了五十名羌刍。"□亘□追记，我们可以知道这一次"氐"来了"羌刍"五十人。光国是俘获过羌的，已见前言，这次忽⑨是征发来的。

---

① 《殷虚书契续编》卷5，第25页第9片。原注：续五·二五·九。
② 《殷虚书契续编》卷5，第16页第8片。原注：续五·一六·八。
③ 《说文解字注》第一篇下《艸部·刍》，第44页。
④ 《周礼注疏》卷13《地官司徒第二·充人》，第724页。
⑤ 〔清〕孙诒让撰：《周礼正义》卷23《充人》，四部备要本。
⑥ 《说文解字注》第二篇上《牛部》，第52页。
⑦ 《墨子》卷7《天志上第二十六》，第71页。
⑧ 《殷契遗珠》，第620片。原注：珠六二〇。
⑨ 忽，应为"应"之误。

> 贞：徣至，告曰"畓来，氐羌"。
>
> 之（兹）日，徣至，告："畓来，氐羌刍。"①

这一次是畓带来的羌刍。从这一版，可见"羌"与"羌刍"不同。起初是贞问说："徣要到了，他要报告畓国来人带着羌人了。"以下一段是追记，说："这一天，徣（果然）到了。他报告说畓国来人所带的是羌刍。"殷人祭祀山川神祇，先公先王，用的牺牲是够多的了，他们利（用）征发或俘虏的羌方养牛羊的专家，来替他们服务，可谓善于利用羌人了。从卜辞中所记殷人祭祀用牛羊之多，可知他们畜养牛羊之丰富，也可以知道他们用羌人服役者之多了。牛羊，是羌方专家饲养的，我们同时也可以知道他们祭祀用牲的时候，为什么需用许多羌人去伺候左右了。

乙　田猎

武丁时候，有这样的记载：

> 多羌隻（获）鹿。②

鹿的腿是快的，获到它很不容易。殷人获鹿的方法，一种是设为陷阱，一种是射。鹿如果中了箭，他仍是飞驰逃去，必待力竭而后追获。武丁好田猎，凡是有武功的皇帝，都欢喜这一套，因为田猎就等于操练。他田猎了时，一定会有许多羌人相从，不能（然）临时如何能招集许多羌去获鹿？因为如此，所以武丁在田猎区中的享时，他曾经囚击羌人。

> 五日，丁，在享，圂光。③

这必是田猎之时，羌人不听命令，所以就把他们问④起来。又有：

---

① 《库方二氏所藏甲骨卜辞》，第1794片。原注：库一七九四。
② 《殷虚书契》卷4，第48页第1片。原注：前四·四八·一。
③ 《殷虚书契》卷7，第19页第2片。原注：前七·一九·二。
④ 问，这里为"审讯"之意，由"询问、质问"之意引申而来（王力主编：《王力古汉语字典》，北京：中华书局，2000年，第120页）。

□□卜，王乎（评）执羌，其□。①

大概也是同样的情形。
丙　耕种
文丁时候，曾命羌人从事耕种农作，辞有云：

　　贞：王令多羌圣田。②

圣田，就是耕种之事，这是羌人从事农业劳役的一个例子。田字写法略有不同，此时也有写作囲的，正是代表着古代井田的遗制，乃是农田的田字之正写。卜辞中卜杂事的，以第一期第四期，武丁文丁时为多，其余各王多不卜杂事。这命羌人力田，不能说是文丁时特别的例子，不过别的时候，不去问卜罢了。
丁　祭祀
这同"羌刍"一条有关，羌人是多数为殷人做牧畜工作的。牧畜主要的是牛羊，祭祀的牺牲很主要的也是牛羊，所以祭祀时多命羌人参加服役。许多人都以为是杀了羌人去祭祀，都是错的。
子，俎羌
"俎羌"也是羌人服劳于王室的职务专各（名）之一。武丁时的记事文字，有专记"入俎羌"之事：

　　己卯，媚子□入俎羌十。③

"入"，有内，纳，进贡的意思，与他辞言"来"之义相同。俎羌，是司祭

---

①《殷虚书契》卷8，第8页第2片。原注：前八·八·二。
②《殷契粹编》，第1222片。原注：料一二二二。
③原注："菁一"。"菁"，即罗振玉《殷虚书契菁华》，1914年，珂罗版影印。

祀时俎用牺牲的专职。《说文解字》："俎，礼俎也。从半肉在且上①。"甲骨文正象肉在俎上之形，是祭祀时陈肉于俎之礼。所陈之肉，不外乎牛与羊。"羌刍"是掌管养牛羊的专职，"俎羌"则又是掌管宰割牛羊而奉祭祀的专职。殷人有俎祭，似乎就是俎羌所司的。

己未，俎于义京（合文）羌十人，卯十牛。左。②
丁卯，俎于义京，羌□人，卯十牛。中。③
丁酉，俎（于）义京羌□人，卯十牛。中。④
□午，俎于义京羌十人，卯十牛。中。⑤
己未，俎于义京，羌三人，卯十牛。中。⑥
□寅，俎（于）义京，羌三，卯十牛。右。⑦
癸卯，俎于义京，羌三人，卯十年。右。⑧
癸卯，俎于义京，羌三人，卯十牛。右。⑨
己亥贞：庚子，酒丁，亯京，十羌，㞢十窜。⑩
□□，（俎）于殷京，羌卋，卯□牛。⑪

义京，亯京，殷京，都是地名，又是合文。这些羌人当能属于"俎羌"一类。以上是属于武丁时的。在武乙文丁时，也有俎祭的记载。

---

① 《说文解字注》第十四篇上《且部》，第716页。
② 《殷虚书契》卷6，第2页第2片。原注：前六·二·二。
③ 《殷契粹编》，第415片。原注：料四一五。
④ 《殷契粹编》，第411片。原注：料四一一。
⑤ 《殷契粹编》，第412片。原注：料四一二。
⑥ 《殷虚书契》卷6，第2页第3片。原注：前六·二·三。
⑦ 《殷契卜辞》，第10片。原注：契一〇。
⑧ 《殷虚书契续编》卷1，第52页第2片。原注：续一·五二·二。
⑨ 《殷虚文字甲编》第3361片。原注：甲三三六一。
⑩ 原注：七·甲·一三。七，即《甲骨卜辞七集》，方法敛摹，白瑞华校，1938年美国纽约出版影印本，1966年收入台北艺文印书馆影印的《方法敛摹甲骨卜辞三种》。
⑪ 《殷虚书契》卷4，第10页第5片。原注：前四·一〇·五。

甲寅贞：来丁巳，尊鬲于父于（康丁），俎世牛。

乙卯贞：其尊鬲。又羌。①

癸亥卜，又土，尞，羌一，小宰，俎。②

乙丑卜，又，尞于土，羌俎小宰。③

细看以上各条，俎，必用牲，所用之牲有牛，有羊，并且都有所谓"俎羌"伺候祭祀，这是很明白的。近人每次伐祭用羌人，以为伐，杀也，就是杀了羌人去祭祀，何以解于以类无"伐"字者？又如旧说训卯为刘④，亦谓是杀牲之祭，其实祭祀用牲，不必是都杀死的，他辞有"卯三百牛"者，一次杀三百牛，无论牛肉之不可胜食，同时就可以有六百块牛胛骨可以卜用，又何必一对两对，十对八对去向各地征求纳贡呢？我们对于殷人祭祀用牲之法，到现在仍是印象⑤模糊，不能确知，不必去望文生义，强作解人，"卯"就是一例。

丑，御祭

羌人也俱役于"御"祭，如武丁时：

贞：御自唐，大甲，大丁，祖乙，百羌，百宰。

贞：御，叀牛三百。⑥

御祭如何用牲，也不可知。次条叀牛三百，旧说叀为剸，也是杀牛三百，不知叀就是传，为传命令之义，与乎为评唤一样的用法。御祭一次用百宰，或三百牛，如此多量，也不见得是要杀死的。在康丁时有：

---

① 《殷虚书契后编》卷上，第27页第10片。原注：后上·二七·一〇。

② 《殷虚书契续编》卷2，第23页第4片。原注：续二·二三·四。

③ 《殷契粹编》，第18片。原注：料一八。

④ 刘：杀。

⑤ 原为"影响"。影响，有"隐约的印象"之意。《二刻拍案惊奇》卷38："昨日到郁家之事，犹如梦里，多不十分记得。只依稀影响，认做已约定杨二郎日子过了。"

⑥ 《殷虚书契续编》卷1，第10页第7片。原注：续一·一〇·七。

己巳卜彭贞：御于浍（河），羌三十人。在十月又二。①

御祭用羌人自三十人以至百人，不知究竟是如何祭法。

寅，㞢，勺，岁，伐及其他。

祭名之"㞢"，在第一期武丁祀庚时用之，第二期祖甲以后，改为"又"字，㞢祭的内容不详，但知道也是用牲之祭。武丁时：

贞：畢□岁，羌世，卯三宰，莆一牛，于宗用。②
丁卯卜贞：㞢于乙祖，宰，羌三人。
贞：宰㞢（又）一牛。③
贞：翌丁未子□其㞢于丁，三羌〇宰。④
贞：翌三十〇，㞢于司辛，莆，㞢，羌十。⑤
丁亥卜（贞翌）辛卯㞢□□，三宰，莆，羌二。⑥
甲寅，上甲勺，伐，羌十。五月。⑦

㞢祭用羌人供役，自二人，三人以至四人。勺，伐，用十人。在祖庚时，字仍作㞢，贞人大，则与祖甲时同，为第二期史官。

癸丑卜，大贞：子㞢于辟，羌五。⑧

---

① 《殷虚文字甲编》，第 2491 片。原注：甲二四九一。
② 《龟甲兽骨文字》卷 2，第 3 页第 11 片。原注：龟二·三·一一。
③ 《殷虚文字甲编》，第 2809 片。原注：甲二八〇九。
④ 《铁云藏龟拾遗附考释》，第 3 页第 3 片，释文在第 6 页。原注：拾三·三。
⑤ 《殷虚书契》卷 5，第 9 页第 6 片。原注：前五·九·六。
⑥ 《殷虚书契》卷 5，第 9 页第 8 片。原注：前五·九·八。
⑦ 原注：七·七·一八。七，即《甲骨卜辞七集》；《甲骨文合集释文》载"甲寅上甲彳伐羌十。五月"（胡厚宣主编，北京：中国社会科学出版社，1999 年，第 41457 片）。
⑧ 《龟甲兽骨文字》卷 1，第 5 页第 14 片。原注：龟一·五·一四。

祖甲以后，至于武乙，屮字皆改作又。祖甲时有：

甲申卜囗贞。翌乙（酉），祖乙峨，其又羌。①
囗亥卜，于大宗又，勺，伐，三羌囗十小宰，自上甲。②

武乙时有：

丙子贞：丁丑，又父丁，伐，世羌，哦三宰。兹用。③
乙巳贞：丁未，又，伐于父丁，羌世，卯三囗。④
辛丑贞：王其又，十羌又五。乙巳酒，囗。⑤
王其又于小乙，羌五人，王受又（佑）。
十人，王受又。⑥
其翢，十宰，又羌。廿宰，又羌。世宰，又羌。⑦
于后祖乙，其又羌。⑧
甲午卜后祖乙伐，十羌又五。五十羌。⑨
甲寅卜，其帝方，一羌，一牛，九犬。⑩

这里应该注意的，是有"伐"祭的，多伴着别的祭名。如"又"同"勺"。只有甲午一条没有别的祭名。以外的翢，帝，也是用牲兼用羌人的。若单把有"伐"祭的羌人，作为杀之以祭来解释，于别种祭祀则皆讲不通了。"伐"自以

---

① 《戬寿堂所藏殷虚文字》，第4页第3片。原注：戬四·三。
② 《殷契遗珠》，第631片。原注：珠六三一。
③ 《殷虚文字甲编》，第635片。原注：甲六三五。
④ 《殷虚文字甲编》，第795片。原注：甲七九五。
⑤ 《殷虚粹编》，第500片。原注：粹五〇〇。
⑥ 《殷虚文字甲编》，第379片。原注：甲三七九。
⑦ 商承祚：《殷契佚存》，第225片，金陵大学中国文化研究所影印本，1933年。原注：佚二二五。
⑧ 《库方二氏所藏甲骨卜辞》，第1526片。原注：库一五·二·六。
⑨ 《金璋所藏甲骨卜辞》，第191片。原注：金一九一。
⑩ 《殷虚卜辞》，第718片。原注：卜七一八。

说为舞干戈以祭为得解。因为牛羊,是祖宗生时要吃的东西,死后杀了去祭祀,还讲得通;祖宗生时不曾吃人肉,何以死后要杀人去祭他?况且他辞很明显的是用羌人以处置祭祀的牛羊的,又何必断章取义,单把"伐"祭作杀人来讲呢。又如丁时有:

□其鼎酱于丁,㞢百羌,卯十□。①

此条无论下面所缺是牛是羊,皆可证羌与㞢祭的关系,因为卯十牲是不必用百羌的。但也有专记羌人卯牛羊的,例如:

酒祊于上甲,九羌。卯一牛。②
□后,十羌卯三宰。③
贞:用六羌卯宰。④
□申卜殷贞:五羌,卯五牛。⑤
贞:羌三人,卯宰㞢(又)一牛。⑥

以上各条,很清楚的是羌人和卯牲的关系,或用十羌,九羌,以至三羌,所卯的牛羊,或一宰或三宰,或一牛或三牛。武乙时有例是卯豕:

丙寅卜,又伐于司绸,世羌卯世豕。⑦

"司绸"不知何祀,豕牛与羊,同为祭祀的牺牲,所以也用羌人。武乙时又

---

① 《殷契佚存》,第413片,原注:佚四一三。
② 《殷虚书契后编》卷上,第28页第2片。原注:后上·二八·二。
③ 《殷虚书契》卷4,第26页第4片。原注:前四·二六·四。
④ 《殷虚书契》卷3,第23页第5片。原注:前三·二三·五。
⑤ 《殷虚书契》卷4,第50页第7片。原注:前四·五〇·七。
⑥ 《殷契粹编》,第557片。原注:释五五七。
⑦ 《殷契粹编》,第430片。原注:粹四三〇。

有卜用羌牛卯的辞：

甲辰贞：又，伐，于上甲，九羌卯牛。
甲辰贞：来甲寅，又伐上甲，羌五，卯牛一。①
丁巳贞：其五羌卯三牢。②
其三羌卯一牛。六羌。③
其三羌卯三牢。④
癸巳贞：又，勺，伐于伊，其冓大乙，彡⑤。
其三羌卯牢。⑥

也有但卜用羌及牲数，省去祭法者。以武丁时为例：

上甲五十羌。八月。⑦
十羌，廿牛。⑧
羌十人。七月。⑨

以上所举，各种祭祀，如御、屮、俎、又、勺、岁、伐、酒、祊、帝，凡是用牲的，都用羌人供役使，而不用牲的像"彡""龠""叟"用鼓乐，祭用肉（非全牲）；妾，弄，用□□□，奂，叙，用柴；以至翌，昝等等，就都不用羌人供役使了，这岂不是很明白的事实？

这里再谈一下殷人用牲之法。从各地贡纳牛胛骨一项看起来，祭祀所用的

---

① 《殷虚书契后编》卷上，第21页第13片。原注：后上·二一·一三。
② 《殷契粹编》，第505片。原注：粹五〇五。
③ 《殷契粹编》，第504片。原注：粹五〇四。
④ 《戬寿堂所藏殷虚文字》，第23页第6片。原注：戬二三·六。
⑤ 彡，shān，流动的，须毛和画饰的花纹，毛长；xiǎn，古代羌族复姓。
⑥ 《殷虚书契后编》卷上，第22页第1片。原注：后上·二二·一。
⑦ 《殷虚书契后编》卷上，第27页第8片。原注：后上·二七·八。
⑧ 《殷虚书契》卷3，第24页第2片。原注：前三·二四·二。
⑨ 《龟甲兽骨文字》卷2，第13页第8片。原注：龟二·一三·八。

牛，不一定都是杀死了的。卜辞中有一个好证据：

甲矛卜，争贞：求年于丁，豆十犁牛，卯百犁牛。①
贞：求年于丁，豆三犁牛，卯犁牛。六月。②

豆与卯，很显然是两种不同的祭法，而用牛时卯为豆的十倍，看字面，卯牛，也不过把牛登记到册子上，送册子给□□就罢了。豆也不一定是要把牛来杀死的。又如以上曾提到的"卯"牲，有多至三百者。

丁亥卜，殷贞：□乙酉，甫於御□大丁，大甲，祖丁，百邕，百羌，三百□。③

所"卯"的无论为牛或羊，一次杀死三百是不可能，上面的"卯"百牛就是旁证。所以用牛羊之祭有许多名目者，正见得不是杀之，杀死，一而已。何须要有许多名目？用牛羊去祭祀，且不必是杀之，何况用羌人？所以杀死羌人去祭祀之说，于理，于势，于情，皆是讲不通的。至于殉葬杀人，有事实可证，但所杀的却未必就是羌人。

关于羌，材料太多了，只是摘举些重要的例证，已觉得有点腻人了。以下再谈一谈蜀。

二、蜀

蜀，在甲骨文中，材料又太少了，题目似乎蜀与羌是平列的，实际上在文章里，只能算这一篇的一个尾巴。号称十万片的甲骨中，见过的蜀字一共有十

---

① 《殷虚书契续编》卷1，第44页第4片。原注：续一·四四·四。
② 《殷虚书契续编》卷1，第45页第4片。原注：续一·四五·四。
③ 《殷虚书契后编》卷上，第28页第3片。原注：后上·二八·三。

一条，都是武丁时的卜辞，除了四条太残缺不能属读者之外，还有七条，可以五项来说明他。七条都很重要，论述如次。

1. 蜀射

殷人田猎征发，多用弓矢，在枪炮未发明以前，弓矢要算最利（厉）害而重要的武器。射者必有专门的技术，曰训练，所以殷代有司射的专人，就叫作"射"：卜辞有"命多射"①。多射就是多数的射手。射手也有从各国征调来的，卜辞有：

（氐）蜀射三百。②

之文，蜀国的射手，一次就征调三百人，是很可观的数字。此事可以旁证出蜀在殷时，也是一个地广人众的大国了。

2. 蜀御

御在此当是御人，卜辞有残文曰：

□蜀御□。③

或者就是征调蜀国的御者，亦未可知。

3. 至蜀

蜀是殷代重要方国之一，地方去殷都虽远，但也常有信笺往来的，如前举"往羌"，是派人往羌方，这里也有使人至蜀的记载。

丁卯卜，共贞。至蜀，我又史。④

---

① 《殷虚书契后编》卷上，第30页第5片。原注：后上·三〇·五。
② 《龟甲兽骨文字》卷2，第3页第8片。原注：龟二·三·八。
③ 《龟甲兽骨文字》卷2，第30页第6片。原注：龟二·三〇·六。
④ 《殷虚书契》卷8，第3页第8片。原注：前八·三·八。

这是文丁时辞,"我又史"即"我有使",倒装读之,就是我有使者至蜀的意思。

4. 征蜀

殷代方国,时有叛服,如上篇所举的羌方即是一例。王室亲伐或亲征的,多是大国,如东土的人方、孟方,北土的七方、苦方,西土的羌方。蜀也被武丁征发过的。

□寅卜𢀛(奴):王收人正(征)蜀。①

蜀国曾为武丁收人征伐过,可见蜀在当时决不是一个小国。

5. 䢼蜀

这里须先说明一个"䢼"字。卜辞中䢼字,是在宗庙之前,用少宰燕飨宾客之会意字,应读作燕享的享。与宗周钟"䢼伐其至",读作憝的假借字者不同。甲骨中䢼字,除了地名之外,如:

甲辰卜,王贞:于戊申䢼。②
壬辰卜:方弗䢼见。③
乙酉䢼。④

义皆当为燕飨。关于蜀,在武丁时,王也曾䢼之。

丁卯卜,𢀛贞:王䢼岳于(与)蜀。⑤

---

① 《殷虚书契后编》卷下,第27页第7片。原注:后下·二七·七,又三〇·一〇,同文同版。
② 《殷虚书契》卷3,第24页第3片。原注:前三·四二。
③ 《殷虚书契》卷4,第34页第6片。原注:前四·三四。
④ 《殷契遗珠》,第1423片。原注:《珠》一四二三。
⑤ 《殷虚书契后编》卷上,第27页第7片;《殷契粹编》,第1175片。原注:后上·九·七,粹一一七五,同文异版。

"王臺缶于蜀"者，是"武丁燕享缶国与蜀国的君长"的意思。大概是缶国和蜀国同时"来王"，所以武丁臺燕他们。蜀的地望，在甲骨文中不易考出，只有考他的邻国缶的地理。缶的所在，卜辞有：

□□卜，殻贞：缶其戋雀。①
缶不其隻犬。十月。②

雀在殷西方，与羌为邻，曾伐过羌，已见上述。犬侯常同"多子族寇周"③，雀国也曾征过犬侯④。羌卫和缶同贡送过牛胛骨（见前引），可以知道缶国确在今陕西境内的中部或南部，为殷西土的一国。缶与蜀必相近，蜀的地望，也可以推知，约当今之陕南或者四川境了。

羌与蜀，皆为殷代的属国，后来都曾参加周武王伐纣之役。《尚书·牧誓》所称的"西土之人"⑤，所谓西南夷八国中，有蜀、羌两国。据后人的解说，蜀、羌的地望，见于《史记》"集解"引孔安国说："羌在西。蜀……在巴蜀。"又《（史记）正义》引《括地志》"益州及巴、利等州，皆古蜀国。陇右岷、洮、丛等州以西，羌也"。⑥这也可以参证殷代蜀羌的所在。

总以上征引的材料，可以作下列的结论：

羌方，是殷代西方的一个大国，其中分北羌、马羌两个部落。其人善于牧畜，其疆域相当的大，北与鬼方、苦方为邻，东有沚国、吴国、戍国、弜国、易白、而白、雀侯、犬侯、周侯、畓国、光国、豸国等等为邻，东南近缶同蜀。对于殷人，叛服不常，有时被殷人征伐侵略，有时与殷王室通婚姻，纳贡品，献土田。他们的人民，常被殷人征调或俘获，以供各种劳役，或助田猎，或助

---

① 《铁云藏龟》，第1页第2片。原注：铁一·二。
② 《殷虚书契》卷3，第33页第4片。原注：前三·三三·四。
③ 《殷虚书契》卷5，第7页第7片。原注：前五·七·七。
④ 《铁云藏龟》，第181页第3片。原注：铁一八一·三。
⑤ 《尚书正义》卷11《周书·牧誓第四》，第183页。
⑥ 《史记》卷4《周本纪第四》，第122页，"庸、蜀、羌、髳、微、垆、彭、濮人"句注引。"巴、利"，原为"巴蜀"。

农作，尤以助祭祀，牧畜的人为多。

蜀，为殷西南的一个大国，地与缶国、羌方邻近。平时常以射手、御人，供役于殷的王室。殷人曾遣使到他们的国，武丁时，曾囗（收）人征伐过他们，有时来朝，又曾燕享过他们。

卅·五·一，草讫①

---

①民国三十年（1941）五月一日。

蜀王本纪考

朱希祖[①]

《隋书·经籍志》:《蜀王本纪》一卷,扬雄撰。《唐书·经籍志》《艺文志》同。今观各书所引,其文辞鄙陋,疑非扬雄撰。且书名既各参差,年代亦互抵牾,疑《本纪》亦非一本。试观《太平御览》八百八十八所引《蜀王本纪》云:

蜀王之先名蚕丛,后代名曰柏濩,后者名鱼凫,此三代皆数百岁,皆神化不死,其民亦颇随王化去。王猎至湔山,便仙去,今庙祀之于湔。时蜀民稀少。后有一男子名曰杜宇,从天堕止朱提;有一女子名利,从江源地井中出,为杜宇妻。宇自立为蜀王,号曰望帝,治汶山下邑郫,化民往往复出。望帝积百余岁,荆有一人鳖灵,其尸亡去,荆人求之不得,鳖灵尸至蜀复生,蜀王以为相,时玉山出水,若尧之洪水,望帝不能治水,使鳖灵决玉山,民得陆处。鳖灵治水去后,望帝与其妻通,帝自以薄德不如鳖灵,委国授鳖灵而去,如尧之传舜。鳖灵即位,号曰开明。[②]

此等文辞鄙陋殊甚,与《太玄》《法言》相去奚啻天壤。岂扬雄之文而如是乎?《史通·杂说篇》论扬雄《蜀王本纪》谓:"杜魄化而为鹃,荆尸变而为鳖"[③],其言如是,何其邮哉!此则刘知几未深考,而漫施以毁者也。

[①] 朱希祖(1879—1944),浙江人,字逷先,又作遹先,历史学家。
[②]《太平御览》卷888《妖异部四·变化下》,第3944页。
[③]〔唐〕刘知几:《史通》卷18《外篇·别传9条》,四部丛刊本。

《蜀王本纪》一书，其名非一：《蜀志·秦宓传》则称《本纪》，注则称《蜀本纪》；《华阳国志·序志篇》称《蜀纪》；李善《文选·蜀都赋》注称《蜀王本纪》，《魏都赋》注则称《蜀记》；隋唐志称《蜀本记》。书名之参差如是，宜非一种可知，或谓此不过正书误书之分，全称简称之别而已，本纪为正书，本记为误书，"蜀王本纪"为全称，"蜀本纪""蜀纪""本纪"等为简称，非别有他本也。余谓此言固是，然有不尽然者，《路史·蜀山氏》注同时引扬雄《记》《蜀记》且又引旧《记》，其非一种明矣。况其所引年代，又各异乎！如：

李善《文选·蜀都（赋）》注引扬雄《蜀王本纪》曰："从开明上到蚕丛，积三万四千岁。"①

《路史·蜀山氏》注引扬雄《记》曰："二万四千岁。"②

《路史·蜀山氏》注又曰："《蜀记》等言鱼凫等君治蜀八万年。"③

《太平御览》八百八十八引《蜀王本纪》曰："蜀王之先名蚕丛，后代名曰柏濩，后者名鱼凫，此三代皆数百岁。"④

上所引节名虽相类，而其所言年代各相抵牾，则更足以证其非一书矣。

《华阳国志·序志篇》曰："司马相如、严君平、扬子云、阳成子玄、郑伯邑、尹彭城、谯常侍、任给事等，各集传记以作本纪。"⑤据此，则《蜀王本纪》者有八家。此虽仅言"本纪"，然非称王，不能有本纪，则其原称皆为"蜀王本纪"，简称则为"蜀本纪""蜀纪""本纪"，称"本纪"及"蜀记"者，误也。此八家者，《华阳国志》或有传，或仅列于士女目录而无传，或并目录亦不载而不知其里居、官爵、学行。兹先将益、梁、宁三州先汉以来士女目录所载者列

---

① 《文选》卷 4《赋乙·左太冲蜀都赋一首》，四部备要本。
② 《路史》前纪卷 4《蜀山氏》，"上至蚕丛，年祚深眇"注，四部备要本。
③ 《路史》前纪卷 4《蜀山氏》，"上至蚕丛，年祚深眇"注，四部备要本。治蜀，原为"治国"。
④ 《太平御览》卷 888《妖异部四·变化下》，第 3944 页。原为"蚕丛、柏濩、鱼凫三代皆数百岁"。
⑤ 《华阳国志校补图注》卷 12《序志》，第 723 页。

于左（下）①，而注其有传、无传于下；

　　文学，中郎将司马相如，字长卿，成都人。（本志十有传）
　　高尚，逸民严遵，字君平，成都人。（本志十有传）
　　德行，给事黄门侍郎扬雄，字子云，成都人。（本志十有传）
　　右（上）汉
　　述作，汉中太守郑廑，字伯邑，临邛人。作《耆旧传》。（本志无传）
　　右（上）后汉
　　渊通，散骑常侍、城阳亭侯谯周，字允南，西充国人。（本志十当有传，惟《巴郡士女赞》已亡，故佚。今陈寿《蜀志》有传）
　　右（上）蜀
　　德行，给事中任熙，字伯远，成都人。（本志十一有传）
　　右（上）晋

　　右（上）八家唯阳成子玄及尹彭城，尚难审考。《论衡·超奇篇》："阳城子长作《乐经》，扬子云作《太玄经》。"②子玄盖与子长同族，西汉人也。《士女目》有太子家令尹默，字思潜，涪人也。《蜀志》有传。又有文学荆州刺史尹珍，字道真，毋敛人也。然皆与彭城无关，故此二人尚待详考。

　　《本纪》既有八家，则所见所闻所取所弃必多不同，此各书所引所以有异同也。然此八家，大抵学问超卓，文辞彪炳，神话虽难弃除而辞气必远鄙倍。左思《蜀都赋》云："蔚若相如，皭若君平，王褒晔晔而秀发，扬雄含章而挺生，幽思绚道德，摛藻掞天庭。"③然则扬雄《蜀王本纪》，其文采必斐然可观，可断言也。

　　上列八家《本纪》，其书都不传；唯谯周《蜀本纪》见引于《蜀志·秦宓

---

① 《华阳国志校补图注》卷11《后贤志》附《益梁宁三州先汉以来士女目录》，第667、670、681、717页。
② 〔汉〕王充：《论衡》卷13《超奇第三十九》，上海：上海人民出版社，1974年，第212页。
③ 《文选》卷4《赋乙·左太冲蜀都赋一首》，四部备要本。

传》注。

谯周《蜀本纪》曰：禹本汶山广柔县人也，生于石纽，其地名刳儿坪。

《秦宓传》又载宓对夏侯纂曰：

（宓）请为明府陈其本纪：蜀有汶阜之山，江出其腹，帝以会昌，神以建福，故施沃野千里。淮、济四渎，江为其首，此其一也。禹生石纽，今之汶山郡是也，昔尧遭洪水，鲧所不治，禹疏江决河，东注于海，为民除害，生民以来功莫先者，此其二也。天帝布治房心，决政参伐，参伐则益州分野，三皇乘祇车出谷口，今之斜谷是也，此便郿州之阡陌。①

"禹生石纽"下注引谯周《蜀本纪》，言"禹本汶山广柔县人"云云，似宓所引《本纪》即谯周《蜀本纪》，然《宓传》末言"谯允南少时数往咨访，纪录其言"②，则谯周之说本出于宓。宓所引《本纪》，盖为司马相如、严遵、扬雄、阳城子长、郑廑等诸家本纪之一耳。

《华阳国志·序志篇》云："案《蜀纪》：'帝居房心，决事参伐，参伐则蜀分野，言蜀在帝议政之方。'"又云："《蜀记》言：'三皇乘祇车出谷口'"，③此《蜀纪》即秦宓所见之《本纪》也。

刘知几《史通》："杜魄化而为鹃，荆尸变而为鳖"④，皆以为出于扬雄之《蜀王本纪》而鄙之。余以为此《蜀王本纪》未可断定为扬雄撰。左思《蜀都赋》云："鸟生杜宇之魄。"李善注引《蜀记》曰："昔有人姓杜名宇，王蜀，号曰望帝。宇死，俗说云，宇化为子规。子规，鸟名也。蜀人闻子规鸣，皆曰望帝也。"⑤

---

① 《三国志》卷38《蜀书·许麋孙简伊秦传第八·秦宓传》，第975页。原文无"（宓）"。
② 《三国志》卷38《蜀书·许麋孙简伊秦传第八·秦宓传》，第976页。按，该段引文完整为"纪录其言于《春秋然否论》，文多故不载"。
③ 《华阳国志校补图注》卷12《序志》，第727页。按，文献所载，"又云"内容在"案《蜀纪》"内容之前。
④ 《史通》卷18《外篇·别传9条》，四部丛刊本。
⑤ 《文选》卷4《赋乙·左太冲蜀都赋一首》，四部备要本。

《太平御览》八百八十九引《蜀王本纪》曰："望帝去时，子巂①鸣，故蜀人悲子□鸣而思望帝。"②

同一子规而两书立说，大不相同，刘知几不知《本纪》有八家，八家之书既亡，后之俗人，又有撰集，如唐宋时所传所引，疑皆非此八家原本，今一概附之扬雄，扬雄一书，岂自相矛盾如此乎！

鳖灵之说，《太平御览》八百八十八所引，已见于上。观其文辞，决非扬雄所撰。而《路史·余论》有"杜宇鳖令"一条云③：

按诸《蜀记》，"杜宇末年，逊位鳖令，鳖令者，荆人也"，旧说"鱼凫畋于湔山，仙去，后有男子从天坠，曰杜宇，为西海君，自立为蜀王，号望帝，徙都于郫或瞿上，自恃功高诸王，乃以褒斜为前门，熊耳、灵关为后户，玉垒、峨眉为城郭，江、潜、洛、绵为池泽，岷山为畜牧，南中为囿苑。时鳖令死，尸随水上，荆人求之不得。至蜀，起见望帝，望帝以之为相，后禅以国，去之，隐于西山，民俗思之，时适二月，田鹃方鸣，因号杜鹃，以志其隐去之期"。一云"宇禅之而淫其妻，耻之，死为子巂，故蜀人闻之，皆起曰我望帝也"……据《风俗通》等，"鳖令化从井出，既死，尸逆江至岷山下，起见望帝。时巫山拥江，蜀洪水，望帝令凿之，蜀始陆处，以为刺史，号曰西州。自以德不如令，从而禅焉。是为蜀开明氏，年号万通。生芦保，亦号开明。时武都出五力士，辅之，开明子孙八代都郫，九世至开明尚，始去帝号，称王，治成都"。

《路史》所引《蜀记》，述开明事与《太平御览》八百八十八所引，又不相同，而鄙陋更甚，且无历史常识，如刺史、年号，皆起于汉武帝，开明时何得有此？然皆附之扬雄，扬雄之文果若是乎！是不待识者而能辨之矣。《路史》犹

---

① 巂，guī，《康熙字典》载：鶗巂，鸟名，扬雄《反骚》：恐鶗巂之将鸣兮，故先百草为不芳；师古曰：鶗巂鸟，一名买鵊，一名子规，一名杜鹃，常以立夏鸣，鸣则众芳皆歇而农事兴。（汉语大词典编纂处整理，《康熙字典》标点整理本，上海：汉语大词典出版社，2005年，第1487页）

② 《太平御览》卷923《羽族部十·巂》，第4099页。按：巂，鸟名，即子规。原为：《太平御览》卷889。

③ 《路史》余论卷1《杜宇鳖令》，四部备要本。

斤斤以扬雄为妄，谬矣。

由斯以观，汉晋间八家《本纪》，必皆亡佚。唐宋间所引《蜀王本纪》以及各种《蜀记》，必多为浅人伪托。然其中亦有原书佚文，且有自他书采辑。加以敷演附会者，如杜宇化为子巂见于许慎《说文解字》，鳖灵尸苏而王见于应劭《风俗通》，此等传说，东汉已有。窃谓此等传说，实为古代蜀史显露一线真情。盖自蚕丛以至蜀亡，未必一系相传，杜宇凭空而起，已非蚕丛子孙；开明自楚而来，蜀王已非土著，杜宇淫其相妻，政权乃归相手，蜀人恨开明得位之不正，而悲杜宇失位之甚惨，故托子规以写悲，称鳖灵以寄怅，盖鳖者必非佳称也。

漫谈巴蜀文化

缪凤林[①]

《说文月刊》迁川继续出版,第一期为"巴蜀文化专号",专考秦汉以前的巴蜀文物。聚贤一定要我为该专号写一篇论文。我说:"历史上对于巴蜀文化的记载,始于汉人,近世发现的巴蜀文物,我所见所知的,亦以汉代者为多,我不能凭空恣论汉前的巴蜀文化,我只能据汉代的记载和遗物,对于古代的巴蜀文化作一个合理的推测。"因草成这篇漫谈。

讨论古代巴蜀文化,有三个问题得首先提出:第一是巴蜀的范围,第二是这种文化为何民族所遗留,第三是开始在什么时候。"巴蜀"二字,有广狭两义。狭义的巴蜀,指的是"巴人""蜀人"或"巴国""蜀国",大略相当于汉代的巴郡十一县、蜀郡十五县及广汉郡十三县(巴郡蜀郡,秦置,盖本巴国蜀国地。广汉郡,汉高帝置,地多在今成都北,疑系就故秦蜀郡地析置者),约得今四川全省之半。广义的巴蜀,则除巴人蜀人或巴国蜀国外,《史记》和《汉书》"西南夷"所列举的西夷、南夷亦皆概入,在汉代的巴、蜀、广汉三郡外,尚须加入犍为郡十二县、牂牁郡十七县(二郡本南夷地),及越嶲郡十五县、益州郡二十四县(二郡本西夷地),自今四川全省外,远及西康、贵州、云南的一部。或更加入汉世与上列七郡同属益州的汉中郡十二县,——在某一时期,蜀人也曾占领过汉中——而以汉代整个的益州——即上列八郡——为范围,后日谯周

[①] 缪凤林(1899—1959),浙江人,字赞虞,历史学家、教育家。

著书曰《益州志》，常璩□（又）曰《华阳国志》，这样将巴蜀扩大到"益州"或华阳，已失去了巴蜀的本义，所以本文仍以狭义的巴蜀为主，亦间及当时的西夷和南夷。

讲到巴蜀的民族问题，近人虽有各种不同的解释，自历史的、地理的，乃至民族学的立场言，所谓"巴民族"或"蜀民族"，最合理的看法，其意义实略同于"河洛民族""海岱民族""江汉民族""夏民族""商民族""周民族"以至"秦民族""楚民族"及"吴越民族"等。质言[1]之，即与诸夏同属亚洲的嫡派人种或原始的中国人种。因此，其文化仍属于纯正的中国文化系统，绝非一种外来的文化或为中国民族外的一种他民族所遗留。大约在巴蜀两国初建的时候，这种文化即已开始，但我们今日只知道两国甚古，至古到什么时候，却并不明白。

巴人蜀人进入中国历史的舞台，殆始于商朝的末年。据《尚书·牧誓篇》，蜀人曾从周武王伐纣。《华阳国志》则称巴人亦参加这次战役，且说："巴师勇锐，歌舞以凌殷人，殷人（前徒）倒戈"[2]，常氏盖另有所据。春秋之世，左氏传中对于"巴子""巴人"的记载，尤屡见不鲜。大抵古代的蜀国以今成都一带为中心，北与周人——后来与秦人——交通，巴国则以今重庆一带为中心，东与楚人交通。降至战国，巴蜀虽因僻处西陲，未参加对中原的战争，但亦屡与秦楚构兵。《史记·六国年表·秦表》载："秦惠公十三年（前387[3]）蜀取我南郑"[4]，《楚世家》亦载："肃王四年（前377[5]）蜀（此"蜀"字疑系"巴"字之误）伐楚，取兹方，于是楚为捍关以距之"[6]，其强悍概可想见。交通和战争是传递文化最有力的媒介。从商末到战国，巴蜀如何借交通及战争输入并接受周秦楚的文化，抑或如何交互地传播着文化，今虽不得而详，但由于壤地的邻近，巴人与楚的西部，蜀人与周秦的南鄙，其文化相去当不甚远（即在今日，

---

[1] 质言：实言，以实情相告。
[2] 《华阳国志校补图注》卷1《巴志》，第4页。
[3] 原为"西元前387年"。
[4] 《史记》卷15《六国年表第三》，第713页。
[5] 原为"西元前377年"。
[6] 《史记》卷40《楚世家第十》，第1720页。

鄂西与川东，汉中与川北，语言习俗等类似者犹甚多）。及楚威王立（前339至前329①），使将军庄蹻将兵循江上，略巴地（《史记·西南夷传》"巴"下有"蜀"字，误，此从《汉书·西南夷传》），巴国由是属楚，为楚的一郡——巴郡。接着不久，秦惠文王复使司马错将兵击蜀灭之，置蜀及汉中郡，又夺楚的巴郡，巴蜀自是皆为秦地——据看就是汉地。巴蜀的历史和文化，亦自是为整个的秦史和秦文化——接着就是汉史和汉文化——的一部了。

远在秦人灭蜀之先，蜀货已很多懋迁②及于秦地，《史记·货殖列传》说："秦文、孝、缪居雍，隙陇蜀之货物而多贾"③，《国策·秦策》载苏秦初说秦惠文王亦云："大王之国，西有巴蜀汉中之利。"④及秦并巴蜀，巴蜀遂成关中贸易区内的支区，就经济上看，完全是属于关中的范围，沿及汉世，毫无变更。《史记·货殖列传》说：

关中，……南则巴蜀。巴蜀亦沃野，地饶卮、姜、丹沙、石、铜、铁、竹、木之器。南御滇僰，僰僮。西近邛笮，笮马、旄牛。然四塞，栈道千里，无所不通，唯褒斜绾毂其口，以所多易所鲜。⑤

这几句话，是我们尚论古代巴蜀文化最重要的文献。原来巴蜀土地肥美，不特有江水，沃野山林竹木疏（蔬）食果实之饶，兼有各种的矿产。因之，不特农业商业，即矿业工业，在古代亦皆相当地发达。随着产业的发展，各种文化，亦次第发明或输入。我们今日尚可大书特书的：

第一是土木工程。最著者为栈道，有木栈、石栈的区分：前者施于森林茂盛的山地，系斩伐原始森林，铺木为路，或杂以土石；后者则施于悬崖绝壁无径可通之处，或缘岩凿孔，插木为桥，亦有旁凿山岩，施版梁为阁，或沿山开

---

①原为"前339年至329年"。
②懋迁：贸易。
③《史记》卷129《货殖列传第六十九》，第3261页。
④《战国策校注》卷3《秦·苏秦始将连横》，四部丛刊本。
⑤《史记》卷129《货殖列传第六十九》，第3261页。卮，《集解》："徐广曰：'音支。烟支也，紫赤色也。'"

路，使成坦道者（俗称蝙）。史称："栈道千里，无所不通"[①]，其盛可想，其起原（源）甚古亦可知。汉世开通西南夷，巴蜀吏卒以治道为最重要的工作，同时亦是巴蜀人士最有经验的工作，后世所传五丁力士开路的神话，充满（分）地象征着蜀人开道的能力。

第二是水利工程。《华阳国志》蜀相开明决玉垒山以除水害，尚属一种传说，蜀守李冰的治水既浸，则确为神奇的实绩。《史记·河渠书》称："（蜀守）冰凿离堆，辟沫水之害，穿二江成都之中。……引其水（益用）溉田畴（之渠）。"[②]所云"穿江溉田"，即今日举世驰名的灌县都江堰（离堆、沫水之所在，则不一其说，汉人以今青衣江为沫水，是离堆即在今嘉定乌尤寺附近；近人则以离堆即在岷江中流，与下文穿二江合为一事），亦可说是西元前三世纪中世界最伟大的水利工程（冰为蜀守，《风俗通》称在秦昭王时，《华阳国志》则云在秦孝文王时。按，秦孝文王继昭王而立，在位仅一年——前250年，《风俗通》说似较长）。冰所创竹笼累石拦河作坝的方法，及传说"深淘滩，低[③]作堰""遇湾截角逢正抽心"等心得，今言川江水利者犹奉为圭臬。

第三是矿冶事业。《（史记·）货殖传》载："巴寡妇清（《史记》"巴"下有"蜀"字，此从《汉书》），其先得丹穴，而擅其利数世，（家亦不訾。）清，寡妇也，能守其业，用财自卫，不见侵犯，秦皇帝以为贞妇而客之，为筑女怀清台"[④]，是一个异常动人的故事。《（货殖）传》又称赵迁虏卓氏之临邛（今邛崃县），"即铁山鼓铸，运筹策，倾滇蜀之民，富至僮千人。田池射猎之乐，拟于人君"。山东迁虏程郑亦居临邛冶铸，"贾椎髻之民，富埒卓氏"。[⑤]从战国到秦汉是铁器行用日趋发达的时代，那时四川的冶铸事业亦正向这方面发展。所云："倾滇蜀之民"（《汉书》作"贾滇、蜀民"）及"贾椎髻之民"（《汉书》作"贾魋结民"，颜师古曰："魋结，西南夷也。"[⑥]），意思不啻说滇蜀及西

[①]《史记》卷129《货殖列传第六十九》，第3261页。
[②]《史记》卷29《河渠书第七》，第1407页。引文中的省略号、括号中的内容，原文无。
[③]原为"底"。
[④]《史记》卷129《货殖列传第六十九》，第3260页。
[⑤]《史记》卷129《货殖列传第六十九》，第3277、3278页。
[⑥]《汉书》卷91《货殖传》，第3690页。

南夷人民所用的铁器,皆由卓氏及程郑供给,亦即是以四川负担西南铁器化的责任。临邛在汉世尚专设铁官,"蜀刀"更是汉时有名的产物,其所由来者渐,并非一朝一夕的缘故。

第四是贸易交通。自从巴蜀和中国交通,"蜀贾"即已成了巴蜀和中原、和西南夷及西南夷和中原沟通有无与"以所多易所鲜"的桥梁,但其事至汉代始有记录可征,——上文引《史记·货殖传》可见。《史记·西南夷传》索隐引服虔云:"旧京师有僰婢"[1],而唐蒙到了南越,南越亦能食蒙蜀出的枸酱。《传》又称:"张骞使大夏,见蜀布、邛竹杖,使问所从来,曰:'从东南身毒国,可数千里,得蜀贾人市。'"[2]这虽完全是汉代的事,但其起源必远溯至汉代以前。中国商品的国际贸易,见于史册者,以邛竹杖、蜀布为最早,即此一端,亦足征巴蜀贾人的能力了。

上所云云,都是最可征信的古代巴蜀文化。此外,汉代的记载和遗物,尚有:

(一)工艺,《汉书·地理志》:蜀郡成都、广汉郡雒县,均有"工官"[3]。《贡禹传》载,元帝世,禹上书言:"蜀广汉主金银器,岁各用五百万"[4],这虽旨在说明当时帝室服御的奢侈,同时亦足征蜀广汉工艺的技巧和发达。近代各家著录汉代金银器遗物,虽无法分别何者为蜀广汉所制,但在朝鲜大同江南发现汉时乐浪郡的所遗器,中有以纻为胎的漆器,确为蜀广汉所造,制作异常精细。此外则成都北部,最近发现大量的铜器,邛崃附近发现大量的陶器——今称"邛陶",亦皆为汉代遗物。

(二)织物,《汉书·循吏传》称,文翁遣学生至长安肄业,"买刀布蜀物,赍计吏以遗博士"[5],当时蜀布和蜀刀一样,同为蜀地的名产,足征织物的进步。至后世艳称的蜀锦,其著名虽在蜀汉设锦官以后(蜀汉设锦官,见《初学

---

[1]《史记》卷116《西南夷列传第五十六》,第2993页,"僰僮"注引。
[2]《史记》卷116《西南夷列传第五十六》,第2995页。
[3]《汉书》卷28上《地理志第八上》,第1597、1598页。
[4]《汉书》卷72《王贡两龚鲍传》,第3070、3071页。按,"岁各用五百万。三工官官费五千万"注引:如淳曰:"《地理志》:河内、怀、蜀郡、成都、广汉皆有工官。工官,主作漆器物者也。"师古曰:"如说非也。三工官,谓少府之属官,考工室也,右工室也,东园匠也。上已言蜀汉主金银器,是不入三工之数也。"
[5]《汉书》卷89《循吏传第五十九·文翁》,第3625页。按,原文无"赍计吏"字。

记》卷二十七"锦"下引《益州记》），而蜀之有锦必远在其前。《后汉书·西南夷传》称：哀牢夷"土地沃美，宜五谷、蚕桑，知染采文绣，罽毲帛叠，兰干细布，织成文章如绫锦。有梧桐木华，绩以为布，幅广五尺，洁白不受垢污"。①是汉世虽在今云南大理附近的南夷，织物技能亦异常发达。

（三）盐井，《（汉书·）地理志》：蜀郡临邛、犍为郡南安、巴郡朐忍，皆有"盐官"②。《（汉书·）货殖传》则称："成都罗裒訾至巨万。……擅盐井之利，期年所得自倍，遂殖其货。"③足征当时盐利之溥和盐业的发达。

（四）石阙，为汉代墓前神道之石刻美术作品，旧《四川通志》及刘燕庭《三巴甃古录》（通行本名《金石苑》）均有记录，而法人色伽兰《中国西部考古记》（冯承钧译本，商务出版）言之尤翔实。《记》④分四川石阙为三区：东为渠县区，中为梓潼与绵州区，西为夹江与雅州区。就中较著者，若渠县的沈氏阙与无铭阙，梓潼的杨公阙与贾公阙，绵州的平阳阙，新都的王稚子阙，以及夹江的杨宗阙，雅州的高颐阙等，虽其雕饰单简与繁复不一，皆属汉代特有的艺术品。（中央大学迁川临时校舍所在地沙坪坝对岸盘溪，亦有石阙一，为汉代遗物。其已淹没地下或移徙破碎者，盖不可胜计。）

（五）崖墓，旧称"蛮子洞"或"蛮洞"，谓系古代蛮子的居室或坟墓，至色伽兰《中国西部考古记》始定名为崖墓，谓为汉时之中国古墓，其中刻饰，颇有与石阙类似者。色氏所记，限于嘉陵江及岷江流域，而遗漏尚多。以余所经嘉陵江流域巴县及江北县地言，沙坪坝附近即有崖墓凡四；稍北有地名九石岗者，又有崖墓三；再北至□榜山附近，对岸又有崖墓七；再北至童家溪对岸，有地名"七孔寨"，又有崖墓二十余。汉世巴蜀是种石刻作品之普遍，概可想见。

（六）乐舞，《汉书·西域传》"赞"讲武帝作巴俞等乐舞，以飨四夷之客，师古注曰："巴人，巴州人也；俞，水名，今渝州也。巴俞之人，所谓賨人也，劲锐善舞，本徙高祖定三秦有功，高祖喜观其舞，因令乐人习之，故有'巴俞'

---

① 《后汉书》卷86《南蛮西南夷列传·哀牢夷》，第2849页。
② 《汉书》卷28上《地理志第八上》，第1598、1599、1063页。
③ 《汉书》卷91《货殖传》，第3690页。原为"成都罗裒，擅盐井之利，訾至巨万"。
④ 即《中国西部考古记》。

之乐。"①

这当然全属汉代的巴蜀文物，但追溯缘始，如器物的制作，布帛的织造，盐井的开凿，乐舞的传习，以及雕饰石阙、崖墓的工具和技巧，必远在秦汉以前。《地理志》载，平帝元始时户口，巴蜀广汉三郡，其户五十九万四千四百二十一，口二百六十一万六千三百二十六，约占全汉百三郡国②户口二十三分之一，其中大部要属秦汉以前巴蜀的土著。以巴蜀土地的美富，人物的殷盛，各种产业的发达，对外交通的频繁，其养生送死饰终之具发明和输入，殆不烦言而喻，这样，我们就可以想像古代巴蜀文化的复杂性了。

末了，我们要附说一些巴蜀的文章和学者，这在景武以前，没有任何的记录可征或迹象足寻，可说是古代巴蜀文化最大的缺点。《汉书·地理志》说：

巴蜀广汉本南夷，……民食稻鱼，亡凶年忧，俗不愁苦，而轻易淫泆，柔弱褊阸。景、武间，文翁为蜀守，教民读书法令，未能笃信道德，反以好文刺讥，贵慕权势。③

这简直不啻今日重庆一般下劣商人资本家的写照。但教育的功能毕竟伟大，我们且看《汉书·文翁传》的叙述：

景帝末，为蜀郡守，（仁爱好教化，）见蜀地辟陋（有蛮夷风），文翁欲诱进之，乃选郡县小吏开敏有材者张叔等十余人（亲自饬厉），遣诣京师，受业博士，或学律令。（减省少府用度，买刀布蜀物，赍计吏以遗博士。）数岁，蜀生皆成就还归，文翁以为右职，用次察举，官有至郡守刺史者。

又修起学官于成都市中，招下县子弟以为学官弟子，为除更繇，高者以补郡县吏，次为孝弟力田。常选学官僮子，使在便坐受事。每出行县，益从学官诸生明经饬行者与俱，使传教令，出入闺阁。县邑吏民见而荣之，数年，争欲

---

① 《汉书》卷96下《西域传第六十六下》，第3929页。按，原文无"所谓赛人也"。
② "凡郡国一百三"（《汉书》卷28下《地理志第八下》，第1604页）。
③ 《汉书》卷28下《地理志第八下》，第1645页。

为学官弟子，富人至出钱以求之。繇是大化，蜀地学于京师者比齐鲁焉。（至武帝时，乃令天下郡国皆立学校官，自文翁为之始云。）

文翁终于蜀，吏民为立祠堂，岁时祭祀不绝。至今巴蜀好文雅，文翁之化也。①

《汉书·地理志》亦接着前文说：

及司马相如游宦京师诸侯，以文辞显于世，乡党慕循其迹。后有王褒、严遵、扬雄之徒，文章冠天下。繇文翁倡其教，相如为之师，故孔子曰："有教亡类。"②

考《汉书·司马相如本传》，相如"以訾为郎，事孝景帝，为武骑常侍，非其好也。会景帝不好辞赋，是时梁孝王来朝，从游说之士齐人邹阳、淮阴枚乘、吴严忌夫子之徒，相如见而说之，因病免，客游梁，得与诸侯游士居，数岁，乃著《子虚之赋》"。③其事皆在文翁守蜀以前。相如的辞赋，殆得力于邹（阳）、枚乘等游士，然其成就，亦远非邹阳、枚乘辈所及。自相如以文辞显，闻风兴起者，初不限于蜀士，但汉代辞赋堪与相如比肩者，亦仅有成都扬雄。雄著《扬子法言》又说："蜀严湛冥，不作苟见，不治苟得，久幽而不改其操，虽隋和何以加诸？"④像严君平——严遵字——那样高洁的品格，虽在齐、鲁、梁、楚、三辅等文教发达之区，汉世亦找不出第二个。巴蜀文教的兴盛，我们诚然不能否认"文翁倡教相如为师"的影响，但巴蜀在古代不闻有任何的文章和学者，汉世竟能产生司马相如、严君平及扬雄那样的人物，我们亦不能不归功于巴蜀的地灵人杰了。

---

① 《汉书》卷89《循吏传第五十九·文翁传》，第3625—3627页。
② 《汉书》卷28下《地理志第八下》，第1645页。
③ 《汉书》卷57上《司马相如传第二十七上》，第2529页。
④ 〔汉〕扬雄：《扬子法言》卷5《问明篇》，四部丛刊本。"蜀严湛冥"，四部丛刊本影印宋本作"蜀庄沉冥"；《汉书》卷72《王贡两龚鲍传》引扬雄对谷口有郑子真，蜀有严君平二人的评论有此语，作"蜀严湛冥"（第3057页），故保持原文不改。原文作"《法言》"。

蜀锦

徐中舒[1]

缎为蜀中原产,六朝时由蜀输入江南。

我国旧工业在四川皆有其大之成就,如盐井,蜀锦,皆利用最繁复之机械;如笮桥,栈道,皆为较艰巨之工程。余前草《古代四川之文化》一文,载于《史学季刊》第一期(二十九年三月成都出版)。于此皆有所阐述。自江南县丝织盛行以来,蜀锦已渐匿迹,不甚见重于世。前文所述亦有未尽,兹特再就前文而详为阐述之。大雅博闻,幸指正焉!

明末宋应星著《天工开物》,其《乃服篇》载蚕丝织作次第至为繁复。而织纱罗绫绢龙袍等,有所谓花机,机上更架花楼,有图并说。在旧工业中,亦可谓极技巧之能事矣。然今成都机房织锦被面及花绸所用花机,仍与此无异。盖旧时工业既发达后,即长久在停滞不进之中。吾人倘知今蜀中之锦被面即古之蜀锦,而今成都机房所用花机,亦即中古时代蜀中固有之物,而不必由外方输入,则吾人尤当为之惊异不置矣。

锦者织彩为文,《禹贡》:兖州"厥篚织文"、扬州"厥篚织贝"[2],《诗·巷伯》云:"萋兮斐兮,成是贝锦",《毛传》"萋斐文章相错也,贝锦锦文也"[3]。是知织文织贝,皆谓锦也。六朝之时,其制益繁。陆翙《邺中记》曰:

---

[1] 徐中舒(1898—1991),安徽人,初名道威,历史学家、古文字学家、考古学家。
[2] 《尚书正义》卷6《夏书·禹贡》,第147、148页。
[3] 《毛诗正义》卷12《小雅·节南山之什·巷伯》,第456页。

锦有大登高，小登高，大明光，小明光，大博山，小博山，大茱萸，小茱萸，大交龙，小交龙，蒲桃文锦，斑文锦，凤皇朱雀锦，韬文锦，桃核文锦，或青绨，或白绨，或黄绨，或绿绨，或紫绨，或蜀绨，工巧百数，不可尽名也。①

凡此诸锦，皆以厚绢（即绨）为地，而以彩丝织之成文，汉魏之世，其制以襄邑为最著。《说文》于"锦"下云："襄邑织文也。"段玉裁注曰：

汉《地理志》《郡国志》陈留郡属县有襄邑，今河南归德府睢州治，即故县也。《地理志》云："县有服官"，李善引《陈留记》云："襄邑涣水出其南，睢水经其北。《传》云，睢涣之间出文章，故其黼黻絺绣，日月华虫，以奉宗庙御服焉。"司马彪《舆服志》云："襄邑岁献织成虎文。"②

又左思《魏都赋》云："锦绣襄邑"，亦称其地产锦。《汉书·地理志》云："（县）有服官"③，汉之服官，犹之明清之织造，皆以供帝室之服用焉。《汉志》齐有"三服官"，襄邑有"服官"，明清于扬州、苏州、杭州并设织造，皆其时丝织极盛之地。《汉志》：蜀、广汉郡皆有工官，而无服官④，则其时蜀锦之犹未盛行，又可知也。

蜀锦之盛，当在蜀汉之世。《三国志·蜀志·张飞传》载刘备取益州后，赐诸葛亮、法正、张飞、关羽金各五百斤、银千斤、钱五千万、锦千匹。此锦必为蜀锦，是知蜀之有锦，必在蜀汉以前，故刘氏因其盛设锦官焉。任豫《益州记》：

---

① 〔晋〕陆翙：《邺中记》，文渊阁四库全书本。
② 《说文解字注》第七篇下《帛部》，第363页。
③ 《汉书》卷28上《地理志第八上·陈留郡·襄邑》，第1558页。
④ 《汉书》卷28上《地理志第八上·广汉郡/蜀郡》，第1597—1598页。

锦城在益州南笮桥东流江南岸，蜀时故锦官也。其处号锦里，城墉犹在。①

任豫事迹虽不详，其称蜀时故锦官，当去蜀汉亡时不远，所记锦官为蜀时故官，当可信。左思《蜀都赋》曰：

阛阓之里，伎巧之家，百室离房，机杼相和，贝锦斐成，濯色江波。②

《蜀都（赋）》所赋正为蜀汉时事。则其时锦里之盛，犹可想见焉。

锦以织彩为文，较之纱、罗、绫、绢等仅具单色者，尤为繁复，故尤为贵重，比之于金。刘熙《释名》曰：

锦，金也，作之用功重，其价如金，故制字帛与金也。③

蜀锦既盛之后，中原固有之锦，为之无色。故山谦之《丹阳记》曰：

历代尚未有锦，而成都独称妙。故三国时魏则市于蜀，吴亦资西蜀，至是始乃有之。④

山氏，刘宋时人。此所谓锦，明谓蜀锦，为中原历代所无，故三国时魏、吴皆取给于蜀。而六朝之时，乃由蜀输入于江南，则其为时所重，更可知矣。

蜀锦非锦，山氏虽未明言，然其言历代未有，则蜀锦有异于锦，固极为显然。魏文帝诏云："每得蜀锦，殊不相比。"⑤亦谓其不似于锦也。吾人如从见其同称为锦，即谓其实无异，则大误矣。

---

① 〔唐〕徐坚：《初学记》卷27《宝器部·锦六》，北京：中华书局，1962年，第654页。原注：《初学记》卷二七"锦"下引。
② 《文选》卷4《赋乙·左太冲蜀都赋一首》，四部备要本。
③ 〔汉〕刘熙：《释名》卷4《释彩帛》，四部丛刊本。
④ 《初学记》卷27《宝器部·锦六》，第654页。原注：《初学记》卷二十七"锦"下引。
⑤ 《太平御览》卷815《布帛部二·锦》，第3622页。原为"每得蜀锦，殊不相似"。

闻者曰，蜀锦非锦，既以山书、魏诏而明之矣，然则蜀锦果为何物乎？曰蜀锦虽非锦，但既以锦名，亦不应与锦绝不相关，盖为似锦之段（今作缎）。张衡《四愁诗》所谓锦绣段者是也。此其征有二：

一征之于今日之蜀锦。今蜀锦概用为被面，成都、重庆有售此店铺，而自号为被面大王。则今蜀中犹盛有蜀锦可知。其制与今江浙之花锻极相似，唯有条纹及彩色为异。此盖即古蜀锦之遗制。而为今江浙花缎所自出，即《丹阳记》所称自蜀输入之后，而渐次敢制者也。

古蜀锦虽无遗物足据，然就现存之记载观之，亦可略资论证。如谯周《益州记》曰：

成都织锦既成，濯于江水，其文分明，胜于初成，他水濯之不如江水也。[1]

又《华阳国志·蜀志》曰：

郡更于夷里桥南岸道东边起文学，有女墙。其道西域，故锦官也。锦江织锦濯其中，则鲜明，濯他江则不好，故命曰锦里也。[2]

此以蜀锦其文分明或鲜明，为濯于江水之故，其说固不足信。然吾人由此知蜀锦与锦异者，在其文分明或鲜明。吾人如取今蜀中锦被面与裱褙装轴所用之锦相较，则见蜀中锦被面更为分明或鲜明矣。盖今蜀中锦被面即古蜀锦之遗，以缎面光泽胜。而裱褙装轴所用之锦，仍有厚绨为地，即古锦之遗，其文多碎细，或竟有贝文虎文焉。

据此言之，则今蜀锦中被面与古蜀锦，宜无多殊。《后汉书·西南夷传》谓哀牢夷"宜五谷、蚕桑，知染采文绣，罽毲帛叠，兰干细布，织成文章如绫锦。

---

[1]《文选》卷4《赋乙·左太冲蜀都赋一首》，四部备要本。原注：《文选·蜀都赋》注引。按：《文选》注引作"《益州志》"。

[2]《华阳国志校补图注》卷3《蜀志》，第153页。

有梧桐木华，绩以为布，幅广五尺"。①此哀牢夷在永昌郡，即今云南澜沧江畔大理近地。其人为僰属，今为摆夷。其初或由蜀南迁，是汉时蜀之边境异族，且能有此。则蜀锦及其织机之不待外来，又可知矣。

又今蜀中锦被面皆有条文，按《说文》"絣"下云："氐人殊缕布也"，段玉裁注曰：

汉武都郡，应劭曰：故白马氐羌。《华阳国志》曰：武都郡有氐傁，殊缕布者，盖殊其缕色而相间织之，絣之言骈也。②

汉武都郡为今甘肃武都及陕西宁羌等县地，皆由蜀北出之门户。殊缕布当即今之条纹布，则今蜀中锦被面之有此制，其由来之久亦可知矣。

二征之于唐时之土贡。《新唐书·地理志》载各地上贡甚详。其泗州临淮郡，苏州吴郡，扬州广陵郡，成都府蜀郡，蜀州唐安郡，绵州巴西郡之贡，皆有锦。而贡毯者，则仅有剑南道之彭州蒙阳郡，汉州德阳郡而已。则毯为彼时蜀中特产，更为显然矣。

张衡《四愁诗》所称之锦绣段，历来注家皆无达诂。余意其物本当名毯，而其文采则如锦如绣。盖锦绣皆毯之形容词，故又得省称为绣段。杜甫诗"绣段装檐额，金花帖鼓腰"③是也。然锦绣段固非绣也，因而又有织成之称。元稹诗"炎洲布火浣，蜀地锦织成"④是也。因而凡毛织物之有彩文者，皆得称织成焉。如《异物志》曰：

大秦国以野茧丝织成氍毹，以群兽五色毛杂之为鸟兽人物草木云气，千奇万变，唯意所依。⑤

---

① 《后汉书》卷86《南蛮西南夷列传》，第2849页。
② 《说文解字注》第十三篇上《糸部》，第662页。
③ 〔清〕仇兆鳌：《杜诗详注》卷18《陪柏中丞观宴将士二首》，文渊阁四库全书本。
④ 〔唐〕元稹：《元氏长庆集》卷23《估客乐》，四部丛刊本。洲，原文作"州"。
⑤ 〔清〕张澍辑：《凉州异物志》，二酉堂藏，道光元年（1821）刻本。

而杜甫又有《太子张舍人遗织成褥段》之诗，诗曰：

客从西北来，遗我翠织成。开缄风涛涌，中有掉尾鲸。
逶迤罗水族，琐细不足名。客云充君褥，承君终宴荣。①

曰褥，曰西北来，知为毛织之氍毹。曰织成，则以其异于绳。曰段，则以其文彩有似于段。由此吾人于唐时蜀锦，亦可得其仿佛矣。

至蜀锦谓之段者，《诗·公刘》"取厉取锻"，《毛传》"锻石也"②，《说文》石部"碫"下云"段石也"③，《春秋传》郑公孙段"字子石"④。盖段、厉并为斫砮之石，石就斫砮之后，则平滑有光，故此命之曰段者，亦蜀锦与锦殊异之征也。

据此二征言之，则蜀锦宜为蜀中原产，而不必由于外方之输入，其名应称曰段。今日蜀中之锦被面，及江浙盛产之花缎皆其遗制。观于此，则汉魏以来蜀中工业之盛，较之中原各地，实有过之，无不及也。

三十一年（1942）七月七日于峨眉⑤

---

① 《杜诗详注》卷13《太子张舍人遗织成褥段》，文渊阁四库全书本。按，族，原文作"放"。
② 《毛诗正义》卷17《大雅·生民之什·公刘》，第543页。原为"取厉取段""锦石也"。
③ 《说文解字注》第九篇下《石部》，第449页。
④ 按，《春秋左传正义》卷39"襄公二十九年"载"仲孙羯会……郑公孙段"，注曰"公孙段，伯石也"，疏曰："正义曰公孙段即伯石也"（第2004页）。
⑤ 原为"岷眉"，为峨眉之误。据徐中舒先生生平编年，1942年在峨眉四川大学历史系任教，9月先生开始在嘉定（乐山）武汉大学历史系兼任教授，同年加入重庆"说文社"，在《说文月刊》（重庆版）第3卷第7期（1942）发表《蜀锦》（徐亮工：《徐中舒先生生平编年（未定稿）》，四川联合大学历史系主编：《徐中舒先生百年诞辰纪念文集》，成都：巴蜀书社，1998年，第331页）。

巴蜀在中国文化上之重大供献[①]

傅振伦[②]

巴蜀山岭环绕，中包沃野，百物所需，无一不备。岁少凶荒，俗不愁苦。人民饱食足衣，天资机巧。既为四塞之地，自昔栈道千里虽无所不通，然究竟自成区域，独为风气。故四川在文化上，历史上，均有特殊供献，而自成一系统，中国重大发明，若陶瓷，若丝织，若纸张，四川所制，在工艺上，皆占重要地位。大邑瓷碗之咏，见于杜甫之时。蜀锦蜀纸，最享大名。汉代所制漆器，无不精绝。石刻经典也，雕版书籍也，本为文化上盛事，而蜀经川刻，当时所重，至今而益增声价。铁制货币，交子制度，亦经济史上特殊之事。然固无一不肇自巴蜀也！至若古代文物之遗留，如崖墓，如石阙，则又为四川所可特见之遗迹。此外如佛教艺术雕刻，亦有可纪。盖四川省在吾国文化上之地位，甚为重要，供献实为宏大；不仅在现代抗战历程中，为吾大后方之根据地，功在党国而已。今述巴蜀在吾国文化上之重大供献，分为九目：一石经，二雕版，三陶瓷，四织造，五髹漆，六崖墓，七墓阙，八造像，九铁币（及）交子。而以造币附于雕版，明器附于陶瓷，画像附于墓阙，经幢附于造像焉。

[①]供献：供奉、呈献、奉献。整理保持原貌，不做改动。
[②]傅振伦（1906—1999），河北人，字维本，博物馆学家、历史学家、方志学家与档案学家。

一、石经

吾国石刻经典，始于东汉。灵帝时惩贿改漆书之弊①，熹平四年（175），命蔡邕写刻石经，树之鸿都门，颁为定本。其后若魏之正始，唐之开成，宋之嘉祐，以及西蜀孟氏南宋高宗，皆尝在石刻之写刻。自熹平一字石经，正始三体石经，以讫开成石经，只有经文，不刻注释。孟昶时，其相毋昭裔损俸写经，□其注而刻诸石。据晁公武《石经考异序》，则《孝经》《论语》《尔雅》，广政甲辰岁张德剑书；《周易》，辛亥杨钧、孙逢吉书；《尚书》，周德贞书；《周礼》，孙明吉书；《毛诗》《礼记》《仪礼》，张绍文书；《左氏传》不志何人书，而祥字缺画（避孟知祥讳也），亦必为蜀人所书。盖历八年而始成。曹学佺《四川名胜志》已云：诸刻皆不存，惟《礼记》数段在合州宾馆中。国朝乾隆中，钱塘黄小松之父松石先生，得《毛诗》残字二卷，后归小山堂赵氏。一时名流厉樊树、丁龙泓诸人，共观赋诗，全树山为之跋。闻之先辈言："黔人宦蜀，得残名，携压归舟。今不可问津矣！"然石虽不存，亦文化上之可记者矣。

二、雕版

吾国雕版印书，肇自隋代，行于唐世，扩于五代，而精于宋人。陆深《河汾燕闲录》曰："隋文帝开皇十三年十二月八日，敕废像、遗经，悉令雕撰。"②此隋代刻书之见于载籍者也。民国二十四年（1935）冬，英伦举行中国艺术国际展览会，其所陈列匈牙利人斯坦因及法人伯希和二氏采自甘肃敦煌石室之遗

---

① 《后汉书》卷79上《儒林列传》载："自是游学增盛，至三万余生。然章句渐疏，而多以浮华相尚，儒者之风盖衰矣。党人既诛，其高名善士多坐流废，后遂至忿争，更相言告，亦有私行金货，定兰台漆书经字，以合其私文。熹平四年，灵帝乃诏诸儒正定五经，刊于石碑，为古文、篆、隶三体书法以相参检，树之学门，使天下咸取则焉。"（第2547页）

② 〔明〕陆深：《俨山外集》卷3《河汾燕闲录上》，文渊阁四库全书本。按，原文无"八日"，"雕撰"原为"雕选"。

书中，有宋太平兴国五年（980）翻隋本求陀罗尼本经一面，施主李和顺，雕版者王文治也。此又传世之隋刻翻本也。唐刻之存于今者，以大英博物院所藏唐懿宗咸通九年（868）四月十五日雕印金刚般若波罗蜜经为最著。然四川在唐时，亦有刻本可考也。《柳玭家训·序》曰："中和三年癸卯夏，銮舆在蜀之三年也，余为中书舍人，旬休，阅书于重城之东南，其书多阴阳杂记、占梦相宅、九宫五纬之流。又有字书小学，率雕板，印纸浸染，不可晓。"①朱昱《猗觉寮杂记》曰："雕印文字，唐以前无之，唐末，益州始有墨板。后唐方镂《九经》，悉收人间所有经史，以镂板为正。见《两朝国史》。"②由后之说，则川省不仅以雕板名世，且又为雕印文字之鼻祖也。二十四年（1935）九月，大英博物馆举行世界印刷术展览于英王图书馆（King's Library），中国印品皆甘肃西藏之所出也。是岁十一月，又举行中国绘画板刻展览于英王爱德华七世陈列厅（King Edward Ⅶ Gallery），绘画部主任格雷亦邀余参观。其展品则全系斯坦因得自敦煌六千五百卷写本印本中之物也。唐宋作品，尽饱吾眼。其中有唐僖宗乾符四年（877）历书卷子，及中和二年（882）剑南西川成都府樊赏家历等件，后者则蜀刻也。字虽不甚匀整，而遒劲可喜，允推珍品。余别有记，刊《中国博物馆协会会报》第一卷第五期③。

　　五代之时，四川亦雕板印书，盖当时风气然也。王明清《挥麈录》曰："蜀相毋公，蒲津人。先为布衣，尝从人借《文选》《初学记》，多有难色，公叹曰：'恨余贫不能力致，他日稍达，愿刻板印之，庶及天下学者。'后公果显于蜀，乃曰：'今可以酬夙愿矣！'因命工日夜雕版，印成二书，复雕九经诸史。两蜀文字由此大兴。"④鲍昌熙《金石屑》载韩文铜范一方，文四行，曰："易奇而

---

①〔宋〕薛居正等撰：《旧五代史》卷43《唐书十九·明宗纪第九》"中书奏：'请依石经文字刻《九经》印板（版）'从之"注引《柳家训序》，北京：中华书局，1976年，第589页。
②《旧五代史》卷43《唐书十九·明宗纪第九》"中书奏：'请依石经文字刻《九经》印板（版）'从之"注引，第589页。
③傅振伦：《英国博物馆参观纪略》，《中国博物馆协会会报》，1936年，第1卷第5期。
④按，该引文与《焦氏笔乘续集》卷4《雕版印书》（明人焦竑著，粤雅堂丛书）的记载完全一致，而与《挥麈录》记载有出入。《挥麈录余话》卷2《印行书籍自毋丘俭始》（〔宋〕王明清，四部丛刊续编）载："毋丘俭，贫贱时，尝借《文选》于交游间，其人有难色。发愤，异日若贵当板以镂之遗学者。后仕王蜀，为宰，遂践其言。刊之印行书籍创见于此。事载陶岳《五代史补》。"四库纂官在《五代史补·提要》中说："今本无此条，殆传写有遗漏矣。"（文渊阁四库全书本）

法，诗正而葩，春秋而严，左氏浮夸。"张叔末云："此初刻板木时，官颁是器，以为雕刻模范。考韩文始镌于蜀，则此固是当时蜀主所命槧凿者！……"①宋岳珂刊九经三传，集家塾所藏诸书，反复参订，其所采四川版本，有蜀大字旧本，蜀学重刻大字本、中字本，又中字有句读，附音本，蜀注疏等本。然则蜀人刻书之盛，又可见矣。叶梦得《石林燕语》曰："今天下印书，以杭州为上，蜀本次之，福建最下。京师比岁印板，殆不减杭州，但纸不佳。蜀与福建，多以柔木刻之，取其易成而速售，故不能久。"②蜀刻颇佳，故能推销甚广也。天禄琳琅《文选》昭明序后，有木记文云："此集精加校正，绝无舛误，见在广都县北门印卖"，又一部云："此集精加校正，绝无舛误，见在广都北门裴宅印卖。"书末刻记云："河东裴氏考订诸大家善本，命工锲于宋开庆辛酉夏，至咸淳甲戌仲春工毕，把总镌手曹仁。"③常熟瞿镛子雍铁琴（铜）剑楼书目④，仪顾堂题跋，有宋蜀广都费氏进修堂刻大字本《资治通鉴》二百九十四卷，世称龙爪本。此宋时蜀本有书肆牌子之可考者也。

明代蜀亦有刻本，而宋槧⑤尤为时人所喜。故胡应麟《经籍会通》曰："凡刻之地有三，吴也，越也，闽也。蜀本，宋最称善。"⑥自清迄今，仍有以雕书世其家者。

巴蜀造纸，颇有可述。按古代书契，多用竹木简牍，其次用缣帛。简重而缣贵，并不便于人。东汉蔡伦，始以木屑、麻头、敝布、鱼网以为纸，人称蔡侯纸，而蜀中实尽用其法，杂以旧布、破履、乱麻为之，唐时蜀多用益州麻纸，秘阁四部库书，亦皆益州麻纸所写也。名妓薛涛，家于成都西浣花溪旁，亲以溪水造松花纸，及深红小彩笺，裁书供吟，时号薛涛笺，亦称浣花笺，此为人

---

① 〔清〕鲍昌熙摹：《金石屑·蜀韩文范》，光绪二年（1876）刻本。
② 〔宋〕叶梦得：《石林燕语》卷8，文渊阁四库全书本。
③ 〔清〕于敏中、〔清〕彭元瑞等著，徐德明标点：《天禄琳琅书目 天禄琳琅书目后编》，上海：上海古籍出版社，2007年，第86、551页。
④ 铁琴铜剑楼藏书楼，位于江苏常熟，始创于清乾嘉时期。瞿镛，字子雍，继承其父先志，搜罗遗书，并以"铁琴铜剑楼"名藏书处。
⑤ 槧，qiàn，书的刻本。
⑥ 〔明〕胡应麟：《少室山房集》卷4（甲部）《经籍会通》卷4，广雅书局校刊，光绪二十二年（1896）。原为："今海内书，凡刻之地有三，越也，闽也，蜀宋本最称善。"

所共知者。苏东坡曰:"成都浣花溪,水清滑胜常,以沤麻楮作笺纸,紧白可爱,数十里外,便不堪造,信水之力也。扬州有蜀冈,冈上有大明寺井,知味者以谓与蜀水相似。西至六合,冈尽而水发,合为大溪,溪左右居人亦造纸,与蜀产不甚相远。自十年以来,所产益多,工亦益精,更数十年,当与蜀纸相乱也。"①此又仿蜀纸而为之□也。至若广都之纸,亦甚精美。元人费著撰《笺纸谱》曰:"广都纸有四色:一曰假山南,二曰假荣,三曰清水,四曰竹丝,皆以楮皮为之,其视浣花笺纸,最精洁。凡公私薄书、契卷、图籍、文牒,皆取给于是。"又谓:"广幅无粉者,谓之假山南;狭幅有粉者,谓之假荣;造于冉村曰清水;造于龙溪乡,曰竹丝(案,《东坡志林》曰:"今人以竹为纸古所无有也",盖宋人之法也。)……竹丝之轻细似池纸,视上三色,价稍贵。近年又仿徽池法,作胜池纸。"②至于近代,四川产纸之见于明清地方志乘者,则忠州、梁山出纸。保宁府及龙安府江油,出楮纸。夔州府万县及雅州,产蠲纸。嘉定府尖山下为纸房,楮薄如蝉翼,而竖重可久。今嘉乐纸厂出品,尚为人所重。他地制纸之业,仍甚发达也。

三、陶瓷

四川古代陶器,似以汉墓之明器为最古。其色灰少而红多,殆火候之关系也。其形制多奇拙。隋唐明器,出土亦多。余于蓉市见唐代陶制三级浮图,高一尺有奇,旁印造铭文曰:"大唐显庆元年(656)四月朔八日,弟子□□良为

---

①〔宋〕苏轼撰:《东坡题跋》卷5《书六合麻纸》,丛书集成初编本。
②〔元〕费著:《笺纸谱》,文渊阁四库全书本。按:原为《蜀笺谱》,文渊阁四库全书收录有费著的《笺纸谱》《蜀锦谱》,嘉庆墨海金壶本《蜀笺谱》与《笺纸谱》内容一致。竹丝,原文皆为"竹纸";公私薄书契卷,原为"公私薄契书卷";后一引文,原为:"假山南,广幅无粉。假荣,狭幅有粉,冉村所造曰清水,龙区乡所造,曰竹纸(按:《东坡志林》曰:"今人以竹为纸古所无有也",盖宋人之法也)。竹纸轻细似池纸,视以上三色,价稍贵。近年又仿徽池法,作胜池纸。"按:作者原文"按"之引《东坡志林》为十二卷本。

□母许氏患病,敬造三级宝塔一座。"①铭文伪作,然物则真也,闻出自土中。其所谓唐三彩(三彩者,即黄、绿、白三色也)陶俑者,亦有发现。尝于成都见有三彩罗汉像川北所出,高尺余,袈裟色浓绿,而边缘棕色,惜制作欠精耳。二十九年(1940)四月十九日,成都东门外发现此类土俑十有一件,其一为人首蛇身妇人,岂象女娲者欤!《鉴诫录》曰:"近又李福尚书镇西川,牛丛为贰车日,南蛮直犯梓潼,役陶匠二十万,烧砖塞剑阁。"②其陶工之多,更可推知!

四川瓷器,传世者以唐之大邑窑器为最有名。《杜少陵集》《冯韦少府班觅松树子栽》《又于韦处乞大邑瓷碗》诗曰:"大邑烧瓷轻且坚,扣如哀玉锦城传,君家白碗胜霜雪,急送茅斋也可怜。"③盖咏其洁白、坚薄、声清、和韵也,但传世精品不多。民国二十四年(1935)邛崃城外十里之郊,发现青绿器多件。二十五年(1936)六月,某军人大肆搜掘,获器甚多。其物因流传市上,远及沪滨,世人呼为邛窑瓷器。龚煦春先生并撰《邛窑器考》,物故后,稿亦不知流落何所矣!按,邛窑之器,釉色多青、绿,而黑、白间有之。胎骨白而器重,多碗、碟、瓶、尊。又有所谓省油灯者,发现不少。考其制作,见于陆游《斋居纪事》,其文曰:"照书烛必令粗而短,勿过一尺。粗则耐,短则近。书灯勿用铜盏,惟瓷盏最省油。蜀有夹瓷盏,注水于盏唇窍中,可省油之半。灯檠法高七寸,盘阔六寸,受盏圈径二寸半,择与圈称者。"④放翁所著《老学庵笔记》又曰:"《宋文安公集》中有省油灯盏诗,今汉嘉有之,盖夹灯盏也。一端作小窍,注清冷水于其中,每夕一易之。寻常盏为火所灼而燥,故速干,此独不然,其省油几半。邵公济牧汉嘉时,数以遗中朝士大夫。按,文安亦尝为玉律令,

---

① 按,三处□为原文如此。傅振伦后补为:"大唐显庆元年(656年)四月朔八日庚申弟子国良敬造为亡母许氏抱(?)患(病)造三级宝塔一座。"(《蒲梢沧桑——九十忆往》,上海:华东师范大学出版社,1997年,第142页)

② [后蜀]何光远:《鉴诫录》卷2《判木夹》,丛书集成初编本。原为:"《鉴诫录》录曰:'唐末,蜀主竟能役陶匠二十万,造砖塞剑阁。'"

③《杜诗详注》卷9《又于韦处乞大邑瓷碗》,文渊阁四库全书本。按,该处并无引用《冯韦少府班觅松树子栽》一诗。

④ 国学整理社编:《陆放翁全集》之《斋居纪事》,上海:世界书局,1936年,第73页。

则汉嘉出此物,几三百年矣?"①按宋文安公,即宋白,字太素,大名人。蜀平,曾为玉津令(965②),生于晋天福元年(936),卒于宋大中祥符五年(1012)正月,年七十七。有司谥白为文宪,内出密奏,言白素无检操,遂改文安,有集百卷,其事详《宋史·文苑传》。太素去放翁三百年也。邛窑省油灯,今多有之。余藏一器,乃宋琉璃厂窑所制,胎骨釉色,均欠精。按,现代抗战,大后方油料,甚感缺乏,亟应仿制,以节物力也!

成都古玩铺中,又有所谓蜀窑器者,后世或称续窑。蜀窑多佳器,《景德镇陶录》称其"体薄而坚致,色白声清,为当时珍重"③。余于徐森玉先生处,见蜀窑秘色印花牡丹瓷碟。又于马洗繁先生处,见蜀窑月白半脱胎划花花卉瓷鳖,一口径不及二寸,一不过三寸,皆薄净可爱,诚上品也。唐氏《肆考》载,前蜀王坚报朱梁信物,有金棱椀,"致语"云:"金棱含宝碗之光,秘色抱青瓷之响。"④盖唐宋蜀瓷,已臻上乘,殆非虚也。

五代后蜀孟氏有国时(934至965⑤),成都东郊有琉璃厂窑,今传世之器,粗陋可憎。胎骨似黑泥,甚粗劣,釉不能覆全器,露胎,而釉色一同邛窑,亦有黑、白、青、绿等品,世人与邛器相混,不能分辨。实一粗一精,至为显然也。

《奉天录》曰:"蜀主都门附近,窑门甚多。大史奏曰:'窑门出天子。'有诏:'去城七里内诸窑,尽废之。'"⑥陶瓷之盛可以想见。而大邑、邛州、蜀、续、琉璃厂等窑,至宋仍行烧造也。巴蜀在吾国陶瓷史上之地位,其重要如此。四川境内,今又时有龙泉、钧等窑器出土。闻彭县海窝子普照寺等地,今仍能

---

①〔宋〕陆游:《老学庵笔记》卷10,上海:上海书店,1990年。
②原为:时西元九六五年。
③〔清〕蓝浦著,〔清〕郑廷桂补辑:《景德镇陶录》卷7《古窑考·蜀窑》,翼经堂刻本。按:此句是讲邛州之大邑所烧陶。
④〔宋〕勾延庆:《锦里耆旧传》卷2《谢信物等》,文渊阁四库全书本。
⑤原为"925年至965年"。
⑥按:《奉天录》载:"户部侍郎赵赞上封事,请税三辅、两畿居宇间架,及取两市富商大贾,于西明、慈恩二寺置院检纳,贪吏深文,怨及社稷。太史奏曰:'窑门出天子。'有诏'去城七里内诸窑尽废之'。"(〔唐〕赵元一撰:《奉天录》卷1,粤雅堂丛书第2册)该文献并无本文"蜀主都门附近,窑门甚多"之语。

仿古为之。夹江、洪雅一带，又有汝窑器之出土。此等器，为川省自制，抑或来自外省，则不知矣。宋叶寊《垣斋笔衡》曰："本朝以定州白磁（瓷）器……江南则处州龙泉县窑。……中兴渡江，……如乌泥窑、余杭窑，续窑，皆非官窑。"①续窑即蜀窑，殆私窑之著名也。

古器亡矣，今多不可见。民国以来，川省造瓷厂不少，有川北板厂，有资中之兴华瓷业公司，有威远之新华瓷厂，有隆昌之大成公司，有烧酒坊（即安富坊）之泯金陶场，有大足之昌州制瓷公司，有泸县之川瓷公司，有重庆之川东瓷业公司，有巴县之蜀瓷公司。抗战之后，间或停辍，然新成立者亦不少，如巴县沙坪坝之陶瓷示范工厂，小歌乐山之瓷厂，江津之瓷厂，在工业上，均有所供献也。

四、织造

吾国古无木棉，只有麻布葛布。《后汉书·冉駹夷传》言："武帝所开。元鼎六年，以为汶山郡……其人能作旄氊、班罽、青顿、毞毲、羊羖之属。"②毛织之品，传自氐羌也，而布实亦来自四川。汉扬雄《蜀都赋》曰："其布则细都弱折。"③晋左思《蜀都赋》亦曰："布有橦华。"刘逵注云："橦华者，树名橦，其花柔毳，可织为布也，出永昌。"④然巴蜀所产，其□（驰）名远近古今者，则蜀锦也。盖六朝至唐，成都历出美锦。蜀锦之名，关于天下，诸葛孔明尝云："今民贫国虚，决敌之资，唯仰锦耳。"⑤盖锦为对外贸易大宗。曹魏官如意锦、虎头锦、连壁锦诸名□，岂亦成都之所造欤？李唐初叶，窦师纶所造文锦最佳，

---

① 〔元〕陶宗仪：《南村辍耕录》卷29《窑器》引，四部丛刊三编本。原为："《坦笔衡》"；"本朝磁（瓷）器，……江南则处州龙泉窑。……中兴后，……如乌泥器者余杭窑，续窑，皆非官窑"。
② 《后汉书》卷86《南蛮西南夷列传第七十六·冉駹夷》，第2858页。
③ 〔宋〕章樵注：《古文苑》卷4《赋·蜀都赋》，文渊阁四库全书本。
④ 《文选》卷4《赋乙·左太冲蜀都赋一首》，四部备要本。原为"刘达注云"。
⑤ 《太平御览》卷815《布帛部二·锦》，第3624页。唯仰锦耳，原为"唯望于锦"。

蜀人称为陵阳公样①。明皇时西川贡五色织成背（被）子，一服费百金。后唐庄宗灭梁平蜀，命蜀匠旋织十幅无缝锦为被材。宋元丰六年（1083），尚书左仆射吕大防建锦院于蜀成都府治之东，募织匠五百人，置盐官，使为织造。费著《蜀锦谱》曰："蜀以锦擅名天下，故城名以锦官，江名以濯锦。而《蜀都赋》云：'贝锦斐成，濯色江波。'《游蜀记》云：'成都有九壁村，出美锦，充岁贡'"②，盖由来已古。然则蜀锦历世有之，迄今仍能相传于不坠也。宋有剑南富室赵昌者，善画，时人织其画为锦，世称缂丝。今国立北平故宫博物院，犹有保藏，亦精妙可喜。

五、髹漆

《韩非子·十过篇》曰："尧禅天下，虞舜受之，作为食器。斩山木而财之，削锯修其迹，流漆墨其上，输之于宫，以为食器。诸侯以为益侈，国之不服者十三。舜禅天下而传之于禹，禹作为祭器，墨漆其外，而朱画其内。"③盖吾国漆器，由来极古。《史记·货殖列传》曰："凡编户人民……通邑大都……木千章……竹竿万个，其轺车百乘，牛车千两，木器髹者千枚（《史记正义》引颜云："以漆物谓之髹。"）……其棉絮细布千钧，文采千匹，棉布布革千石，漆千斗，……此亦比千乘之家，其大率也。"④则其时漆业之盛，可想而知。《汉书·地理志上》曰：广汉郡"有工官"，蜀郡成都"有工官"。⑤则蜀漆之在汉代，已有相当地位矣。民国十三年（1924），日本朝鲜总督府发掘乐浪郡内古墓，得漆器不少。其有款识录文者，颇有年代可纪，西汉有始元二年（前85），

---

①窦师纶，唐代丝织工艺家、画家，爵封陵阳郡开国公，其所创作的织锦纹样广受欢迎，被称之为"陵阳公样"。

②〔元〕费著：《蜀锦谱》，文渊阁四库全书本。按，原文中，"盖由来已古"放入了《蜀锦谱》引文。

③《韩非子集解》卷3《十过第十》，第70—71页。

④《史记》卷129《货殖列传第六十九》，第3274页。

⑤《汉书》卷28上《地理志第八上》，第1597—1598页。

阳朔二年（前23），永始元年（前16），绥和元年（前8），元始三年（3）、四年（4），居摄三年（8）；新莽则有始建国元年（9）；东汉则有永平十二年（69）。翌年九月，又掘五橡官王盱墓，亦得漆器，有建武二十一年（45）、二十八年（52），永平十二年（69）等款，上多绘有人物之状，或着彩，或素地。当时民俗及画家作风，借可考见。彩色有黑、赤、褐、黄、绿灯。铭文皆作汉隶体，大半系以细针挑刻，然后始施以漆者，其录有作"始元二年，蜀西工长广成亟何放，护工卒史胜，守史毋弟，啬夫索喜，佐胜髹工，当画工文造"者，有作"永平十二年蜀郡西工絉苎，行三九治千三百，卢氏作宜子孙牢"者。其后续有发掘，均有所得。蜀人所为漆器，其实物之可考见者，如此。研究西蜀古代艺术，此实唯一可信之资料矣！

六、崖墓

抗战军兴，余流亡西南，到处留意搜求当地文献。客成都时，得四川出土汉魏晋南北朝以来墓砖拓片若干本，其年代之最早者为东汉明帝永平三年（60）。所见汉代墓砖、□（悬）棺、明器、土俑，亦多，又见唐人墓出土三彩土俑及银器。然平平无他奇也。四川古代坟墓建筑之可大书特书者，为崖墓，殆其省之特见者也。地方志乘，呼崖墓为蛮洞，土人因亦以此呼之，盖以其为蛮夷民族所居之处也。民国三年（1914），法人法占（Gilbert de Voisins）、拉狄格（Jean Latirgue）、色伽兰[①]（Victor Segalen）诸氏，组织考古队，探险吾国中部，撰中国"西部"考古报告（Premier Exposedes Resultats Archeologiques Obtenusdaus la Chine Occidentale）[②]，以蛮洞为汉墓之遗。于是蛮洞之旧说，为之打破。此种特种遗物，他省所未有也。

岩墓者，人工就山岩所凿窟洞，以为墓穴者也。其门为长方形，内为数室，多造于水流岸岩之上，其窟方广不一，位置有高有下，有易于攀登者，有足迹

[①] 原为"色加蓝"。整理时，全书统一为色伽兰。
[②] 即《中国西部考古记》。

难及者。《四川通志·金石门》，彭山县《汉张氏穿中记》引：《蜀碑记补》"建初二年（77）"，《字原》云："在眉州碧鸡岩"，《隶释》云："武阳城东，彭亡山之巅，耕夫劅[①]地有声，寻罅入焉。石窟如屋大，中立两岩，岩柱左右，各分二室。左方有破瓦棺，入泥中。右方三岩棺，泥韧秽充。执烛视之，得题识三所：一在门旁为土蚀，仅存其上十余字，穿中沙石不坚，数日间观者揩摩，悉皆漫灭。其二在两柱前，稍高，故可拓，时绍兴丁丑年（1157）也。一柱二十五字，一柱四十九字"，又云："本张公宾，宾妻之穴也。其子伟伯及伟伯妻，与其孙陵，皆附葬右方曲内中，故志之。其一则伟伯之孙元孟，葬其父长仲，并弟叔元所志也。……而拙。"[②]盖岩墓为古代坟墓，且多汉代之所建也。法人足迹所及，为嘉陵江岷江二处。嘉陵江流域之保宁府（今阆中）及绵州（今绵阳），岷江流域之下□（游）嘉定（今乐山）之东西，及江口两江沿岸一地岩墓，常依天然岩石之斜面而开凿窟门。其在江口者，雕造甚繁复，其内深邃广大，有隧道，有□室，室有窗壁，有雕刻。棺以瓦或石为之。（案《老学庵笔记》卷5亦载："临邛夹门镇山险处，得瓦棺长七尺，厚几二寸，与今木棺略同，但盖底相反，骨犹不坏。棺外列置瓦器，皆极淳古。时靖康丙午岁也。李知几见及之。"[③]）又有明器十俑及画砖。研究四川汉代丧葬制度，绘画陶工者，不可不知也。按，川省崖墓甚多，沙坪坝、盘溪亦有之。二十九年（1940）秋，余又于巴县歌乐山龙洞湾附近之七公子山，发现十余所，并有隧道。山水蚀啮，空无所见。后又与金静庵先生往游之。

[①]劅：zhǔ，用砍刀、斧等工具砍削，掘，挖，锄一类的农具。
[②]嘉庆《四川通志》卷60《舆地·金石》，嘉庆二十一年刻本；〔宋〕洪适：《隶释》卷13《张宾公妻穿中二柱文》，四部丛刊三编。按，《四川通志》所引《隶释》内容与原文有出入，且两段顺序颠倒，故内容以四部丛刊三编本校正，两段顺序保持原文原貌；在"一柱二十五字，一柱四十九字"处，《隶释》载为"上距建初丁丑千八十有一年"；最后一句原为"其字古而拙"。原注："均《通志》卷六十之文"。
[③]〔宋〕陆游：《老学庵笔记》卷5，上海：上海书店，1990年，据涵芬楼旧版影印。

七、墓阙

　　神道石阙，原有二种：一为庙门之阙；一为墓门之阙。巴蜀有所谓八阙者：一王稚子阙，二高颐阙，三冯焕阙，四李业阙，五杨宗阙，六沈君阙，（皆汉代物），七杨公阙，八贾公阙（皆蜀故物）。法占等调查所得，合以有铭无铭诸阙，为□二十有八，此外实尚有多阙也（盘溪石阙即其一例）。法占等调查报告，依墓阙分配地域，分为三区：以渠县为东区；梓潼绵州为中区；夹江雅州为西区。二十八阙之中，其九建筑较美，犹保存其建筑及雕刻之价值，其五已倒坍损坏，其二已残而砌于新建筑中，其三完好，而制作稍逊。马焕阙建筑优美，体范甚简；沈君阙为体式装饰，更较复杂；平阳阙尤为繁复，此三种体范之代表作也。石阙或东西相对，或偶亡其一，而其上大率皆有雕刻之饰，诚考究汉代艺术之好材料也！

　　古代雕刻画像，可以见衣冠文物，宫室制作，社会风尚，人民艺术，裨益历史与文化，良非浅鲜。汉代画像，多出山东，而四川亦有发现。石阙雕刻而外，又有见于石棺者。成都少城公园内民众教育馆所收汉代石棺，或无雕刻，或有之，而已剥落，皆无可述。民国二十四年（1935），新津宝资山发现汉代石函多具，其一有铭文曰："南常赵买字未定"；一曰："贤德赵椽字元公"。函上有雕刻之文，或为历史故事，或为渔猎征伐之象，或为凤凰花鸟之状，与山东刻画之风格，间有相同，但线条更较流逸耳。二十六年（1937）巴县沙坪坝中央大学，亦发现石棺，上雕刻龙蛇怪兽等形，皆艺术史上之可贵参考品也。

八、造像

　　四川古代造像艺术品，多属宗教。至今发现之最古者，为梁中大通元年（529）之物。绵阳城东八里，有汉平阳阙，阙身有后人增镐穹顶形小佛龛一，内有佛像一区，题铭有"大通三年""梁主"等字，盖南朝物也。其像，衣服宽博而垂角，左右相称，纯为中国汉代作风。其时，云岗、龙门诸造像，虽已完成，然其风俗尚未传至四川，此或由两朝水路传入者。既无影像为蓝本，故仍然保持汉代作风也。即国立四川大学近年所发现中大同千佛寺造归①，亦未受"希腊与佛教混合式"②之重大影响也。四川民众教育馆亦有大通元年造像二尊，饰以红、蓝、绿等彩，亦古朴纯拙，惜不知何县所出也。

四川造像，自梁朝以后，以佛龛为多。龛中罗列佛像，少则数十，多则千计。或并列于侧，或叠刻其上，或增刻其中，又有兼刻善留（男）信女于其旁者，即所谓"千佛岩"者也。若江口及乐山两处之大佛孤立者，固甚少也。按，四川千佛岩今日之可见者，最早之物为北周作品，至唐而大盛。乐山城南道士滩下游数里岷江左岸马王洞中，有雕造佛像，朴素而雄健，洞上小龛甚多，龛内有坐像。其像姿态流丽柔和，雕工精致，其头上圆及装饰品，与众不同。此亦其所以异于唐代造像者，法人以为北周所造也。绵阳城西五里，有小山，半山上，为西山观。寺观久废，其后及左，佛龛甚夥，多隋代凿造。一巨石上有小佛龛，其一高二十公分，佛陀趺坐，下为莲座，两旁为小狮二。其右刻大业六年（610）等字，又有刻大业十年（614）者。其他佛龛之高，均在四十公分内，其外顶作人字形，与唐代之作长方式者异。一龛之象，数不过三，佛陀多趺坐莲台，台下有狮子，雕刻均工，盖皆受龙门魏造像之影响者。此隋代佛教艺术作品之仅见于四川者也。

四川唐代千佛岩之可述者四处：一广元，二巴中，三绵阳，四夹江。

---

① 此处应为"即国立四川大学近年所发现中大通万佛寺造像"。1937年，成都万佛寺发现南朝中大通元年立佛像，"1937年，当地农民种田时又掘出石造像十二尊，佛头二十六个，均大如人身。为当时的四川大学博物馆所收得，现归四川省博物馆收藏"。（冯汉骥：《成都万佛寺石刻造像——全国基建出土文物展览会西南区展览品之一》，《文物参考资料》1954年第9期）该时期出土造像主要年代为南朝，"我们在整理过程中，根据相关档案可以确定为本次出土的南朝造像共有12件（含1件北朝造像），其中立佛像9件，佛头像3件"。其中，明确为梁中大通年间造像的有1件即中大通元年（529）立佛像（董华锋、何先红：《成都万佛寺南朝佛教造像出土及流传状况论述》，《四川文物》2014年第2期）。从出土时间（光绪年间曾有出土，并无中大通年造像）及出土文物、收藏单位、前后文论述对象及造像时间等，可知"中大同"为"中大通"之误，"千佛寺"为"万佛寺"之误，"造归"为"造像"之误。

② 《中国西部考古记》载：平阳阙身之上，凿有佛龛，龛中雕像"要之其衣服之体范，无一与'希腊与佛教混合式'造像相同者"。（《中国西部考古记》第3章《四川古代之佛教艺术》，第61页）。

（一）广元千佛岩造像，在广元城北十里。岩旁为公路，其下即嘉陵江。修造公路时，捣毁造像不少，今犹横置于旁。公路即古金牛道也。佛龛布满金（全）岩，有六七百所，多为长方形，或纵或横，大小各异，高自四十公分以至一公尺不等。大率中为佛陀坐像，左右有菩萨二尊，其外有时雕二天王。唯雕造□（善）男信女者，无有也。有一龛雕佛涅槃之状，龛之藻井，有作八卦及葡萄花纹者，是否后人增饰？则不知矣。其有年世可考者，以开元三年（715）为最古，其题识云："开元三年剑南道按察使银青光禄大夫行益州大都督府长史陕西万年县韦抗凿石为路造□也。"①蜀千佛岩越国夫人造像云："重修装毗卢遮那佛一龛并诸菩萨及部从音乐等。"又一通云："彩色暗昧，重具庄严。"又一通云："何胜先敬镌数字。"盖其后屡经增建装修也。今又有宋元明清题款颇多，即像上所涂红、绿、黑、白等彩，□多近人所为也。

　　（二）巴中千佛岩造像。巴州化城县（今巴中县治）有二刻：其一为光启四年（888）功德八龛二百五身，内有西方变像及鬼子母一座，并有题记；其一座文德元年（888）释迦牟尼等佛六十一身，又更装鬼子母佛两座，皆题布衣张万余绘。其佛龛皆长方形，有后人重装者。

　　（三）绵阳千佛岩造像。绵阳城西西山观，千佛岩在焉。其造像少数为隋代作品，而十之八九皆雕造于唐。年代之可考者，有至德二年（757）、咸通等。其龛大小不一，有作洞形者，广二公尺五十公分，深一公尺八十公分。其中为坐佛之像，旁雕尊者、菩萨诸像，背面亦雕像，两壁浮雕信男信女。美丽庄严，为唐代作品之冠。

　　（四）夹江千佛岩造像。夹江佛龛，为数亦夥。造像多晚唐作品，作风与盛唐以前者不同，雕刻似亦不及也。

---

①该龛应为513号窟即韦抗窟。据载："该窟外室右壁题记作：'开元□年六月七日剑南道按察使银青光禄大夫行益州大都督府长史韦抗功德'，《寰宇访碑录》卷三、《金石苑》第五册、《中国西部考古记》等书均以韦抗题铭为开元十年（722），但清代开凿的第221号藏佛洞左侧外壁有清咸丰三年（1853）题记中说：'大唐开元三年剑南道按察使银青光禄大夫行益州大都督府长史陕西万年县韦抗凿石为路并凿千佛功德、卢舍那佛、释迦佛一尊。'……那么，第513号'韦抗功德'窟的凿造时间就应该为'开元三年（715）'。"（胡文和、胡文成：《巴蜀佛教雕刻艺术史》中册，成都：巴蜀书社，2015年，第54—55页）

按，川省诸岩唐代造像，广元者最早，其年世为开元三年（715）。时龙门造像，已有百年历史，故广元造像，受其影响，同其作风也。唐以前龛像多系三像，四川唐刻，则以一佛陀或一菩萨为主。又有一佛二尊囗者，又有加造二菩萨者，故一龛五像者，亦颇流行。尊者之左右，有雕造二狮者；龛口又有雕造天王二或四个者；亦有于龛洞四周及壁上刻造信男信女者。

唐代经幢，四川亦有之。茂州理番厅（今理藩县）①有元和十二年（817）新保关石幢②。清光绪末，灌县青城山③发现佛经甚多，大小六十九石，然无年月题款。其中，波罗蜜多心经三石，最完整余石有涅槃经。又有屡言药王菩萨者，究不知何经也？至其字体，亦不一致：遒④劲者有之，险峻者有之，疏宕而略带欹侧者有之，皆汉代之物也。大足县有一经幢，其额曰："愿国界安宁，法轮常转，一切有情"（下阙）等字，亦题款之特见者⑤。成都王袭纲石幢⑥，其字分书，尤属难得。

唐代刻石文，多右行，然造像又有左行，且文末每云"设斋表庆毕"，或云"斋毕"，或云"表赞讫"。

前蜀佛教雕刻拓本，传于今者，有武成元年（908）造像残石，有武成二年（909）琴泉寺之经幢。《语石》卷二引韩小亭《笔记》言："三台琴泉寺雷雨塔圮，出孟蜀王锴写经，此犹未刻石者。"⑦以其事关佛学掌故，因附及之。

五代以下，造像渐少，亦无足绝者焉。

---

①今理县。

②韩锐注"稍近则元和十二年新保关石幢"说："此刻未见"（〔清〕叶昌炽撰，韩锐校注：《语石校注》，北京：今日中国出版社，1995年，188页）。

③原文作"青神山"。

④原为"猷"。

⑤原文多一个"者"字。

⑥清人叶昌炽说："有唐三百年分书之冠，余得两碑焉：一为成都《王袭纲铁幢》，自注：无书人。一为崔逸《榆林观东岩壁记》，格高气古，足以陵轹诸家。"（《语石校注》，第693页）

⑦〔清〕叶昌炽撰，韩锐校注：《语石校注》，188页。

九、铁币及交子

　　吾国以铁为币，始于四川。《后汉书》四十卷《公孙述传》曰："述废铜钱，置铁官钱（置铁官以铸钱），百姓货币不行。蜀中童谣言：'黄牛白腹，五铢当复。'好事者窃言：王莽称'黄'，述自号'白'，五铢钱，汉货也，言天下当并还刘氏。"[①]是其□也！五代时，蜀亦铸铁钱。宋初平蜀，听仍用之。开宝中，诏雅州白丈县置监冶铸，禁铜钱入西川。太平兴国四年（979），始开□（铜）禁，而铁钱不出境。其铜钱铁钱之比，因时不同：时为四之十之比，时为一与四之比，时为一与十之比，时为一与十四之比。淳化二年（991），蜀小铁钱至轻，罗一匹为钱二万，因改铸一当十大钱。天禧末，蜀铁钱有三监：邛州曰惠民；嘉州曰丰远；兴州曰济众。而益州、雅州旧亦有监，后并废。刘燕庭官蜀，搜得铁钱甚多。余所见者，有当十者，有当百者，反正两面均有文字。正面为年号及通宝四字，背面为通行地区及年代，如正面作"汉（嘉）定通宝"，背面作"汉二"，乃宋嘉定二年（1209）所铸，通行汉州一带者也。今蓉渝古玩铺中，犹可购得，惟时有赝品耳！

　　近代钞票之制，本于宋代之会子交子。而会子交子，又出于唐代之飞子。宋真宗时，张咏镇蜀，思蜀人铁钱重，不便贸易，设质剂之法。以楮作券，一交一缗，以三年为一界而换之。六十五年为二十二界，谓之交子。仁宗及又以一百二十五万六千三百四十缗为额，备本钱三十六万缗。初以富民十六户主之，其后由官设交子务，榷其出入，禁民私造。沿至元明，其制大备。考其原始，肇自四川，亦中国货币史上重要史实也！

三十一年（1942）七月一日抄旧作于古渝歌乐山之六嘉苑

[①]《后汉书》卷13《隗嚣公孙述列传第三》，第537页。

钓鱼台访古[①]

郭沫若

一

自己是四川人,很惭愧,连钓鱼城这个辉煌的古迹,以前却不曾知道。

是三年前了,不记得是在什么时候和什么地方,王昆仑先生曾经告诉我,说合川有一座钓鱼城,是宋末抗元史上最值得纪念的地方。以一隅之地撑持了几十年,主帅更换了几任,其中还有一位女性,直到宋朝亡了,为免涂炭生灵计,结果是投降了元朝。

昆仑说:现在在那城址上还有庙宇,奉祀那列任的领导人物,庙里面有很

[①]关于题目,郭沫若后来说:"此文曩曾发表于重庆出版的《说文月刊》,不知何故竟将题名误为'钓鱼台访古',致惹某教授为文大事讥弹,谓余无识,竟将钓鱼城误为严子陵的钓鱼台。又引及余《题画记》中'被图忽惊悟,仿佛钓鱼台',以证明非手民误排,确系我自己的错误。这些本来是小节,没想出学者的敌忾竟那样的强烈。其实钓鱼山上也是有钓鱼台的。那是在离佛寺不远处的一个巨石,相传有一仙人坐其上钓取江鱼,民间因名其石为'钓鱼台'。山名钓鱼,城名钓鱼,均由此得来。我要请教授学者多参考一下《合川县志》。三十六年六月三日补志。"(郭沫若:《今昔蒲剑》之《钓鱼城访古·追记》,上海:海燕书店,1947年,第132页)该文于1943年收入郭氏《今昔集》(重庆:东方书社,1943年,第124—155页),名已变成了《钓鱼城访古》,但并无《追记》的内容。《追记》最早应出现于1947年出版的《今昔蒲剑》(《今昔集》与《蒲剑集》的合集),说明"某教授为文大事讥弹"应发生于1943—1947年间。后世引用《追记》时将出处说成《今昔集》,这种说法是不完整的。对于该文的影响,后学者说:"因此郭文问世后,钓鱼城的社会影响迅速扩大,钓鱼城进一步受到学者们的关注。"(黄博:《谣言、风俗与学术:宋代巴蜀地区的政治文化考察》,成都:巴蜀书社,2018年,第329页)关于文中"合川""合州"并用,根据建制沿革情况而定,不作统一。

多的碑记。有趣的是碑和碑在石头上打笔墨官司，有的认投降为不得已，有的则斥骂投降。这些碑文没有抄录下来，昆仑是深引以为遗憾的。

听了昆仑的话，又受了他的悫惠，存心想去吊访这个古迹，不觉也就经过三年了。虽然老是住在重庆，而合川离重庆又这么的近，却总是没有机会去。是忙吗？并不。为甚么呢？说不出。

然而机会毕竟是到了。

四月二十一日到北碚复旦大学去讲演，北碚管理局①卢子英局长约在五月尾上去游（华）莹山。他说："峨眉天下秀，华莹天下雄。游了华莹，一定可以大畅文思。"

华莹这个名字，我也是第一次才听见。四川竟有这样一座天下第一雄山，而且就在北碚附近，实在也是出乎意外（料），不过我自己是生长在峨眉山下的人，连那天下第一秀山我都不曾去登过，华莹也就怪不得我对于他（它）的疏远了。

五月尾上，子英因事到城里来，前后来访问过我两次。他一定要我去游华莹。同时他还约了好些朋友，在北碚聚齐，日期是定在六月三号。

我这时候正在把高渐离②的故事写成剧本，已经写了一幕了，恐怕把写作的气势打断。而同时登山玩水的兴趣也丝毫没有，在自己的心坎里，实在是一点也不想去。但子英的态度太恳挚，我却不过他的盛情，也只好把写作暂时丢开，在三十一号的晚上，陪着他一道出发。

三十一号的晚上在红崖嘴卢作孚先生的别墅里宿了一夜。

第二天清早冒着雨，从那相当险峻的崖岸上下河。在河里一只木船上站着等轮船，等了一点半钟的光景，搭上了民生公司的民昌号。

清早起得很早，没有吃甚么东西。上船后，船上的早餐已经过了，子英未及觉察，他也老是等。直等到十点过钟，他问船上的人，才知道已经老早吃过。船上的人很殷勤，立刻便替我们准备。在饿得差不多不能忍耐的时候，饱吃了

---

① 北碚管理局，1942 年 3 月 1 日，改实验区署为北碚管理局，北碚成为完全的县一级地方政府。

② 高渐离，战国末燕国人，荆轲好友，擅长击筑（古代弦乐器，形似琴，有十三弦），后被邀请入宫击筑，借机刺杀嬴政，失败而被杀。《高渐离》是郭沫若 1942 年完成的作品，原名《筑》。

一餐，实在是说不尽的美味。

在船上讲起钓鱼城的故事，我才知道子英就是合川人，而且由北碚到合川并不远，坐轮船只要几个钟头就可以到。

——"与其去登华蓥山，我倒宁肯去游钓鱼城。"我这样对子英说。

——"那很容易，我们登了华蓥山，顺便坐滑竿儿到合川，只消多玩两天就行了。"

有这钓鱼城作为最后的目的地突然显现了出来，使我感觉这一次的旅行增加了无限的兴趣。

在船上足足坐了六个钟头，在午后一时半到了北碚。雨算止了。子英约到他家里去用中饭，子英夫人亲自下灶，招待得甚为殷勤。第一次吃嫩玉蜀黍。

饭后，中华剧艺社的沙蒙来访，才知道翰笙尚未到，《天国春秋》在北碚已经上演了两天，大受欢迎。虽然每天都下着微雨，而每天却都是满座。

剧艺社的朋友们住在市上的关帝庙，我便同沙蒙一道去看望他们。

地方很破烂，天气很阴湿，但朋友们的精神却很愉快。看见了云卫、汉文、鲤庭。汉文约我到公园里去吃茶，他说那里还有好些朋友。

在公园，果然前前后后遇着了不少的人，夏衍、白尘、徐迟、金山、天国……

公园的运动场里有人打篮球，我站着看了好一会。觉得北碚的气象比陪都还要好，多少可以嗅吸得一些文化的气息。

傍晚时分，子英来了，约往一家餐馆晚餐。夏衍、鲤庭、云卫、汉文同座。第一次吃青椒[①]，在城时，闻青椒三块钱一两，在北碚听说要便宜得多了。

在吃饭的时候，子英告诉我："约往华蓥（的）人大家都不去[②]，我们明天率性到合川吧。"

[①] 后出版《郭沫若全集》载为"今年第一次吃青椒"（郭沫若著：《郭沫若全集·历史编》第3卷《奴隶制时代·史学论集》，北京：人民出版社，1984年，第355页。该篇文章中提到的《郭沫若全集》即为此编、此版本，后不一一注释）。

[②] 《郭沫若全集》有注："他约的人中有冯玉祥，还有一批党国次要，他的哥哥卢作孚也打算去的。那些人都到了北碚，我在北碚公园里偶然碰到过。这突然的作罢，我估计可能是次要们对我有所忌避。——作者注。"（第355页）

我听了非常的高兴，便约好在明天下午同船往合川①。

晚上很疲倦，在兼善公寓第二院开了间房间，我吃了晚饭回到公寓去，打算早一点休息。不一会，马宗融先生来了，他是陪着他的夫人和朋友们来看戏的。

——"你不到剧场去看看吗？"他问我。

——"我不想去了。《天国春秋》我在城里是看见过的。"我这样回答了他。

不过我回头想了一下，还是振作起精神来，和他一道去。

剧场也就在公园里面。舞台是修宽了些。化装的地方和座场，都是竹棚盖的，下雨天实在是成问题。好在雨还不很大，而且每到晚来便住了。因此地面虽不免潮湿，而观众却仍是拥挤。

在后台会了一些演员朋友，又到舞台的侧翼去坐了一会。已经在演第二幕了，东王在命人打西王的板了。

半裸体的剧场内空气很流通，时而有蝙蝠飞上舞台来扑光，大有风趣。只可惜座场是平地，坐在后边的人都拥到了台口上来站着看，虽然是热心，却不免扰乱秩序。

自己依然感觉着疲倦，坐了一会，各自回到公寓去睡了。

二

二号，依然时而下着微雨。

清早，子英约往区署吃甜浆稀饭。食后将其所藏钓鱼城的碑文拓本展示，中有光绪七年（1881）合州知事华国英撰并书的《重建忠义祠碑记》②。皇皇三

---

①《郭沫若全集》为："便约好在明天上午搭船往合川。"（第355页）

②民国《新修合川县志》卷39《名宦二》载为"光绪初知州华国英重修忠义祠为之记"，起首语为"宋南渡后，北兵日益猖獗……"；卷1《形势》在"光绪七年遵义华国英来知州事，以为不当特移王立、李德辉于报恩祠，仍祀熊耳夫人别室，为碑言之"下以小字全文记录碑文的内容，"华国英《重修钓鱼城忠义祠碑记》云：'国家当危疑震撼之秋'……"（民国十年刻本。该文中民国《新修合川县志》即为此版本，不一一注释）。

大张，用红色拓出，是一壮观。我把那文字抄录了下来，算对于钓鱼城的故事得到一个相当正确的准备智识。

国家当危疑震撼之秋，安得雄略远识之人奋发突①起，为之系人心而维国脉？（伯）夷、（叔）齐之耻食周粟，子房之专为韩仇，诸葛之力延汉祚：艰难险阻，百折不回。国亡而人②心未死，理在而数苦难争。古今豪杰伤心之事，莫逾于此。然要恃乎朝廷之养士尊贤以培（兹）③元气也。

余本播（贵州遵义）人，少时凤闻父老盛称乡先贤冉公琎与其弟璞两先生之才，未得尽展底蕴。长读史，载二冉具文武才。前后闻帅辟召，坚不肯起。余公玠抚川，筑招贤馆礼士。闻其贤，往谒之。礼待甚至。酒酣，座客方纷纷④竞言所长，二冉卒默然。又旬日，谓余公曰：某兄弟辱明公礼遇，思有以少裨益，非敢同众人也。蜀口形胜之莫若钓鱼山，请徙诸此⑤。若托其人⑥，积粟以守之，贤于十万师矣，巴蜀不足守也。余公大喜曰：玠固疑先生非浅士。先生之谋不敢掠以归己。遂⑦密闻于朝，请不次官之，徙城之事悉以任之。命下，一府皆喧然以为不可。余公怒曰：城成则蜀赖以安，不成玠独坐之，诸君无预也。城成后，余公慷慨自许，有挈故□（坛）还天子之语。此时天下事尚大有可为也。无何，余公以谗召还，而两先生卒未大用以尽其才，虽当年运数使然，而宋亦未免自伤元气也。

宋南渡后⑧，北兵日益猖獗，泛滥中国，莫之敢当。郡守王公坚，张公珏，前后相继，聚秦、蜀十余万之众于此，力图战守，出奇制胜。元宪宗括天下精锐，浩浩荡荡，一涌而前⑨，驻跸龟山，攻围累月，亲冒矢石，遭炮风，败溃。

---

①民国《新修合川县志》为"兴"。
②民国《新修合川县志》无"人"。
③民国《新修合川县志》有"兹"。
④民国《新修合川县志》少一个"纷"。
⑤民国《新修合川县志》为"请徙州治于此"。
⑥民国《新修合川县志》为"若在得其人"。
⑦原为"遇"。
⑧原为"南渡而还"。
⑨"浩浩荡荡，一涌而前"，民国《新修合川县志》为"浩荡而前"。

引至温汤峡而殂。计此城始于淳祐二年（1242），降于景炎三年①，中间三十余年以来，宋室凌夷，中原板荡，而东南半壁，宋祚只余一线，无非恃此一拳中土为国家恢复之基。然则鱼城之存亡，岂细故也哉！大堤云横，屹如山岳，其视尺寸之土本不能为堤之损益，然水潦暴至，势与堤平，犹有尺寸之土未没。迨水势消徂②，濒水上③之亿万生灵皆赖此尺寸堤防以免于汩没之灾，则安得以尺寸之土而小之？"向使国不亡，功业竟何如"，信国公诗已成当时定论④。是则王、张二公不遗余力，忠心存⑤宋，其功实在社稷。盖宋朝之元气虽伤，而历代作育之泽犹有存也。

明弘治初⑥，郡人念王、张二公福民之功，官于朝者上其事，为立专祠，春秋祭祀。嘉靖时，大诏天下，凡遗爱在人，乡评有据者，请入祠奉祀。余、冉、王、张五公⑦一时皆崇祀名宦。至国朝乾隆十九年（1754）前刺史王采珍来守是邦，见庙宇倾颓，倡捐重建。后从郡人士请⑧，推本制使余公并冉氏兄弟为五公位。颜曰忠义祠。此真见天理之常存，人心之不没也。

余下车以来，访民疾苦。因屡年水灾，困苦流离，骤难兴复，敬谒忠义祠神，为我民祈福。登临间，见鱼城胜迹，山高千仞，峭壁悬岩，三面环江，雄疆西控，流连赏叹，摩挲久之，慨然想见古名贤制治经邦之大略。丰功伟烈，积久弥光，宜乎合人之兴思不置也。其庙虽屡经前任培修，有前后墙垣，无左右廊舍，将何以肃祀事而迓神庥？因商同州人士为捐廉补修。功竣之日，为之计日月，序位次。五公之外，从祀者有元四川总帅李公德辉并元怀远将军王立，

---

①《郭沫若全集》改为"景炎四年"，其注为"'降于景炎四年'，原碑文作'降于景炎三年'。据《元史》卷十《世祖本纪》载，王立以钓鱼城降元在至正十六年正月，即宋祥兴二年（1279）"（第357页）。
②民国《新修合川县志》为"沮"。
③原文无"上"。
④《郭沫若全集》注：文天祥被封为信国公，诗见《文山先生全集》卷十六（第357页）。全诗为"气敌万人将，独在天一隅；向使国不亡，功业竟何如"（〔宋〕文天祥著：《文山先生全集》卷16《张制置珏第五十一》，四部丛刊本）。民国《新修合川县志》作"若使国不亡"之语。
⑤民国《新修合川县志》为"成"。
⑥原为"宏治"，避讳也。
⑦《郭沫若全集》注："冉氏兄弟二人，故为五。——作者注。"（第358页）
⑧民国《新修合川县志》为"复郡人士清"。

李公于合有再①造恩，祀之固宜，至王立为宋之叛臣，元之降人，以之从祀，是为渎祀，神必不享。余初以为州人之私祀也，退而考厥由来，明时郡人初为王、张二公请专祠，并未及立②。请五公入名宦，立亦未与。至国朝乾隆三十一年（1766），州吏目陈大文初莅合阳③，私请入祀，且为作记吟诗④，以表其忠。后复守是邦，始行将前作镌碑勒石，不知何心。《州志》⑤载州人朱奂之论曰："责立之降犹有辞，责立之不死，又何以自解？"⑥下笔严谨，字字诛心，允⑦为千古确议。必如大文之言，堂阜之囚不死，仲固留一身以匡天下，岂鱼城之民既降，立遂得留一身以享富贵乎？且宋亡时，死国事者多矣！皆不如立之善自为计。如陆秀夫、张世杰死于海，李芾死于潭，赵昂发⑧死于池，江万里死于饶，姚訔死于常，文相国死于燕市，以及赵时赏等同相国先后与难者百人，官阶功绩同列《忠义传》⑨，虽百⑩人中有未死十四人，而卒能以节终者，亦得附祀。此皆宋朝三百年来祖德宗功，栽培积累，始获报于今。峥嵘大节，照耀两间，正⑪与五公之忠义相彰⑫，王立能无对之生愧？

然吾于此窃叹夫⑬合人之风俗厚而礼教明，所以代生贤哲也。何者？王立之不得从祀，匪惟王立知之，而合人早知之。置之不议不论之列，合人自无伤乎忠厚，乃合人本欲为之掩其失，而大文反为之表其功。表其功者即所以彰其失，

---

① 原为"亚"字。
② 《郭沫若全集》"立"字后为"（王立）"（第358页）。
③ 合阳，合州城所在地的称谓。
④ 民国《新修合川县志》为"且为作记于时"。
⑤ 民国《新修合川县志》为"《志》载"。华国英光绪七年（1881）任合州知事，而朱奂为"清咸丰中进士"（《新修合川县志》卷39《名宦二》），故文中"《（州）志》"应为光绪四年（1878）费兆钺、程业修所修《合州志》。
⑥ 民国《新修合川县志》卷73《论辨》载该论即《祀王立论》。
⑦ 《郭沫若全集》为"永"（第358页）。
⑧ 原为"赵昂"。赵氏，今重庆荣昌人，有作"赵昂发"，如"破池州。赵昂发，蜀人，以倅权守"（〔元〕佚名《宋季三朝政要笺证》，北京：中华书局，2010年，第382页）；也有作"赵卯发"，如"赵卯发字汉卿，昌州人"（《宋史》卷450《赵卯发传》，第13259页）。
⑨ 民国《新修合川县志》为"以及赵时赏等列《忠义传》"。
⑩ 民国《新修合川县志》无"百"。
⑪ 民国《新修合川县志》为"上"。
⑫ "相彰"，民国《新修合川县志》为"相颉颃"。
⑬ 民国《新修合川县志》为"然吾于此以为"。

是王立为五公之罪人，而大文又为王立之罪人也。宋儒吕伯恭曰："待人欲宽，论人欲尽"，非故刻也。吾辈知人论世，必本《春秋》笔削之义，为万世立纲常，重名教，俾天地之正气常伸，而我国家之①元气斯能蒸蒸日上也。因作记而附论及之，以告后来之与祭者。

这大约就是昆仑所说的"在石头上打笔墨官司"的重要文章了。但这文章实在并不高妙，冗长而无力，全不合乎碑志体裁，不过在观点上比较还正确，是可取的唯一的一点。

三

往合川的船仍然是由重庆开来的，午后一时半又由北碚上船，船名民耀。船虽小而所载的客却甚多，后上船的人大抵都站着，站得来快到没有丝毫的空隙了。我们是站在船头左侧账房的门口的，船上的朋友优待我们，虽然拿了一个凳子给我坐，但看到大家那（都）站着，而且还有手提皮箱的人，便为心安起见，把凳子让给皮箱去了。

同行的除子英外还有两位年青（轻）的朋友。子英往右侧的一间舱房里休息去了。我因为贪看峡中的景物，便和那两位年青（轻）的朋友一直站在船侧。这两位当中有一位是才从我的故乡嘉定②来的。他告诉我，有一晌嘉定盛传我已经跑到香港，在香港战事发生后被敌人俘房着，活活的把我的两只脚锯了。真是有趣，嘉定离重庆并不怎么远，竟会有这样离奇的谣传，真是万分的有趣。我故意开玩笑地说："大概我们嘉定人都希望我成为那样吧。"

——"哪里，"③那朋友认真的反驳着，"有很多的人为你流过眼泪呢。"

我肃然了。

---

①原文无"之"。
②嘉定，今乐山。
③原为"那里"。"哪里"，四川方言，"没有"之意。

船到了北温泉，有一只小划子载着客要来搭船，大概是掌舵的人没有十分的经验吧，没有打顺，横腰便和轮船相碰。这可不得了，真和以卵投石的一样，小船破了，翻了。船上有五个人。那翻船时一瞬间的凄怆的脸色！掌舵的是一位没满二十岁的少年，会泅水。船翻后他便在水里泅着，想朝岸上凫，但离岸颇远，我们招呼他凫到轮船这边来，因为这时轮船是停了的。他又掉头凫过来，算被打救了。

又一位听说是北碚保管局的信差，他不会泅水，正在水里载浮载沉的时候，轮船上的一位水手连忙把一只脚从船边上伸下水去，让他捉着，又把他救了。这位水手使我起了极端尊敬的念头，我觉得实在值得奖励。

就这样在左边，我是亲眼看见救起了两个人，在右边听说也救起了两个，还有一位年老的船家是被淹死了。

小划子的残骸七零八落地在水面上浮起，另外有好几只划子为打捞财喜，都飞也似的划起来。有的抢去一只桡，有的抢去两片甲板，人的生死似乎并不算一回事。

轮船方面的人是相当周到的，对于这一事件没有什么过失，我是亲眼看见的人，确实可以证明。事件发生了须得报告警宪，船上人作了一通报告，要我签名作见证，我也就坦然地签了。

子英休息了一会来约我转到右侧的舱房里去。那是船上职员的宿舍，与左侧账房相背。靠壁有上下二层的联床，我们并坐在上层的床上，通过舱门和左右二窗望着江上的风物。凡遇着名胜或险要的地方，子英一定要告诉我，可惜我是不能够一一记忆的。

六点过钟的时候，船从钓鱼山下经过。山在北岸，沿江而立，绵延十余里。山不甚高，但确是危崖拔地。南岸有炮台山，即所谓龟山，形确如炮台，也确有些象乌龟，隔江对立。据云元宪宗攻钓鱼城时便是驻跸在这山上的。

合川城愈接近，子英愈益称道合川风物之美。合川桃片是很有名的，早也就领略过，但子英说：桃片近来是不行了，倒是白切鸡和鳝鱼面最值得赞美。白切鸡我觉得是以嘉定为最好的。子英说他到过嘉定，他觉得嘉定的白切鸡还不如合川。这可是使我惊异了。嘉定的白切鸡之嫩，其汁水之味美，实在是一种奇妙的艺术品，而合川的还要更好，真是诱发人的好奇心。于是在船上便计划着，一进城便到什么地方去吃白切鸡，又到什么地方去吃鳝鱼面，吃了再买桃片来作为食后的茶点。①

到合川已经是上电灯的时候了。码头很宽，经过整理的街道相当整饬，和三十年前的合川相比，完全是另外一个世界了。②

三十年前的民国二年（1913），我初次出省的时候是路过合川的。那时是在二次革命的余波中，成都方面的王芳舟的军队战胜了重庆方面的熊锦帆的军队。王芳舟所派任的嘉定同乡傅岩，在做合川知县。因为东大路还没有十分平靖③，我们由成都出发的时候，是采取小川北路而到重庆的。路中必须经过合川，到合川的时候曾在县公署里吃过一顿中饭，记得是吃的鱼翅席。当天下午便坐了县公署替我们找的民船，直下重庆。当时在合川④城内并不曾作长时间的逗留，而且事隔三十年，印象也完全模糊了。但和目前是完全另外一个世界，那是毫无疑问的。当年确确实实还没有电灯，而且街道也没有经过整理。

子英先把我们引到民生公司办事处去，在那儿和胡伯雄厂长见了面，立刻便要邀胡厂长一同出去吃白切鸡。胡厂长听说他有意和嘉定的相比，便极力阻止。厂长说：那是绝对不能相比的。他在嘉定住过半年，亲自向卖鸡的人请过教。嘉定鸡的制法是用蒸，非用煮，而且一定要选用仔鸡，所以味厚而美。合川的是断难相比的。子英不服输，一定要我们去领略。于是便被引到一家据说是很有名的"断鸡处"。先叫了一盘鸡丝，吃来却是极其平常，既干燥而又毫无鲜味。再叫"鸡蹄花"，却卖完了。

吃了鸡丝之后，又到街头的一家面馆里吃鳝鱼面。鳝鱼是炸干了的，也并没有什么好处。只是面却柔和，比重庆的鳝鱼面要好得多。可是很辣，无论鸡或面，似乎都是全靠辣椒在那儿调味。还有所谓"块块鸡"，是把鸡肉切成大块来卖，放在碗里送来，吃几块算几块。这比鸡丝倒还要鲜嫩些，但却太不卫生。

---

① 该段"合川"二字，原为"合州"，据建制沿革改。
② 该段"合川"二字，原为"合州"，据建制沿革改。
③ 平靖：用武力镇压，使安定；社会秩序安定。
④ 原为"合州"。

你吃一块鸡,你能知道那是经过好些人过过口的筷子所挑选过的呢?

我很感谢子英,他使我把合川的名物都领略了。但结局,似乎还是只有桃片好。

四

胡厂长把我们引到水电厂去过夜。厂是中西合璧的建筑,室颇宏敞,听说是合川城中最高的地方。有明朗的电灯,有舒适的寝具,有慷慨的主人,令人有如归之感。

从北碚来的时候,子英为我准备了几本民国《新修合川县志》,本来打算在船上看的,一直没有机会看。我在睡之前,便在电灯光下取出来翻阅。这是合川先贤张森楷先生著的,全书共二十四册,在县志中可谓洋洋大观。听说书因遭忌,近来木板多被窃毁,全套的书已不容易找到了。我们所带来的也只有八册。

张先生是我的老师,我在成都中学堂念书的时候,曾经听过他的历史讲义。他是我们四川乃至全中国有数的历史学专家,而且是很有骨鲠之气的一位学者。他的遗稿很多,闻有《二十四史校勘记》尚未刊行,近来也有好些是散佚了。这真是可惜。合川不乏有力的通达之士,为什么不为这位为乡梓增光的学者表扬,而为国家保存这一部分可宝贵的遗产呢?

(民国)《新修(合川)县志》内容甚为详赡,虽所见为残本,但关于钓鱼城的故事,差不多应有尽有。

我先在《大事谱》[①]里面翻到下列的一些大事:

宋理宗淳祐三年(1243[②]):四川安抚制置使兼知重庆事余玠,用冉琎、冉璞计,筑城于钓鱼山,徙合州石照县治其上。

[①]民国《新修合川县志》卷5《大事谱》。
[②]原为"西历一二四三"。

开庆元年（1259①）：蒙古主（元宪宗蒙哥）自将围合州，州将王坚拒之。自二月至六月不克。（七月②）蒙古主殂，合州围解。蒙古亲王穆格，自合州遣使以凶问赴于皇弟忽必烈。忽必烈自鄂引师还北。

景定四年（1263③）：命张珏兼知合州。

同五年（1264④）：四川安抚制置使王坚卒，以夏贵代之，并兼知重庆府。与蒙古战于虎啸城，败绩。

度宗咸淳二年（1266⑤），安抚使知合州张珏，遣统制史炤、监军王世昌，攻蒙古于广安，取大良城。

同六年（1270⑥）：四川制置司遣将修合州城，蒙古立武胜军拒之，不克城而还。都统牛宣战死。

同八年（1272⑦）：张珏创筑宜胜山城。

同九年（1273⑧）：叛将刘整献计于蒙古，自青居进筑马骔、虎头二山，扼三江口以围合州。蒙古遣哈喇帅师筑城，张珏击走之。

同十年（1274⑨）：蒙古总帅汪惟正言蜀未下者数城耳，宜并力攻临安，请释合州围，由嘉陵下巫峡，与伯颜会师钱唐。元主优诏答之，不许。

恭宗德祐元年（1275⑩）：以张珏为四川制置副使。珏守合州。不下，元遣东西川两行枢密院会兵万人围之。大肆剽掠，城中益得自守⑪。

端宗景炎元年（1276⑫）：张珏自合州遣兵复泸、涪二州，遂入重庆固守。

---

① 原为"西历一二五九"。
② 原文无。
③ 原为"西历一二六三"。
④ 原为"西历一二六四"。
⑤ 原为"西历一二六六"。
⑥ 原为"西历一二七〇"。
⑦ 原为"西历一二七二"。
⑧ 原为"西历一二七三"。
⑨ 原为"西历一二七四"。
⑩ 原为"西历一二七五"。
⑪ "大肆剽掠，城中益得自守"，民国《新修合川县志》归入"端宗景炎元年"，原载为"元东西川守将合兵万人陷宋合州，大肆剽掠，城中益得自守"。
⑫ 原为"西历一二七六"。

遣将四出，所向皆捷。是时蒙古伯颜已入临安，张世杰奉帝走潮州①。号令不达于四川，而川中诸将为宋守如故。

同三年（帝昺祥兴元年，1278②）：元兵克重庆。张珏被执，不屈，以归于京师。途中自缢死。是年四月端宗殂于广东之砺州，卫王立为帝昺。六月迁崖山。闰十一月文天祥被执。③

祥兴二年（1279④）：正月，安抚使王立遣间纳款于蒙古西川行院安西王相李德辉，以钓鱼城降。张弘范袭崖山。二月南宋亡，张世杰、陆秀夫等死之。⑤

计自筑城至降凡三十七年，孤军奋斗，维持残局，在宋末抗元史中确可称为有光辉之一页。此中人物如余玠、冉琎、冉璞、王坚、张珏、王立以及李德辉，在志中皆有详传。余、冉、王、张均系有为之人，顾余因受谗，于理宗宝祐元年（1253⑥）五月被召赴阙，未及启行，于六月暴卒，或谓实系仰药死⑦。《宋史》本传称"蜀之人莫不悲慕如失父母"⑧。二冉亦未及大用，冉琎为承务郎权发遣合州，冉璞为承务郎权通判州事，均卒于官。

王坚与张珏殆为守将中最有光辉之二人。

王坚于淳祐十二年（1252⑨）曾以武功大夫收复兴元。

宝祐二年（1254⑩）合州、广安军北兵入涪，王坚、曹世雄等战御有功，坚不久遂授兼兴元都统兼知合州事。宝祐、开庆间拒元宪宗的一役，恐怕在这段抗战史中也要算最有精采的节目吧。

---

①民国《新修合川县志》原载："遣将四出，所向皆捷。旋遣人访二王踪迹所在。时宋主播迁闽广，号令不达于四川，而川中诸将为宋守如故。"
②原为"西历一二七八"。
③"途中自缢死……"，民国新修《合川县志》该部分无载。
④原为"西历一二七九"。
⑤"张弘范袭崖山……"，民国新修《合川县志》该部分无载。
⑥原文标注。
⑦仰药：服毒药。
⑧《宋史》卷416《余玠传》，第12472页。
⑨原文标注。
⑩原文标注。

宝祐末，蒙古兵攻蜀，自吉平隘至蓬州，势如破竹。顺庆、广安诸郡无敢抗颜行者。蒙古主宪宗遣降将晋国宝来合州招谕，坚不从。开庆元年（1259①）国宝归峡口，坚追还，杀之于阅武场。宪宗怒，遂兵围合州。坚与副将张珏协力固守大获。降将杨大渊请俘虏州民以弱之，遂掠男女八万余以归。（原注：《续通鉴》无"八"字。）二月，宪宗亲率诸军渡鸡爪滩，至石子山，督战城下，前后攻一字城、镇东、镇西、东新、奇胜、护国等门。登外城，杀宋兵甚众，至五月，迄不克。以大雷雨停攻二十日。六月，四川制置副使吕文德闻合州围急，自重庆率艨艟②千余溯嘉陵江而上，为蒙古史天泽分军两翼顺流纵击，败还。六月，蒙古前锋大将汪德巨（原注：《元史》作汪特格。沫若按，"巨"本作"臣"，今正，"巨"音与"格"相近。）夜选精锐登外城仰攻。坚率兵逆战，德巨不得进，单骑大呼曰：吕文德援兵败还矣，我来活汝一城军民，宜早降，勿从王坚俱死也。言未卒，有飞石来，几中之。德巨大惊，亟归，因得病死。七月，宪宗师还至温汤峡而殂。③（原注：森楷案，旧志《钓鱼城记》言宪宗中炮风得疾殂④。《重庆志》言其中飞石⑤。《续通鉴》并不信之，谓因汪德巨中伤而误。沫若案，汪德巨可中伤，宪宗亦兵临城下督战，又何尝不可中伤？特元人讳之而不言耳。我辈自当据地方史乘，无庸为讳。）

这时近半年的攻守战，恐怕是战斗中最激烈的一役。城既坚守不下，且使

---

① 原文标注。
② 艨艟：古代战舰。
③ 民国《新修合川县志》卷39《名宦二·王坚》。
④ 万历《合州志》卷1《山川》下载《无名氏记》："北兵遂退，宪宗为炮风所震，因成疾，班师至愁军山，病甚……次过金剑山、温汤峡而崩。"（万历七年刻本，《中国地方志集成·重庆府县志》第9册，第12页）清代三志（宋锦纂乾隆《合州志》卷7《艺文志》、周澄修乾隆《合州志》卷12《艺文志·补遗》、光绪《合州志》卷12《艺文志·补遗》），著者栏皆标注为"元"或"元史"，载为"为炮风所伤""次过金剑山、温汤峡而殂"（分别为乾隆十三年刻本、乾隆五十四年刻本、光绪四年刻本，《中国地方志集成·重庆府县志辑》第9、10册，第172、411页，第130页）。嘉庆《四川通志》卷50《舆地·古迹》（嘉庆二十一年刻本）、道光《重庆府志》之《舆地志·山川·钓鱼山》（道光二十三年刻本）分别记为"明代无名氏《钓鱼城记》""明无名氏《钓鱼城记》"，内容载"为炮风所震""次过金剑山、温汤峡而崩"。
⑤ 万历《重庆府志》卷59《事纪六》载："德臣单骑大呼曰：王坚，我来活汝一城军民，宜早降。语未既，几为飞石所中，因得疾死。"（万历三十四年刻本）

其前锋大将及元首均先后阵亡,这功绩不能不说是十分的辉煌灿烂。而且声威所播,几乎有转移大局的形势。当时宪宗弟忽必烈正率兵攻鄂,宪宗殂问至,即解围北归,而声言直趋临安,致使南朝宰相贾似道大惧,不知所为。会王坚使阮思聪掉急流以宪宗讣闻,似道意始解,而遣宋京请和。这真是一幕亡国君臣的惨剧。当时的南宋君臣假使是奋发有为的人,能力起振作,乘势追击,或许更可以使蒙古兵遭一大挫折。然而计不出此,而屈膝请和。且在屈膝请和之余,更还摧残了自己的功臣。王坚虽以功进封清水县开国伯,而终致失意。"景定元年(1260①)诏征入朝,拜侍卫步军都指挥使。以中军都统知简州马千权兴州都统兼知合州,代之。(案,前《大事谱》中所列有不尽详处,实以此为正。)四年(1263)贾似道忌坚才,复出知和州,兼管内安抚使。五年三月,坚郁郁卒。"②就这样,一位有为的人才又被糟蹋。

张珏在钓鱼城故事中的光辉不亚于王坚。《宋史·忠义传》称其"年十八,从军钓鱼山,以战功累官中军都统制,人号为'四川虓③将'"。他是一位纯粹的武人,"魁雄有谋,善用兵,出奇设伏,算无遗策。其治合州,士卒必练,器械必精,御部曲有法,虽奴隶,有功必优赏之,有过虽至亲必罚不贷,故人人用命"。④

但他不仅会用兵,而且会用民。在王坚去后,马千虽然代守了两年,此人庸懦无能,而且有降敌的危险,在景定四年便命张珏代替了他。"珏外以兵护耕,内教民垦田积粟,未再期,公私兼足。"⑤在六七百年前便已经做到了这样军民合作的实际,可知张珏这个人的确是不愧为一个名将。他和钓鱼城的故事几乎相终始。王坚时代已有了他,当时的南宋朝廷不用说是知道他的,在恭宗的德祐元年(1275⑥)升之为四川制置副使,知重庆府事。但因当时重庆被围,只能留合州抗敌。到第二年初,他前后遣兵恢复泸、涪二州。二月遣张万以巨

---

① 原文标注。
② 民国《新修合川县志》卷39《名宦二·王坚》。
③ 虓:xiāo,虎啸、勇猛。
④ 《宋史》卷451《忠义传·张珏》,第13280、13281页。
⑤ 《宋史》卷451《忠义传·张珏》,第13281页。
⑥ 原文标注。

舰载精兵断内水桥，入重庆。十二月张珏始入重庆为制置。在重庆又守了两年，到帝昺祥兴元年（1278①）二月，"城中粮尽，赵安以书说珏降，不听。安乃与帐下韩忠显夜开镇西门降。珏率兵巷战不支，归索鸩饮，左右匿鸩，乃以小舟载妻子东走涪，中道大恸，斧其舟欲自沉，舟人夺斧掷江中。珏踊跃欲赴水，家人挽持不得死。明日，万户铁木儿追及于涪，执之送京师。……珏至安西赵老庵，其友谓之曰：'公尽忠一世，以报所事，今至此，纵得不死，亦何以哉？'珏乃解弓弦自经厕中"。②

五

关于张珏的死，略有异说，因而读史的人也有的颇致微言。《合州志》于《张珏传》后引胜清四川学政詹事府詹事南汇吴省钦书其后曰③：

《元史·世祖纪》：十四年（1277）二月甲戌，西川行院兵至重庆，营浮图关，宋都统赵安、张珏降。十五年（1278）正月庚戌，师入重庆。十六年（1279）正月辛酉，宋合州安抚王立降。十七年（1280）二月，以珏畀泸州安抚使梅国宾，使复父仇。珏闻命，自缢死。

其曰"复仇者"，宋德祐元年（1275）六月，国宾父应春守泸州，杀其判官李丁孙、推官唐瑞奎以降元。次年六月，珏结州人刘霖等为内应，破神臂门，诛应春故也。

……

元《李德辉传》曰：重庆破，珏走涪州，自缢死。德辉薄合州城下，呼王

---

① 原文标注。
② 《宋史》卷451《忠义传·张珏》，第13283页。
③ 《郭沫若全集》注《合州志》说：作者所引为民国《新修合川县志》（张森楷修），该书可简称为《合川县志》，而《合州志》则是万历、乾隆、光绪时所修地方志的书名（第369页）。按，民国《新修合川县志》卷39《名宦二·张珏传》有该引文；周澄修乾隆《合州志》卷16《艺文》、光绪《合州志》卷16《艺文》，皆载吴省钦该文（《书〈宋史·忠义·张珏传〉后》）。

立出降。

文信国悼制置使兼知重庆府张珏诗序曰:"蜀之健将,元与昝万寿齐名。昝降,张独不降。"①

《泸州志》载明御史罗廷唯《刘霖传》曰:"元兵取重庆路,珏军溃败,霖亦被执,不屈,同珏死难舟中。"②

夫忠显开门降元,元必断珏路。珏既出薰风门与也速觧儿战扶桑坝,兵溃,巷战,复不支,安能复夜归而索酖③而入舟,明日而元始追及?意者珏固虓将,元执之而尚欲用之。信国授命于至元十九年之冬,诗序但言其不降而不言其死。迨迟二年之久,不死复不降,于是假国宾以复仇之号以速其死,以著其与降无异。且重庆之破在十五年二月,其降者赵安、张万、张起岩,至珏则溃走见执,《元纪》以安与珏之降系之十四年二月,一似珏既降而重庆尚为宋守,亦失实也。万氏斯同以为"国宾诣阙诉冤,正以珏之降与其父同。世祖亦轻珏不尽忠于宋"。夫珏为宋守土,力竭被俘,以视献城导寇之徒,相去尚远。珏苟死,《元史》岂得书其降?珏果降,世祖又岂速其死?惟是依违辗转,坐延岁月,而又无文山、叠山始终④不渝之志节见信于人,以至二史矛盾,身丧而名卒裂焉。

吴说大有可议,张森楷先生已痛斥其非,谓:"珏求死不得,《忠义传》明明载之,省钦何以独不见信!其在元二年余犹不死者,非不欲也,势不能也。文山、叠山岂一见执即死者乎?《宋史》列之《忠义传》,与张世杰、陆秀夫同卷,固以全节予之矣,何身丧而名裂之有?"⑤张先生斥吴为"迂儒",并谓"省钦为人不足道",盖深悉而痛绝之。但读吴文,觉吴识尚在万斯同之上。吴尚知《元纪》载珏之降为"失实",而万斯同则直认其降,实在是厚诬古人了。

---

①《文山先生全集》卷16《集杜诗·张制置珏第五十一》。原文在"蜀之健将"前有"珏",无"元"字。
②嘉庆《直隶泸州志》卷7《忠节》,道光刻本。按:原文无"败"字。
③原为"鸩",据"县志"改。酖:dān,动词,嗜鸷、喜好喝酒;zhèn,毒酒。这里作"毒酒"之意。
④原文无"始终"二字,《郭沫若全集》、民国《新修合川县志》皆有。
⑤民国《新修合川县志》卷39《名宦二·张珏传》。

死本来容易的事情，但也并不是怎样容易的事情。"千古艰难唯一死"，也正道着这半面□（的）真理。张珏兵败时，辗转不得其死的情形，我看都是可能的。赵安、韩忠显开西门迎降是夜中事，珏出城鏖战而被卖，故复入城"巷战"，"巷战复不支"，自能"归而索酖"，并可再夺东门出城而"入舟"。事在夜间，且在混战中，当然有此出入之余裕。吴省钦认为不可能，其实倒丝毫也不见得有什么不可能。几次寻死都没有死成，被囚了两年也未能即死，也正见得一死之难。我们可以揣想，当国家新破，张珏一定以为宋室不一定就从此灭亡，而还寄系有一线的几希之望，故尔他不想即死。但他始终没有降是事实，而最后弓弦自经，完全了自己的忠节，也是事实。实实在在是与文山、叠山可以鼎立的人物，怎么能够说他"不尽忠于宋"，怎么能够说他"无终始不渝之志节"呢？万斯同和吴省钦辈的这些书呆子，倒十足表现着在清朝所培养出的顺民思想而已。

文文山[①]究竟有知人之明，他的"悼珏诗"是"狱中集杜"[②]第五十一首，序文与诗，今整录如下[③]：

张制置珏[④]，蜀之健将，元与昝万寿齐名。昝降，张独不降。行朝擢授制阃，未知得拜命否。蜀虽糜碎，珏竟不降，为左右所卖，珏觉而逃遁。被囚锁入北，不肯屈，后不知如何。

气敌万人将（《杨监画鹰》[⑤]），独在天一隅（《遣怀》）；
向使国不亡[⑥]（《九成宫》），功业竟何如（《别张建封》[⑦]）。

文山一再说"张独不降"，"珏竟不降"，而又终"不肯屈"，正充分地表现

[①]文天祥，字宋瑞，号文山。
[②]文天祥被捕后，痛定思痛，在元大都狱中集杜甫诗句而成《集杜诗》一卷，借以自励、明志，又称《文信公集杜诗》。
[③]《文山先生全集》卷16《集杜诗·张制置珏第五十一》。
[④]《集杜诗》正文无此句。
[⑤]杜诗中为《杨监又出画鹰十二扇》。
[⑥]《文山先生全集》为"忙"，原文及杜诗为"亡"。
[⑦]杜诗为《别张十三建封》。

着英雄惜英雄,猩猩惜猩猩之意。珏苟曾有"依违辗转"之态,何得言"不肯屈"?"后不知如何"者,文山作此诗时,尚不知珏之死所耳。但在文山心中事实上必已推测其将"如何",故中心倾倒,为诗以赞之也。

旧时的读书人每爱矜奇之异,于无过之中求有过,有过之中求无过,以推翻千古定案,以表示自己卓越。对于张珏的忠义,既有万斯同、吴省钦辈吐露微言,因而对于分明是贰臣的王立,也就有陈大文辈为之歌功请祀。这真可以说是无独有偶。

王立继张珏之后为安抚使,并知合州,镇守钓鱼城。后闻重庆叛将献城,张珏被掳,王立便发生了动摇。在这儿有一位女脚(角)色出现。

其家有义妹熊耳夫人者,故北营渠帅妻也。以俘虏来,立召问之,则曰妾王氏。立喜曰作为吾妹,侍我①之母。待获尔夫,再俾完聚。夫人深谢之。立遂视之若同乳妹,已数年矣。至是见立之忧,亦虑城破祸及,乃正告立曰:妹实姓李。今成都总帅李德辉,妹亲兄也。若知安抚待我恩礼,必尽心上奏,亲来救此一城人民。公谓何如?立闻大喜,即令致书德辉,遣儒生杨獬等潜赴成都纳款。夫人仍附鞋一緉②为信。盖夫人旧③为德辉作鞋有式,德辉甚爱之也。德辉得书,知妹在鱼城,喜不自胜,即遣使赴阙,星驰闻矣。而先遣獬等归语立,夤夜竖降旗于城上,当即亲领兵至城下受降。④

就这样,王立果然是投降了,虽然还经过了些小的波折,终于是被诏入觐,受命为潼川路安抚使知合州事,加号怀远将军,王立是贰臣降将,他的所谓"义妹熊耳夫人"也分明是一个女间谍,这是毫无问题的。然而偏偏有胜清乾隆年间的吏目为之歌功颂德,使王立、熊耳,与王坚、张珏同受禋祀,可见清朝的顺民教育是怎样的彻底了。

---

① 原为"吾"。
② 緉,liǎng,古代计算鞋的单位,相当于"双";两股绳带交合。
③ 原为"常"。
④ 民国新修《合川县志》卷39《名宦二·王立传》。

六

下了好几天的雨，独于在三号这一天，晴了。

我们清早在水电厂吃了早饭之后，十时左右，在街头雇了三乘滑竿，向钓鱼城出发。

从东渡口过嘉陵江，有一个多钟头的光景，便到钓鱼城的山下。的确是拔地而起的山岩，爬山的路相当陡。在古代平面战的时候，怎么也是不容易攻破的。山脚下有很多的稻田，山顶上也有很广阔的旱地，粮食也不愁断绝。不过在前据守的时候，秦蜀人相聚于此者十余万人，旱地恐怕都是人家吧。现在是一座人家也没有了，只在山顶上存着一座佛寺，叫护国寺[①]。但从山地露出很多厚实而巨大的瓦片，一定是宋末元初的旧物。传说山上旧有九十二眼井，现在都填塞了，就只有护国寺中我们还可看见一眼。

护国寺的左侧有一带简陋的平房，一列四间。第一间是昭忠（祠），供的是民国以来的牌位。第二间是夫人祠，应该是供熊耳夫人的地方，有神龛和香炉，却没有牌位，后来才发现被移到第三间的忠义祠里面去了。

夫人祠里，靠左壁，立着陈大文的那通"钓鱼城功德祠"碑，碑文[②]我不妨把它整录在下面。

钓鱼山在合州东北十里，倚天拔地，雄峙一方，三面临江，形势陡绝。宋淳祐癸卯，余公玠帅蜀，从冉琎、冉璞谋，于此筑城，徙州治其上，为守蜀计。开庆己未，元宪宗侵蜀，驻兵城下，郡守王公坚、张公珏相继战守。宪宗为飞石所中，致疾而殂，曾遗诏：于克城日，尽屠其民以雪仇耻。嗣珏擢重庆，继以王公立为安抚。至元丁丑，北兵攻围甚急，立尚拒守鱼城，朝命不通者三年。珏死难，重庆亦失，鱼城无援，立于是时誓死报国，岂有二心？惟环顾数十万

[①] 原为"报国寺"，据《郭沫若全集》改。
[②] 高文、高成刚编：《四川历代碑刻》，成都：四川大学出版社，1990年，第206页。

生灵，共罹屠毒，愁眉不食，其家之义妹熊耳夫人，乃掳自北营，命侍其母，见立之忧，始告以成都总兵李德辉即其亲兄。立谋札求救。李公知夫人在鱼城，乃尽心上奏，仍先领兵至城下。立竖降旗，以迎北军。中有汪总帅者，必欲屠城剖赤，以报先帝之命。适朝使至，尽赦其罪。州之民感李公德，建祠祀之。明弘治①壬子，郡人念王公玠，张公珏，尽忠于宋，有功于合，官于朝者上其事，为祠城上，春秋祭焉。百余年来，仅存基址。乾隆己卯，刺史王公采珍，建祠，以复推余公玠，附以冉公璞与弟琎为立公位，题曰忠义。李公德辉，则置之勿议也。丙戌春，余来佐是邦，尝登鱼城，寻访遗躅。②或议立降为失计，嗟呼，岂以鱼城为天险，合天下攻之不破耶？公之宁屈一己为保全宋室遗民，非如沿江诸人全躯取富贵可比。令立守区区匹夫之谅，挈此数十万生灵与之偕死，亦未始不可谓尽忠待宋，然孰③谋书致李帅，抗疏赦罪，使宋室遗民咸得存活，所全实大哉？以立为失计者，何勿之思也！王、张二公，高风劲节，固与日月争光，山川共久，而李公德辉、王公立与熊耳夫人，实有再造之恩，亦应享民之祀。郡人士咸以为然，亦于城上为祠，设位，颜曰功德。落成日，系之以诗：

北军围击近重闉④，报国何难死一身！

讵敢降元忘故主？只缘为宋保遗民。

顺时谋札传千里，抗疏回天力万钧。

合水受恩同再造，酬功今日庙堂新。

功德祠，余昔在合时所立，作记以述其概。今余复守是郡，庙貌依然。此记未经勒石，恐前人功德久而复湮，因即前记以贞诸不朽，非敢自托于表征之意也。

乾隆己亥春日，郡守吴门陈大文。

---

①原为"宏治"。

②此处原文有"（此处抄录似有夺文）"之语，应为作者注语。《四川历代碑刻》附拓片图片无此语（《四川历代碑刻》，第206页）。

③原文"孰"后有"与"字。

④闉：yīn，古指瓮城的门。

这简直是十足的顺民理论，前所引华国英碑已加以驳斥，可无庸再议。陈大文在《合川志·名宦》卷中亦有传，言其"初入粟为监生，坐监期满，以杂职用"①。象这样的铜臭官，无怪乎也只有一些铜臭思想了。后来在嘉庆二年（1797），此人竟做到广东巡抚，真不愧是一位会做官的家伙。

第三间的忠义祠较宽大，一间足与其他三祠相抵。正中供五尊牌位：

宋权管合州②冉公琎

宋四川军民安抚使张公珏

宋合州州官王公坚

宋权通判合州冉公璞

宋四川制置使余公玠

这位次大约是搅乱过的，在冉琎之旁又立着"元熊耳夫人李氏之神位"，牌较低，分明是从夫人祠移过来的。

祠里有三种重要的碑。一种是明正德十二年知州余崇凤所立的《新建王张二公祠堂记》，第二种是乾隆二十五年王采珍立的《重建忠义祠记》，第三种便是前面所已经揭出的华国英的三通大碑了。在这儿我想把余碑的全文□（整）录出来③，因为这是最初建祠的文献。文为合州先贤何悌（顺卿）所撰。

钓鱼山在合州治东北十余里，倚天拔地，雄峙一方，三面临江，形势斗（陡）绝。宋淳祐癸卯，余玠帅蜀，从二冉□（当为"策若谋"，原一行）④，筑城，徙州治其上。是时川西诸郡多为元人所据。制司闻建重庆，而合适当要冲，

---

①民国《新修合川县志》卷38《名宦一下》。原为"以杂用"。

②原为"合川"，据建制沿革改。

③下录碑文，根据民国《新修合川县志》卷36《金石》所录进行整理，与原文有些许出入。因碑刻年代久远，"县志"以□表示缺漏字，并以小字表示可能的字；原文则用"××"表示缺漏之字，但没录入"县志"所载小字；《郭沫若全集》又对部分缺漏之字进行了补充，用"××（ ）"表示（第376页）。

④原注为"碑下各行均泐去一二字"；《郭沫若全集》加注"议"。

故当时谓鱼城成，蜀始□（当为"可"字，原二行）①守。淳祐癸丑，王公坚来守郡，展布筹策，简辑兵民，秦蜀之民，响应云集，众至十数万，屹然一巨镇。开庆□□（当为"元年"或"己未"二字，原三行）②，元主蒙哥驻兵城下，攻围屡月，不克，俄中飞矢，死，围解。捷闻，诏加公宁远军节度使。张公珏初副王公战，□（当是"守"字，原四行）有功。王还，以公代之。自被兵以来，民凋敝甚。公外以兵护耕，内教民垦田积粟，不再期，公私兼足。咸淳□□（当为"九年"或"癸酉"二字，原五行）③，元将合剌用刘整计，自青居进筑马騣山，以图合。公击走之。德祐乙亥，诏以为制置使④，仍驻合。时两□□（当是"川州"或"州郡"二字，原六行）⑤县俱没，唯合坚守不下。元东西行院合兵来攻，连败去。景炎戊寅，元兵大集。公众寡不敌，且为偏裨所□□（当为"叛降"二字，原七行）⑥，被执，抗节不屈而死。信国文公系燕狱《集杜诗》云："气敌万人将，独在天一隅，向使国不亡，功业竟何如！"⑦□□（当为"即谓"二字，原八行）⑧此也。时宋室已亡，全蜀皆陷，而合独后，公之力也。元至正间，还州旧治（原九行）。国朝⑨郡人王玺廷信，官户科给事中，守制家居。弘治壬子春，约同郡贵州按察司副使陈揆季同及悌⑩，同□□（当为"游兹"二字，原十行）⑪山，睹遗踪⑫，想趑趄，相与叹曰："王张二公尽忠于宋，有功于合，所宜庙祀，而未有举者，诚缺典也。"未几廷信□（当为"还"或"入"字，原十一行）⑬朝具奏，其事报可（原十二行）。命下，适括苍金祺

---

① 《郭沫若全集》注为"可"（第376页）。
② 《郭沫若全集》注为"己未"（第376页）。
③ 《郭沫若全集》注为"癸酉"（第376页）。
④ 原为"制宁使"，据《郭沫若全集》改（第376页）。
⑤ 原注为"川郡"。
⑥ 原注为"卖""遂"，且在二字之间断句，行文为"遂被执"。
⑦ 《文山先生全集》卷16《集杜诗·张制置珏第五十一》。原为"气敌万众将"，"功业竟何"。
⑧ 《郭沫若全集》注为"盖谓"（第376页）。
⑨ 原注为"明"。
⑩ 原文误写为"院揆季周"，《郭沫若全集》已订正（第377页）。陈揆，明进士、资政大夫、都察院都御史陈价之子，字季同，历任南京兵部主事、刑部员外郎、云南府知府、贵州按察副使等。
⑪ 《郭沫若全集》注为"登鱼"（第376页）。
⑫ 原为"遗纵"。
⑬ 原注为"入"。

崇厚为守，奉行惟谨。甲寅秋，即山巅郡址立庙设位，春秋祭焉。己未，新喻宋琢宝之继守，□□□（当为"补若增"字，原十三行）其前之所未备①。奠享有祠，启闭有门，左右有廊，庖湢有所，缭以垣墉，植以竹树。宏敞壮丽，足慰郡人崇□□（当为"报之"二字，原十四行）②。正德丁丑，孝感佘崇凤应岐来守，以春祭谒祠下，询知曾有记而未刻，遂命工伐石，刻置堂东，而建祠□（当为"之"字，原十五行）事毕矣。呜呼，忠义之士皆智名勇功，高风劲③节，与日月争光，山川同久，足以廉贪而立懦。然不有④表章之，□（当为"其"字，原十六行）⑤几何而不至于泯没无闻也哉！今兹之举，系人心，关风教，益治体，非细故也。廷信启其端，崇厚、宝之应□□（当为"岐终"二字，原十七行）其事⑥，皆可书也。谨志其概，俾后有所考焉（原十八行）。

正德十二年（1517）岁次丁丑夏六月十六日

合州知州佘崇凤，同知毛惕，吏目王志宁，判官潘谡，儒学训导丘陵、刘儒、贾谕

碑文已经十分漫漶，用水蘸湿，始得一一辨认，再隔若干年代是会完全风化的。

匾额颇多，有光绪七年（1881）华国英的一副对联，我觉得颇有意：

持竿以钓中原，二三人尽瘁鞠躬，拼得蒙哥一命。
把盏而浇故垒，十万众披肝沥胆，不图王立二心。

忠义祠之左侧的第四间是护民祠，供着两个牌位：一个是"元四川总帅李

---

① 原为"新喻宋琢宝之继守□□□其前之所未备"，郭沫若注为"新喻宋琢宝之继守□（任），□（补）其前之所未备"（第377页）。
② 《郭沫若全集》注为"敬之情"（第377页）。
③ 原为"亮"。
④ 原为"一"。
⑤ 《郭沫若全集》注为"其"（第377页）。
⑥ 《郭沫若全集》注为"宝之应□（岐）□□（踵成）其事"（第377页）。

公讳德辉",另一个便是"元怀远将军领合州军民安抚使王公讳立"。照陈大文的碑文看来,本是李、王、熊耳合祠而称为"功德祠"的,现在"夫人祠"与"护民祠"分开了,大约是民国以来的变化吧。这两间的确是淫祠,和忠义祠并列于一楹,实在是不配的。我因而做了一首诗,以志我的感触:

魄套①蒙哥尚有城,危崖据②地水回萦。
冉家兄弟承璘玠,蜀郡山河壮甲兵。
卅载孤撑天一线,千秋共仰宋三卿。
贰臣妖妇同祠宇,遗恨分明未可平。

七

本是专为访钓鱼城而来合川③,更可以说是专为访忠义祠而来钓鱼城,忠义祠瞻仰完毕之后,我的目的便算达到了。钓鱼山上本来还有许多东西可以看,时间不够,不能去一一造访。走回头路的时候,是从山脊上走的,在路旁顺便看了一尊两丈来往长的卧佛,一面小形佛的千佛崖,好些明清人的题壁。山脊窄处有仅能容一人的地方,走到西端还有④旧时的壁垒残存,有一道城门,大约就是西门吧。城上颇平坦。出城,则山路曲折,蜿蜒而下,感觉着这儿很可成为一幕剧景。

下山后匆匆入城,接着还被导引着去登了一次文峰塔⑤。塔在涪水南岸,高十三层,系清⑥时的建筑,除少数基石外,全由巨大的砖瓦所造成,不失为一壮

---

① 《郭沫若全集》改为"夺"(第378页)。
② 《郭沫若全集》改为"拔"(第378页)。
③ 原为"合州"。
④ 原为"是",据《郭沫若全集》改(第378页)。
⑤ 原为"文辉塔",《郭沫若全集》改为"文峰塔"(第378页)。
⑥ 原为"明",《郭沫若全集》改为"清"(第379页)。

观。据说：太高了，有损合川的文风①，有人主张拆毁，真不知是何心理。

晚间胡厂长伯雄招饮于公园餐馆。公园利用旧城墙的一角而增加曲折，颇有幽趣。在小树下用茶，树枝在头上飘拂，游园的人相当多，吃茶的人也不少。有一些记者和非记者来打交道②，执扭地问这问那，问我是一人来还是好些人来。我觉得幼稚得很有意思③。食时有合川④耆宿数人相陪，很名贵的是吃到了桂鱼。

就寝之前写了几张单条，又应子英的谆嘱写了一张《水牛赞》。子英很喜欢这首歌辞，他说对于水牛的保护上很有功效；写好之后，他要拿去石印来颁发。无意中得到这样热烈的共鸣者，使我感受着无上的鼓舞。

四号清晨又有微雨。一早乘民昌轮至温泉，子英约同登岸用餐。遇着剧艺社的朋友来游，他们的《天国春秋》是已经演完了。他们来，打算洗温泉。但池塘在修补，还没有下水，因此大家都感觉失望。好在修补已快干，是可以下水的时候，由于子英的斡旋，算在外池放了小半池水，满足了大家的渴望。

子英回北碚去了，剧艺社因须参加复旦大学的茶会，在下午也回北碚去了。我留在北泉，夏衍、翰笙、伯奇诸兄均在。夜在寓中谈苗民猡猡⑤等之风俗。翰笙言：花苗人甚忧抑，其音乐亦甚凄凉，与猡猡人的剽悍，完全不同。我听了这话，联想到《楚辞》，《楚辞》的悲抑或不无苗民的遗音吧？又中国的乐器如笙竽之类⑥，据我看来是起源于苗族的。苗民间每家均备有芦笙。

子英来电话，言明晨六时将派巡船来接，用了早饭之后再在北碚乘船返渝。子英的这般厚谊，实在是使我感激。

五日，快晴。一早，巡船果来，在清冷的朝气中顺流而下，颇觉快适。在子英处吃了早饭，又吃了嫩玉米。之后，更送我上民权轮。在十一时半便回到

---

① 《郭沫若全集》作"合州"（第379页）。
② 《郭沫若全集》作"特种人来打交道"（第379页）。
③ 《郭沫若全集》有注为：事实上我到过一次合州，后来重庆的反动派闹得满城风雨，说我在北碚和合州纠集文化人，图谋不轨。有人不愿意同我去华蓥山，是有道理的。——作者注。（第379页）
④ 原为"合州"。
⑤ 旧时对彝族的称呼。
⑥ 原为"数"，据《郭沫若全集》改（第380页）。

重庆。

　　计算起来，算足足跑了五天。在五天之中有了不少的收获。不仅三年来的游钓鱼城的宿望达到了，而且解决了一些问题。

　　我很想根据这一次的收获再来写一个剧本，一面表彰王坚，尤其张珏之忠义，另一面则描写王立与熊耳夫人之谲诈。忠奸对立，而构成一个悲剧的结束，实在是一部天成的戏剧资料。

　　这部史剧假使能够写，不用说我彻头彻尾是应该向子英感谢的。

三十一年（1942）七月十三日脱稿

编后语

　　本刊出至三卷六期，上海就沦陷了，因印刷费等无着，停止了半年。自二十八年一月出版，每月一期，一卷十二期，截至本年六月应出至四卷六期，中间因耽误停刊，就脱了一卷，故在渝复刊，从三卷七期起。又因本期刻字太多，故又延长了近一个月。

　　说文月刊社的社址是租到了——在重庆陕西路19号，但是编辑人是我，校对人也是我，发行人还是我，这样大的天气，这样胖的人，因为印刷费等，舍了考古而考今，因为考今比考古难——要在炎暑奔走，先之以不泄，继之以牙痛，结果本刊□（总）算是产生了，预料尚可有二期出版，但是要再延续下去，还尚要努力！

　　本期共印四千份，一切费了三万五六千元，应当每期实价九元，才能够本，但是不愿使与我同□的穷文化人多些负担，故定价为五元。因为有插图十二页是白报纸的，下期无插图，就定价三元了。款是费尽了力量捐来的，故本刊不愿多赠送。

　　邮局对于印刷品停止了邮寄，本刊登记证尚未发下，不能作为新闻纸寄，与远地的读者见面，也是一个问题，希望读者设法自运！

卫大法师

下编

沙坪坝出土之石棺画像研究[①]

常任侠

一、石棺画像及其伴出物

重庆沙坪坝，国立中央大学开辟农场，掘地得石棺二，并伴出陶俑人二，陶鸡一，铜镜二。一镜有文曰："元兴元年（105）五月壬午"，边作带弧纹，内环四龙纹，今与石棺并藏国立中央博物院。一镜较小，无文字，今与陶俑并藏国立中央大学史学系。出土之所，曾往踏察，在一小山坡侧，土坟然隆起，下临小溪，野英已开。闻当石棺出土时，似已先被盗掘，故棺与盖皆另置，棺中人骨无存。棺系红砂石质，一棺外长 2.33 公尺，高 0.73 公尺，宽 0.70 公尺，内空长 2.08 公尺，宽 0.49 公尺，高 0.50 公尺，底厚 0.13 公尺，承盖有子口。一棺较小，外长 2.22 公尺，高与宽俱 0.70 公尺。棺两侧俱刻饕餮兽面环，前后各有画像。较大一棺，前额刻一人首蛇身像，一手捧日轮，中有金乌（见图[②]），

[①] 此文发表于《说文月刊》第 1 卷第 10、11 期（1939 年），第 61—68 页；1940 年出版的《说文月刊》第 1 卷合订本的第 316—323 页。该文写作时间，1938 年发行的《金陵学报》第 8 卷第 1、2 合刊（封面载"民国二十七年五月十一日印行"）以《巴县沙坪坝出土之石棺画像研究（附图）》为题刊登，在标题下有注，"常先生此文初发表于《时事新报·学灯》（第四十一及四十二期，二十八年三月十三与十九日）。又为《说文月刊》（第一卷第十第十一合期，第六一至六八，二十八年十一月十五）转载，各有误字。《学灯》插图一帧，《说文月刊》则无图。"常任侠在文末也注："一九三九年二月二十八日写毕，四月二十八日重改定。"这说明该文 1939 年完成，但与刊登该文的《金陵学报》发行时间（1938）矛盾，待考。

[②]《说文月刊》转载时将图略去，整理时根据《金陵学报》第 8 卷第 1、2 期合刊（1938）所载恢复。

图一：汉元兴元年镜（即公元105年），对径13.4cm

图二：石棺饕餮 原高67cm，宽67.5cm（共四帧，此帧目光炯炯，最为精美）

图三：此男棺前额作神人擎日状 原高68.5cm，宽68.5cm

图四：此女棺前额作神人擎月状 原高67cm，高67cm

图五：此男棺后额作双阙之状 原高67.5cm，宽69cm

图六：此女棺后额作月中灵蟾捣药状 原高60.5cm，宽68.5cm

图七：斯坦因氏中央亚细亚发掘所得双人蛇身像

后刻双阙。较小一棺，前额刻一人首蛇身像，一手捧月轮，后刻两人一蟾，蟾两足人立，手方持杵而下捣。中立一人，手持枝状，疑为传说之桂树。右侧一人，两手捧物而立。棺一较大，一较小，所刻亦象征一阳一阴，应为一男一女，合葬地下。一棺后刻双阙，当系表明男性死者，在封建社会中之官阶地位；伴出陶俑为红陶，无釉，俱不完，惟余两头一足，一较大，一较小，颇似一男一女，亦官俑。冢中人殆贵官也。观画像作风，刻绘古拙，至迟当不在两晋以后。镜文作元兴元年五月壬午，按以元兴纪年者有三：东汉和帝，以乙巳四月改元元兴；吴归命侯孙皓，以甲申七月改元元兴；东晋安帝，曾以元兴纪年，是年壬寅三月，仍改隆元。是则吴与晋虽有元兴元年，俱无五月，此当为东汉和帝元兴元年（105）[①]。据陈垣教授所著《闰朔表》，则汉和帝元兴元年（105）六月朔日癸未，五月壬午当为晦日。今观此镜纹样，亦可认为汉制。惟别无碑碣文字，根据造镜年月，仍不能推断葬时之年月也。

二、人首蛇身像画即伏羲女娲

　　人首蛇身画像，汉石刻画像中常有之。其最著者有汉武梁祠石室画像。其第一石即画两人首蛇身像，两尾相结，铭曰"伏戏仓精"，初造王业。又后石五，左右四，俱有人首蛇身交尾像。左右四所刻，一人执炬向右，一妇人执器向左，虽无铭文，所作一阳性一阴性者，均可知其为伏羲与女娲也。又金陵大学中国文化研究所近印南阳汉画，第53至62图，均为人首蛇身像，第63图为两人首蛇身交尾像，第68图为两人首蛇身对立像。第3图为一人首蛇身捧月像，收集颇富。川中发现类此画像者，就所见尚有新津宝子山画像石，亦作两人首蛇身交尾状。武梁祠，与南阳各像，及川中所发现者，风格皆异，而大体相同。沙坪坝石棺画像姿态尤为矢矫。又此类画像，新疆中央亚细亚古墓中，亦常发见。日人橘瑞超氏发掘新疆高昌古墓，曾获人首蛇身交尾画像，惟发掘情形，未有报告。画藏日人所设关东博物馆中。其后，英国所派中央亚细亚探

[①]原注：公元105年，金静庵教授推断，亦同此说。

险主任斯坦因氏继续发掘高昌古墓,亦获此画。1928年所出版之《中央亚细亚》(In Ormost Asia)中,曾刊印之。据氏所记,墓中椁壁之上,常有绘画,在其奥壁,县有绢织品上画人首蛇身像。又棺上每覆木绵与绢织布片,绢片所绘,亦人首蛇身像也。绢画为彩色,两人蛇身,绸缪相结,左者左手执矩,右者右手执铁;上有日轮,卫星环之;列宿星斗,绕其四周。其后西北科学考查(察)团黄文弼氏,所获闻亦类此,尚未见有报告。斯坦因氏发掘所得墓志,最早者为西历571年物,最近者为西历698年物,以西北高原气候干燥,画虽绢质,而保存完好。墓室祠宇,绘此图像,中国古代此种风俗,殆颇普遍,至何时始绝,今已不可考矣。

三、自汉以来传说中之伏羲女娲

伏羲女娲传说,为中国古代神话之一,与彼西伯来宣传说中亚当夏娃,东西相映,同其势力。有史记载,均谓伏羲女娲,人首蛇身,盖承古昔传说如此。《玄中记》云:"伏羲龙身,女娲蛇躯",《昭明文选》李善注曰:"女娲亦三皇也。"①郑康成依《运斗枢》注《尚书中候》,以伏羲、女娲、神农为三皇,司马贞《史记》"补三皇本纪"亦同此说。史谓女娲者伏羲之妹。晋皇甫谧《帝王世纪》曰:"女娲氏代立,亦风姓也,承庖牺制度……亦蛇身人首,一号女希。"②《山海经》曰:"女娲之肠,化为神,处粟广之野。"郭璞注云:"女娲,古神女而帝者,人面蛇身,一日中七十变,其腹化为此神。"③《列子》曰:"女娲氏……蛇身人面,牛首虎鼻,此有非人之状,生而有大圣之德。"④汉许慎《说文解字》曰:"(女)娲,古之神圣女化万物者也。"⑤《淮南子》曰:"往古之时,四极废,九州裂,天不兼覆,地不周载,火滥炎而不灭,水浩洋而不息,猛兽

---

① 《文选》卷11《赋己·官殿·王文考鲁灵光殿赋一首并序》,四部备要本。
② 〔晋〕皇甫谧:《帝王世纪》,丛书集成初编本。原文无"代立"、省略号。
③ 《山海经校注》卷16《大荒西经》,第328页,注二。
④ 杨伯峻撰:《列子集释》卷2《黄帝篇》,北京:中华书局,1979年,第84页。
⑤ 《说文解字注》第十二篇下《女部·娲》,第617页。

食颛民,鸷鸟攫老弱。于是女娲炼五色石以补苍天,断鳌足以立四极,杀黑龙以济冀州,积芦灰以止淫水。"①《风俗通》曰:"俗说天地开辟,未有人民,女娲抟黄土作人,剧务力不暇供,乃引绳于绖泥中,拳以为人,故富贵者黄土人也,贫贱凡庸者,绖人也。"②女娲造人之说,颇与巴比伦古传说相似。《旧约·创世纪》所说,亦即源于巴比伦也。辟于伏羲传说,亦颇纷繁。自汉以来,其见于记述者,盖非后世杜撰,大率原始传说神话之纪录。观其神力之大,对于人类功绩之多,则其在民俗中之地位势力,可以想见。传其灵异图像,绘于神圣殿堂,死者墟墓,有由然矣。

图画伏羲女娲于祠庙,由来颇古,其始见于《楚辞·天问篇》。屈原观楚先王庙堂而作《天问》,观伏羲女娲图像曰:"登立为帝,孰道尚之?女娲有体,孰制匠之。"(王逸注曰:言伏羲始画八卦,修行道德,万民登以为帝,谁开导而尊尚之也。传言女娲人头蛇身,一日七十化,其体如此,谁所制匠而图之乎?)③王文考《鲁灵光殿赋》曰:"伏羲鳞身,女娲蛇躯。"④东汉明帝雅好绘事,特开画室,别立画官,曾诏班固、贾逵等博洽之士,取材经史,命上方画工作图,而固等为之赞,成殿阁画赞五十卷。首起庖牺,末收杂画。此皆古代图绘伏羲女娲于祠殿者。今虽不可见,而文献犹足征。至石刻及绢画,颇多发现,若武梁祠及各古墓所获,今俱存在,可供参互比较,沙坪坝所出两棺,每棺各有人首蛇身像,亦其类也。

四、在苗猺(瑶)史传说之伏羲女娲

稽考中国古史,苗猺(瑶)之民,亦中夏原始民族之一。古先传说,谓伏

---

① 《淮南子集释》卷6《览冥训》,第479页。
② 〔清〕钱大昕纂:《风俗通义逸文》,光绪十年(1884)长沙龙氏家塾刻本,潜研堂全书本。按,该"逸文"辑自《太平寰宇记》,个别字有出入,则以《太平御览》为是(卷78《皇王部三·女娲氏》,第365页)。
③ 《楚辞》卷3《天问章句》,第126页。
④ 《文选》卷11《赋己·宫殿·王文考鲁灵关殿赋一首并序》,四部备要本。

羲女娲而后，黄帝常与蚩尤战而败之，至舜更窜三苗于三危。说虽不必为信史，而古者苗民亦常混居中原，殆属可信。故于伏羲女娲二灵，称为人类之祖。崇敬既深，传说亦富，固不仅为汉族之神话也。苗猺（瑶）相传为槃瓠之裔，干宝《搜神记》述之颇详，而槃瓠亦即盘古。《赤雅》载刘禹锡诗曰："时节祀槃瓠"[1]，谓苗人祀其祖也。《岭表纪蛮》引《昭平县志》曰，"猺（瑶）人祀盘古，三年一醮会。招族类，设道场，行七献之礼，男女歌舞，称盛一时，数日而后散，三年内所畜鸡犬，尽于此会"。[2]《洞溪纤志》记苗俗曰："苗人腊祭曰报草，祭用巫，设伏羲女娲位。"[3]伏羲一名，古无定书，或作伏戏、庖牺、宓羲、虙羲，同声俱可相假。伏羲与槃瓠为双声（此承胡小石师说）。伏羲、庖牺、盘古、槃瓠，声训可通，殆属一词，无间汉苗。俱自承为盘古之后，两者神话，盖亦同出于一源也。

蒙昧初民，常以神话解释宇宙万类传其远祖故事。苗猺（瑶）之中，俱有伏羲女娲传说，叙述洪水之后，人类始祖，创造人类，型范朴质，垂世已久。又有苗文《盘王书》，传唱苗民中，汉译其意，叙述古皇创造天地，肇生万类，颇类《旧约·创世纪》。其中，"葫芦晓歌"述太古时代，洪水泛滥，上接大门，伏仪（亦即伏羲）躲身入一大葫芦中，逐水漂浮，获全躯命，于是为人始祖。歌谣大意，与所传说，内容无异，今俱记其梗概。以限于篇幅，节为文语，特一经转述，已失原作之朴美矣。

关于人类来源，其传说于融县罗城猺（瑶）民中者，曰：

天将大雨、云密风急，雷吼于空，小儿震惧。而劳者在外，治事自若，以夏多骤雨，所习知也。其时有一男子，已当中军，方以所积溪中青苔，铺之木皮屋上，绸缪未雨，勤其所事。其人有两小儿，俱十余龄，相戏舍前，视父茸屋工作方竟，大雨骤至，俱入屋内，怡然相乐。已而风雨愈急，雷声更隆，如雷公发怒，威临人世。其人若已预知事变，开其所制铁笼，持一虎叉（苗人打

---

[1]〔明〕邝露撰：《赤雅》卷上《猺（瑶）人祀典》，丛书集成初编本。
[2] 刘锡蕃：《岭表纪蛮》第八章《祭祀与神祇·盘古大帝》，上海：商务印书馆，1934年，第81页。
[3]〔清〕陆次云：《洞溪纤志》，小方壶斋舆地丛抄本。原为"苗人祀伏羲女娲"。

虎用具），立屋檐下。虽霹雳暴击而沉勇不移。随此巨声，雷公持斧兴鼓，迅自屋顶而下。目射凶焰，胁生双翅。其人急以虎叉擒捕，纳铁笼中。因视雷公笑曰：汝今受捕，更将何为。雷公无语，静囚笼中。因呼小儿，前来守视，小儿初颇惧慑，久亦相习。明晨其人入市，往求香料，备杀雷公，腌胙佐餐。及将去时，谓小儿曰，慎勿以水与之。其人去已，雷公诡作呻吟诸痛苦状，小儿来视，问其所苦，雷公因谓口渴，求与碗水。一儿较大，为一男子，谓雷公曰：父言不许饮汝。故不能与。雷公再求杯水，儿言父知将被怒责，仍复拒之。雷公更哀恳曰：试以锅把为我洒水数滴，我渴将死，张口以待。一儿较幼，是一女子，慈悲怜悯恻然动怀。雷公为父闭入笼中，已一日夜，求得水饮，谓其兄曰：此真可悯，试以数滴与之。兄亦意同，因入厨下持一锅把，即为雷公，洒水数滴。雷公得水，喜谢儿曰：请暂离室，吾将外出。两儿从之，方至门外，忽复霹雳一声，雷公已出。急拔一齿，与两儿曰：迅种土中。如遭事难，可藏所结果实之内，语毕飞去。小儿惊诧。望空良久。父回见笼已破，雷公已逃，急问两儿，悉其经过，预知祸患将至，亦不责儿。无间昼夜，造一铁舟，以备危难。小儿因将雷公齿塞土中，有如种子，忽已生芽，一日之内，便已开花结实。明日入园视之果实涨大，成一葫芦，硕大无对。摘去一盖，中有无数雷公牙齿，悉挖去已，足容两儿。至第三日，其人铁舟已成，天空时起黑风暗雨，地下水涌，壤山襄陵，林木村舍，俱成沧海。其人撑驾铁舟，两儿藏入葫芦腹中，漂浮水上。水愈高涨，上接天际，其人乘舟，直达天门，以手槌门，彭彭四震，将欲入内。天神畏惧，喝水神曰：速令水退。水即退去，地上已干。铁舟坚硬，水涸下坠，舟中之人，因亦跌死。洪水之后，地上人类，俱已死灭，惟余两儿，即为伏羲兄妹。其时天之距地甚低，天门常开，故此两儿，恒至天上嬉戏。儿年渐增，俱已长大，男颇欲婚，女则不愿。以为兄妹，不当相偶。惟男子屡求，女不能拒，因谓男曰，汝试追我，如能追及，便结夫妇。于为绕一巨树，迅速奔避，男不能及，便设一计，转身而走，与女相迎，女果入抱，便为夫妇。既婚配已，后女产一肉球，因细碎之，藏入纸中，攀登天梯，赴天游戏，方升其半，大风吹至，细碎肉球，四面飞散，落叶上者，即便姓叶，落木上者，即便姓木，即其所落之地，便以为姓，于是世界，复有人类。

以上所述神话，盛传融县县城附近村中，与《盘王书》中所记神话相同，兹略摘录，以供参证。

盘王歌书　　　　　　　　　　　雷落地一段
寅卯二年雷落地　　　　　　　　速泰二年雷落江（刘）
僧家有贤来收捉　　　　　　　　黄杆造绳缚一双（出油）
寅卯二年雷落地　　　　　　　　速泰二年雷落江
僧家有贤来收捉　　　　　　　　僧家收捉韫禾仓（仓边）
寅卯二年雷落地　　　　　　　　速泰二年雷落头（江）
僧家有贤湿雷胚　　　　　　　　黄龙含水湿雷喉（郎）
寅卯二年雷落地　　　　　　　　速泰二年雷落田（江）
僧家有贤腌雷鲊　　　　　　　　龙儿伸奉大罗天（江）
寅卯二年雷落地　　　　　　　　速泰二年雷落江
天下三朝暗渐雷　　　　　　　　露渐三朝雷上天（江）

葫芦晓歌一段
一双燕子白才才（才才）　　　　口里含花放落吕（来）
口里含花放落地　　　　　　　　放落篱根讨地栽（埋）
葫芦瓜勿大州出　　　　　　　　大哥行往得地栽（藏）
伏羲种瓜有七夜　　　　　　　　未经二夜勿头开（起双双）
葫芦瓜勿大州出　　　　　　　　大哥行往得归居（家）
伏羲种瓜有七夜　　　　　　　　未经三夜手爬篱（便开花）
葫芦瓜勿大州出　　　　　　　　大哥行往得归居（藏）
伏羲种瓜有七夜　　　　　　　　未经三夜大香炉（禾仓）
葫芦里头有七角　　　　　　　　修划里留有七双（千）
寅卯二年洪水发　　　　　　　　伏羲走入里头藏（眠）
葫芦里头有七所　　　　　　　　修划里头有七变（分）

寅卯二年洪水发	葫芦浮起到天堂（门）
踏上天庭望天脚	望见大脚水平流（漓）
寅卯二年洪水发	巽水流来入贵州（滩）
寅卯二年雷发冷	速泰二年电发癫（伤）
寅卯二年洪水发	七七老婆成嫩人（娱）
寅卯二年洪水发	七朝七夜荫天门（闻）
仙人解衫来试水	减得一分心便开（宽）
寅卯二年洪水发	七朝七夜荫天门（庭）
今天寅时减得半	明日卯时到底干
洪水尽	仙人把棒去巡天
仙人巡天到别国	天下全无一个人（荫杀天下万由人）
洪水尽	仙人把棒去巡天
仙人巡天到别国	得见乌龟拦路眼（乌龟开口说无人）
洪水尽	仙人把棒去巡天
仙人巡天到别国	打破乌龟成两边（能甲乌龟同样圆）

此歌字多违讹，语亦不尽可解，因存原型，尚足觇落后民族之文化，近于原始社会矣。《盘王歌》篇前页，尚有如下小节，益不可解。

罗利陵罗里罗利陵罗罗里罗利罗里那陵罗里陵罗罗利里罗响第二利利那陵罗炉里里陵罗罗里利罗利罗利陵罗罗炉罗响第三。

以意测之，殆犹今工尺以记唱时之声调耳。又书中"造天地歌"三十八首，皆七言四句，亦无系统。兹摘录数章。

第一平皇造得地	第二高皇造得天
第三竹王造得火	第四铜王造得钱
第一平皇造得地	第二高皇造得天

445

第三暖王造得首	第四盘皇造得衫
高皇在天置天地	平皇在地立山苗
立得山苗无万活	又置水源无万条
高皇在天置天地	平皇在地置平田
置得平田凡人作	又置牯牛无万千

又《盘王歌》二十六首，述盘王出世，及所造作云：

起记盘王先起记	盘王起记造犁耙
造得犁耙也未使	屋背大塘谷晒芽
起记盘王先起记	盘王起记种苎麻
种得苎麻儿孙绩	儿孩世代绩罗花
起记盘王先起记	盘王起记造高机
造得高机织细布	布面有条杨柳丝

先民积累文化成绩，后世称述，往往归之一人，世界各民族传说神话大率如此。盘古创造天地，孳演群生，苗汉皆祖之，说虽不经亦盘古神话之一也。又伏羲女娲神话，传于武宣、修仁猺（瑶）民间者，说亦略同，云有下界神人，常与雷公战而败之捕禁篱中，神人之子，与以猪糟，乃得逃去，雷公报之以齿种而生瓠，破瓠制为口船，洪水既至，乘之得生。神人入市，购一巨大铁镬，备烹雷公，见洪水至，即以为船，于是率其二子，上达天门，复捉雷公，讼其残杀地上生灵，陈于天帝，天帝义之，命与雷公分治四时，自立春以至立秋，雷公为政，自立秋以至立春，神人为政。以故冬日无雷，至今无替。两子复返人间，原为兄妹，长结夫妇，洪水之后，为人鼻祖云。此传说尤曲折尽致，今仅节记其略而已。

五、关于日月金乌灵蟾之传说及其他

　　原始人类，解释宇宙自然现象，恒喜赋以生命。世界各民族关于日月之传说，大率有之。沙坪坝所出石棺，上刻人首蛇身画像，一捧日轮，中有金乌，一捧月轮，后刻灵蟾桂枝。日中有乌，其说始见于《楚辞》，《楚辞·天问篇》曰："羿焉彃日？乌焉解羽。"王逸注引《淮南（子）》言，"尧时十日并出，草木焦枯，尧命羿仰射十日，中其九日，日中九乌皆死，堕其羽翼，故留一日也"。《淮南（子）》又云："日中有踆乌"，"踆，犹蹲也"。①《春秋元命苞》云："阳数起于一，成于三，……日中有三足乌者，阳精也。"②又《山海经》曰："黑齿国在其北，……下有汤谷。汤谷上有扶桑，十日所浴，在黑齿北。居水中，有大木，九日居下枝，一日居上枝。"③按，扶木亦即扶桑，日居上枝下枝，视同乌雀，先民朴美之思，可以想见。此皆关于日中金乌之传说也。月中有兔，较之月中有蟾，其说为早，亦见于《楚辞》，《天问篇》云："夜光何德，死则又育，厥利维何，而顾菟在腹。"王逸注云："夜光月也，定月中有菟，何所贪利，居月之腹，而顾望乎。"④

　　（金大印《南阳汉画》第一、三、四图，有玉兔捣药）至于灵蟾春药，蟾宫折桂之说，则后世甚盛。但《古诗十九首》有"三五明月满，四五蟾兔缺"之语。⑤汉瓦当中，亦有蟾兔纹样，瓦当旧为刘铁云氏所藏，后归中村不折氏，曩居东京帝大时，曾往见之。又金大所印《南阳汉画》第三图，中有人首蛇身画

---

①《楚辞》卷3《天问章句》，第118、119页，注1。
②〔明〕孙谷毂编：《古微书》卷7《春秋纬·春秋元命苞》，丛书集成初编本。原为"阳成于三，故日中有三足乌者，阳精也"。按，《古微书》辑录自《太平御览》《文选》《初学记》等书，但《太平御览》卷3《天部三·日上》所引，无"阳精"二字；《初学记》引无"阳数起于一，成于三"等语。
③《山海经校注》卷9《海外东经》，第231页。原为："黑齿之北曰阳谷，居水中，有扶木，九日居下枝，一日居上，皆戴乌。"
④《楚辞》卷3《天问章句》，第106页。
⑤〔清〕张庚纂：《古诗十九首解》，丛书集成初编本。全文为："孟冬寒气至，北风何惨栗。愁多知夜长，仰观众星列。三五明月满，四五蟾兔缺。"

447

象，手捧月轮，月中亦有一蟾，众星之中，有一月轮，中亦一蟾。第四图，则月轮之中，一蟾一兔，与瓦当相类，是皆汉人所遗。今存此实物，是汉时已有月中灵蟾之说矣。石棺所刻灵蟾，犹是四足，至三足之蟾，则更晚出耳。

沙坪坝所出石棺侧，所刻饕餮兽面环，为汉器所常见。石棺空白，无画像处，率刻席纹，亦与河南登封嵩山太室神道石阙相同。女娲后额所刻双阙，犹得略见汉代建筑之型式。两人首蛇身画象，首皆有翼，武梁祠所刻神人，背亦有之。大抵画像出土之区愈西者，愈觉飞动，此石棺两像尤栩栩欲活。欧洲古希腊沿袭西亚传说，如叩必德安琪儿等，亦皆有翼。但彼则有翼益觉其可亲，此则有翼更呈其可畏，此亦中西艺术之异点也。

（承国立中央博物院裘善元先生惠赠石棺拓片，国立中央大学史学系金静庵教授惠赠陶俑照片，并此志谢。二月二十八日灯下写毕。）

重庆附近发见之汉代崖墓与石阙研究[1]

常任侠[2]

川中文化,发达颇早,于古虽为蚕丛之地,荜路未启,茅塞久荒。然至汉代,已文化发达,炳焕当时。今观汉代墓冢碑阙之属,川东西中北各部皆有之,就此物质遗存之迹,犹可上推先民社会制度,艺术礼俗之一斑足以补证文献之所缺也。前人调查川中古迹金石者,当推刘燕庭氏所著《金石苑》,草创开基,采访著录,致力颇勤,然其实地踏察者少。次则一九一四年法国考古学院四川考古队色伽兰氏所著《中国西部考古记》(商务出有冯承钧译本,无图)。述其搜访所得,率皆身经,足以补苴旧闻颇夥。其于崖墓石阙二者,新获尤多。然古迹遗存,散之川中各处,调查仍未尽周,尚待吾人继续努力工作。今兹余辈于嘉陵江畔所访获,而为中央大学史学系所试掘者,即为汉代崖墓与石阙废址。此两遗迹,为方志著录所未载,亦刘燕庭氏,色伽兰氏记述之所缺也。

中大史学系所掘汉代崖墓,在沙坪坝嘉陵江岸。此崖墓墓群,共计圹室有六,每室大小相若。墓门方三英尺,圹室内方七英尺。门皆三重,六墓由南而北,顺序并列江岸。南起第一墓门外,上方旧有题识,隐见"熹平"二字,余皆风化剥蚀,不能辨认。第四墓门外,上方有"永寿四年(158)六月十七日□[3]作此冢"题识十三字,犹未残毁。此墓题识,较之曲阜孔庙礼器碑略后二

---

[1] 选自《说文月刊》1940年第2卷第2期,第43—46页。
[2] 在《说文月刊》第2卷第2期(1940年)作"常任仓",第2卷合订本(1942年)作"常任侠"。
[3] 按:此处作者记为"旰(?)",后整理出版的《常任侠文集》作"□"(常任侠著,郭淑芬等编,合肥:安徽教育出版社,2002年,第81页)。下同。

年，汉隶劲挺之姿，与礼器笔势相同，字作两行，惟第十字不能确识为何字耳。第五墓门外，亦有题字记一行，但已模糊不可辨。第三圹室内，侧有小龛，盖以置明器。第六圹室则前后二室，中通羡道，作宫字形。其南不及半里，江岸另有一墓，圹室大小，亦相若也。余与中央大学金静庵①教授，既调查此墓，乃就第一圹室熹平墓试掘，中皆积沙，盖冲积淤塞，嘉陵江水位，曾达此处所致。墓中在昔已被破坏，遗物人骨俱无，惟在圹室内得几何花纹古砖一枚而已。

川中汉代之崖墓，发见甚多，川人皆呼为蛮洞，谓为古者蛮族之所居云。虽当汉代以前，賨人多居水左右，然此实非生人之宅，而为死者所归。今兹所见永寿四年作冢题识，足证蛮洞旧说之谬。据色伽兰氏《中国西部考古记》之所调查，则崖墓分布甚广，就其探考所及，扬子江之二大支流，嘉陵江、岷江皆有之。窟之易见者，下临江岸，其余位于分流水道流域之中，大致常于沿岸见之。其方向不定，常依天然崖石之直线开凿窟门云。色氏调查嘉陵江流域保宁府、绵州一带，岷江流域江口，嘉定东，岷江下流，嘉定西一带，所见崖墓多处，形制亦不一。圹室中有陶棺或石棺，色氏并于墓中取得陶俑土器之属，及菱形画砖。俑像与洛阳附近邙山出土之像相类，近墓居民，所得墓中铜瓶，亦为汉制。崖墓壁上，常有装饰雕画，为虬龙翼兽之类，生态栩栩，足窥汉代艺术之一斑也。色伽兰氏又于成都南五十里河口，寻得崖墓一群，于第四室中，见石棺二具，俱雕饰画。有骑鹿之女，及系椿之马，与汉阙所见者同。又有二人对弈，作掷骰之状。又有一鸟，与渠县阙所刻相似。又于棺首刻二亭，色氏所谓二亭，盖即汉石棺刻绘常见之双阙也。色氏所见石刻汉画颇多，惟未见崖墓题识，氏曾引《四川通志·金石门》彭山县《汉张氏穿中记》引：《蜀碑补记》云："建初二年（77）"，《字原》云："在眉州碧鸡岩"，《隶释》云："武阳城东，彭亡山之巅，耕夫□地有声，寻罅入焉。石窟如屋大，中立两崖，崖柱左右各分二室，左方有破瓦棺，入泥中。右方三崖棺，泥秽充牣。执烛视之，得题识三所。一在门傍，为土所蚀，仅存其上十余字，穿中沙石不坚，数日间，观者揩摩，悉皆漫灭。其二在两柱前，稍高，故可拓，时绍兴丁丑年（1157

---

① 原为"金静安"。

也。一柱二十五字，一柱四十九字。"《隶释》又云："本张公宾之妻之穴也。其子伟伯及伟伯妻，与其孙陵，皆祔葬右方曲内中，故志之。其一则伟伯之孙元孟，葬其父长仲，并弟叔元所志也。……而拙"云云。[①]据此盖为家族同葬墓群，后此崖墓久被封没，色氏寻求，终无所得。即于其他各墓，亦未得见汉人题识，但氏据《四川通志》所引文献，因断崖墓亦有文字。今中大历史系所掘崖墓有"熹平"（172—177）[②]及"永寿四年（158）[③]六月十七日□[④]作此冢"题识，得此文献，弥觉可宝。若就此以推考崖墓之风习，或于一、二世纪时，颇盛行也。按，西纪158年，又为汉桓延熹改元之岁，盖至是年六月，川中仍用永寿纪年，沿而未改。犹之龟兹左将军《刘平国碑》（一作《刘平国开通道记》，原碑在新疆），亦作永寿四年（158）八月甲戌朔十二日乙酉也。

中大史学系所掘石阙遗址，在嘉陵江岸磐（盘）溪之南，不及半里。一阙在稻田中，下段作长方形柱体，石面已剥落，不知初建有文字否。其上为斗拱，四隅立体雕刻四力士，突胸踞膝，以肩承之。人首已毁，表现强力之状，犹自可见。再上为屋盖，模瓦棱之形，屋盖已倾坠阙下，陷泥田中。全体建筑，架构三层，下段长方柱体，为石阙之躯干，其上累石五层，构成上部复体，躯干两侧面。西向外侧，浮雕一人首蛇身像，手承月轮，中有一蟾。东向内侧，浮雕一虎像，衔组而系环，作向下吊垂之势，皆古朴可爱。据此阙推知，必另有一阙在东，与之为偶。寻诸田畔，堆有废阙乱石，略加发掘，果得钱纹画砖半段，阙盖及残阙躯干。在其两侧，一面浮雕人首蛇身像，手承日轮，中有一鸟，一面浮雕龙像，衔组繁环，与虎相同。盖环者门纽，青龙白虎，为汉四神之二，用以守门，故在内侧也。其外侧所刻人首蛇身像，则传说中之伏羲女娲，亦汉石刻中所常见，盖其时民俗所尊尚耳。此阙因无文字，初亦莫能断其时代，但

[①] 嘉庆《四川通志》卷60《舆地·金石》，嘉庆二十一年刻本；〔宋〕洪适：《隶释》卷13《张宾公妻穿中二柱文》，四部丛刊三编。按，《四川通志》所引《隶释》内容与原文有出入，且两段顺序颠倒，故内容以四部丛刊三编本校正，两段顺序保持原文原貌；在"一柱二十五字，一柱四十九字"处，《隶释》载为"上距建初丁丑五千八十有一年"；最后一句原为"其字古而拙"。原注：原文见《四川通志》卷60。

[②] 公元纪年为原文注。

[③] 公元纪年为原文注。

[④] 此处作者记为"旳（？）"。

与渠县汉沈君神道阙（沈君阙，右阙铭文为"汉新丰令交阯都尉沈府君神道"，左阙铭文为"汉谒者北屯司马左都侯沈府君神道"），建筑雕刻相似。比较观之，固知其为汉阙矣。发见此阙之初，系唐将军世隆[①]，来寓相告，余因邀约中央大学史学系朱逖先、金静安、缪赞育诸教授，及友人刘节，前往调查。农人传说云，此为香炉，由龙溪山宏福寺飞来，甚著灵异，故来焚香敬礼者众。其上斗棋，颇似方鼎之状，乡人不识，因迷信崇拜，而未摧残，亦云幸矣。但双阙已毁其一，此右阙之顶盖，亦已倾坠，苟不加以保护，则此汉代建筑，久受自然之摧折，风雨之侵蚀，亦必逐渐剥落，久而倾圮，可预卜也。

汉阙之存于今者，有庙阙与墓阙，庙阙立于庙门之前，墓阙立于墓门之前。中缺为道，故名曰阙。今山东、河南多有之，若河南登封县嵩山太室神道石阙[②]，嵩山少室神道石阙，嵩山启母庙神道石阙[③]，山东嘉祥武氏祠石阙[④]。凡此大率皆庙阙也。汉阙存于川中者较多，若雅州高颐阙，绵州平阳阙，新都县王稚子阙，渠县沈君阙、冯焕阙，夹江县杨宗阙，梓潼县贾公阙、李业阙、杨公阙，及渠县无名阙等，凡此皆墓阙也。据色伽兰氏1914年之调查，汉川存于石中者，现有十八处，其间今尚保存建筑雕刻之价值者，共有九石刻，为建物中之最美者。此外二石刻较劣，五石刻已倒塌损坏，二石刻现已残砌于新建筑之中。其分部之地域，可为三区，东为渠县区，中为梓潼与绵州区，西为夹江与雅州区云。川中诸阙与河南、山东诸阙相较，因时间与地域之不同，建筑风格颇异。中大史学系发掘之阙，与渠县沈君阙相似，惟无其瑰丽。沈君阙书法，

[①] 唐光晋（1901—1968），族名唐煜隆，陆军大学第九期毕业后改名唐世隆，号次虎，字光晋，以字行。曾用笔名唐突等，自署书斋为"龙骧书屋"，四川威远县新场镇曹家山人。历任国民革命28军第10混成旅第2团中校营长，第1团上校团长，第24军军事政治学校少将主任，"成都卫戍司令部"少将参谋长，四川善后督办公署少将参谋处长。陆军第52军第195师参谋处少将处长，第29集团军第67军少将参谋长，中央大学少将军事主任教官兼黄埔军校教官，军委会少将高级参议、复员委员会军事组中将副组长，西南长官公署军运指挥部中将指挥官，国防部部员。1940年3月，唐光晋从湖北襄樊回重庆参加蒋介石亲自主持召开的各战区军级以上参谋长会议。会议结束后，唐光晋留在重庆任中央大学少将军事主任教官，在知识青年中施以军事教育，为抗战贮备人才。

[②] 原注：后汉安帝元初五年，西纪118年，阳城长吕常建。一云延光四年（125）建。

[③] 原注：后汉安帝延光二年，西纪123年，朱宠建。

[④] 原注：后汉桓帝建和元年三月四日，西纪147年，武始公、绥宗、景兴、开明四兄弟建。

湖北杨守敬氏以与冯焕阙并称①。沈君阙雕刻，日本关野贞氏以与高颐阙②比美。据关野博士之推断，沈阙类高阙，应亦三世纪初年物。则此发掘之废阙，又类沈阙，建立年代，当亦略同也。川中晚汉墓阙独多，殆其时好尚如此，今川中富人，犹喜治墓，丰碑佳城，随处可见，盖其遗风犹有存者。立阙所以旌功，其意犹古之铭旌。惟铭旌置于墓中，类旌旗之状，以帛为之，不易久保③。阙则建于墓前，取为过者所瞻仰也。双阙建筑，后世变为石制牌坊，尤极雕凿之能事，今街衢之中，大道之傍，各地常有之。盖墓阙多为萧梁以上之古刻，若南朝兰陵建业所存石阙，其希腊式圆柱，已染域外之风，不类汉制。至隋唐以下，建阙之风已杀，而遂亡矣。今余故乡皖北各地，富人治墓，往往有石华表，双立墓前，顶端各蹲一狮，则犹齐梁诸阙之遗范，特具体而微耳。

阙之制，亦犹碑也，故碑阙语尝连用。其俗为上代厚葬之一种，故为之者多贵官。川中汉代坟墓，有阙有碑，惟崖墓无阙亦无碑，近于平民之所为矣。但崖墓与石阙，均常雕刻绘画，大率相类，所绘往往为斗兽，为怒马，为力士，为珍禽之飞翔，龙蛇之起舞，人物之游戏。盖犹未染印度艺术作风，而有雄浑朴茂之观。色伽兰氏曰，汉朝为强健战斗生气活泼之皇朝，其艺术之特性亦同，即在造墓艺术之中，从未稍露死丧之意。其特征即在其"威力"，常用动物表现之。汉代大兽姑不论其种类如何，尽为长身之兽，胸大腰耸，筋力呈现，大致以牡类体状居多，此种特征，在阙上之浮雕中亦可见之。其间马卒，猎士，裸身之人，半裸之女，各种兽畜，互相追逐，互相斗战，生动之状，虽在墓所亦然。大型造像及阙上诸浮刻所表现之生意亦同，但在介石之上则不然，其平面浮离，隐面不露，是为一种表面作法完全注意于纹线，只顾其四围，但其轮廓极精练也。色氏之说，对于汉代石刻艺术，了解颇深，吾人生今之世冥想汉族旺盛期，生命力之丰富，奔腾澎湃，光被四表，不禁神驰于上世矣。

---

①原注：冯阙铭文为故尚书侍郎河南京令豫州幽州刺史冯使君神道。
②原注：高阙建安十四年，西纪209年建。阙文汉故益州太守武令北府丞举孝廉，高君字贯光。
③原注：马叔平先生云，怀来五孤堆古墓中，曾发见五鹿充印及铭旌，已岁坏，其中汉漆器尚完好。

蜀石经残石跋[1]

罗希成[2]

世之论石经者，汉熹平石经，魏三体石经，唐开成石经，皆有经无注，惟蜀广政石经，经注并刻，视前代为尤备。其时，悉选士大夫善书者，模丹入石。据晁公武《郡斋读书志》所载：《孝经》《论语》《尔雅》，秘书省校书郎张德钊书；《周易》，杨钧孙逢吉书；《尚书》，周德贞书；《周礼》，孙用吉书；《毛诗》《礼记》《仪礼》，张绍文书，字皆精谨。当五代之季，天下大乱，典章文物，蔽壤已极，孟氏据有两川，独能崇尚儒术，举诸经刻石以嘉惠学者，自是人文蔚起，蜀儒文学名天下，孟氏实有以启之，不为无功也。其拓片传世皆北宋本，有《毛诗》《周官》《左传》《公羊》《穀梁》五经，递藏于黄松石、赵谷林、赵晋石[3]、陈芳林、杨幼云、陈颂南、吴子迪昆季[4]、张叔宪、李亦元诸家。后至癸亥，内阁库书丛残八千袋逸出，罗振玉以巨资获得，中有《穀梁》卷五前半叶五行，除黄松石所藏《毛诗》及晋斋所藏《周官》第八卷未识存佚外，其余悉归卢江刘健之体乾收藏，并闲斋皮藏，偏征时贤题识，诚一时盛事。至言蜀石经之始末者，溯自宋迄清有席氏益、晁氏公武、洪氏迈、赵氏希弁、曾氏洪父、王氏应麟、顾氏炎武、万氏斯同、吴氏任臣、杭氏世骏、翁氏方纲、何氏

---

[1]选自《说文月刊》1940年第2卷第4期，第4—5页。
[2]罗希成，又名黄希成，四川人，别署海棠花馆主，四川金石名家，1949年前曾在成都创建私立希成博物馆。
[3]《二十世纪七朝石经专论》中提到这些人时，无赵晋石，只有赵晋斋（虞万里编，上海：上海辞书出版社，2018年，第1138页）。
[4]昆季：兄弟。吴子迪昆季指吴子肃（敬履）、吴子迪（式训）两兄弟。

绍基、朱氏竹垞、缪氏荃孙均有记述，而独不言其石亡佚何时，故皆意断原石毁于宋末元初，因元、明金石家无言之者，始有此论断也。按，曹能始《四川名胜志》称，石经《礼记》有数段在合州宾馆。刘燕庭有手批《钱竹汀日记》，自述为蜀臬时，闻乾隆四十四年（1779）制军福安康修成都城，什邡令任思仁得蜀石经数十片于土壤中，字尚完好，任令贵州人，罢官后，原石辇归黔中矣，余访求竟无所得，云云。舍此而外，盖无存者矣。己卯春，旧仆刘某供役黔中，稔知余有嗜古之癖，展转托人运残石一片贻余，睹之狂喜不已，盖蜀石经《毛诗》原石也。函询其来源，只云偶然拾得，亦不知其所自来。考其所得石之地，正与刘燕庭所记相合。不意千年古物，尤巍然独存。自宋经元明清而昔贤皆未经见者，今余一旦独得见之，较钱竹汀见梁茝邻所藏《左传》残拓两本，叹为衰年乐事，更难能可贵也。嗣余因事赴蓉，当五月四日渝中为倭机狂炸，余妻绳颖于烈火浓烟中，仓皇出走，仅抱此石与身免。后携来蓉，复与张溥泉、严谷声两先生手自拓墨，此又为千数百年来金石家所未有之快，况乱离作此，较太平文赏尤为消忧。①

---

① 该文末附"祖同案……"一段文字，未作任何说明，后出的《说文月刊》第 2 卷合订本以"跋"作名，落款"金祖同跋"，故此处将其删除。

华西大学博物馆参观记[1]

卫聚贤

余在上海时,闻华西大学在一古墓中发现有直径二尺余的石璧若干。及至重庆,在政治学校讲演,听说华西大学在四川广汉发现石器。这次赴川北考察,路过成都住一日,即往华西大学博物馆去参观,适在假期。但闻人云,华西大学在广汉只有玉器,并有些类玉的石器,年代并不早。及至汶川涂禹山索土司家,闻苟联青云:簇头汪二喜家有石斧一,余请人往唤,汪二喜恐余要此物,由保长来信说此物已失。余以四川之有石器而未目睹为憾。及自汶川返,遇华西大学博物馆林名均[2]先生指导参观,知其在川康境内发现新旧石器甚多,并其他各部分。参观过后,以华西大学迁居西陲,以其成绩有关华西文化,而且为解决中国古文化中必要参考材料之一,故作此参观记以为介绍。又余去年由沪来渝,路过安南,在河内博物馆也参观过数次,购了些照片,并作成一篇《安南河内博物馆参观记》,其稿件随身带至贵阳,因汽车站被焚,我的三件行李,俱为灰烬,使《安南河内博物馆参观记》不能发表。今乘(车)赴雅安之前,草成此文,以先发表之。

华西大学在成都南门外华西坝,华西大学博物馆在华西大学之东,系一座东西向而南北长的二层大楼,下层为图书馆,博物馆在二层楼上。二楼分为三部,北辟一室为中国古物美术品室,南辟一室为西藏物品陈列室,中长而中空,东西两面形如走廊,各列小间而陈杂物,兹分类记之于后:

---

[1] 选自《说文月刊》1940年第2卷第8期,第2—5页。
[2] 原为"林名钧"。

一、中国古物美术品室

　　此室内中间有六个大橱，四周靠墙共计二十一个小橱，尚有一个列橱地位为古钱架所占，故东为十一小橱，西为十小橱。

　　入门东第一小橱内陈有周口店、安阳、城子崖等处石器、陶器、甲骨等，但甲骨并不多。惟其中有四块彩陶，是在四川理藩出土的，系红底上有黑花数道，似与甘肃的彩陶为一系统，但太小而太少，甚难断定。

　　第二小橱为长沙出土古物，有铜剑，陶狗上有绿为汉代釉物，陶冥钱，并宋磁（瓷）等。橱均分四层，其最下一层有陶片十余块，上有布印纹，类几何形花纹。

　　第三小橱为四川广汉出土古物。第一层为一个墓中出土物，有一长石铲，上无孔；有一长玉铲，有长玉刀，上部两旁有突出之齿，为绑柄用绳处；又有一仿造的长石刀，有一小石凿；一残石刀，从孔处中断；玉琮一，而有一类玉琮物，为一约寸高之薄石筒，在外部中间，突出一周约高三四分厚约一分之墙一道，此物不知何名，香港新石器遗址中出土甚多；有粗陶釜一，残陶缶一无底。第二层为在此墓以下另一文化层物，即新石器时代遗址中物，此层均陈列陶片，有绳纹陶片，有砂质绳纹如鬲片，有黑陶，有黑陶上刻纹，有豆腿等。第三层陈列石器，亦此遗址物，有二石铲，甚大，残一部分；有一长石铲，磨的甚光，但两头均残；余为残片。第四层为大小石璧及石璧残片。在此橱外陈二大石璧，其最大者直径为2尺7寸，厚约3寸，中孔直径约6寸；小者直径约2尺。此璧之大甚奇，但为灰色石质，石质并不好，与玉璧不同。

　　第四小橱为四川汉代墓中物，有陶鼎、豆、缶，并有瓦当，瓦当上有花纹无文字；有五铢钱，铜斧头。下二层为铁剑、铁刀、铁锄头等。第五小橱为陶鸡、陶狗，并灶。中空处陈列有大陶尊数个，大陶洗一，有一大俑，足穿草鞋，草鞋形状与今无异。又有大陶缶三，其一至腹部有印纹为几何形花纹。又有一大俑无头，手持戈。又有舞俑，弹琴俑等。第六、第七小橱均为小俑。以上均汉代物。

第八小橱为洛阳出土唐代有轴之俑等。中间第一大橱（由东向西共计六大橱），均为汉陶器。有一大陶犬。旁陈一大陶棺，长约六尺余，宽下部约2尺，高约3尺，无盖，亦无花纹。中第二大橱为成都附近出土唐宋以来有釉俑等，并唐宋磁（瓷）器。中第三大橱为铜器，有汉洗、壶等物，并剑、戈、矛、斧等铜兵器。

第九小橱为近代铜器，第十小橱为铜镜，此二橱在正中对门陈列，中陈一铜鼓。

第十一小橱（以下均在西面）为清代的顶子等，又有《永乐大典》服部系一九七九一卷，全。第十二小橱为清代装饰品。第十三小橱为玉器，亦有少数汉玉。第十四小橱为雕刻，均清代物。中第四大橱为磁（瓷）器，以汉、唐、宋按次排列，有一宋隐青磁（瓷）碗甚好。第十五小橱为宋磁（瓷），中第五大橱为明磁（瓷），第十七、十八、十九小橱及中第六大橱均为清磁（瓷）。第二十小橱为鼻烟壶，约四百余件。第二十一小橱靠入门西首，列有银币、铜币、纸币、布币，有四川造的，有红军在四川发行的，橱后有古钱一架。

以上系中国古物美术品室所陈列者。

二、中部陈列室

中为走廊式，出中国古物美术品室门，有二大橱当道而陈，近陈 J.H. Edgar 在四川各地所发掘的旧石器与新石器。北一橱尚有些新石器，其出土为西康、夔府、懋功、威州、叙府，并重庆至嘉定之间的长江南岸。种类新石器有凿、铲、戚、钁，以钁为多，与山西万泉县所产者多同。并列有南洋各地之旧石器。南一橱均旧石器，系在西康采集者。

西北有一小橱为欧美各地之新石器，亦有打制的，有鹿角，有骨器，有犹太的彩陶数片，而又有印第安人的一完整小彩陶，其花纹类貔子窝。西一小橱，均为新石器，约四百余件，上二层陈列的石质精，下二层陈列的石质粗劣，锋刃因而不大显明。上二层的石器，有小锛、小凿，但以小镬为多。其中有二石器，锋刃处宽在上面，其柄在下而尖，全形如扇面，多叙府南珙县出土。南一小橱为僰人墓中物，有支棺木，有磁（瓷）罐磁（瓷）碗等，为宋明之物，与汉人用者同，亦珙县出土。

其西为廊，分为数间，北第一间陈猓猡①用品，南二间陈羌民用品。其织品有几何形花纹，其陶器有绳纹的，其中有一陶缶，两耳由口部至腹，耳大而胫细为特别。有一独木梯。又南一间为川苗物，靠北有一橱陈云南丽江么些人②用品。川苗刺绣甚好，亦多几何形花纹。又南一间亦川苗物，有芦笙等。最南一间为贵州花苗物。

东面的廊亦为五间，南三间为清代的服装刺绣并盔甲。北一间为成都东南十里的琉璃厂出土各磁（瓷）器。最北一间为邛窑出土各磁（瓷）器。

三、西藏物品陈列室

华西大学博物馆最精彩之物在此，因将西藏黄教、红教及黑教（南一小橱上一层陈列数件，有一小卵石块，上刻有藏文咒语）物品陈列，有佛像（铜的，画的），有法器。最西一大橱，陈列如佛堂式，有灯塔等。南有一西藏独木梯，为二十一级，此与甲骨文上"降"字作"**降**"，其右二夕为二足向下，其左为独木梯，是向独木梯下者为降。余对于此一部分，暂无兴趣，故略而不详。

又楼下陈有汉石棺，雕有人物花纹者数块。

余参观华西大学博物馆后，有一种感想，其旧石器在四川出土甚多，虽有人以旧石器为有疑问，但有的其打制之迹显然。新石器各地均有，是四川文化之早可知。而以器物与苗民刺绣上所留的几何形花纹而观，则与吴越（东南沿海）民族为一家，即均为苗民。又以石镬与彩陶观之，则亦与黄河流域的新石器时代时的民族亦有接触。

---

① 今彝族。
② 今纳西族。

去年六月十一日敌机炸成都，在华西大学博物馆掷二炸弹，其一距房丈余，幸未爆炸，得以保存，因而将贵重物多疏散了，余只参观了这些，但大体尚在。惟金陵大学文化研究所所得汉代陶器、石棺、砖瓦甚多，余参观了一部分，因大部分疏散在乡下，而且堆积在一起，不能一一详观，故先作此参观记。

古史在西康[①]

卫聚贤

庄学本先生在川北、青海及西康多年，对于边地情形甚熟，而且擅于摄影，前几天在重庆开过几次摄影展览会，照例找些参观的人题字。我是写不好字的，而也不能不写，遂题了"古史在西康"五字，即是说西康现在的民俗，恰与中原上古的风俗一样。若是要在古书中一鳞半爪的找材料，不如看了西康的影展为有益。现在西康影展在重庆已毕事，择其与古史有关者，举例十二于下：

一、独木梯

甲骨文上有"陟降"二字，其形是：

上文右面为足，足尖向上者为陟，即是沿梯而上；足尖向下者为降，即是沿梯而下。而左面的 即独木梯，是用一根木柱，用斧砍成一凹一凸，使足可登。至于现在的梯子作 形，这是进化的。殷代人用的独木梯，在现在的西康人尚沿用着。

[①]选自《说文月刊》1941年第2卷第11期，第2—13页。按，在《说文月刊》第2卷合订本中，无附图，且文字有减删。

图一①

二、独木舟

古人对于"暴虎冯河"视为两件难事，甲骨文上有"于"字作䇂形，"干"为"岸"字，如《诗·魏风·伐檀》的"河之干"②即"河之岸"。沿河岸迂回前去，找到水源绕过对岸，就不"冯河"了。但是河源太长，绕去太远，对岸有事，少有渡河之望。羌民在岷江急流不宜行舟之处，想了个用溜索法子，即于两岸系一竹索，横跨河上，人从绳上溜过去。不过这是限于一小部分，不如舟在各地用途为广。

古人见"浮木"即知"刳木为舟"③，即用一块大木柱，用火烧其中，用水

---

① 文中图，原标注为"第+序号+图"，整理改为"图+序号"。
② 《毛诗正义》卷5《国风·魏风·伐檀》，第358页。
③ 《周易正义》卷8《系辞下第八》，第87页。原注：《易》系词。

润其外，使内部空如槽形，就可渡人了。

不过另一个来源，即看见死了的野兽可以浮起，于是用整牛皮、羊皮作的，名为混沌，在陕甘有。西康是用皮作的船，尚存古义。

图二

图三

图四

图五

三、歃血为盟

古"盟"字为盥，即盘中盛一人头，将抵抗者杀戮，盛头于皿中，指投降者言，有敢叛者以此为例（杀头）。歃血制如何？其不可考，《左传》载晋人执卫侯之手插血及肘，卫侯怒而叛，想当时只用手指尖染一点血而已。

西康人之盟，系杀一牛，剥其皮，但牛头与四肢要连在皮上，将牛皮搭在木架上，投降者由牛皮下穿过，即由牛尾入，由牛头下出。另有一罐盛鸡，主盟者以手持鸡毛挑血作誓词，降者以酒和鸡血饮。此即《左传》中的"口血未干"[①]。西康对于盟时"执牛耳"之事，毫无遗迹。于右任先生云：贝加尔湖畔有蒙古族，一日于夜间在大森林中聚会，伊亦参加，将羊烤熟为食，年长者用刀割下羊耳，让给参加者，均推辞不受，后由长者食其羊耳，或亦古执牛耳之遗风吗？

---

① 《春秋左传正义》卷30"襄公九年"，第1943页。

图六

图七

图八

四、弩箭

现在的武器则用枪炮，古人的武器则用箭与弩。

古人以手掷石子击物，后用木棍，将一端劈开，加小石于劈开处，手持木棍未劈开之一端，用力抛去，木棍不脱手，石子借木棍之力，比手掷为远。再后用木棍一端系绳，如放牛羊的鞭子，在绳端系小石子掷出，其力更大，名之为"弋"，即《论语》上的"弋不射宿"[①]。

由弋而变为弓，初用弹丸射出，名为弹弓。新石器时代遗址中，多有陶石弹丸，甲骨文有 𢎥，知为弹弓。后则用箭，新石器时代遗址中，多有石镞、骨

---

①《论语注疏》卷7《述而第七》，第2483页。

镞，甲骨文有 ⊕ 字，知为弓箭。至于弩，已有些简单的机械在内，在战国时由西南夷传入中原。弓箭，内地尚有遗存，弩则为少，故就西康人射直木弓及弩的姿式（势）列下，以知其用法。

图九　　　　　　　　　　图十

五、刻石

西康人以小儿不容易养成，乃于十字路旁刻小儿足印在石上，足心多刻十字，以为把小儿的灵魂钉住了。按，金文中有四足绕一物的 ✲，此物或为遗迹吗？

有的怕有蛇咬人，乃将蛇打死，在石上刻一蛇，并于蛇旁刻咒文（咒文是用藏文，因其为番族）以赎罪，金文中的图象（像）文字或亦有此意在内。

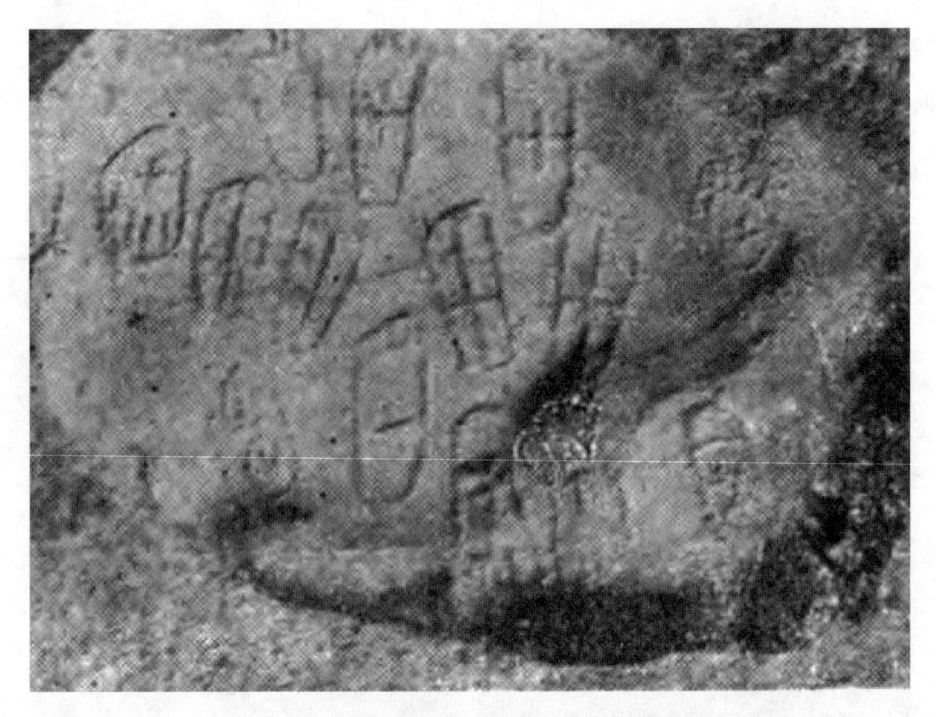

图十一

图十二

六、陶器

原始人类不惟不知用铜,且不知置造陶器,盛水的器具是用蚌壳,沿习既久。到了陶器发明,不用贝了,乃择贝的美观者为货币,故"财"字、"宝"①字等都从贝。

新石器时代的人,由利用鸟巢盛物而知编为筐笼。以筐贴泥被焚,筐化成灰,泥片成陶质而有凹状,可以盛水,功用等于贝,于是在筐内部涂泥,烧筐成盆。继用手作,后用轮盘,西康人造陶器尚不知用轮盘,近于原始。

图十三

---

① "宝"字的繁体字为"寶"。

图十四

图十五

七、葬

人类处治死人的问题，分为六种方式：

1. 吃葬

人类在渔猎时代，迁徙不定，年纪大的人走不动，欲其抛弃了为野兽所食，不如自己吃了为经济。其法是子女将老人送上拱把的树去，子女持树身摇，将老人摇不下来，以其尚健康而留养；若摇的掉下树来，拍手大笑，杀而食之。此风现尚存于南洋落后的民族中。

2. 弃葬

《孟子》上说："盖上世尝有不葬其亲者，其亲死，则举而委之于壑，他日过之，狐狸食之，蝇蚋姑嘬之，其颡有泚，睨而不视，夫泚也。非为人泚，中心达于面目，盖归反蘽梩而掩之，掩之诚是也。则孝子仁人之掩其亲，亦必有道矣。徐子以告夷子，夷子怃然为间曰：'命之矣。'"[1]《说文》："吊，故人持弓会殴禽也。"[2]是将死尸弃于野外，使鸟兽食。西康人以死尸背在野地念经后，以鸟兽不食为不吉，于是将尸体分成小块，就有些老鹰群来争食。甚至将骨骸打成碎末，和入面粉中，抛在野外，使鸟兽食。《易》系词"古之葬者，厚衣之以薪，葬之中野，不封不树"[3]，亦为弃葬之一。

3. 晒葬

印度、缅甸有一部分人死了，将尸体挂在树上，使太阳晒，结果也是被虫鸟兽所食了。

4. 水葬

西康有一部分人，将尸体掷入河中，名为水葬，结果是尸体葬入鱼腹。

---

[1]《孟子注疏》卷5下《滕文公章句上》，第2707页。
[2]《说文解字注》第八篇上《人部·吊》，第383页。
[3]《周易正义》卷8《系辞下第八》，第87页。

5. 火葬

《韩非子》等载"氐羌之民不畏其死,而畏其死之不焚也"。[①]是氐羌古行火葬,现在西康人尚存其俗,以尸体盛于柴堆,以火焚之。

6. 埋葬

埋葬在新石器时代已举行,其式不一。

甲、以芦席卷之埋入土中,则有:

A.仰面葬——面向上。

B.俯身葬——面向下(殷墟有)。

C.曲身葬——侧面弯头曲腿(殷墟有)。

乙、用瓦棺

A.用一大瓦瓮,将尸身装入其中,头露出瓮口(小口大胸瓮),另一瓦罐[②]覆在头上,两瓦器合而为棺(山西万全县新石器时代有此葬法)。

B.用泥作成长方形,高而窄,上有盖,烧成陶质,名为瓦棺,四川的成都、新津、宜宾等处均有。

丙、用木棺

用木作成长方形,而大头小尾,各地形状相同。

棺外加一层无底(上面及侧面)的棺名为椁,取其城外有郭,保护其棺不速朽之意。

丁、墓冢

A.将棺放地面,四周用土基或砖裱住,在水浅的地方多如此。

B.将土掘下数尺,将棺埋入其中。

C.用大木柱建成墓壁,棺放其中,长沙及寿春的楚墓如此。

D.用砖砌成墓室,前有甬道,后为墓室。在汉晋六朝时,墓砖上多印花纹及造碑的年月。陕西、河南、四川、南京都如此。

[①]《吕氏春秋集释》卷14《孝行览第二·义赏》载:"氐、羌之民,其虏也,不忧其系累,而忧其死不焚也。"(第328页)《荀子集解》卷19《大略篇第二十七》载:"氐、羌之虏也,不忧其系累也,而忧其不焚也。"(第501页)

[②]原为"瓦甑"。

E. 用石块及石条筑成墓室，在石上刻有人物的故事等花纹，有名的山东武梁祠，及山西离石的左奔墓，河南南阳的汉墓都如此。

F. 在山崖石壁上，凿穴而入，口小可容棺入，虽小的墓室，仅容一棺，稍大的可容二棺。有的有二进墓室，有的墓口也大，上刻房檐，人物，旁刻类似门神。入门有享堂，壁上刻有人物，由享堂凿墓室，嘉定狮子湾之墓室，有深12丈，在墓室旁横凿小葬室以放棺，这是族葬而非一代的葬地，俗名"蛮子洞"。四川各地沿河均有，重庆沙坪坝墓口上刻有"熹平"等年号。

戊、坟

墓在地面上的形状，除裸在地面随棺形而作长方形外，则有：

A. 圆形——有的墓顶竖一圆石，山西太原文水一带都如此。

B. 长形，大头小尾。

C. 长尾形，亦为长形，大头小尾，惟尾甚长而曲。

D. 有用土堆的，有用石砌的。

己、坟墙

A. 院墙，有钱的人，在坟外四周筑一道墙，墙为方形、长方形，如院墙一样。

B. 有于墓外地面上用大石竖立，作成圆形，有小石立而圆墙小，有的石大而圆墙甚大，湖南凤凰的苗人尚有此。

C. 有的用长石作柱，再用长石搭在上面，如橙子形，也围绕在坟外。西康尚存此物。

图十六

图十七

下编

图十八

图十九

图二十

八、英雄结

西康人头绕白布，用布的一角作成如角形一，竖在头上，名为英雄结。其角为一，此为以犀牛作图腾的遗迹。

舜为苗民，余在《古史研究》上已说过了。舜姓姚，现在山西河东一带演旧戏，对于继母称为"姚婆"，以舜的母亲为姚家的婆婆。而演戏时有特别表示出为继母者，即于头上用白布绕成三寸长一小角竖在头上，此与西康人及贵州的花苗相同。又，《国策》①言赵武灵王胡服有鵔鸃，即雉尾，而戏台上扮演古人，带雉尾者，多少有些胡俗在内。

---

①按，即《战国策》。

图二十一

图二十二

图二十三

九、母系社会

"知母而不知父",在古书上多有此记载,后世所谓"女儿国",均为母系社会,现在西康人尚有存在。女子多乱婚,即儿女不知其父为何人,女子故不嫁,主持其家务。有一过渡期,即一女子嫁数丈夫,在性的方面女子支持不住,即为毁容。下即西康毁容的女子。

图二十四

鸟兽中以雄者为美观，如雄狮子比雌狮子美观，公鸡比母鸡美观，而人类女子反比男子美观，这是经济条件形成的。牝兽怀了孕，找食不易，生了小兽又要给小兽吃奶。雌鸟下了蛋要孵，又要为小鸟觅食。雌的负担经济太大，故不愿性交，因性交了生子，要它负担的。而雄的怕绝种，到了性欲发达时，只好用美丽颜色去引诱（和奸）。又如蜘蛛，雌的甚大居网中，雄的小而多，伺于网外，乘雌的睡着时去交媾（强奸），若被雌的发觉得早，一口就将雄的吃了，在雄的是好色不顾命，而在雌的是怕经济负担。惟蜜蜂的组织甚完善，蜂王在蛹时吃了"王食"，使大脑发达，而指挥工蜂，计划需要若干雄蜂就造若干雄蜂巢，需要若干雌蜂，就造若干雌蜂巢。王蜂下蛋于巢中成蛹蛮蜂。一切工蜂（分为守卫，采粉，造蜜等类）均系雌蜂，雄蜂为与王蜂交媾用。王蜂生长到了18天至24天期间，择日暖天青时飞出，雄蜂群追，追及者交媾（与蒙古女子求婚以赛马相同），追不及之雄蜂仍回巢中，若在冬季不产蛋，不需要雄蜂交媾时，则将雄蜂杀死，来年春季用时再造，是嫌雄蜂白食的，这是蜂最为合理化。

十、箸

古人吃饭用手抓，后用铲或匙挑，汉以后则用箸，俗名筷子。

汉代的冥器灶上，有刀，有叉（两齿），有匙，与吃西餐同。《左传》上的"染指"①尚为手抓，汉代的贵族有箸。汉以后就普遍了。

现在印度人用手抓，西康人用铲挑（如下图的小孩），蒙古人则用刀，羌民则用叉。

图二十五

---

① 《左传》宣公四年载："子公怒，染指于鼎。"（《春秋左传正义》卷21，第1869页）

十一、羽檄

西康人传信,是用辣椒一枚,用鸡毛一枚,插入辣椒中,以口传信。现在山西万全县人,遇有急事招集人,则于信上插一鸡毛,名曰"鸡毛转天"。在古时则名羽檄,《汉书·高帝纪》云"吾以羽檄征天下兵",注"檄者,以木简为书,长尺二寸,用征召也。其有急事,则加以鸟羽插之,示速疾也"[①]。

图二十六

十二、氏族社会

《庄子·胠箧》云:"……伏羲氏,神农氏,当是时也,民结绳而用之,甘其食,美其服,乐其俗,安其居,邻国相望,鸡狗之音相闻,民至老死而不相往来。"[②]西康大凉山的罗罗正如此。

---

① 《汉书》卷1下《高帝纪第一下》,第68页,颜师古注。
② 《庄子集释》卷4中《外篇·胠箧第十》,第357页。

他们有的于高阜①上竖杆，以布作旗，这于古族字同，族字的𠂉为旗，矢即人字，是人持或守旗为族。氏，《说文》解作崖壁，当为高阜，是在高阜上竖旗，人在旗下守着，名为氏族②。

西康罗罗的"老死不相往来"，是因为怨家太多，这一部落打死了那一部落一个人，就结下数世怨仇，非报不可。此部落战胜将仇报了，彼部落因被打死了又结下仇来了，因此怨仇永无解日，他们的"老死不相往来"，怕的是碰到怨家手里。另有一法，在交叉路口，竖一木杆，将小狗致于上，以叉木加于狗上，狗不久就死了。仇人若从此经过，狗的灵魂就要追随仇人，使仇人不吉利，这也是他们"老死不相往来"的一个原因（实际是罗罗以狗为图腾，其部落见其图腾被置死悬挂，以为象征③在部落人被俘悬挂一样，故不敢经过其他）。不过他们想出个交通的法子来，就是利用奴隶（俘虏的汉人）向各部落往来交易，他们叫奴隶为"娃子"，到了过年时，这种往来各部落的娃子，送猪头一个给所往来的部落，名为"猪头娃子"。

图二十七

---

①原为"埠"。该文中，"埠"统一改为"阜"，不一一出注。
②《说文解字注》载："氐，巴蜀名山，岸胁之自旁，箸欲落𡐦者曰氐。"（第十二篇下《氐部》，第628页）
③原为"像征"。

图二十八

　　罗罗自称为黑骨头，以汉人为白骨头，以黑骨头为贵，其实骨头都是白的，没有黑的，这是苗民崇拜黑的缘故，如四川人以吃乌鸡为吉，广东人以吃黑狗肉为上品，江苏、浙江人不吃黑鱼，古以东方为青色，而杭县良渚镇、山东日照均有黑陶发现，是崇拜黑的民族遗迹。

中华民国三十年（1941）三月二十四日记于中央银行

石纽探访记[1]

卫聚贤

一、动因

禹在中国的传说中，有两件很大的事，一为治平洪水，一为家天下（封建的开始），但治水的传说特别古，而且这传说也特别的广大。即就禹的生地都地葬地而言，也是传说不一。

禹与夏是有关系的，而夏的地名，在阿富汗、新疆、甘肃、陕西、绥远、山西、河北、山东、河南均有，并有西夏、东夏、中夏等名称，合起来谓之"诸夏"。这些地方都在黄河流域，是禹亦为黄河流域人物，似为当然之事，是以有禹都于山西安邑之说，而且治水以凿龙门开伊阙为最盛。

而就四川为禹的生地言，其地为石纽乡或石纽山的刳儿坪，固然这石纽有说在汶川的，有说在北川（石泉县）的，要之禹与羌民发生了关系。此事向不为人所注意，庄学本先生曾至汶川一带调查，将传说与志书上所载的材料汇集，陈志良先生据此而作《禹生石纽考》[2]，接着孔令谷先生又作一篇《禹生石纽与禹为上帝辨》[3]。

---

[1]《说文月刊》第2卷第6—7合期，1940年，第1—13页。此文后以相同的题名再次发表于《说文月刊》第3卷第9期（1943年，第13—20页），但文字部分略有改动、删减，且未附图。

[2] 此文曾先后分别发表在《史地社会论文摘要月刊》第3卷第3期，1936年，第6页；《禹贡》第6卷第6期，1936年，第39—48页；《说文月刊》第1卷第12期，1939年，第15—26页。

[3] 即孔令谷在《说文月刊》第2卷第2期、3期、4期、6—7期上以"禹生石纽与禹为上帝辨"为题连载的文章。

这些文章分别发表在本刊第一卷第十二期及第二卷第二期上，于右任先生看了，根据这些材料，故有往汶川探访之行。但是石纽村有在石泉之说，而庄学本似未去过北川县，故其材料集中于汶川，于先生因而亦有汶川之行。自汶川归来，于先生拟再往北川探访，余以独到汶川不到北川，似乎有袒石纽在汶川之嫌。但即到北川，而石纽究在何处，仍然不能决定。因先作为探访记，对于石纽的所在地，暂不下结论。

二、途中

八月十五日从重庆动身，当日宿内江，次日到成都，住一日于次日到灌县，十九日从灌县动身，宿于其北三十里的龙溪镇，次日宿于兴文坪①，二十一日至汶川县住一日，二十三日返，宿于银兴坪，次日仍宿龙溪镇，于二十五日抵灌县，这是我们的行程，以后于先生即将返渝，余将往川西、川北考察。

图一②

---

①原为"与文坪"，据《说文月刊》第3卷第9期所载本文改。
②文中图，原无标注。

同行者，由渝至蓉系于先生与于望德（于先生的大公子）并杨副官万春与余四人。由蓉至灌加入了林少和先生与严谷声先生，到了灌县加入陈之宜先生，并摄影家盛学明先生。

由渝至灌乘的是①小汽车，匆匆而过，笔难尽述。由灌至汶往返均乘滑竿，故有闲暇时间注目四望，兹就所忆所见者述之于左（下）：

灌县的离堆传为秦李冰父子所凿，这事放在后面再讲，其北有二郎庙，二郎神有的说是玉皇的外甥，有人说即是封神榜上的杨戬，但他为三只眼，似为蚕丛即是开明，有一只狗又似为盘古。不过我想我小时，我们的乡间有二郎庙，有一老学究作碑序，他对于二郎考证得很好，他说："二郎者，老郎之子，大郎之弟，三郎之兄也。庙前有大槐一株，人以为树在庙前，而我独以为庙在树后，是为序。"

再北则有索桥，用竹皮编绳名箴，河中立数柱，箴绳系于上，平铺木板作路，两边高出箴绳数道作墙，再北轿夫抬我们从另一索桥过，走过很有些摇闪。及至汶川，由北门外过索桥往瓦寺土司处，我是步行过索桥的，初则尚好，行至中间，闻下面水声甚大，向下一看，水流甚急，似乎桥摇得很厉害，不免有些害怕，静了一时，才走过桥（索桥见图）。

图二

---

①原为"最"，据《说文月刊》第3卷第9期所载本文改。

到了兴文坪南首有溜索，即用净篾丝为绳一条，两头系于两岸，又用坚木栽长一尺，直径约五六寸，剖为两半，内中挖空，留约一寸厚的弧形壳。渡时，将索加在壳内，另用麻绳在胯及腰系住，一头绑在壳上，留一双曲绳头挂石头上，即悬在空中，两手握索向前而过（溜索见图①）。

图三

至于古的东西，在汶川闻其河西南十里簇头村汪二喜曾在其地拾得石斧一个，见过的人很多，因余带有一石斧作标本，他们看了才说起。但汪二喜坚说石斧已遗失了，即托县党部书记孟如言详为调查。并闻其地半山中有崖墓（俗名蛮洞子），不久曾有陶鸡、陶犬、陶俑发现，而陶俑高约1尺，其地人名为小人国人的墓。行至龙溪镇第二区署，有沙石宽约1尺，厚约3寸，长约8尺5寸，上正中刻有"大唐……"，右角下有"汶川卡元"四字，右角上亦有字不

①原文不见溜索图，而图三应为后文中所说的"与羌民在刳儿坪合摄一影"图，为保持原貌，不做调整。

显，左角上有横刻"刘凤……"字样，惜其被磨刀磨去了字迹，现作凳子用。

此行将我的脸晒红了，林少和先生作一诗云："考古大家卫聚贤，目如电溜口河悬，乘危远迈羌夷寨，到处逢人问石棺。"于先生看了戏改其诗云："考古大家卫聚贤，手持石斧到岷山，仰天远迈夷羌寨，脸晒通红似姓关。"因我坐的滑竿太仰，而且上高山到涂禹山去，将脸晒得如关公了。

此外听得轿夫术语，有些韵文，兹录几条于左（下）：

1. 遇见路滑——前："把紧"，后："站稳"。

2. 遇见抖（陡）坡——前："越下越抖（陡）"，后："下去就好走"。前："抖（陡）下连抬"，后："你去我也来"。

3. 两面有石夹路——前："两靠"，后："逢中对节"。

4. 路旁一大石——前："左（或右）手一个大石包"，后："不请石匠不能搞"。

5. 路上有水——前："天上明晃晃"，后："地下水荡荡"，或："玻璃放在大路上"。

6. 路上有树枝——前："天上一根虹"，后："地下一条棒"。又前："撑高"，后："拘（佝）腰"。或："四川英雄豪杰数马超"。又前："左（右）手立木"，后："后来对出"。

7. 路上有茨——前："青蓬绕顶"，后："抬官过省"。

8. 干树枝——前："右（左）手一个霸王镰"，后："打得下来作柴烧"。

9. 路有沟缺——前："右（左）手一个缺"，后："新官把印接"。

10. 路有横水流——前："当中一道河"，后："过河好洗脚"。

11. 沟太沟——前："前头倒挂金"，后："风调雨顺好年份"。

12. 将上坡——前："山神土地"，后："各打主意"。

13. 下慢坡——前："二流坡"，后："带到梭"。

14. 房子角——前："右手屋檐过"，后："卖了房子睡崖角"。

15. 石板桥——前："两边合一缝"，后："踩两边没踩洞洞"。

16. 木棍桥——前："朽木烂桥"，后："鲁班功劳"。

17. 独桥木——前："丹田一根线"，后："跑得马来使得箭"。

18. 桥下有水——前："人望（往）桥上过"，后："水向海中流"。

19. 牛粪——前："天上鸡子飞"，后："地下牛屎一大堆"。

20. 马粪——前："前头有个点子花"，后："拾得吃了不发痧"。

21. 挑担子——前："右手两靠"，后："老板赏号"；又"一人拿一吊"。

22. 挑担子多了——前："右手站一排"，后："从头一二数起来"。

23. 街上小孩当路——前："天上一朵云"，后："地下有个人"。

24. 猪当道——前："前头一个毛攻（拱）地"，后："打个连环高挂起"。

25. 小猪当道——前："前头毛攻（拱）地"，后："卖了买得到二合半米"。

26. 牛当道——前："右手力大"，后："让他说不出来话"，或："剥皮好上架"，或："打二两烧酒好来下"。

27. 马当道——前："右手力大"，后："皮子不值价"，或："肉也不值价"。

28. 狗当道——前："有蹄有咬"，后："唤掌柜娘娘拿个绳子拴好"。

他们因抬轿子，前面抬的人看见要注意的地方，要报告后面抬的人（后面抬的人因轿子遮住看不见前面），后面抬的人答应一声，说他知道了，故一唱一答就成了韵语了。

三、涂禹瓦寺山土司的探访

涂禹山，据《汶川县志》讲是禹娶于涂山氏的。涂山氏地，当有探访的必要，其地出汶川北门，过索桥，北行里余，即北上很高的大山，到了山巅，就是涂禹山，但禹王的遗迹及涂山氏的遗迹，一点也找不到，只有瓦寺土司的衙署及其村人26家[①]，为索姓6家，王姓4家，马姓4家，张姓2家，曾姓2家，苟姓2家，刘姓1家，姜姓1家，江姓1家，尤姓1家，明姓1家，陈姓1家。

---

① 原为"及其村人26家在一全村共26家"，据《说文月刊》第3卷第9期所载本文改。

土民本无姓，后指所住的房子为姓，今所有的 12 姓，是仿汉人的姓，计口 142（连雇工在内），保长为索颖之。

他们原是藏人，故用藏文，但是涂禹山全村只有一个 69 岁的索龙苏会写藏文，其余的都用汉文，从前是有私塾的，自民国二十四年（1935）共军过后即停止，今年拟设初级小学校一所。番语懂的人很少（其他各寨多懂番语），惟传号（如传达）苟联青尚懂得些。

涂禹山寨门楼上有木刻的大像，为鸟嘴人身，而足为鸟爪，两手持大蛇一条，两爪各抓蛋一枚。相传此鸟共生三蛋，一蛋为瓦寺土司之祖，一蛋为初斯甲（系清化县管，一大土司），一蛋为单东土司（在川西北距汶川甚远），故三土司为兄弟三人，各据一方的。

瓦寺是因其寺房屋上有瓦（其地多用树皮及茅草为屋），土司下设五大总管，总管下为寨首，寨首下为乡约，乡约下为平民。瓦寺土司共管 28 寨，其地不尽在汶川，有的在茂县及懋功的。瓦寺土司自明至今常为国家出身征讨，至民国元年（1912）即改为村落，现在又编为联保，但在行政方面，大部分尚要经过土司。土司索海帆①于今年病故，其子索国光年 9 岁（即涂禹山土人，见图）。去时我带了些礼物送去，承招待"杀鸡温蜀（米蜀）而食之"。

图四

①原为"□"。

其历史有光绪二年（1876）索世番刻的《瓦寺宣慰司功勋纪略》，其文大意是：

一世祖讳雍中罗洛思，其先原籍乌斯藏加温人也。伯世祖琼布思六本三郎纳思霸，倾诚区夏，归化遐方，进献真经240部，并贡土宜各物，召见特赉予甚厚，……奉旨驰驿回藏，永绥南荒。正统六年（1441），咸茂汶保生番跳梁，即今孟董、九子、黑虎、隆溪等寨也。屡征不服，州县戒严，旋有命调我伯世祖统兵出藏，相机进剿等语。伯世祖因年老多疾，恐负朝廷委任，故遣我一世祖亲领头目43名，番兵3150余人，分路进剿……奉旨留驻汶川县之涂禹山，控制西沟北路羌夷及咸茂保灌等处地方，钦颁宣慰使司银印一颗，重48两，诰命一道……

原印未见，嘉庆元年（1796）黔省苗叛，奉调出师两载，屡立战功，于嘉庆七年（1802）四次朝贡，赐铜印一颗现尚存，侧面有"嘉庆九年（1804）四月日"，其一侧为"嘉字四百六十八号"，背面有"瓦寺宣慰司印"，另行有"礼部造"三字，对方有满文两行，正面的篆文见图。至民国二年（1913）改为木印，比铜印大些，其篆文为"大汉四川西昌宣慰使司宣慰使印"，至今尚用之。原姓桑郎至乾隆五十五年（1790）三次朝贡时，赐姓索诺木，今缩其音为姓索。

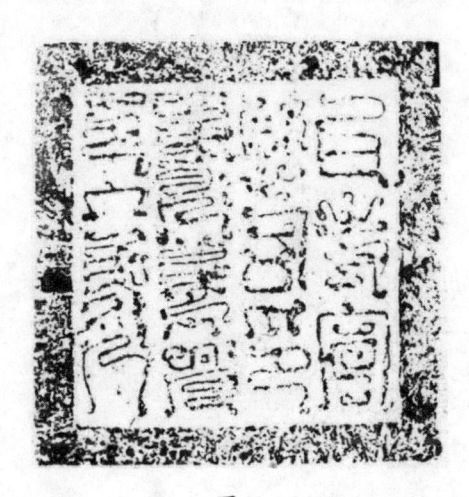

图五

其世系是：

一，雍中罗洛思，二，克罗俄坚灿，三，直巴札什，四，满葛喇，五，舍纳容中，六，占叫加，七，喃葛，八，亦舍雍中，九，甲思巴，十，南吉儿甲思巴，十一，南吉二朋，十二，舍躬，十三，山查儿加，十四，曲沃太（在明崇祯末年），十五，曲翊伸，十六，坦朋卜吉，十七，桑郎愠恺，十八，桑郎容中，十九，桑郎荣宗（赐姓索诺木，改名为索诺木荣宗），二十，衍传，二十一，索世番，二十二，索怀仁，二十三，索季皋，二十四，索海馼，二十五，索国光。而索季皋系索怀仁之弟，应作二十四世计。

他们的语言是：
1.家庭称呼①

父亲ㄍㄥ，ㄓㄜ。母亲ㄚ，ㄇㄚ。祖父ㄚ，ㄅㄚ。祖母ㄚ，ㄅㄚ。兄ㄚ，一。大哥ㄚ，一，ㄥ，ㄅ一。弟兀ㄞ，ㄐ。姐ㄚ，ㄌㄞ。妹ㄅ，ㄛ，ㄌㄣ。子ㄣ，ㄐ世。女ㄣ，ㄇ一。舅父ㄚ，ㄅㄛ。舅母ㄚ，儿，ㄏㄨㄍㄨ。姨母ㄚ，ㄌ一。

图六②

———
①《说文月刊》第3卷第9期直接载为译文，从右到左为：父亲叫做——"更着"，母亲——"阿妈"，祖父——"阿爸"，祖母——"阿太"，兄——"阿一"，大哥——"阿一恩弟"，弟——"挨及"，姐——"阿赖"，妹——"博勒"，子——"恩节"，女——"恩密"，舅父——"阿博"，舅母——"阿儿姑"，姨母——"阿姨"。
②原为正文，整理时以"截图"形式出现，此类情况后同。

492

2. 用具及食物①

房子ㄅ，ㄐㄣ。衣ㄌㄡ，ㄨㄟ。褲ㄈㄣ，ㄗㄤ。裹脚（無襪子）ㄖㄢ，ㄌㄧ。鞋ㄅ，ㄍ，ㄗㄚ，耳環ㄌㄚ，ㄅㄣ。鐲曰ㄍ，ㄌㄚ。戒子ㄧㄚ，ㄍㄟ。箱ㄍㄣ，ㄅㄨ。桌ㄅㄚ，ㄌㄡ。橙（無番語，名板橙。）杯子（盅子）ㄌㄈㄨ。鍋ㄦ，ㄗㄚ。筷子ㄅㄚ，ㄌㄡ。碗ㄍㄟ。鋤ㄍㄚ。犁ㄈㄨ，ㄅㄧ。包穀一，ㄇㄚ（或即玉麥之音轉。）麥ㄉ。豆ㄅㄚ，ㄙ，ㄅㄜ。蕎麥ㄅㄞ，ㄦ，ㄅㄚ。大麥（名青柯）ㄕㄞ。松ㄅㄚ，ㄊㄜ。青油ㄇㄞ，ㄦ，ㄋㄚ。鹽ㄑㄞ。酒ㄅㄢ。

图七

---

① 《说文月刊》第3卷第9期直接载为译文，从右到左为：房子——"卜寝"，衣——"芦苇"，裤——"蒙口（脏）"，裹脚（无袜子）——"冉力"，鞋——"都得着"，耳环——"大轮"，镯——"各拉"，戒子——"牙隔"，箱——"更补"，桌——"搭楼"，筷子——"大狗"，碗——"呷"，锅——"大镬"，锄——"钾"，犁——"木的"，包谷——"一麻"（玉麦），麦——"德"，豆——"大德"，荞麦——"多路"，大麦（青果）——"黍"，青油——"麦儿那"，盐——"吃"，酒——"□（坛）"。

3. 禽兽①

鼠ㄅㄞ。牛ㄌㄣ,ㄨㄟ。兔ㄍㄚ,ㄌㄚ。龍ㄉㄣ,ㄦ,ㄏㄨ,ㄌ一。馬ㄇㄨ,ㄌㄚ。蛇ㄍㄜ,ㄌ一。馬ㄇㄨ,ㄌㄨ。羊ㄍㄞ,ㄙㄡ。猴ㄍㄞ,ㄐㄧ。雞ㄅㄞ。狗ㄍㄟ。猪ㄅㄚ。獐ㄐㄝ。鹿ㄍㄚ,ㄦ,ㄈㄚ。白熊（瓦寺土司所管之地多出白熊——即熊貓,政府禁止打獵,因世界只此地有。）ㄅㄣ。野猪ㄈㄚ,ㄦ,ㄋㄚ(ㄦ,ㄋㄚ即野。）牛ㄌㄣ,ㄨㄟ,ㄦ,ㄋㄚ。

图八

---

① 《说文月刊》第3卷第9期直接载为译文,从右到左为:鼠——"迫",牛——"冷威",虎——"凶",兔——"吓拉",龙——"大母",蛇——"谷里",马——"母口（驴）",羊——"该西",猴——"该既",鸡——"蛋",狗——"隔",猪——"大",獐——"节",鹿——"吓儿父",白熊（熊猫）——"口（赢）",野猪——"大儿拉"（儿拉即野）,野牛——"冷威儿拉"。

4. 成语[①]

你貴姓 ㄅㄟˋ, ㄍㄞˇ, ㄉㄞˋ, ㄋㄧˇ, ㄒㄧㄥˋ。
我姓索 ㄣㄛˋ, ㄙㄛˋ(我索)ㄍㄞˇ, ㄌㄚ, ㄒㄧㄥˋ。
你今年多大年紀 ㄋㄡˋ, ㄌㄧˋ, ㄉㄚˋ, ㄙˋ, ㄊㄜˋ, ㄍㄨㄚˋ, ㄋㄧˇ。
你到那裏去 ㄍㄞˇ, ㄅㄟˋ, ㄍㄢˋ。
我上街去 ㄓㄤˋ, ㄌㄞˋ, ㄉㄧㄢˋ, ㄕㄤˋ。
你從那裏來 ㄓㄟˋ, ㄍㄨㄟˋ, ㄋㄧˇ, ㄍㄨㄟˋ, ㄍㄢˋ。
請到家中坐 ㄣㄛˋ, ㄍㄞˇ, ㄊㄜˋ, ㄍㄜˋ, ㄅㄨˋ, ㄌㄞˋ, ㄋㄞˇ。
你吃了飯沒有 ㄋㄧˇ, ㄇㄧㄠˋ, ㄌㄚˋ, ㄉㄨˋ。
早飯 ㄙㄚˋ, ㄒㄧ。午飯 ㄌㄥˇ, ㄓㄜˋ。晚飯 ㄉㄚˋ, ㄇㄨˋ, ㄌㄧˋ。
我已吃過飯了 ㄇㄧㄠˋ, ㄋㄚˋ, ㄉㄨˋ。
我還沒有吃過飯 ㄋㄞˋ, ㄉㄨˋ。

图九

四、刳儿坪羌民的探访

汶川县南十里，河的东岸有山峰突出，有人题为"石纽乡"，其东山上名刳儿坪，原路在刳儿坪，后以山高路远，于山下突出之峰开凿新路，因其峰当江，

[①]《说文月刊》第3卷第9期直接载为译文，从右到左为：你贵姓——"贵该代你姓"。我姓索——"我索该拉姓"。你今年多大年纪——"奴里大时特挂你"。你到那里去——"该贵干"。我上街去——"常来店上"。你从那里来——"这鬼你贵干"。请到家里坐——"我该特各不来乃"。你吃了饭没有——"你猎拉肚"。早饭——"晒西"，午饭——"冷着"，晚饭——"大暮利"。我已吃过饭了——"猎拉肚"。我还没有吃过饭——"耐肚"。

并正对山口，故风甚大，尤其是在下午一二点时风更大，故名为飞沙关。刳儿坪上原有1寨，住人数十户，因路改在山下，现在上面仅有2户，并东岳庙1所，其庙有一83岁的老道士姓曹。

刳儿坪附近都是羌民，刳儿坪上土地不多，庙中的地产不足以维持老道士，每年由附近羌民送些米麦等。山上与山下少往来，故路荒芜而且险窄，同人步行上下，次日都喊腿酸。于先生也把胡子挂脱了十余根，庙中人及其二家人吃水，是从山沟中背上去的。居民都以玉麦为食（灌县以上都产玉麦[①]，玉麦亦名玉蜀黍，因其原产蜀地而名），而野猪当玉麦熟时，每夜偷食，居民每夜持枪追击。

刳儿坪上的东岳庙，有铁香炉为乾隆十八年（1753）物，有铁钟为光绪十三年（1887）造，居人掘地得一石虎（见图），其物长约尺余，高约六七寸，以其雕刻观之，似为唐宋时物？除此而外再无古可考。曹道士云禹的故事，听他师傅说：

夏禹王的母亲是个丫头子（女子），到了灌县修河堰，同伴的男子看见她肚皮大了，都要拿刀开她肚皮，看肚内是男孩是女孩；他母亲吓得跑了，到刳儿坪生下禹，长到几岁时，他母亲又带他去修河堰，别人都打他，因为他不能作工吃闲饭，他就到庙里找老道士当徒弟，这时老道士已有九个弟子，收他共为十人。但是他的九个师兄每日都打他。一天老道士说他要上山去，问他愿不愿随上去，他说愿意去。到了山上，老道士问他胆大胆小，他说胆大，老道士给了他一口剑，

图十

使他到庙中杀他九个师兄，这九个师兄是九条孽龙，后来他才能治河的。

[①]原注："包谷"。

此外羌民说，刳儿坪俗名打儿坪，羌语为 ㄉㄛˊㄍㄛˊ①，神叫 ㄚˊㄅㄚˊㄙ②，先祖叫 ㄚˊㄅㄚˊ老祖③。对于夏禹无特别名词。有年老的羌民说，"汉人不应当叫我们叫蛮子，大禹王也是羌人，是不应叫大禹王叫蛮子的"。我问"大禹王是羌人，有何证据？"他说："古老传言如此。"刳儿坪之访禹迹亦仅如此。

他们的风俗，病了或家中不祥，就请端公④。端公穿黄色方袍，带猴皮帽子，帽有三角向上，手持响盘或羊皮，与甘肃庆阳跳神相同。所谓独脚鬼为害使人病了，请端公将羊或狗致死⑤，是将独脚鬼送去了，病就好了。血光鬼为害使人皮破血流，由端公杀鸡祈祷。毒药鬼⑥为害使人得大肚子病，用铧烧红，穿在端公脚上，踏病人肚上而过。如病沉重，将锅烧红，端公背病人放红锅内打一转，病人不觉得热。此外于门顶上，用木瓢画有颜色的一大头，或石刻一人面，大眼大耳大口，头有角舌吐出甚长，口衔一长剑或刀，下有长石柱，上刻"泰山石敢当"五字，立在大门前，此名为吐吞神，在四川为多，尤其是在羌民传说中为最灵。余疑⑦此为羌民神，以其神最厉害，惟有"大山上的石头，可以堵当"，故于大山石上雕刻此神，汉人写为"泰山石敢当"，后人有误"石敢当"为人名，现在四川的汉人，合二为一，而为现在的吞吐神了。

他们的语言（未有文字），与汉不同，亦不与瓦寺土人同：

---

① 《说文月刊》第3卷第9期直接载为译文"德洛格"。
② 《说文月刊》第3卷第9期直接载为译文"阿巴赛"。
③ 《说文月刊》第3卷第9期直接载为"先祖叫'阿伯老祖'"。
④ 原注："巫，四川的端公自名道士为汉人，蛮端公为羌民"。
⑤ 原为"请端公将羊或狗，用不同的方法将羊或狗致死"，据《说文月刊》第3卷第9期所载本文改。原注："如枪打，石打等。"
⑥ 原注："蛊"。
⑦ 原为"拟"，据《说文月刊》第3卷第9期所载本文改。

1. 家庭称呼[①]

父親ㄚ，ㄧㄚ。母親ㄚ，ㄇㄚ。祖父ㄚ，ㄅㄚ，祖母ㄚ，ㄅㄚ。兄ㄚ，ㄣㄛ。弟ㄉㄨ，ㄗㄨ。姐ㄚ，ㄐㄧㄝ。妹ㄚ，ㄙㄛ。子ㄗ，女ㄐㄧㄝ。舅ㄨㄞ，ㄍㄨ。舅母ㄚ，ㄏㄤ。

图十一

[①]《说文月刊》第3卷第9期直接载为译文，从右到左为：父亲——"阿爷"，母亲——"阿妈"，祖父——"阿爸"，祖母——"阿太"，兄——"阿我"，弟——"多助"，姐——"阿姐"，妹——"阿索"，子——"子"，女——"姐"，舅父——"外姑"，舅母——"阿娘"。

2. 用具及食物①

房子ㄐㄧ。衣ㄆㄨ。褲ㄅㄛ，ㄅㄧ。裹腳ㄧㄅ，ㄐ一。鞋子ㄇㄞ，ㄗ。耳環一，ㄇㄚ。鐲一，ㄙㄞ。戒子ㄌㄨ，ㄇㄚ。刀子ㄙㄧ，ㄅ\。筷子ㄚ，ㄊㄨ。杯子ㄩㄗ。碗ㄨㄛ。鍋ㄗㄚ，ㄎㄚ。鋤ㄍㄚ，ㄍㄚ。犁ㄅㄛ，ㄇ。包穀ㄒㄩ。麥ㄌㄞ（麥來古聲同，甲骨文來麥同字，又有代羌之文，或殷代羌人種麥，殷人借其音名麥）。豆一ㄟ。蕎麥ㄖㄚ，ㄍㄚ。青油彳，一ㄡ。鹽彳。酒ㄑㄚ。

图十二

---

①《说文月刊》第3卷第9期直接载为译文，从右到左为：房子——"脊"，衣——"铺"，裤——"若的"，裹脚——"引起"，鞋——"袜子"，耳环——"一马"，镯——"一色"，戒子——"陆马"，刀——"使得"，筷子——"阿突"，杯——"杓子"，碗——"窝"，锅——"怎插"，锄——"钾"，犁——"代搬"，包谷——"玉"，麦——"来"，豆——"得"，青油——"吃油"，盐——"吃"，酒——"喝"。

3. 禽兽①

鼠ㄖㄞ，ㄍㄞ。牛兀ㄛ。虎ㄇㄞ，ㄏㄡ。蛇ㄇㄧㄝ。馬ㄇㄨ，ㄖㄛ。羊ㄘㄞ。猴ㄨㄚ，ㄙㄚ。鷄ㄧ。狗ㄍㄞ。猪ㄅㄧ，ㄚ。

图十三

---

① 《说文月刊》第3卷第9期直接载为译文，从右到左为：鼠——"热该"，牛——"鹅"，虎——"麦牛"，蛇——"灭"，马——"母若"，羊——"菜"，猴——"挖杀"，鸡——"鸡"，狗——"该"，猪——"的阿"。

4. 成语①

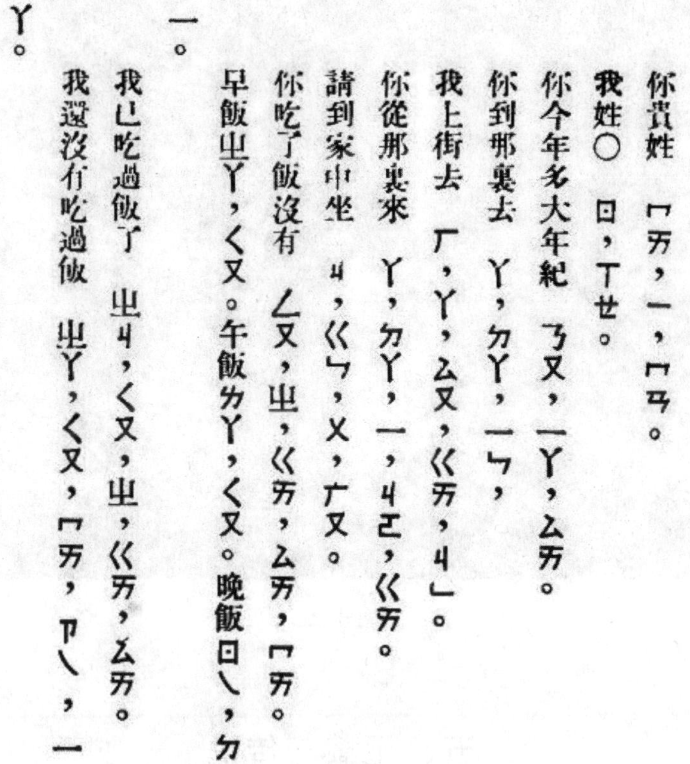

一。
你貴姓 ㄇㄞˋ、ㄧˋ、ㄇㄞˊ。
我姓○ 曰，ㄒㄧㄝ。
你今年多大年紀 ㄋㄡˇ，ㄧㄚˊㄙˇ。
你到那裏去 ㄏㄚˊ，ㄉㄚˊ，ㄏㄧㄣˊ。
我上街去 ㄚˊ，ㄧㄚˊ，ㄗㄡˇ，ㄍㄞˊ，ㄑㄩˋ。
你從那裏來 ㄐㄚˊ，ㄍㄚˊ，ㄧˋ，ㄐㄧㄠˊ，ㄍㄞˊ。
請到家中坐 ㄎㄡˊ，ㄎㄣˊ，ㄨˊ，ㄨˋ，ㄧㄡˋ。
你吃了飯沒有 ㄉㄡˋ，ㄓˋ，ㄑㄩˋ，ㄗㄞˋ，ㄇㄟˊ。
早飯ㄓㄚˊ，ㄑㄡˋ。午飯ㄉㄚˊ，ㄑㄡˋ。晚飯ㄇㄟˋ，ㄉ

丫。
我已吃過飯了 ㄓㄧˊ，ㄑㄡˋ，ㄓˋ，ㄍㄞˊ，ㄗㄟˋ，ㄧ

丫。
我還沒有吃過飯 ㄓㄚˊ，ㄑㄡˋ，ㄇㄟˊ，ㄗㄟˊ，ㄧ

图十四

羌民穿的是用土麻作的粗布衣，用布缠头，于先生与曹道士在剐儿坪合摄一影（见图），我们与羌民在剐儿坪合摄一影（见图②）。不过他们在河东因交通方便多汉语，羌语说来反而生了，在河西的多用羌语。其房屋上有一部分平顶为晒台，内有楼，每层甚低，房屋多为两座为一院落，成为丁字形，屋下有两层，最下者为牛房，次者为猪狗羊的共同住所。人则居于其上的一、二层中。

①《说文月刊》第 3 卷第 9 期直接载为译文，从右到左为：你贵姓——"外你百"。我姓○——"日些○"。你今年多大年纪——"乃呀岁"。你到那里去——"口搭行"。我上街去——"阿呀走街去"。你从那里来——"阿搭一条街"。请到家中坐——"岂肯口（屋）友"。你吃了饭没有——"豆吃去在没"。早饭——"怎豆"，午饭——"拉豆"，晚饭——"最多"。我已吃过饭了——"起岂吃去呀"。我还没有吃过饭——"怎豆没塞呀"。

②此处不见合影图，而本文第三张图应为此处所说的合影图。

图十五

五、记载与传说

禹与羌人发生关系,在西汉时①已有此说,如②:

大禹出于西羌。③
禹兴于西羌。④
大禹出西羌。⑤

---

①原为"是",据《说文月刊》第3卷第9期所载本文改。
②在第2、3条材料之间,《说文月刊》第3卷第9期所载本文时增加了一条材料,即:"禹出西羌。"(《盐铁论校注》卷5《国疾第二十八》,第333页)原注:《盐铁论·国病》。
③〔汉〕陆贾:《新语》卷上《术事第二》,四部备要本。原注:《新语·术事》。
④《史记》卷15《六国年表第三》,第686页。原注:《史记·六国年表序》。
⑤《后汉书》卷83《逸民列传第七十三·戴良传》,第2773页。原为"大禹兴于西羌";原注:《后汉书·戴良传》。

不过在春秋时已有此传说，鲁僖公时齐桓公西伐大夏，秦穆公也随行，将羌戎俘虏回来，无地安置，时晋惠公归国，秦即以羌戎送晋，晋惠公置于晋献公所灭虞虢的空地（虞虢之人迁于太原），世为晋人的先锋。

《左传》襄（公）十四年（前559），"来！姜戎氏，昔秦人迫逐乃祖吾离于瓜州"。昭公九年（前533），"伯父惠公归自秦，而诱以来……"①而《水经·伊水注》云："潏潏之水……出陆浑县之西南王母涧，涧北山上有王母……七谷水（注之）……（水西）出女几山之南七溪山，上有西王母祠。……伊水又东北径伏流岭东，岭上有昆仑祠，民犹祈焉。"②

洛阳附近之有昆仑山王母祠，实因姜戎从西北方面带来的，故《荀子·大略篇》云："禹学于西王国"③，《孟子》亦云："禹生石纽，西夷人也。"④《随巢子》云"禹产于砥石"⑤即其证。

此外，如《随巢子》有"夏禹娶涂山，治鸿水，通轘辕山，化为熊。涂山氏见之，惭而去，至嵩高山下，化为石。禹曰'归我子'，石破北方而生启"。⑥《汉书·武帝纪》元封元年"至于岳中……见夏后启母石"，颜师古注："启，夏禹子也，其母涂山氏女也。"⑦这是姜戎将禹及其子启生于石纽的传说带到洛阳的。

"羌"字从羊从人，是牧羊之人；而"姜"字从羊从女，是女子牧羊者。母系社会在父系社会之前，故"姜"字古于"羌"字。甲骨文有伐姜的记载，按

---

① 《春秋左传正义》卷32"襄公十四年"、卷45"昭公九年"，第1955、2057页。原为"《左传》襄（公）十四年，'来！姜戎氏，昔秦人迫逐乃祖吾离于瓜州。……我伯父惠公归自秦而诱以来……'"

② 《水经注校释》卷15《伊水》，第275、276页。按，原文顺序颠倒，原为："伊水又东北径伏流岭东，岭上有昆仑祠，民犹祈焉……潏潏之水……出陆浑县之西南王母涧，涧北山上有王母……七谷水……出女几山之南七溪山，上有西王母祠。"

③ 《荀子集解》卷19《大略第二十七》，第489页。

④ 原注：今本《孟子》无此文，见《史记·六国年表》"集解"引皇甫谧所引。按，《帝王世纪》"生禹于石纽"条下，注引"集解"后说："按，《孟子》无此文，故不补入。"（丛书集成初编本）

⑤ 〔清〕孙诒让撰，孙启治点校：《墨子间诂》之《墨子后语》卷下《墨家诸子钩沉第六·随巢子佚文》，北京：中华书局，2001年，第754页。

⑥ 《墨子间诂》之《墨子后语》卷下《墨家诸子钩沉第六·随巢子佚文》，第754页。"通轘辕山"，原为"至轘辕山"。

⑦ 《汉书》卷6《武帝纪第六》，第190页。

其地望在今河南南阳，即春秋以前的姜姓申吕之国，周初的姜太公即此族人物。其一支在陕甘之交，即《诗》所谓姜嫄履大人迹而生后稷者。其一支西出甘青之交，即所谓西王母之国。按，羌本三苗之后，而姜姓为神农之后，苗民本居南方，神农亦为苗民中共同的宗神[①]，是羌人应由南而北。如此，禹生于石纽的传说，在春秋时固由甘肃传至河南洛阳；而在春秋以前，当由四川传至甘肃的，即羌人由四川迁徙至甘肃时，将此传说带去的。如《孟子》《荀子》之所载，均在秦灭巴蜀以前，决不是秦灭巴蜀后其说方传至中原。

至于禹的生地，指出在四川的"汶山即广柔县"[②]，这固然是见于四川人扬雄作的《蜀王本纪》，而《孟子》已有禹生石纽的记载。

北方治水法为修堤，而灌县治水的方法，其堰用竹篾编成很粗很稀的大袋，将石块编入其中，名曰笼石，水从石缝中流出，减其压力，而竹篾在水中亦可耐久，是此竹篾（见图）即是石纽。

图十六

[①]原注：《孟子》亦有"有为神农之言者许行，自楚至滕"，亦为神农出于南方之证。按，原注引文在《孟子注疏》卷5下《滕文公章句上》，第2705页。

[②]"沫水出广柔徼外"条注"县有石纽乡，禹所生也"。（《水经注校释》卷36《沫水》，第623页）

按，在战国中年作成的《山海经》竟误灌县的岷江为长江的江源。而战国末年的《禹贡》直云："岷山导江，东别为沱"①，以外江为江，以内江为沱，内沱古音相同。是灌县离堆之凿，则在秦用张仪、司马错灭巴蜀以前，不然，张仪不能指他当时或其后一点的人凿离堆，假为禹导作成《禹贡》②以欺人。③

蜀地神话杜宇王时有洪水，其相开明治平洪水，杜宇让王位于开明，见于《蜀本纪》及《华阳国志》。余疑杜宇之与夏禹有些音同，开明之与启④有些意同，杜宇之与开明或即禹之与启，而杜宇开明之禅让，或即成为尧舜禹禅让故事的来源。这固然出乎本题以外，而四川的洪水之治，在秦以前，亦有与禹发生关系的传说的可能。

现在成都一带，标明为"专修河堰，包打水井"的工人，都是羌人，而且灌县的修堰亦多用羌人，羌人之善于治水，或自古而然⑤。禹传为中国第一治水的能手，自然传为禹是羌人，以其羌人治水惟一的方法用石纽，故说禹生于石纽。

"禹生于石"亦见于《淮南子》⑥，而石不破则不能出，故禹有"拆胸而出"及"剖胁而产"的传说，故俗名刳儿坪，坪与坝是四川土语言小平原之意。刳儿即刳腹生儿之谓。

六、归结

禹与羌人发生关系，在春秋战国时已有此传说，而其传说自西方的姜戎中传出的。禹生石纽，《孟子》已言之，而治水用石纽以灌县为显著，扬雄乃直指

---

① 《尚书正义》卷6《夏书·禹贡》，第152页。
② 原注：见《禹贡的研究》。
③ 原注：《禹贡》以东别为沱为禹导，而《水经注》以东别为沱为开明所凿。
④ 原注：汉代以启为开，如《山海经》的《大荒经》以夏后启作夏后开。按："夏后开"载于《山海经校注·大荒西经》。
⑤ 原注：按羌人现住山上，本无治水的必要，或古代羌人居四川盆地，因环境关系善于治水，至今尚保有其旧法。
⑥ 《淮南子集释》卷19《修务训》，第1336页。

为灌县上游之汶川。

这次我们为解决此问题而往,结果则用《论语》上原句作结束[①]:

一,"巍巍乎……大哉"[②]刳儿坪及其附近之山也。

二,到刳儿坪访问禹迹,则为"民无能名焉"[③]。

三,于是我对于禹,成了"吾无间然矣"[④]了。

中华民国二十九年(1940)八月二十六日记于灌县中央银行

[①]《说文月刊》第3卷第9期所版《石纽探访记》载为:"这次我们为解决此问题而往,结果虽无直接证据,但此传说实有研究的必要。"并无所引"《论语》原句"。

[②]《论语注疏》卷8《泰伯第八》,第2487页。

[③]《论语注疏》卷8《泰伯第八》,第2487页。

[④]《论语注疏》卷8《泰伯第八》,第2488页。

古蜀的洪水神话与中原的洪水神话[1]

程仰之[2]

（一）

据《蜀王本纪》说，

蜀王之先名蚕丛，后代名曰柏濩，后者名鱼凫，此三代皆数百岁，皆神化不死，其民亦颇随王化去。……时蜀民稀少。

后有一男子名曰杜宇，从天堕止朱提；有一女子名利，从江源地井中出，为杜宇妻。宇自立为蜀王，号曰望帝，治汶山下邑郫，化民往往复出。望帝积百余岁，荆有一人鳖灵，其尸亡去，荆人求之不得，鳖灵尸至蜀复生，蜀王以为相，时玉山出水，若尧之洪水，望帝不能治水，使鳖灵决玉山，民得陆处。鳖灵治水去后，望帝与其妻通，帝自以薄德不如鳖灵，委国授鳖灵而去，如尧之传舜。鳖灵即位，号曰开明。[3]

又《风俗通》说[4]：

---

[1] 选自《说文月刊》第3卷第9期，1943年，第25—31页。
[2] 程憬（1902—1950），字仰之，安徽人，历史学家、神话学家。以研究中国古代神话知名。出生年，《程憬文存》记为1902年，《中国神话学百年文论选》记为1903年。
[3]《太平御览》卷888《妖异部四·变化下》，第3944页。原注：《太平御览》八八八引。
[4] 按，《风俗通义逸文》载："荆鳖令死，尸随水上。荆人求之不得也。鳖令至岷山下，已复生，起见蜀望帝。望帝使鳖令凿巫山，然后得陆处。"（〔清〕钱大昕纂，光绪十年长沙龙氏家塾刻本，潜研堂全书本）《路史》卷38《余论一·杜宇鳖令》载："据《风俗通》等，'鳖令化从井出，既死，尸逆江至岷山下，起见望帝。时巫山拥江，蜀洪水，望帝令凿之，蜀始陆处'。"

时巫山拥江,蜀洪水,望帝令凿之,蜀始陆处。

又《蜀纪》说:

昔有人姓杜名宇,王蜀号曰望帝。宇死,俗说云宇化为子规。子规,鸟名也。蜀人闻子规鸣,皆曰望帝也。①

依上记载,则洪水是发生于杜宇为王之时。在洪水降临以前,还经三个时代。那几个时代的人类,大部分都随前王"化去",没有受着洪水这场灾难。其次,杜宇是"从天堕"下来的,他是古蜀人最崇敬的王。然不幸的,在他为王的时代而因"巫山拥江",致蜀中发生洪水(一说是由于"玉山出水")。后来洪水虽平,但他终"惭愧自以德薄",委国而去。受杜宇之命,治洪水的是鳖灵。他治水的方法,是开凿巫山(一说是"决玉山")。水去而陆现,民乃再得安处。他以此为功,而受杜宇的"让",统治蜀地。这个故事确如《蜀王本纪》所说,像中原相传的大洪水,以及由此而生禅让宇宙的统治。禅让和大洪水是有相连的关系的。这是一场由悲剧而连生的喜剧,在喜剧中仍带有悲剧的气味。所以杜宇委国而去,而蜀人闻子规,便思念他,大约其中含有无限的同情罢。中原相传的尧舜禅让故事,何尝没有类似这样的气味?虽然古代的儒墨把这件事讲得天花乱坠,好像完全是圣贤行为,但是我们在他书里,不是常常看见相反的说法吗?这是题外的话,不必再讲下去。我们只须承认这两个神话确是相同,便够了。

这两个神话之何以相同,我们只有两个可能的解释。一是这两个神话确有关系,是从这一个分衍而成为那一个的。依时间说,古蜀的可能传自中原,但依空间说,中原的也可能传自古蜀。一是这两个神话乃是各自独立发生的,至汉后,古蜀的神话始载于记录,而扬雄等便发见他和中原的古说很是相同。但

---

① 《文选》卷4《赋乙·左太冲蜀都赋一首》,四部备要本。原注:李善注左思《蜀都赋》引。

根据现所存的材料，我们似乎无力能加断定的。

这两个故事确多类似之点，但是古蜀的记载太简单。所以要想更多知道他的内容情节，不妨把两个故事集合在一处看，不但可以比较，而且可借彼而顾此的。

（二）

关于尧舜禅让的情节，我们在这里不预备加以述叙，因为我们的目的是在洪水故事，不过我们可以简单的叙述几句，做个引导。相传天地开辟以后，最初统治此宇宙的为帝尧。他是个圣明之君，为神与人所爱戴。不过其时还有一些专和他作对的怪物，想用武力制服他，夺他的宇宙统治权，由此，而世界发生了一场巨劫。大洪水降临了，尧不能治，请一位叫舜的为相，舜乃择选了英雄神禹，使治洪水，禹用了种种方法，才把洪水平定。尧乃委国于舜，舜受尧的付托，继为帝。故事的大概是如此。以下乃是这故事，关于洪水之起及平治的详细情形。

大洪水是怎样起的呢？据说：

共工为水害，故颛顼诛之。[1]

舜之时，共工振滔洪水，以薄空桑……四海溟涬，民皆上邱陵，赴树木。[2]

颛顼即尧。相传大洪水的降临，正当他们前后统治此宇宙之时。大洪水的降临是由于共工在作祟。又说：

昔者，共工与颛顼争为帝，怒而触不周之山，天柱折，地维绝。天倾西北，故日月星辰移焉。地不满东南，故水潦尘埃归焉。[3]

---

[1]《淮南子集释》卷15《兵略训》，第1045页。原注：《淮南·诠言训》。
[2]《淮南子集释》卷8《本经训》，第578页。原注：同上《本经训》。
[3]《淮南子集释》卷3《天文训》，第167页。原注：《淮南·天文训》。

把两说混合起来，大意如下：因为共工与天神"争为帝"，既触折天柱，致天崩而地裂；复"振滔洪水"，使人类死亡将尽。这样的讲，我们还可以在较古的记录《国语》里寻得印证的。那书上说：

昔共工……虞于湛乐，淫失其身，欲壅防百川，堕高堙庳，以害天下，皇天弗福，庶民弗助，祸乱并与，共工用灭。①

韦注："高，谓山陵；庳，谓池泽。"②这段文字自然已经历史化了，但神话的影迹仍然遗留在里面而未退净。试想，所谓"堕高山"，还不是"触崩不周之山"的变形吗？所谓"塞池泽""壅百川"，还不是"振滔洪水"的根由吗？

这个"为水害"的恶魔，相传"（共工）人面，蛇身，朱发"③。他"潜于渊"④的，足见不但有勇力，且善识水性。《山海经》又说他"为水害"，甚仗其部曲相柳之力。那书上说：

共工臣名曰相繇，九首蛇身，自环，食于九土（指大地）。其所歍（《说文》云"歍，心有所恶若吐也"⑤）所尼（《尔雅·释诂》："尼，止也"⑥），即为源泽……百兽莫能处。⑦

共工之臣曰相柳氏，九首，以食于九山（言头各食一山之物）。相柳之所抵，厥为泽溪……相柳者，九首人面。蛇身而青。⑧

---

① 《国语》卷3《周语下》，国学基本丛书本，第35页。原注：《周语下》。
② 按，原为"高，谓高山"。
③ 《山海经校注》卷16《大荒西经》，"有禹攻共工国山"注郭璞引《归藏·启筮》，第328页。原注：《启筮》。原为"人面，蛇身而朱发"。
④ 《淮南子集释》卷1《原道训》，第45页。原注：《淮南·原道训》。
⑤ 《说文解字注》第八篇下《欠部·歍》，第411页。
⑥ 《尔雅注疏》载"尼，定也"，注曰"尼者，止也。止亦定"（卷2《释诂下》，第2577页）。
⑦ 《山海经校注》卷17《大荒北经》，第361页。按，郭璞注"相繇"云：相柳也。原注：《大荒北经》。
⑧ 《山海经校注》卷8《海外北经》，第212页。按，郭璞云："抵，触；厥，掘。"原为："相柳之所抵（触）厥（掘）为泽溪。"原注：《海外北经》。

相柳即相繇。相繇所止所吐，即成溪泽，当然是一水怪。这个"九首，蛇身，自环"而"食于九土"的水怪，颇像北欧神话中的俞尔芒甘特耳。俞尔芒甘特耳是一条大蛇，它潜伏在海洋中，蹯绕着大地。当巨人们奋起而与神们争斗之时，它也发怒助威，激起巨浪狂涛，冲击大陆，凶恶异常。最后，还窜上岸来，帮助巨人们扰乱世界。

"洪水滔天，浩浩怀山襄陵，下民昏垫。"（郑康成云："昏，没也；垫，陷也。"）①怎样办呢？这时候，有一位叫做鲧的英雄神，最先奉了天帝之命，不畏艰难的出来，想平治这一片芒芒（茫茫）的洪水。

《天问》的作者问"天"完了，便接着问②：

不任汩（治）鸿（大水），师（众）何以尚之？
佥（众）曰何忧？何不课（试）而行之？
鸱龟曳（引）衔，鲧何听焉？
顺欲成功，帝（天帝）何刑焉？
永遏在羽山，夫何三年不施？……
化为黄熊，巫何活焉？

便是以鲧治水的故事为问的。《尧典》记：

帝（天帝）曰："咨四岳（山岳之神），汤汤洪水方割（害），荡荡怀山襄陵，浩浩滔天，下民其咨，有能俾（使）乂（治）？"
佥（四岳之神）曰："于，鲧哉。"
帝曰："吁，咈哉，方（负）命圮（毁）族（族通类；类，善也）。"
岳曰："异哉！试可乃已。"③

---

① 《尚书正义》卷5《益稷第五》，第141页，孔颖达疏引郑玄语。原注：《书·皋陶谟》。
② 《楚辞》卷3《天问章句第三》，第110、118页。
③ 《尚书正义》卷2《虞书·尧典第一》，第122页。"咨四岳"原为"嗟！四岳（山岳之神）"，"下民其咨"原为"下民其愁（忧）"。原注：《虞夏书》。

天帝为了"洪水滔天",集会议治,容纳众议,命鲧治水:

箕子……曰:"我闻在昔,鲧堙洪水,……帝乃震怒,……鲧则殛死。"①
昔者伯鲧,帝之元子,废帝之德庸,既乃刑之于羽之郊。②
洪水滔天,鲧窃帝之息壤以堙洪水,不待帝命。帝令祝融杀鲧于羽郊。③

"堙",塞也,填也。"息壤"者,郭璞注:"言土自长息无限,故可以塞洪水也。"《开筮》说:"滔滔洪天,无所止极,伯鲧乃以息石息壤以填洪水。"④照这样说来,鲧平水之法和女娲一样,都是堙塞,不过一则"积芦灰",一则"窃息壤"。但《国语》又议⑤:

鲧鄣洪水而殛死。⑥
尧殛鲧于羽山。⑦
尧之刑也殛鲧。⑧
舜之刑也殛鲧。⑨
舜……殛鲧于羽山。⑩

"鄣",隔也。⑪昭(公)元年传:"障大泽";服注:"陂障其水也。"⑫照这

---

① 《尚书正义》卷12《周书·洪范第六》,第187页。原注:《周书·洪范》。
② 《墨子》卷2《尚贤中第九》,第21页。原注:《墨子·尚贤中》。
③ 《山海经校注》卷18《海内经》,第395页。原注:《山海经·海内经》。
④ 《山海经校注》卷18《海内经》,第395页,"鲧窃帝之息壤以堙洪水"注引。
⑤ 按:"《国语》又议"之文,其原注中只有两条引自《国语》。
⑥ 《国语》卷4《鲁语上》,国学基本丛书本,第56页。原注:《鲁语上》。
⑦ 《春秋左传正义》卷44"昭公七年",第2049页,杜预注:"陂障之。"原注:《左传》昭七年。
⑧ 《吕氏春秋集释》卷21《开春论第一·开春》,第585页。原注:《吕览》开春论。
⑨ 按,《春秋左传正义》卷15"僖公二十三年"不见记载,卷17"僖公三十三年"有"舜之罪也,殛鲧,其举也与禹"(第1833页)。原注:《晋语》;《左传》僖二十三年同。
⑩ 《孟子注疏》卷9上《万章句上》,第2735页。原注:《孟子·万章上》。
⑪ 原注:《仓颉篇》:"障,小城也。"《北征赋》:"登瞳隧而遥望兮。"《汉书·张汤传》:"居一障间。"注,谓塞上要险之处,别筑为城而为障蔽。
⑫ 《春秋左传正义》卷41"昭公元年",第2024页。

说法，是鲧平水之法又为障隔。鸱龟乃物怪，大约鲧听从鸱龟的诱惑，"不待帝命"，"窃帝之息壤"筑为长堤，"如鸱龟之曳尾相衔者"以障隔洪水，①水性不可障的，因此鲧之治水是失败了。假使他"能顺众人之欲，而成其功"②，天帝是不会刑戮他的。

因"鲧违帝命"③，"绩用弗成"④，所以天帝命祝融（火神）"杀鲧于羽郊"。不过依《天问》的语意，似乎鲧曾被囚禁于羽山，过了三年才殛死的。另有一说，鲧死了三年还没有腐化。《吕览》说：

殛之于羽山⑤，副之以吴刀。⑥

副与疈同。《周礼·大宗伯》："以疈辜祭四方百物"，郑注："疈，疈牲胸也，疈而磔之。"⑦《开筮》说："鲧死三岁不腐，剖之以吴刀，死化为黄龙。"⑧又依《天问》的语意，则鲧之复活，而化为黄熊⑨，是由于巫力。巫是有法术的："剖之以吴刀"，故能使鲧死而复活，而变为黄熊⑩。此迹亦见于《周语》：

昔者鲧违帝命，殛之于羽山，化为黄熊，以入于羽渊。⑪

---

①原注：丁晏笺《天问》引程子曰："今河北有鲧堤。"又引《史稽》曰："张仪依龟迹筑蜀城，非犹夫崇伯之智也。"

②《楚辞》卷3《天问章句》，第110页，"顺欲成功，帝何刑焉"注。原注：王逸注。

③《国语》卷14《晋语八·平公》，国学基本丛书本，第171页。原注：《国语·晋语》。

④《尚书正义》卷2《虞书·尧典第一》，第122页。

⑤原注：案《山海经·南山经》云："尧光之山东曰羽山，其下多水，其上多雨，无草木，多蝮虫。"按：《山海经校注》卷1《南山经·南次二山》载："《南次二经》之首，曰柜山……又东三百四十里，曰尧光之山……又东三百五十里，曰羽山。"（第7、9页）

⑥《吕氏春秋集释》卷20《恃君览第八·行论》，第569页。原注：《行论》。

⑦《周礼注疏》卷18《春官宗伯第三·大宗伯》，第758页。

⑧《山海经校注》卷18《海内经》，郭璞注"鲧复生禹"引，第395页。"黄龙"，原为"黄能也"。

⑨原为"黄能"。

⑩原为"黄能"。

⑪《国语》卷14《晋语八·平公》，国学基本丛书本，第171页。原注：《晋语八》，《左传》昭七年记同。按，《春秋左传正义》卷44"昭公七年"载："昔尧殛鲧于羽山，其神化为黄熊，以入于羽渊。"（第2049页）"黄熊"，原为"黄能"。

又《山海经》说：

䳱山之首，曰敖岸之山……又东十里，曰青要之山，实惟帝之密都。北望河曲，是多驾鸟。南望墠渚，禹父之所化。①

似鲧又曾化为"墠渚"，故郭璞曰："鲧化于羽渊为黄熊，今复云在此，然则一已有变怪之性者，亦无往而不化也。"②

鲧之治水虽然失败了，但毕竟还是一个虽败犹荣的天降的一雄神，他首先平水，为了人类而牺牲了自己的生命的，故古人对于他的感想，很是不错。《楚辞》说："鲧婞直以亡身兮，终然殀乎羽之野。"又说："行婞直而不豫兮，鲧功用而不就。"③"□"是"狷介"之意，《文选》"祭彦光禄文"："性婞刚洁"，注云："婞犹直也。"④这是说，鲧天性刚直狷介，卒以是贾祸而亡其身，大约他堙塞洪水，"窃帝之息壤"而"不待帝命"；他鄣隔洪水，听从鸱龟的诱惑而不顺帝意，都是"行婞直而不豫"的表现罢。因此鲧在古人的想像（象）中，乃是一位生性正直的神人。《国语》曾记：

国之将兴，……明神降之，……而均布福焉。……商之兴也，梼杌次于丕山。

注云："梼杌，鲧也。"⑤又记：

---

① 《山海经校注》卷5《中山经·中次三经》，第115—116页。原为"䳱山之首曰敖岸之山，南望墠渚，禹父之所化"。原注：《中山经》。
② 《山海经》卷5《中山经》，文渊阁四库全书本。袁珂引汪绂注"禹父之所化"云："《左传》言鲧化黄熊，入于羽渊，而又云在此，世之随处而附会以为古迹，类似此也。"（《山海经校注》卷5《中山经》，第116页，注四）
③ 《楚辞》卷1《离骚经章句》、卷4《九章章句·惜诵》，第21、150页。原注：《离骚》《九章》。
④ 《文选》卷60《祭文·王僧达祭颜光□文一首》，四部备要本。
⑤ 《国语》卷1《周语上》，国学基本丛书本，第10页。原注：《周语》。

鲧鄣洪水而殛死，禹能修鲧之功，……故夏后氏……郊鲧而宗禹。①

《礼记》"祭法"引此，曾加评判："此皆有功烈于民者也。"②因为他生性正直，因为他"有功烈于民"，所以夏后氏礼祀他，所以古人说他为一"布福"的"明神"。

后来，鲧之子禹继鲧治水。《山海经》说：

鲧复生禹。③

"复"，《天问》作"愎"，又作"腹"。案：字当作"腹"为是。因为"鲧腹生禹"，所以诗人怀疑："伯禹腹鲧，夫何以变化？"④这个"鲧腹生禹"的故事，和希腊神话说阿西尼 Atbene 是从宙斯头里跳出来的有点相像。这神禹，和他的父亲一样也是一能变化的人物，《淮南（子）》说：

禹治洪水，通轘辕山，化为熊，……跳石，误中鼓。涂山氏往见，禹方作熊，惭而去。⑤

相传这位"化熊"的禹具有甚大的神通，他是一位自天下降，为人类除害的英雄神，《诗·商颂》说："洪水芒芒，禹敷下土方。"⑥他不但平水，且会杀巨人，征三苗，干过许多可歌可咏的大事哩！

---

① 《国语》卷4《鲁语上》，国学基本丛书本，第56页。原注：《鲁语上》。
② 《礼记正义》卷46《祭法第二十三》，第1590页。
③ 《山海经校注》卷18《海内经》，第395页。原注：《海内经》。
④ 《楚辞》卷3《天问章句》，第110页。原注：《天问》。
⑤ 《汉书》卷6《武帝纪》，第190页，元封元年"启母石"引。原注：《楚辞补》引。按，《淮南子集释》之《附录二·淮南子佚文》不见记载。
⑥ 《毛诗正义》卷20《商颂·长发》，第626页。

禹奉了天帝之命继鲧治水，《天问》问道①：

篡就前绪（业），遂成考（父）功；何续初继业，而厥谋不同？
洪泉（当作渊）极深，何以窴（填）之？
地方九则（品），何以坟（分）之？
河海应龙？何尽何历？
鲧何所营？禹何所成？

便是问这件事。据第一问的语意，禹之平治洪水，"厥谋"与鲧"不同"，大约禹是先攻逐共工的。古传说：

禹伐共工。②
禹有功，抑下鸿（洪水），辟除民害，逐共工。③
西北海之外，大荒之隅，……有禹攻共工国山。④

共工是战败而被逐放了。《尚书·尧典》记：

舜流共工于幽州。⑤

"幽州"，《庄子·在宥》引作"幽都"⑥，《史记》引作"幽陵"⑦，相传其地"不见日"。共工是被神们流放于那"不见日"⑧的幽冥的北地。

---

① 《楚辞》卷3《天问章句》，第110页。按：括号内容为作者加；"河海应龙？何尽何历？"之句，原为"应龙何画？河海何历？"，王逸注曰"一云'应龙何画，河海何历'"（第112页注11）。
② 《荀子集解》卷10《议兵第十五》，第280页。原注：《荀子·议兵》；又见于《战国策·秦》。
③ 《荀子集解》卷18《成相第二十五》，第463页。原注：同上《成相》。
④ 《山海经校注》卷16《大荒西经》，第327页。原注：《山海经·大荒西经》。
⑤ 《尚书正义》卷3《虞书·舜典》，第128页。原注：《孟子》引同。
⑥ 《庄子集释》卷4下《在宥第十一》，第373页。
⑦ 《史记》卷1《五帝本纪第一》，第28页。
⑧ 《淮南子集释》卷4《地形训》，第362页。原注：《淮南子·地形训》。

禹既逐共工，复杀其部曲相繇。《山海经》说：

禹湮洪水，杀相繇，其血腥臭，不可生谷，其地多水，不可居也。禹湮之，三仞三沮，乃以为池。①

禹杀相柳，其血腥，不可以树五谷种，禹厥之，三仞三沮，乃以为众帝之台。②（言地润湿，唯可积土以为台观）

这是遏绝洪水的来源。这个神话流传得很久。后世所传木怪巫支祈好□云雨，曾与禹大战而被锁住，其子虎头人奔云亦被杀的故事，当是从这个神话流衍而出的一种说法罢。

《天问》说禹"窴""洪渊"，窴与填同，塞也。又墨子说："昔禹之湮洪水。"③《山海经》说："禹湮洪水，……湮之，三仞三沮，乃以为池。"④湮，亦塞也。照这样说，禹也是用土石以填塞洪渊的。《淮南（子）》书说：

凡鸿⑤水渊薮自三百（王念孙云："百"字衍文）仞以上，二亿三万三千五百十里（王云："里"亦衍文）有九渊，禹乃以息土填洪水，……掘（高注："掘，犹平也。"）昆仑虚以下地。⑥

"息土"，高诱注云："不耗减，掘之益多。"⑦试想，如果不是有这"不耗减"而"掘之益多"的"息土"，禹如何能够填塞那许多洪渊呢？"息土"当即上文所说的"息壤"。讲到这里，我们心中不期然发生一疑。《山海经》不是说鲧之平水，也是用"息壤以湮洪水"吗？何以不能成功？何以为天帝所杀？这

---

① 《山海经校注》卷17《大荒北经》，第361页。
② 《山海经校注》卷8《海外北经》，第211页。原注：《海外北经》。
③ 《庄子集释》卷10下《天下第三十三》，第1077页，载"墨子称道曰：'昔禹之湮洪水'"。原注：《庄子·天下篇》。
④ 《山海经校注》卷17《大荒北经》，第361页。
⑤ 鸿，通"洪"，后同。
⑥ 《淮南子集释》卷4《地形训》，第322页。原注：《地形篇》。
⑦ 《淮南子集释》卷4《地形训》，第322页。

个疑问大约可以这样的回答：鲧听信鸱龟的诱惑，而欲障水，故不能成功；又"窃帝之息壤"，"不待帝命"，故被殛死。至于禹，他能"念前之非度"，①而"厥谋"又"不同"，所以他能成功。

禹填洪渊，从一方面说是"治水"，但从另一方面说又是"敷土"。古昔相传：

洪水芒芒，禹敷下土方。②
禹敷土，……奠高山大川，……九州攸同，四隩既宅。③
禹传土，平天下。④
帝乃令禹卒布土以定九州。⑤

"传"读为"敷"（《史记》引"敷"作"传"），"布"与"敷"音同，古通用（《仪礼·聘礼》"管人布幕"，注"今文'布'作'敷'"⑥；《校官碑》"布政忧忧"⑦，《诗》作"敷"⑧）。敷，治也，"敷土"即治地。地如何的敷治？这在古人的设想中，"敷土"和"补苍天"一样都不是容易的工作，何以呢？原来古人相信，这方方的地和那圆圆的天一样颇费神们一番苦心的经营。他们"经天"，将天形成"九部"，他们"营地"，把地分为"九州"。《淮南（子）》记：

何谓九州？东南……曰农土，正南……曰沃土，西南……曰滔土，正西……曰并土，正中……曰中土（《河图括地象》称正中为"白土"），西北……

---

① 《国语》卷3《周语下》，国学基本丛书本。第35页。原注：《国语·周语》。
② 《毛诗正义》卷20《商颂·长发》，第626页。原注：《诗经·商颂》。
③ 《尚书正义》卷6《夏书·禹贡第一》，第146、152页。原注：《贡禹尚书》。
④ 《荀子集解》卷18《成相第二十五》，第463页。原注：《荀子·成相》。
⑤ 《山海经校注》卷18《海内经》，第395页。原注：《山海经·海内经》。
⑥ 《仪礼注疏》卷19《聘礼第八》，第1046页。"今文'布'作'敷'"，原文无"布"字。
⑦ 〔清〕王述庵：《金石萃编》卷17《汉十三·校官碑》，扫叶山房本，1926年。
⑧ 《毛诗正义》卷20《商颂·长发》，第626页。

曰肥土，正北……曰成土，东北……曰隐土，正东……曰申土。①

　　九州即是九土。这九种土的性质是不相同的，有"农土""沃土""肥土"等等之分。自从洪水振滔，九州崩裂，故禹治水，欲"敷土以定九州"，势必如女娲之"炼五色石以补苍天"一样，案依土质而敷治之，始能恢复原状。这是一件何等艰难的工作，所以诗人怀疑："地方九品，何以分之"呢？相传后来的九州便是禹用"息土"重造成的。《淮南（子）》记：

　　中央之极，自昆仑东绝恒山，日月之所道，江、汉之所出，众民之野，五谷之所宜，龙门、河、济相贯，以息壤堙洪水之州，东至碣石，黄帝后土之所司者万二千里。②

　　注说："禹以息土湮洪水，以为中国九州。"③因为共工"堕高山，堙池泽"，"壅防百川"④，故禹复"奠高山大川"⑤。《淮南（子）》说："禹乃以息土填洪水，以为名（大）山。"⑥《山海经》则似云由于"积石"：

　　积石之山，其下有石门，河水冒以西流。⑦
　　河水出东北隅，以行其北，西南又入渤海，又出海外，即西而北，入禹所导⑧积石山。⑨

---

① 《淮南子集释》卷4《地形训》，第312页。原注：《地形训》。
② 《淮南子集释》卷5《时则训》，第433—434页。原注：《时则训》。
③ "以息壤堙洪水之州"注引"庄逵吉云：《太平御览》此下有注云：'禹以息土湮洪水，以为中国九州'"（《淮南子集释》卷5《时则训》，第434页）。原注：《预览》引。
④ 《国语》卷3《周语下》，国学基本丛书本，第35页。
⑤ 《尚书正义》卷6《夏书·禹贡第一》，第146页。
⑥ 《淮南子集释》卷4《地形训》，第322页。原注：《地形训》。
⑦ 《山海经校注》卷2《西山经·西次三经》，第46页。原注：《西山经》。
⑧ 原注：导字疑衍文，各篇多言"禹所积石"。
⑨ 《山海经校注》卷11《海内西经》，第260页。原注：《海内西经》。

> 大荒之中，有山名曰先槛大逢之山，……其西有山，名曰禹所积石。①
> 禹所积石之山在其（博父国）东，河水所入。②

山名"禹所积石"，显言此种山之成是由禹所积石而成者。不过无论是由于"积石"，或由于积土，名山总多为禹所重造的，讲到这里可以谈《诗》了。《诗》说：

> 信彼南山，维禹甸之。③
> 奕奕梁山，维禹甸之。④

传云："甸，治也。"⑤治山即是造山。南山是禹所造的，梁山也是禹造的，这都是"禹功"，为古诗人所熟知而最乐道的。《山海经》又说：

> 禹曰：天下名山，经五千三百七十山，六万四千五十六里，居地也。言其五臧，盖其余小山甚众，不足记云。⑥

这是禹自述其所"甸"之山。积土和积石以成高山，当然是神话。在后人想来，自然是断无此理的。

这是甸山，再说导水。《天问》问"河海应龙"。王逸注："有翼曰应龙。""或曰：禹治洪水时，有神龙以尾画地，导水所注当决者，因而治之也。"⑦朱熹

---

① 《山海经校注》卷17《大荒北经》，第357页。原为"大荒之中有山，……名曰禹所积石"。原注：《大荒北经》。
② 《山海经校注》卷8《海外北经》，第216页。原注：《海外西经》。"博父国"，原为"博文国"。袁注说："博父国当即夸父国，此处博父亦当作夸父。"
③ 《毛诗正义》卷13《小雅·谷风之什·信南山》，第470页。原注：《信南山》。
④ 《毛诗正义》卷18《大雅·荡之什·韩奕》，第570页。原注：《韩奕》。
⑤ 《毛诗正义》卷18《大雅·荡之什·韩奕》，第570页。
⑥ 《山海经校注》卷5《中山经》，第169页。原注：《中山经》。
⑦ 《楚辞》卷3《天问章句》，第110、112页，注11。按，王逸注曰"一云'应龙何画，河海何历'"。"河海应龙"，原为"应龙何画"。

注引《山海经》说：

> 禹治水，有应龙以尾画地，即水泉流，因而治之。①

应龙是古代神话中著名的水怪，《山海经》曾说："旱而为应龙之状，乃得大雨。"②这怪物曾助黄帝攻伐战神蚩尤，曾为女娲驾过雷车。依上说，它又曾助禹画导洪水。在这治水的故事中，应龙导水这一节实很需要，试想：百川已壅，池泽复埋，则"泛滥于天下"的滔滔洪水，不导泻（泄），如何得了呢？

应龙"以尾画地"，使"水由地中行"，"注所当决"，大河名川，遂由此而造成。所以《诗》云：

> 丰水东注，维禹之绩③。

当是这"画地导水"故事中的一幕罢。如果不得应龙的帮助，真叫"禹亲自操橐耜"④，"日夜不懈"⑤的"凿龙门，辟伊阙"⑥，"掘地而注之海"使"水由地中行"⑦，不要说"四载"⑧，就是"禹八年于外，三过其门而不入"⑨，或者"十三年，过家不入门"⑩，也是不能够的。这种神话流传得很

---

① 朱熹注"应龙何画，河海何历"，〔宋〕朱熹：《楚辞集注》卷3《离骚天问第三》，文渊阁四库全书本。原注：今本《山海经》无此文。
② 《山海经校注》卷14《大荒东经》，第306页。
③ 《毛诗正义》卷16《大雅·文王之什·文王有声》，第526页。原注：《文王有声》。
④ 《庄子集释》卷10下《天下第三十三》，第1077页。原注：《庄子·天下篇》。
⑤ 《吕氏春秋集释》卷5《仲夏纪第五·古乐》，第126页。原注：《吕览·古乐》。
⑥ 《淮南子集释》卷18《人间训》，第1254页。原注：《淮南·人间训》。
⑦ 《孟子注疏》卷6下《滕文公章句下》，第2714页。原注：《孟子·滕文公下》。
⑧ 原注：《书·皋陶谟》。按，《尚书正义》卷4《虞书·皋陶谟第四》并无"四载"之记，而《益稷第五》有"予乘四载，随山刊木"，注曰："所载者四，谓：水乘舟，陆乘车，泥乘輴，山乘樏。"（第141页）
⑨ 《孟子注疏》卷5下《滕文公章句上》，第2705页。原注："八年于外，三过家门而不入"（《孟子·滕文公上》）。
⑩ 《史记》卷29《河渠书第七》，第1405页。原注：《史记·河渠书》引《夏书》。原为"十三年，过家而不入门"。

久，古《岳渎经》所说："巫支祈为孽，应龙驱之……其后水平，禹乃放应龙于东海之区。"①当然从这个神话变演而出的一种说法。

总之，平治水土在古人想像（象）中，确不是一件平常的功业。禹不仅有神通，而且有谋略。他先"逐共工""杀相繇"，再积土积石，以填洪渊，"以为名山"，"以定九州"；又得应龙画地，使"水由地中行"。"鸿水漏，九州干"②；"然后人得平土而居之"③。所以他遂成功了。

---

① 〔清〕吴任臣注：《山海经广注》卷14《大荒东经》，"应龙处南极"引，文渊阁四库全书本。原文无省略号。
② 《淮南子集释》卷8《本经训》，第579页。原注：《淮南·本经训》。
③ 《孟子注疏》卷六下《滕文公章句下》，第2714页。原注：《孟子·滕文公下》。

禹与四川之关系[1]

陈志良[2]

一、引言

　　五四运动而后的我国学术界,最大的收获是古史,而古史中争辩最烈者当首推"夏禹问题",真理愈辩而愈明,虽是文献贫乏的夏史,经二十年来多数学者努力的结果,真相逐渐明白,多数的假定已经构成,结论之获得,则尚须时日。犹之曙光期已过,而到日上三竿之境,然日丽中天之到临,尚有好些时候。

　　过去的史书及史家都承认禹是夏朝的开国君主,因治水有功,为舜禅有天下。"禹"是夏民族的首领,是人,是帝王,我们都承认。但是禹也有神性的,如《国语·鲁语下》曰:"昔禹致群神于会稽之山,防风氏后至,禹杀而戮之,其骨节专车。"[3]《韩非子》亦云:"禹朝诸侯之君会稽之上,防风之君后至而禹斩之。"[4]防风氏或为某一民族的酋长,然其容貌奇特,含有神性,如任昉《述异记》云:"防风庙其神作龙首牛耳,连眉一目,足长三丈,南人姓防风氏即其后,皆长大。越人祭之,奏防风乐,截竹三尺,吹之如犬嗥,三人被发而

---

[1] 选自《说文月刊》第 3 卷第 9 期,1943 年,第 33—41 页。
[2] 陈志良(1908—1961),又名陈之亮,上海人,1932 年参加胡朴安创办的中国文化学院国学讲习所,并跟卫聚贤学习古史、考古学、考据学等,曾负责《说文月刊》编务工作,研究范围涉及考古学、民俗学、民间文学、戏曲研究等。
[3]《国语》卷 5《鲁语下》,国学基本丛书本,第 72 页。"专车",原为"载车"。
[4]《韩非子集解》卷 5《饰邪第十九》,第 126 页。

舞。"①古书上更有明言禹是神主的，如《大戴礼记·五帝德》云："禹……为神主……左准绳，右规矩，履四时，据四海，平九州，戴九天。"②《史记·夏本纪》亦云："禹……为山川神主。"③且禹更是社神，《淮南子·汜论训》云："禹劳天下而死为社，后稷作稼穑而死为稷。"④《史记·封禅书》则云："自禹兴而修社祀，后稷稼穑，故有稷祠。"⑤禹能致群神，为山川神主，为社⑥，我们也承认古代确有此种观念的存在于民族心理之中，如果欲求得其解释，那末⑦在"族徽制度"（Totemism）的范畴之中，其为本部族共同崇拜的"族徽"（Totem），即为始祖神，亦即是社神，更是人，是帝王，也是酋长。而且人神之间，没有善恶之分，良莠之别，禹，我们从各方面用新的眼光来观察，毫无疑问的是夏民族的族徽，所以被认为神及帝王了。

关于"夏""禹"的史料，我们知道得虽是太少，然而在流传的文献上（虽然大部份是传说）观察，禹的生长，禹的治水，以及夏民族的活动范围，均在四川西北部的岷江流域至岷山山脉，这并不是偶然的巧合，自有其历史的地理的因素在内，因为夏民族起于西北（关于夏民族起于西北的验证，请参阅卫聚贤师的各种论文），逐渐至于中土，而以川北与青海、西康、甘肃、陕西等省毗连之处为其活动的中心，然后向东南发展，所以我们目前研究的目标，不能忽视向为学者所遗忘的川北。

二、禹生石纽

在夏禹问题的研究之中，"禹生石纽"是较为丰富的材料，如：

---

① 〔南朝·梁〕任昉撰：《述异记》，湖北：崇文书局，1875年，第1叶b面。
② 〔汉〕戴德撰，〔北周〕卢辩注：《大戴礼记》卷7《五帝德第六十二》，四部丛刊本。
③ 《史记》卷2《夏本纪第二》，第82页。
④ 《淮南子集释》卷13《汜论训》，第985页。
⑤ 《史记》卷28《封禅书第六》，第1357页。
⑥ 社：古代的土地神和祭祀土地神的地方、日子及祭礼。
⑦ 即"那么"。

张守节《史记正义》引扬雄《蜀王本纪》:"禹本汶山郡广柔县人也,生于石纽。"①

陈寿《三国志·蜀志·秦宓传》:"禹生石纽,今之汶山郡是也。"②

谯周《蜀本纪》:"禹本汶山广柔人也,生于石纽,其地名刳儿坪。"③

按,扬雄、陈寿、谯周三人,均为西蜀人氏,记载西蜀故实,当较信确。因知西汉至三国,蜀人皆认禹生于石纽。

石纽是川北岷江流域汶川县的一处地名,李元《禹迹考》云:"汶邑之南十里许飞沙关,俗称凤凰岭,端平衍,方可十余亩,土人传为刳儿坪,坪南悬崖峭壁,下临岷江,前有巨石百丈,前人摩崖书'大禹王故里'五字。"④因石纽是禹的生处,土人就认为圣地,如:

《史记正义》引常璩《华阳国志》云:"今夷人共营其地,方百里不敢居牧,至今犹不敢放六畜。"⑤

郦道元《水经注》卷三十六《沫水》条云:"(广柔)县有石纽乡,禹所生也。今夷人共营之,地方百里,不敢居牧。有罪逃野,捕之者不逼,能藏三年,不为人得,则共原之,言大禹之神所祐之也。"⑥

现在汶川县属的羌民,指汶川县的石纽山顶上的地名刳儿坪,以为是禹的生地,不敢到那边去樵柴放牧,这个信仰,全体羌民都崇奉着,到现在还没有改变。所以《汶志纪略》亦说:"县南十里飞沙关,岭上里许,地平衍,名曰刳儿坪。有羌民数家,地可种植,相传圣母生禹处;有地址数百步,羌民称为禹王庙,又称为启圣祠。"⑦

---

① 《史记》卷2《夏本纪第二》,第49页,"夏禹,名曰文命"注引。按,记载显示,并非张守节引,而是张守节引的《帝王纪》所引。
② 《三国志》卷38《蜀书八·秦宓传》,第975页。
③ 《三国志》卷38《蜀书八·秦宓传》,第975页,裴松之注引。按:该材料,谯周《蜀本纪》在引文后注明"见《世帝纪》"。
④ 〔清〕李锡书:《汶志纪略》卷4《古迹》,清嘉庆十年(1805)刻本。
⑤ 《史记》卷2《夏本纪第二》,第49页,"夏禹,名曰文命"注引。原为:"汶川石纽山中,夷人以其地为禹生处,共营其地,方百里内,今犹不敢牧。"
⑥ 《水经注校释》卷36《沫水》,第623页。
⑦ 〔清〕李锡书:《汶志纪略》卷4《古迹》。

我们进一步的探讨，大体上我们认为禹生于西方，在岷江流域，与夷人有关，然石纽是否是禹王的真正血地[1]？夷人对于石纽如此之崇敬，其故安在？因为石纽是羌民的社地，祭祀之处，祭祀禹王之所，所以成为禁地（Taboo），加以崇视，不敢樵牧了（请参阅拙稿《禹生石纽考》[2]）。因为一个民族的社地，随民族的迁移而移动，所以最古老的遗迹遗物，不一定能在目前大家知道的所在地获得。石纽虽为羌民指为禹的生地，不一定就是最原始的所在。所以于院长及卫先生在石纽山上采访不得古代的遗迹和遗物，或许就是这个原因（请参阅卫先生《石纽探访记》[3]）。

三、剖坼而生

禹生于石纽，既详前述，其母有莘氏女之生禹，有坼胸、坼胁、坼背各种说法，因为如此，所以有汶川的石纽山，刳儿坪名称之产生，"刳儿"者，剖母身而生儿也，其在古代的记载，如：

《吴越春秋·越王无余外传》曰："鲧娶于有莘氏之女，名曰女嬉，年壮未孳，嬉于砥山，得薏苡而吞之，意若为人所感，因而妊孕，剖胁而产高密。家于西羌，地曰石纽，石纽在蜀西川也。"[4]

《帝王世纪》曰："（鲧）纳有莘氏女曰志，是为修巳……胸坼而生禹于石纽。"[5]《竹书纪年》沈约附注曰："帝禹夏后氏母曰修巳……背剖而生禹于石纽。"[6]

---

[1] 血地：祖祖辈辈生活劳动的地方；老家。
[2] 该文发表于《说文月刊》第1卷第12期，1939年，第15—26页。
[3] 该文发表于《说文月刊》第3卷第9期，1943年，18—25页。
[4] 〔汉〕赵晔撰，〔元〕徐天祜音注：《吴越春秋》卷6《越王无余外传第六》，四部丛刊本。"砥山"，原为"岷山"。
[5] 《帝王本纪》，丛书集成初编本。
[6] 〔南朝·梁〕沈约注：《竹书纪年》卷上，四部丛刊本。

《路史》引《尚书帝命验》曰："初鲧纳有莘氏曰志，是为修巳，年壮不字，……以六月六日屠䚢而生禹于僰道之石纽乡，所谓刳儿坪者。"①

《春秋繁露》董子曰："至禹生发于背。"②

《古史考》曰："修巳背坼而生禹，简狄胸剖而生契。"③

《春秋繁露·三代改制》曰："修巳背坼而生禹。"④

《淮南子·修务训》："禹生于石。"高诱注云："禹母修巳，感石而生禹，坼胸而出。"⑤

坼，裂也，坼剖就是坼副，也是坼䚢，也就是剖胁而产，裂胸而出。其他坼胸而生的记载，如《诗·大雅》："先王如达，不坼不副。"注："言姜嫄生后稷之易也。"⑥《史记·楚世家》：陆终妻女嬇，"生子六人，坼剖而产焉"。⑦《帝系》变言："鬼方氏之妹，谓之女嬇氏，产六子。"⑧《世本》："女嬇，是生六子，孕三年，启其左胁，三子出焉，破其右胁，三子出焉。"⑨《路史》："黄白六年，魏守孔羡表言：黎阳掾屈雍妻王氏，去年十月十二日坐草生男，从右

---

① 《路史》后纪卷12《夏后氏》，四部备要本。
② 〔清〕苏舆撰，钟哲点校：《春秋繁露义证》卷7《三代改制第二十三》，北京：中华书局，1992年，第212页。原为"禹生于发背"。
③ 按，查清人章宗源辑本，无此句。裴骃注"陆终生子六人，坼剖而产焉"引干宝语：谯周"作《古史考》，以为作者妄记，废而不论"；"若夫前志所传，修巳背坼而生禹，简狄胸剖而生契，历代久远，莫足相证"（《史记·楚世家》，第1690页）。"胸剖"，原为"剖胸"。
④ 按，《三代改制》正文不见该句，苏舆注"至禹生发于背"引《楚世家》注（《春秋繁露义证》）。《楚世家》注，即裴骃注"陆终生子六人，坼剖而产焉"引干宝语（《史记·楚世家》，第1690页）。"背坼"，原为"坼背"。
⑤ 《淮南子集释》卷19《修务训》，第1336页。
⑥ "诞弥厥月，先生如达"注曰："诞大弥，终达生也，姜嫄之子，先生者也"，（郑玄）笺云："达，羊子也。大矣，后稷之在其母。终人道十月而生。生，如达之生，言易也。"（《毛诗正义》卷17《大雅·生民之什·生民》，第529页）
⑦ 《史记》卷40《楚世家第十》，第1690页。原为："陆终妻女嬇，生子六人，坼剖而产。"按，《索隐》引《系本》云："陆终娶鬼方氏妹，曰女嬇。"
⑧ 《大戴礼记》卷7《帝系第六十三》，四部丛刊本。原为："女嬇启左胁，产六子。"
⑨ 《水经注校释》卷22《洧水》，第392页，"东南过其县南"条引。原注：《水经·洧水注》引。原为："女隤氏启其左胁，三子出焉，启其右胁，三子出焉。"按，"三子"，《世本》载"三人"（〔清〕秦嘉谟辑，卷1《帝系篇》，《世本八种》本）。

胁下，水腹上生，其母自若，无他异痛，今子母安全。"①《云笈七签》："老君……剖左腋而生。"②上海的传说：老子在母腹70年，待象经过而出世，其母不胜其苦，有骆驼经过时，谎言象过，老子乃咬穿右胁而出，割骆驼之皮以补母之胁，不能凝结，其母乃死；如以象皮补之，可得不死。

禹的坼胸坼胁坼背而生的解释，实由初民③的心目中，人之生产，可以不由父母构精之功，故姜嫄履大人迹而生后稷，简狄吞燕卵而生契。而人之产生，初民认为也可不由母体，不经红门。禹是始祖，是酋长，是族徽神，是社神，也是治水的圣人，他已有不由母体而生的资格，但是文化已经进步，怎合乎理论的地步，因此有坼胸坼胁坼背而生的说法了。

禹既有坼裂母体而生的传说，于是禹的生地石纽，就有刳儿坪的名称：谯周《蜀本纪》："禹本汶山广柔人也，生于石纽，其地名刳儿坪。"④《路史》："……生禹于僰道之石纽乡，所谓刳儿坪者。"⑤《禹迹考》："汶邑之南……土人传为刳儿坪，……前人摩崖书'大禹王故里'。"⑥汶川县羌民至今尚以石纽山的刳儿坪为禹王的生地，而加以崇敬保护，不为无因了。

四、禹娶涂山与启生于石

禹的家谱，普通的说法，似乎颇为清楚，如父为鲧，母为有莘氏，妻为涂山氏，子为启。禹的产生，已含有浓厚的神话性，而其子启的产生，更为怪诞。按，禹娶涂山女，及生启的事迹，如：

---

① 《路史》余论卷4《孽生坼䏕》。按，《本草纲目》卷52《人部》载：《魏志》云："黄初六年，魏郡太守孔羡表言：汝南屈雍妻王氏，以五年十月十二日生男儿，从右腋下，小腹上出。其母自若，无他畏痛。今疮已愈，母子全安。"（味古斋重校刻本）按，据《本草纲目》，"水腹"应为"小腹"。

② 〔宋〕张君房：《云笈七签》卷1《道德部》，涵芬楼翻明正统道藏本。

③ 初民：上古时代的人。

④ 《三国志》卷38《蜀书八·秦宓传》，第975页，裴松之注引。按：该材料，谯周《蜀本纪》在引文后注明"见《世帝纪》"。

⑤ 《路史》后纪卷12《夏后氏》，四部备要本。

⑥ 《汶志纪略》卷4《古迹》。"摩崖书"，原为"画"。

《吕氏春秋·音初篇》云:"禹行功,见涂山氏之女,禹未之遇而巡省南土,涂山氏之女乃令其妾候禹于涂山之阳,女乃作歌,歌曰:'候人兮猗。'实始作为南音。"①

禹娶涂山,《尚(书)》为较早的传说:

《尚书·益稷》曰:"娶于涂山,辛壬癸甲,启呱呱而泣,予弗子。"②

其他如:

《史记·夏本纪》:"夏后帝启,禹之子,其母涂山氏之女也。"③

而启的生产之神话化,按《汉书·武帝纪》颜师古注引《淮南子》云④:

启,夏禹子。其母涂山氏女。禹治鸿水,通轘辕山,化为熊,谓涂山氏曰:"欲饷,闻鼓声乃来。"禹跳石,误中鼓,涂山氏往,见禹方作熊,惭而去,至嵩高山下化为石,方生启。禹曰:"归我子",石破北方而启生。

马氏《绎史》引《隋巢子》亦说:

夏禹娶涂山,治鸿水,通轘辕山,化为熊。涂山氏见之,惭而去,至嵩高山下,化为石。禹曰'归我子',石破北方而生启。⑤

---

① 《吕氏春秋集释》卷6《季夏纪第六·音初》,第140页。
② 《尚书正义》卷5《虞书·益稷》,第143页。
③ 《史记》卷2《夏本纪第二》,第84页。
④ 《汉书》卷6《武帝纪》,第190页,元封元年"见夏后启母石"引。
⑤ 〔清〕马骕:《绎史》卷12《夏禹受禅(后启附)》,文渊阁四库全书本,附"《列女传》涂山氏长女,夏禹娶以为妃"后。"通轘辕山",原为"至轘辕山";"归我子",原为"归我子,归我子"。

在这种传说之中，包含了三个问题：（一）为涂山的地望；（二）为禹化为熊；（三）为女子化石及石生子。兹申论如下：

（一）涂山的地望

涂山的地望，顾颉刚先生以为在淮河之旁①，有的以为在重庆，《水经注》卷三十三"巴郡江州县"条云："江之北岸，有涂山，南有夏禹庙，涂君祠，《庙铭》存焉。"②我却以为涂山当在岷江流域，查《汶志纪略·山川篇》云："涂禹山俗呼为同灵山。"《禹迹考》云："加渴瓦寺土司署，在治（汶川）西北十里，谓之涂禹山，与刳儿坪相距十里有奇，盖即涂山氏之故国。"③按，《汶志纪略》书前的地图中，亦有涂禹山。禹既生于汶川，以岷江为活动区域，则涂山当在汶川无疑，《蜀中名胜记》（商务版）重庆江州条，涂山氏背后站的是夷人，亦可证明涂山氏也是夷人。

（二）禹化为熊

熊，音与龙通，龙是夏民族的族徽，《山海经·海内经》注云："《开筮》曰：鲧死三年不腐，剖之以吴刀，化为黄龙也。"④鲧化黄龙，固是神话，其实龙为夏民族族徽的象征，如《史记·夏本纪》："孔甲立，好方鬼神，事淫乱，夏后氏德衰，诸侯畔之。天降龙二，有雌雄，孔甲不能食，未得豢龙氏。陶唐既衰，其后有刘累，学扰龙于豢龙氏，以事孔甲。孔甲赐之姓曰御龙氏，受豕韦之后。龙一雌死，以食夏后。夏后使求，惧而迁去。"⑤初民以为族徽有无上的威力，在特定的盛典之下杀之为食，可增威力。龙⑥或作熊，《史记正义》曰："鲧之羽山，化为黄熊，入于羽渊。熊音乃来反，下三点为三足也。束晳《发蒙

---

① 原注：见《古史辨》第一册。按，即顾颉刚编著《古史辨》，北平：朴社，1932年。
② 《水经注校释》卷三十三《江水》，第584页。
③ 《汶志纪略》卷3《山川》、卷4《古迹》。"涂禹山俗呼为同灵"，原文无"为"字。
④ 郭璞注"鲧复生禹"（《山海经》卷18《海内经》，文渊阁四库全书本）。袁珂注"《开筮》"为"《归藏·启筮》"（《山海经校注》，第396页，注四）。
⑤ 《史记》卷2《夏本纪第二》，第86页。
⑥ 龙，原为"熊"。

纪》云：'鳖三足曰熊。'"①龙或三足鳖，总是水族，与鲧禹的治水，发生连带的关系。而初民在特定的时间，举行盛大的入社典礼，凡加入其族者，须参与入社式之后，方得为该族的成员，参加时须扮作该族徽模样，由首领（即酋长，亦即巫师）领导而歌舞。禹之化为黄熊，或许其为治水上的便利而加入以黄熊为族徽之部落，正在举行入社式，这为涂山女所见，以其非己族之徽而生惭，去之嵩高。故《汉书·武帝纪》："至于中岳，……见夏后启母石"②之说耳。

（三）女子化石及石生子

女子化石的传说，在我国各地的民间为数亦多，长江流域之"望夫石"，粤江流域之刘三妹化为"歌仙石"，均是明证。在初民的心理之中，动物植物矿物没有多大的分别，都视为同样，有灵性的东西，人虽化而为石，然其人性未泯；石有灵性，故仍能裂开生子，此其一。石之含有灵性的缘故，因为石是社的代表物——即止令茄，供石的地方为社地，社又是族徽的象征，社地亦是族徽的供奉处，族徽是一族代表，他有人性，与人一般无二，所以亦能产生人类了，此其二。涂山氏之化为石，以及石之能生启，都从这种典型蜕化出来的。而启即开③，故与"石破西北而生"有关，然与禹坼胸而生，仍有大同小异之处，当为一个模型的变化。

五、夏民族发祥于岷江流域

禹是夏民族最先见于典籍的首领，禹既生于石纽，石纽当为夏民族进据岷江流域之后活动地域的中心点。所以夏民族的发祥地点，亦在蜀岷江流域了。

---

① 《史记》卷2《夏本纪第二》，第50页，张守节注"乃殛鲧于羽山以死"引。
② 《汉书》卷6《武帝纪第六》，第190页。
③ 原注：古音启、开同音，粤语可证。

关于这点,罗香林先生论之颇详,兹引其说于后①:

  禹生地,既在汶川石纽,则其最先所领各部落,亦必在汶川一带。考汶川,跨四川西北,为岷江中流要地。西北逾邛崃山与岷山,为西康、甘肃,东邻涪江与嘉陵江;又东北接陕西南郑,昔称汉中。而岷江南至宜宾,汇金沙江,合为大江,即称长江,盖汶川背山面江,为古昔民族适宜居地,禹所领部落,其先民之得繁殖发扬,非无因也。禹先世源流,据《史记·夏本纪》:"禹之父曰鲧,鲧之父曰(帝)颛顼,颛顼之父曰昌意,昌意之父曰黄帝。"②其居地皆在蜀岷江流域。《史记·五帝本纪》:"黄帝居轩辕之丘,而娶西陵之女,是为嫘祖,……生二子……其一曰玄嚣,是为青阳,青阳降居江水;其二曰昌意,降居若水。昌意娶蜀山氏女,曰昌仆,生高阳……是为帝颛顼也。"③《史记》此文,盖出《大戴礼记·帝系》注。轩辕之丘,即轩辕国所在地,《山海经·海外西经》:"轩辕之国,在此穷山之际……穷山在其北,不敢西射,畏轩辕之丘。"注:"其国在山南边也。《大荒经》曰:岷山之南,……言敬畏黄帝威灵,故不敢向西而射也。"④据此,则轩辕之丘在岷山之南,盖即岷江最上游地,即汶川以北,以至松潘等县,皆其地望。西陵之女,即西陵氏女。《史记正义》:"西陵,国名也。"⑤西陵旧地,据朱希祖先生蜀古国为蚕国说,即汉之蚕陵县地,亦在岷江流域。青阳昌意所降居之江水若水,据章太炎先生《西南夷属小记》,即蜀境之岷江与金沙江。至蜀山氏即蜀国所本,当在蚕陵以至成都一带。《元和郡县志》卷三十三,剑南道茂州县属西有通化县,东北六里有蜀山,或即古蜀山氏遗迹,要之其地亦在岷江流域。《史记》所述禹先代世系与族戚居地,虽或根据传说,名称及代数与别书所载互殊,崔述《考信录》已为言之,然必有其

---

  ①原注:见本期罗香林氏《夏民族发祥于岷江流域说》。按:罗氏该文发表于《说文月刊》第3卷第9期,1943年,第43—63页。
  ②《史记》卷2《夏本纪第二》,第49页。
  ③《史记》卷1《五帝本纪第一》,第10页。
  ④《山海经校注》卷7《海外西经》,第201、202页。按:郭璞在"其不寿者八百岁"后,注"其国在山南边也。《大荒经》曰:岷山之南";在"畏轩辕之丘"后,注"言敬畏黄帝威灵,故不敢向西而射也"(文渊阁四库全书本)。
  ⑤《史记》卷1《五帝本纪第一》,第10页,"娶于西陵之女"注。

客观背境。是禹之先代与戚属皆以蜀岷江流域为根据地也。此与禹生石纽，更为有力旁证。而夏民族发祥地问题，明乎此，亦思过半矣。

夏民族实发源于西北，发祥于黄河及岷江上游之地，故黄河及岷江上游就多夏族的遗迹。《史记·夏本纪》太史公曰："禹为姒姓，其后分封，用国为姓，故有夏后氏，有扈氏，有男氏，斟寻氏，彤城氏，褒氏，费氏，杞氏，缯氏，辛氏，冥氏，斟戈氏。"[1]《史记正义》云："夏者，帝禹封国号也。《帝王纪》云：'禹受封为夏伯，在豫州外方之南，今河南阳翟是也。'"[2]今山西有夏县。有扈氏在今陕西鄠县，荥阳武原西北有扈城扈亭。"有男"亦作"有南"，《路史》引《楚地记》云："汉江之北为南阳，汉江之南为南郡。"[3]彤城在今陕西华县西北。夏有褒君，褒姒之祖也。褒国古城为褒水所壤，今陕西尚有褒城。费又作弗□，在今河南。杞，今开封之雍丘有古杞城，武德（在河南）初为杞州。缯或作鄫，河南荥阳有鄫水城。辛，陈留有辛城辛虚；辛又作莘，鲧娶有莘氏女而生禹，今陕西郃阳县，陈留县又有故莘城，阳平有莘亭，河南汝南有莘，陕县有莘原。冥亦作鄍，山西平陆有鄍城，河南信阳有冥山，甘肃安西有冥安。凡此种种遗迹，当为夏民族先后活动的范围。故鄙意以为夏民族由西北至黄河上游之后，至禹王治水之时，一路沿黄河流域向东发展，一路由岷江流域向南折东沿长江流域发展。惟夏禹而后，我国先民之活动地域，集中于黄河沿岸，故黄河流域之史迹，为人所孰知。岷江流域以崇山峻岭，江水险恶，地瘠民贫，人民活动之力量，因之减少，发展之功能，因此贫弱。而历代以来之治边者，素不注意及此，故黄河岷江两巨流之发源处鄂洛克[4]，三俄洛[5]等地的大片草地，至今尚为未经开发的处女地，而该处的民族及地理，有关于我国古代史地

---

[1]《史记》卷2《夏本纪第二》，第89页。
[2]《史记》卷2《夏本纪第二》，第49页，"夏禹"注。
[3]《路史·国名纪》卷丁《夏后氏后》，四部备要本。
[4]鄂洛克，即俄洛别称。
[5]俄洛：又称"果洛""郭罗克""果罗克"等，是藏语对青海东南部果洛州一带的藏族的专称，分为汪青、白马、阿琼、瓦述、仁青果五大部，瓦述、仁青果两部南徙、北徙后，其余三部被称为"上、中、下三俄洛"（贾大泉主编：《四川历史辞典》，成都：四川教育出版社，1993年，第265页）。

者，为数正多。千古史迹，尚待后学的启发。

六、禹为羌民

禹的生地为石纽，夏民族的活动范围在岷江流域，总之，禹是西方人，与舜东夷之人也有别，所以古书上记载禹是西夷之人的，如：

《史记正义》："禹名文命，……西夷人也。"①
《史记集解》引皇甫谧："孟子称禹生石纽，西夷人也。"②
《帝王世纪》："……生禹于石纽，……长于西羌，西夷人也。"③

所谓西夷，当非别处的民族，所以《随巢子》说："禹产于碣石。"④《淮南子》说："禹生于石。"⑤《随巢子》又说："禹生于碣石之东。"⑥《易林》："大禹生石夷之野。"⑦《洛书灵准听》："有人（禹）出于石夷。"⑧所谓石，碣石，石夷等名词，也是西方多山的处所。而西方的民族，古称氐、羌、戎、吐番、狄、荤粥等等，究指何族呢？据下列各书而论，则为西羌：

《史记·六国表》："禹兴于西羌。"⑨

---

① 《史记》卷2《夏本纪第二》，第49页，"名曰文命"注。按：此句乃《史记正义》引自《帝王（世）纪》。
② 《史记》卷15《六国年表第三》，第686页，"故禹兴于西羌"注。按：原为"黄甫谥"。
③ 《帝王世纪》，丛书集成初编本。
④ 《墨子间诂》之《墨子后语》卷下《墨家诸子钩沉第六·随巢子佚文》，第754页。
⑤ 《淮南子集释》卷19《修务训》，第1336页。
⑥ 不见于孙诒让所辑《随巢子佚文》；《路史》后纪卷12《夏后氏》"于梗道之石纽乡所谓刳儿坪者"注引（四部备要本）。
⑦ 《易林注》卷2《坎下坤上·小畜》载："舜升大禹石夷之野。"（〔汉〕焦赣撰，四部丛刊本）
⑧ 《古微书》卷35《洛书纬》载："有人出石夷。"（〔明〕孙瑴，文渊阁四库全书本）
⑨ 《史记》卷15《六国年表第三》，第686页。

《新语·术事篇》:"大禹出于西羌。"①

《后汉书·戴良传》:"大禹出西羌。"②

《吴越春秋·(越王)无余外传》:"(禹)……家于西羌,地曰石纽,石纽在蜀西川也。"又曰:"禹家于西羌,地名石纽。"③

《帝王世纪》:"……生禹于石纽,……长于西羌,西夷人也。"④

《路史》:"……生禹于僰道之石纽乡,所谓刳儿坪者,长于西羌,西夷之人也。"⑤

因为禹是羌民,所以川北的羌民对于禹的生地石纽山及刳儿坪,不敢樵牧,妥为保护,加以崇敬,至今尚存此俗。

《路史》引《尚书·帝命验》云:"……生禹于僰道之石纽乡,所谓刳儿坪者","《蜀本纪》作痢儿畔,夷人共营其地,方百里不敢处及畜牧。有罪者逃之,捕者不逼,三年则原之。畏禹之神,亦犹穷山不敢西畏,轩辕之丘也"。⑥

《水经注》"沫水"条云:"(广柔)县有石纽乡,禹所生也。今夷人共营之,地方百里,不敢居牧。有罪逃野,捕之者不逼,能藏三年,不为人得,则共原之,言大禹之神所祐之也。"⑦

《汶志纪略》云:"县南十里飞沙关,岭上里许,地平衍,名曰刳儿坪,有羌民数家,地可种植,相传圣母生禹处。有地数百步,羌民指为禹王庙,又称为启圣祠。"⑧

四川的羌民,对于禹无特别的名词,惟古老传言禹是羌民⑨。

按,川北的民族,据目前所知:一为羌民,自称"子拉",信端公,奉白石

---

① 《新语》卷上《术事第二》,四部备要本。
② 《后汉书》卷83《逸民列传第七十三》,第2773页。原为"大禹兴于西羌"。
③ 《吴越春秋》卷6《越王无余外传第六》,四部丛刊本。按,文献无"又曰……"之句。
④ 《帝王世纪》,丛书集成初编本。
⑤ 《路史》后纪卷12《夏后氏》,四部备要本。
⑥ 《路史》后纪卷12《夏后氏》,四部备要本。按,后一段引文为"罗苹注"。
⑦ 《水经注校释》卷36《沫水》,第623页。
⑧ 〔清〕李锡书:《汶志纪略》卷4《古迹》。
⑨ 原注:见《石纽探访记》。此文卫聚贤发表于《说文月刊》1943年第3卷第9期,第18—25页。

为天神；二为戎民，自称为"嘉隆"（Galong，即人），信喇嘛教；三为西番，散居鄂洛克及三俄落；四为黑水，人数极少，居地不多；五为蒲芦子，最为凶狠。这五种民族，羌戎二族的情形，我们约略的知道了一些①，其余各民族的情形，尚在昧蒙之中。

卫聚贤先生说："现在成都一带，标明为'专修河堰，包打水井'的工人，都是羌人，而且灌县的修堰，亦多用羌人，羌人之善于治水，或自古而然——按，羌人现住山上，本无治水的必要，或古代羌人居四川盆地，因环境关系，善于治水，至今尚保存其旧法。禹为中国第一个治水能手，自然传为禹是羌人。"②古今的传说中都承认禹是羌民，在没有其他的证据可以推翻之际，我们认为这个传说是不错的。

七、以岷山为中心的《禹贡》

《禹贡》一书，相传为夏禹治水所作，或为伯益所作，古今以来，聚讼纷纭，尚未定论，卫先生用比较及统计的方法证"张仪为秦宣传统一而作"的说法（见《禹贡》，重载于本刊第 1 卷第 7 期），较为公允。我们认为《禹贡》，一是部古代的地理书；二是与夏禹的治水，多少有些关系。据卫先生的考证，《禹贡》是秦国的作品。

其实将《禹贡》所记的地名上观察，《禹贡》上是详于梁雍二州，而忽略于兖冀二州，就是详于西北，而略于东北。兹将九州地名，比较如下：

州名	山	水	泽	贡	筐	属地	合计
冀州	3	3	1			1	8
兖州		3	1	2	1		7
青州		2		7	1	2	12

---

① 原注：参阅庄学本先生的《羌戎考察记》（良友版）。按，即 1937 年良友图书印刷公司发行的庄学本著《羌戎考察记》。

② 原注：同注六。按，即《石纽探访记》。

续表

州名	山	水	泽	贡	篚	属地	合计
徐州	3	2	1	7	1	1	15
扬州		1	2	7	1		11
荆州	2	5	1	2	2	3	15
豫州		6	2	5	1		14
梁州	5	5		6			16
雍州	5	6	1	3		3	18
合计	18	33	9	39	7	10	116

再将梁雍两州的地名，分类列表如下：

州名	疆域	山	水	泽	地	交通	属地
梁州	华阳黑水	岷、嶓、蔡、蒙、西倾	沱、潜、和、夷、桓			潜、沔、渭、河	
雍州	黑水西河	荆、岐、终南、鸟鼠、原隰	弱水、泾、渭、漆、沮、沣	猪野	三危三苗	积石、龙门、西河、渭汭	昆仑、析支、渠搜

在《禹贡》中所记的，一为九州的情形；二为导九山；三为导九川。九州之中，难以看出其中心之点，而山是天然形成，非人力所能作为，其能疏导的则为九川。如以《禹贡》中导九山、导九川的记载，分行排列而观，则其先后次序，了然无遗了[①]：

（一）导九山——《索隐》："汧、壶口、砥柱、太行、西倾、熊耳、嶓冢、内方、汶[②]是九山也。"

　　汧及岐至于荆山，逾于河；
　　壶口、雷首，至于太岳；

[①]《史记》卷2《夏本纪第二》，第67、70页。
[②] 原为"岐"。

砥柱、析城①，至于王屋；

太行、常山至于碣石，入于海；

西倾、朱圉、鸟鼠至于太华；

熊耳、外方、桐柏至于负尾；

道嶓冢，至于荆山；

内方至于大别；

汶山之阳至于衡山，过九江，至于敷浅原。

（二）导九川——《索隐》："弱、黑、河、漾、江、沇、淮、渭、洛为九川。"

弱水至于合黎，余波入于流沙；

道黑水，至于三危，入于南海；

道河积石，至于龙门，南至华阴，东至砥柱，又东至于盟津②，东过洛汭，至于大邳，北过降水，至于大陆，北播为九河，同为逆河，入于海；

嶓冢道瀁，东流为汉，又东为沧浪之水，过三澨，入于大别，南入于江，东汇泽为彭蠡，东为北江，入于海；

汶山道江，东别为沱。又东至于醴，过九江，至于东陵，东迤北会于汇，东为中江，入于海；

道沇水，东为济，入于河，泆为荥，东出陶丘北，又东至于荷，又东北会于汶，又北东入于海；

道淮自桐柏，东会于泗、沂，东入于海；

道渭自鸟鼠同穴，东会于沣，又东北至于泾，东过漆、沮，入于河；

道洛自熊耳，东北会于涧、瀍，又东会于伊，东北入于河③。

九山的地望，既在西北，而九川中发源地三危、积石、嶓冢、汶山、鸟鼠、熊耳等等，其地望仍是相毗邻。《禹贡》以"西倾朱圉鸟鼠"，"西倾"如以向西

---

①原为"折城"。
②原为"孟津"。《史记索引》：盟"古'孟'字"。
③原为"海"。

倾斜的解释，与"弱水，至于合黎，余波入于流沙"①同观，则《禹贡》中的山川，明明以岷山为中心了。岷山，《正义》引《括地志》云："岷山在岷州溢乐县南一里，连绵至蜀二千里，皆名岷山。"《集解》引郑玄曰："《地理志》，岷山在蜀郡湔氐道。"②今甘肃省尚有岷山县，邻近川北，而岷江之得名，当由于岷山的关系。又据《水经注》引《汉中记》曰："嶓冢以东，水皆东流；嶓冢以西，水皆西流。"③今岷江上游有嶓冢山，亦为旁证之。

其他有关于四川西北的几个地名，略为疏述如下：

黑水，《括地志》曰："源出梁州城固县西北太山。"又曰："源出伊州伊吴县北二十里。"④《索隐》："《地理志》：益州镇池有黑水祠。郑玄引《地说》云：三危山，黑水出其南。《山海经》：黑水出昆仑墟西北隅。"⑤《水经注》："黑水出羌中"⑥，黑水之地望，迄无定论，然常为西北古时的一支名水。而今岷江上游尚有"黑水民族"者，其风俗习惯，尚未明了，当与古代的黑水，发生密切的关系。

三危，《（尚）书正义》："郑玄引《地记书》云：三危之山，在鸟鼠之西南，当岷山。"⑦《汉书·司马相如传》注：张揖曰："三危山在鸟鼠山之西，与岷山相近，黑水出其南陂。"⑧《河图括地象》曰："三危在鸟鼠西南，与汶山相

---

① 《尚书正义》卷6《夏书·禹贡》，第151页。
② 《史记》卷2《夏本纪第二》，"汶、嶓既艺"引，第64页。按，原为"《集解》引《括地志》云：……又引郑玄曰：……"
③ 《水经注校释》卷20《漾水》，第360页。
④ 〔唐〕李泰等《括地志辑校》卷4《梁州》《伊州》，中国古代地理总志丛刊，北京：中华书局，1980年，第199、229页。"源出伊州伊吴县北二十里"，原为"源出伊吴山北百二十里"。
⑤ 《史记》卷2《夏本纪第二》，"黑水西河惟雍州"引，第65页。
⑥ 〔清〕顾祖禹撰：《读史方舆纪要》卷59《陕西八·阶州·黑水》，北京：中华书局，2005年，第2856页，引《水经注》："黑水出羌中，西南经黑水城西，又西南入于白水。"按，《水经注校释》卷6《汾水》载："黑水出山，西径杨城南，又西与巢山水会。"（第102页）清人赵一清《水经注注释·目录·补黑水》说："二水为雍梁之大川，《水经》不应遗之。《史记索隐》《尚书正义》俱引其书，则是二篇亦在失亡之列。"正文说："案郦道元《水经》，黑水出张掖鸡山，南流至敦煌，过三危山，南流入于南海。"（文渊阁四库全书本）
⑦ 《尚书正义》卷6《夏书·禹贡》，第150页，"三危既宅"引。
⑧ 《汉书》卷57下《司马相如传第二十七下》，第2596页，"直径驰乎三危"注引。

接，黑水出其南。"①按，尧"迁三苗于三危，以变西戎"②者，当在川北青甘交界之处，故有不少主张三危在四川者，如《水经注》："江水又东过江阳县南，洛水从三危山，东过广魏洛县南，东南注之。"③毕沅《山海经注》曰："山当在今四川省。"④金履祥《尚书注》："戎人凡山有三峰者，便指以为三危。"⑤古今的羌戎散居在岷江上游，故三危在岷江流域为是。

熊耳，一般的记载以为熊耳山在河南卢氏，然川北松潘之上亦有熊耳山，双峰如熊耳而得名，与嶓冢相连，庄学本先生曾摄得照片。

嶓冢，《禹贡》"岷嶓既艺""导嶓冢，至于荆山"⑥。学者向来以为在陕西、甘肃之境，今松潘之上有嶓冢山，仍不出岷江范围。

汶山，汶山为岷山南下之正支，汶山亦称岷山，《索隐》："汶，一作'嶓'，……在蜀郡湔氐道西檄。"⑦《正义》引《括地志》云："岷山在茂州汶川县。"⑧按，汶山之主峰，即在茂州。今四川尚有汶川县，为羌戎杂居之处。

蔡蒙，《禹贡》"蔡蒙旅平。"孔安国曰："蔡、蒙二山名，祭山曰旅平。"⑨《地理志》曰："蔡、蒙在汉嘉县。"《索隐》："在蜀郡青衣县，青衣后改为汉嘉。"⑩

近清⑪而远疏，人之常情，在古代交通不便，地理知识有限之时，而岷山山

---

① 〔清〕蒋廷锡：《尚书地理今释》之《圣训·虞书·尧典》，文渊阁四库全书本。
② 〔元〕李治：《敬斋古今黈》卷九，藕香零拾本。
③ 《水经注校释》卷33《江水》，第581页。
④ 毕沅将《山海经》之"三危山"注为"在敦煌郡"。同时，对"塞外古人言'三危有三'"进行了分别记载，其中对《水经注》的"洛水从三危山"注为"二也。山当在今四川省"（〔晋〕郭璞注，〔清〕毕沅校正：《山海经新校正》卷2《西山经·次三山·三危山》，光绪三年浙江书局据毕氏灵严山馆本校刻）。按，很多论著引此句时标注为"毕沅《山海经注》"。
⑤ 按，《尚书表注》不见文，金履祥《资治通鉴前编》在"三危既宅，三苗丕叙"下注曰"又宕昌羌即三苗之种，其地有叠州，山多重叠。三危山地，戎人凡山有三峰者，便指以为三危"（卷1，文渊阁四库全书本）。
⑥ 《尚书正义》卷6《夏书·禹贡》，第150、151页。
⑦ 《史记》卷2《夏本纪第二》，第67页，"汶、嶓既艺"注。
⑧ 《史记》卷2《夏本纪第二》，第67页，"汶山之阳至衡山"注。
⑨ 《尚书正义》卷6《夏书·禹贡》，第150页。
⑩ 《史记》卷2《夏本纪第二》，第63页，"蔡，蒙旅平"注，"集解"引"郑玄曰：'《地理志》……'"
⑪ 清，应为"亲"之误。

脉的地名特别详细，当与夏民族活动的区域，极有关系。

再细察《禹贡》上记载的次序，《禹贡》虽说"禹行自冀州始"[①]，然而将九州、九山、九川的先后次序，如果倒数逆观，则最后之梁州、雍州、嶓冢、汶山、熊耳、鸟鼠等地，则为岷山山脉之区。古代多倒装语，倒置文法，《禹贡》中所叙，亦合于古代习惯。传为夏禹治水所作的《禹贡》，有此奇特的现象，不为无因了。

三十一年（1942）七月十五日草于桂林中行

[①] 按，《史记》卷2《夏本纪第二》载："禹行自冀州始"（第52页）；宋人林奇《尚书全解》卷7《夏书·禹贡》"冀州"下解"禹都于冀，故禹行自冀始"（文渊阁四库全书本）。

夏民族发祥于岷江流域说[1]

罗香林[2]

一、引言

中国民族意识之构成，源于诸夏与蛮夷之对立。夏一方为民族各部落之统称，一方为此民族所建国之称号与所立朝代之命名。朝代与国号，与此民族命名虽递演递变，而其民族历万险而繁荣，至于今而滋大，则世界所共知也。兹不揣浅陋，试就夏族发祥源流，与其分布程序，并其他有关系事项，略为探讨如下。倘亦治史者所有事也。

但于此有须预为说明者，古史研究，其取材标准，与治近世史者微异，所用方法，亦较复杂。举夏史研究言之，文字上之直接资料迄今未见，所可据以推求者，唯东西周及秦汉魏晋下至隋唐时人所追述之次等复制资料，与近日考古学家自地下所发掘远古铜器石器并用时代一部分之实物资料，及殷虚出土甲骨卜辞而已。自西周迄隋唐之复制资料，虽糅杂讹伪，不可尽信，然究之必有其所由复制之根据与背景，苟以民族文化诸学之理解与方法部勒之，必仍可表白远古一部分之面目，不失为可贵资料。考古学家在中土所发掘之古遗器物，虽其年代与其被使用于何种民族之问题，尚待严格考定，然从其出土之地域观察，亦必有一部分可引之与传说中夏史相参证者。殷虚卜辞，虽其所述止代表

---

[1]选自《说文月刊》第 3 卷第 9 期，1943 年，第 48—68 页。
[2]罗香林（1906—1978），字元一，号乙堂，广东人，历史学家、民族学家。

殷商一部分史事，且占卜命龟无须上溯夏事，故近今所发现数万片之甲骨卜辞，表面上无关于夏代之记述，然其文字本身，从其形式与系统之整齐完备观之，必有其相当悠久之历程，非突然产生，或即沿袭夏代文字，而更为改进亦未可知。故以文字探源之法，部勒甲骨卜辞，亦未始不可引以推究夏代景况。此则好学深思之士所能心知其意者也。惟此三类资料，皆非末学如余，所能轻易部勒，今兹所论，第为博雅君子作为发喤之引而已。

二、夏族发祥于蜀岷江流域

诸夏首领，始见于载籍者为禹。禹初居地，诸书并云在今四川省汶川县石纽乡，张守节《史记正义》引扬雄《蜀王本纪》："禹本汶山郡广柔县人也，生于石纽。"[①]陈寿《三国志·蜀志·秦宓传》："禹生石纽，今之汶山郡是也。"谯周《蜀本纪》："禹本汶山广柔人也，生于石纽，其地名刳儿坪。"[②]按，扬、陈、谯三人并籍西蜀，记蜀事当较详确，以知自西汉至三国，蜀人皆明认禹生石纽也。

《史记正义》又引常璩《华阳国志》云："今夷人共营其地，方百里不敢居牧，至今犹不敢放六畜。"[③]（按，《正义》所引，今《四部丛刊》本图志缺）又云："禹生于石纽，今之汶山郡石纽山也。在西番界龙冢山之原。"[④]郦道元《水经注》卷三十六《沫水》："（广柔）县有石纽乡，禹所生也。今夷人共营之，

[①]《史记》卷2《夏本纪第二》，第49页，"夏禹，名曰文命"注引。按，记载显示，并非张守节引，而是张守节引的《帝王纪》所引。

[②]《三国志》卷38《蜀书八·秦宓传》，第975页，裴松之注引。按：该材料，谯周《蜀本纪》在引文后注明"见《世帝纪》"。

[③]《史记》卷2《夏本纪第二》，第49页，"夏禹，名曰文命"注引。原为："汶川石纽山中，夷人以其地为禹生处，共营其地，方百里内，今犹不敢牧。"按，记载显示，并非张守节引，而是张守节引《括地志》所引。

[④]按，此段应出自《路史》，而非《史记正义》。《路史·夏后氏》载"（修己）年壮不字获苡后于石纽"，罗苹注曰："秦宓云：'禹生石纽，今之汶山郡，乃今茂之汶川县石纽山也，在西蕃界龙冢山之原。'"（《路史》后纪卷12《夏后氏》，四部备要本）

地方百里，不敢居牧。有罪逃野，捕之者不逼，能藏三年，不为人得，则共原之，言大禹之神所祐之也。"①《吴越春秋·越王无余外传》：禹父鲧，"娶于有莘氏之女，名曰女嬉，……而产高密（按，即禹名），家于西羌，地曰石纽。石纽，在蜀西川也"。注："在茂州石泉县。其地有禹庙，郡人相传，禹以六月六日生。"②此外如《元和郡县志》《括地志》与《茂州志》等，并云石纽为夏禹生地。按，石纽山在今四川省汶川县，山顶曰刳儿坪，古今所传地望，俱无殊也。今其地为羌民所据，羌民咸视为圣地。数年前有庄君学本至汶川调查民族，以所得资料，寄其友陈君志良，陈据以作《禹生石纽考》，谓"汶川县属的羌民，指汶川县的石纽山顶名刳儿坪者，以为是禹王生地，不敢到那里去樵牧。这个信仰，全体羌民都信奉着，到现在还没有二心"。③可知禹生石纽，为自汉迄今共认之事实。石纽为自来禁地，似其地为昔时禹所领部落或种人崇祀图腾祖之所。按，各部族图腾禁地皆绝对制止外人入居或侵占，谓入居或侵占，必有凶事降临，故不惜流血制止。羌与夏虽非同一种属，然似曾为禹所领部众遗裔积威所劫，故亦不敢入居。

禹生地，既在汶川石纽，则其最先所领各部落，亦必在汶川一带。考汶川，踞四川西北，为岷江中流要地，西北逾邛崃山与岷山，为西康、甘肃，东邻涪江与嘉陵江，又东北接陕西南郑，昔称汉中。而岷江南至宜宾，汇金沙江，合为大江，即称长江。盖汶川背山面江，为古昔民族适宜居地，禹所领部落其先民之得繁殖发扬，非无因也。禹先世源流据《史记·夏本纪》："禹之父曰鲧，鲧之父曰帝颛顼，颛顼之父曰昌意，昌意之父曰黄帝。"④其居地皆在蜀岷江流域。《史记·五帝本纪》："黄帝居轩辕之丘，而娶西陵之女，是为嫘祖，……生二子……其一曰玄嚣，是为青阳，青阳降居江水；其二曰昌意，降居若水。昌意娶蜀山氏女，曰昌仆，生高阳……是为帝颛顼也。"⑤《史记》此文，盖出《大戴礼记·帝系姓》。轩辕之丘，即轩辕国所在地，《山海经·海外西经》："轩

---

① 《水经注校释》卷36《沫水》，第623页。
② 《吴越春秋》卷6《越王无余外传第六》，四部丛刊本。
③ 原注：见《说文月刊》（卫聚贤先生主编）第1卷第12期。
④ 《史记》卷2《夏本纪第二》，第49页。
⑤ 《史记》卷1《五帝本纪第一》，第10页。

辕之国，在此穷山之际……穷山在其北，不敢西射，畏轩辕之丘。"注："其国在山南边也。《大荒经》曰：岷山之南。""言敬畏黄帝威灵，故不敢向西而射也。"①据此，则轩辕之丘在岷山之南，盖即岷江最上游地，即汶川以北，以至松潘等县，皆其地望。西陵之女，即西陵氏女。《史记正义》："西陵，国名也。"②西陵旧地，据外舅海盐朱遏先（希祖）先生《蜀古国为蚕国说》，即汉之蚕陵县地③，亦在岷江流域。青阳、昌意所降居之江水、若水，据章太炎（炳麟）先生《西南属夷小记》，即蜀境岷江与金沙江④。至蜀山氏即蜀国所本，当在蚕陵以至成都一带。《元和郡县图志》卷三十三"剑南道"，茂州属县有通化县，东北六里有蜀山，或即古蜀山氏遗迹，要之其地亦在岷江流域。《史记》所述禹先代世系与族戚居地，虽或根据传说，名称及代数与别书所载互殊，崔述《考信录》已为言之，然必有其客观背景，是禹之先代与戚属皆以蜀岷江流域为根据地也。此与禹生石纽，更为有力旁证。而夏民族发祥地问题，明乎此，亦思过半矣。

又禹妻族涂山氏，按其地望，亦在蜀境。《尚书·益稷》："禹娶于涂山，辛壬癸甲。"⑤《吴越春秋·越王无余外传》："禹因娶涂山，谓之女娇，取辛壬癸甲。"⑥涂山究在何地？说者不一，有谓即会稽涂山，有谓即寿春当涂，有谓即巴县涂山⑦。然以夏禹生地及其先世居地验之，当别有所指，惟与巴县寿春会稽等地涂山或有种人迁移关系。考李锡书《汶志纪略·山川》："涂禹山，俗呼为同灵山，土司住宅在江外，或云山上旧有瓦寺，故名曰瓦寺也。"又同书《禹迹考》："加渴瓦寺土司署，在治（按，指汶川）西北十里，谓之涂禹山，与刳儿

---

① 《山海经校注》卷7《海外西经》，第201、202页，"在此穷山之际"注引，"畏轩辕之丘"注引。
② 《史记》卷1《五帝本纪第一》，第10页，"娶于西陵之女"注。
③ 原注：见《时事新报·学灯》渝版第44期，民国二十八年（1939年）四月二日。
④ 原注：见《章氏丛书》三篇《太炎文录续编》卷6之下，民国二十七年（1938年）武汉印书馆排印。
⑤ 《尚书正义》卷5《虞书·益稷》，第143页。
⑥ 《吴越春秋》卷6《越王无余外传第六》，四部丛刊本。
⑦ 《水经注校释》卷30《淮水》，第533页，"又东过当涂县北，濄水从西北来注之"条注。原注：见郦道元《水经注》卷三十《淮水》。

坪相距十里有奇，盖即涂山氏之故国。"①所云即涂山氏故国之涂禹山，既与禹所生地刳儿坪近，其为禹当日所娶妻之涂山，自无可疑。惟古昔岷江流域各民族，既依水居住。则涂山氏沿江东下，迁居于巴县一带，即春秋时之巴国地带，而即以部族之名名山，自亦意料中事。推而广之，寿春当涂，与会稽涂山，当亦以民族迁移得名。至各书所云之"辛壬癸甲"，窃意乃涂山氏女子名字。禹时为氏族部落拥戴共主时代，一方有图腾遗俗，一方有氏族婚群，禹取辛壬癸甲，即谓并娶女辛、女壬、女癸、女甲也。《吕氏春秋·音初篇》："禹行功，见涂山氏之女，禹未之遇而巡省南土，涂山氏之女乃令其妾候禹于涂山之阳，女乃作歌，歌曰：'候人兮猗。'实始作为南音。"②所谓令妾待禹，正为族外婚群之证。夏民族本有以天干命名之旧俗，《史记·夏本纪》载孔甲、履癸，是其例证。如必以陆德明《释文》谓"辛日娶妻，至于甲日后复往治水"为说③，则于文字构造，上下句既无衔接，而甲日后复往。又迹近傅会，恐未必近实也。涂山氏与刳儿坪毗邻，又与禹所领部落通婚，命名习惯复同，则其为同一区域之部族，似亦无可疑也。

夏禹为始见于载籍之诸夏首领，禹生地既在汶川，而其先世又全居岷江流域及与岷江合流之金沙江流域，其相与通婚之部落，又皆在岷江流域，则谓诸夏民族发祥于岷江流域似亦颇近实际。惟其种人以种种关系，颇自岷江流域迁居别地，种人既迁，史迹遂亦不易钩稽耳。

《史记·六国表》谓："作事者必于东南，收功实者常于西北。故禹兴于西羌。"裴骃《集解》："皇甫谧曰：《孟子》称禹生石纽，西夷人也。《传》曰'禹生自西羌'是也。"张守节《正义》："禹生于茂州汶川县，本冉駹国，皆西羌。"④所谓兴，即发祥之意。禹生地汶川石纽，自两汉后为西羌所据，谓禹兴于西羌，自今日地望言之，固无不可。然此不能与夏禹种属，并为一谈。盖夏

---

① 《汶志纪略》卷3《山川》、卷4《古迹》。"涂禹山俗呼为同灵"，原无"为"字；"故名曰瓦寺也"，原无"曰"字。
② 《吕氏春秋集释》卷6《季夏纪第六·音初》，第140页。
③ 《经典释文》之《古文尚书音义》无此句（四部丛刊本）。《尚书正义》卷5《虞书·益稷》"辛壬癸甲"注引（第143页）。
④ 《史记》卷15《六国年表第三》，第686页，"故禹兴于西羌"注。按：原为"黄甫谧"。

禹为诸夏系统，而西羌则虽与中国关系甚深，而究其种性，则与诸夏有殊。《荀子·大略篇》："氐、羌之虏也，不忧其系垒也，而忧其不焚也。"注："氐、羌之俗，死则焚其尸。"①《后汉书·西羌传》："西羌之本，出自三苗，姜姓之别也。……所居无常，依随水草，地少五谷，以产牧为业。其俗氏族无定，或以父母姓为种号。十二世后，相与婚姻，父没则妻后母，兄亡则纳釐嫂，故国无鳏寡，种类繁炽。不立君臣，无相长一。强则分钟为酋豪，弱则为人附落。"又："羌胡被发左衽，而与汉人杂处，习俗既异，言语不通。"②《山海经·海内经》（卷）十八："伯夷父生西岳，西岳生先龙，先龙是始生氏羌，氏羌乞姓。"注："伯夷父，颛顼师，今氏羌其苗裔也。"③颛顼师未必与颛顼同种，而伯夷父苗裔，即传说中之氏羌，亦与夏禹种属靡涉。夏民族发祥于岷江流域，与西羌自秦汉以来颇杂居于岷江流域，二者皆为客观事实，然时代有先后，种属亦不同。此则治史之士，所宜明辨者也。

三、夏族初以龙蛇为图腾祖

禹所领部落或种人，其先世似以龙蛇一类水族为图腾祖。《山海经·海外西经》："轩辕之国，……人面蛇身，尾交首上。"④又《海内东经》："汉水出鲋鱼之山，帝颛顼葬于阳，九嫔葬于阴，四蛇卫之。"注："书曰：嶓冢导漾，东流为汉。按《水经》，汉水出武都沮县东狼谷，……。言有四蛇卫守山下。"⑤考汉水出今陕西武都西北部嶓冢山麓，其地为岷山山脉北部。黄帝为颛顼所自出，颛顼为禹父鲧所自出。黄帝之国，人面蛇身，颛顼冢有四蛇守卫，皆暗示其先民曾以龙蛇为图腾祖，而其冢与丘，则为图腾禁地，非谓其种人真人面蛇身，

---

① 《荀子集解》卷19《大略第二十七》，第501页。
② 《后汉书》卷87《西羌传第七十七》，第2869、2878页。
③ 《山海经校注》卷18《海内经》，第387页。
④ 《山海经校注》卷7《海外西经》，第201页。
⑤ 《山海经校注》卷13《海内东经》，第286页。郭璞注，见注9、10（第287页）或文渊阁四库全书本。

其冢真有蛇守卫。又《海内经》(卷)十八:"洪水滔天,鲧窃帝之息壤以湮洪水,不待帝命。帝令祝融杀鲧于羽郊。鲧复生禹,帝乃命禹卒布土以定九州。"注:"《开筮》曰:鲧死三岁不腐,剖之以吴刀,化为黄龙也。"①鲧化为黄龙,自是神话,然适为其族先世曾以龙蛇为图腾祖明证。黄龙,《史记正义》作黄熊,谓"鲧之羽山,化为黄熊,入于羽渊"。②熊,音乃来反,下三点为三足也。束晳《发蒙纪》云:"鳖三足曰熊。"③龙与熊虽二物,然同属水族,且鳖首与龙蛇首似,故今俗谓蛇与龟交生鳖。又《山海经·大荒西经》:"西南海之外,赤水之南,流沙之西,有人珥两青蛇,乘两龙,名曰夏后开。开上三嫔于天。"④按夏后开,即禹子启,珥蛇乘龙,似亦为图腾遗迹。要之禹所领部落,其有崇拜龙蛇为图腾祖之遗俗,似无可疑。以此证以《史记·夏本纪》所载降龙故事,益知夏民族之图腾遗影实传演甚久。《夏本纪》云:"孔甲立,好方鬼神,事淫乱,夏后氏德衰,诸侯畔之。天降龙二,有雌雄,孔甲不能食,未得豢龙氏。陶唐既衰,其后有刘累,学扰龙于豢龙氏,以事孔甲。孔甲赐之姓曰御龙氏,受豕韦之后。龙一雌死,以食夏后。夏后使求,惧而迁去。"⑤初民以为图腾祖有无上威力,故每于特定典礼下杀图腾兽为食,谓能增加威力。孔甲初得龙不能食,明其威力既弛,诸侯叛乱;及龙死而为食,又更遣刘累求龙,致累迁去。此为图腾遗影之有力旁证。虽当时或既不明食龙原意,然其足证夏民族之先民原以龙蛇为图腾祖,固至显也。

禹所领部族以依江水居住,而水滨多龙蛇龟鳖之害,为人民所畏,浸假遂引为图腾对象,而龙蛇崇拜与诸夏远古文化,亦遂发生深刻影响。商承祚先生《殷虚文字类编》第五"矩",从矢从蛇,象射蛇形⑥。许慎《说文解字》"矢"

---

① 《山海经校注》卷18《海内经》,第395页;郭璞注"鲧复生禹",文渊阁四库全书本。袁珂注"《开筮》"为"《归藏·启筮》"(第396页,注四)。
② 《史记》卷2《夏本纪第二》,第50页,张守节注"乃殛鲧于羽山以死"引。
③ 《史记》卷2《夏本纪第二》,第50页,张守节注"乃殛鲧于羽山以死"引。原为"《发蒙记》"。
④ 《山海经校注》卷16《大荒西经》,第349页。
⑤ 《史记》卷2《夏本纪第二》,第86页。
⑥ 商承祚编:《殷虚文字类编》第五,《甲骨文研究资料汇编》,北京:北京图书馆出版社,2008年,第175页。

部无此字。从字形观察，知远古有射蛇遗俗。殷人无崇拜龙蛇之痕迹，此类文字，或袭之夏代。又《说文解字》"它"部："它，虫也。从虫而长，象冤曲垂尾形，上古草居患它，故相间无它乎。"①章太炎先生《文始》："上古草居患它，故相问无它乎，引伸（申）遂为称彼之词。"②按，许慎与章先生，并以"它"为"蛇"字，以远古畏蛇问蛇，遂演为代名词之他。其说固无以易。惟"它"，甲骨文作 ，其卜辞皆曰"亡它"，或曰"不它"，或单曰"它"。 为蛇形，固至明显。而" "，则商承祚先生《殷虚文字类编》谓"从止，即足也"③，止为动作，则从止从 ，其义或不仅指蛇。如追逐之"逐"，《说文解字》谓："从辵，豕省声。"④甲骨文作"逐"，字之下部从止，与"它"所从止同，上部从豕，与"它"所从 ，同为与人类有关系之动物。逐训追逐，象兽类为人所追逐，而不直训为豕，则"它"当亦别有所训，而不仅为蛇。窃意"它"，原谊为人类对蛇所施或表示之一种动作，故文字从止，而此对蛇所施，或表示之动作，则非尽人能为，而必由特种人士或阶级为之，故引伸为代名词之"他"。甲骨文所云"它"，义为须对蛇加以特种动作或表示；"亡它"，义为无须特种人士或阶级为之动作；"不它"，则义为不加以一种特殊动作。要之，或即为以龙蛇为图腾祖之旧俗遗影也。

以此证以古代从蛇文字，如祀、改等字之原谊，更知它不仅为蛇，而实别有所训。《说文解字》"示"部："祀，祭无巳也，从示，巳声。"⑤又"巳"部："巳，巳也，四月阳气已出，阴气已藏，万物见，成玟彰。故巳为蛇，象形。"⑥又《论衡·物势篇》："巳，蛇也。"⑦同书《言毒篇》："巳为蛇。"⑧按，《说文》于释"巳"为蛇，虽微邋穿凿，然谓"巳"本谊象蛇，则至允当。殷虚卜辞，

---

① 《说文解字注》第十三篇下《它部·它》，第 678 页。
② 原注：见《章氏丛书》初篇。按，1917 年至 1919 年浙江图书馆校刊本，共 48 卷。
③ 《殷虚文字类编》第十三，《甲骨文研究资料汇编》，第 358 页。
④ 《说文解字注》第二篇下《辵部·逐》，第 74 页。
⑤ 《说文解字注》第一篇上《示部·祀》，第 3 页。
⑥ 《说文解字注》第十四篇下《巳部·巳》，第 745 页。
⑦ 〔东汉〕王充：《论衡》卷 3《物势篇》，四部丛刊本。
⑧ 〔东汉〕王充：《论衡》卷 23《言毒篇》，四部丛刊本。

凡十二支之巳，皆作子，盖象蛇或蛇带足形。而金文之巳，更肖蛇形，"祀"字从蛇从示，甲骨文作 ![字], 作 ![字]，其形至显。以知古昔实以祭蛇为祀，此与诸夏先民以龙蛇为图腾祖，当有关系。不然祀之起源，胡以必 ![字] 从蛇也。又《说文解字》"攴"部："改，毅改，大刚卯，以逐鬼魅也。从攴，巳声。"①按，"改"亦远古对于龙蛇所施之一种动作或表示。甲骨文作 ![字]，盖象执刚卯驱蛇形，以其引伸（申）为更改之"改"，意远古民人迁居，必先举行一种以刚卯驱蛇之仪式，以避除不祥，要之亦以龙蛇为图腾祖遗影也。郭沫若先生《甲骨文字研究》释干支谓"甲骨文'巳'字实象人形，其可断言者如'祀'作 ![字]若 ![字]，殆象人于神前跪祷"。②谓"巳"象人形，说固甚创，第不知甲骨文"人"咸作 ![字]，"从"无作 ![字] 者，所谓"巳"象人于神前跪祷，乃郭先生误以"祝"为"祀"所致，"祝"甲骨文作 ![字]，正象人于神前跪祷也。

《殷虚文字类编》第十二"妃"，文字作 ![字]，从女从蛇。③商承祚先生谓"殆妃匹之本字"。按"妃"，自昔训君王妻室，《国语·齐语》："九妃六嫔。"韦昭注"谓正适称妃"④。而文字从蛇，疑与崇拜龙蛇为图腾祖之遗俗有关。盖远古图腾祖社会，每以贡献貌美妇女与图腾祖交配，为可令种人繁荣生殖，古代埃及即有此俗。"妃"字从蛇，意即夏族先民贡献妇女与图腾祖交配之意。又《说文解字》酉部："配，酒色也，从酉己声。臣铉等曰：己非声，当从妃省，傍佩切。"⑤按，"配"原谊如妃，故文字从巳从酉。酉为祭名，祭必以酒浆，故酉引伸为酒。"配"，文字从巳，巳象蛇形，知配为祭蛇一种表示，以配

---

① 《说文解字注》第三篇下《攴部·改/改》，第124、126页。原为"改，毅改大刚卯，以逐鬼魅也。从攴，巳声"。按，《说文解字》对"改"解释是"更也，从攴，巳声"；口改（yǐ）：指古代用以驱鬼辟邪的佩物；改，作 gǎi，同"改"。

② 郭沫若著：《甲骨文字研究·释支干》，《郭沫若全集·考古编》第1卷，北京：科学出版社，1982年，第208页。

③ 《殷虚文字类编》第十二，《甲骨文研究资料汇编》，第333页。

④ 《国语》卷6《齐语》，国学基本丛书本，第78页。

⑤ 〔汉〕许慎撰，〔宋〕徐铉增释：《说文解字》第十四篇下《酉部·配》，文渊阁四库全书本。按，段玉裁《说文解字注》基本引用徐铉之语，但已经变动，其注为"己非声也，当本是妃省声，故叚为妃字，又别其音妃平配去。滂佩切。十五部"（第748页）。

引申为匹配之配，知远古男女匹配，必举行一种施于图腾祖之特定仪式。如谓"妃"与"配"与诸夏先民图腾遗影无关，则匹配妃匹皆人生乐事，胡为必从蛇耶？

四、夏禹治水与夏族之迁移

夏禹之最为后世所纪念者，为治水故事，而怀疑夏禹之客观史实者，亦以洪水问题为讼点。《史记·夏本纪》："帝舜谓禹曰：'女亦昌言。'禹拜曰：'于，予何言！予思日孳孳。'皋陶难禹曰：'何谓孳孳？'禹曰：'鸿水滔天，浩浩怀山襄陵，下民皆服于水。予陆行乘车，水行乘舟，泥行乘橇，山行乘樏，行山刊木。与益予众庶稻鲜食，以决九川致四海，浚畎浍致之川。与稷予众庶难得之食。食少，调有余补不足，徙居。众民乃定，万国为治。'皋陶曰：'然，此而美也。'"[1]此语虽谓禹所自白，或多附益，然谓夏禹以治水为部众所拥戴，则必有客观背景而不可全信。尧舜禹禅位问题，容于另文论之，兹第推究夏禹治水与夏民族迁移关系。

夏禹治水之传说，自西周至春秋战国，下至两汉，皆甚盛行，且有逐步夸张之势，如《诗·商颂·长发》，《尚书》"尧典""舜典""益稷"，《国语》"周语""郑语"，《孟子·滕文公》，《庄子·天下篇》，《荀子·成相篇》，《吕氏春秋》"古乐""贵因"等篇，《淮南子·齐俗训》，以及《山海经》等，无不言之凿凿。《史记》所载，益据《尚书》，与诸家所述，又自稍殊，然皆足证夏禹与治水关系。按，夏禹治水，特不过听水流自然，而去前此所为防堙，并从而率部族迁移，使种人得安居乐业耳，非谓禹果能为疏凿工程也。《山海经》为最饶神话奇书，脱夏禹所治之洪水，有如儒家所述之浩瀚普遍，必更神异其说矣。今观其书所记，如《大荒北经》："共工臣名曰相繇，九首蛇身，自环食于九土。其所歔所居，即为源泽，不辛乃苦，百兽莫能处。禹湮洪水，杀相繇，其血腥

---

[1]《史记》卷2《夏本纪第二》，第79页。

臭，不可生谷，其地多水，不可居也。禹湮之，三仞三沮，乃以为池。"①共工父祝融，据《山海经·海内经》（卷）十八，本居岷江流域，相鲧为共工臣，当并居其地。又《大荒西经》："西北海之外，大荒之隅，有山而不合，名曰不周负子，……水东有幕山，有禹攻共工国山。"注："言攻其国，杀其臣相柳（按即相鲧）于此山。"②考同书《海内经》（卷）十八："洪水滔天，鲧窃帝之息壤以湮洪水。……帝令祝融杀鲧于羽郊。"③是禹攻共工与其臣相鲧，有报仇意味。《国语·周语》："古之长民者，不堕山，不崇薮，不防川，不窦泽。……昔共工弃此道也。……欲壅防百川，堕高堙庳，以害天下，……共工用灭。其在有虞，有崇伯鲧……遂称共工之过，尧用殛之于羽山。"④所言共工与鲧之时代，虽与《山海经》所言先后不同，然足证鲧与共工俱尝堙土防川。禹攻溺相□（鲧），初亦用防川旧法。

抑共工与鲧，其堙土防川，本由治水而起，盖岷江地处长江上游，长江流经三峡，以地层构造殊异，致江而狭窄，滩险特多。且常以山崖崩堕，阻塞江流，致成水患。《水经注》（卷）三十四：江水又东过巫县（南）："历峡东径新崩滩。此山（按，指巫山），汉和帝永元十二年（100）崩，晋太元二年（377）又崩。当崩之日，水逆流百余里，涌起数十丈。今滩上有石，或圆如箪，或方似屋，若此者甚众，皆崩崖所陨，致怒湍流，故谓之新崩滩。"⑤以巫山崩堕，致江水涌滞逆行，影响岷江宣泄，自必酿成水灾。巫山以地层关系，既崩堕于汉晋，未必不崩堕于远古，此即构成鲧禹时代洪水横流之一种重要因素。谢家荣、赵亚曾二先生合著《湖北宜昌兴山秭归巴东等县地质矿产》，于三峡一带之地质与滩峡成因及关系，颇有论述，足为上述洪水起因之有力旁证，其文云："考峡之生成，俱河流侵蚀之力，而尤与岩质有关。……考滩之生成，大抵因附近岩质松疏，风化之后，崩解成块，乃从小溪流入江中，日积月累，遂致壅塞

---

① 《山海经校注》卷17《大荒北经》，第361页。
② 《山海经校注》卷16《大荒西经》，第327页，"注"见第328页注四。"（按，即相鲧）"为原注。
③ 《山海经校注》卷18《海内经》，第395页。
④ 《国语》卷3《周语下》，国学基本丛书本，第35页。
⑤ 《水经注校释》卷34《江水》，第593页。

水流，而成凶险之滩。故滩之位置往往在一小溪之口，如泄滩、叱滩、新滩等是也。……最易成滩之地层，为归州系巴东系新滩页岩及片岩片麻岩等。盖此项地层，大致为页岩砂岩等所组成，质地松疏，易受侵蚀，且各层强弱之度不等，如强者位于弱者之上，而弱者先受江水之冲刷，则上部之强者亦将因虚悬而终至崩解。凡此条件，皆合于滩之生成，故无怪滩之多也。"①所云新崩滩地质之构造如是，其山崖崩堕，阻塞江流，自是古今同概。而远古不能为疏凿工程，故一遇山崖崩堕，则水患必较后世为巨。惟江水涨落亦与季节有关，春夏雨多，江水盛涨，最易成灾，然若至秋冬季节，则水退江浅，又不独两岸可居，而河床亦成坝地，可任栖息。共工与鲧之堙土防川，如于干季为之，自属可能，然防川后，如至夏季水涨，则上流诸地，必受患更巨。观传说中共工与鲧，皆以防川被窜，则其影响之大，亦可知矣。

堙土防川，适以扰乱致败，故稍积经验，终必弃其旧法。《国语·周语》："其后伯禹念前之非度，厘改制量……仪之于民，而度之于群生。共之从孙四岳佐之。高高下下，疏川导滞，钟水丰物，封崇九山，决汨九川，陂鄣九泽，丰殖九薮，汨越九原，宅居九隩。……物无害生，帅象禹之功，度之于轨仪，莫非嘉绩，克厌帝心。……赐姓曰姒，氏曰有夏。"②所谓九山、九泽、九川，自是附益之语，惟"高高下下，疏川导滞"，则为改防川为疏泄事实。即谓高者高之，下者下之，去前此所为防堙，而悉任自然，故水土得平复也。同书《郑语》谓："夏禹能单平水土，以品处庶类者也"③，意即指此。《诗·商颂·长发》："洪水芒芒，禹敷下土方。"④敷训平铺，即去防堙使平。要之非疏凿工程，无疑焉。

禹所领部族，虽初宅处于岷江流域，然继之即浸徙于今汉、沔、河、汾、颍、洛各水间。而其迁徙途径，似先顺流而下，至巴，溯嘉陵江北上，经略阳至汉中，分布于汉水上游，更入渭水流域，并分布于河汾之交，沿黄河而至河

---

① 谢家荣、赵亚曾：《湖北宜昌兴山秭归巴东等县地质矿产》，《地质汇报》1925 年第 7 期，第 5—67 页。

② 《国语》卷 3《周语下》，国学基本丛书本，第 36 页。

③ 《国语》卷 16《郑语》，国学基本丛书本，第 184 页。

④ 《毛诗正义》卷 20《商颂·长发》，第 626 页。

南中部，其留余未徙各族裔，亦滋息于川滇黔桂界上。而其迁徙之由，则或即以山崖崩堕，江水暴涨，即所谓洪水横流有关。盖夏禹治水，虽可除去前此埋土防川旧法，然不能根本除去水患，故终必以迁居为最善。观禹及其先世皆居岷江流域，而殷周间所见与禹同姓各诸侯，多在汉水上游，以至渭水上下游，下及黄河两岸，则当日禹所部种人之发展途径，亦可推知。《山海经·海内南经》："夏后启之臣曰孟涂，是司神于巴。人请讼于孟涂之所，其衣有血者乃执之，是请生。居山上，在丹山西。"①孟涂或即涂山氏中人，涂山氏国，原在汶川石纽附近，而《水经注》（卷）三十三：江水经巴郡江州，"江之北岸，有涂山，南有夏禹庙，涂君祠，《庙铭》存焉"②。则涂山氏或已迁出。而丹山以出丹朱得名，亦在巴内，《说文解字》"丹"部："丹，巴越之赤石也。"③以巴山出丹，故称丹山。启臣孟涂，居巴丹山，而启母所自出之涂山氏，亦有迁巴痕迹，则禹所领种人，必一部分曾迁居其地。

《国语·周语》称禹父鲧曰崇伯，韦昭注："崇，鲧国。"④按，崇即殷周时崇国。《诗·大雅·文王有声》："既伐于崇，作邑于丰。"⑤丰即今西安，是崇在渭水之南，西安之西。鲧以埋土防川，为祝融所逐，崇即禹所部种人所建之国。考常璩《华阳国志·巴志》："宕渠郡，……长老言：'宕渠盖为故賨国，今有賨城、卢城。'"⑥賨国当即崇国，或□（窦）国。宕渠即今四川渠县，在嘉陵江右，有渠江出合川，汇嘉陵。以地望考之，渭南之崇，必宕渠之賨所迁出。⑦《史记·周本纪》："幽王辟爱褒姒。"司马贞《索隐》："褒，国名，夏同姓，姓姒氏。"张守节《正义》引《括地志》："褒国故城在梁州褒城县东二十步。古褒国也。"⑧《水经注》（卷）二十七《沔水》："汉水又东合褒水……褒水又东南径

---

① 《山海经校注》卷10《海内南经》，第244页。
② 《水经注校释》卷33《江水》，第584页。
③ 《说文解字注》第五篇下《丹部·丹》，第215页。
④ 《国语》卷3《周语下》，国学基本丛书本，第35页。
⑤ 《毛诗正义》卷16《大雅·文王之什·文王有声》，第526页。
⑥ 《华阳国志校补图注》卷1《巴志》，第49页。
⑦ 原注：参考余另文《宗部賨民賨布汇考》。
⑧ 《史记》卷4《周本纪第四》，第147页。

三交城，城在三水之会故也。一水北出长安，一水西北出仇池，一水东北出太白山。……褒水又东南历小石门，门穿山通道，六丈有余……门在汉中之西，褒中之北。褒水又东南历褒口，即褒谷之南口也。……褒水又南流入于汉。"又云：沔水"东过南郑县南，县，故褒之附庸也"①。则今日陕西沔，褒城，城固，南郑一带，即古汉中地，皆褒国范围。褒与禹同姓，当为夏禹所部种人所建。褒水支流，一出略阳仇池，一出太白山，而略阳则为嘉陵江上游，则禹所领种人之自嘉陵江出略阳，由略阳下褒，更由褒分布于渭水流域，实至明显。《史记·夏本纪》："夏后帝启，禹之子，其母涂山之女也，有扈氏不服，启伐之，大战于甘。"②按，有扈氏为夏时诸侯，与夏禹同姓，在西安西南终南山北，太白山东北，即今陕西鄠县，与古褒国隔山接壤，其先民当即自褒地所发展。《诗·小雅·信南山》："信彼南山，维禹甸之。"③盖指此。

《史记·周本纪》："崇侯虎谮西伯于殷纣，……帝纣乃囚西伯于羑里。闳夭之徒患之，乃求有莘氏美女。"张守节《正义》："《括地志》云：'古莘国城在同州河西县南二十里。《世本》云：莘国，姒姓，夏禹之后。'"④按，同州即今渭水北大荔。莘与禹同姓，当亦禹所部种人所移居。《诗·大雅·韩奕》："奕奕梁山，维禹甸之，有倬其道，韩侯受命。"注："奕奕，大也。甸，治也。禹治梁山，除水灾。"⑤按，梁山即今山西汾河西北之梁山，今汾河与黄河汇合处之韩城县，即古韩侯国旧地，其地与大荔相近，韩称梁山为夏禹所甸，必禹所部种人曾居止其地。而韩城东连涑水流域，为古夏阳县地，今有夏县。又涑水位于汾河南部，自昔有大夏之称。《水经注》（卷）六《涑水》谓高辛氏迁子实沈于大夏，即指其地。地与县，并以夏名，或即为夏禹所部种人所曾居止之遗迹。又夏县西南为安邑，自昔谓其地为禹都，《水经注》（卷）六《涑水》："安邑，禹都也。禹娶涂山氏女，思恋本国，筑台以望之。今城南门，台基犹存。"⑥禹

---

① 《水经注校释》卷27《沔水》，第488—489页。
② 《史记》卷2《夏本纪第二》，第84页。
③ 《毛诗正义》卷13《小雅·谷风之什·信南山》，第470页。
④ 《史记》卷4《周本纪第四》，第116页。
⑤ 《毛诗正义》卷18《大雅·荡之什·韩奕》，第570页。
⑥ 《水经注》卷6《涑水》，第108页。

曾否营都安邑，虽为未决问题，然从禹所领种人曾迁处渭水流域与河汾之交一史实观之，谓夏禹或其继承首领，当日曾苾止其地，自无大谬。

又《水经注》(卷)四《河水》："(石崤)山有二陵：南陵，夏后皋之墓也……"①按，石崤山即战国时崤函，在今河南渑池洛阳间大河岸上。崤有夏后皋墓，必为夏禹所部种人苗裔所曾居止。而《孟子·万章章句》："舜崩，三年之丧毕，禹避舜之子于阳城。"②《史记·夏本纪》亦谓禹居阳城。《汉书·地理志》臣瓒注："《世本》禹都阳城，《汲郡古文》亦云居之。"③又《汉志》谓颍川阳翟为夏禹旧都。金鹗《禹都考》："赵岐《孟子》注：阳城在嵩山下。《括地志》：嵩山在阳城县西北二十三里，则阳城在嵩山之南，今河南登封是也。"④而阳翟则为今河南禹县。二地同在颍水上游，禹曾否并都其地，自亦为未决问题，然谓禹所部种人一部分曾迁处其地，则无可疑。《水经注》(卷)二十二《颍水》："出颍川阳城县西北少室山。……迳其县故城南，昔舜禅禹，禹避商均，伯益避启，并于此也。……县南对箕山，山上有许由冢。……又东南过阳翟县北，……东南历大陵西连山，亦曰启筮亭。启享神于大陵之上，即钧台也。……东迳阳翟县故城北，夏禹始封于此，为夏国。……徐广曰：河南阳城阳翟，则夏地也。"⑤夏名号起源及涵义，容于下文论之，而夏禹或其继承首领所率部落与种人，一部分之沿河东下，而分布于河南颍洛二水间，则无疑者。唯夏民族之一支曾迁殖于河南，故夏后氏先妣发祥地之涂山，其名称亦随而称用于河南嵩山，《逸周书·度邑篇》武王问周公曰："其有夏之居，我南望过于三涂，我北望过于岳鄙，顾瞻过于有河。"⑥有夏之居，即河南也。三涂在嵩山附近，盖即涂山之层化痕迹。

---

① 《水经注》卷4《河水》，第66页。
② 《孟子注疏》卷9下《万章章句上》，第2737页。原为："《孟子·滕文公》：'舜崩，三年之丧毕，夏辞避舜之子商均于阳城。'"
③ 《汉书》卷28上《地理志第八上·颍川郡》，第1506页，"县二十：阳翟"注引。
④〔清〕金鹗：《求古录礼说》卷4《禹都考》，《皇清经解续编》(卷666)本。"阳城县"，原文无"县"。
⑤ 《水经注》卷22《颍水》，第385、386、387页。
⑥ 《逸周书集训校释》卷5《度邑解第四十四》，国学基本丛书本，第71页。原为："武王问周公曰：'吾将因有夏之居，南望过于三涂，北瞻望于有河。'"

《孟子·滕文公》谓："当尧之时，水逆行，泛滥于中国，蛇龙居之，民无所定，下者为巢，上者为营窟。"①虽大要亦根据传说，然所谓"水逆行""蛇龙居之"，与"下者为巢，上者为营窟"，正为夏禹所领部落或种人初居岷江流域之生活遗影。《山海经》载禹堙水溺共工臣相繇，谓："其地多水，不可居也。"②而《史记》载夏禹自白，亦谓："徙居。众民乃定，万国为治。"③则以治水而率种人迁徙，其遗影亦至显明。

禹所领部落或种人，自蜀外徙，所至不能不与土著交涉，斗争行为，自不能免。夏民族团体意识之构成，或即由此。而夏禹或其继承首领之得为各部落率为共主，亦与此有关。《吕氏春秋·君守篇》："夏鲧作城"，（高诱）注："鲧，禹父也。"④《淮南子·原道训》："夏鲧作三仞之城，诸侯背之。"⑤《吴越春秋》："鲧筑城以卫君，造郭以居人。"⑥《太平御览》一百九十二引《博物志》："处士东里隗，责禹乱天下，禹退作三城，强者攻，弱者守，敌者战。城郭禹始也。"⑦城郭自鲧始，而夏禹继之，遂为徙民居卫根据。《说文解字》"土"部："城，以盛民也。"⑧东里隗，或即鬼方部落之一，即春秋时隗国，地在晋西北，其种人与夏禹接触，当在禹或其继承首领所率种人一部分已迁居河汾一带后，退作三城，正所以盛徙民也。推而广之，夏民族建国于褒渭河汾及河南洛颍诸水间，而奉禹或其继承首领为共主，亦当与彼等作城盛民有关。

---

① 《孟子注疏》卷六下《滕文公章句下》，第2714页。
② 《山海经校注》卷17《大荒北经》，第361页。
③ 《史记》卷2《夏本纪第二》，第79页。原为："徙众居民，乃定万国。"
④ 《吕氏春秋集释》卷17《审分览第五·君守》，第443页。
⑤ 《淮南子集释》卷1《原道训》，第29页。
⑥ 《太平御览》卷193《居处部二十一·城下》，引《吴越春秋》，第933页。"居人"，原文作"守民"。《吴越春秋佚文》载为"居人"并注"《初学记》作'守民'"（随庵丛书本）。
⑦ 《太平御览》卷192《居处部二〇·城上》，第928页。
⑧ 《说文解字注》第十三篇下《土部·城》，第688页。

五、诸夏之取义与氏之起源

《尚书·舜典》:"蛮夷猾夏"①,武成:"华夏蛮貊,罔不率俾。"②《左传》闵公元年(前661):"戎狄豺狼,不可厌也。诸夏亲昵,不可弃也。"又定公十年(前500):"裔不谋夏,夷不乱华。"襄公二十六年(前547):"楚失华夏,则析公为之也。"③《论语》:"夷狄之有君,不如诸夏之亡也。"④皆以中国为夏或合称为华夏,或单称曰华。夏为国家名称,又为种族名称,自西周以来,既无异说。惟其字究何取义?则自来尚鲜近实论断。

《说文解字》"夊"部:"夏,中国之人也。从夊,从页,从臼。臼两手,夊两足也。胡雅切。"⑤班固《白虎通》卷一《号》:"夏者,大也,明当守持大道。"⑥谓夏为中国之人,自有客观背景。班氏所释则为儒家美饰语句,非其溯也。章太炎先生中华民国解:"夏之为名,实因夏水而得。是水或谓之夏,或谓之漾,或谓之沔。……因水以为族名,犹生姬水者之氏姬,生姜水者之氏姜也。"⑦按,禹所领部落或种人,初在岷江流域,若谓族以水名,则称岷族或汶族斯其朔矣,胡为反以夏族称耶?远古姓与氏别,姜与姬姓也,非氏也。夏,氏也,非姓也,以姜姬拟夏,或亦不切。窃谓夏必别有嘉义,而不起于夏水。各民族原始时代,多以浅显具体语词为族名,而不取抽象高深语词,最普遍者为以所崇拜之图腾祖为族名,此则治民族文化诸学者所熟知,而无烦喋喋说明者也。夏之得名,或亦如此。若谓夏谊为人,故取之为民族称号,则中国自昔,既称人曰人,斯称其种为人族足矣,何以又称夏都?

---

① 《尚书正义》卷3《虞书·舜典》,第130页。
② 《尚书正义》卷11《周书·武成第五》,第185页。
③ 《春秋左传正义》卷11"闵公元年",卷56"定公十年",卷37"襄公二十六年",第1786、2148、1991页。
④ 《论语注疏》卷3《八佾第三》,第2466页。
⑤ 《说文解字注》第五篇下《夊部·夏》,第233页。
⑥ 〔东汉〕班固撰:《白虎通义德论》卷1《号》,四部丛刊本。
⑦ 原注:见《章氏丛书》初篇。按,1917年至1919年浙江图书馆校刊本,共48卷。

按，《说文》"夏"作□训："贪兽也，一曰母猴，似人从页，巳、止、夂，其手足。"徐铉曰："巳止，皆象形也，奴刀切。"□训："神魖也，如龙，一足，从夂，象有角，手人面之形，渠追切。"① "夏"与二字形近，二字训兽或龙，则"夏"训为人当属后起之义。窃谓"夏"从西，从𦣻，从夂。"西"即姿首之首，《说文解字》"百"部："百，头也，象形。"② 𦣻似二𠃊讹形，或象两手捧假面具之形，"夂"似行貌，《说文解字》："夂，行迟，曳夂，夂也，象人两胫有所躧也。"③ 合之即象人面蛇身徐行之形，或双手捧假面具徐行之形。生物中无具此形者，此必巫者装以娱神或崇拜图腾祖之重要仪形。考《山海经·海内西经》："开明东有巫彭、巫抵、巫阳、巫履、巫凡、巫相，夹窫窳之尸，皆操不死之药以距之。窫窳者，蛇身人面，贰负臣所杀也。"④ 所言窫窳，似与夏族有关。所谓尸，乃巫者或祭时所为祖宗或神鬼之替身，非死者尸身。按，开明，《山海经》直指为神或地域。常璩《华阳国志》则谓是古蜀国鳖帝。以决玉垒山，除水害，受望帝禅位为帝。则巫彭等所窫窳之尸，当始于蜀地。今蜀涪陵县南有彭水县，或即巫彭旧地，则窫窳与夏族发祥地正合。其所夹人面蛇身为距之尸，正与夏字全部象形相合。《礼记·礼器》："夏立尸而卒祭，殷坐尸"⑤，立户卒祭，亦与夹尸以距意合。

窫窳究为何物？自来罕为解释，同书《海内南经》："窫窳龙首，居弱水中，……其状如龙首，食人。"⑥ 似为凶恶水族。而其音读则与"夏"音相近。夏，古音如假，《礼记·乡饮酒》："春之为言蠢也，……夏之为言假也。"⑦ 是其例证。假，《说文解字》人部："假，非真也，从人叚声，古雅切。"⑧ 夏，《说文解

---

① "神魖也，如龙，一足，从夂，象有角，手人面之形，渠追切"是对"夔"的解释，其余是对"夒"的解释（〔汉〕许慎撰、〔宋〕徐铉增释：《说文解字》第五篇下《夂部·夒/夔》，文渊阁四库全书本），段玉裁注略有差异（第233页）。
② 《说文解字注》第九篇上《百部·百》，第422页。
③ 《说文解字注》第五篇下《夂部·夂》，第232页。
④ 《山海经校注》卷11《海内西经》，第263页。
⑤ 《礼记正义》卷24《礼器第十·礼器》，第1439页。
⑥ 《山海经校注》卷10《海内南经》，第245页。
⑦ 《礼记正义》卷61《乡饮酒义第四十五》，第1684页。
⑧ 《说文解字注》第八篇上《人部·假》，第374页。

字》音"胡雅切"①。古属见母,胡属晓母,二母属字,古本相混,如江河之河从可,可本见母,河入晓母,是其例证。而窫窳之窫,从契,古亦见母,窳从瓜,与假叱雅叠韵。则窫窳殆夏之分音,而夏则似窫窳合音。此虽未敢论定,然观于巫彭等对窫窳所加仪节,则"夏"字所象为巫者对图腾祖所举行之一种仪节,亦可得客观解释矣。唯"夏"象巫者对图腾祖所举行之仪则,而巫必以舞,故后人遂每解"夏"为舞,清小学家如徐灏戴侗②等,均谓:"夏,舞也。臼象舞者手容;夂象舞者足容。"③禹所领种人,其先民以龙蛇一类之水族为图腾祖,当有祀蛇遗俗。夏季天气酷热,江水盛涨,为水族最活跃时令,疑以巫祀蛇,即于是时举行。夏即所祀尸称号,所祀尸为假定之祖宗替身,故称同图腾遗裔之种人曰夏。而此仪节,举行于夏季,故引申为春夏之夏。

禹所部种落,本以图腾祖祀尸为名号,故凡其种人足迹所至或部落所至,即统称为夏。沔水或夏水与襄水相接,其流域为夏族所居,故沔水称为夏水,又汾河与涑水相汇处,亦为禹或其继承首领所统种人所移居,故其地自昔有大夏称号。《左传》昭公元年(前541):"迁实沈于大夏,主参",又云:"台骀能业其官,宣汾洮,障大泽,以处太原,帝用嘉之,封诸汾川,沈、姒、蓐、黄,实守其祀。"④是其例证。又秦公设谓:"丕显朕皇祖,受天命,鼐宅禹□,十又二公,在帝之坏严寅天命,保业厥秦,□使蛮夏。"蛮指荆楚,夏指三晋。则秦人且以三晋为夏,又不仅河汾之郊而已。地以夏名或水以夏名,皆后起之义,章太炎先生所论殆倒果为因矣。

夏之取义,已如上述,而夏族自昔称夏后氏,族而称氏,则氏之起源,亦须附论。考中土传疑时代,各首领或部落,皆称曰氏,如庖牺氏、神农氏、女娲氏、燧人氏,是其著者。而所谓夏禹先世,所娶有西陵氏、蜀山氏,禹所娶为涂山氏。其同姓诸侯,据《史记·夏本纪》,有斟寻氏、有扈氏、有男氏、斟

---

① 《说文解字注》第五篇下《夂部·夏》,第233页,段玉裁注。
② 戴侗(生卒年未详),字仲达,南宋著名文学家。此处作者误作戴侗为清代。杨宽《说夏》原文为:徐灏曰:"戴侗亦曰……"
③ 原注:见《禹贡》半月刊第七卷第六、七合期杨宽《说夏》引。
④ 《春秋左传正义》卷41"昭公元年",第2023、2024页。

戈氏、肜城氏、褒氏、费氏、杞氏、缯氏、辛氏、冥氏。①氏之称谓，由来尚矣。惟此称氏各首领或部落，其最先分布或发源地点，似多在晋陕川甘等地，中原与东夷所在地，则称氏者少，称方者多。窃疑部落或首领称氏，亦导源于夏族，其他各族部落之称氏，或姓氏之氏，殆仿夏俗为之，非其固有称谓也。氏之原义②，自昔但以为即氏族之氏，或姓氏之氏。而氏何以称氏，其文字何以作氏，则自来尚鲜解释。《说文解字》"氏"部："巴蜀名山，岸胁之自旁，箸欲落堕者曰氏。氏崩，声闻数百里，象形，乁声。……扬雄《赋》：响若氏隤。"③文字作氏。按，许氏谓"氏"为象形，而引巴蜀名山岸协之旁箸欲坠者曰氏为证，实有深意。盖氏本从厂从七。厂，同书"厂"部："山石之崖岩，人可居，象形。凡厂之属皆从厂"，段玉裁注"呼旱切"。④山石崖岩，以上部突出，而中成空穴，适与旁箸欲堕之岸胁同形。山石崖岩可居，岸胁旁箸欲堕者亦可居也。惟从七之七，则非许氏训为"乁声"之乁可拟。盖七与乁，形不类。七所示究为何物？窃谓当于人类穴居野处时代之生活情况推索得之。

按，远古初无宫室，民人或依山岩为居，或稍穴地为处。《诗·大雅·绵》："民之初生，……陶复陶冗。"⑤《墨子·节用篇》："古者人之始生……因陵丘掘穴而处焉。"⑥《礼记·礼运》："昔者先王，未有宫室，冬则居营窟，夏则居橧巢。"⑦皆远古生活写照，而岩居穴处，须防禽兽侵扰，护卫武器，不可或忽。又天然岩穴，未必即敷分配，故居地争夺，势亦难免，而守护岩穴之武器更为保障安居之条件。"氏"文字从七从厂，窃谓即象立弋或戈，或戍于所居岩穴之形。七为武器，非"乁"声之乁也。氏，金文作氏（卢氏涅金币），作氏（齐侯镈），作氏（毛公鼎），作氏（于氏叔子盘），俱象于岩穴立弋或戈或戍

---

① 《史记》卷2《夏本纪第二》，第89页。
② 原为"谊"。
③ 《说文解字注》第十二篇下《氏部》，第628页。
④ 《说文解字注》第九篇下《厂部·厂》，第446页。原为："……凡厂之属皆从厂，呼旱切。"
⑤ 《毛诗正义》卷16《大雅·文王之什·绵》，第509页。
⑥ 《墨子》卷6《节用中第二十一》，第61页。按，原为："人之始生，因丘陵，掘穴而处。"
⑦ 《礼记正义》卷21《礼运第九》，第1416页。

之形状。弋即木棍之属。戈，甲骨文作🗡，作🗡，——象柲，一象戈（《殷虚文字类编》十二）。戌，甲骨文作🗡，金文或作🗡，盖象斧戉之形，——象木柄，🗡象斧身。氏所从之弋，依形制观察，似即甲骨文字之"戈"，然金文之氏，弋多作丅，似又为斧戉之戉。殷民族称氏或部落为方，罕用氏字，而金文则至常见，字形或袭自夏代。夏民族长于用戉，《说文解字》"戉"部："戉，大斧也……司马法曰：夏执玄戉，殷执白戚，周左杖黄戉，右秉白髦。"①则氏所从之弋，为斧戉之戉无疑矣。

又岩穴大者，非止一人居住，而可聚族群居，而武器护穴，亦必为团体生活，故"氏"得引申为部落通名，或氏族通名。而最早音读，则必如氐至之"氐"，底下之"底"。《说文解字》"氐"部："氐，至也，本也，从氏下箸一。一，地也"，段玉裁注"丁礼切"。②盖"氐"原有居止涵义，故引申为氐至之氐。又同书"广"部："底，山居也，一曰下也。从广，氐声"，段玉裁注"都礼切"。③意底乃氐引申为部落通名后所演生。以氐有保障安居之义，故又引申为根柢之柢。《说文解字》"木"部："柢，木根也。从木氐声"，段玉裁注"都礼切"。④虽文字愈演愈繁，而氏之本谊，仍可求焉。

惟人类进化至脱离穴居生活后，或原有岩穴不敷同一系统之人群居住，而必须另谋居息之所后，则原日之厂或氏，必认为即祖宗所自发祥之圣地，而逐渐流为同一系统人群之公共祀祖场所，由首领管理，并引导公祀，而氏遂又引申为地祇之祇，与祇敬之祇。《说文解字》"示"部："祇，地祇，提出万物者也。从示、氏声"，段玉裁注"巨支切"；"祇，敬也，从示，氏声"，段玉裁注："旨移切"。⑤而同一系统之人群，则仍以氏为通名。而首领以引导守氏祀氏，亦即以氏为通称。远古部落称氏，其首领亦称氏，盖即此故。诸书所称夏后氏或

---

① 《说文解字注》第十二篇下《戉部·戉》，第632页。
② 《说文解字注》第十二篇下《氐部·氐》，第628页。原为："……一，地也。丁礼切。"
③ 《说文解字注》第九篇下《广部·底》，第445页。原为："……从广，氐声，都礼切。"
④ 《说文解字注》第六篇上《木部·柢》，第248页。原为："柢，木根也。从木氐声，都礼切。"
⑤ 《说文解字注》第一篇上《示部·祇/祇》，第3页。原为："祇，地祇，提出万物者也。从示、氏声，巨支切"；"祇，敬也，从示，氏声，旨移切"。

夏氏，多指夏部族全体，或其族所建国，然亦有专指夏族首领者，如《尚书·汤誓》所云"夏氏有罪"①，是其例也。

远古图腾社会，以渔猎为主要生活，故各氏族所崇祀图腾兽，亦以渔猎所值之凶恶动物为多。夏部族之先民，初以龙蛇一类水族为图腾祖，当亦如此。然其后以逐渐进化，而入于畜牧与农业阶段，图腾氏族渐演为种族体系，而图腾崇拜成为较抽象之宗教仪节或相沿礼俗，及禹以治水而徙民，又始为城郭，以为盛民根据，又以所至须与土著冲突，益有联结各部落而共祀一类图腾祖之必要。而夏一图腾祀尸，遂为诸徙民之统一祀尸，而□夏之民族系统，遂以成矣。此虽无直接文献可引，□□于与禹同姓各部落之分布，及"诸夏"一词之成立，则正可推索其演变过程也。

六、诸夏与其他有关系之民族

夏民族发祥于岷江流域，而分布于汉、沔、褒、渭、河、汾，及河南洛、颍诸水流域，浸及于安徽、山东、江浙、闽、粤、滇、黔、桂等地，其所接触民族，有西羌、北狄、东夷、南蛮等类。西羌与夏，虽自始至为接近，然系统不同，其最可注意者，为西羌之先似以牦牛、白马或参狼为图腾兽，而夏族先民则以龙蛇一类水族为图腾兽。《后汉书·西羌传》："各自为种，任随所之。或为牦牛种，越嶲羌是也；或为白马种，广汉羌是也；或为参狼种，武都羌是也。"②今云南西北部罗罗族，即西羌一支遗裔，尚祀牛王马王，当即其先民以牛马为图腾祖遗影。而西康羌人至今有打牛角游戏，亦似以牛为图腾祖遗影。

羌民族见于传说之首领，最早为炎帝，《国语·晋语》："黄帝以姬水成，炎帝以羌水成，成而异德，故黄帝为姬，炎帝为姜。"③姜即羌，盖与夏族所奉黄

---

① 《尚书正义》卷8《商书·汤誓第一》，第160页。
② 《后汉书》卷87《西羌传第七十七》，第2876页。
③ 《国语》卷10《晋语四》，国学基本丛书本，第128页。

帝，别为系统。《山海经·海内经》（卷）十八："炎帝之妻，赤水之子听妖生炎居，炎居生节并，节并生戏器，戏器生祝融，祝融降处于江水，生共工，共工生术器，术器首方颠，是复土穰，以处江水，……帝令祝融杀鲧于羽郊。"①是祝融共工，皆羌族之炎帝系统，祝融与鲧斗争，犹黄帝与炎帝斗争。夏禹以治水徙民，或并与羌族逼迫有相当关系。

《太平御览》一百九十二引《博物志》："处士东里隗，责禹乱天下，禹退作三城。"②观禹作城以抗东里隗之责备，知东里隗非止一普通人民，而实为与禹不同系统之别一部落或种人首领，其种落当即春秋时隗国，亦即商周时鬼方，王静安先生《鬼方昆夷猃狁考》："某族西自汧陇，环中国而北，东及太行常山间，中间或分或合，时入侵暴中国。其俗尚武力，而文化之度不及诸夏远甚。又本无文字，或虽有而不与中国同。是以中国之称之也，随世异名，因地殊号。……其见于商周间者曰鬼方，曰混夷，曰獯鬻。其在宗周之季，则曰猃狁，入春秋后，则始谓之戎，继号曰狄，战国以降，又称之曰胡，曰匈奴。……鬼方地在汧陇之间，或更在其西，盖无疑义。……梁伯戈虽仅有魃方□，及梁伯作数字可辨，然自为梁伯伐鬼方时所铸。而梁伯之国，杜预谓在冯翊夏阳县。……其地在今陕西西安府韩城县，又在宗周之东，其北亦为鬼方境，故有战争之事。"③考韩城在汾河和黄河之西岸，即夏禹所部徙民居地，余上文引《诗》所谓"奕奕梁山，维禹甸之"④者也。鬼方环其北，其相互关系之巨，不言可喻。《史记·匈奴列传》："匈奴，其先祖夏后氏之苗裔也，曰淳维。"⑤匈奴为北狄，种人与诸夏有别，此云其先祖为夏后之苗裔，当指其首领，或单于而言。意夏后氏以接近鬼方，时相攻击，因使本族之雄杰，经营其地，从其习俗，统其种人，而鬼方或匈奴遂奉之为首领。

汉之匈奴即春秋时犬戎，其先民所祀图腾，与夏民族异，《山海经·大荒北

---

① 《山海经校注》卷18《海内经》，第394、395页。
② 《太平御览》卷192《居处部二〇·城上》，第928页。
③ 原注：见《观堂集林》卷十三，乌程蒋氏仿宋字印本。按，1921年由王国维本人收集增删并交乌程蒋氏刊行的《观堂集林》二十卷本。
④ 《毛诗正义》卷18《大雅·荡之什·韩奕》，第570页。原为"梁山奕奕，维禹甸之"。
⑤ 《史记》卷109《匈奴列传第五十》，第2879页。

经》:"西北海外,流沙之东,……有犬戎国。有神,人面兽身,名曰犬戎。"①又《海内北经》:"犬封国曰犬戎国,状如犬。有一女子,方跪进杯食。"②而匈奴支族乌孙王好昆莫,《史记·大宛传》谓其初生被弃,"狼往乳之,单于怪以为神"③。匈奴后演为突厥及蒙古,亦自谓其种人上世原为狼种,《北史·突厥传》言之綦详④,似其先民本以狼豺一类恶兽为图腾祖。按,犬之凶者,本与狼似,今欧西⑤尚有狼狗。疑《山海经》所谓其"状如犬"之犬戎图腾,实即狼狗一类恶兽,要之与夏族先民崇拜龙蛇一类水族为图腾祖者,绝不相同。淳维入匈奴为首领,虽或有客观背景,然要不能谓与鬼方为同一系统也。

抑夏民族与东夷之关系,尤多可注意者。《吕氏春秋》"行论":"尧以天下让舜,鲧为诸侯,怒于尧曰:'得天之道者为帝,得地之道者为三公。今我得地之道,而不以我为三公。'以尧为失论,欲得三公。怒甚猛兽,欲以为乱。比兽之角能以为城,举其尾能以为旌,召之不来,彷徉于野以患帝。舜于是殛之于羽山。"⑥此与《山海经》所谓鲧为祝融所杀事,虽不无违异,然据郭璞注,鲧被杀即化为黄熊,似指鲧于战败后已改投以黄熊为图腾之部落,故得再起抗舜,而复为舜殛。尧与舜之问题,容于另文考述,兹不具论。惟鲧与舜,当立于对敌地位,则必为当时事实,此盖以鲧与禹或其继胜首领等所部种人自川陕入河汾界上,而徙于黄河中部,不能不与黄河南北岸诸土著民族相争夺,既有争夺,不能无胜负故也。所谓殛鲧于羽山之舜,当即东夷或殷民族之最先首领。东夷或殷,与夏民族,初为不同系统,故斗争甚烈。

《孟子·离娄下》:"舜生于诸冯,迁于负夏,卒于鸣条,东夷之人也。"⑦可知春秋末年,儒家尚明认舜为起自东夷之首领。而舜与帝喾帝俊实为一人,帝俊又为商民族最初之首领,是夏与舜之关系,亦可谓即夏与商民族之关系。《国

---

① 《山海经校注》卷17《大荒北经》,第367页。
② 《山海经校注》卷12《海内北经》,第269页。
③ 《史记》卷123《大宛列传第六十三》,第3168页。
④ 綦详:极详。
⑤ 欧西:欧洲及西方各国。
⑥ 《吕氏春秋集释》卷20《恃君览第八·行论》,第568—569页。
⑦ 《孟子注疏》卷八上《离娄章句下》,第2725页。

语·鲁语》："商人禘舜而祖契。"①《礼记·祭法》："殷人帝喾而郊冥，祖契而宗汤。"②《山海经·大荒南经》："帝俊妻娥皇。"③《尸子》尧试舜："妻之以皇，媵之以娥。"④《帝王世纪》："（帝喾）生而神异，自言其名曰夋。"⑤喾自言为夋，夋即俊，俊妻娥皇，而舜妻亦娥皇，商人禘喾之喾，亦即禘舜之舜，以此互证，则舜、俊、喾为一人异称，实至明显。殷商民族为东夷系统，近人已尝言之，兹不赘。商人既以舜或喾为禘，而殷虚出土甲骨文有"癸巳，贞于高祖夒"⑥一卜词。王静安先生殷卜辞中所见先公先王续考："即夋之确证，亦即夋为帝喾之确证。"⑦据此，则舜为商民族最早首领，实无疑义。其殛鲧于羽山，盖即夏民族与殷商民族竞争之最初景况。

然夏民族所部种人，终以种种关系，而卒将舜所部种人加以驱逐或统治。《韩非子·说疑篇》："'古之所谓圣君明王者，非长幼弱也及以次序也。以其构党与，聚巷族，逼上弑君而求其利也。'……'舜逼尧、禹逼舜、汤放桀、武王伐纣，此四王者，人臣弑其君者也。……而天下称明王焉，则威足以临天下，利足以盖世，天下从之。'"⑧此与儒家所述尧舜禹禅位传说虽相违异，然先秦诸子，除孟子外，诸家并言舜死于苍梧。《山海经·海内南经》："苍梧之山，帝舜葬于阳，帝丹朱葬于阴。"郭璞注："即九疑山也。《礼记》亦曰：舜葬苍梧之野。"⑨又《大荒南经》："赤水之东，有苍梧之野，舜与叔均之所葬也。"注"叔均，商均也"⑩。九疑地望，在今湘桂界上，旧称零陵，去舜所都冀州甚远。《礼记·祭法》："舜勤众事而野死。"⑪疑所谓勤众事野死，殆指为其种人对族外部落或首领而为远出之斗争，因而身死。舜为禹逼一传说，似有客观根据，故

---

① 《国语》卷4《鲁语上》，国学基本丛书本，第56页。
② 《礼记正义》卷46《祭法第二十三》，第1587页。原为"商人禘喾而祖契"。
③ 《山海经校注》卷15《大荒南经》，第312页。
④ 〔战国〕尸佼著，〔清〕汪继培辑：《尸子》卷下，丛书集成初编本。
⑤ 《帝王世纪》，丛书集成初编本。
⑥ 陈梦家：《殷虚卜辞综述》，北京：科学出版社，1988年，图版24。夒，原为"🜨"。
⑦ 原注：见《观堂集林》卷九，乌程蒋氏仿宋字印本。
⑧ 《韩非子集解》卷17《说疑第四十四》，第406—407页。
⑨ 《山海经校注》卷10《海内南经》，第242页。
⑩ 《山海经校注》卷15《大荒南经》，第310页。
⑪ 《礼记正义》卷46《祭法第二十三》，第1590页。

刘知几《史通·疑古篇》亦疑儒家舜禹禅让说为不实。要之，殷夏二民族，其初系统不同，互为消长，则无疑焉。禹之得为各部落拥戴为共主，虽曰由治水徙民之效，然要与驱退东夷首领有关。诸夏团体意识之构成，疑亦与此有关。而其后商首领成汤奋起图强，夏后氏为所驱迫，失去共主地位，故《诗·商颂·殷武》为之歌曰："天命多辟，设都于禹之绩。"①盖谓夏禹所都，且为商所有也。

夏族与南蛮，虽关系不若与东夷之切，然亦有可注意者。《国语·郑语》："祝融亦能昭显天地之光明，以生柔嘉材者也，其后八姓，于周末有侯伯。佐制物于前代者，昆吾尝为夏伯矣。……己姓昆吾、苏、顾、温、董。董姓鬷夷豢龙，则夏灭之矣。……融之兴者，其在芈姓乎。……唯荆实有昭德，若周衰，其必兴矣。"②按，此所云芈姓之荆，即荆楚之楚，楚自言出于祝融，与昆吾等八姓为同族。此祝融与上文所述曾杀禹父鲧之共工父祝融，是否为一人，今不可考。《史记·楚世家》："共工氏作乱，帝喾使重黎诛之而不尽。帝乃以庚寅日诛重黎，而以其弟吴回为祝融后，复居火正，为祝融。"③楚人所宗祝融，曾为火正，与其子共工曾被重黎所诛之祝融，似为二人。盖共工父祝融为出自羌族炎帝之系统，而楚人则为南蛮系统也。与楚人同族之昆吾，既为夏伯，则其种人与夏族有隶属或争夺关系，自可推知。应劭《风俗通·五伯》引《春秋左传》："夏后太康，娱于耽乐，不循民事，诸侯僭差。于是昆吾氏乃为盟主，诛不从命，以尊王室。"④而以昆吾为五霸之始。《诗·商颂·长发》亦谓："韦顾既伐，昆吾夏桀。"⑤举昆吾与夏桀相并，知其种人众多，其曾称霸于夏，当为事实。

楚自称与昆吾同族，而楚为南蛮系统，则昆吾亦属南蛮系统。《左传》昭公十二年（前530），楚灵王曰："昔我皇祖伯父昆吾"⑥，则又迳认昆吾为其嫡系

---

① 《毛诗正义》卷20《商颂·殷武》，第627页。
② 《国语》卷16《郑语》，国学基本丛书本，第184—185页。
③ 《史记》卷40《楚世家第十》，第1689页。
④ 〔东汉〕应劭辑：《风俗通义》卷1《五伯》，四部丛刊本。
⑤ 《毛诗正义》卷20《商颂·长发》，第627页。
⑥ 《春秋左传正义》卷45"昭公十二年"，第2064页。

祖代矣。按，荆楚先民似以狗熊一类恶兽为图腾祖。《汲冢周书·作雒解》："周公，……凡所征熊盈族十有七国。"①所云"熊盈族十七国"，指荆楚一带奉熊盈为祖之小国。族而称熊，必其先民与图腾崇拜有关。《史记·楚世家》记荆楚先代首领有鬻熊、熊丽、熊狂、熊绎、熊艾、熊点、熊胜、熊杨、熊渠、熊严、熊霜等三十余人，其年代大率在戎周以后，其时中土已有避讳定制，而楚人首领，世世冠以熊字，似熊为楚人原所有氏，亦即以熊为图腾遗影。《左传》文公元年，楚穆王□楚成王："王请食熊蹯而死。"②成王被围而请食熊蹯，与初民以食图腾兽为可增加威力或荣誉者同。

楚为南蛮系统，故《诗·小雅·采芑》有"蠢尔蛮荆，大邦为仇"句③，《吕氏春秋·季夏纪》有"周昭王亲将征荆"句④。《史记·楚世家》记楚王熊渠，自谓"我蛮夷也，不与中国之号谥"⑤。而南蛮余种如汉时五溪蛮等，皆称其祖先出□槃瓠，见《后汉书·南蛮传》。槃瓠为与狗同属之恶兽，疑即荆楚所崇拜之熊，熊与狗虽二物，然形状颇似，故世俗称熊曰狗熊。要之，楚蛮与五溪蛮等之先民似皆曾以熊或巨犬一类恶兽为图腾祖也。

七、诸夏文化与考古学印证

禹所领部落或种人，以龙蛇一类水族为图腾祖，故制物成器，多以龙蛇一类图形为纹饰，一方或为敬畏图腾祖象征，一方亦示慎终追远之义，举其表现于祭祀者言之，《礼记·明堂》："夏后氏以龙勺，殷以疏勺，周以蒲勺""夏后氏之龙簨虡，殷之崇牙，周之璧翣"。⑥器以龙名，当由以龙纹图形为饰。而其

---

① 《逸周书集训校释》卷5《作雒第四十八》，国学基本丛书本，第77页。
② 《春秋左传正义》卷18"文公元年"，第1837页。
③ 《毛诗正义》卷10《小雅·南有嘉鱼之什·采芑》，第426页。原为"蠢尔荆蛮，大邦为雠"。
④ 《吕氏春秋集释》卷6《季夏纪第六·音初》，第140页。按：原文"荆"后有"蛮"字，毕沅说："左氏僖四年《（春秋左）传正义》引'荆'下有'蛮'字。"
⑤ 《史记》卷40《楚世家第十》，第1692页。原为"熊绎"。
⑥ 《礼记正义》卷31《明堂位第十四》，第1490、1491页。

所以娱神之乐舞，亦饰龙蛇为戏，如《山海经·海外西经》所记："大乐之野，夏后启于此儛九代，乘两龙，云盖三层，左手操翳，右手操环，佩玉环，在大运山北。"①是其例证。而其所作乐舞，亦以大夏为名，《礼记·明堂》："裼而舞大夏。"②所谓大夏，疑即巫者饰尸如龙蛇形状，为歌舞之乐，或即上文所述槃瓠之尸，故称之曰夏。又以此类乐舞，场面甚大，故引申其义，凡乐歌之大者，皆称为夏。《诗·周颂·时迈》："我求懿德，肆于时夏。"注："夏，大也。……武王求有美德之士，而任用之，故陈其功，于是夏而歌之。乐歌大者称夏。"又同书《思文》："无此疆尔界，陈常于时夏"③，亦训乐歌之大者。所谓"夏而歌之"，或即饰尸如夏乐规模，而为歌舞之意。

夏民族首领称氏，"氏"原义④为可居之岩穴，后认为祖先降生或发祥之所，而演为地祇之祇，即由首领引导祀祖或守护。《礼记·祭法》："夏后氏亦禘黄帝而郊鲧，祖颛顼而宗禹。"⑤所谓郊，即祭地神礼节，亦即祭地祇之典礼，以夏初尚知其先民曾居于岩穴，岩穴较后日之屋宇昏黑，故《礼记·祭义》："郊之祭，……夏后氏祭其暗，殷人祭其阳。"⑥夏郊以暗，当即其先民曾居于昏暗岩穴遗影。

夏民族于鼓及雷，亦有特殊信仰，《汉书·武帝纪》："至于中岳……见夏后启母石。"颜师古注引《淮南子》："启，夏禹子也。其母涂山氏女。禹治鸿水，通轘辕山，化为熊。谓涂山氏曰：'欲饷，闻鼓声乃来。'禹跳石，误中鼓。涂山氏往，见禹方作熊。惭而去，至嵩高山下化为石，方生启。禹曰：'归我子。'石破北方而启生。"⑦所谓"禹方作熊"，似指禹尝以别种关系而曾参加南蛮氏族之入社氏；所谓"闻鼓声乃来"，似鼓为禹所出入与俱之重器，而鼓相传又与夔有特殊关系。《山海经·大荒东经》："东海中有流波山，入海七千里。其上有

---

① 《山海经校注》卷7《海外西经》，第192页。
② 《礼记正义》卷31《明堂位第十四》，第1489页。
③ 《毛诗正义》卷19《周颂·清庙之什·时迈/思文》，第589、590页。
④ 原为"谊"。
⑤ 《礼记正义》卷46《祭法第二十三》，第1587页。
⑥ 《礼记正义》卷47《祭义第二十四》，第1594页。
⑦ 《汉书》卷6《武帝纪》，第190页，元封元年"见夏后启母石"引。

兽，状如牛，苍身而无角，一足，出入水则必风雨。其光如日月，其声如雷，其名曰夔。黄帝得之，以其皮为鼓，橛以雷兽之骨，声闻五百里，以威天下。"郭璞注："雷兽即雷神也。人面龙身，鼓其腹者。橛犹击也。"①又《海内东经》："雷泽中有雷神，龙身而人头，鼓其腹，在吴西。"②《抱朴子·登涉篇》："夔如鼓，赤色，亦一足者。"③是鼓其腹之雷，即其声如雷之夔，亦即所以示威天下之鼓。而"夔"，据《尚书·益稷》，实为禹时仍典乐舞之一氏族首领名称。盖鼓虽为重器之一，而其创始或由于夔一氏族，故即以夔兽拟之；而夔一氏族有祀雷之俗，即以鼓娱神，故一般传说遂谓夔声如雷。要之，夔一氏族，为所以构成禹所统种族之一单位，故夏禹亦并有用鼓之习，而夏民族所分布之地，亦遂有关于雷神痕迹。《史记·夏本纪》：禹"道（导）九山……逾于河；壶口、雷首，至于太岳"。司马贞《索隐》："雷首山在河东蒲坂县东南。"④蒲坂即今山西永济，雷首当在今中条山一带，其阴即汾涑之交，自昔有大夏之称，其阳逾黄河为崤山，夏后皋陵嘉所在，南隔洛阳，为登封县，即禹都阳城。盖中条山南北一带，皆夏民族所曾居地，雷首山当以夏民族一支之祀雷得名。又《尚书·禹贡》："济河惟兖州，九河既道。雷夏既泽，灉沮会同。"⑤按，雷夏又称电泽，在今山东濮县西北。胡渭《禹贡锥指》"兖州"："今山东兖州府曹州东北六十里有成阳故城。北与东昌府濮州接界，雷夏在曹之东北，濮之东南。《史记》云：尧作游成阳，舜渔于雷泽，即此。……然则雷泽在瓠河之南，成阳故城之西北，陶墟之西南，历山之东北矣。"⑥历山为夏后辛被商民族战败后所播迁之地。而雷泽与之相接，则其地为夏民族分布亦可知矣。泽而称雷，当与其地居民之祀雷有关。《山海经》谓雷泽有雷神，龙身而人首，当即本此。唯夏民族有祀雷信念，故其发祥地带亦至明犹多关于雷之禁忌，曹学佺《蜀中广记》卷十一《名胜记·上川南道》，嘉定州峨眉县有"由木皮殿至雷洞坪，行者禁

---

① 《山海经校注》卷14《大荒东经》，第307、308页。
② 《山海经校注》卷13《海内东经》，第284页。
③ 按，《抱朴子内篇》卷17《登涉》载为"又有山精如鼓，赤色，亦一足，其名曰晖"。
④ 《史记》卷2《夏本纪第二》，第67页。
⑤ 《尚书正义》卷6《夏书·禹贡》，第147页。
⑥ 〔清〕胡渭：《禹贡锥指》卷3《兖州》，文渊阁四库全书本。

声，有禁声碑"①。又卷十五《下川南道》，马湖府屏山县："府西三百八十里雷番山，……山中有毒，经过牲畜，必笼其口，行人必缄默，若或吐声，虽冬月必起雷霆。"②按，峨眉在岷江下游西岸，屏山在金沙江下游北岸，盖为二江交汇区域，即所谓夏民族发祥地带。以祀雷而至禁止发声，则其习俗之源流长，亦可知矣。

《吕氏春秋·君守篇》："昆吾作陶。"③《尸子》亦云："昆吾作陶。"④昆吾与荆楚同族而臣服于夏之远古部落或诸侯。夏民族受其影响，自亦盛用陶器。《礼记·明堂》："泰，有虞氏之尊也；山罍，夏后氏之尊也；著，殷尊也；牺象，周尊也。"⑤牺象与著，固不尽为陶器，而山罍则为陶器无疑。《韩非子·十过》："禹作为祭器，墨漆其外，而朱画其内。……觞酌有采而樽俎有饰。"⑥器既可墨染朱画，当即陶器之属。夏民族发祥地与所分布地域，均富丹石，可采为绘朱颜料。《说文解字》"丹"部："丹，巴越之赤石也，象采丹井，象丹形。"⑦《华阳国志·巴志》涪陵郡有丹折水，水而称丹，当以其地原有丹石。而流经陕西、湖北之夏水，其中流与丹水相汇，丹水流域，多赪壁丹崖。《水经注》卷二十《丹水》："丹水出京兆上洛西北冢岭山，……丹水东南流至其县南，黄水北出芬山黄谷。……黄水北有墨山，山石悉黑，缋彩奋发，黝焉若墨，故谓之墨山。今河南新安县有石墨山，斯其类也。丹水南有丹崖山，山悉赪壁霞举，若红云秀天"。⑧此类岩石为天然染墨绘朱之颜料，夏水本以夏民族得名，而丹水在夏水与渭水及洛水各流域间，夏初当为禹领种人居地，居地既饶丹石一类天然颜料，则其所作陶器以朱画墨染，非无因矣。

《尚书·益稷》："汝为予欲观古人之象，日月星辰，山龙华虫，作会宗彝。

---

① 〔明〕曹学佺：《蜀中广记》卷11《名胜记第十一·上川南道·嘉定州·峨眉县》。按，原为"雷洞坪，行者禁声，有禁声碑"。
② 《蜀中广记》卷15《名胜记第十五·下川南道·马湖府·屏山县附郭》，引《屏山县志》。
③ 《吕氏春秋集释》卷17《审分览第五·君守》，第443页。
④ 《尸子》卷下，丛书集成初编本。
⑤ 《礼记正义》卷31《明堂位第十四》，第1490页。
⑥ 《韩非子集解》卷3《十过第十》，第70—71页。
⑦ 《说文解字注》第五篇下《丹部·丹》，第215页。
⑧ 《水经注校释》卷20《丹水》，第368、369页。原文最后一句无"云秀天"。

藻、火、粉、米、黼黻、絺绣，以五采彰施于五色作服。"①此文虽自来谓为帝舜告诫益稷之语，然益稷为传说中禹臣，则此言辞，或与夏民族礼俗有关。"作会宗彝"，据陆德明《释文》："会，五采也。以五采成此画焉。宗庙彝樽，亦以山龙华虫为饰。"②此与夏民族初以龙蛇一类水族为图腾祖，而居地又饶丹石等天然颜料者合。"藻、火、粉、米、黼黻、絺绣"，据陆氏《释文》谓："藻，水草有文者，火为火字，粉若粟冰，米若聚米，黼若斧形，黻为两巳相背，葛之精者曰絺，五色备曰绣。"③所谓五色备之绣服，为蚕丝所成，以此知当时已精于养蚕制丝，《大戴礼记》"夏小正"："三月……妾子始蚕，先妾而后子，何也？曰：事有渐也，言事自卑者始，执养宫事。执，操也；养。长也。"④夏小正虽晚出书，然必有相当传说背景。考远古养蚕制丝，初始于西蜀。蜀，远古有蚕国，故有蚕丛传说。而传说又谓黄帝娶于西陵氏女，始传蚕桑。罗泌《路史》引淮南王《蚕经》："西陵氏劝蚕稼，亲蚕始此。"⑤考西陵，汉称蚕陵，地在岷江流域，与夏民族先民居地为同一地区。禹所部种人，受其影响，亦必擅于蚕桑。

夏民族长于用戉，上文已为言之。戉一方为武器，一方为舞器，正如戈本为武器，而甲骨文伐从戈，亦常训舞。舞所以娱神，故祭祀必以乐舞。祭之类别，有属于遇事变发生而举行者，有属于照例于一定时距内举行者，《艺文类聚》引《五经异义》《古春秋左氏》说："古者先王日祭于祖考，月荐于会高，时享及二祧，岁祷于坛墠及郊宗石室。"⑥皆指例于一定时距内举行之祭典。而祫为岁祭，故曰岁祫。按，"祫"本训大祭，《说文解字》"示"部："祫，大合

---

① 《尚书正义》卷5《虞书·益稷第五》，第141页。
② 《尚书正义》卷5《虞书·益稷第五》，第141页，注引。
③ 《尚书正义》卷5《虞书·益稷第五》，第141页，注引。
④ 《大戴礼记》卷2《夏小正第四十七》，四部丛刊本。
⑤ 《路史》后纪卷5《黄帝纪》，四部备要本。
⑥ 〔清〕陈寿祺撰：《五经异义疏证》卷上，引《古春秋左氏》，嘉庆十八年（1813），三山陈氏本。按，同书同处引《春秋左氏传》曰："岁祫及坛墠终禘及郊宗石室"；《旧唐书》卷26《志第六·礼仪六》载："（晋征士虞）喜又引《左氏》说，古者先王日祭于祖考，月荐于会高，时享及二祧，岁祫及坛墠，终禘及郊宗石室。"（〔后晋〕刘昫等撰，北京：中华书局，1975年，第1007页）原为："古者日祭于祖考，月荐于高祖，时享及二祧，岁祫及坛墠，终禘及郊宗石室。"

祭先祖亲疏远近也。从示合。"①《周礼》谓三岁一祭为祫，殆后起之义。祫为祭祖先亲疏远近之典礼，其先必与氏族之氏有关，"氏"原义②为可居之岩穴，后演为首领或种人通称，而岩穴之"氏"，演为地祇之祇，祫祭从埠，与地祇之祭合，祫祭每岁必举行，故引申为岁祭。祭必以舞，故《墨子·明鬼》引古俗云："吉日丁卯，周代祝社方，岁于社者考。以延年寿。"③所谓伐，即以戈为舞之意。夏尚玄戈，某乐舞或即用戈。岁从戉，疑即以戈为舞以为祫祭之意。

《说文解字》"步"部："岁，木星也。越历二十八宿，宣偏阴阳，十二月一次，从步戌声。"④岁为木星，盖后起之义，惟从步从戌，则与远古含义，或有关系，戌字从戊，疑岁由岁祭之舞所引申。岁，甲骨文作 ，金文作 ，皆从戉从二止，其从二者，疑即二止省文。郭沫若先生《甲骨文字研究》，释"岁"谓："古戉之存世者，于斧身之中央部每设一圆孔，揆其意殆于不用时以便悬挂于壁……点即此圆孔之象形，点而二者，盖左右透视之，故成二也。"⑤其说甚创，然于甲骨文"岁"所从 ，终不可通。 为止字，形至明显，不能指为悬斧之孔。余意岁所从二 ，为训以戈为舞之意，舞戈与舞干戚同义。舞必往复循徊，故字形上下从 。甲骨文从 各字，无训穿孔为悬者。"岁"字从戉从二止，意即原训行止舞戈，而舞戈于岁祭时举行，故引申为岁祭之岁，岁祭必以一定周期，故引申为岁年之岁。《尔雅·释天》："载，岁也。夏曰岁，商曰祀，周曰年，唐虞曰载。"⑥此虽后人追记，然必有客观背景。商称年曰祀，亦已于甲骨文取得证据。夏称年曰岁，正与夏舞戈为岁祭之解释合。而"岁"之古音亦即读戉，故汉刘熙《释名》卷一《释天》谓"春，蠢也，……夏，假也，……冬，终也，……岁，越也"⑦。而岁年之岁，又引申为岁星之岁。许氏训

---

① 《说文解字注》第一篇上《示部·祫》，第6页。
② 原为"谊"。
③ 《墨子》卷8《明鬼下第三十一》，第87页。原为"吉日丁卯，周伐祝社方，岁于祖若考。以延年寿"。
④ 《说文解字注》第二篇上《步部·步》，第68页。
⑤ 郭沫若著：《甲骨文字研究》，北京：人民出版社，1952年，第137页。据书前的重印弁言，作者1929年写成全书，并于1931年在上海某书店少量印行。
⑥ 《尔雅注疏》卷6《释天第八》，第2608页。
⑦ 〔汉〕刘熙：《释名》卷1《释天》，四部丛刊本。

"岁"为木星，自是较后起之义。而郭沫若先生释"岁"，谓"先必有岁星，而后始有年岁字，……岁星之运行约十有二岁而周天。古人即于黄道附近设十二标准点以观察之，由子至亥之十二辰是也。岁徙一辰而成岁，故岁星之岁，孳乳为年岁之岁"。①此盖舍近就远之解释。岁星发现虽早，然运行须十二岁成周，周期过长，不易通识，且与远古实际生活，鲜直接关系，自不能与岁祭之与实际生活关系甚切者同日而语。岁星之岁，窃谓当为岁祭之岁或年岁之岁所引申。

《越绝书·外传记宝剑》："风胡子对曰……轩辕神农赫胥之时，以石为兵，断树木为宫室，而死龙藏……至黄帝之时，以玉为兵，以伐树木为宫室，凿地……死而龙藏。禹穴之时，以铜为兵，以凿伊阙，通龙门，决江导河……为宫室……当此之时，作铁兵，威服三军。"②此虽后人追记，然与远古进化之程序浑合，当有客观根据。是禹时已为铜器初期，唯铜器初期实际仍杂用石器。夏民族发祥地带自晋时即已发现石器时代之遗迹，常璩《华阳国志·蜀志》："台登县，有孙水……山有砮石，火烧成铁，刚利。"③台登故县，在今四川冕宁县东，为岷江西南山地。砮石当即石器时代或石铜并用时代之石砮，冕宁一带发现至富，故《元和郡县志》卷三十二《巂州·台登县》，亦云"铁石山……有砮石，火烧成铁，极刚利"④。而《明一统志》亦云：盐井卫，"（铁石）山有砮石，烧之成铁"⑤。考明代盐井卫，即今四川盐源县，地在冕宁西南，其为夏民族先民所遗，实无可疑。凡此皆见于文籍之诸夏文化也。

诸夏文化之见于载籍记述者，虽说者谓其多由后人根据传说为之，不无附会与伪造，斯固然矣。然传说亦必有客观背景，善为披讨，未必尽属悠谬无征。兹举考古学家十数年来所发现之远古文化资料，相与印证。民国十二、三年间，地质调查所顾问瑞典安特生氏（J.G.Andersson）尝于甘肃从事考古发掘，于洮沙之辛店、宁定之齐家坪、碾伯之马厂沿、狄道之寺洼等，发现新石器时代以

---

① 《甲骨文字研究》，第 140 页。
② 〔东汉〕袁康：《越绝书》卷 11《越绝外传记宝剑第十三》，四部丛刊本。
③ 《华阳国志校补图注》卷 3《蜀志》，第 209 页。
④ 《元和郡县图志》卷 32《剑南道中·巂州·台登县》，第 824 页。原为"卷三十巂州台登县"。
⑤ 〔明〕李贤等撰：《明一统志》卷 73《四川行都指挥使司·山川·铁石山》，文渊阁四库全书本。原为"盐井卫有石砮，烧之成铁"。

至铜器初期之遗物无数。其陶器之一类多彩绘，世称彩陶。就中如马厂沿所获，有陶瓮，甚高大，上绘人形花纹。又获小钵，满绘几何图案。其年代，据安特生氏研究，约在西元前2900年至（前）2600年。而辛店所获，亦有陶瓮，胫部有连续回纹，腹部有旋纹，旋纹上空处，有犬羊兽形纹各一，柄上绘龙形花纹。其他陶器亦有鸟形兽形人形轮齿形各花纹。其年代据安特生氏研究，约在西元前2600年至（前）2300年[①]。而安特生氏先此二年，并曾在河南渑池县仰韶村、河阴县秦王寨，及辽宁锦西县沙锅屯，发掘古物，所得新石器时代遗物，尤可注意。其在仰韶与秦王寨所获陶器，亦有彩陶一类，皆以红黑白各彩色绘画。就中有红底而绘深红花纹之陶盆，有灰色底而绘红螺旋纹及同心圈花纹之浅钵，其他陶器亦有红底而绘黑白花纹或凹边三角形等花纹者，世谓之仰韶文化代表。其年代据安特生氏研究，约在西元前4000年至（前）1500年[②]。民国十四年（1925）李济之先生，在山西夏县西阴村发掘古物，亦得新石器时代彩陶碎片。其纹制分二类，其一先着色衣，后加彩绘，其二不着色衣，迳以彩色绘于陶骨。色衣为红白二种，色衣上常施黑色花纹，亦有兼施红白二色花纹者。其黑色花纹，为直线横线圆点与各种三角形，或宽条窄条初月形链子形格子纹等[③]。又民国二十年（1931）卫聚贤先生，于山西万全县荆村，发现新石器时代遗物，其彩陶碎片，所绘彩为黑白红三色，黑色多着于红底之上，花纹多为圆点、线条、三角形、角形、蛇形等[④]。

考此类彩陶系统遗物，安阳古殷虚附近，亦常出土，但与殷虚文化系统不同。民国二十三年（1934），中央研究院历史语言研究所考古组尝于安阳洹水北岸侯家庄高井台子发掘古物，获石器铜器并用时代之遗物无数，其陶片类别，据吴金鼎先生《高井台子三种陶业概论》，分三大系统："甲、以素体砖红色之

[①] 原注：见安特生（J.G.Andersson）《甘肃考古记》（《地质调查所地质专报》甲种第五号，民国十四年六月出版）。

[②] 原注：见《安特生中华远古之文化》（《地质汇报》第五号第一册，民国十二年出版），及阿尔纳（T.J.Arne）《河南石器时代之着色陶器》（《地质调查所古生物志》丁种第一号第二册，民国十四年出版）。

[③] 原注：见李济之《西阴村史前的遗存》（国立清华大学研究院丛书第三种，民国十六年出版）。

[④] 原注，见《东方杂志》二十六卷四号卫聚贤《新石器时代遗址的经过和见解》。

陶器为主，间有极少之带彩绘者。乙、黑色而内部灰或红者为主，灰色较少。丙、以灰色而带□文为主，红色及其他色者较少。"①而其堆积次第，则红色陶层最下，黑色陶层居中，灰色陶层最上。而其年代，红陶层最早，黑陶层次之，灰陶层较晚。而代表殷虚文化之小屯出土陶器，则与黑陶层系统相当。红陶层所代表之文化，在殷虚文化系统前，与仰韶文化约相当。惟勘之文籍，究为何民族何朝代之文化？则考古学家尚未尝讨论。余意所谓红陶彩陶，皆可以夏民族文化释之。

按，甘肃洮沙在洮河东岸，洮河发源岷山北部，折东经岷县，县东邻礼县，有嶓冢山，为汉水发源地。夏民族发祥于岷江流域，后分布于汉水上游，洮河流域当为其徙民所繁殖，故今洮河西岸之河州及拉卜楞，又称临夏与夏河。山西夏县为禹所部种人所徙居，上文已为论及。万泉县在夏县韩城间，当汾涑二水平原，亦诸夏徙民所居。夏县西池下王村，相传为夏后氏重要陵墓所在，与夏民族关系尤巨。而河南渑池，越黄河至中条山北，即山西夏县。渑池东北，即古崤山，为夏后皋陵墓所在。东逾洛阳，折东至登封，为传说中禹都阳城。则自渑池以至登封，皆远古夏民族居地。仰韶与秦王寨所出古物，较殷商文化为古，山西夏县万泉，及甘肃洮沙等县所出古物，亦较殷商文化为古。勘其地望，验其年代，当即夏民族或夏代所遗文物。此与文籍所记夏代陶器墨染朱画，而夏民族居地又确饶天然颜料者正合。至安阳古殷虚一带，虽在河南北部，然其地与濮阳甚近，而濮阳东北与古雷夏相接，当为夏民族所曾居地，其安阳一带早于殷虚文化层之红陶层或彩陶层文化，当为夏民族或夏代所遗。推而广之，中土其他各地所发现新石器晚期之彩陶文化，当亦与夏代有关。此则传说中之诸夏文化可与考古学所发现资料互为印证之显例也。

抑洮沙辛店所发现古遗器物，已渐有铜器搀杂，而寺洼所获古物，除单色陶器外，小铜器尤多，盖已为铜器初期。此类铜器，据安特生氏《甘肃考古记》，谓："全没有像殷商所出象牙刻纹或古铜器的花纹。这两种反面的证据，值得说出来，因为他们可以证明在甘肃最迟的遗址中也要比殷朝早。"②以地望

---

① 原注：见国立中央研究院历史语言研究所《田野考古报告》第一册（民国二十五年出版）。
② 安特生著，乐森珺译：《甘肃考古记》，农商部地质调查所印行，1925年。

及年代勘之，自为夏民族或夏代所遗之物。此与《越绝书》所记"禹穴之时，以铜为兵"[1]正合。又夏县西阴村所获古物，有蚕茧，与彩陶碎片等一同出土。以知当时已有蚕桑文化。此与上文所论夏民族发祥地与古蚕国有关系者亦合。盖亦传说中之诸夏文化可与考古学所发现资料互为印证又一例也。

八、附论

自夏禹为同族各部落之共主，建立国家，与中土各民族浸为同化，中国民族国家之形成，即始于此，故曰："夏，中国之人也。"[2]及夏启以禹子而自为共主，开共主世袭之局，传十余世，至夏桀，共主地位为出自东夷系统之成汤所夺，其种人一部分，遂以擅于用戉，而被称为戉，初居汉水上游及皖浙等地。以越为夏民族系统，所至盛述夏后氏为共主之大业，故越地关于夏禹之传说特多。越上世源流及其迁徙经过，余拟于另文考证[3]。兹不悉赘。惟关于夏民族或夏史研究之性质及取材问题，则拟于此附述一二。

远古社会，由图腾氏族进为部落统治，其关键在于生产方式由渔猎而进为畜牧及耕种，而部落首领之权力，亦日益扩大，其尤为人杰者，遂一跃而为各部落共主，其先民所崇祀之图腾祖，亦演为较普遍之崇祀。惟时代愈演进，则图腾意识与表现，愈由具体而趋于抽象，终且至于全为美化，而使后人不易识其为图腾遗俗。故根据一二孤证而遽言远古某氏族图腾崇拜之真象（相）或其他有关系之史实，往往失于穿凿附会，无当于理。而悉从后起抽象或已美化之说，又或陷于无识，不足以表白远古真象（相）。必也，贯穴一切传说与属于实物及文籍之各种资料，提要钩玄，以为汇证，始能拨沉晦而露真形。夏民族与夏史研究，意亦如此。余兹所论，第能提供若干鄙见而已，非能表白夏民族源

---

[1] 〔东汉〕袁康：《越绝书》卷11《越绝外传记宝剑第十三》，四部丛刊本。
[2] 《说文解字注》第5篇下《夂部》，第233页。
[3] 原注：见余另文《越族源出于夏民族考》。按，该文发表于《青年中国季刊》1940年第1卷第3期。

流真象（相）也。此其一。

远古民人，由结绳记事进为制作文字记事。记事为生存演进所必须（需），文字制作为史实演进之所致。远古文字之构造或组织，即远古民人生活或动作之写照。远古文字，不仅代表其所记载之史实，且其本身，即为远古民人生活史料之一种。易言之，即自未有文字时代之晚期，以至已有文字时代之初期，皆可利用远古文字之构造，为研究其时民人生活或动作之资料。昔新会梁任公（启超）先生，谓利用古文字之形体，可推知远古社会制度。闻者韪之。余近日与瑞安李雁晴（笠）先生商释文字源流，李先生亦谓古文字本身，为研究远古史实之最确切资料。盖谓传说与记载有时而讹伪，而古文字之本身，为远古民人生活之反映，普遍流传，初无假托。故善为分析所获反多也。晚近以甲骨文推证殷商史实者，已获相当成就，惟利用甲骨文字，或其他古文字之本身构造，以推究殷商以前即余所谓未有文字时代之晚期与已有文字时代之初期一过渡时代之史实者，则风气未盛。余兹所论，仅略摘数字为互证之资，未能为系统理董[①]，难有新解。此其二。

远古文化，由蒙昧而进于开明，其关键在于文物制度之创造与改进及运用与传播。研究之道，在探其时间上之演化，而明其层累之踪迹，在考其在空间之广播，而明其感受之所由。故从事属于文籍上资料之探发者，允当博窥实地考古或调查之所获，一以取得实物之旁证，一以考求广播之踪迹。而从事属于实地之考古或调查，或其所得资料之探发者，亦当于文籍上之资料，稍为致力，一以辨明实地考古或调查所发现资料在整个史实上所占之位置，一以究其演化之所由与层累之所在。二者盖相需为用，无庸轩轾于其间也。今之言实地考古或调查者，动以发掘或调查未周为言，而不欲与属于文籍资料相参证。其钦慎态度，似多可喜。而究之考古发掘与调查，本以就一定区域择要线为之为通例，而必欲尽将所有地面发掘之或调查之，此在地学研究，容有是处，若言考古发掘与调查，则是扫土而清乡也，无论时间不足，且事势亦有困难。为个人解颐则可，替国家谋学术为有效之发展，则无当也。夏民族或夏史之研究，意亦如

[①] 理董：督促办理；订正、整理。

此。余兹所论，既不能贯穴文籍上之资料，而实地考古与调查之参求，亦有志而未替，即时贤所发掘资料，且以强寇侵凌，屋舍播迁，亦未能悉取证佐。肤肤寡要，不敢讳也。此其三。

唐代西南地理研究

朱希祖

一、《新唐书·西域传》东女国疆域辩误

《新唐书·西域传》云:"东女亦曰苏伐剌拏瞿咀罗,羌别种也,西海亦有女自王,故称'东'别之。东与吐蕃、党项、茂州接,西属三波诃,北距于阗,东南属雅州罗女蛮、白狼夷。东西行尽九日,南北行尽二十日。有八十城。以女为君,居康延川,岩险四缭,有弱水南流,缝革为船。户四万,胜兵万人。"[2]

案,《隋书·西域传》:"附国者,蜀郡西北二千余里……其国南北八百里,东南千五百里。……附国南有薄缘夷……西有女国。其东北连山,绵亘数千里,接于党项。"[3](按,"其东北"三字,指附国言,上文已言附国之南境与西境,此又言其东北境耳。《唐会要》及《新唐书》,盖误解"其东北"三字指女国境界。又案,此连山,即今西藏东北部唐古拉山。)据此,女国在附国西,则女国境界,不能东至党项茂州也。(《北史·吐谷浑传》:"白兰西南二千五百里,隔

---

[1]《说文月刊》第4卷合订本,1944年,第625—630页。按,该文采用先举文献、后论证的行文方式,采取隔行并标黑"案"字的方式整理。
[2]《新唐书》卷221上《西域上·东女国》,第6218页。原注:卷二百二十一。
[3]《隋书》卷83《列传第四十八·西域·附国》,第1858—1859页。按,原文无省略号。

大岭，又度四十里海，有女王国。"①此大岭，即今西藏东北部之昆仑山，亦可证女国东境不接党项茂州。）其误一也。

《大唐西域记》卷四，"婆罗吸摩补罗国，（北印度境）周四千余里，山周四境。……此国境北大雪山中（案，此大雪山，在葱岭南，东抵西藏西北部，即昆仑山也），有苏伐刺拏瞿呾罗国（唐言金氏），出上黄金，故以名焉。东西长，南北狭，即东女国也。世以女为王，因以女为国。丈夫亦为王，不知政事。丈夫唯从征伐、田种而已。土宜宿麦，多畜羊、马。气候寒烈，人性躁暴。东接土（吐蕃）国，北接于阗国，西接三波诃国"②。据此，则东女国四至甚分明，即东至吐蕃（案，隋时东国附国，唐时附国已亡于吐蕃），西至三波诃，北至于阗〔《隋书·于阗国传》："（于阗）南去女国三千里"③，盖须南越昆仑山而西至女国都城，故遥远如此，且山路高下，占路程甚多，非南北直径之距离也，女国南北狭东西长〕，南至婆罗吸摩补罗（南之西部）吐蕃。（南之东部）女国东南皆与吐蕃接，何能越吐蕃而东接茂州党项，东南属雅州罗女蛮白狼夷乎？其误二也。（《新唐书》盖误解婆罗吸摩补罗国北之大雪山，为今西康东北部南北走之大雪山耳。《大唐西域记》"活国篇"，"葱岭者，据赡部洲中，南接大雪山"④。故《通典》谓：东女国"在葱岭之南"⑤。此大雪山，即今之喀喇昆仑山也。）

《大唐西域记》称：东女国"东西长、南北狭"⑥。而《新唐书》称：东女国"东西行尽九日，南北行尽二十日"⑦，则是南北长而东西狭，显与《大唐西域记》所载东女国不合，而别为一国。案，《西藏图考》卷三《西藏程站考》：巴塘以西一百四十里之江卡起程而西，五十里上大雪山，"自江卡至察木多十站

---

① 〔唐〕李延寿撰：《北史》卷96《吐谷浑》，北京：中华书局，1974年，第3189页。原文无"又度四十里海"。
② 〔唐〕玄奘撰，章巽校点：《大唐西域记》卷4《婆罗吸摩补罗等二国》，上海：上海人民出版社，1977年，第99页。按，原文无省略号。
③ 《隋书》卷83《列传第四十八·西域·于阗》，第1852页。
④ 《大唐西域记》卷12《葱岭》，第283页。
⑤ 《通典》卷193《边防九·女国》，第5276页。
⑥ 《大唐西域记》卷4《婆罗吸摩补罗等二国》，第99页。
⑦ 《新唐书》卷221上《西域上·东女国》，第6219页。

(即十日行程），共计程九百七十五里"①。察木多，即康也，离藏尚远，况再越西藏全境以西，而至东女国西境之三波诃国，岂九日行程可达乎！其误三也。

《隋书·附国传》言："其东北连山，绵亘数千里，接于党项。"②若此东北指东女国境界，则西自北印度之三波诃国，北沿今葱岭南昆仑山，再连青海西藏交界之唐古拉山，更越横断山脉而至西康东部之大雪山，而接四川之茂州雅州，则其国东西达七八千里之长，南北行尽二十日，亦约有二千里左右，有城八十，如此大国，而户仅四万，胜兵仅万人，有此理乎！（下文又言：羌女等八国，其种散居西山弱水，虽自谓王，盖小小部落耳。其自相矛盾又如此。）其误四也。

《新唐书·东女国传》又云："贞元九年（793），其王汤立悉与白狗君及哥邻君董卧庭，逋租君邓吉知、南水君薛尚悉曩、弱水君董避和、悉董君汤息赞、清远君苏唐磨、咄霸君董邈蓬皆诣剑南韦皋求内附。其种散居西山、弱水，虽自谓王，盖小小部落耳。自失河、陇，悉为吐蕃羁属。"③

案，《通鉴》：贞元九年"剑南、西山诸羌女王汤立悉、哥怜王董卧庭、白狗王罗陀烈、弱水王董辟和、南水王薛莫庭、悉董王汤悉赞、清远王苏唐磨、咄霸王董邈蓬及逋租王，先皆役属吐蕃，至是各率众内附。韦皋处之于维、保、霸州"，胡三省注云："自彭州导江县西北蚕崖关，历维、茂，至当、悉诸州，皆西山也。""女王，亦羌别种，东与吐蕃、党项、茂州接，西属三波诃，北距于阗，东南（原脱二字）属雅州。罗女蛮白狼夷。"（案，胡注亦沿《新唐书》之误。）《杜阳编》："女蛮国人，危髻金冠，璎珞被体，故谓菩萨蛮。当时倡优遂因制《菩萨蛮曲》。"④自哥邻以下诸种，皆散居西山，西山，即雪山也，今威

---

① 《西藏图考》卷3《西藏程站考》载："（南墩之宁静山）以东属巴塘，山以西属藏地。其由南墩西行一百四十里之江卡为入藏门户"，"江卡行四十里过潆河，十里至山根，上大雪山"（〔清〕黄沛翘手辑，皇朝藩属舆地丛书本）。

② 《隋书》卷83《列传第四十八·西域·附国》，第1859页。

③ 《新唐书》卷221上《西域上·东女国》，第6219页。

④ 《资治通鉴》卷234《唐纪五十》，第7548页。按，西山范围为胡三省注"韦皋遣大将董勔等将兵出西山"条所说（第7547页）；《杜阳编》即《杜阳杂编》，注引。

州保宁县有雪山,连乳川,白狗岭九峰积雪,春夏不消,白狗岭与雪山相连。威州,唐之维州也。案,《旧唐书·韦皋传》:"皋又招抚西山羌女、诃陵、白狗、逋租、弱水、南水等八国酋长,入贡阙廷。"①《新(唐)书·(韦)皋传》亦云:"西山羌女、诃陵、南水、白狗、逋租、弱水、清远、咄霸八国酋长,皆因皋请入朝。"②据此,西山羌女与雅州罗女蛮(《杜阳编》称女蛮),盖皆以女子为酋长。正犹明代石砫土司秦良玉,亦以女子为土司耳,近代英国有女皇,今荷兰亦有女皇,然有时亦以男子为王,西山羌女开元间亦以男子为王,明非《大唐西域记》所载东女国制度矣。后人误以西山羌女之女王,即《大唐西域记》所载之东女国,竟将其国境自北印度三波诃东起,伸至剑南之茂州雅州,遂并东女、羌女二国而为一,其误盖不始于宋祁之《新唐书·西域传》,乃始于宋初王溥之《唐会要》。

《唐会要》卷九十九,"东女国,西羌之别种。(原注:"以西海中有女国,故称东女国也"),俗以女为王。东与茂州党项接界,隔罗女蛮及白狼夷。有八十余城。王所居名康延川,中有弱水南流,用牛皮为船以渡,户口四万"③。

案,《唐会要》不过误合东女国、羌女国为一,而《新(唐)书》则更增其误,如云:"东与吐蕃、党项、茂州接,西属三波诃,北距于阗,东南属雅州罗女蛮、白狼夷"④,其误一也。

又云:"东西行尽九日,南北行尽二十日"⑤,虽或别有所据,然或通西山八国言之,或连贞元九年西山松州生羌二万余户内附者言之(见《唐会要》),乃有此行程耳,(《新唐书·艺文志·兵书类》,有韦皋《开复西南夷事状》十七卷,此等史料,盖本事状而误以统括之数,为专指羌女一国之数,亦未可知)。其误二也。

---

① 《旧唐书》卷140《列传第九十·韦皋》,第3823页。
② 《新唐书》卷158《韦皋传》,第4935页。
③ 《唐会要》卷99《东女国》。
④ 《新唐书》卷221上《西域上·东女国》,第6218页。
⑤ 《新唐书》卷221上《西域上·东女国》,第6219页。

又云有"八十城"①。《唐会要》则云有"八十余城"。《(唐)会要》又云:"其哥邻等国,皆散居西山,弱水王即国初女国之弱水部落,其悉董国在弱水之西,故亦谓之弱水西悉董王,旧皆分隶边郡……自中原多故,皆为吐蕃所役属,其部大者不过二三千,各置县令十数人理之。"②据此,则各部落各置县令,每县盖有一城,大部二三千人置县令十,则每县仅有二三百人,是一县城不过一小村落之堡寨而已。羌女户口四万,即八国中之最大者,其八十余城,盖即八十余县,每县亦不过四五百人,是亦小村落之堡寨也。其国仅有八十余小村落,而其地域又限于西山,安有南北行尽二十日东西行尽九日之程涂乎?其误三也。

又云:"户四万,胜兵万人。"③《(唐)会要》则云:"户口四万。"则是四万口而非四万户也,其误四也。

《唐会要》不参考《大唐西域记》东女国及西女国纪事,仅参考《隋书》及《通典·女国传》,故误认此女国为西女国,又误认羌女国为东女国。宋祁撰《新唐书·西域传》,已参考《大唐西域记》,而将东西二女国事,略入传中,不应更袭《唐会要》之误谬,更加甚焉。可见前代史书,若不细加分析考证,而遽尔据为信史,未有不陷于谬误者。今将《新唐书》所采《大唐西域记》,列于左(下):

《新唐书·西域传》:"有婆罗吸摩补罗,最大种,绵地四千里,山周其外……北大雪山,即东女也。"④

又云:"波剌斯,传言广万里……西北距拂菻,西南际海岛,有西女种,皆女子,多珍货,附拂菻,拂菻君长岁遣男子配焉,俗产男不举。"⑤

据此,东女国在大雪山,即昆仑山,在于阗吐蕃之间,西女国在波剌斯西南海岛,位置甚分明矣。而乃承《唐会要》之误,仍合东女、羌女二国而为一

---

① 《新唐书》卷221上《西域上·东女国》,第6219页。
② 《唐会要》卷99《东女国》。
③ 《新唐书》卷221上《西域上·东女国》,第6219页。
④ 《新唐书》卷221下《西域下》,第6248页。
⑤ 《新唐书》卷221下《西域下》,第6248页。

国,且《唐会要》之误,不过误合东女、羌女之事迹而为一国耳,其疆域尚未淆乱也。盖指西山之羌女为东女,指葱岭南之东女为西女耳。二国疆域尚不连结(接)而为一国也。宋祁则更以东女及羌女疆域连结(接)而为一国,则是东女国疆域,西起北印度,北以今昆仑山、唐古拉山隔断西藏、西康与新疆、青海之通路,东则抵西康东北部之大雪山,三面包围吐蕃,何以自唐初以讫贞元九年(793),未闻吐蕃与之一战争乎!当贞元时凡邻近吐蕃之大国,如党项,如吐谷浑,其次如大羊同,如白兰,皆已为吐蕃所灭,东女国在大雪山,当于阗、吐蕃之间,居高临下,最为吐蕃所忌,疑早在唐太宗或高宗时,与党项、吐谷浑、大羊同、白兰等国,同为吐蕃所灭矣。故吐蕃得越昆仑山而并吞西域、于阗等四镇,又越北印度、小勃律等国,而役属葱岭以西诸国皆无东女国前阻后顾之忧也。故葱岭以南之东女国,决不能保存至贞元九年(793),而与羌女合为一国。宋祁以文学家作史,不明当时域外大势,宜其误之又误耳。

二、驳《唐会要》误合东女、羌女二国为一国,又误分东女一国为二国辩

宋王溥《唐会要》云:

东女国,西羌之别种。(原注:"以西海中有女国,故称东女国也"),俗以女为王。东与茂州党项接界,隔("隔"字,《新唐书·西域传》"东女国篇"作"东南属")罗女蛮及白狼夷。有八十余城。王所居名康延川,中有弱水南流,用牛皮为船以渡,户口四万。女王号为宾就,有女官号曰高霸,评议国事,在外官僚,并男夫为之。五日一听政,女王若死,国中多敛钱,动至数万,更于王族求令女二人而立之,大者为大王,小者为小王。若大王死,则小王立,或姑死而妇继,无有篡夺。其所居皆起重屋,王至九层,国人至六层。其王服青毛绫裙,下领衫,上披青袍,其袖委地。冬则羔裘,饰以纹锦。为小环髻,饰之以金。耳垂珰,足履鞯鞸。俗重妇人而轻丈夫。文字同于天竺。以十一月

为正，每至十月，令巫者赍酒殽诣山中，散糟麦于空，大咒呼鸟。俄顷，有鸟如雉，飞入巫者怀中，因剖其腹视之，有一谷，来岁必登，若有霜雪，必多异灾。其俗信之，名为鸟卜。武德中，女王汤滂氏遣使贡方物。

永徽七年（656）正月，其国遣女使高霸黎文并其主男三卢等来朝。

垂拱五年（689），其王敛臂遣大臣汤剑左来朝，仍请官号，则天拜敛臂为左玉钤卫员外将军，仍以瑞锦制蕃服赐之。

天授三年（692），其主俄衍儿来朝。万岁通天元年（696），又遣使来朝。

开元二十九年（741）十二月，其王赵曳夫遣子献方物。

天宝元年（742）五月，命有司宴之于曲江，令宰臣以下同宴，又封曳夫为归昌王，授左金吾卫大将军，赐其子帛八十匹，放还。后复以男子为王。

贞元九年（793），其王汤立悉，与哥邻国王董卧庭、白狗国王罗陀、忽逋祖国王弟邓吉知，南水王国王侄薛尚悉曩，弱水国王董辟和，悉董国王汤悉赞，清远国王苏唐磨，咄霸国王董藐蓬，各率其种落，诣剑南四川内附。其哥邻等国，皆散居西山，弱水王即国初女国之弱水部落，其悉董国在弱水之西，故亦谓之弱水西悉董王，旧皆分隶边郡，祖父例授将军、中郎、果毅等官。自中原多故，皆为吐蕃所役属。其部落，大者不过二三千，各置县令十数人理之。土有丝絮，岁输于吐蕃。至是，立悉与之同盟，相率献款，兼赍天宝中国家所赐封告，共三十九通以进。节度使韦皋处其众于维、霸、保等州，给以种粮耕牛，咸乐生业。立悉等数国王，自来朝，召见于麟德殿，授立悉银青光禄大夫，归化州刺史。（案，《新唐书·地理志》，诸羌羁縻州有归化州隶茂州都督府），邓吉知试大府少卿，兼丹州长史；薛尚悉曩试少府少监，兼霸州长史；董卧庭行至绵州卒，赠武德州刺史，命其子利罗为保宁都督府长史，袭哥邻国王。立悉妹乞悉漫颇有才智，从其兄来朝，封和义郡夫人。其大首领董卧卿等，皆授以官。俄又授女国王兄汤厥银青光禄大夫，试大府卿，清远王弟苏历颠银青光禄大夫，试卫尉卿。南水国王薛莫庭及汤悉赞、董藐蓬，女国唱后汤佛庭、美玉钵、南朗唐并授银青光禄大夫，试太仆卿。其年，西山松州生羌等二万余户相率内附，其黏信部落主董梦葱，龙诺部落主董辟忽，皆授试卫尉卿。立悉等并赴明年元会讫，赐以金帛，各遣还。八月，诏加韦皋统押近界诸蛮及西山八国使。其部落至今犹代袭刺史等官,然亦潜通吐蕃,故谓之两面羌。①

案,本篇误合东女与羌女二国而为一国,其误盖尚非起于王溥《唐会要》之作,至王溥已为第三次新编。《唐书·艺文志》:"苏冕《会要》四十卷。《续会要》四十卷,杨绍复、裴德融、崔瑑、薛逢、郑言、周肤敏、薛延望、于珪、于球等撰,崔铉监修。"②《唐会要》云:大中七年(853)十月,左仆射崔铉上。《玉海》五十一(卷):"(宋)建隆二年(961)正月(丁未),司空平章监修国史王溥等上《新编唐会要》一百卷",注云:"德宗时,苏冕始撰四十卷;宣宗时,崔铉又续四十卷。"③至是,溥采宣宗以降故事,共勒成百卷。又引《中兴书目》云:《续会要》"记德宗以后至大中六年(852)事迹,补苏冕前录之缺",《新编唐会要》"起武德,讫太和,补苏、崔二书之缺"。④据此,上所列东女国事迹,自东女"西羌之别种"起,至天宝元年(742)"后复以男子为王"止,盖为苏冕初本,误合东女羌女二国为一国,殆始于苏冕。自贞元九年(793)起至末,"故谓之两面羌"止,为宣宗大中七年(853)所上《续会要》之文,故有"其部落至今犹代袭刺史等官"之语。其文芜杂,不加剪裁,盖出于众手,抄撮韦皋开复西南夷事状而成。此篇事迹,盖王溥未尝加入也。

《唐会要》又云:

女国,在葱岭之西。以女为王,每居层楼,侍女数百,五日一听政。其王若死,无女嗣位,国人乃调敛金钱,还于死亡之族,买女而立之。其俗贵女子,贱丈夫,妇人为吏,男子为军士。女子贵者,则多有侍男,男子贵,不得有侍女,虽贱庶之女,尽为家长,犹有数夫焉,生子皆从母姓,男子披发,以青禄涂面,妇人辫发而萦之。土宜六畜,多骏马。贞观八年(634年)十二月,朝

---

① 《唐会要》卷99《东女国》。原注:《唐会要》卷九十九。
② 《新唐书》卷59《艺文三》,第1563页。
③ 〔宋〕王应麟撰:《玉海》卷51《艺文·建隆新编唐会要》,文渊阁四库全书本。
④ 《玉海》卷51《艺文·唐会要/建隆新编唐会要》,注引《中兴书目》。

贡使至。①

案，本篇与上篇合而观之，则又误分东女一国而为二国。上篇云，"东女，西羌之别种"，原注"以西海中有女国，故称东女国也"，似苏冕初本知西女国在西海中，不应云"在葱岭之西"也。《大唐西域记》卷十一，"波剌斯国……西北接拂懔国（案，波剌斯即波斯，拂懔即拂菻也）……拂懔国西南海岛有西女国，皆是女人，略无男子，多诸珍宝货。附拂懔国，故拂懔王岁遣丈夫配焉。其俗产男皆不举也"②。本篇所载女国事，无一与《（大唐）西域记》所载西女国事合，而反与上篇东女国事相重复。如"居层楼"，一也；"五日一听政"，二也；王死敛金钱别求女立为王，三也；"贵女子，贱丈夫"，四也。一人之记载，不应前后自相矛盾，自相重复而不知，岂《续会要》或《新编会要》加入与？然《会要》既详载四裔，而于西域尤详，则既知有东西女国，不应不载西女国事。且既误认羌女为东女，则自必以原有之东女为西女。故此篇之误，亦必自苏冕始矣。考其致误之由，盖未尝见《大唐西域记》东西二女国原文，故其记二国事，不采《（大唐）西域记》一语。而东女之通中国，始于隋代，西女则未通中国，故《隋书·西域传》但称"女国，在葱岭之南"③，苏冕既误认羌女为东女国，自应认葱岭以南之女国为西女国，此篇改"葱岭之南"为"葱岭之西"，正所以附会其东女国原注"以西海中有女国，故称东女国"之文，言在"葱岭之西"，亦可以包括西海耳。今将《隋书·女国传》录于下，可与上二篇对照也。

《隋书·西域传》云："女国，在葱岭之南，其国代以女为王。王姓苏毗，字未羯，在位二十年。女王之夫，号曰金聚，不知政事。国内丈夫，唯以征伐为务。山上为城，方五六里，人有万家，王居九层之楼，侍女数百人，五日一听朝。复有小女王，共知国政。其俗贵妇人，轻丈夫，而性不妒忌。男女皆以

---

① 《唐会要》卷 99《女国》。原注：卷九十九。
② 《大唐西域记》卷 11《波剌斯等三国》，第 275 页。按，原文无省略号。
③ 《隋书》卷 83《列传第四十八·西域·女国》，第 1850 页。原为："东女为女国，在葱岭之南。"

彩色涂面，一日之中，或数度变改之。人皆被发，以皮为鞋，课税无常。气候多寒，以射猎为业。出鍮石、朱砂、麝香、牦牛、骏马、蜀马。尤多盐，恒将盐向天竺兴贩，其利数倍。（案，今西藏西北部昆仑山中有里何田盐池，盖即东女国产盐之地。）亦数与天竺及党项战争。其女王死，国中则厚敛金钱，求死者族中之贤女二人，一为女王，次为小王。贵人死，剥取皮，以金屑和骨肉置于瓶内而埋之。经一年，又以其皮内于铁器埋之。俗事阿修罗神，又有树神，岁初以人祭，或用猕猴。祭毕，入山祝之，有一鸟如雌雉，来集掌上，破其腹而视之，有粟则年丰，沙石则有灾，谓之鸟卜。开皇六年（586），遣使朝贡，其后遂绝。"①

案，《通典》所载女国，大都本于《隋书》，惟略有数事出于《隋书》之外者，今录于左（下）：

《通典》云："女国，隋时通焉。在葱岭之南。……男子皆被发，妇人辫发而萦之。……妇人为吏职，男子为军士。女子贵者则多有侍男。男子不得有侍女。虽贱庶之女，尽为家长，有数夫焉。生子皆从母姓。"②

案，《隋书》《通典》所载女国，其女王姓苏毗，而《唐会要》所载羌女国，其女王姓汤，如武德时王汤滂，贞元时王汤立悉，立悉之兄汤厥，皆可证。然则东女非羌种明矣。《隋书》《通典》皆言女国于开皇六年（586）遣使朝贡，其后遂绝，则《（唐）会要》所载女国于贞观八年（634）十二月朝贡使至，亦非东女国事，乃羌女国事，此亦《（唐）会要》误合二国事而为一国也。今将《唐会要》所载东女国及女国两篇纪事凡出于《隋书》及《通典》者，施以尖角△符号，试一对照读之，则误合误分之迹，皆显然矣。凡不施符号者，皆羌女国事，与东女西女二国，皆渺不相关者也。

中华民国三十二年（1943）十一月十日作于重庆歌乐山寓庐

---

① 《隋书》卷83《列传第四十八·西域·女国》，第1850—1851页。
② 《通典》卷193《边防九·女国》，第5276页。原注：卷一百九十三。

新津出土蜀王虎钟考略[1]

黄希成[2]

一、引言

　　近以避寇侨居成都，闲放多暇，日必一逛会府冷摊，明知无物可观，兴仍适然，良由好古成癖，习以为常也。一日，估者郑某向云，有古铜钟数件，为一收买烂铜破物之小贩自新津购归。式甚奇古，已得值 2000 余金，转售曾君有光。余闻估言，奇其事，翌晨，约张君文彬驱车至北门外万福桥侧近，访曾君于其寓。蒙以新得之五钟，次第出示，望其古色斑斓，已生敬慕之心，且制作谲异，文字奇古，五钟又同址出土，为自宋迄今，出土彝器中之不多见者。按之，《尚书大传》曰："天子左五钟"[3]，此盖庙堂重器，惊人实物，允称蜀中出土绝精三代遗品。留连展玩，爱不忍释，急问其价，索甚昂，厥以四万五千金让归拙藏，力不赡，复以旧藏宋瓷精品，质诸友人赵献集、熊觉梦两先生，始偿其值，了此夙愿。窃念天独厚我，使此于蜀文献并关之重器，得搜求善护于离乱惊撼之中，不令其散逸消损，并阐扬其幽光，一发怀古之深思，虽在忧患，亦乐而不倦吾志，至若典物易钟，固笃好使然，亦穷人做阔事之又一佳话也。

---

[1] 选自《说文月刊》1944 年第 3 卷第 12 期，第 90—93、95 页。
[2] 黄希成，又名罗希成。
[3] 〔汉〕伏胜撰，〔汉〕郑玄注，〔清〕陈寿祺编：《尚书大传》卷 2《虞夏传》，四部丛刊本。

二、出土情形及其形制铭

五钟在新津旧县同坑出土，色侵俱佳，中以蓝色为多，不但苍翠莹润，而微绿相间，更觉美观，器全完好，无少损缺，尤属难得，兹将各钟尺度形文，分述如下：

第一钟，由于至舞，中高营造尺6寸8分，由铣至舞，则增高为8寸1分，甬长4寸，铣径5寸4分，铣广2寸8分，舞纵2寸5分，舞横4寸8分，乳分4列，每9乳，共36乳，甬上前有穿3，后有穿2，皆极小，衡周围作绳文，在钟身前上端即钲位之间，左刻一心，右刻一蚕，相并列。

第二钟，由于至舞，中正高7寸，由铣至舞，左右各增高1寸1分，甬长4寸5分，铣径4寸5分，铣广3寸8分，舞纵3寸8分，舞横4寸，钟体通无华纹，甬上周围作直线8条，凸出如轮状，稍上一环平起，由此至衡，渐上渐大，绳索无线条，衡上刻三夔，连环相错，似古玺文，舞间刻一飞虎，吐舌翘尾，森然可怖，虎背上端，有方肉圆好文，又上为三星，左右复作两线相括，适构成一兽面形状，虎右上端有文如梭形。①

第三钟，由于②至舞，中高6寸5分，左右各增高1寸，甬长4寸2分，铣径4寸，铣广3寸2分，舞纵3寸，舞横3寸6分，仍通无华纹。由甬至衡，华纹③亦与前钟相同，惟在舞间，仍刻一虎，其形活跃，不减前钟，独虎背少一翼耳，上有文（见图④），略类兽面，右上方有"王"字一。

第四钟，由于至舞，中高6寸，由钟角起量，则高为6寸8分，舞横3寸3分。衡上华纹，为风车轮式。余钟身及甬之形制，一如前钟，在舞间有虎一，下端一文如"梭"，上端有文（见图⑤）。

---

①该钟应为文后卫聚贤注图中，左列第二图。
②原为"於"。
③原为"文"。
④应为文后卫聚贤注图中，左列最后一图。
⑤应为文后卫聚贤注图中，右列最后一图。

第五钟，尺度与第四钟同，惟甬上线条为 10 条，无铭文。

第一钟甬中空，钟体较薄。余四钟甬皆实，体厚，其重量与第一钟相较，约增一倍。五钟大小不一，概不同范，文皆阴文。

三、考证

诸钟形状，除第一钟与各谱录所图钟式大①略相同外，余钟按《考古图》《博古图》《西清古鉴》《簠斋集古录》《愙斋集古录》《陶斋吉金图录》《善斋吉金录》《新郑出土彝器图考》，于省吾②《双剑誃吉金图录》，容庚《海外吉金》③，所载之钟，图凡若干，无一之形制与此相似者。据《凫氏为钟图说》，以其甬长为之围，三分其围去一，以为衡围，注衡居甬上又小，是明言钟柄渐上渐下，此则渐上渐大，其异者一也。历来公私所蓄古钟，甬长略居全钟五分之一，此长度竟占全钟十分之四，与常钟恰倍之，其异者二也。此钟体既不大而甚厚，甬又实其中而不空，殆毛氏奇龄曰，厚则□确之谓欤？衡平面作夔纹与风车轮纹，独阳文，凡此亦与也钟制不类。再就其华纹与铭文而言，五纹中，以第五钟无华纹文字，此外图虎形纹者，即居其三，而纹样之刻画，又各相异，由此判知作器者，殆极尽其巧变之能事，以示别于他也。第三钟纹，疑"蜀"字。按，甲骨文中，"蜀"作 ，或作 ，《说文解字》："蜀，葵中蚕也，从虫"④，今此字头上，宛然一蚕倦伏，左右相并，虽构成一兽面状，而蜀字固显然在也，与甲骨文、《说文解字》均略同，不过变其势态耳。下一"王"字，似更可连贯读为"蜀王"虎钟也。至第一钟上，心形纹，常见于广汉太平场、成都白马寺、新津等处，出土兵器，及华西大学所藏由万县得来之镈上，亦有此纹，是此纹为蜀人特别符号，即蜀器专有之华纹也。其一文如蚕形者，即表

---

① 原为"太"。
② 原为"余省吾"。
③ 即《海外吉金图录》。
④ 《说文解字注》第十三篇上《虫部·蜀》，第 665 页。

示作器者为蜀王蚕丛耶？第四钟有射文，不可识，横视之，似为三"射"字，按甲骨文卜辞中，诸"射"字，皆张弓注矢，形与此文略同，然乐器中有此文，觉不类。考《华阳国志·蜀志》所称："周失纲纪，蜀先称王。有蜀侯蚕丛，其目纵，始称王。"①但周失纲纪，究属何时？兹就"蜀先称王"语意度之，当在幽王亡后，平王东迁洛邑，诸侯多不朝，蜀故最先称王，即楚熊通僭称王号，亦在桓王十六年时，又在蜀之后也。今更以此次出土各钟证之，形制奇古而诡异，铭文多似甲骨而繁简不拘，此种文字，即蜀人自造文字，是为蜀之先期文字，其划时代，当系春秋以前，周室东迁之始，是无疑义。依此而推，假定此钟为蜀王蚕丛所作，殊亦近理，于古似合，维时蜀既称王，一因交通关系，与中原隔绝，其文化政治，皆不受其同化影响，故其一切皆与中原异，而典章文物，更不能不故示其特征，以为自创自大之异彩。钟上"射"字，按：卜辞"命多侯"②、有"（氏）蜀射二百"③，可见蜀在殷时，即以善射著称，常供役于殷之王室。钟上有此文，因示其特能，与古亦合，虎形者，似含虎视眈眈，隐寓逐鹿中原之意。

四、后论

　　四川古代文化，虽有广汉太平场出土古玉器兵器，及成都白马寺出土之兵器发现，近人渐注意及之，认为此类器物是研究四川古史绝好材料，惟仍乏充分具体之研究方法，今发现此钟，幸而未遭庸夫俗子熔化作别器，拙见假定为蜀王蚕丛遗物，固于蜀古史上添不少更显明确切之佐证，文献价值，极为重大。然今后地下蕴藏，迭出不穷，恐人间环宝，或更有较重于此钟者不期而出，亦意中事也，当引领而望焉，心有所感，据其希望如左（下）：

　　甲、欲深研蜀中古代文化，若从书本上索取材料，片词双字，神话多而事

---

① 《华阳国志校补图注》卷3《蜀志》，第118、122页。原注：晋常璩《华阳国志》。
② 《殷虚书契后编》卷上，第30页第5片。原注：后上·三〇五。
③ 《龟甲兽骨文字》卷2，第3页第8片。原注：龟二·三·八。

实少，殊感不可稽究之困难，故欲求彻底解决此问题，似应急切希望于四川古物保存委员会、四川博物馆，及其他文化机关，提前组织发掘团，在成都白马寺、广汉太平场、新津旧县堡子山等处，从事发掘，俾地下宝藏得以源源发现，于四川古史上多获若干重要资料，庶因物识大，使四川上古状况，有更透彻之了解。至近年因筑路，或修飞机场，掘出之各项古物，为数不少，此皆有裨四川文史之研究者，其散佚消毁，不知凡几，亦何妨多事搜求，以备研究蜀古代文化之参考，不能任其散失为可惜耳。

乙、近蜀中有不少收藏家，往往喜蓄明清五彩或红绿色瓷品，玉玩具摆件，各种鼻烟瓶、宣德炉等器，动以千金，或万金收一物，固以其美观而悦目也。至若四川出土之古代铜器、古玉器、砖瓦、造象、唐之邛窑、大邑窑，宋之汝、均、龙泉法花诸窑[①]，均于四川文献，极有所关，反忽视之，致使此重要文物，散而不聚。每有好古同志，欲窥先民遗制，以渺不可得为憾，此其所以希望于吾蜀各收藏家，稍变其作风，于上述诸类文物，作有系统之收集，在若干时间，各出所藏，开一规模较大之四川文物展览会。俾知吾蜀虽地近边陲，其文化水准，尚不落后，阐幽启后，又其余绪也者。

余草此文，时既仓卒，自维学陋，典籍参考，多阙不备，肤浅遗漏，在所不免，聊为抛砖，亟愿世之博雅者，有以教之，再从而考证之，阐发之，庶吾蜀文化，更借以发扬滋长，后贡拙言，语出由衷，尚冀同好诸君子，谅其一得，予以同声，倘蒙采纳刍荛，群相奋起，共同努力，于吾蜀古史之探讨，此岂个人之幸，抑蜀之光也。

---

①原注：在蜀之潼川、遂宁、简阳、什邡、资州，时有此类瓷器出土。

第一钟　花纹为蜂采花（蛹），其声嗡嗡，代表钟。

第二钟　花纹为磬形胜形，代表庆祝。

第三钟　花纹为蚕。

第四钟　花纹为丛林。

第二、第三、第四花纹下均为狗。即狗族击钟祭祀蚕丛。

（卫）大法师注

四川省立博物馆所藏汉代石函浮雕与陶制明器图说[①]

孔玉芳[②]

一、绪言

民国三十一年（1942）春，奉顾颉刚师命，派赴四川省立博物馆考察汉代遗物，使我得有机会对于该馆陈列的石函浮雕与陶制明器有仔细研究的机会。起初我本计划对于每幅画像、每件器物都作一个考释，所以把每幅图像，每件器物都画了下来。回校以后将所得与诸图谱比较，又考诸史册文集，以探求其意义。特以学力有限，时间复促，未能达到目的，今暂撰为图说，考释一文惟有俟诸异日。

此文在收集材料期间，极得馆中职员们的帮忙，自馆长以至于工友都给我许多便利。行文之际，关于图版之排列，得胡厚宣先生指导特多，既成之后，又承博物馆馆长冯汉骥先生允诺，与说文社之厚意，俾得刊印成册，统于此敬致谢意。

[①] 选自《说文月刊》第 5 卷第 3、4 期合刊，1945 年，第 37—46 页。
[②] 孔玉芳，顾颉刚学生，曾任职于齐鲁大学国学研究所，发表《王莽变法的背景》（《齐大国学季刊》1940 年，新第 1 卷第 2 期），《西汉诏举考》《东汉诏举制度考》（《中国文化研究汇刊》第 2、3 卷，1942、1943 年）等文。

二、石函浮雕（1至25，共25石）

石函浮雕出在川西崖墓中，雕刻只限正面与两头三面。约分祥瑞、故事、车马、游戏、仙灵、人物六种①，兹分述如下：

甲、祥瑞（1至8，共8石）

1. 石函正面，原石横长2公尺，宽5.5公寸，破为5。中刻一龙作舞蹈状，龙四周绕以短草，龙下方刻一鹅（或他物）一羊。石刻四人，作前往观看状。后一人头泐。左刻灵芝、天鹿、大鸟（头泐）各一。

2. 石函正面，原石横长2.1公尺，宽8.8公寸，刻二凤站在连理枝的两端，凤上方有无数小鸟作飞翔状。连理枝中间立一人，身带剑，手持弓，作弹射状。

3. 石函横面，原石横长6.8公寸，宽5.1公寸，破为2。刻一胸前有羽毛之马，作跳跃状。

4. 石函横面，原石横长5.8公寸，宽5.5公寸，浮雕同3。

5. 石函横面，原石横长6.4公寸，宽4.8公寸，浮雕亦同3，唯马胸前无羽毛。

案，刻象与汉时天鹿相似。《汉书音义》四："天鹿者，一角，长尾。"②

6. 石函横面，原石横长1.5公尺，宽5公寸，破为2，刻一龙，口衔圆形物（或为珠）。

7. 石函横面，原石横长6.7公寸，宽5.8公寸，破为2。刻一展翅凤鸟。

8. 石函横面，原石横长7.2公寸，宽6.6公寸，破为3，刻二凤面相向立于树上。

案，汉代人的心理，认为马、凤、龙等皆系祥瑞物。《汉书·武帝纪》载：元鼎四年（前113），"秋，马生渥洼水中，作……秋《天马之歌》"。③《宣帝

---

① 原为"五种"。
② 孟康注"桃拔"说："桃拔一名符拔，似鹿，长尾，一角者或为天鹿，（者）两角（者）或为辟邪。"（《汉书》卷96上《西域传第六十六上·乌戈山离国》，第3889页）
③ 《汉书》卷6《武帝纪第六》，第184页。

纪》载：元康元年（前 65）诏曰："乃者凤凰集泰山、陈留，甘露降未央宫。朕未能章先帝休烈，协宁百姓，承天顺地，调序四时，获蒙嘉瑞，赐兹祉福。"①又载：甘露二年（前 52）诏曰："乃者凤凰甘露降集，黄龙登兴，醴泉滂流，枯槁荣茂，神光并见，咸受祯祥，其赦天下。"②

乙、故事（9 至 11，共 3 石）

9. 石函正面，原石横长 1.9 公尺，宽 6.6 公寸，破为 6，有题字。刻七人，中二人相向作拱手状，右为孔子，左为老子；孔子后一人为□子（"子"上字泐）。左向立；次二人亦作拱手状，左为□史多右，右为果吉太守。老子后亦二人，左为神□（"神"下字泐），左为□诵（"诵"上字泐。）

此石刻像很容易被人认为是孔子见老子图。但据《史记》与汉武梁祠画像所载孔子见老子之情形，与此图大异，《史记·孔子世家》云："鲁南宫敬叔言鲁君曰：'请与孔子适周。'鲁君与之一乘车，两马，一竖子俱，适周问礼。"③武梁祠画像同《史记》，画两人相向拱手，右老子，左孔子；孔子后一人即南宫敬叔，左一辆车马，乃孔子车，中坐御者，车后从三人。所以我觉得这幅画像不过是当时所绘的历史人物图而已，大概孔子后一人为曾子，老子后右一人为神农，左为沮诵。

10. 石函横面，原石长 6.5 公寸，宽 6 公寸。刻 2 人，左为女娲，双手执月，月中有兔；右为伏羲，双手捧日，日中有鸟，皆人首蛇身，下部相交。与武梁祠画像略同。

11. 石函横面，原石长 6.7 公寸，宽 4.6 公寸，雕像同 10，唯女娲与伏羲举日月皆单手。

案，此种传说，汉代极为盛行。王延寿《鲁灵光殿赋》云："伏羲鳞身，女娲蛇躯。"④王逸注《天问》曰："传言女娲人头蛇身"⑤，延寿与逸皆汉人，想必当时画像皆如此。

---

① 《汉书》卷 8《宣帝纪第八》，第 269 页。
② 《汉书》卷 8《宣帝纪第八》，第 269 页。
③ 《史记》卷 47《孔子世家第十七》，第 1909 页。
④ 《文选》卷 11《赋己·官殿·王文考鲁灵关殿赋一首并序》，四部备要本。
⑤ 《楚辞》卷 3《天问章句》，第 126 页。

丙、车马（12 至 14，共 3 石）

12. 石函正面，原石横长 2 公尺，宽 6 公寸，破为 9。左上方刻一人乘马作奔驰状，下刻一人手执长形物。中一车马，坐二人，右戴高冠，左戴圆顶上加圆球冠，盖右为主人，左为御者。车顶有盖，车驾一马。后上随一人，又后随一车，上坐二人，车状如前。

13. 石函正面，横长 2.1 公尺，宽 6.2 公寸，破为 2。刻二车，车各一马，车中各坐二人。前导二人，执物如棍。导者之前刻一门，门内站立一人，作迎接状，车形如 12。

14. 石函正面，原石横长 1.93 公尺，宽 6.6 公寸，破为 18。刻像如 13，唯门前无站立迎接者。

案以上诸车形状，皆轺车。《汉书·平帝纪》载："征天下通知逸经、古记者，在所为驾一封轺传。"师古注曰："以一马驾轺车而乘传。"①《说文（解字）》曰："轺，小车也。"②《释名》曰："轺，遥也，远也，四向远望之车也。"③

丁、游戏（15 至 20，共 6 石）

15. 石函正面，原石横长 2.4 公尺，宽 6.2 公寸，中刻一猴，长毛，右向作舞蹈状。猴前方刻二人，前一人冠高冠，服长衣，右手平放猴鼻前，左手举起，作戏猴状；后一人头结长带，短衣短裙，左手执棍，于后跟随。猴后方刻一神在龛中，盖戏猴以娱神。此图像雕刻精细，神情连贯，实汉画中不易多得之作品也。

16. 石函正面，横长 2 公尺，宽 6.2 公寸，破为 10。刻像同 15，唯猴左向，身服长衣，无毛，戏猴者结发于头顶，龛中神已泐。

17. 石函正面，原石横长 8.8 公寸，宽 4.4 公寸。前刻群猴右向作舞蹈状，后一神端坐龛中。

18. 石函横面，原石 9 公寸，宽 9.2 公寸，刻二人面向跽坐，短服，冠两角

---

① 《汉书》卷 12《平帝纪第十二》，第 359 页。
② 《说文解字注》第十四篇上《车部·轺》，第 720 页。原为："轺车者，小车也。"
③ 〔汉〕刘熙：《释名》卷 7《释车》，四部丛刊本。原为："轺者，遥也，可以四向遥望也。"

冠，中放一案，人皆左。手拊案，右手高举作下掷状。

19. 石函正面，原石横长 2 公尺，宽 6.2 公寸，破为 4。左刻二人皆服长衣，前一人衣下拖出长带，二人手相挽作舞蹈状，背后有屋。中刻一人，曲身，胸前挂有圆镜形物，右手持有长方形物，左手张起，亦长衣。右刻二人相对作谈话状，头上有树叶围绕。此图人物服饰奇异，刻划清晰，可称佳制。

20. 石函横面，原石长 9.4 公寸，宽 5.1 公寸，破为 2。刻二人[①]作战斗状。

戊、仙灵（21 仅 1 石）

21. 石函横面，原石横长 1 公尺，宽 5.4 公尺。刻跽坐二人，右女，左男，皆裸体，肩皆披鸟羽毛，冠两角冠。女两手旁举，作欲起飞状。男两手向前平伸，作惊讶状。周绕以云气，上有鸟飞翔，中间放有饮食用具。华西大学博物馆也有这样的一幅画像，唯女人头多一小儿，与此稍异。

案，此图的形像，或为当时所绘的仙灵图。因汉代绘仙灵图时多喜绕以云气，《西京杂记》载："哀帝为董贤起大第于北阙下，重五殿，洞六门，柱壁皆画云气华花，山灵水怪。"[②]《（后）汉书·梁统传》载："冀乃大起第舍，……连房洞户，柱壁雕镂，加以铜漆；窗牖皆有绮疏青琐，图以云气仙灵。"[③]又鸟羽是代表神仙飞翔的意思，《汉书·郊祀志》引师古注："羽衣，以鸟羽为衣，取其神仙飞翔之意也。"[④]

己、人物（22 至 25，共 4 石）

22. 石原长 9.9 公寸，宽 7.2 公寸。刻二人皆面向左跽坐，膝下放有圆形物一，中下杯一，石上角又有一三角形直立物。前一人上方刻七字，云："贤儒赵据字元公"；后一人亦刻七字，云："南常赵买字未定。"

23. 原石长 7.8 公寸，宽 4.4 公寸。刻一人跽坐，面右向，下亦有圆形物一，杈一。背后仿佛站立一人。石题八字，"孝妇赵夫人字义文"。

24. 原石长 9.7 公寸，宽 7.5 公寸。刻一人，冠圆顶冠，衣宽袖衣。

---

① 原为"二刻人"。
② 《西京杂记（外五种）》卷 4《董贤宠遇过剩》，第 31 页。
③ 《后汉书》卷 34《梁统列传第二十四·梁冀传》，第 1181 页。
④ 《汉书》卷 25 上《郊祀志第五上》，第 1224 页，"天子又刻玉印'天道将军'，使使衣羽衣……"注。

25. 原石长 1.3 公尺，宽 7.5 公寸。刻二人跋坐右向，图与 22 略同。

三、陶制明器（26 至 114[①]，共 89 件）

明器皆陶制，出土时约在民国二十年（1931）至二十六年（1937）间，其中十分之九出自川中，十分之一出自成都平原。今将重要的几种略述如下：

甲、土俑（26 至 86，共 61 件）

立俑（26 至 52[②]，共 27[③] 件）

26. 戴高冠，后裙曳地作半圆形，拱手。土质黝黑，高 30 公分。

27. 戴前低后高冠，着宽袖衣，裳下部都喇叭状，露两鞋头。陶土红色，高 25 公分。

28. 冠同 27，着阔袖衣，腰间有带，左佩剑，交领，右衽，右手下垂，左手持物，裳下露鞋头。土质红灰，高 24 公分。

29. 戴顶作三圆形前高后低冠，冠形与南阳汉画象（像）汇存 105 及 106 图执箭正立象（像）所戴的冠极相似。着长衣，作拱手状。土质红灰，高 24 公分。

30. 戴中圆两旁尖形的前高后低冠，衣长曳地。陶土灰色，高 25 公分。

案，据博物馆陈列在外的明器约有 291 件，本文所录仅 89 件，凡重复器物多未载录。

31. 发打髻于头顶，并有一物，形如麻绳，自项而前，交于额上，或即当时的幓头。着宽袖衣。陶土灰色，高 30 公分。

32. 首饰与 31 同，着长衣长裳。陶土灰色，高 24 公分。

33. 戴有颜前高后低冠，着宽袖衣，腰中有带，裳长曳地，并加口（绿）饰，露方头鞋。右手下垂，左手捧腹。陶土黝黑，高 31 公分。

[①] 原为 "28"。
[②] 原为 "50"。
[③] 原为 "25"。

34. 戴有颜前高后低扇形冠，着长衣，手作揖状。陶土灰色，高 27 公分。

35. 戴有颜前高后低方形冠，冠左方有一圆球。着长衣，右手持一长物如棍，左手拿一圆物如球。陶土红色，高 43 公分。

36. 戴有颜前低后高冠，冠形与南阳汉画象（像）汇存 94 及 95 图持戟的左右立象（像）所戴的冠相似。着长衣。陶土红色，高 20 公分。

37. 戴有颜平顶冠，长衣，作拱手状。陶土红色，高 21.5 公分。

38. 戴尖顶冠，着长衣，作拱手状。陶土红色，高 20 公分。

案，《仪礼·丧服》注："髽，露紒也……以麻者，自项而前，交于额上，却绕紒，如著幓头焉。"①

39. 冠同 38，着长袖衣，裳下露两裤角与两鞋头，手抱一条大鱼。陶土红色，高 20 公分。

40. 戴平顶冠，着宽袖衣，裳下露两方头鞋。土质黝黑，高 29.5 公分。

41. 戴如进贤冠形冠，着长衣，陶土灰色，高 29 公分。

42. 戴两角斤，长衣，作拱手状。陶土灰色，高 16 公分。

43. 戴平顶上加圆球冠，冠形与南阳汉画象（像）汇存 73 图及郑德坤《中国明器图谱》7 图冠形同。着长衣，衣下有裳。陶土黑色，高 30 公分。

44. 头戴如元宝形物，着长袍，作拱手状。陶土灰色，高 28 公分。

45. 戴平顶上又加一长方顶冠，着长衣。陶土灰色，高 29 公分。

46. 冠同 45，着宽袖衣，有一婴儿立在右腿前。陶土红灰，高 25 公分。（衡子以为这类俑是死者自身的代表，或其从婴儿乃死尸的代表。）

47. 头无饰，着无衣，两手后向，制作极劣。土质黝黑，高 17.5 公分。

48. 头饰系用一幅布做成，盖为幅巾之一种。着盘领长袍，下露鞋头，两手捧腹。陶土红灰色，高 16 公分。

49.（女俑）头戴半圆形装饰着狭袖长袍，两手捧腹，容貌文雅，腰微曲，故作娇态。陶土灰色，高 18 公分。

案，《东观汉记》曰："耿纯率宗族宾客二千人皆缣襜褕、绨巾迎上。乃罢

---

① 《仪礼注疏》卷 29《丧服第十一·丧服》，第 1101 页。

兵，幅巾降于河内。"①注：不加冠帻，但以一幅巾饰首而已。《后汉书·符融传》注亦谓："幅巾者，以一幅为之也。"②见郑德坤《中国明器汉代明器种类引》。

50.（女俑）发作一髻，着狭袖长袍，细腰，脚部作喇叭状，两臂交叉胸前。高19公分。

51. 头戴右方有一长缨冠，冠形与今日西洋女子所戴有羽毛帽相似。着狭袖长袍。陶土灰色，高12公分。

52.（女）发作一髻于头顶，着长衣，后背一小儿。陶土红灰，高18（公）分。

坐俑（53至60③，共8④件）

53.（女俑）发作一髻于头顶，着狭袖袍，右手下垂，左手拊头。陶土灰色，高12公分。

54. 冠同立俑29，着阔袖衣，跽坐，右手拊膝，左手拊头，作睡眠状。土质灰白，高23公分。

55. 戴前有筩冠，殊即通天，远游之属。着阔袖衣，跽坐。土质红黑，高20.5公分。

56. 戴平顶冠，跽坐，膝前放一圆形物，两手放在圆形物上。土质红黑，高20.5公分。

57. 冠形同29，唯冠前加颜，跽坐。膝前亦放一圆物，左手搭在圆物上。陶土红灰，高20公分。

58. 戴尖顶冠，着狭袖衣，跽坐，两手放在膝前。高22公分。

59. 着狭袖衣，左腿前蹲，右腿后跪，双手作打拳状。高14.5公分。

60. 俑亦左腿前蹲，右腿后跪，上身裸，赤足。右手持棍，左手捧一圆形物。瞪眼，伸舌，丑态百出。高22.5公分。

舞俑（61至62，共2件）

---

①《太平御览》引《东观汉记》："耿纯率宗族宾客二千人皆缣襜褕、绨巾迎上。"（卷693《服章部十·襜褕》，第3069页）
②《后汉书》卷68《郭符许列传第五十八·符融传》，第2232页，"融幅巾袖"注。
③原为"61"。
④原为"9"。

61. 俑作舞状，戴三圆形冠。着阔袖衣，左手持裙，右手高举。与郑德坤《中国明器图谱》3图汉舞俑极相似。土质红灰，高32.5公分。

62. 发作一髻，着长袖衣，右手高举，左手下垂后向。土质灰白，高27.5公分。

乐队俑（63至65，共3件）

63. 头戴一空顶圆圈物，跽坐吹箫。陶土红色，高37公分。

64. 戴方顶冠，跽坐奏乐，左手按琴，右手作弹势。土质红黑，高37公分。

65. 冠同61，亦跽坐，作按琴状。陶土红黑，高40公分。

杂役俑（66至81①，共16②件）

66.（女俑）头戴巾，着狭袖衣，腰间有带，跽坐。膝前放一方形物，或系菜板，板上有鱼，左手拿鱼，右手作刮鱼鳞状。陶土黑色，高36公分。

案，汉时女人已戴巾，《后汉书·董祀妻传》："文姬进，蓬首徒行，叩头请罪……时且寒，赐以头巾履袜。"③虽未言巾之形状，但就《汉书·舆服志》考之，冠形皆质劲形高，又就两汉史传所载，女人头上少有戴冠者。今其头上所戴既非冠，盖为汉巾之一种。

67. 头戴一左角突起物，短衣短裤，两手抱一长形物，与今日乍刀形相近。高14.5公分。

68. 头无饰，着狭袖衣，亦抱一物如乍刀。高14.6公分。

69.（女俑）着狭袖衣，双手捧箕，背负一小儿，与今日成都乡村妇女背儿状极相似。高11公分。

70. 俑服装与俑69略同，双手已捧一箕，唯背后无小儿。高7.3公分，为博物馆所藏汉俑最小者。

71. 俑立，着短衣短裤，作打铁状。高12公分。

72. 结发于头顶，短衣，右手持物如刀，左手持箕。陶土灰色，高14公分。

73. 戴尖顶冠，着短衣短裤，作背物状。陶土灰白，高17公分。

---

① 原为"80"。
② 原为"15"。
③ 《后汉书》卷84《列女传第七十四·董祀妻传》，第2800页。

74. 俑立，着短袍，左手后向，右手①持剑。高24公分。

75. 结发于头顶，着短袍，弯腰，两手向前作捧物状。高15公分。

76. 着短袍，弯腰，右手持物如木棍。高13公分。

77. 着短衣短裳，腰间有带，右手持箕。高18公分。

78. 头戴一圆顶物，其形与今日海军帽相似，或即当时人所戴的帕形巾②，着短衣短裤，赤足，右手执帚（或其他器物），左手执箕，右挂小刀，有③左佩剑，并④以绳缠把为饰。土⑤质红灰，高717公分，为博物馆所藏汉俑最大者。

案，《后汉书·郭太传》注引周迁《舆服杂事》曰："巾以葛为之，形如帕……魏武造帕，其巾乃废。"⑥《玉篇》曰："帕，帽也。"⑦是帕与帽乃一物。《晋书·舆服志》："魏武以天下凶荒，资财乏匮，拟古皮弁，裁缣帛为帕"⑧，《图书集成》引《三才图会》曰："帽者，冒也。用帛六瓣缝成之，其制类古皮弁。"⑨《汉书·孝平王（皇）后传》引师古注："皮弁，以鹿皮为冠，形如人手之弁合也。"⑩《释名》亦云："弁如两手相合抃时也。"⑪弁形既圆，则帕亦必为圆形。故《晋书·舆服志》："江左时野人已著帽，人士亦往往而然，但其顶圆耳，后乃高其屋云。"⑫又巾在汉时本为平民与卑贱不冠者的首服。见尚秉和《历代社会风俗事物考》与《辍耕录·巾帻考》。到了东汉末年，虽然王公学士亦服之，但仍着王公学士服。《后汉书·符融传》："融幅巾奋袖，谈辞如云。"⑬

---

① 原为"左手"，依前后文意思，应为"右手"。
② "巾"后，原有"7"。
③ "有"后，原有"8"。
④ "并"前，原有"9"。
⑤ "土"前，原有"10"。
⑥ 《后汉书》卷68《郭符许列传第五十八·郭太传》，第2225页，"巾一角垫"注引。帕，原为"帕"。
⑦ 〔南朝·梁〕顾野王撰，〔宋〕陈彭年等重修：《大广益会玉篇》卷28《巾部》，四部丛刊本。
⑧ 《晋书》卷25《志第十五·舆服》，第771页。
⑨ 〔明〕王圻撰：《三才图会》之《衣服·帽子》，槐荫草堂刻本。
⑩ 《汉书》卷97下《外戚传第六十七下·孝平王皇后传》，第4010页，"太史令以下四十九人赐皮弁素绩"引。
⑪ 〔汉〕刘熙：《释名》卷4《释首饰》，四部丛刊本。
⑫ 《晋书》卷25《志第十五·舆服》，第771页。
⑬ 《后汉书》卷68《郭符许列传第五十八·符融传》，第2232页。

《晋书·魏武纪》注:"《傅子》曰:汉末王公,多委王服,以幅巾为雅。"①

案,此俑着短衣短裤,正是卑贱者的服装(汉时奴仆着短衣短裤,见《汉书·王莽传》)。益足证明俑头所载之物为巾矣。

古人喜左身上佩挂小刀。《礼记·内则》:"子事父母,鸡初鸣,咸盥漱,栉、縰、笄、总,拂髦、冠、緌、缨、端、韠、绅、搢笏,左右佩用,左配纷帨、刀、砺、小觿、金燧……妇事舅姑,如事父母,鸡初鸣,咸盥漱,栉、笄、总、衣绅,左佩纷帨、刀、砺、小觿、金燧。"②至汉代一部分人仍然佩挂。

俑左佩物是剑的证据有二:

1. 古人佩剑皆左,尚秉和《历代社会风俗事物考》谓:"礼少仪:'执君之乘车则坐,仆者右带剑。'按古人立乘,仆居中,君居左,右佩剑则无妨于君,然由此可证佩剑者皆左。左佩,所以便右手按剑者也。"③并参见本文所录俑图28。

2. 汉时佩剑风盛行,上至公卿百官,下至平民奴隶,无不佩之。(见瞿宣颖《中国社会史料丛钞》与《汉书·五行志》)

案,剑头之绳,盖为蒯。《史记·孟尝君传》:"冯先生甚贫,犹有一剑耳,又蒯缑。"裴骃曰:"蒯音苦怪反。茅之类,可为绳。……缑音侯,亦作'候',谓把剑之处。"司马贞曰:"缑音侯,字亦作'候',谓把剑之物。言其剑无物可装,但以蒯绳缠其之,故云'蒯缑'。"④

79. 同俑78陶土红灰,高69公分。

80. 服装与俑78同,唯脚穿草鞋,草鞋形与今日成都贫民所穿者无异。高

---

① 〔晋〕陈寿:《三国志》卷1《魏书·武帝纪》,北京:中华书局,1959年,第54页,注二。按,原文作"《晋书·魏武纪》""黍王服",《晋书》也载:"按汉末王公名士多委王服,以幅巾为雅。"(卷25《志第十五·舆服》,第771页)

② 《礼记正义》卷27《内则第十二》,第1461页。

③ 尚秉和著,母庚才、刘瑞玲点校:《历代社会风俗事物考》,北京:中国书店,2001年,第68页。

④ 《史记》卷75《孟尝君传》,第2359页。原为"裴骃曰:'蒯,茅类,可为绳。缑,剑把。蒯缑者,言其剑无物可装饰,但以蒯绳缠其把也。'"

49公分。(华西大学博物馆亦有一穿草鞋俑,与此俑全相似。)

81. 服装亦类俑78,头周围秃,唯于头顶结一髻。土质红灰,高52.1公分。

由以上诸土俑的服装与姿态很显然的可以看出:(一)凡着长衣长裙的土俑,多载①前高后低形冠,或载②有展筩如通天,远游形冠,不是拱手站立着,就是手拊头踞坐着。总之,都表现一种尊严而安闲的态度。或许这类土俑就是当时富贵阶级的塑像。故洪颐煊《平津读碑记》卷一述孝堂的人物画像说:"贵者冠皆平样,前仰后俯③,即《续汉志》所谓'进贤冠'。"④瞿宣颖《中国社会史料丛钞》甲集考证汉代人的服装说:"(汉)贵妇人衣长拖地。"⑤尚秉和《历代社会风俗事物考》记载汉人的服装说:"汉官吏衣长拖地。"⑥(二)凡着短衣短裤的土俑多载尖顶冠与头巾,有的背伏小儿,有的手持箕,有的作打铁状,有的作背物状。总之,都表现着一种卑贱的样子,虽然不敢绝对说他们都是当时的奴隶,但我觉得杂役俑中的78、79、80、81四俑多一半是汉代奴隶的塑像。理由有五:

(一)汉奴隶载⑦苍巾。《礼记》疏:"汉家仆隶谓苍头,以苍巾为饰。"⑧

(二)汉奴隶着短衣。《汉书·王莽传》:"(莽)母病,公卿列侯遣夫人问疾,莽妻迎之,衣不曳地,布蔽膝。见之者以为僮使。"⑨

(三)汉奴隶带刀持剑。《汉书·五行志》:成帝微行,私奴客"皆白衣袒

---

①载,这里为"装饰"之意。
②载,这里为"装饰"之意。
③原为"低"。
④〔清〕洪颐煊撰:《平津读碑记》卷1《孝堂山石室画象》,木犀轩丛书。
⑤瞿宣颖纂辑:《中国社会史料丛钞》甲集《衣饰·汉代妇人服》,上海:商务印书馆,1937年,第11页。
⑥尚秉和著:《历代社会风俗事物考》卷5《身服》,商务印书馆1941年版影印,上海:上海书店,1991年。拖,原为"曳"。
⑦载,这里为"装饰"之意。
⑧《礼记正义》卷47《祭义第二十四》,第1595页,疏"因物之精,制为之极。明命鬼神,以为黔首,则百众以畏,万民以服"。
⑨《汉书》卷99上《王莽传第六十九上》,第4041页。

帻，带持刀剑"①。

（四）汉代奴隶有时是要作些洒扫应对的杂事。王褒《僮约》曰："奴当从百役使，不得有二言，晨起早扫，食了洗涤……居当穿白缚帻。"②而佣工者就很少看见有作这类杂事的了。

（五）汉以奴隶殉葬。《汉书·景帝十三王传》："令能为乐奴婢从死。"③当时都能以活的奴隶殉葬，明器中有奴隶也是很自然的事了。

据两汉史传所载，汉代佣者所作的事约有以下数种：

（一）耕田，《史记·陈胜传》，陈胜少时"尝与人佣耕"④。

（二）酒家佣，《后汉书·李燮传》，"令燮名姓为酒家佣"⑤。

（三）漆工，《后汉书·申屠蟠传》，"家贫，佣为漆工"⑥。

（四）缝衣，《后汉书·虞羽传》，"遣贫人能缝者，佣作贼衣，以采缇缝其裾为帜"⑦。

（五）烧饭，《汉书·儿宽传》，"儿宽……受业孔安国。贫无资用，尝为弟子都养"。师古曰："都，凡众也，养，主给烹炊者也。贫无资用，故供诸弟子烹炊也。"⑧

俑头（82至86⑨，共5件）

82. 面貌清秀，似女子头部。头载⑩半圆形高物，高物下方额上方垂有五粒

---

① 《汉书》卷27中之上《五行志第七中之上》，第1368页。
② 《太平御览》卷598《文部一四·契券》，第2693页。
③ 《汉书》卷53《景十三王传第二十三·赵敬肃王彭祖》，第2421页。
④ 《史记》卷48《陈涉世家第十八》，第1949页。
⑤ 《后汉书》卷63《李杜列传第五十三·李燮传》，第2090页。原为："燮改名姓为酒家佣。"
⑥ 《后汉书》卷53《周黄徐姜申屠列传第四十三·申屠蟠传》，第1751页。
⑦ 《后汉书》卷58《虞傅盖臧列传第四十八·虞羽传》，第1867页。
⑧ 《汉书》卷58《公孙弘卜式儿宽传第二十八》，第2628页。
⑨ 原文分别为81、85。
⑩ 载，此处为"装饰"之意。

圆珠。土质红色,高 23 公分。

83. 面貌头饰与俑头 82 略同,唯半圆形高物上镶嵌三圆球。陶土红色,高 24 公分。

84. 与俑头 83 略同,唯半圆形高物上三球大小不等,左大,中次之,右最小。高 225 公分。

85. 同前三俑头,唯半圆形高物上无圆球。高 27 公分。

案,以上四俑头上的高物或即当时女子所载的步摇。《周礼·天官·追师》郑注:"副之言覆,所以覆首为之,饰其遗像,若今步繇矣。"《释文》"繇"本作"摇"①,是汉之步摇乃周之遗制。《释名》云:"王后首饰曰副,副覆也,……兼用众物成其饰也。"又云:"步摇上有垂珠步则摇也。"②《三礼图》所录副的形像为半圆形,上饰以珠翠诸物(见《图书集成·礼义典》引《三礼图》录衣图)。与《释名》记载相符③,其形又与此数俑首饰相仿。

86. 戴有颜前高后低冠,冠形与郑德坤《中国明器(图谱)》七版图一所录四川出土汉俑冠饰相同。陶土黑色,高 23 公分。

乙、家畜(87 至 91,共 5 件)

87. 坐犬,制作不佳,头似马头,头部迷糊不清。陶土红色,高 20 公分。

88. 立犬,犬作立状,四脚投地,尾曲作半圆形。

89. 卧犬,犬作卧状,头身共 28 公分,高 14 公分。

90. 立猪,全身黑毛,尾下垂,与今日成都猪完全相同,制作颇佳,神势活跃。陶土黑色,头身共长 27 公分,高 14 公分。

91. 母鸡,鸡作卧状,冠短,身上画直线以表示羽翅。背卧一小鸡。头身共长 18 公分,高 14 公分。

丙、建筑(92 至 100,共 9 件)

92. 房屋,作长方形,屋顶颇大,作瓦茸形,有一门,无窗,门前有走廊,

---

① 《周礼注疏》卷 8《天官冢宰第一·追师》,"掌皇后之首服,为副编次追衡笄"注,第 693 页。繇,注文载为:"本或作摇。"原为:"副以覆首,若今步繇。"
② 〔汉〕刘熙:《释名》卷 4《释首饰》,四部丛刊本。
③ 原为"付"。

制作颇佳。土色红灰，高 23 公分，顶长 49 公分，阔 15 公分，底长 36.5 公分。

93. 房屋，与 92 同，唯屋顶无瓦形纹，陶土红色，顶长 45 公分，阔 11 公分，底长 35 公分。

94. 与前两屋形同，土质红灰，高 30 公分，顶长 19 公分，阔 20 公分，底长 37 公分。

95. 与前三屋同，唯房盖缺，高 25 公分，长 26 公分，阔 22.5 公分，土质红灰。

案，以上诸房屋的建筑皆有门无窗。但据两汉史传所载，汉代无论皇帝、官吏、平民的房屋均有窗牖的设置。《西京杂记》："（昭阳殿）窗扉多是绿琉璃，亦皆达照，毛发不得藏焉。"①汉武帝故事："武帝好神仙，起伺神屋，扉悉以白琉璃作之，光照洞彻。"②此皇帝房屋有窗牖之证。《后汉书·梁统传》："冀乃大起第舍，……窗牖皆有绮疏青琐。"注："牖，小窗也。"③《后汉书·胡广传》："太守法雄之子真，从家来省其父。……雄敕真助（其）求（其）才，雄因大会诸吏，真自于牖间密占察之。"④此官吏房屋，有窗牖之证。《汉书·两龚传》："使者欲令胜起迎……胜称病笃，为床室中户西南牖下。"⑤《后汉书·袁安传》："（闳）以母老不宜远遁，乃筑土室，四周于庭，不为户，自牖纳饮食而已。"⑥此平民房屋有窗牖之证。又据澳门收藏家王玉父所藏汉代明器中房屋模型也是有窗牖的设置。所以我认为这些房屋模型没有窗牖设备的原（缘）故，大概是制造明器的时候把窗牖省掉了。

96. 器作长方形，屋盖余大，作砖纹形，无窗，一门甚短，与郑德坤《中国明器图谱》33 所载汉犬舍极相近。陶土灰色，高 11 公分，顶长 13 公分，底长 11 公分。

---

① 《西京杂记（外五种）》卷 1《昭明殿》，第 14 页。
② 《太平御览》卷 808《珠宝部七·琉璃》，第 3591 页。
③ 《后汉书》卷 34《梁统列传第二十四·梁冀传》，第 1181 页。
④ 《后汉书》卷 44《邓张徐张胡列传第三十四·胡广传》，第 1505 页。按，部分原为"真助（父）求才""真自于牖间密与"。
⑤ 《汉书》卷 72《王贡两龚鲍传第四十二》，第 3085 页。
⑥ 《后汉书》卷 45《袁张韩周列传第三十五·袁安传》，第 1526 页。原为"以母不宜远遁，乃筑土室四周于庭不户，自牖内饮食"。

97. 器作长方形，顶上有盖，下有四圆柱立于长方形陶土上，长方形陶土中并有二圆形小孔。以其形状观之，与今日凉亭相似。土质红灰，高 21.5 公分，顶长 42.5 公分，阔 18.5 公分，底长 36 公分。

98. 器作长方形，盖作互茸形，有一门，不方亦不圆，盖随便凿开者，与郑德坤《中国明器图谱》35 图所录汉圆极相似。陶土灰色，高 26 公分，顶长 14 公分，底长 15 公分，阔 6 公分。

99. 器作长方形，前后共立六柱，陶土红色，高 25 公分，长 17.5 公分，阔 15 公分。

100. 器作方形，右方有流水小孔一，长 36.2 公分，宽 36 公分。据中央研究院高去寻先生在彭县发掘汉代遗物的经验，认为此物恐系当时的水池。

丁、器具（101 至 114[①]，共 14[②] 件）

101. 鼎，形圆，三足两耳，高 15 公分（连盖），口径 20 公分，深 9 公分。

102. 鼎，形 101 同，唯两耳残，鼎盖上有三圆球。高 20 公分，（连盖）口径 23 公分，深 15 公分。

103. 灶，形长方，前端为灶口，后为烟突，灶穴为二。土质红灰，长 36.5 公分，高 10 公分，阔 15.3 公分。

104. 灶，同 103，高 4 公分，长 140 公分。

105. 壶，作平常壶形，有两兽耳，身大颈长，上略展，底高而空。与《中国明器图谱》24 图所录汉壶相似。

106. 罍，状如壶，而广肩促胫两耳。陶土黑色，高 30 公分，口径 26.2 公分，深 30 公分。

107. 罍，同 106，唯两耳残。高 30 公分，口径 26.2 公分，深 30 公分。

108. 案形长方，四足，陶土灰色，横长 54.5 公分，宽 35.5 公分，高 10 公分。

109. 盘形方，腹浅，口巨，无足，与案相似。内放 1 鱼，长 28 公分，高 16 公分。

---

①原为"104"。
②原为"4"。

110. 簋，形圆，侈口，两耳，下有矮座，陶土灰色，高 52.5 公分，口径 23.3 公分，深 25 公分。

111. 鉴，形圆，侈口，两兽耳，底微敛，正如盆形。陶土黑色，口径 48 公分，高 31 公分，深 22.5 公分。

112. 器作圆筒形，有索形纹四套，距离相等，土质灰黑，高 51 公分，口径 16.5 公分，深 39 公分。案，此器形与郑德坤《中国明器（图谱）》所录北平燕京大学所藏洛阳出土有字的汉仓极相似。

113. 烛台，形圆，座颇大，槽三，上小下大，底高而下展，高 20 公分。

114. 器身作二兽相骑形，头在前，足在旁，尾在后，兽背部立一圆柱。陶土灰色，高 39.5 公分，圆柱口径 6.5 公分。冯汉骥先生认为此物是钟□趾座，高公寻先生以为是摇钱树座。

案，以上诸器具的用途，鼎为烹饪兼盛器，壶（13）与罍为酒器（14）。案为陈举食器（15），盘为陈食器兼贮水器（16），簋为盛黍稷稻粱器（17），鉴为盛冰器（18）。①

（13）《汉书·主父偃传》："丈夫生不五鼎食，死则五鼎亨耳。"②

（14）见《燕京学报》1 期第 83 页③《殷周礼乐器考略》。

（15）《史记·田叔传》："（赵王）张敖自持案进食，礼恭甚。"④《汉书·朱博传》："（博）食不重味，案上不过三杯。"⑤《外戚传》：许后"五日一朝皇太后于长乐宫，亲奉案上食"。⑥《后汉书·梁鸿传》："（鸿）为人赁舂，每归，妻为具食，不敢于鸿前仰视，举案齐眉。"⑦《论衡·书虚篇》：魏公子"方与客

---

① 该段中的数字 13—18，原无括号；数字与段后引文序号一一对应，以做注解。
② 《汉书》卷 64 上《严朱吾丘主父徐严终王贾传第三十四上》，第 2803 页。
③ 原为"1 期 83 卷"。
④ 《史记》卷 104《田叔列传第四十四》，第 2775 页。原为："《史记·张耳传》""敖自持案上食，礼甚恭"。
⑤ 《汉书》卷 83《薛宣朱博传第五十三·朱博》，第 3407 页。
⑥ 《汉书》卷 97 上《外戚传第六十七上》，第 3968 页。原为"《霍光传》：'许后十月朝皇太后于长乐宫，亲举案上食'"。
⑦ 《后汉书》卷 83《逸民列传第七十三·梁鸿传》，第 2768 页。

饮，有鹯击鸠。鸠走，巡于公子案下"。①

（16）《急就篇》注："无足曰盘，有足曰案，所以陈举食也。"②《后汉书·左慈传下》："操从容顾众宾曰：'今日高会，珍羞略备，所少吴松江鲈鱼耳'。放于下坐应曰：'此可得也'，因求铜盘贮水，以竹竿饵钓于盘中。"③

（17）同 14。

（18）同 14。

---

①〔东汉〕王充：《论衡》卷4《书虚篇》，四部丛刊本。原为"魏公子方与客饮，有鹯击鸠，鸠走巡案下"。

②〔汉〕史游撰，〔唐〕颜师古注，〔宋〕王应麟补注，〔清〕钱保塘补音：《急就篇》卷3，"槅杆槃案杯闟碗"，丛书集成初编本。

③《后汉书》卷82下《方术列传第七十二下》，第2747页。"放于下坐应曰"之句，原为"左慈应曰"。按，左慈字元放。

主要参考文献

〔战国〕墨翟撰,〔清〕毕沅校注:《墨子》,丛书集成初编本。

〔战国〕左丘明撰,〔吴〕韦昭注:《国语》,上海:商务印书馆,1935年。

〔汉〕许慎撰,〔清〕段玉裁注:《说文解字注》,郑州:中州古籍出版社,2006年。

〔汉〕许慎撰,〔宋〕徐铉增释:《说文解字》,文渊阁四库全书本。

〔汉〕刘向辑,〔汉〕王逸注,〔宋〕洪兴祖补注,孙雪霄校点:《楚辞》,上海:上海古籍出版社,2015年。

〔汉〕刘歆等撰,王根林校点:《西京杂记(外五种)》,上海:上海古籍出版社,2012年。

〔汉〕王符撰:《潜夫论》,四部备要本。

〔汉〕扬雄撰,〔晋〕郭璞注:《方言》,北京:中华书局,2016年。

〔汉〕刘熙撰:《释名》,四部丛刊本。

〔汉〕宋衷注,〔清〕秦嘉谟等辑:《世本八种》,北京:中华书局,2008年。

〔汉〕戴德撰,〔北周〕卢辩注:《大戴礼记》,四部丛刊本。

〔汉〕司马迁撰:《史记》,北京:中华书局,1959年。

〔汉〕班固撰:《汉书》,北京:中华书局,1962年。

〔汉〕陆贾撰:《新语》,四部备要本。

〔汉〕焦赣撰:《易林注》,四部丛刊本。

〔汉〕伏胜撰,〔汉〕郑玄注,〔清〕陈寿祺编:《尚书大传》,四部丛刊本。

〔晋〕皇甫谧著:《帝王世纪》,丛书集成初编本。

〔晋〕葛洪撰：《抱朴子内外篇》及《附篇目录》，四部备要本。

〔晋〕陈寿撰：《三国志》，北京：中华书局，1982年。

〔晋〕常璩著，任乃强校注：《华阳国志校补图注》，上海：上海古籍出版社，1987年。

〔晋〕张华撰：《博物志》，四部备要本。

〔南朝·宋〕范晔撰：《后汉书》，北京：中华书局，1965年。

〔南朝·梁〕萧统辑，〔唐〕李善注：《文选》，四部备要本。

〔南朝·梁〕沈约撰：《宋书》，北京：中华书局，1974年。

〔南朝·梁〕顾野王撰，〔宋〕陈彭年等重修：《大广益会玉篇》，四部丛刊本。

〔魏〕郦道元撰，陈桥驿校释：《水经注》，杭州：杭州大学出版社，1999年。

〔唐〕李吉甫撰，贺次君点校：《元和郡县图志》，北京：中华书局，1983年。

〔唐〕杜佑撰：《通典》，北京：中华书局，1988年。

〔唐〕姚思廉撰：《梁书》，北京：中华书局，1973年。

〔唐〕李延寿撰：《南史》，北京：中华书局，1975年。

〔唐〕李延寿撰：《北史》，北京：中华书局，1974年。

〔唐〕房玄龄等撰：《晋书》，北京：中华书局，1974年。

〔唐〕徐坚撰：《初学记》，北京：中华书局，1962年。

〔唐〕令狐德棻等撰：《周书》，北京：中华书局，1971年。

〔唐〕魏征、〔唐〕令狐德棻撰：《隋书》，北京：中华书局，1973年。

〔唐〕玄奘撰，章巽点校：《大唐西域记》，上海：上海人民出版社，1977年。

〔唐〕刘知几撰：《史通》，四部丛刊本。

〔唐〕陆德明撰：《经典释文》，四部丛刊本。

〔后晋〕刘昫等撰：《旧唐书》，北京：中华书局，1975年。

〔宋〕司马光撰：《资治通鉴》，北京：中华书局，1956年。

〔宋〕李昉等撰：《太平御览》，北京：中华书局，1960年。

〔宋〕郑樵编撰：《通志》，北京：中华书局，1987年。

〔宋〕欧阳修，〔宋〕宋祁撰：《新唐书》，北京：中华书局，1975年。

〔宋〕薛居正等撰：《旧五代史》，北京：中华书局，1976年。

〔宋〕王溥撰：《唐会要》，上海：商务印书馆，1935年。

〔宋〕宋敏求纂修，〔元〕李好文绘图，〔清〕毕沅校刻：《长安志》，长安县志局铅印本，1931年。

〔宋〕罗泌撰，〔宋〕罗苹注，〔明〕乔可传校：《路史》，四部备要本。

〔宋〕洪迈撰：《容斋续笔》，北京：中华书局，2005年。

〔宋〕文天祥撰：《文山先生全集》，四部丛刊本。

〔宋〕陆游撰：《陆放翁全集》，上海：世界书局，1936年

〔宋〕王应麟撰：《玉海》，文渊阁四库全书本。

〔元〕脱脱等撰：《宋史》，北京：中华书局，1985年。

〔明〕宋濂等撰：《元史》，北京：中华书局，1976年。

〔明〕曹学佺撰：《蜀中广记》，文渊阁四库全书本。

〔明〕邝露撰：《赤雅》，丛书集成初编本。

〔明〕孙□撰：《古微书》，文渊阁四库全书本。

〔明〕王圻撰：《三才图会》，槐荫草堂刻本。

〔明〕李贤等撰：《明一统志》，文渊阁四库全书本。

〔清〕张廷玉等撰：《明史》，北京：中华书局，1974年。

〔清〕郭庆藩撰：《庄子集释》，北京：中华书局，2004年。

〔清〕王先谦撰：《荀子集解》，北京：中华书局，1988年。

〔清〕孙怡让撰，孙启治点校：《墨子间诂》，北京：中华书局，2001年。

〔清〕王先慎撰，钟哲点校：《韩非子集解》，北京：中华书局，1998年。

〔清〕阮元校刻：《十三经注疏》，北京：中华书局，1980年。

〔清〕彭遵泗等撰，刘兴亮等整理：《蜀故》，北京：国家图书馆出版社，2017年。

〔清〕叶昌炽撰，韩锐校注：《语石校注》，北京：今日中国出版社，1995年。

〔清〕刘鹗编：《铁云藏龟》，抱残守缺斋本，上海蟬隐庐印，1931年。

〔清〕陆次云著：《洞溪纤志》，小方壶斋舆地丛抄本。

〔清〕李锡书纂修：《汶志纪略》，清嘉庆十年刻本。

〔清〕金鹗著：《求古录礼说》，《皇清经解续编》本。

〔清〕黄沛翘手辑：《西藏图考》，皇朝藩属舆地丛书本。

〔清〕洪颐煊撰：《平津读碑记》，木犀轩丛书。

〔清〕蓝浦著、郑廷桂补辑：《景德镇陶录》，翼经堂刻本。

民国《新修合川县志》，民国十年刻本。

[法] 色伽兰著，冯承钧译：《中国西部考古记》，上海：商务印书馆，1932年。

郭沫若著：《郭沫若全集·考古编》，北京：科学出版社，1965、1982年。

郭沫若著：《郭沫若全集·历史编》，北京：人民出版社，1984年。

《四川古陶瓷研究》编辑组：《四川古陶瓷研究》，成都：四川省社会科学院出版社，1984年。

[瑞典] C.d'Ohsson著，冯承钧译：《多桑蒙古史》，上海：商务印书馆，1936年。

瞿宣颖纂辑：《中国社会史料丛钞》，上海：商务印书馆，1937年。

[意] A.J.H.Charignaon著，冯承钧译：《马可波罗行纪》，上海：商务印书馆，1948年。

冯汉骥：《成都万佛寺石刻造像——全国基建出土文物展览会西南区展览品之一》，《文物参考资料》1954年第9期。

杨伯峻撰：《列子集释》，北京：中华书局，1979年。

高文、高成刚编：《四川历代碑刻》，成都：四川大学出版社，1990年。

陈国强主编：《简明文化人类学词典》，杭州：浙江人民出版社，1990年。

尚秉和著：《历代社会风俗事物考》，商务印书馆1941年版影印，上海：上海书店，1991年。

李绍明、程贤敏编：《西南民族研究论文选》，成都：四川大学出版社，1991年。

王利器校注：《盐铁论校注》，北京：中华书局，1992年。

贾大泉主编：《四川历史辞典》，成都：四川教育出版社，1993年。

何宁撰：《淮南子集释》，北京：中华书局，1998年。

王力主编：《王力古汉语字典》，北京：中华书局，2000年。

重庆文物局、重庆移民局编：《重庆库区考古报告集1997卷》，北京：科学出版社，2001年。

郑德坤著：《四川古代文化史》，成都：巴蜀书社，2004年。

王毅著：《皇家亚洲文会北中国支会研究》，上海：上海书店出版社，2005年。

霍巍主编：《川大史学·考古卷》，成都：四川大学出版社，2006年。

何清谷校注：《三辅黄图校注》，西安：三秦出版社，2006年。

沈福伟著：《中西文化交流史》，上海：上海人民出版社，2006年。

三星堆研究院、三星堆博物馆编：《三星堆研究》（第一辑），成都：天地出版社，2006年。

许维遹撰，梁运华整理：《吕氏春秋集释》，北京：中华书局，2009年。

袁珂校注：《山海经校注》，北京：北京联合出版公司，2014年。

李孝迁编校：《近代中国域外汉学评论萃编》，上海：上海古籍出版社，2014年。

董华锋、何先红：《成都万佛寺南朝佛教造像出土及流传状况论述》，《四川文物》2014年第2期。

胡文和、胡文成著：《巴蜀佛教雕刻艺术史》，成都：巴蜀书社，2015年。

雷玉华、罗春晓、王剑平著：《川北佛教石窟和摩崖造像研究》，敦煌与丝绸之路石窟艺术丛书，兰州：甘肃教育出版社，2016年。

朱希祖著，周文玖选编：《中国史学通论》，北京：商务印书馆，2017年。

徐中舒著，徐亮工编：《古器物中的古代文化制度》，北京：商务印书馆，2017年。

清华大学国学研究院主编：《程憬文存》，南京：江苏人民出版社，2018年。

《巴蜀历代文化名人辞典》编委会：《巴蜀历代文化名人辞典》，成都：四川人民出版社，2018年。